国家卫生健康委员会"十四五"规划教材
全国高等学校教材
供基础、临床、预防、口腔医学类专业用

新形态教材

U0658695

# 卫生法

## Health Law

### 第**6**版

| 主　　编 | 汪建荣　田　侃 |
| --- | --- |
| 副 主 编 | 王安富　乐　虹　邓　虹 |
| 数字主编 | 汪建荣 |
| 数字副主编 | 田　侃　乐　虹 |

人民卫生出版社
·北京·

**图书在版编目（CIP）数据**

卫生法 /汪建荣，田侃主编. -- 6 版. -- 北京：
人民卫生出版社，2024. 8（2025. 9重印）. --（全国
高等学校五年制本科临床医学专业第十轮规划教材）.
ISBN 978-7-117-36732-5

Ⅰ. D922. 16

中国国家版本馆 CIP 数据核字第 202424JT39 号

| | | |
|---|---|---|
| 人卫智网 | www.ipmph.com | 医学教育、学术、考试、健康，购书智慧智能综合服务平台 |
| 人卫官网 | www.pmph.com | 人卫官方资讯发布平台 |

卫　生　法
Weishengfa
第 6 版

主　　编：汪建荣　田　侃
出版发行：人民卫生出版社（中继线 010-59780011）
地　　址：北京市朝阳区潘家园南里 19 号
邮　　编：100021
E - mail：pmph @ pmph.com
购书热线：010-59787592　010-59787584　010-65264830
印　　刷：人卫印务（北京）有限公司
经　　销：新华书店
开　　本：850×1168　1/16　印张：23
字　　数：680 千字
版　　次：2001 年 9 月第 1 版　　2024 年 8 月第 6 版
印　　次：2025 年 9 月第 3 次印刷
标准书号：ISBN 978-7-117-36732-5
定　　价：72.00 元
打击盗版举报电话：010-59787491　E-mail：WQ @ pmph.com
质量问题联系电话：010-59787234　E-mail：zhiliang @ pmph.com
数字融合服务电话：4001118166　E-mail：zengzhi @ pmph.com

# 编委名单

# 新形态教材使用说明

新形态教材是充分利用多种形式的数字资源及现代信息技术,通过二维码将纸书内容与数字资源进行深度融合的教材。本套教材全部以新形态教材形式出版,每本教材均配有特色的数字资源和电子教材,读者阅读纸书时可以扫描二维码,获取数字资源、电子教材。

电子教材是纸质教材的电子阅读版本,其内容及排版与纸质教材保持一致,支持手机、平板及电脑等多终端浏览,具有目录导航、全文检索功能,方便与纸质教材配合使用,进行随时随地阅读。

## 获取数字资源与电子教材的步骤

**①** 扫描封底红标二维码,获取图书"使用说明"。

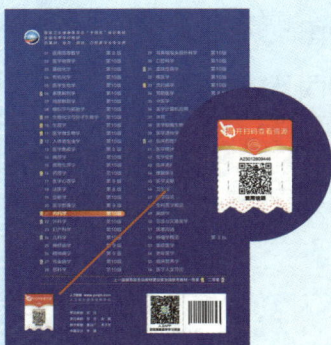

**②** 揭开红标,扫描绿标激活码,注册/登录人卫账号获取数字资源与电子教材。

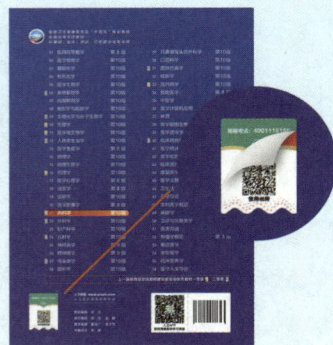

**③** 扫描书内二维码或封底绿标激活码,随时查看数字资源和电子教材。

电子教材操作演示

**④** 登录 zengzhi.ipmph.com 或下载应用体验更多功能和服务。

扫描下载应用

**客户服务热线 400-111-8166**

# 读者信息反馈方式

人卫e教
medu.pmph.com

欢迎登录"人卫e教"平台官网"medu.pmph.com",在首页注册登录后,即可通过输入书名、书号或主编姓名等关键字,查询我社已出版教材,并可对该教材进行读者反馈、图书纠错、撰写书评以及分享资源等。

# 序言

百年大计，教育为本。教育立德树人，教材培根铸魂。

过去几年，面对突如其来的新冠疫情，以习近平同志为核心的党中央坚持人民至上、生命至上，团结带领全党全国各族人民同心抗疫，取得疫情防控重大决定性胜利。在这场抗疫战中，我国广大医务工作者为最大限度保护人民生命安全和身体健康发挥了至关重要的作用。事实证明，我国的医学教育培养出了一代代优秀的医务工作者，我国的医学教材体系发挥了重要的支撑作用。

党的二十大报告提出到 2035 年建成教育强国、健康中国的奋斗目标。我们必须深刻领会党的二十大精神，深刻理解新时代、新征程赋予医学教育的重大使命，立足基本国情，尊重医学教育规律，不断改革创新，加快建设更高质量的医学教育体系，全面提高医学人才培养质量。

尺寸教材，国家事权，国之大者。面对新时代对医学教育改革和医学人才培养的新要求，第十轮教材的修订工作落实习近平总书记的重要指示精神，用心打造培根铸魂、启智增慧、适应时代需求的精品教材，主要体现了以下特点。

1. 进一步落实立德树人根本任务。遵循《习近平新时代中国特色社会主义思想进课程教材指南》要求，努力发掘专业课程蕴含的思想政治教育资源，将课程思政贯穿于医学人才培养过程之中。注重加强医学人文精神培养，在医学院校普遍开设医学伦理学、卫生法以及医患沟通课程基础上，新增蕴含医学温度的《医学人文导论》，培养情系人民、服务人民、医德高尚、医术精湛的仁心医者。

2. 落实"大健康"理念。将保障人民全生命周期健康体现在医学教材中，聚焦人民健康服务需求，努力实现"以治病为中心"转向"以健康为中心"，推动医学教育创新发展。为弥合临床与预防的裂痕作出积极探索，梳理临床医学教材体系中公共卫生与预防医学相关课程，建立更为系统的预防医学知识结构。进一步优化重组《流行病学》《预防医学》等教材内容，撤销内容重复的《卫生学》，推进医防协同、医防融合。

3. 守正创新。传承我国几代医学教育家探索形成的具有中国特色的高等医学教育教材体系和人才培养模式，准确反映学科新进展，把握跟进医学教育改革新趋势新要求，推进医科与理科、工科、文科等学科交叉融合，有机衔接毕业后教育和继续教育，着力提升医学生实践能力和创新能力。

4. 坚持新形态教材的纸数一体化设计。数字内容建设与教材知识内容契合，有效服务于教学应用，拓展教学内容和学习过程；充分体现"人工智能＋"在我国医学教育数字化转型升级、融合发展中的促进和引领作用。打造融合新技术、新形式和优质资源的新形态教材，推动重塑医学教育教学新生态。

5. 积极适应社会发展，增设一批新教材。包括：聚焦老年医疗、健康服务需求，新增《老年医学》，维护老年健康和生命尊严，与原有的《妇产科学》《儿科学》等形成较为完整的重点人群医学教材体系；重视营养的基础与一线治疗作用，新增《临床营养学》，更新营养治疗理念，规范营养治疗路径，提升营养治疗技能和全民营养素养；以满足重大疾病临床需求为导向，新增《重症医学》，强化重症医学人才的规范化培养，推进实现重症管理关口前移，提升应对突发重大公共卫生事件的能力。

我相信，第十轮教材的修订，能够传承老一辈医学教育家、医学科学家胸怀祖国、服务人民的爱国精神，勇攀高峰、敢为人先的创新精神，追求真理、严谨治学的求实精神，淡泊名利、潜心研究的奉献精神，集智攻关、团结协作的协同精神。在人民卫生出版社与全体编者的共同努力下，新修订教材将全面体现教材的思想性、科学性、先进性、启发性和适用性，以全套新形态教材的崭新面貌，以数字赋能医学教育现代化、培养医学领域时代新人的强劲动力，为推动健康中国建设作出积极贡献。

教育部医学教育专家委员会主任委员
教育部原副部长

林蕙青

2024 年 5 月

## 全国高等学校五年制本科临床医学专业
## 第十轮　规划教材修订说明

---

全国高等学校五年制本科临床医学专业国家卫生健康委员会规划教材自 1978 年第一轮出版至今已有 46 年的历史。近半个世纪以来，在教育部、国家卫生健康委员会的领导和支持下，以吴阶平、裘法祖、吴孟超、陈灏珠等院士为代表的几代德高望重、有丰富的临床和教学经验、有高度责任感和敬业精神的国内外著名院士、专家、医学家、教育家参与了本套教材的创建和每一轮教材的修订工作，使我国的五年制本科临床医学教材从无到有、从少到多、从多到精，不断丰富、完善与创新，形成了课程门类齐全、学科系统优化、内容衔接合理、结构体系科学的由纸质教材与数字教材、在线课程、专业题库、虚拟仿真和人工智能等深度融合的立体化教材格局。这套教材为我国千百万医学生的培养和成才提供了根本保障，为我国培养了一代又一代高水平、高素质的合格医学人才，为推动我国医疗卫生事业的改革和发展作出了历史性巨大贡献，并通过教材的创新建设和高质量发展，推动了我国高等医学本科教育的改革和发展，促进了我国医药学相关学科或领域的教材建设和教育发展，走出了一条适合中国医药学教育和卫生事业发展实际的具有中国特色医药学教材建设和发展的道路，创建了中国特色医药学教育教材建设模式。老一辈医学教育家和科学家们亲切地称这套教材是中国医学教育的"干细胞"教材。

本套第十轮教材修订启动之时，正是全党上下深入学习贯彻党的二十大精神之际。党的二十大报告首次提出要"加强教材建设和管理"，表明了教材建设是国家事权的重要属性，体现了以习近平同志为核心的党中央对教材工作的高度重视和对"尺寸课本、国之大者"的殷切期望。第十轮教材的修订始终坚持将贯彻落实习近平新时代中国特色社会主义思想和党的二十大精神进教材作为首要任务。同时以高度的政治责任感、使命感和紧迫感，与全体教材编者共同把打造精品落实到每一本教材、每一幅插图、每一个知识点，与全国院校共同将教材审核把关贯穿到编、审、出、修、选、用的每一个环节。

本轮教材修订全面贯彻党的教育方针，全面贯彻落实全国高校思想政治工作会议精神、全国医学教育改革发展工作会议精神、首届全国教材工作会议精神，以及《国务院办公厅关于深化医教协同进一步推进医学教育改革与发展的意见》(国办发〔2017〕63 号)与《国务院办公厅关于加快医学教育创新发展的指导意见》(国办发〔2020〕34 号)对深化医学教育机制体制改革的要求。认真贯彻执行《普通高等学校教材管理办法》，加强教材建设和管理，推进教育数字化，通过第十轮规划教材的全面修订，打造新一轮高质量新形态教材，不断拓展新领域、建设新赛道、激发新动能、形成新优势。

**其修订和编写特点如下：**

1. **坚持教材立德树人课程思政**　认真贯彻落实教育部《高等学校课程思政建设指导纲要》，以教材思政明确培养什么人、怎样培养人、为谁培养人的根本问题，落实立德树人的根本任务，积极推进习近平新时代中国特色社会主义思想进教材进课堂进头脑，坚持不懈用习近平新时代中国特色社会主义思想铸魂育人。在医学教材中注重加强医德医风教育，着力培养学生"敬佑生命、救死扶伤、甘于奉献、大爱无疆"的医者精神，注重加强医者仁心教育，在培养精湛医术的同时，教育引导学生始终把人民群众生命安全和身体健康放在首位，提升综合素养和人文修养，做党和人民信赖的好医生。

2. **坚持教材守正创新提质增效**　为了更好地适应新时代卫生健康改革及人才培养需求，进一步优化、完善教材品种。新增《重症医学》《老年医学》《临床营养学》《医学人文导论》，以顺应人民健康迫切需求，提高医学生积极应对突发重大公共卫生事件及人口老龄化的能力，提升医学生营养治疗技能，培养医学生传承中华优秀传统文化、厚植大医精诚医者仁心的人文素养。同时，不再修订第9版《卫生学》，将其内容有机融入《预防医学》《医学统计学》等教材，减轻学生课程负担。教材品种的调整，凸显了教材建设顺应新时代自我革新精神的要求。

3. **坚持教材精品质量铸就经典**　教材编写修订工作是在教育部、国家卫生健康委员会的领导和支持下，由全国高等医药教材建设学组规划，临床医学专业教材评审委员会审定，院士专家把关，全国各医学院校知名专家教授编写，人民卫生出版社高质量出版。在首届全国教材建设奖评选过程中，五年制本科临床医学专业第九轮规划教材共有13种教材获奖，其中一等奖5种、二等奖8种，先进个人7人，并助力人卫社荣获先进集体。在全国医学教材中获奖数量与比例之高，独树一帜，足以证明本套教材的精品质量，再造了本套教材经典传承的又一重要里程碑。

4. **坚持教材"三基""五性"编写原则**　教材编写立足临床医学专业五年制本科教育，牢牢坚持教材"三基"(基础理论、基本知识、基本技能)和"五性"(思想性、科学性、先进性、启发性、适用性)编写原则。严格控制纸质教材编写字数，主动响应广大师生坚决反对教材"越编越厚"的强烈呼声；提升全套教材印刷质量，在双色印制基础上，全彩教材调整纸张类型，便于书写、不反光。努力为院校提供最优质的内容、最准确的知识、最生动的载体、最满意的体验。

5. **坚持教材数字赋能开辟新赛道**　为了进一步满足教育数字化需求，实现教材系统化、立体化建设，同步建设了与纸质教材配套的电子教材、数字资源及在线课程。数字资源在延续第九轮教材的教学课件、案例、视频、动画、英文索引词读音、AR互动等内容基础上，创新提供基于虚拟现实和人工智能等技术打造的数字人案例和三维模型，并在教材中融入思维导图、目标测试、思考题解题思路，拓展数字切片、DICOM等图像内容。力争以教材的数字化开发与使用，全方位服务院校教学，持续推动教育数字化转型。

第十轮教材共有56种，均为国家卫生健康委员会"十四五"规划教材。全套教材将于2024年秋季出版发行，数字内容和电子教材也将同步上线。希望全国广大院校在使用过程中能够多提供宝贵意见，反馈使用信息，以逐步修改和完善教材内容，提高教材质量，为第十一轮教材的修订工作建言献策。

### 汪建荣

1960 年 9 月生于上海。华东政法大学、中国药科大学等院校兼职教授、研究员。现为中国保健协会理事长、国家医师资格考试医学人文试题开发专家委员会主任委员。曾任中国法学会理事、中国行政法研究会理事、中国卫生法学会常务理事、中国卫生监督协会常务理事等。

1983 年 7 月从华东政法学院（现华东政法大学）毕业后到卫生部工作。先后从事卫生立法、卫生监督和药物政策研究等近 40 年。著有《中国公共卫生法》《中国医疗法》《让人人享有基本医疗卫生服务：我国基本医疗卫生立法研究》，主编《卫生法》《国家医师资格考试·医学综合笔试应试指南·医学人文概要》《卫生法制实践与理论研究》《用法律保护公众健康——美国公共卫生法律解读》《中华人民共和国食品安全法解释与应用》《中华人民共和国食品安全法实用问答》《中华人民共和国食品安全法释义及适用指南》《疫苗管理法百问百答》等，副主编《中国医疗管理法律法规实用全书（1978—2008）》《〈中华人民共和国职业病防治法〉条文释义》《卫生法立法研究》《卫生法基础》《食品企业危害分析关键控制点（HACCP）质量控制体系》等，发表论文数十篇。

### 田 侃

1964 年 12 月生于江苏泰州。教授，博士生导师，执业律师。南京中医药大学养老服务与管理研究院常务副院长，南京市栖霞区第十七、十八、十九届人大代表，兼任国家医师资格考试医学人文试题开发专家委员会卫生法规专业组组长、中国药师协会副会长、中国卫生法学会常务理事、中国药学会药事管理专业委员会副主任委员、中华中医药学会人文与管理分会副主任委员等。从事医药卫生法律教学科研与实务 30 余年，主编《卫生法学》《卫生法规》《中国药事法》《药事管理与法规》等 30 余部教材或专著。主持完成省部级以上科研课题 30 余项，获江苏省哲学社会科学优秀成果奖二等奖（排名第一）、江苏省卫生法学会二十周年庆典表彰"学会杰出领导者奖"等，以第一作者或通信作者发表学术论文 100 余篇。

## 王安富

男,1967年4月生于辽宁北票。大连医科大学人文与社会科学学院教授,硕士生导师。兼任中国卫生法学会理事、学术委员会委员。主要从事医事(卫生)法学教学与研究。发表学术论文近30篇,主编、参编《医事法学》《卫生法学(案例版)》等规划教材。主持研究多项省部级课题。

## 乐　虹

女,1962年10月生于湖北武汉。华中科技大学同济医学院医药卫生管理学院教授,首届华中卓越学者(教学)。兼任中国卫生法学会常务理事、中国医院协会医疗法制专业委员会常务理事、中华预防医学会公共卫生管理与法治分会常委、湖北省法学会卫生法学研究会及湖北省卫生健康法学会副会长等。曾获湖北省科学技术进步奖二等奖。从事卫生法教学和科研30余年,参与《基本医疗卫生与健康促进法》《传染病防治法》《医疗纠纷预防和处理条例》《医疗机构投诉管理办法》及湖北省和武汉市人大立法起草、修订研究与专家咨询等工作。发表论文数十篇,出版专著《当代医患关系及纠纷防控新思维》《中国卫生法发展》等,作为副主编和编者参编10余部卫生法相关教材。

## 邓　虹

女,1966年10月生于湖南邵东。教授,硕士生导师,执业律师。中国卫生法学会第四届理事会常务理事;中华全国律师协会第十届医药卫生法律专业委员会委员;中华医学人文培训工程专家委员会委员;云南省法学会第七届常务理事;云南省法学会卫生法学研究会会长;昆明市律师协会医疗与健康委员会副主任委员。主持云南省哲学社会科学基金项目2项;主持云南省卫生健康委员会和教育厅委托项目各2项。主编教材或专著6部,主译1部;作为副主编或编者参编教材30余部,其中国家卫生健康委员会规划教材6部。发表专业论文40余篇。

# 前言

卫生法律知识对医学生将来从事医疗卫生工作是必不可少的。作为五年制临床医学专业规划教材,《卫生法》对医学生了解和掌握卫生法律知识起了重要作用。

为方便教学和自学,《卫生法》自第 1 版起,就将简明扼要、通俗易懂放在首位,以介绍现行卫生法律法规规章为主,兼及历史发展,受到医学生和教师的欢迎,也因此成为国内具有较大影响的卫生法教材。

《卫生法》第 6 版对全书进行了结构优化,根据卫生法制新发展和新变化,对部分章节进行了适当的调整,补充了必要的内容,丰富了数字资源内容,本版数字资源内容包括 PPT、目标测试、思考题解题思路、案例、图片等,使体系更为完整,内容更为丰富,资料更为翔实,更具理论性和实践性。本版教材所引用的卫生法律法规规章截至 2024 年 7 月。

本版教材的修订认真参考了使用本教材的院校教师和学生反馈的宝贵意见,并结合国家医师资格考试大纲的修订,将知识内容与考试要点进行了衔接,使教材更具实用性。

本版教材的参编单位,在复旦大学、南京中医药大学、北京大学、山东大学、华中科技大学、浙江大学、哈尔滨医科大学、大连医科大学、昆明医科大学、首都医科大学等院校的基础上,新增了山西开放大学、南京医科大学、广州医科大学、山西医科大学和中国政法大学等院校和单位。

本版教材于 2023 年 6 月和 10 月,先后在南京、晋城召开编写会和定稿会,2024 年 7 月定稿。全书由汪建荣、田侃、达庆东、乐虹、邓虹、王安富统稿定稿。

本教材主要介绍的是我国的卫生法,因此在表述我国某一具体法律文件名称时,统一采用约定俗成的简称,以求简明,在正文中不再一一说明(如《中华人民共和国药品管理法》简称为《药品管理法》)。

本轮教材的修订特别感谢《卫生法》第 1 ~ 4 版副主编、第 5 版编委达庆东多年来为本教材作出的贡献,以及对本版教材编写的辛勤付出。感谢各参编单位的大力支持。南京中医药大学喻小勇副教授担任编写秘书并承担了大量相关工作,在此一并致以衷心的谢意。

对于本教材的不足之处,恳请读者指正。

汪建荣　田　侃

2024 年 7 月

# 目录

18

## 第十一章　学校卫生法律制度 116

## 第二十章　医疗技术临床应用法律制度　　238

# 第一章 | 卫生法概述

卫生法,是调整在卫生活动过程中所发生的社会关系的法律规范的总称。卫生法是行政法的重要组成部分,卫生法的目的在于保护和发展人的健康权益,维护和促进卫生秩序。卫生法概述主要介绍了卫生法的概念、特征及渊源,卫生法的基本原则,卫生法在法律体系中的地位与作用,卫生法的产生与发展。

## 第一节 | 卫生法的概念、特征及渊源

### 一、卫生的含义

"卫生"一词,最早见于我国医学典籍《黄帝内经》。《庄子·庚桑楚》也有"愿闻卫生之经"的记载。在古代,"卫生"的含义主要是指"养生",有"卫护生命"的意思。西晋时期郭象将"卫生"解释为"防卫其生,令合道也"。明代杨继洲在《针灸大成·足太阴脾经穴歌》中说:"善卫生者养内,不善卫生者养外"。

现在的"卫生"有狭义和广义之分。狭义的卫生是指一种有利于健康的状况,如干净、整洁等。广义的卫生是指为了保障人的健康而进行的个人和社会活动的总和。通常把保护和增进人的身体或精神健康的各种服务,称为卫生服务;把提供卫生服务的各种机构,称为卫生机构;把从事卫生服务的各类技术人员,称为卫生人员。

### 二、卫生法的概念

卫生法是调整在卫生活动过程中所发生的社会关系的法律规范的总称。简言之,卫生法是调整卫生社会关系的法律规范的总称。这一概念包括以下几层含义。

#### (一)卫生法调整的对象是卫生社会关系

卫生社会关系是多种多样的,但从法律性质上分,主要是两类:一类是卫生行政关系,另一类是卫生民事关系。卫生行政关系,是指经卫生法确认,具有行政意义上的权利义务内容的关系。卫生行政关系是在卫生管理活动中产生的,在通常情况下,卫生行政部门总是卫生行政关系的一方。卫生民事关系,是指经卫生法确认,具有民事意义上的权利义务内容的关系。卫生民事关系是在卫生服务过程中发生的,卫生民事关系主体的法律地位是平等的。例如医患关系是一种典型的卫生民事关系。卫生行政关系和卫生民事关系虽然是不同性质的法律关系,但两者关系十分密切。有效的卫生行政关系是良好的卫生民事关系的基础,良好的卫生民事关系是有效的卫生行政关系的结果。

#### (二)卫生法是卫生法律规范的总和

我国的卫生法是由一系列调整卫生社会关系的法律规范所构成的。卫生法律规范分两大组成部分,一部分是在专门制定的卫生法律、行政法规和规章中,另一部分是散在于其他方面的法律、行政法规和规章中。

目前,我国主要的卫生法律有:《药品管理法》《国境卫生检疫法》《传染病防治法》《红十字会法》《母婴保健法》《献血法》《医师法》《职业病防治法》《人口与计划生育法》《食品安全法》《精神卫生法》《中医药法》《疫苗管理法》《基本医疗卫生与健康促进法》等。

主要的卫生行政法规有:《公共场所卫生管理条例》《尘肺病防治条例》《医疗用毒性药品管理办法》《放射性药品管理办法》《国境卫生检疫法实施细则》《学校卫生工作条例》《传染病防治法实施办法》《中药品种保护条例》《医疗机构管理条例》《食盐加碘消除碘缺乏危害管理条例》《红十字标志使用办法》《血液制品管理条例》《国内交通卫生检疫条例》《医疗器械监督管理条例》《母婴保健法实施办法》《医疗事故处理条例》《使用有毒物品作业场所劳动保护条例》《药品管理法实施条例》《突发公共卫生事件应急条例》《医疗废物管理条例》《乡村医生从业管理条例》《病原微生物实验室生物安全管理条例》《麻醉药品和精神药品管理条例》《放射性同位素与射线装置安全和防护条例》《艾滋病防治条例》《血吸虫病防治条例》《人体器官捐献和移植条例》《国务院关于加强食品等产品安全监督管理的特别规定》《护士条例》《乳品质量安全监督管理条例》《食品安全法实施条例》《女职工劳动保护特别规定》《残疾预防和残疾人康复条例》《医疗纠纷预防和处理条例》《人类遗传资源管理条例》和《化妆品监督管理条例》等。此外,国务院卫生等行政部门也单独或者联合制定发布了大量的卫生规章。

### 三、卫生法的特征

卫生法以增进个人和社会健康、均衡个人和公共健康利益为宗旨,以发展卫生事业、保护患者权利、提高国民健康素质为己任。其特征体现在以下四个方面。

#### (一)卫生法是行政法律规范和民事法律规范相结合的法律

从卫生法的规范内容上看,卫生法主要是一种行政法律规范和民事法律规范相结合的法律。卫生法作为一个重要的法律部门,有着与其他法律部门不同的特点。卫生法以调整卫生社会关系为主要内容。卫生社会关系是指在卫生活动中形成的权利义务关系。卫生社会关系既存在于卫生机构、卫生人员与卫生行政部门之间,也存在于卫生机构与卫生人员之间;既存在于卫生行政部门与企事业单位、社会团体和公民之间,也存在于卫生机构、卫生人员与患者之间,还存在于其他产生卫生社会关系的主体之间。在我国,卫生机构和卫生人员提供卫生服务时,其与患者的关系主要是由卫生法调整的。其中包括行政法律规范和民事法律规范。对侵害患者权利的行为,卫生法规定,除需要承担行政法律责任外,还要承担一定的民事赔偿责任,对严重的侵权行为还要追究相应的刑事责任。国外卫生法学将卫生法解释为:与卫生保健以及与卫生保健直接有关的一般民事法、行政法及刑法的法律规范的总称。

#### (二)卫生法是在医学发展演变基础上逐步形成的专门法律

从卫生法的发展过程上看,卫生法是在医学发展演变基础上逐步形成的一种专门法律。卫生法既是法律的一个分支,又与医学密切相关,是法学与医学相结合的产物。因此,卫生法具有浓厚的技术性。医学的进步为卫生法的发展提供了广阔的空间,而卫生法的发展则推动了社会文明的进程。从医学实践中总结出来的反映客观规律的医学技术成果不断被卫生法所吸收,是卫生法生命力的源泉。卫生法的内容中含有大量的医学技术成果,既显示了卫生法的技术性、专业性,也说明了卫生法的普遍性、广泛性。医学技术成果是卫生法的立法依据,也是卫生法的实施手段。离开了医学技术,卫生法是难以生存和发展的。所以,在卫生法中,医学技术规范是不可缺少的重要组成部分,占有十分突出的地位。卫生法的技术性,一方面要求人们要了解卫生法的具体内容,另一方面要求人们要具有一定的医学知识。否则,就无法熟悉卫生法、遵守卫生法和应用卫生法。

#### (三)卫生法是强制性规范与任意性规范相结合的法律

从卫生法的规范性质上看,卫生法是一种强制性规范与任意性规范相结合的法律。按照对人们行为规定或限定的范围或程度,法律规范可以分为强制性规范与任意性规范。卫生法中的规定,既有强制性的,也有非强制性的,但以强制性的规范为主。在现代社会,卫生已在商品经济活动中占有重要地位,影响着社会生活的各个方面。卫生法作为调整卫生社会关系的专门法律,具有鲜明的国家干预性。总体上说,在保障公民健康上,卫生法是以强制性规范为主的。如果卫生机构可以任意设立、任意解散、任意开展业务范围,势必会造成卫生秩序的混乱。当然,卫生法在突出强制性规范的同时,在实现健康权益上,卫生法更多地尊重当事人自主原则,允许人们在规定范围内自行选择或者协商确定"为"还是"不为","为"的方式以及法律关系中具体的权利和义务。卫生法中有许多"可以"条款,对这些条款,管理相对人可以选择适用,也可以放弃适用。

### (四)卫生法是具有一定国际性的国内法

从卫生法所确认的规则看,卫生法是具有一定国际性的国内法。卫生法虽然在本质上属于国内法,但由于对卫生本身共性的、规律性的普遍要求,特别是随着各国之间人员往来和贸易与合作的快速发展,任何一个国家或地区都不可能置身于世界之外,必须从自身利益的互补性出发,去适应世界经济一体化的发展趋势。因此,各国卫生法在保留其个性的同时,都比较注意借鉴和吸收各国通行的卫生规则,使得与经济发展密切相关的卫生法具有明显的国际性。

## 四、卫生法的渊源

卫生法渊源又称卫生法的法源,是指卫生法律规范的外部表现形式和根本来源。我国卫生法的渊源有以下几种形式。

### (一)宪法

宪法是国家的根本法,具有最高法律效力,是卫生立法的依据。我国现行宪法是1982年制定的,之后有多次修正。宪法第二十一条第一款规定,国家发展医疗卫生事业,发展现代医药和我国传统医药,鼓励和支持农村集体经济组织、国家企业事业组织和街道组织举办各种医疗卫生设施,开展群众性的卫生活动,保护人民健康。第四十五条第一款规定,中华人民共和国公民在年老、疾病或者丧失劳动能力的情况下,有从国家和社会获得物质帮助的权利。国家发展为公民享受这些权利所需要的社会保险、社会救济和医疗卫生事业。宪法有关卫生方面的规定比较原则化,需要制定专门的卫生法律、行政法规等予以具体化。

### (二)法律

法律作为卫生法的渊源,包括由全国人民代表大会制定的基本法律和全国人民代表大会常务委员会制定的非基本法律。目前我国还没有全国人民代表大会制定的卫生基本法律,但是由全国人民代表大会常务委员会制定的卫生非基本法律比较多,如《药品管理法》《传染病防治法》《职业病防治法》《医师法》《基本医疗卫生与健康促进法》等。这些卫生法律被称为单行法。作为卫生法渊源的法律除了专门的卫生法律外,还包括有卫生法规范的其他非专门卫生法律。

### (三)行政法规

行政法规是国务院依宪法授权制定的规范性法律文件。它的法律效力低于法律而高于地方性法规。同法律一样,卫生法规范也大量存在于非专门的卫生行政法规中。在2000年《立法法》实施前,卫生方面的行政法规发布有两种形式:一种是由国务院直接发布,如《公共场所卫生管理条例》《血液制品管理条例》《医疗机构管理条例》等;另一种是经国务院批准,由国务院卫生行政部门单独或者与有关部门联合发布,如《学校卫生工作条例》等。在研究卫生法时,要注意行政法规发布形式的前后变化。

### (四)地方性法规

地方性法规在卫生法法源中也占有重要地位。地方性法规可以根据本行政区域的实际情况就执行卫生法律、行政法规作出具体规定,也可以对属于地方性的卫生事务作出具体规定。《立法法》规定,省、自治区、直辖市的人民代表大会及其常务委员会根据本行政区域的具体情况和实际需要,在不同宪法、法律、行政法规相抵触的前提下,可以制定地方性法规。设区的市的人民代表大会及其常务委员会根据本市的具体情况和实际需要,在不同宪法、法律、行政法规和本省、自治区的地方性法规相抵触的前提下,可以对城乡建设与管理、环境保护、历史文化保护等方面的事项制定地方性法规,法律对设区的市制定地方性法规的事项另有规定的,从其规定。设区的市的地方性法规须报省、自治区的人民代表大会常务委员会批准后施行。

### （五）自治条例、单行条例

自治条例和单行条例，合称为自治法规。自治条例、单行条例作为卫生法法源，只限于民族自治地方适用。根据宪法规定，民族自治地方的人民代表大会有权依照当地民族的政治、经济、文化特点，制定自治条例和单行条例。自治区的自治条例和单行条例，报全国人民代表大会常务委员会批准后生效。自治州、自治县的自治条例和单行条例，报省或者自治区的人民代表大会常务委员会批准后生效，并报全国人民代表大会常务委员会备案。

### （六）规章

规章分部门规章和地方政府规章，两者也统称行政规章。国务院卫生等行政部门和具有行政管理职能的国务院直属机构，可以根据法律和国务院的行政法规、决定、命令，在本部门的权限范围内制定规章。涉及两个以上国务院部门职权范围的事项，应当提请国务院制定行政法规或者由国务院有关部门联合制定规章。省、自治区、直辖市和设区的市、自治州的人民政府，可以根据法律、行政法规和本省、自治区、直辖市的地方性法规，制定规章。设区的市、自治州的人民政府制定的地方政府规章，限于城乡建设与管理、环境保护、历史文化保护等方面的事项。规章不得与宪法、法律、行政法规相抵触，地方政府规章还不得与地方性法规相抵触。规章作为卫生法法源，其数量远比行政法规、地方性法规多。

### （七）卫生标准

卫生标准是卫生法的一种特殊法源。由于卫生法律、行政法规比较侧重原则且抽象，除了需要卫生规章予以具体化外，还需要卫生标准予以细化。根据卫生标准的法律效力，分为强制性卫生标准和推荐性卫生标准，但可以作为卫生法特殊法源的卫生标准只能是强制性卫生标准。另外，根据卫生标准的发布形式，分为狭义卫生标准和广义卫生标准两种。狭义卫生标准是指以标准形式发布的规范性文件，分为国家标准、行业标准和地方标准。广义卫生标准除了包括以标准形式发布的规范性文件外，还包括以其他形式发布的以标准命名的规范性文件。前者如《生活饮用水卫生标准》，后者如《医疗事故分级标准》。

### （八）法律解释

有关机关对卫生法律、行政法规、规章所作的解释，通常也视为卫生法的法源。根据《全国人民代表大会常务委员会关于加强法律解释工作的决议》的规定，①凡关于法律、法令条文本身需要进一步明确界限或作出补充规定的，由全国人民代表大会常务委员会进行解释或用法令加以规定。②凡属于法院审判工作中具体应用法律、法令的问题，由最高人民法院进行解释；凡属于检察院检察工作中具体应用法律、法令的问题，由最高人民检察院进行解释。两院解释如果有原则性的分歧，报请全国人民代表大会常务委员会解释或决定。③不属于审判和检察工作中的其他法律、法令如何具体应用的问题，由国务院及主管部门进行解释。④凡属于地方性法规条文中本身需要进一步明确界限或作出补充规定的，由制定法规的省、自治区、直辖市人民代表大会常务委员会进行解释或作出规定。凡属于地方性法规如何具体应用的问题，由省、自治区、直辖市人民政府主管部门进行解释。学理解释和非有权机关进行的解释不是卫生法法源。

### （九）国际条约

卫生国际条约是卫生法的一种特殊法源。卫生国际条约可以由全国人民代表大会常务委员会决定同外国缔结，或者由国务院按职权范围同外国缔结。卫生国际条约虽然不属于我国国内法的范畴，但其一旦生效，除我国声明保留的条款外，对我国具有约束力。

## 五、卫生法与卫生法学的关系

卫生法与卫生法学是两个性质不同的概念，前者指卫生法律规范的总称，后者指有关卫生法律规范的学说。

卫生法按其表现形式,可以分为形式意义上的卫生法和实质意义上的卫生法。所谓形式意义上的卫生法,是指国家立法机关制定的以"卫生法"或者"卫生法典"命名的法律。所谓实质意义上的卫生法,是指调整卫生社会关系法律规范的总称。我国目前还没有以"卫生法"或者"卫生法典"命名的形式意义上的卫生法,但有以调整卫生社会关系为对象的实质意义上的卫生法。制定一部以"卫生法"命名的法律,一直是卫生系统或者说是卫生法学界的一个强烈愿望。编纂一部卫生法典,应当是我国卫生法进一步发展、完善的必由之路。本书所称的卫生法,如无特别说明,皆指实质意义上的卫生法。

卫生法学是以卫生法为研究对象的科学,是法学中的一门分支学科。卫生法学有狭义与广义之分,狭义的卫生法学是指以实质意义上的卫生法作为研究对象的卫生法学,既包括研究以"卫生法"或者"卫生法典"等形式表现出来的卫生法规范,也包括以单行法律、行政法规、部门规章等形式表现出来的卫生法规范。在学术界,也有学者把狭义的卫生法学称为卫生法规范学或卫生法解释学。广义的卫生法学,除了上述的狭义卫生法学外,还包括卫生法哲学、卫生法社会学、卫生法史学、卫生法伦理学和比较卫生法学等。卫生法学的表现形式是多种多样的,可以是专著、学术论文,也可以是教科书、条文注释等。

卫生法是由国家强制力保证实施的,而卫生法学只是一种学说,不具有国家强制力。但是,卫生法学能影响卫生立法,在许多情况下,卫生法学对卫生立法起着先导作用。

卫生法学总的研究对象是卫生法现象,具体包括以下内容。

### (一)卫生法的产生、发展及其规律

卫生法作为一种社会现象,是一定历史时期的产物。虽然在不同的历史发展时期,卫生法有不同的表现,但总的来说是有规律可循的。为了深入研究卫生法,应当研究卫生法的历史,特别是卫生法不同表现背后的社会环境。将不同历史时期、不同卫生法表现、不同社会环境加以排列和组合,可以对比卫生法与经济社会发展的关系,掌握卫生法在各个时期的演变轨迹,发现卫生法在发展过程中的独特规律,进而认识卫生法今后发展所需要的经济、政治、社会、文化等诸多条件。

### (二)卫生法的内容、形式与本质

卫生法涉及面广泛,内容十分丰富。研究卫生法要从卫生法概念、卫生法原则、卫生法规则等卫生法的构成元素入手,进而研究卫生法内部的组织结构。卫生法目前已经形成基本架构和规模。根据卫生法的编制体例,结合我国卫生法律、行政法规实际内容,我国现行卫生法由公共卫生法、医疗法和药物法(也称药事法)三部分所组成。在研究卫生法内容时,既要注意研究各个组成部分的具体规定、具体制度,又要注意研究三个组成部分之间的内在机制、相互联系。对卫生法的形式研究,要把法律、行政法规、规章等法源形式和编、章、节、条、款、项等结构形式结合起来。在内容和形式研究的基础上,进一步总结卫生法的价值、功能和本质。

### (三)卫生社会关系

在社会关系中,有许多关系与卫生有关,但卫生法只调整在卫生活动过程中所发生的社会关系。这些卫生社会关系主要分成两部分:一部分是卫生行政法律关系,另一部分是卫生民事法律关系。前者是卫生行政机关在卫生行政管理过程中所形成的关系,后者是平等主体在卫生民事活动过程中所形成的关系。研究卫生法,就是研究卫生法所确立和维护的社会关系。无论是研究卫生行政法律关系,还是研究卫生民事法律关系,研究的重点都是相应法律关系的内容,即双方当事人的法律地位所构成的权利、义务,以及这些法律关系的发生、变更和消灭等。

### (四)卫生法的理论基础

卫生法学是法学的一门分支学科。它研究的是法现象中的一种特定现象,即卫生法现象。同其他法学的分支学科一样,法学的基本理论、原则都适用于卫生法学。法理学、法史学等也是卫生法学的基础课程。卫生法学与行政法学、民法学有着最为密切的关系。因为卫生法的绝大多数规范分别属于行政法和民法范畴,行政法学和民法学为卫生法学研究提供了丰富的理论基础。同样,卫生法许

多规范的根据,如《行政许可法》《行政处罚法》《行政复议法》《行政诉讼法》《行政强制法》《国家赔偿法》《民法典》《民事诉讼法》《刑法》《刑事诉讼法》等在卫生领域的具体应用,也为行政法学、民法学和刑法学等提供了鲜活的实证研究素材。

# 第二节 ｜ 卫生法基本原则

## 一、卫生法基本原则的概念

卫生法基本原则,是指反映卫生法立法精神、适用于卫生法律关系的基本原则。卫生法基本原则是卫生立法的指导思想和基本依据,是卫生法所确认的卫生社会关系主体及其卫生活动必须遵循的基本准则,对卫生司法活动也起指导作用。

## 二、卫生法基本原则的内容

### (一)卫生保护原则

健康权是一项基本人权。卫生保护是实现人的健康权利的基本保证,也是卫生制度的重要基础。虽然在不同的经济社会发展阶段,卫生保护的内容和水平有所差别,但卫生保护原则所体现的精神实质始终是一致的。概括地说,卫生保护原则有两方面的内容:第一,人人有获得卫生保护的权利。任何人不分民族、种族、性别、职业、社会出身、宗教信仰、受教育程度、财产状况等,都有权从国家获得卫生保护,同时他们依法所具有的卫生保护权益都受同等的法律保护。要实现这一权利意味着要在全国范围内合理安排卫生资源,并建立起一个合理的财政系统,以保证每个人都能获得卫生保护。第二,人人有获得有质量的卫生保护的权利。这一权利要求卫生保护的质量水平应达到一定的专业标准,包括对病人的卫生保护和对消费者的卫生保护等。卫生保护的质量是每一个人关心的问题,但一般来说个人并没有能力判断卫生保护质量的高低、优劣,这就需要政府加强卫生监督,例如对药品进行质量检验,对医护服务制定标准,对制售不合格产品实施处罚等。

### (二)预防为主原则

卫生法实行预防为主原则,首先是由卫生工作的性质所决定的。预防在本质上是积极地、主动地与疾病作斗争。预防的目的是建立和改善合乎生理要求的生产和生活环境,保护人体健康,防止疾病的发生和流行。其次是由我国经济社会发展水平所决定的。我国是发展中国家,医疗保障水平还不高,人们医疗费用支付能力比较低,所以,卫生工作优先把重点放在预防上。实践证明,预防为主不仅是费用低、效果好的措施,还能更好地体现党和政府对人民群众的关心和爱护。预防为主原则有以下几个基本含义:①任何卫生工作都必须立足于预防,无论是制定卫生政策,采取卫生措施,还是考虑卫生投入,都应当把预防放在优先地位;②强调预防,并不是轻视医疗,预防与医疗不是一对矛盾,也不是分散的、互不联系的、彼此独立的两个系统,而是一个相辅相成的有机整体;③预防和医疗都是保护人体健康的方法和手段。无病防病,有病治病,防治结合,是预防为主原则总的要求。

### (三)公平原则

所谓公平原则就是以利益均衡作为价值判断标准来配置卫生资源,协调卫生服务活动,以便每个社会成员普遍能得到卫生服务。它是伦理道德在卫生法上的反映,是社会进步、文明的体现。公平原则的基本要求是合理配置可使用的卫生资源。任何人在法律上都享有平等地使用卫生资源的权利,但是,个人可以使用的卫生资源的范围和水平,客观上要受到卫生资源分布和分配的影响。所以,如何解决卫生资源的缺乏和合理分配问题是卫生法的一个主要课题。公平是配置卫生资源的基础,合理配置卫生资源是公平的必然要求。不公平就不会有合理的卫生资源配置,只有合理的卫生资源配置才是真正的、实质上的公平。需要指出的是,这里的公平不是指人人获得相同数量或者相同水平的卫生服务,而是指人人达到最高可能的健康水平。要达到这样一种健康水平,政府就对人民负有一种责任,即通过采取适当的经济、法律、行政等措施来保证广大人民群众能够获得基本的卫生服务,缩小地区间的差别。从这个意义上说,公平不是一个单一的、有限的目标,而是一个逐步改善的过程。

### (四)保护社会健康原则

保护社会健康原则,也称保护公共健康原则,本质上是协调个人利益与社会健康利益的关系。人具有社会性,有参与社会分工和合作的权利,也有对社会承担一定责任的义务。这个义务就包括了个人在行使自己权利时,不得损害社会健康利益。社会健康利益是一种与个人利益有关,但又不专属于任何个人的社会整体利益。这种对社会整体利益的保护有可能导致对个人权利的限制,如对某些传染病病人,法律规定不得出境或者进境;又如为了防止交通事故,法律禁止驾驶员酒后驾驶、疲劳驾驶,强制要求系安全带等。由于社会健康的重要性日益凸显,国家在社会经济生活中的卫生介入不断增加,如对某些传染病病人、病原携带者或者疑似传染病病人,法律规定在治愈前或者排除传染病嫌疑前,不得从事易使该传染病扩散的工作;又如为了控制烟草危害,法律干预烟草的生产、广告和销售,并且禁止在某些公共场所吸烟等。

### (五)患者自主原则

保护患者权利的观念是卫生法的基础,而患者的自主原则是患者权利的核心。所谓患者自主原则,是指患者经过深思熟虑,就有关自己疾病的医疗问题作出合理的、理智的并表示负责的自我决定的权利。它包括:①有权自主选择医疗机构、医生及其医疗服务的方式;②除法律、法规另有规定外,有权自主决定接受或者不接受某一项医疗服务;③有权拒绝非医疗性服务等。一般认为,在卫生服务中,对患者作出各种限制是不可避免的,但这些限制原则上须经患者同意,并尽可能减少至最低程度,而且这些限制应当具有法律基础。20世纪后期,卫生法出现了两个比较明显的趋势:一是患者的权利迅速扩大。如患者享有可以查阅甚至复制本人病历资料的权利等;二是把医疗卫生人员的职责转化为患者的权利。如医务人员履行告知和说明的义务转化为患者的知情同意权。我国虽然还没有专门的患者权利保护法,但现行的卫生法律、行政法规都从不同角度对患者权利,如医疗权、知情权、同意权、选择权、参与权、隐私权、申诉权、赔偿请求权等,作了明确、具体的规定。

## 第三节 │ 卫生法的地位与关系

### 一、卫生法在法律体系中的地位

卫生法在法律体系中占有重要地位,因为它与每一个人都有密切关系。从人出生起到死亡,卫生法都在为维护人的健康权益而服务,而这些是其他法律所不能取代的。

#### (一)卫生法是宪法的实施法

宪法是法律体系中地位最高的法律,它调整着根本的社会关系,确定国家的基本制度和原则。所以,它的许多规定相对比较抽象、原则化,需要民法、行政法和刑法从不同角度、以不同形式加以具体化。换句话说,民法、行政法和刑法都是宪法的实施法。卫生法作为行政法的重要组成部门,担负着将宪法规定的公民基本健康权利义务落到实处的重要使命。从这个意义上说,卫生法是否完备对于贯彻宪法精神、维护宪法尊严、保证宪法实施具有十分重要的意义。

#### (二)卫生法是行政法的重要组成部门

法律体系是由各个部门法所组成的。人们通常把一国的法律体系划分为宪法统率下的民法、行政法和刑法三大法律部门。而法律部门的划分则是以规范的对象和内容为标准的,比如,民法调整以平等为特征的民事社会关系;行政法调整以命令服从为特征的行政社会关系;而刑法没有自己单独的调整对象,其职责是保护民法和行政法所确认的法律关系,维护民法和行政法所确认的法律秩序。卫生法虽然有不少规范是调整以平等为特征的卫生民事社会关系的,但就其整体而言还是调整以命令服从为特征的卫生行政社会关系为主的。由于调整对象的特殊性和调整内容的系统性,卫生法在行政法体系中占有十分重要的地位。

## 二、卫生法与相关部门法的关系

法是一个有机的统一体系。在这个体系中,各个部门法是既有分工又有合作,形成独特的对应关系。这种对应关系决定了各部门法在法的体系中的地位。

### (一) 卫生法与行政法

卫生法从性质上说属于行政法,都是调整以命令服从为特征的行政社会关系。不同的是,卫生法调整的是卫生方面的行政社会关系,而行政法调整的则是包括"卫生方面的行政社会关系"在内的所有行政社会关系。由于行政社会关系的复杂性和广泛性,行政法的一般规定比较原则化、概括,在具体运用中,需要根据不同情况加以具体化。对卫生法来说,它就是行政法在卫生领域的具体化法。一方面,卫生法保证了行政法所确立的基本思想、基本制度、基本原则等在卫生领域的贯彻实施;另一方面,它又根据卫生领域的实际情况对这些思想、制度、原则等进行细化,也有力地促进了行政法的发展。

### (二) 卫生法与民法

卫生法与民法调整的社会关系的性质和范围不相同。卫生法调整的是以命令服从为特征的行政社会关系,民法调整的是以平等为特征的民事社会关系。此外,两者在调整方式上也不相同。卫生法确认卫生行政管理者与被管理者的不同地位,强调被管理者对卫生行政管理者的服从;而民法确认民事主体的平等地位,反对一方强迫另一方成立民事关系。卫生法要求卫生行政机关依法行政,将卫生行政机关的合法行政行为作为行政法律关系发生的唯一依据;而民法要求尊重当事人的自主意志,将双方通过平等协商形成的共同意志行为作为民事法律关系发生的重要依据。卫生法只允许被管理者通过行政复议、行政诉讼等两种途径解决行政纠纷;而民法允许民事主体通过诉讼、仲裁、第三人调解、自行和解等多种途径解决民事纠纷。行政责任具有惩罚性,而民事责任具有补偿性。

### (三) 卫生法与刑法

卫生法和刑法都属于实体法,但前者是调整型实体法,后者是保护型实体法。卫生法通过建立权利义务模型体系,对人的行为进行正面引导,其职能是通过调整现实的卫生社会关系,建立理想的卫生社会秩序;而刑法通过法律制裁的威慑力量,禁止人实施反常行为,其职能之一是保护卫生法所确认的卫生社会关系,维护卫生法所建立的卫生社会秩序。卫生法规范表现为强制性规范(也有部分任意性规范),而刑法规范表现为禁止性规范。卫生法对所确认的卫生行政法律关系也建立了自己的法律责任制度,但是,它所使用的制裁手段仅限于财产剥夺、行为限制等行政处罚,有关刑事处罚需要适用刑法。卫生法受到刑法建立的刑事法律制度的保护。

## 三、卫生法的作用

卫生法在社会生活中的作用是多方面的,归纳起来,可以概括为以下三个方面。

### (一) 维护社会卫生秩序

卫生社会关系是丰富的、复杂的,也经常是矛盾的、冲突的,所以,它需要不断被调节、整理,也就是通常说的调整,使之条理化、秩序化。调整卫生社会关系主要有两条途径:一条是市场途径,即由市场进行调节,如用供给与需求的市场力量来满足高层次的医疗需求等;另一条是政府途径,即由政府进行干预,如用行政手段来解决卫生资源配置不合理问题等。但是,无论是市场调节还是政府干预,都离不开卫生法。一方面,卫生法通过建立市场的卫生秩序,约束市场的卫生主体,规范市场的卫生行为,维护市场的卫生安全;另一方面,卫生法通过界定政府干预卫生的范围与程度,使政府对卫生的干预既不窒息市场的活力,也不失控卫生的本质,实现国家对卫生的宏观目标。卫生法中的禁止性规范、强制性规范、授权性规范或者任意性规范在调整卫生社会关系上的角度、力度不同,但目的是一致的,就是要把各种卫生社会关系纳入符合公平正义要求的秩序中去。

### （二）保障公共卫生利益

国家发展卫生事业的目的是满足社会卫生需求，实现公共卫生利益，而要实现这样的目标，需要整合社会卫生资源，组织卫生管理活动。卫生法作为一种手段承担着这样的使命，即通过调整卫生社会关系来保证这一目标的实现。利益在法律上的表现形式是权利，公共卫生利益在卫生法上表现出来的就是公共卫生权利。卫生法有关公共卫生权利既体现在公共卫生领域，也体现在医疗保健领域；既体现在个人身上，也体现在群体身上。所以，从这个意义上也可以说卫生法是权利法。在卫生法上，除了授予公民、法人和其他组织依法可以取得各种行为资格，赋予他们依法可以取得包括民事权利在内的各种权利外，还规定了他们在行使自己的权利或者履行他们的义务时，不能侵害公共卫生利益。卫生法为保护公共卫生利益以及公共卫生利益关系人的权利，建立了完善的权利救济制度。

### （三）规范卫生行政行为

法律是社会关系的调节器，但是，调节器本身并不会自动运行，需要人或者组织来操作，而且运行的好坏也主要取决于这些操作的人或者组织是否遵守操作规程。卫生行政部门是卫生法的主要操作手之一，它代表国家运用公共权力维护卫生社会关系权利主体的权利，强制卫生社会关系义务主体或责任主体履行其义务、承担其责任，最终实现卫生法调整卫生社会关系的目的。因此，卫生行政部门必须在法律规定范围内行使自己的职权；同时，也必须按照法律规定的程序和要求行使自己的职权。在行使职权的过程中，卫生行政部门要把维护社会卫生秩序和保障公共卫生利益作为宗旨，切实做到合法行政、合理行政、程序正当、高效便民、诚实守信、权责统一，防止违法、滥用行政权力，并把自己的行政行为始终置于社会监督之下。

## 第四节 | 卫生法的产生与发展

### 一、中国卫生法的产生与发展

我国古代最早的卫生法规范可以追溯到商周时期。从商周到秦朝，是我国卫生法规范萌芽时期，其主要标志是《周礼》。据《周礼·天官》记载，当时宫廷医生分食医（负责饮食）、疾医（内科）、疡医（外科）和兽医四种。在天官之下设有"医师"职位，作为医疗行政管理的最高负责人，"掌医之政令，聚毒药以供医事"。另外，在"医师"下面再设士、史、府等官职。士分上士、中士、下士，皆为医官。史官管文书医案，府官管药物、器械等。在周朝，已经有了世界上最早的病历死亡报告制度，"凡民之有疾病者，分而治之。死终，则各书其所以，而入于医师"；也有了世界上最早的根据医疗成绩确定俸禄等级的医生年终考核制度，"岁终则稽其医事，以制其食：十全为上，十失一次之，十失二次之，十失三次之，十失四为下"。

从秦代起我国有了比较系统的法典，卫生法规范逐渐增多，有关医疗管理制度和药品管理制度也趋于规范化。例如，秦朝在中央政府中设置了太医令丞，掌管医药政令。汉朝建立了军医制度，内容包括病号登记、病假批复、看护人员考勤、疾病统计等。公元659年唐朝颁布的药典《新修本草》比欧洲最早的《佛罗伦萨药典》还早800年。宋朝建立了国家药品检验制度，颁布了生产成药的法定标准《太平惠民和剂局方》。我国古代对医疗活动的刑事责任规定比较多，例如，《唐律》规定，拿错药、贩卖毒药、行医诈伪等要处以刑法。《宋律》规定，庸医伤人致死要依法绳之；利用医药诈取财物者，以匪盗论处。《元典章》规定，禁止医生出售剧毒药品和人工流产药品，禁止假医游街卖药，医生治死人命必须酌情定罪。《大明会典》规定，医家要世代行医，不许妄行变动，违者要治罪。《大清律》规定，庸医治病致人死亡，经过辨验，不属于故意伤害的，以过失杀人论罪，不许再行医；以治疗疾病为名谋取财物的，追赃，以盗窃论；故意致人死亡或者用药杀人的斩。

辛亥革命以后，我国卫生法规范开始趋向专门化。当时国民政府制定了一些卫生法规，例如：传染病预防条例、医师暂行条例、助产士条例、中医条例等。但由于国民党统治的政治腐败，经济衰落，制定的诸多卫生法规并没有真正得到实施。

中华人民共和国成立后,我国卫生法进入了一个崭新的发展阶段。当时起临时宪法作用的《共同纲领》规定,提倡国民体育,推广医药卫生事业,并保护母亲、婴儿和儿童的健康。1954年颁布的第一部《宪法》第九十三条规定,中华人民共和国劳动者在年老、疾病或者丧失劳动能力的时候,有获得物质帮助的权利。国家举办社会保险、社会救济和群众卫生事业,并且逐步扩大这些设施,以保证劳动者享受这种权利。20世纪50年代是我国卫生法发展最为重要的时期之一,在这个时期国家制定了卫生工作方针,确立了卫生行政管理体制,建立了卫生防疫体系和医疗服务体系,实行了劳保医疗制度和公费医疗制度,同时,颁布了许多卫生行政法规和规章,规定了我国卫生行政机关的组织、职权、工作方式和责任,也规定了我国基本卫生制度、卫生管理领域和卫生管理方式。主要的卫生行政法规有:《管理麻醉药品暂行条例》《麻醉药品临时登记处理办法》《医院诊所管理暂行条例》《劳动保险条例》《医师暂行条例》《中医师暂行条例》《牙医师暂行条例》《药师暂行条例》《医士、药剂士、助产士、护士、牙科技士暂行条例》《公费医疗管理办法》《传染病管理办法》《工厂安全卫生规程》等。1957年第一届全国人民代表大会常务委员会通过了我国第一部卫生专门法律《国境卫生检疫条例》。

由于受"法律虚无主义"的影响,20世纪50年代末到20世纪60年代初我国卫生法的立法速度有所放缓,但也制定颁布了一些重要的卫生法规,如《食用合成染料管理办法》《食品卫生管理试行条例》《关于加强药政管理的若干规定》《农村联合医疗机构和开业医生暂行管理办法》《农村医生集体办的医疗机构和开业医生暂行管理办法》等。到了1966—1976年,卫生法立法几乎完全停顿下来。党的十一届三中全会以后,卫生法的立法工作重新被提上议事日程。

1982年通过的《宪法》是我国卫生法发展的重要基础。它不仅规定了国家发展卫生事业的目的与指导思想,也规定了国家发展卫生事业的内容。在20世纪末短短的10多年时间里,我国建立了卫生法体系的基本架构。1982年制定了具有里程碑意义的《食品卫生法(试行)》;1984年制定的《药品管理法》建立起了新的药品监督管理体制;1986年制定的《国境卫生检疫法》和1989年制定的《传染病防治法》标志着我国公共卫生领域进入了法制化管理轨道;1994年制定的《医疗机构管理条例》揭开了医疗领域立法的新序幕;此后相继制定的《母婴保健法》《献血法》《执业医师法》使我国医疗领域立法不断迈上新台阶。

进入21世纪以来,卫生法不断完善,连续创下了几个具有标志性意义的第一,如2002年的《医疗事故处理条例》,第一次系统地规定了我国患者的权利;2003年的《中医药条例》,是我国第一部综合性的中医药专门法规,2016年的《中医药法》又为中医药传承创新发展注入了新的活力;2003年的《突发公共卫生事件应急条例》,建立了我国第一套应急管理体制和机制;2007年的《人体器官移植条例》将医学伦理审查确立为一项新的医疗法律制度。

在这二十多年里,国家还制定了《职业病防治法》《食品安全法》《精神卫生法》《中医药法》《疫苗管理法》等,修订了《药品管理法》《红十字会法》《国境卫生检疫法》,修正了《传染病防治法》《母婴保健法》《职业病防治法》《人口与计划生育法》《食品安全法》《精神卫生法》,将《执业医师法》修改为《医师法》,将《人体器官移植条例》修改为《人体器官捐献和移植条例》等。

2019年12月28日,第十三届全国人民代表大会常务委员会第十五次会议审议通过《基本医疗卫生与健康促进法》,自2020年6月1日起施行。该法总结了我国医药卫生体制改革的经验,对落实党中央、国务院在基本医疗卫生与健康促进方面的战略部署作出了顶层的、制度性的、基本的安排,是我国卫生健康领域第一部基础性、综合性法律,对于推动我国卫生健康领域法治建设,在卫生健康工作中落实全面依法治国方略具有基础性和全局性的作用,对于构建中国特色基本医疗卫生制度,全方位全周期保障人民健康,推进健康中国建设具有重要意义。

## 二、国际卫生法

### (一)国际卫生法的概念和性质

国际卫生法,是指国际组织制定的卫生方面的国际公约或者其他法律文件。国际卫生法的内容非常广泛,既包括传统的公共卫生领域,如传染病控制、食品、饮用水、药品等,也包括日益国际化的医疗保健领域。国际卫生法与国际环境法、国际人口法、国际劳动法、国际人权法、国际禁毒法、国际贸易法等有着十分密切的联系。

国际卫生法的制定是为了促进各国在卫生领域的技术合作和交流,共同抵御疾病对人类健康的威胁,同时也是为了促进各国为实现世界卫生组织(World Health Organization,WHO)提出的目标作出更多的努力。国际卫生法对各国卫生立法提出了许多立法要求,对各国卫生法的发展产生了积极影响。例如,20世纪70年代WHO在提出实现初级卫生保健目标后,即要求各国进行必要的改革,制定新的卫生法规,或者修改现行卫生法规,以促进初级卫生保健的发展及其策略的实施。

国际卫生法在性质上属于国际法的一个分支。作为国际法的一种,国际卫生法是由主权国家之间缔结的文件组成的。国际卫生法的主要体现形式为《国际卫生条例》以及其他各种卫生条约、公约等。经成员国批准或者认可的条例、公约等文件对该成员国就具有国际法上的约束力。

### (二) 国际卫生法的发展历史

国际卫生法是国家之间卫生合作和交流的产物。最初的国际卫生法产生于国际卫生检疫领域,如1851年有12个国家在巴黎召开了国际卫生会议,在这次会议上通过了一个重要文件,明确规定,进出各国港口的船舶要办理检疫手续,实施消毒、隔离等卫生措施。这个文件即是后来的《国际卫生条例》的雏形。1926年6月又在巴黎召开了国际卫生会议,有37个国家正式签署了国际卫生公约。此后,该公约经历了数次修改、补充,在1951年将名称改为《国际卫生条例》。从1951年到1981年间,WHO对该条例做多次修改、补充。最近一次修改是在2005年5月。新的《国际卫生条例》将适用范围从1969年商定的六种严重传染病——霍乱、鼠疫、黄热病、天花、回归热和斑疹伤寒,扩大至国际关注的一系列突发公共卫生事件,包括正在出现的疾病。同时,新的《国际卫生条例》要求各国加强能力建设,采取常规预防措施,发现并应对国际关注的突发公共卫生事件。常规措施包括在港口、机场、陆地边界以及对用于国际旅行的运输工具采取公共卫生行动。新的《国际卫生条例》还强调采取的公共卫生行动要确保最大限度地保护人民健康,同时又要将对国际旅行和贸易的干扰减少到最低限度。

我国是WHO的创始国之一。1945年在旧金山召开的联合国会议上,一致通过了中国和巴西代表团提出的建立一个普遍性的WHO的提议。1946年6月,国际卫生会议在纽约举行。7月22日,国防卫生会议通过了《世界卫生组织法》。1948年4月7日《世界卫生组织法》正式生效,WHO宣告成立。从此,国际卫生法也揭开了新的篇章。WHO成立以来,根据"使全世界人民获得最高可能水平的健康"的宗旨,积极指导和协调国际卫生工作,协助各国加强卫生事业,提供技术合作,组织制定了大批卫生条约、公约、协定、宣言、议定书等相关文件,也就是我们所说的国际卫生法。在1977年第30届世界卫生大会上,WHO做出决定,要求加强WHO在卫生法规方面的规划,并协助各成员国制定适合其需要的卫生法规;同时,根据其"国际卫生工作的指导和协调机关"的职能,做好在国际层面上的卫生立法协调工作。

### (三) 国际卫生法的主要渊源

国际卫生法的渊源,是指根据制定主体不同而将国际卫生法划分为不同的类别。国际卫生法的主要渊源包括以下几个方面。

1. **WHO制定的文件**　WHO是联合国系统内专门负责卫生事务的机构,其通过的国际卫生条约、公约涉及的范围十分广泛,内容也十分丰富,是国际卫生法最主要的渊源之一。WHO除自己单独制定文件外,也与其他国际组织联合制定了大量的与卫生有关的文件,前者如《国际卫生条例》,后者如与联合国粮农组织合作制定的国际食品安全和质量标准等。

2. **联合国和联合国系统其他组织制定的文件**　联合国是当今世界上最具普遍性、影响最广泛、规模最大的政府间组织。自1945年成立以来,其通过的有关卫生的文件不计其数,如著名的《世界卫生组织组织法》《1961年麻醉品单一公约》《1971年精神药物公约》《儿童权利公约》等。此外,联合国所属的组织也通过了许多与卫生有关的文件。

**3. 联合国系统以外的国际组织制定的文件**　如国际劳工组织通过的《职业安全和卫生及工作环境公约》和同名建议书（1981 年）、《码头作业职业安全和卫生公约》和同名建议书（1979 年）等，又如世界贸易组织通过的《与贸易有关的知识产权协定》（Agreement on Trade-Related Aspects of Intellectual Property Rights，TRIPS）、《实施卫生与植物卫生措施协议》（Agreement on the Application of Sanitary and Phytosanitary Measures，SPS）、《技术性贸易壁垒协议》（Agreement on Technical Barriers to Trade，TBT）等。

**4. 区域性国际组织制定的文件**　第二次世界大战以后，许多区域性的国际组织成立了，如欧洲联盟、美洲国家组织、非洲统一组织、阿拉伯国家联盟等。这些组织不仅重视区域经济问题，也十分关注社会发展目标，为此制定了许多有关卫生方面的文件。这些区域性国际组织制定的文件，虽然只在该区域范围内适用，但同样属于国际卫生法的组成部分。

**5. 双边条约**　双边条约主要是为了解决国与国之间跨境卫生问题，特别是有关卫生信息互通、协作采取卫生措施、卫生援助等。双边条约对签约双方具有约束力。

此外，许多国际性非政府组织也制定了大量的行为规范，如世界医学会通过的《国际医学伦理准则》，国际护士会通过的《国际护士伦理准则》等。国际性非政府组织制定的这些文件虽然不属于严格意义上的国际法，但是，这些文件在指导和规范相应领域的行为方面也发挥了重要作用。从这个角度上说，国际性非政府组织制定的文件是国际卫生法的补充。

**思考题**

1. 什么是卫生法？它有哪些特征？
2. 卫生法有哪些表现形式？
3. 卫生法的基本原则有哪些？
4. 卫生法在法律体系中的地位是什么？
5. 什么是卫生法学？它的研究对象是什么？

思考题解题思路　　　　　本章目标测试

## 推荐阅读

1. 汪建荣. 中国医疗法［M］. 北京：法律出版社，2018.
2. 汪建荣. 中国公共卫生法［M］. 北京：法律出版社，2023.

（汪建荣）

# 第二章 | 卫生法律关系

卫生法律关系是人们在卫生领域里所形成的与卫生相关的权利义务关系,包括卫生行政法律关系和卫生民事法律关系。每一个具体法律关系都由主体、客体和内容三要素构成。主体是法律关系的参加者,客体是主体的权利义务指向的对象,内容是法律关系主体所享有的权利和承担的义务。引起法律关系产生、变更、消灭的客观事实,称为法律事实,包括法律事件和法律行为。

## 第一节 | 概 述

### 一、卫生法律关系的概念

法律关系,是指法律规范调整的人们在社会活动中所形成的各种权利和义务关系。卫生法律关系,是指卫生法律规范调整的人们在卫生活动中所形成的卫生权利和义务关系。

卫生法律关系是依据卫生法律规范产生的、人们在卫生活动中形成的特殊社会关系,该特殊社会关系体现为主体之间的卫生权利和义务关系。实际上,卫生法律关系是卫生法律规范通过法律行为而作用于卫生活动的结果,是卫生法运行过程中立法指令转变为社会行为的形式,也是法律调整功能的实现途径。把卫生法律规范的抽象规定转化为具体卫生法律关系时,就把卫生法上的一般的权利和义务与具体的人或组织结合在一起,使静态、抽象的卫生法变成了动态、具体的卫生法。卫生法律关系主体在卫生法律关系内实现一定的利益和自由,从而使卫生法的立法宗旨和调整目的得以实现。

### 二、卫生法律关系的特征

卫生法律关系是根据卫生法律规范所建立的一种社会关系,除了具有一般法律关系的共同特征外,还具有其自身特征。

#### (一)卫生法律关系是卫生法确认的具有特定范围的法律关系

卫生法律关系是卫生法确认的具有特定范围的法律关系,该特定范围就是卫生领域。人们在卫生领域从事卫生活动所形成的,并且是与卫生有关的权利义务关系。那些并非在卫生领域所形成,但涉及卫生权利义务关系的,或者尽管是在卫生活动过程中所形成的,但不涉及卫生权利义务关系的,均不属于卫生法律关系。

#### (二)卫生法律关系既有行政法律关系又有民事法律关系

人们依据卫生法律规范所形成的卫生权利义务关系中,既包括医疗服务活动提供者与接受服务者之间形成的民事法律关系,也包括卫生行政主体与被管理者之间形成的行政法律关系。前者例如,医疗卫生机构在提供卫生服务时与接受服务者之间所形成的法律关系;后者例如,卫生行政部门在对卫生服务活动进行监管时与被管理者之间所形成的法律关系。

#### (三)卫生法律关系所体现的利益是公民和社会的健康利益

卫生法以保护人体健康为宗旨,人们在卫生活动中形成的各种法律关系均围绕着健康权利和义务而进行,虽然其表现形式为一定的物质利益和人身利益,但都是以健康利益为前提的。如果没有健康利益,也就没有卫生法律关系。

## （四）卫生行政主体和医疗卫生机构是卫生法律关系中最主要的主体

卫生行政主体指的是卫生行政机关以及法律法规授权的组织。由于法律法规授权的组织在行政主体中所占比重较小，所以，人们通常在说卫生行政主体时，往往只提卫生行政机关（或称卫生行政部门）。卫生行政主体是卫生行政法律关系的主体之一，在卫生行政许可、行政处罚、行政强制等所有行政管理中，与被管理者形成卫生行政法律关系。任何一个卫生行政法律关系中，至少有一方是卫生行政主体。医疗卫生机构是卫生民事法律关系的最主要参加者，它在提供临床医疗服务和公共卫生服务时，与接受服务者形成广泛的民事法律关系。

### 三、卫生法律关系的种类

根据不同的标准和认识角度，可以对卫生法律关系做不同的分类。根据法律关系主体之间的相互地位，可分为卫生行政法律关系和卫生民事法律关系两大类。

（一）卫生行政法律关系

1. 卫生行政法律关系的概念　卫生行政法律关系，是指卫生行政主体依法进行卫生行政管理过程中与被管理者之间所形成的法律关系。被管理者称为管理相对人（方）或者行政相对人（方）。由于行政法律关系双方的法律地位不平等，权利义务不对等，这种关系实际上是一种领导与服从的关系，所以，也称为行政隶属法律关系，或者称纵向法律关系。

2. 卫生行政法律关系的特征　①卫生行政法律关系中必定有一方是卫生行政主体。卫生行政主体行使卫生行政监督管理权是卫生行政关系得以发生的客观前提，任何卫生行政法律关系中，必定至少有一方是卫生行政主体，否则就不成为行政法律关系。②卫生行政法律关系具有非对等性。非对等性，是指法律关系主体双方的权利义务不对等。卫生行政主体代表国家进行行政管理时处于优先地位，法律赋予它一定的优益权，承认行政行为具有公定力，用以保证行政管理的效率。③卫生行政法律关系中的权利义务一般是法定的。按照行政法治原则的要求，行政权的取得必须依法，行政权的行使必须合法。行政主体与被管理者之间的权利和义务通常是法定的，而不是相互约定的，也不能自由选择或放弃。④卫生行政主体实体上的权利义务是重合的。实体法中规定的行政主体的权利也称为职权，是行政主体实施国家行政管理活动的资格及权能，从本质上，职权来自国家和人民；而对于赋予其权利的国家和人民而言，行政职权也是行政主体应尽的义务，也称职责，在很大程度上，职权也是职责。

（二）卫生民事法律关系

1. 卫生民事法律关系的概念　卫生民事法律关系，是指在医疗卫生服务活动中，提供医疗卫生服务的医疗卫生单位或个人与接受服务者之间所形成的法律关系。卫生民事法律关系主体双方法律地位平等，双方意思自治，权利义务对等，所以也称平权型法律关系，或者称横向法律关系。

2. 卫生民事法律关系的特征　①卫生民事法律关系中必定有一方是取得特殊许可从事医疗卫生服务资质的组织或个人。由于涉及人体健康，医疗卫生服务的提供者依法必须取得法律许可，如取得《医疗机构执业许可证》《医师执业证书》等，并且进行相关的登记或备案。没有取得许可的组织和个人，不得从事相关医疗卫生服务活动，否则属于违法行为。②卫生民事法律关系双方主体的法律地位平等。在卫生民事法律关系中，双方主体法律地位平等，意思自治，一方不得强迫另一方。

## 第二节 | 卫生法律关系的构成要素

### 一、卫生法律关系的主体

卫生法律关系的构成要素，是指构成每一个具体的卫生法律关系必须具备的要素，包括卫生法律关系主体、卫生法律关系客体和卫生法律关系内容，三者缺一不可。

卫生法律关系的主体,是指参加卫生法律关系、享有卫生权利和承担卫生义务的公民、法人和其他组织。任何一个卫生法律关系,至少要有两方主体,有时会存在三方以上多个主体。享有权利的一方称为权利主体,负有义务的一方称为义务主体。当然,通常情况下,双方均享有一定的权利并承担一定的义务。政府(国家)、卫生行政机关、医疗卫生机构、卫生人员、企事业单位、社会团体和个人等,均可以成为卫生法律关系主体。

## 二、卫生法律关系的客体

卫生法律关系的客体,是指卫生法律关系主体的卫生权利和卫生义务所指向的对象。卫生法律关系的客体包括:人的生命健康权益、物、行为、智力成果等。在同一个法律关系中,有时会存在几个客体。

### (一)人的生命健康权益

保障人的生命健康权益是我国卫生法的基本目的。依照我国《宪法》《民法典》以及《基本医疗卫生与健康促进法》等规定,自然人享有生命权、身体权、健康权等。自然人的人身自由、人格尊严受法律保护。生命权,是指以保护自然人的生命安全利益为内容的权利,是身体权和健康权的基本前提。身体权,是指公民保持其身体组织完整并支配其肢体、器官、身体组织,以及保护自己的身体不受他人非法侵犯的权利。健康权,是指自然人维护其机体生理功能正常运作和功能完善发挥为内容的权利。生命权、身体权、健康权是生命健康权中最基础的权利,在此基础上延伸出其他权利,如医疗救治权、患者知情同意权等。

### (二)物

法律关系客体中的物,是指法律规定可以作为财产权利和义务对象的物品或物质财富。这就意味着并非所有物理意义上的物都能成为法律关系客体。法律意义上的物,必须得到法律认可、有价值、能被认识和控制。所谓得到法律认可,是指法律允许其作为法律关系的客体,像假药等禁止流通物就不能成为法律关系的客体;限制流通物允许在一定领域内成为某些特定法律关系的客体。所谓有价值,是指能够满足人们的某种需要或者给人们带来某种利益。所谓被人类认识和控制,是指人类对某物有认识并且能控制。宇宙中不被人类所认识和控制的物,不能成为客体,否则,法律关系主体的利益不能得到实现。

### (三)行为

行为,是指卫生法律关系中权利主体行使权利和义务主体履行义务的活动,包括作为和不作为。作为是要求从事一定的行为,也称积极行为;不作为是指法律关系主体依据法律规定或者双方的约定,不做某种行为,也称消极行为。实践中,以行为为法律关系客体的情形大量存在,如申请卫生许可、卫生行政审批、提供医疗服务等行为。

### (四)智力成果

智力成果,是指人们脑力劳动所创造的成果,属于精神财富。如作品、专利、商业秘密、中医药处方等。智力成果可以转换成一定形式的物质财富。保护智力成果是保护和发展医学技术、提高人民健康水平的要求,是卫生法的一项基本任务。

## 三、卫生法律关系的内容

卫生法律关系的内容,是指卫生法律关系的主体针对特定客体在一定条件下依法享有的卫生权利和承担的卫生义务。

### (一)卫生权利

卫生权利是卫生法律关系中的权利主体依照卫生法规定,根据自己的意愿实现自己某种利益的可能性。

卫生权利至少包含三层含义:①权利主体有权在卫生法规定的范围内,根据自己的意愿为或不为一定行为;②权利主体有权在卫生法规定的范围内,要求义务主体为或不为一定行为,以便实现自己的某种利益;③权利主体有权在自己的卫生权利遭受侵害或者义务主体不履行义务时,申请法律救济。

### (二)卫生义务

卫生义务是卫生法律关系中的义务主体依照卫生法规定,为一定行为或者不为一定行为,以满足权利主体的某种利益。

卫生义务至少包含三层含义:①义务主体应当依据卫生法的规定,为或者不为一定行为,以便权利主体实现其利益;②义务主体的义务要在卫生法规定的范围内,对于权利主体超出法定范围的要求,义务主体不承担;③卫生义务受到国家强制力的约束,义务主体不履行或不适当履行时,要承担相应的法律责任。

## 第三节 | 卫生法律关系的产生、变更和消灭

### 一、卫生法律关系的产生

卫生法律关系的产生,是指在卫生活动中,因某种事实的存在,使人们之间为一定权益的实现而形成了权利和义务关系,例如患者的就医行为引起医患民事法律关系的产生。

### 二、卫生法律关系的变更

卫生法律关系的变更,是指因某种事实的存在而使原有的卫生法律关系发生变动。可以是主体变更、客体变更或者内容变更。

### 三、卫生法律关系的消灭

卫生法律关系的消灭,是指因某种事实的存在使原有卫生法律关系终止或解除。卫生法律关系消灭的原因主要有两个:一是义务方依法履行了法定义务,从而使卫生法律关系消灭;二是卫生法律关系主体双方或一方不存在了,使原本存在的卫生法律关系终止或解除。此外,卫生法律关系也会因为复议机关的复议决定或者人民法院的判决而消灭。卫生法律关系也可能因法定的不可抗力等原因而消灭。

### 四、法律事实

法律关系的产生、变更和消灭必须有法律规范所规定的某种法律事实的出现。所谓法律事实,是指卫生法律规范所规定的,能够直接引起卫生法律关系产生、变更和消灭的客观情况。主要包括法律事件和行为两大类。

#### (一)法律事件

法律事件,是指法律规定的能够直接引起法律关系产生、变更和消灭而又不以当事人意志为转移的客观事件,简称事件。分自然事件和社会事件,前者指不依人的意志为转移而出现的客观情况,例如地震、人的出生及死亡等不可抗力现象;后者指当事人以外其他人的活动造成的事件,如政策法令的改变、战争等不可抗力现象。

#### (二)行为

行为,是指人们有意识有目的,能够直接引起法律关系产生、变更和消灭的某种活动。包括合法行为和违法行为。

引起法律关系的产生、变更和消灭的,有些只需要一个法律事实,有些则需要几个法律事实。同样,有时一个法律事实可以引起多个法律关系的产生、变更和消灭。

**思考题**

1. 为什么卫生行政法律关系主体双方的权利义务不对等?

2. 为什么卫生法律关系客体中的物,必须是得到法律认可的物?

3. 卫生民事法律关系特征对医患关系的处理有什么启示?

思考题解题思路　　　　　　本章目标测试

## 推荐阅读

1. 姚建红.卫生法与卫生政策［M］.北京:中国协和医科大学出版社,2022.

2. 孙国华,朱景文.法理学［M］.5 版.北京:中国人民大学出版社,2021.

3. 张文显.法理学［M］.5 版.北京:高等教育出版社,2018.

（杨　平）

# 第三章 卫生法的制定与实施

卫生法的制定与实施,在国家卫生法制建设中具有重要的地位。卫生法的制定必须以宪法为依据,遵循宪法原则;根据立法权限的划分进行立法活动。卫生法的实施主要有卫生法的遵守和卫生法的适用两种方式。卫生法适用的基本要求是准确、及时、合法;卫生法遵守的基本要求是恪守卫生法的规定,严格依法办事。

## 第一节 | 卫生法的制定

### 一、卫生法制定的概念

卫生法的制定,是指有权的国家机关依照法定的权限和程序,制定、认可、修改、补充或废止规范性卫生法律文件的活动,又称卫生立法活动。

卫生法的制定有广义和狭义之分。狭义的卫生法的制定,专指全国人民代表大会及其常务委员会制定卫生法律这种特定的规范性文件的活动。广义的卫生法的制定,不仅包括狭义的卫生法的制定,还包括国务院制定卫生行政法规,国务院有关部门制定卫生部门规章,省、自治区、直辖市以及设区的市的人民代表大会及其常务委员会制定地方性卫生法规,地方人民政府制定地方政府卫生规章,民族自治地方的自治机关制定卫生自治条例和单行条例,特别行政区的立法机关制定规范性卫生法律文件等活动。

卫生立法具有以下特点。

#### (一) 卫生立法是由特定主体进行的活动

卫生立法是国家的一项专门活动,只能由享有卫生立法权的国家机关进行,其他任何国家机关、社会组织和公民个人均不得进行卫生立法活动。

#### (二) 卫生立法是依据一定职权进行的活动

享有卫生立法权的国家机关只能在其特定的权限范围内进行与其职权相适应的卫生立法活动。

#### (三) 卫生立法是依据一定程序进行的活动

卫生立法必须按照法律规定的程序进行,才能保证其具有严肃性、权威性和稳定性。

#### (四) 卫生立法是制定、认可、修改、废止卫生法律的活动

卫生立法活动不仅包括制定新的规范性卫生法律文件的活动,还包括认可、修改、补充或废止等一系列卫生立法活动。制定,是指国家机关进行的直接卫生立法活动;认可,是指国家机关进行的旨在赋予某些卫生习惯、其他卫生规范以法的效力的活动;修改和废止,是指随着社会发展进步,适时变更现行卫生法律规范的活动。

卫生法的制定是卫生执法、卫生司法和卫生守法的前提和基础,在国家卫生法制建设中具有重要的地位。我国宪法、立法法、行政法规制定程序条例,规章制定程序条例,法规规章备案条例等法律、法规对有关立法制度作了明确规定。

### 二、卫生法制定的根据

#### (一) 宪法是卫生立法的法律根据

宪法是国家的根本大法,具有最高法律效力,是其他法律、法规的立法依据。宪法中有关国家发

展医疗卫生事业,保护人民健康的规定,是卫生法制定的来源和法律根据。

我国《宪法》第二十一条规定,国家发展医疗卫生事业,发展现代医药和我国传统医药,鼓励和支持农村集体经济组织、国家企业事业组织和街道组织举办各种医疗卫生设施,开展群众性的卫生活动,保护人民健康。第二十五条规定,国家推行计划生育,使人口增长同经济和社会发展计划相适应。第四十五条第一款规定,中华人民共和国公民在年老、疾病或者丧失劳动能力的情况下,有从国家和社会获得物质帮助的权利。国家发展为公民享受这些权利所需要的社会保险、社会救济和医疗卫生事业。卫生立法必须以宪法的上述规定为法律根据,同时卫生立法也是对宪法规定的具体化。

### (二) 保护人体健康是卫生立法的思想根据

《"健康中国2030"规划纲要》指出,健康是促进人的全面发展的必然要求,是经济社会发展的基础条件。实现国民健康长寿,是国家富强、民族振兴的重要标志,也是全国各族人民的共同愿望。以卫生关系为调整对象的卫生法必然要把保护人体健康作为其立法的思想根据、立法工作的出发点和落脚点。

法律赋予公民的权利是极其广泛的。其中,生命健康权是公民最根本的权益,是行使其他权利的前提和基础。失去了生命和健康,一切权利都成空谈。以保障人体健康为中心内容的卫生法,无论其以什么形式表现出来,也无论其调整的是哪一特定方面的社会关系,都必须坚持保护人体健康这一思想根据。

### (三) 医药卫生科学是卫生立法的自然科学根据

卫生工作是以生命科学为核心的科技密集型行业,现代卫生事业是在现代自然科学及其应用工程技术高度发展的基础上展开的。以卫生关系为调整对象的卫生法,必然要涉及与人的生命、健康相关的自然科学。因此,卫生立法工作在遵循法律科学的基础上,还必须遵循卫生工作的客观规律,也就是必须把医学、卫生学、药物学、生物学等自然科学的基本规律作为卫生法制定的科学依据,遵循人与自然环境、社会环境、人的生理及心理环境相协调的规律,使法学和医药卫生科学紧密联系在一起,科学地立法,促进医学科学进步和卫生事业发展。只有这样才能达到有效保护人体健康的立法目的。

### (四) 社会经济条件是卫生立法的物质根据

法反映统治阶级的意志并最终由统治阶级的物质生活条件所决定。社会经济条件是卫生法制定的重要物质基础。改革开放以来,我国社会主义建设取得了巨大成就,生产力有了很大发展,综合国力不断增强,社会经济水平有了很大提高,为新时期的卫生立法工作提供了牢固的物质依据。不过我们也要看到,中国特色社会主义进入新时代,我国社会主要矛盾已经转化为人民日益增长的美好生活需要和不平衡不充分的发展之间的矛盾,对卫生立法提出了许多新要求。我国的综合国力、生产力和人民生活水平都是卫生立法工作的制约因素。因此,卫生法的制定必须着眼于我国的实际,立足全人群和全生命周期两个着力点,正确处理好卫生立法与现实条件、经济发展之间的关系,以适应社会主义市场经济和卫生事业改革的需要,满足人民群众不断增长的健康需求,保障经济和社会可持续发展的目的。

### (五) 卫生政策是卫生立法的政策依据

政策是国家或政党为完成一定时期的任务而规定的活动准则。卫生政策是党领导国家卫生工作的基本方法和手段。它以科学的世界观、方法论为理论基础,正确反映了医药卫生科学的客观规律和社会经济与卫生事业发展的客观要求,是对人民共同意志和卫生权益的高度概括和集中体现。

党的十九大报告提出实施健康中国战略。党的二十大报告提出推进健康中国建设,并指出人民健康是民族昌盛和国家强盛的重要标志,把保障人民健康放在优先发展的战略位置,完善人民健康促进政策。主要包括:优化人口发展战略,建立生育支持政策体系;实施积极应对人口老龄化国家战略,发展养老事业和养老产业;深化医药卫生体制改革,促进医保、医疗、医药协同发展和治理;促进优质医疗资源扩容和区域均衡布局,坚持预防为主,加强重大慢性病健康管理,提高基层防病治病和健康管理能力;深化以公益性为导向的公立医院改革,规范民营医院发展;发展壮大医疗卫生队伍,把工作重点放在农村和社区;重视心理健康和精神卫生;促进中医药传承创新发展;创新医防协同、医防融合机制,健全公共卫生体系,提高重大疫情早发现能力,加强重大疫情防控救治体系和应急能力建设,有效遏制重大传染性疾病传播;深入开展健康中国行动和爱国卫生运动,倡导文明健康生活方式。卫生立法以上述卫生政策为指导,才能反映客观规律和社会发展要求,充分体现人民意志,使卫生法律规范能够在现实生活中得到普遍遵守和贯彻,最终形成良好的卫生法律秩序,保障人民群众卫生权益的实现。因此,党的卫生政策是卫生法的灵魂和依据,卫生立法要体现党的卫生政策的精神和内容。

### 三、卫生法制定的基本原则

卫生法制定的基本原则,是指卫生立法主体进行卫生立法活动必须遵循的基本行为准则,是立法指导思想在立法实践中的重要体现。根据《立法法》的规定,卫生立法活动必须遵循以下基本原则。

#### (一)遵循宪法的基本原则

遵循宪法的基本原则,即在中国共产党领导下,在马克思列宁主义、毛泽东思想、邓小平理论、"三个代表"重要思想、科学发展观、习近平新时代中国特色社会主义思想指引下,坚持人民民主专政,坚持社会主义道路,坚持改革开放,不断完善社会主义的各项制度,发展社会主义市场经济,发展社会主义民主,健全社会主义法治,贯彻新发展理念,自力更生,艰苦奋斗,逐步实现工业、农业、国防和科学技术的现代化,推动物质文明、政治文明、精神文明、社会文明、生态文明协调发展,把我国建设成为富强民主文明和谐美丽的社会主义现代化强国,实现中华民族伟大复兴。这是党在社会主义初级阶段的基本路线的核心内容,是实现国家长治久安的根本保证,是我们的立国之本,是人民群众根本利益和长远利益的集中反映,理所当然地成为我国所有立法的最根本的指导思想,当然也是卫生立法所必须遵循的基本原则。宪法是人民意志和利益的集中体现,只有坚持和维护宪法原则,才能使卫生立法工作坚持正确的政治方向,反映人民群众医药卫生方面的愿望和要求,以保障和实现宪法所确定的公民的卫生权益。

#### (二)依照法定的权限和程序的原则

国家机关应当在宪法和法律规定的范围内行使职权,立法活动也不例外。卫生立法必须遵循《宪法》《立法法》和有关法律关于立法权限划分的规定。立法机关在宪法、法律规定的范围内行使职权,不能超越法定的权限范围。立法机关超越法定权限的行为,是违法的、无效的。卫生立法不仅须依照法定的权限,还必须严格遵守法定的程序。遵守法定程序之所以重要,是因为程序性规定反映了民主原则,民主的实质须通过相应的程序表现出来。遵守法定程序,是实施法治的重要内容。

#### (三)维护社会主义法制的统一和尊严的原则

卫生立法活动应站在国家和全局利益的高度,从国家的整体利益出发,从人民长远的、根本的利益出发,防止出现部门利益、地方保护主义的倾向,维护国家的整体利益,维护社会主义法制的统一和尊严。这是依法治国,建设社会主义法治国家的必然要求。

#### (四)坚持民主立法的原则

民主立法,就是在整个立法过程中,国家坚持民主立法的价值取向,使社会公众参与和监督立法的全过程,建立充分反映民意、广泛集中民智的立法机制,推进法制建设的科学化、民主化,使法律真正体现和表达人民的意志,反映广大人民群众的根本利益和长远利益。因此,卫生立法要坚持群众路线,采取各种行之有效的措施,广泛听取人民群众的意见,集思广益,在民主的基础上集中,实现卫生立法的民主性、科学性。同时广泛吸收广大人民群众参与卫生立法工作,调动他们的积极性和主动性,不仅使卫生立法更具民主性,还有利于卫生法在现实生活中得到真正的遵守。

#### (五)从实际出发的原则

卫生法的制定从实际出发,最根本的就是从我国的卫生国情出发,深入实际,调查研究,正确认识我国国情,充分考虑到我国社会经济基础、生产力水平、各地的卫生条件、人员素质等状况,科学、合理地规定公民、法人和其他组织的权利与义务、国家机关的权力与责任。坚持从实际出发,也应当注意在充分考虑我国的基本国情,体现中国特色的前提下,适当借鉴、吸收外国及本国历史上卫生立法的有益经验,注意与国际接轨。

## 四、卫生立法体制

立法体制,是指关于立法权限的划分、立法机关的设置和立法权的行使等方面的体系和制度所构成的有机整体。其核心是立法权限的划分。立法权是一定的国家机关依法享有的制定、修改或废止法律等规范性文件的权力。

我国是单一制国家,根据《宪法》的规定,我国实行一元性的立法体制,全国只有一个立法体系,这个体系又是多层次的。根据《宪法》和《立法法》规定,全国人民代表大会和全国人民代表大会常务委员会行使国家立法权,制定卫生法律;国务院根据宪法和法律,制定卫生行政法规;省、自治区、直辖市的人民代表大会及其常务委员会在不同宪法、法律、行政法规相抵触的前提下,制定地方性卫生法规;民族自治地方的人民代表大会有权依照当地民族的政治、经济和文化的特点,制定卫生自治条例和单行条例;国务院组成部门和具有行政管理职能的直属机构,根据法律和国务院的行政法规,制定卫生规章;省、自治区、直辖市和设区的市、自治州的人民政府,可以根据法律、行政法规和本省、自治区、直辖市的地方性法规,制定卫生规章。

## 五、卫生法制定的程序

卫生法的制定程序,是指有权的国家机关制定卫生法所必须遵循的方式、步骤、顺序等的总和。程序是立法质量的重要保证,是民主立法的保障。《立法法》对法律的制定程序作了明确规定,也对行政法规和地方性法规和规章作了原则性规定,卫生法的制定必须依照法定程序进行。以卫生法律为例,其制定包括以下程序。

1. **卫生立法的准备** 主要包括:编制卫生立法规划、作出卫生立法决策、起草卫生法律议案等。

2. **卫生法律案** 卫生法律案的提出是指享有法律案提案权的机关或个人向立法机关提出的关于制定、修改、废止某项卫生法律的正式提案。根据我国《立法法》规定,有权提出法律案的:一是全国人民代表大会代表三十名以上联名或一个代表团可以向全国人民代表大会提出卫生法律案,或全国人民代表大会组成人员十人以上联名可以向全国人民代表大会常务委员会提出卫生法律案;二是全国人大主席团、全国人民代表大会常务委员会可以向全国人民代表大会提出卫生法律案,全国人民代表大会各专门委员会可以向全国人民代表大会或人民代表大会常务委员会提出卫生法律案;三是国务院、最高人民检察院、最高人民法院可以向全国人民代表大会及其常务委员会提出卫生法律案。

3. **卫生法律草案的审议** 卫生法律议案列入日程以后,有权机关或者有权机关委托专家起草卫生法律草案。卫生法律草案要经过全国人民代表大会常务委员会会议审议或全国人民代表大会教科文卫委员会、宪法和法律委员会审议等。列入全国人民代表大会常务委员会会议议程的卫生法律草案,全国人民代表大会教科文卫委员会、宪法和法律委员会和全国人民代表大会常务委员会工作机构应当听取各方面的意见。对于重要的卫生法律草案,经全国人民代表大会常务委员会委员长会议决定,可以将卫生法律草案公布,向社会征求意见。

4. **卫生法律草案的表决、通过** 卫生法律草案提请全国人民代表大会常务委员会审议后,由常务委员会全体会议投票表决,以全体组成人员的过半数通过。

5. **卫生法律的公布** 获全国人民代表大会常务委员会通过的卫生法律,由国家主席以主席令的形式公布,使社会各界周知,便于熟悉并遵照执行。卫生法律的公布是卫生立法的最后一步,是卫生法律生效的前提。凡是未经公布的,均不发生法律效力。

## 第二节 | 卫生法的实施

### 一、卫生法实施的概念

卫生法的实施,是指通过一定的方式使卫生法律规范在社会生活中得到贯彻和实现的活动。卫生法的实施过程,是把卫生法的规定转化为主体行为的过程,是卫生法作用于社会关系的特殊形式。卫生法的实施主要有卫生法的遵守和卫生法的适用两种方式。

## 二、卫生法的适用

卫生法的适用有广义和狭义之分。广义的卫生法的适用,是指国家机关和法律、法规授权的社会组织依照法定的职权和程序,行使国家权力,将卫生法律规范创造性地运用到具体人或组织,用来解决具体问题的一种专门活动。它包括卫生行政部门以及法律、法规授权的组织依法进行的卫生执法活动和司法机关依法处理有关卫生违法和犯罪案件的司法活动。狭义的卫生法的适用,仅指司法活动。这里指的是广义的卫生法的适用。

### (一)卫生法适用的特征

卫生法的适用是一种国家活动,不同于一般公民、法人和其他组织实现卫生法律规范的活动。它具有以下特征。

1. **权威性**　卫生法的适用是享有法定职权的国家机关以及法律、法规授权的组织,在其法定的或授予的权限范围内,依法实施卫生法律规范的专门活动,其他任何国家机关、社会组织和公民个人都不得从事此项活动。

2. **目的的特定性**　卫生法适用的根本目的是保护公民的生命健康权。这是卫生法保护人体健康的宗旨所决定的。

3. **合法性**　有关机关及授权组织对卫生管理事务或案件的处理,应当有相应的法律依据;否则无效,甚至还须承担相应的法律责任。

4. **程序性**　卫生法的适用是有关机关及授权组织依照法定程序所进行的活动。

5. **国家强制性**　卫生法的适用是以国家强制力为后盾实施卫生法的活动,对有关机关及授权组织依法作出的决定,任何当事人都必须执行,不得违抗。

6. **要式性**　卫生法的适用必须有表明适用结果的法律文书,如卫生许可证、罚款决定书、判决书等。

### (二)卫生法适用的基本要求

卫生法适用的基本要求是准确、及时、合法。所谓准确,是指适用卫生法律时,事实要清楚,证据要确凿,对案件定性准确,处理恰当。所谓及时,是指适用卫生法律时,应严格遵守法定的时效期限,提高办案效率,加大执法力度,防止久拖不决,或者任意拖延。所谓合法,是指适用卫生法律时,要以卫生法律规定为标准,严格依法办事。

## 三、卫生法的效力范围

### (一)卫生法效力范围的概念

卫生法的效力范围,是指卫生法的生效范围或适用范围,即卫生法在什么时间、什么地方和对什么人适用,包括卫生法的时间效力、空间效力和对人的效力三个方面。

1. **卫生法的时间效力**　是指卫生法何时生效、何时失效,以及对卫生法生效前所发生的行为和事件是否具有溯及力的问题。

卫生法的生效时间,通常有下列情况:①在卫生法律文件中明确规定从法律文件颁布之日起施行。②在卫生法律文件中明确规定从其颁布后的某一具体时间生效。③卫生法律公布后先予以试行或者暂行,而后由立法机关加以补充修改,再通过为正式法律,公布施行,在试行期间也具有法律效力。④在卫生法规、规章中没有规定其生效时间,但实践中均以该法公布的时间为其生效的时间。这种情况多见于一般的规范性文件。

卫生法的失效时间通常有下列情况:①从新法颁布施行之日起,相应的旧法即自行废止。②新法代替了内容基本相同的旧法,在新法中明文宣布旧法废止。③由于形势发展变化,原来的某项法律已因调整的社会关系不复存在或完成了历史任务而失去了存在的条件自行失效。有的法律规定了生效期限,期满该法即终止效力。④有关国家机关发布专门的决议、命令,宣布废止其制定的某些法,而导致该法失效。

卫生法的溯及力,亦称卫生法溯及既往的效力,是指新法颁布施行后,对它生效以前所发生的事件和行为是否适用的问题。如果适用,该卫生法就有溯及力;如果不适用,该卫生法就不具有溯及力。我国卫生法一般不溯及既往,但为了更好地保护公民、法人和其他组织的权利和利益而作的特别规定除外。

2. **卫生法的空间效力** 是指卫生法生效的地域范围,即卫生法在哪些地方具有拘束力。

卫生法的空间效力有以下几种情况:①全国人民代表大会及其常务委员会制定的卫生法律,国务院及其各部门发布的卫生行政法规、规章等规范性文件,在全国范围内有效;②地方人民代表大会及其常务委员会、民族自治机关颁布的地方性卫生法规、自治条例、单行条例,以及地方人民政府制定的政府卫生规章,只在其行政管辖区域范围内有效;③中央国家机关制定的卫生法律、法规,明确规定了特定的适用范围的,即在其规定的范围内有效;④某些卫生法律、法规还有域外效力。

3. **卫生法对人的效力** 是指卫生法对哪些人具有拘束力。卫生法对人的效力有以下几种情况:①我国公民在我国领域内,一律适用我国卫生法。②外国人、无国籍人在我国领域内,也都适用我国卫生法,一律不享有卫生特权或豁免权。③我国公民在我国领域以外,原则上适用我国卫生法。法律有特别规定的按法律规定。④外国人、无国籍人在我国领域外,如果侵害了我国国家或公民、法人的权益,或者与我国公民、法人发生卫生法律关系,也可以适用我国卫生法。

### (二)卫生法的适用规则

卫生法的适用规则,是指卫生法律规范之间发生冲突时如何选择适用卫生法律规范的问题。卫生法的适用规则主要有以下几条。

1. **上位法优于下位法** 法的位阶是指法的效力等级。效力等级高的是上位法,效力等级低的就是下位法。不同位阶的卫生法律规范发生冲突时,应当选择适用位阶高的卫生法律规范。

2. **同位阶的卫生法律规范具有同等法律效力** 卫生部门规章之间、卫生部门规章与地方政府卫生规章之间具有同等效力,在各自的权限范围内施行。

3. **特别规定优于一般规定** 即"特别法优于一般法"。同一机关制定的卫生法律、卫生行政法规、地方性卫生法规、卫生自治条例和单行条例、卫生规章,特别规定与一般规定不一致的,适用特别规定。

4. **新的规定优于旧的规定** 即"新法优于旧法"。同一机关制定的卫生法律、卫生行政法规、地方性卫生法规、卫生自治条例和单行条例、卫生规章,新的规定与旧的规定不一致的,适用新的规定。适用这条规则的前提是新旧规定都是现行有效的,该适用哪个规定,采取从新原则。这与法的溯及力的从旧原则是有区别的。法的溯及力解决的是新法对其生效以前发生的事件和行为是否适用的问题。

5. **不溯及既往原则** 任何卫生法律规范都没有溯及既往的效力,但为了更好地保护公民、法人和其他组织的权利和利益而作的特别规定除外。

### (三)卫生法效力冲突的裁决制度

1. **卫生法律之间** 对同一事项的新的一般规定与旧的特别规定不一致,不能确定如何适用时,由全国人民代表大会常务委员会裁决。

2. **卫生行政法规之间** 对同一事项的新的一般规定与旧的特别规定不一致,不能确定如何适用时,由国务院裁决。

3. **地方性卫生法规、卫生规章之间** 不一致时,由有关机关依照下列规定的权限进行裁决:①同一机关制定的新的一般规定与旧的特别规定不一致时,由制定机关裁决。②地方性卫生法规与卫生部门规章之间对同一事项的规定不一致,不能确定如何适用时,由国务院提出意见。国务院认为应当适用地方性卫生法规的,应当决定在该地方适用地方性卫生法规的规定;认为应当适用卫生部门规章的,应当提请全国人民代表大会常务委员会裁决。③卫生部门规章之间、卫生部门规章与地方政府卫生规章之间对同一事项的规定不一致时,由国务院裁决。④根据授权制定的卫生法规与卫生法律规定不一致,不能确定如何适用时,由全国人民代表大会常务委员会裁决。

## 四、卫生法的解释

卫生法的解释,是指有关国家机关、组织或个人,为适用或遵守卫生法,根据立法原意对卫生法律规范的含义、内容、概念、术语以及适用的条件等所作的分析、说明和解答。卫生法的解释是完备卫生立法和正确实施卫生法所必需的。按照解释的主体和解释的法律效力的不同,卫生法的解释可以分为正式解释和非正式解释。

### (一)正式解释

正式解释,又称有权解释、法定解释、官方解释,是指有解释权的国家机关按照宪法和法律所赋予的权限对卫生法所作的具有法的效力的解释。正式解释是一种创造性的活动,是立法活动的继续,是对立法意图的进一步说明,具有填补法的漏洞的作用,通常分为立法解释、司法解释和行政解释。

1. **立法解释**　是指有卫生立法权的国家机关对有关卫生法律文件所作的解释。包括:全国人民代表大会常务委员会对宪法和卫生法律的解释;国务院对其制定的卫生行政法规的解释;地方人民代表大会及其常务委员会对地方性卫生法规的解释;国家授权其他国家机关的解释。

2. **司法解释**　是指最高人民法院和最高人民检察院在审判和检察工作中对具体应用卫生法律的问题所进行的解释。包括最高人民法院作出的审判解释,最高人民检察院作出的检察解释,以及最高人民法院和最高人民检察院联合作出的解释。

3. **行政解释**　是指有解释权的行政机关在依法处理卫生行政管理事务时,对卫生法律、法规的适用问题所作的解释。包括国务院及其所属各部门、地方人民政府行使职权时,对如何具体应用卫生法律的问题所作的解释。

### (二)非正式解释

非正式解释,又称非法定解释、无权解释,分为学理解释和任意解释。学理解释一般是指宣传机构、文化教育机关、科研单位、社会组织、学者、专业工作者和报刊等对卫生法所进行的理论性、知识性和常识性解释。任意解释是指一般公民、当事人、辩护人对卫生法律所作的理解和说明。非正式解释虽不具有法律效力,但对法律适用有参考价值,对卫生法的遵守有一定的指导意义。

## 五、卫生法的遵守

卫生法的遵守,又称卫生守法,是指一切国家机关、社会团体、企业及事业组织和全体公民等都必须恪守卫生法的规定,严格依法办事。卫生法的遵守是卫生法实施的一种重要形式,也是法治的基本内容和要求。

### (一)卫生法遵守的主体

卫生守法的主体,既包括一切国家机关、社会组织和全体中国公民,也包括在中国领域内活动的国际组织、外国组织、外国公民和无国籍人。

### (二)卫生法遵守的范围

卫生守法的范围极其广泛。主要包括宪法、卫生法律、卫生行政法规、地方性卫生法规、卫生自治条例和单行条例、卫生规章、我国参加的 WHO 的章程、我国参与缔结或加入的国际卫生条约及协定等。对于卫生法适用过程中,有关国家机关依法作出的、具有法律效力的决定书,如人民法院的判决书、调解书,卫生行政部门的卫生许可证、卫生行政处罚决定书等非规范性文件,也是卫生法的遵守范围。此外,公共卫生秩序、居民卫生公约、卫生公德等也属于卫生守法的范围。

### （三）卫生法遵守的内容

卫生法的遵守不是消极、被动的,它既要求国家机关、社会组织和公民依法承担和履行卫生义务(职责),更包含国家机关、社会组织和公民依法享有权利(力)、行使权利(力),其内容包括依法行使权利(力)和履行义务两个方面。

**思考题**

1. 卫生法制定的概念、原则及其依据是什么?
2. 卫生法律制定的程序是什么?
3. 什么是卫生法的实施?
4. 卫生法的效力范围包括哪些方面?

思考题解题思路          本章目标测试

## 推荐阅读

1. 全国人大常委会法制工作委员会国家法室.中华人民共和国立法法释义[M].北京:法律出版社,2015.

2. 袁曙宏,李岳德,赵振华.立法后评估工作指南[M].北京:中国法制出版社,2013.

（苏天照）

# 第四章 | 卫生行政执法

卫生行政执法是将卫生法律规范适用于现实社会,实现国家卫生管理的活动。本章主要介绍卫生行政执法的特征、执法依据、执法主体、执法行为成立的有效条件;卫生行政许可、卫生监督检查、卫生行政处罚、卫生行政强制的主要内容;国家有监督职权机关、其他社会组织和公民等对卫生行政执法的监督。

## 第一节 | 概　述

### 一、卫生行政执法的概念

卫生行政执法有广义和狭义两种理解。广义的卫生行政执法,是指卫生行政机关、法律法规授权的组织依法从事卫生行政管理和具体运用卫生法律、法规和规章处理卫生行政事务的一切活动,既包括抽象卫生行政行为,也包括具体卫生行政行为。卫生行政机关、法律法规授权的组织称为卫生行政主体,从行政执法角度,也可以称为行政执法主体。抽象卫生行政行为,是指针对不特定的人或事,制定发布具有普遍约束力的规范性文件的行为,如国务院卫生行政部门根据法律、法规的规定,在本部门的权限范围内,制定发布部门规章、行政决定和命令等行为。具体卫生行政行为是指针对某特定人或事等,作出的直接对相对人产生法律后果的行政行为。如卫生行政许可、卫生行政处罚等行为。

狭义的卫生行政执法指的是卫生行政主体的具体行政行为,即卫生行政机关、法律法规授权的组织将法律、法规、规章运用于现实生活中的具体对象、处理具体卫生行政案件所作出的具体卫生行政行为。本章所阐述的卫生行政执法是指具体行政行为。

### 二、卫生行政执法的特征

#### (一)卫生行政执法主体的特定性

卫生行政执法的主体是特定的,即卫生行政机关以及法律法规授权的组织。只有国家卫生行政机关和法律法规授权的组织才依法享有国家卫生行政权力,代表国家进行卫生行政执法。未取得卫生行政执法权的机关、组织和个人,不得从事卫生行政执法活动。

#### (二)卫生行政执法职权的法定性

卫生行政机关以及法律法规授权的组织在代表国家进行卫生管理活动时,其职权是法定的,它们只能在法律规定或授权的职权范围内履行责任,不得越权或滥用职权。

#### (三)卫生行政执法对象的特定性

相对于抽象行政行为的不特定性对象而言,具体行政执法行为所针对的对象是特定的,是与卫生行政主体形成行政法律关系的具体公民、法人或其他组织。

#### (四)卫生行政执法依据的法定性

卫生行政主体作出具体行政行为的过程,实际上就是适用法律法规的过程。执法的依据是国家现行有效的卫生法律、行政法规、规章、地方性法规以及上级卫生行政机关发布的决定、命令、指示等。

### (五) 卫生行政执法行为的主动性

卫生行政执法是一种管理活动,具有主动性。行政主体与相对人之间所形成的法律关系,是领导与服从、管理与被管理的行政隶属关系。执法行为具有单方性特点,直接影响相对人的权利和义务。

### (六) 卫生行政执法行为的强制性

卫生行政执法是国家行政权运转的一种特殊方式,体现的是国家意志,具有强制性。卫生行政执法过程中,卫生行政主体根据需要可以采取必要的强制措施,也可以对不履行法定义务或者行政决定的相对人,依法强制执行或者申请人民法院强制执行。

### (七) 卫生行政执法行为的可诉性

卫生行政执法行为是确定特定人某种权利或义务,或者剥夺、限制其某种权利的行为。由此,必然会直接或者间接地形成相关的权利义务关系,产生相应的、现实的法律后果。如果相对人认为行政行为侵犯其合法权益时,依法可以申请行政复议或提起行政诉讼。

## 三、卫生行政执法主体

### (一) 卫生行政执法主体的概念

卫生行政执法主体,是指依法享有国家卫生行政执法权,以自己的名义实施行政执法活动并独立承担由此引起的法律责任的组织。

卫生行政执法主体包括职权性执法主体和授权性执法主体。职权性执法主体主要指卫生行政机关,根据宪法和行政组织法的规定,在机关依法成立时就拥有相应卫生行政职权并同时获得行政主体资格,是国家设立的专门履行卫生行政职能的行政组织。授权性执法主体,是指根据宪法和行政组织法以外的单行法律、法规的授权而行使特定行政职能的组织。这是根据行政执法需要,由法律、法规授予原本没有行政执法权的组织一定的行政执法权,该被授权的组织在授权的范围内依法行为,并且以自己的名义独立承担法律责任。在卫生行政执法主体中,卫生行政机关是最主要的主体,法律法规授权的组织所占比例较小。

### (二) 卫生行政执法主体的种类及职责

根据对不同卫生活动管理的主体不同,卫生行政主体主要包括卫生健康行政部门、市场监督管理部门、药品监督管理部门、出入境检验检疫机关等。这里介绍主要的几个部门在卫生健康监督管理方面的职责。

1. **卫生健康行政部门**　卫生健康行政部门是卫生行政执法的最主要主体,主要负责对传染病防治、环境卫生、学校卫生、公共场所卫生、饮用水卫生、职业卫生、放射卫生等公共卫生的监督管理;对医疗服务活动、妇幼健康服务、精神卫生防治、预防接种和异常反应等进行监督管理;对突发公共卫生事件进行应急处置等。

2. **市场监督管理部门**　负责对食品生产、流通、消费全过程的监督检查;对重大食品安全事故的应急处置和调查;对侵犯知识产权和制售假冒伪劣产品的行为进行查处等。

3. **药品监督管理部门**　负责药品(含中药、民族药)、医疗器械、化妆品的监督管理;疫苗研制、注册、生产和批签发、流通等的监督管理;药品不良反应、医疗器械不良事件和化妆品不良反应的监测、评价和处置;药品、医疗器械和化妆品安全的应急管理;执业药师资格准入管理等。

4. **出入境检验检疫部门**　负责出入境卫生检疫、传染病监测和卫生监督;出入境动植物及其产品和其他检疫物的检验检疫与监督管理;进出口食品、动植物及其产品等的生产、加工和存放等单位的卫生检疫注册等。

5. **医疗保障部门**　负责监督管理相关医疗保障基金,查处医疗保障领域违法违规行为;对药品和医用耗材的招标采购进行监督管理;对纳入医保范围内的医疗机构相关服务行为和医疗费用进行监管等。

6. **生态环境管理部门**　负责环境污染防治的监督管理;负责核安全与辐射安全的监督管理等。

### 四、卫生行政执法依据

卫生行政执法的依据主要是现行有效的有关卫生方面的规范性文件。根据我国行政诉讼法的规定，人民法院审理行政案件，以法律和行政法规、地方性法规为依据；审理民族自治地方的行政案件，以该民族自治地方的自治条例和单行条例为依据；审理行政案件，参照规章。可见，法律、行政法规、地方性法规、自治条例和单行条例、行政规章均是行政执法依据。

### 五、卫生行政执法的有效条件

卫生行政执法的有效条件，是指卫生行政执法行为产生法律效力的必要条件。一般情况下，需要同时具备以下六个条件。

#### （一）卫生行政执法主体的资格必须合法

实施卫生行政执法行为的主体必须是具有该项行政执法权的行政机关，或者法律、法规授权的组织。主体资格合法应当包括执法机关合法，执法人员合法。

#### （二）卫生行政执法主体的权限必须合法

各级各类行政执法主体均有自己的权限范围，该权限包括执法的事项、行政区域、时间、手段、程度等等。超出权限范围的执法实质上就是无此权限，其执法行为无效甚至违法。

#### （三）卫生行政执法的对象必须合法

卫生行政执法的对象包括相对人、行为、物等。在行政执法过程中，具体的卫生行政执法行为只能针对特定的对象，即针对某个特定的人、特定的物、特定的行为。如果对象错误，例如，本该对此人、此行为或者此物进行执法活动，结果错误地对彼人、彼行为、彼物实施了行政执法，执法行为无效。

#### （四）卫生行政执法行为的内容必须合法并且适当

卫生行政执法行为的内容必须合法，这是行政法治的基本要求。内容合法包括：符合法律规定，符合法定的幅度与范围，行为的内容具体明确等。在合法的前提下，行政执法行为要适当，这主要是指在自由裁量权范围之内，行政执法行为要公平公正，符合实际，切实可行。

#### （五）卫生行政执法的程序必须合法

执法程序属于行政执法行为的基本要素，包括执法行为所采取的方式、方法、步骤、时限等。任何执法行为都要经过一定的程序表现出来，多数的执法程序都有法律的明文规定，违反程序规定的卫生行政执法行为无效。

#### （六）卫生行政执法的形式必须合法

形式合法是指卫生行政机关所实施的卫生行政执法行为必须具备法律、法规规定的外在形式要求。如行政处罚必须制作行政处罚决定书，并符合法定的内容、项目；卫生行政许可需颁发相应的卫生许可证书等。执法形式是行政执法行为存在的外在表现，不具备法定的形式要求的执法行为不能成立。

## 第二节 ┃ 卫生行政执法行为

### 一、卫生行政执法行为的概念与分类

#### （一）卫生行政执法行为的概念

卫生行政执法行为，是指卫生行政主体在管理卫生事务的过程中，在其法定职权范围内实施卫生行政执法活动，作出的具有法律意义和法律效力的行为。

#### （二）卫生行政执法行为的分类

卫生行政执法行为从其直接法律功能的角度，可以分为行政赋权行为、行政限权行为、行政确认

行为、行政裁决行为和行政救济行为。

1. **行政赋权行为**　是指创制权利,赋予卫生行政相对人一定的权利和利益的行为,也称授益性行为。例如卫生行政许可、卫生行政奖励等。

2. **行政限权行为**　是指剥夺或限制权利,即予以卫生行政相对人一定的义务,限制或者剥夺其一定的权利和利益的行为。例如卫生行政处罚、卫生行政强制等。

3. **行政确认行为**　是指依法对卫生相对人的法律地位、法律关系和法律事实进行甄别,给予确定、认可、证明并予以宣告的行为。例如卫生行政证明、卫生行政鉴定等。

4. **行政裁决行为**　是指以中间人的身份裁定一定范围内的卫生行政纠纷或民事纠纷的行为。例如医疗损害赔偿裁决等。

5. **行政救济行为**　是指对已经作出的卫生行政行为本身以及卫生行政行为的后果进行补救的行为。例如卫生行政复议、卫生行政赔偿等。

## 二、卫生行政许可

### (一) 卫生行政许可的概念

卫生行政许可,是指卫生行政机关根据公民、法人或者其他组织的申请,经依法审查,准予其从事特定活动的行为。提出卫生行政许可申请的公民、法人或者其他组织,称为申请人。卫生行政许可具有以下法律特征。

1. **是一种依申请而为的行政行为**　行政许可是在法律规范一般禁止的情况下,行政主体根据申请人的申请,依法作出准予或者不准予该申请人从事特定活动的决定。卫生行政许可是以申请人的申请为前提的,卫生行政主体不能主动作出。

2. **是赋予申请人某种权利和资格的行政行为**　行政许可的事项通常是法律禁止一般人实施的,主要是涉及国家安全、公共安全、人身健康、生命安全等事项。具备法律规定条件或资质的组织或人员,可以申请行政主体准予其从事该事项的权利和资格。所以,准予许可是一种赋权性行为,准予申请人从事某种活动、享有特定权利或资格。依法取得的行政许可,除法律、法规规定依照法定条件和程序可以转让的外,不得转让。

3. **是一种采用颁发许可证等形式的要式行政行为**　所谓要式行政行为,是指法律对某种行政行为的形式有专门要求,否则行为不成立。行政许可是申请人获得某种权益或资格的根据,必须以法律规定的特殊形式表现,例如,颁发卫生许可证或者执业证书、批准文号等。

### (二) 行政许可的设定

1. **可以设定行政许可的事项**　根据《行政许可法》规定,下列事项可以设定行政许可:①直接涉及国家安全、公共安全、经济宏观调控、生态环境保护以及直接关系人身健康、生命财产安全等特定活动,需要按照法定条件予以批准的事项;②有限自然资源开发利用、公共资源配置以及直接关系公共利益的特定行业的市场准入等,需要赋予特定权利的事项;③提供公众服务并且直接关系公共利益的职业、行业,需要确定具备特殊信誉、特殊条件或者特殊技能等资格、资质的事项;④直接关系公共安全、人身健康、生命财产安全的重要设备、设施、产品、物品,需要按照技术标准、技术规范,通过检验、检测、检疫等方式进行审定的事项;⑤企业或者其他组织的设立等,需要确定主体资格的事项;⑥法律、行政法规规定可以设定行政许可的其他事项。

上述事项若通过下列方式能够予以规范的,可以不设行政许可:①公民、法人或者其他组织能够自主决定的;②市场竞争机制能够有效调节的;③行业组织或者中介机构能够自律管理的;④行政机关采用事后监督等其他行政管理方式能够解决的。

2. **可以设定行政许可的法律法规**　①法律可以设定行政许可。②尚未制定法律的,行政法规可以设定行政许可。必要时,国务院可以采用发布决定的方式设定行政许可。③尚未制定法律、行政法规的,地方性法规可以设定行政许可。尚未制定法律、行政法规和地方性法规的,因行政管理的需要,确需立即实施行政许可的,省、自治区、直辖市人民政府规章可以设定临时性的行政许可。其他规范性文件一律不得设定行政许可。

地方性法规和省、自治区、直辖市人民政府规章,不得设定应当由国家统一确定的公民、法人或者其他组织的资格、资质的行政许可;不得设定企业或者其他组织的设立登记及其前置性行政许可。其设定的行政许可,不得限制其他地区的个人或者企业到本地区从事生产经营和提供服务,不得限制其他地区的商品进入本地区市场。

### (三) 卫生行政许可的实施机关

卫生行政许可的实施机关包括卫生行政机关和法律、法规授权的组织。

**1. 卫生行政机关**　卫生行政许可由具有行政许可权的卫生行政机关在其法定职权范围内实施。行政许可需要行政机关内设的多个机构办理的,该行政机关应确定一个机构统一受理许可申请,统一送达许可决定。行政许可依法由地方人民政府两个以上部门分别实施的,本级人民政府可以确定一个部门受理许可申请并转告有关部门分别提出意见后统一办理,或者组织有关部门联合办理、集中办理。

卫生行政机关在其法定职权范围内,依照法律、法规、规章的规定,可以委托其他行政机关实施行政许可。委托机关应将受委托行政机关和受委托实施行政许可的内容予以公告,并对受委托行政机关实施行政许可的行为进行监督,对该行为的后果承担法律责任。受委托行政机关在委托范围内,以委托行政机关名义实施行政许可,不得再委托其他组织或者个人实施行政许可。

**2. 法律、法规授权的组织**　具有管理公共事务职能的组织在法律、法规授权的情况下,在法定授权范围内,以自己的名义实施行政许可。被授权的组织适用行政许可法有关行政机关的规定。

### (四) 卫生行政许可的实施程序

**1. 申请与受理**　公民、法人或者其他组织从事特定活动,依法需要取得卫生行政许可的,应当向卫生行政许可的实施机关提出申请。除了依法应由申请人到行政机关办公场所提出申请的外,申请人可以委托代理人提出申请。申请可以通过信函、电报、电传、传真、电子数据交换和电子邮件等方式提出。

卫生行政许可的实施机关对申请人提出的行政许可申请,根据下列情况分别作出处理:①申请事项依法不需要取得行政许可的,即时告知申请人不受理;②申请事项依法不属于本行政机关职权范围的,即时作出不予受理的决定,并告知申请人向有关行政机关申请;③申请材料存在可以当场更正的错误的,允许申请人当场更正;④申请材料不齐全或者不符合法定形式的,当场或者5日内一次告知申请人需要补正的全部内容,逾期不告知的,自收到申请材料之日起即为受理;⑤申请事项属于本行政机关职权范围,申请材料齐全、符合法定形式,或者申请人按照本行政机关的要求提交全部补正申请材料的,应当受理行政许可申请。

**2. 审查与决定**　卫生行政许可的实施机关对申请人提交的申请材料进行审查。材料齐全、符合法定形式,能够当场作出决定的,应当当场作出书面的行政许可决定;根据法定条件和程序,需要对申请材料的实质内容进行核实的,应指派两名以上工作人员进行核查;依法应先经下级行政机关审查后报上级行政机关决定的行政许可,下级行政机关应在法定期限内将初步审查意见和全部申请材料直接报送上级行政机关。

卫生行政许可的实施机关对行政许可申请进行审查后,除当场作出行政许可决定以外,应在法定期限内按照规定程序作出行政许可决定。申请人的申请符合法定条件、标准的,实施机关应依法作出准予行政许可的书面决定;依法作出不予行政许可的书面决定的,应说明理由,并告知申请人享有依法申请行政复议或提起行政诉讼的权利。

卫生行政机关作出准予行政许可的决定,需要颁发行政许可证件的,应向申请人颁发加盖本行政机关印章的下列行政许可证件:①许可证、执照或者其他许可证书;②资格证、资质证或者其他合格证书;③行政机关的批准文件或者证明文件;④法律、法规规定的其他行政许可证件。

行政机关实施检验、检测、检疫的,可以在检验、检测、检疫合格的设备、设施、产品、物品上加贴标签或者加盖检验、检测、检疫印章。

**3. 行政许可的期限**　行政许可的期限包括行政许可决定作出的期限和行政许可证颁发、送达的期限。期限均以工作日计算,不含法定节假日。

除了当场作出行政许可决定的,其余行政许可决定作出的期限:①应当自受理行政许可申请之日起 20 日内作出,20 日内不能作出的,经本行政机关负责人批准,可以延长 10 日,法律法规另有规定的除外;②卫生行政许可采取统一办理或联合办理、集中办理的,办理的时间不得超过 45 日,45 日内不能办结的,经本级人民政府负责人批准,可以延长 15 日;③依法应先经下级行政机关审查后报上级行政机关决定的,下级行政机关应当自其受理申请之日起 20 日内审查完毕,法律法规另有规定的除外。

许可实施机关作出准予行政许可决定的,应当自作出决定之日起 10 日内向申请人颁发、送达行政许可证件,或者加贴标签、加盖检验、检测、检疫印章。

**4. 听证**　卫生行政许可直接涉及申请人与他人之间重大利益关系的,许可实施机关在作出行政许可决定前,应告知申请人、利害关系人享有要求听证的权利。申请人、利害关系人在被告知听证权利之日起 5 日内提出听证申请的,许可实施机关应在 20 日内组织听证。

听证按照下列程序进行:①卫生行政机关应于举行听证的 7 日前将举行听证的时间、地点通知申请人、利害关系人,必要时予以公告;②听证应公开举行;③卫生行政机关应指定审查该行政许可申请的工作人员以外的人员为听证主持人,申请人、利害关系人认为主持人与该行政许可事项有直接利害关系的,有权申请回避;④举行听证时,审查该行政许可申请的工作人员应提供审查意见的证据、理由,申请人、利害关系人可以提出证据,并进行申辩和质证;⑤听证应制作笔录,听证笔录交听证参加人确认无误后签字或盖章。

## 三、卫生监督检查

### (一)卫生监督检查的概念

卫生监督检查,是指卫生行政主体为了实现卫生行政管理的目标和任务,依法对行政相对人遵守卫生法律规范和履行卫生行政主体的决定、命令的情况予以察看、监督的行政执法行为。

卫生监督检查是卫生行政主体主要的日常执法活动,通过监督检查,及时发现并纠正相对人的不适当行为,督促相对人履行义务;发现正在进行的违法行为、损毁证据、危害发生、危险扩大等情形时,可以采取必须的行政强制措施;发现违法行为严重需要追究行政责任时,予以行政处罚。

卫生监督检查方法和手段包括:检查、调查、审查、勘验、检验、查验、抽验、监测、登记、统计等。

### (二)卫生监督检查的特征

**1. 监督检查的内容具有特定性**　卫生行政监督检查的内容是特定的,具体而言:一是对相对人是否遵守卫生法律、法规进行监督检查;二是对相对人是否履行卫生行政主体依法作出的行政决定进行监督检查。

**2. 监督检查具有强制性**　监督检查是卫生行政主体的一项重要管理活动,是依法进行的职权行为,被检查者必须接受并配合检查。如果被检查者拒绝监督检查,卫生行政主体可以依法强行检查。

**3. 监督检查具有专业性**　卫生监督检查具有较强的专业技术性,不仅要求卫生行政人员具有卫生法律知识,还要具有某一方面的卫生专业知识,例如,常常会用到检验、查验、抽验、监测、勘验等专业技术。

### (三)卫生监督检查的种类

**1. 一般卫生监督检查与重点卫生监督检查**　这是以监督检查的对象是否具有特定性来划分的。一般卫生监督检查,是指卫生行政主体依照职权对管辖范围内的管理相对人进行普遍的监督检查。

重点卫生监督检查,是指卫生行政主体针对某类特定的相对人或卫生法律、法规的部分要求进行的监督检查。为更有效地管理卫生事业,卫生行政主体会根据具体情况,确定一段时间内监督检查的重点相对人和项目。

2. **事前卫生监督检查、事中卫生监督检查与事后卫生监督检查**　这是以监督检查实施的阶段不同来划分的。事前卫生监督检查,是指监督检查的实施在相对人的某一行为开始之前。事中卫生监督检查,是指监督检查的实施在相对人的行为过程中。事后卫生监督检查,是指监督检查在相对人的行为结束后。分阶段的监督检查更有针对性,能提高管理效率。

3. **定期卫生监督检查与不定期卫生监督检查**　这是以卫生监督检查是否有固定期限来划分。定期卫生监督检查,是指卫生行政主体按照工作计划和要求,每隔一段时间就要进行有规律的监督检查。不定期卫生监督检查,是指卫生行政主体无规律的突击性检查。

4. **现场卫生监督检查与书面卫生监督检查**　这是以卫生监督检查是否现场来划分。现场卫生监督检查,是指卫生行政执法人员亲临被检查的现场实施监督检查。近年来,卫生行政执法人员常用的飞行检查就属于不定期的现场检查。书面卫生监督检查,是指卫生行政主体根据相对人的书面材料进行检查。

5. **主动卫生监督检查与被动卫生监督检查**　这是以卫生监督检查依职权而为还是依申请而为来划分。主动卫生监督检查,是指卫生行政主体主动对相对人的守法或履行义务情况进行检查。被动卫生监督检查,是指相对人主动向卫生行政主体提供材料,并说明自己遵守卫生法律、法规的情况,以接受检查。

6. **联合卫生监督检查与单独卫生监督检查**　这是以卫生监督检查的主体是否单一来划分。联合卫生监督检查,是指卫生行政主体和其他行政机关共同实施卫生监督检查。单独卫生监督检查,是指卫生行政主体单独对相对人进行监督检查。

## 四、卫生行政处罚

### (一) 卫生行政处罚的概念

卫生行政处罚,是指卫生行政机关依法对违反卫生行政管理秩序的公民、法人或者其他组织,以减损权益或者增加义务的方式予以惩戒的行为。在行政处罚法律关系中,实施违法行为的公民、法人、其他组织也称当事人。

卫生行政处罚具有以下特征。

1. **是一种依职权行为**　具有卫生行政处罚权的卫生行政机关在法定职权范围内,依法对违反卫生行政管理秩序的相对人予以行政处罚,以维护公共利益和社会秩序。卫生行政处罚由卫生行政机关主动作出,是一种依职权而为的行政行为。

2. **是一种限权性行为**　行政处罚是一种行政制裁,一种惩戒,通过减损权益或增加义务的方式,限制或者剥夺违法者一定的权利和利益,或予以一定的义务,达到对违法者的制裁。

3. **是针对违反卫生行政管理秩序行为**　卫生行政处罚适用于相对人违反卫生行政管理秩序,依法应当受到行政处罚的行为。如果违法行为构成犯罪,应当依法追究刑事责任的,不得以行政处罚代替刑事处罚。

### (二) 卫生行政处罚的种类

行政处罚包括以下种类:①警告、通报批评;②罚款、没收违法所得、没收非法财物;③暂扣许可证件、降低资质等级、吊销许可证件;④限制开展生产经营活动、责令停产停业、责令关闭、限制从业;⑤行政拘留;⑥法律、行政法规规定的其他行政处罚。

### (三) 卫生行政处罚的原则

卫生行政机关在行政处罚过程中,必须坚持以下基本原则。

1. **事实清楚,证据确凿原则**　卫生行政机关在作出行政处罚决定前,必须弄清案件的事实真相。

为此,卫生行政机关要先调查取证,在违法事实清楚、详细占有案件证据的前提下,才能依法作出行政处罚裁决。

**2. 适用法律、法规正确原则**　卫生行政机关在查明违法事实之后,依法给予处罚决定时,所适用的法律、法规、规章一定要正确。所谓正确,是指该违法事实应当按照现行有效的该法律、法规、规章来处罚,适用的条款也正确。

**3. 公开、公正原则**　所谓公开,是指除涉及国家机密、商业秘密或者个人隐私之外,行政处罚一律公开进行。对违法行为给予行政处罚的规定必须公布,未经公布的,不得作为行政处罚的依据。所谓公正,是指在同等情况下所作处罚应当公平相等。实施行政处罚必须以事实为依据,与违法行为的事实、性质、情节以及社会危害程度相当。

**4. 处罚与教育相结合的原则**　实施行政处罚,纠正违法行为,应当坚持处罚与教育相结合,教育公民、法人或者其他组织自觉守法。一味地处罚不教育是达不到最终目的的。但是,对于经过再三教育仍不改正的,要从重处罚;构成犯罪的,要依法移送司法机关追究刑事责任,决不姑息迁就。

### (四)卫生行政处罚的管辖与适用

**1. 管辖**　管辖是指卫生行政机关对于违法行为负责查处的分工。卫生行政处罚由县级以上地方人民政府具有卫生行政处罚权的卫生行政机关管辖。原则上,行政处罚由违法行为发生地的行政机关管辖,法律、行政法规、部门规章另有规定的,从其规定。两个以上卫生行政机关都有管辖权的,由最先立案的行政机关管辖。对管辖发生争议的,应协商解决,协商不成的,报请共同的上一级卫生行政机关指定管辖,也可以直接由共同的上一级卫生行政机关指定管辖。

违法行为涉嫌犯罪的,卫生行政机关应及时将案件移送司法机关。对依法不需要追究刑事责任或免予刑事处罚,但应当给予行政处罚的,司法机关应及时将案件移送卫生行政机关。

**2. 适用**　卫生行政机关在实施行政处罚时,需要遵守下列规定:①责令当事人改正。无论给予当事人何种行政处罚,均需责令其改正或者限期改正违法行为。②一事不再罚。对当事人的同一个违法行为,不得给予两次以上罚款的行政处罚。同一个违法行为违反多个法律规范应当给予罚款处罚的,按照罚款数额高的规定处罚。③不予行政处罚的情形。不满14周岁的未成年人有违法行为的,不予行政处罚,责令监护人加以管教;精神病人、智力残疾人在不能辨认或不能控制自己行为时有违法行为的,不予行政处罚,但应责令其监护人严加看管和治疗;违法行为轻微并及时改正,没有造成危害后果的,不予行政处罚;初次违法且危害后果轻微并及时改正的,可以不予行政处罚;当事人有证据足以证明没有主观过错的,不予行政处罚。④从轻或减轻行政处罚的情形。当事人有下列情形之一,应当从轻或者减轻行政处罚:主动消除或减轻违法行为危害后果的;受他人胁迫或诱骗实施违法行为的;主动供述行政机关尚未掌握的违法行为的;配合行政机关查处违法行为有立功表现的。已满14周岁不满18周岁的未成年人有违法行为的,应从轻或减轻行政处罚;尚未完全丧失辨认或者控制自己行为能力的精神病人、智力残疾人有违法行为的,可以从轻或者减轻行政处罚。⑤遵守行政违法行为追究时效。违法行为在2年内未被发现的,不再给予行政处罚;涉及公民生命健康安全、金融安全且有危害后果的,上述期限延长至5年,法律另有规定的除外。

### (五)卫生行政处罚程序

卫生行政处罚程序包括简易程序和一般程序。

**1. 简易程序**　也称当场处罚程序,违法事实确凿并有法定依据,对公民处以200元以下、对法人或者其他组织处以3 000元以下罚款或者警告的行政处罚的,可以当场作出行政处罚决定。执法人员应向当事人出示执法证件,填写预定格式、编有号码的行政处罚决定书,并当场交付当事人。当事人拒绝签收的,应在行政处罚决定书上注明。

行政处罚决定书应载明当事人的违法行为,行政处罚的种类和依据、罚款数额、时间、地点,申请行政复议、提起行政诉讼的途径和期限以及行政机关名称,并由执法人员签名或盖章。当场处罚决定书应报所属卫生行政机关备案。

**2. 一般程序**　也称普通程序,除了可以当场作出行政处罚决定的以外,其余案件一律采用一般程序。

（1）立案:卫生行政机关发现公民、法人或者其他组织有依法应当给予行政处罚的行为的,必须全面、客观、公正地调查,收集有关证据;必要时,依法可以进行检查。符合立案标准的及时立案。

（2）调查取证:卫生行政机关立案后,必须依法调查或进行检查,收取证据。证据包括:书证、物证、视听资料、电子数据、证人证言、当事人陈述、鉴定意见、勘验笔录、现场检查笔录等。执法人员应主动向当事人或者有关人员出示执法证件,询问或检查应当制作成笔录。收集证据时,可以采取抽样取证的方法。在证据可能灭失或以后难以取得的情况下,经卫生行政机关负责人批准,可以先行登记保存,并在 7 日内及时作出处理决定,在此期间,当事人或者有关人员不得销毁或转移证据。

（3）听取当事人陈述和申辩:当事人有权进行陈述和申辩。卫生行政机关在作出行政处罚决定之前,应告知当事人拟作出的行政处罚内容及事实、理由、依据,并告知当事人依法享有的陈述、申辩、要求听证等权利。

卫生行政机关必须充分听取当事人的意见,对当事人提出的事实、理由和证据,进行复核。当事人提出的事实、理由或证据成立的,应当采纳,不得因当事人陈述、申辩而给予更重的处罚。

（4）听证程序:听证程序并非所有案件的必经程序,行政机关拟作出下列行政处罚决定,应告知当事人有要求听证的权利,当事人要求听证的,应当组织听证。①较大数额罚款;②没收较大数额违法所得、没收较大价值非法财物;③降低资质等级、吊销许可证件;④责令停产停业、责令关闭、限制从业;⑤其他较重的行政处罚;⑥法律、法规、规章规定的其他情形。

听证按照法律规定的程序进行,并制作听证笔录,交当事人或其代理人核对无误后签字或盖章。当事人或其代理人拒绝签字或盖章的,由听证主持人在笔录中注明。听证结束后,卫生行政机关根据听证笔录,依法作出决定。

（5）作出处罚决定:调查终结,卫生行政机关负责人应对调查结果进行审查,根据不同情况,分别作出决定。①确有应受行政处罚的违法行为的,根据情节轻重及具体情况,作出行政处罚决定;②违法行为轻微,依法可以不予行政处罚的,不予行政处罚;③违法事实不能成立的,不予行政处罚;④违法行为涉嫌犯罪的,移送司法机关。对情节复杂或者重大违法行为给予行政处罚,卫生行政机关负责人应当集体讨论决定。

（6）法制审核:法制审核也并非所有案件的必经程序。有下列情形之一,在卫生行政机关负责人作出行政处罚的决定之前,由从事行政处罚决定法制审核的人员进行法制审核;未经法制审核或审核未通过的,不得作出决定。①涉及重大公共利益的;②直接关系当事人或者第三人重大权益,经过听证程序的;③案件情况疑难复杂、涉及多个法律关系的;④法律、法规规定应当进行法制审核的其他情形。

（7）制作行政处罚决定书:卫生行政机关应当自行政处罚案件立案之日起 90 日内作出行政处罚决定,依法给予行政处罚的,应制作行政处罚决定书。决定书应载明下列事项:①当事人的姓名或者名称、地址;②违反法律、法规、规章的事实和证据;③行政处罚的种类和依据;④行政处罚的履行方式和期限;⑤申请行政复议、提起行政诉讼的途径和期限;⑥作出行政处罚决定的行政机关名称和作出决定的日期。

（8）送达行政处罚决定书:卫生行政处罚决定书应当在宣告后当场交付当事人;当事人不在场的,卫生行政机关应在 7 日内依照民事诉讼法的有关规定(如交由当事人同住成年家属、留置送达、邮寄送达、公告送达等),将行政处罚决定书送达当事人。

### （六）卫生行政处罚的执行

**1. 当事人自觉履行**　行政处罚决定依法作出后,当事人应当在行政处罚决定书载明的期限内予以履行。

**2. 罚款的暂缓履行或分期缴纳**　当事人确有经济困难,需要延期或者分期缴纳罚款的,经当事人申请和行政机关批准,可以暂缓或者分期缴纳。

3. 强制执行　当事人逾期不履行行政处罚决定的,作出行政处罚决定的行政机关可以采取下列措施:①到期不缴纳罚款的,每日按罚款数额的百分之三加处罚款,加处罚款的数额不得超出罚款的数额;②根据法律规定,将查封、扣押的财物拍卖、依法处理或者将冻结的存款、汇款划拨抵缴罚款;③根据法律规定,采取其他行政强制执行方式;④依照行政强制法的规定申请人民法院强制执行。

## 五、卫生行政强制

### (一)卫生行政强制的概念

卫生行政强制,包括卫生行政强制措施和卫生行政强制执行。

卫生行政强制措施,是指卫生行政机关在卫生行政管理过程中,为制止违法行为、防止证据损毁、避免危害发生、控制危险扩大等情形,依法对公民的人身自由实施暂时性限制,或者对公民、法人或者其他组织的财物实施暂时性控制的行为。但是,发生或者即将发生自然灾害、事故灾难、公共卫生事件或者社会安全事件等突发事件,行政机关采取应急措施或者临时措施,依照有关法律、行政法规的规定执行,并不适用行政强制法。

卫生行政强制执行,是指卫生行政机关或者卫生行政机关申请人民法院,对不履行卫生行政决定的公民、法人或者其他组织,依法强制其履行义务的行为。

### (二)卫生行政强制的主要特征

1. 是特定实施主体针对特定对象的行为　卫生行政强制的实施主体是卫生行政机关和人民法院。行政强制措施由卫生行政机关实施;卫生行政机关没有强制执行权时,申请人民法院强制执行。卫生行政强制的对象是特定的行政相对人、特定行为或者特定的物。

2. 是一种具体行政行为　除个别情形下申请人民法院强制执行外,行政强制的实施由卫生行政机关承担,是行政机关为实现一种行政目的所实施的行为,是一种具体行政行为。行政强制行为中所采取的行政强制手段都是行政手段,而不是司法手段或其他手段。

3. 是一种强制性的行为　为制止违法行为、防止证据损毁、避免危害发生、控制危险扩大等情形,卫生行政机关采取暂时性限制或控制措施与手段。当事人不履行被强制义务时,卫生行政机关实施强制手段,直接或间接地达到义务被履行的相同状态。无论是行政强制措施还是强制执行,均是一种强制性行为,以确保行政的时效性,维护和实现公共利益。

4. 是一种非处分性行为　卫生行政强制会限制相对人的权利行使,但不直接发生相对人权利的被处分,行政强制行为具有非处分性。

### (三)卫生行政强制的种类与方式

行政强制措施的种类有:①限制公民人身自由;②查封场所、设施或者财物;③扣押财物;④冻结存款、汇款;⑤其他行政强制措施。

行政强制执行的方式有:①加处罚款或者滞纳金;②划拨存款、汇款;③拍卖或者依法处理查封、扣押的场所、设施或者财物;④排除妨碍、恢复原状;⑤代履行;⑥其他强制执行方式。

### (四)卫生行政强制措施的实施程序

1. 行政强制措施的实施主体　卫生行政强制措施由法律、法规规定的卫生行政机关在法定职权范围内实施,行政强制措施权不得委托。依据《行政处罚法》的规定,行使相对集中行政处罚权的行政机关,可以实施法律、法规规定的与行政处罚权有关的行政强制措施。卫生行政强制措施由卫生行政机关具备资格的行政执法人员实施,其他人员不得实施。

2. 实施行政强制措施应遵守的规定　①实施前须向卫生行政机关负责人报告并经批准;②由两名以上卫生行政执法人员实施;③出示执法身份证件;④通知当事人到场;⑤当场告知当事人采取行政强制措施的理由、依据以及当事人依法享有的权利、救济途径;⑥听取当事人的陈述和申辩;⑦制作现场笔录;⑧现场笔录由当事人和卫生行政执法人员签名或者盖章,当事人拒绝的,在笔录中予以注明;⑨当事人不到场的,邀请见证人到场,由见证人和卫生行政执法人员在现场笔录上签名或者盖章;⑩法律、法规规定的其他程序。

**3. 情况紧急需当场实施行政强制措施的程序**　情况紧急,需当场实施行政强制措施的,卫生行政执法人员应在 24 小时内向卫生行政机关负责人报告,并补办批准手续。卫生行政机关负责人认为不应当采取行政强制措施的,应立即解除。

**4. 实施限制公民人身自由行政强制措施的程序**　除履行规定的程序外,还应遵守下列规定:①当场告知或者实施行政强制措施后立即通知当事人家属实施行政强制措施的行政机关、地点和期限;②在紧急情况下当场实施行政强制措施的,在返回行政机关后,立即向行政机关负责人报告并补办批准手续;③法律规定的其他程序。实施限制人身自由的行政强制措施不得超过法定期限。实施行政强制措施的目的已经达到或者条件已经消失,应当立即解除。

### (五) 卫生行政机关强制执行的程序

**1. 卫生行政强制执行的实施主体**　卫生行政强制执行的实施主体是卫生行政机关与人民法院。具有行政强制执行权的行政机关对不履行义务的当事人实施强制执行。没有行政强制执行权的行政机关,可以在当事人不申请行政复议或者提起行政诉讼,又不履行行政决定时,依法申请人民法院强制执行。

**2. 卫生行政强制执行的一般规定**

(1) 事先催告履行:卫生行政机关作出强制执行决定前,应当以书面形式事先催告当事人履行义务。经催告,当事人逾期仍不履行且无正当理由的,可以作出强制执行决定,强制执行决定以书面形式作出。在催告期间,对有证据证明有转移或隐匿财物迹象的,可以作出立即强制执行决定。除情况紧急外,行政机关不得在夜间或法定节假日实施行政强制执行。

(2) 中止执行:执行过程中有下列情形之一的,中止执行。①当事人履行行政决定确有困难或者暂无履行能力的;②第三人对执行标的主张权利,确有理由的;③执行可能造成难以弥补的损失,且中止执行不损害公共利益的;④行政机关认为需要中止执行的其他情形。

中止执行的情形消失后应恢复执行。对没有明显社会危害,当事人确无能力履行,中止执行满 3 年未恢复执行的,行政机关不再执行。

(3) 终结执行:执行过程中有下列情形之一的,终结执行。①公民死亡,无遗产可供执行,又无义务承受人的;②法人或其他组织终止,无财产可供执行,又无义务承受人的;③执行标的灭失的;④据以执行的行政决定被撤销的;⑤行政机关认为需要终结执行的其他情形。

**3. 金钱给付义务的执行**　卫生行政机关依法作出金钱给付义务的行政决定,当事人逾期不履行的,可以依法加处罚款或者滞纳金。当事人超过 30 日不履行该加处的罚款或滞纳金义务,经催告仍不履行的,具有行政强制执行权的行政机关可以强制执行。划拨存款、汇款由法律规定的行政机关决定,并书面通知金融机构。金融机构接到行政机关依法作出划拨存款、汇款的决定后,应立即划拨。

**4. 代履行**　卫生行政机关依法作出要求当事人履行排除妨碍、恢复原状等义务的行政决定,当事人逾期不履行,经催告仍不履行,其后果已经或者将危害交通安全、造成环境污染或者破坏自然资源的,行政机关可以代履行,或者委托没有利害关系的第三人代履行。代履行的费用按照成本合理确定,由当事人承担。代履行不得采用暴力、胁迫以及其他非法方式。

# 第三节 | 卫生行政执法监督

## 一、卫生行政执法监督的概念

卫生行政执法监督,是指为防止和纠正违法或者不当的行政执法行为,国家有监督职权的机关、社会组织以及公民个人对卫生行政主体及其工作人员的执法行为进行的监督活动。

在我国自提出法治政府建设、全面推进依法行政以来,政府法治建设取得了巨大的进步和成果。这些进步与成果,离不开党领导的全面依法治国体制机制,离不开职责明确、依法行政的政府治理体系,也离不开严密的法治监督体系。行政权作为国家权力的一种,必定要受到限制和约束,受到国家机关和全社会的监督,这是现代法治的基本要求。2021年1月10日,中共中央印发的《法治中国建设规划(2020—2025年)》进一步提出:加强对执法工作监督。加强省市县乡四级全覆盖的行政执法协调监督工作体系建设,强化全方位、全流程监督,提高执法质量。加大对执法不作为、乱作为、选择性执法、逐利执法等有关责任人的追责力度,落实行政执法责任制和责任追究制度。

## 二、卫生行政执法监督的特征

### (一)监督主体的广泛性

随着法治建设的深入,国家推进对法治工作的全面监督,加强国家机关监督、民主监督、群众监督和舆论监督,形成法治监督合力,发挥整体监督效能。当然也包括对卫生行政执法工作的监督,监督来自包括国家权力机关、国家监察机关、国家司法机关、专门行政监督机关以及国家机关系统以外的组织和公民个人,具有广泛性。

### (二)监督对象的确定性

卫生行政执法监督的对象是卫生行政主体及其执法人员,包括卫生行政机关及其执法人员、法律法规授权的组织和人员,当然,卫生行政机关及其执法人员是最主要的监督对象。在行政执法监督法律关系中,有监督职权的机关是监督主体,卫生行政主体及执法人员是被监督对象。

### (三)监督内容的特定性

卫生行政执法监督的内容限于行政机关及执法人员行使职权、履行职责的一切卫生行政执法行为,与行政无关的行为不受行政执法监督。按照依法行政的要求,行政机关要在自己的职权范围内,严格履行自己的职责,遵守实体法和程序法的规定。在行政许可、行政处罚、行政强制等执法中,完善执法程序,建立执法全过程记录制度。

### (四)监督行为的法定性

这里所说的监督行为的法定性是指国家有监督职权机关的监督。监督机关按照其法定职权和程序,依照法律提供的权利义务标准进行判断,对卫生行政行为进行监督,并且能产生一定法律后果。其他社会组织和公民个人依法有权对行政机关及其工作人员进行监督,对违法行政行为可以检举、举报等,也要依法进行,不能滥用该项权利从而产生不良后果。

## 三、卫生行政执法监督的种类与监督方式

### (一)国家监督

国家监督,也称有权监督,是指负有监督职责的国家机关,对于卫生行政主体实施的行政执法行为是否合法,执法人员是否依法履职、廉洁公正等进行监察和督促,并对违法行为予以纠正的活动。负有监督职责的国家机关的监督,包括国家权力机关的监督、监察机关的监督、司法机关的监督、行政机关的监督等。

1. **权力机关的监督** 权力机关的监督,是指全国人民代表大会和地方各级人民代表大会,以及各级人民代表大会常务委员会对卫生行政执法的监督。我国宪法规定,国家的一切权力属于人民,人民行使国家权力的机关是全国人民代表大会和地方各级人民代表大会。行政机关由人民代表大会产生,对它负责,受它监督。人民代表大会的常设机关是全国人民代表大会常务委员会,其职责之一是监督行政机关的工作。权力机关对卫生行政机关进行全面性的监督,不仅监督卫生行政行为是否合法,还监督其工作是否有成效。

监督的方式有:听取和审议工作报告;审查和批准财政预决算;质询和询问;视察和检查;调查、受理申诉、控告和检举;罢免和撤职等。

**2. 监察机关的监督**　监察机关的监督是指各级监察委员会对公职人员的监督。国家设立国家监察委员会和地方各级监察委员会。各级监察委员会是行使国家监察职能的专责机关,依法对所有行使公权力的公职人员进行监察,调查职务违法和职务犯罪,开展廉政建设和反腐败工作,维护宪法和法律的尊严。对公职人员进行监督、调查、处置包括:①对公职人员依法履职、秉公用权、廉洁从政从业以及道德操守情况进行监督检查。②对涉嫌贪污贿赂、滥用职权、玩忽职守、权力寻租、利益输送、徇私舞弊以及浪费国家资财等职务违法和职务犯罪进行调查。③对违法的公职人员依法作出政务处分决定;对履行职责不力、失职失责的领导人员进行问责;对涉嫌职务犯罪的,将调查结果移送人民检察院依法审查、提起公诉;向监察对象所在单位提出监察建议。

监督的方式有:谈话、讯问、询问、留置、查询、冻结、搜查、调取、查封、扣押、勘验检查、鉴定、技术调查、通缉、限制出境等。

**3. 司法机关的监督**　是指人民检察院和人民法院依法对卫生行政行为实施的监督。人民检察院主要通过对卫生行政人员职务违法犯罪行为提起公诉,对行政公益性案件提起诉讼进行监督。人民法院主要是通过对行政诉讼案件的审判,对卫生行政人员的违法犯罪行为的审判进行监督。

监督的方式有:提起公诉、提起公益性诉讼,审判等。

**4. 行政机关的监督**　行政机关的监督,是指各级人民政府对卫生行政行为的监督,以及上级卫生行政机关对下级卫生行政机关的执法行为进行的监督。完善政府内部层阶监督和专门监督,建立常态化监督制度,是推进依法行政、加强政府部门权力制约,防止权力滥用的有效措施。通过行政监督,及时纠正行政违法行为,保护公民、法人、其他组织的合法权益,提高行政机关的依法行政能力。

监督的方式包括:工作报告、调查和检查、审查和审批、考核、批评、处置、行政复议、行政赔偿等。

### (二) 社会监督

社会监督,也称非国家机关的监督,是指国家监督机关以外的其他社会组织、新闻媒体、公民个人等对卫生行政执法行为的监督。

**1. 社会组织的监督**　是指除了国家监督机关以外的其他社会组织对卫生行政机关及其工作人员的行政执法行为进行监督。按照依法行政的要求,行政机关向社会全面公开政府职能、法律依据、实施主体、职责权限、管理流程、监督方式等事项,接受全社会的监督。任何社会组织、企事业单位、社会团体等,均有权对卫生行政机关及其工作人员的行政执法行为进行监督。监督的方式包括举报、检举等。

**2. 新闻媒体的监督**　主要是指报刊、广播、电视等新闻媒介对卫生行政行为的监督。新闻与生俱来的功能是对社会的监督,新闻舆论监督是新闻媒体的权利和职责,也是一种民主的实现形式。新闻媒体通过对卫生行政执法和执法人员的行为进行客观真实的报道与评论,对违法行为进行批评和揭露,从而发挥监督作用。

**3. 公民个人的监督**　是指公民个人对卫生行政行为的监督。按照我国宪法规定,中华人民共和国公民对于任何国家机关和国家工作人员,有提出批评和建议的权利;对于任何国家机关和国家工作人员的违法失职行为,有向有关国家机关提出申诉、控告或者检举的权利。同时,公民认为卫生行政行为侵犯其合法权益,有权申请行政复议或者依法向人民法院提起诉讼,这也是一种监督。

监督的方式包括:提出批评和建议,提出申诉、控告或者检举,申请行政复议,提起诉讼等。

**?** **思考题**

1. 卫生行政执法行为的内容必须合法,为什么还要求适当?

2. 卫生行政许可的意义是什么?

3. 为什么卫生行政处罚要遵守公开公正的原则?

4. 在卫生行政许可与卫生行政处罚过程中,听证是必经程序吗? 什么情形下适用听证程序?

5. 为什么卫生行政机关在作出强制执行决定前,应当以书面形式事先催告当事人履行义务?

思考题解题思路　　　　本章目标测试

## 推荐阅读

1. 姜明安.行政法与行政诉讼法[M].8 版.北京:北京大学出版社,2024.

2. 胡建淼.行政法学[M].5 版.北京:法律出版社,2023.

3. 罗豪才,湛中乐.行政法学[M].4 版.北京:北京大学出版社,2016.

（杨　平）

卫生法律责任必须由卫生法律、法规和规章明确、具体规定。根据行为人违反卫生法律规范的性质和社会危害程度,卫生法律责任分为民事责任、行政责任和刑事责任。当公民、法人或者其他组织认为卫生行政机关的行政行为造成自己合法权益的损害时,有权请求有关国家机关给予法律救济,途径包括行政复议、行政诉讼和国家赔偿等。

## 第一节 | 卫生法律责任

### 一、卫生法律责任的概念

卫生法律责任,是指卫生法主体由于违法行为、违约行为或者由于法律规定而应承担的某种不利后果。卫生法律责任具有以下特点。

#### (一)卫生法律责任是违反卫生法律规范的后果

一般而言,只有在构成卫生违法的前提下,行为人才有可能承担相应的卫生法律责任。不构成卫生违法,也就无须承担卫生法律责任。

#### (二)卫生法律责任必须由卫生法律规范明确规定

卫生法律责任必须由卫生法律、法规和规章明确、具体规定。卫生违法行为很多,轻重不同。只有卫生法律、法规、规章在设定权限范围内作了明确规定,行为人才承担相应的法律责任。

#### (三)卫生法律责任具有国家强制性

卫生法律责任的履行由国家强制力保证,违法者拒绝承担由其违法而必须承担的法律责任时,国家强制力将强制其承担相应的法律责任。

#### (四)卫生法律责任必须由法定机关予以追究

卫生法律责任中的行政责任、刑事责任必须由国家授权的专门机关在法定职权范围内依法予以追究,其他任何组织和个人都不能行使这种职权。

### 二、卫生法律责任的种类

根据行为人违反卫生法律规范的性质和社会危害程度,卫生法律责任分为民事责任、行政责任和刑事责任三种。

#### (一)卫生民事责任

卫生民事责任,是指医疗卫生机构和卫生工作人员或从事与卫生事业有关的机构违反法律规定侵害公民的健康权利时,应向受害人承担损害赔偿的责任。《民法典》规定,民事主体依照法律规定或者按照当事人约定,履行民事义务,承担民事责任。

1. **卫生民事责任的特点** 包括:①主要是财产责任;②是一方当事人对另一方的责任;③是补偿当事人的损失;④在法律允许的条件下,民事责任可以由当事人协商解决。

2. **卫生民事责任的构成** 必须具备损害的事实存在,行为的违法性,行为人有过错,损害事实与行为人的过错有直接的因果关系等要件。

3. **卫生民事责任的承担方式** 《民法典》规定,承担民事责任的方式主要有:(一)停止侵害;

（二）排除妨碍；（三）消除危险；（四）返还财产；（五）恢复原状；（六）修理、重作、更换；（七）继续履行；（八）赔偿损失；（九）支付违约金；（十）消除影响、恢复名誉；（十一）赔礼道歉。卫生法所涉及的民事责任以赔偿损失为主要形式。

### （二）卫生行政责任

卫生行政责任，是指卫生行政法律关系主体违反卫生行政法律规范，尚未构成犯罪所应承担的法律后果。根据我国现行卫生行政管理法规的规定，主要包括行政处罚和行政处分两种。

1. **行政处罚**　是指卫生行政机关或者法律法规授权组织，在职权范围内对违反卫生行政管理秩序而尚未构成犯罪的公民、法人和其他组织，实施的一种卫生行政制裁。

根据我国现行卫生法律、法规和规章的规定，卫生行政处罚的种类主要有：警告、通报批评；罚款、没收违法所得、没收非法财物；暂扣许可证件、降低资质等级、吊销许可证件；限制开展生产经营活动、责令停产停业、责令关闭、限制从业等。在具体的卫生法律规范中，对各类卫生行政处罚，依具体管理的内容，有不同的具体规定。如吊销有关许可证，《药品管理法》规定吊销《药品生产许可证》《药品经营许可证》；《医师法》规定吊销"医师执业证书"等。卫生行政处罚一般由卫生行政、药品监督管理等部门决定，其中有的还须报请同级人民政府批准。

2. **行政处分**　是指有管辖权的卫生行政机关或医疗卫生机构对所属一般违法失职人员给予的一种行政制裁。依照《公务员法》的规定，行政处分的种类包括警告、记过、记大过、降级、撤职、开除。

### （三）卫生刑事责任

卫生刑事责任，是指违反卫生法的行为，侵害了刑法所保护的社会关系构成犯罪所应承担的法律后果。卫生法律、法规对于刑事责任的规定，是直接引用刑法中有关条款的规定。

根据《刑法》规定，实现刑事责任的方式是刑罚。刑罚是国家审判机构依照《刑法》的规定，剥夺犯罪分子某种权益直至生命的一种强制处分。

我国的刑罚分为主刑和附加刑两大类。主刑是对犯罪分子适用的主要刑罚方法。主刑只能独立适用，不能附加适用。对一个犯罪只能适用一个主刑，而不能适用两个或两个以上的主刑。主刑包括管制、拘役、有期徒刑、无期徒刑和死刑。附加刑也称从刑，是补充主刑适用的刑罚方法。附加刑既可以随主刑附加适用，也可以独立适用。附加刑在附加适用时可以同时适用两个以上附加刑。它包括罚金、剥夺政治权利、没收财产；对于外国人犯罪，还可以独立适用或附加适用驱逐出境。

《刑法》对与卫生有关的违法犯罪行为及其应当承担的刑事责任作了明确规定，并确定了罪名。主要有生产、销售假药罪；生产、销售劣药罪；生产、销售不符合卫生标准的食品罪；生产、销售有毒、有害食品罪；生产、销售不符合标准的卫生器材罪；生产、销售不符合卫生标准的化妆品罪；组织贩卖人体器官罪；出售、非法提供公民个人信息罪；非法获取公民个人信息罪；妨害传染病防治罪；传染病菌种、毒种扩散罪；妨害国境卫生检疫罪；非法组织卖血罪；强迫卖血罪；故意伤害罪；非法采集、供应血液或者制作、供应血液制品罪；采集、供应血液或者制作、供应血液制品事故罪；医疗事故罪；非法行医罪；非法进行节育手术罪；非法植入基因编辑、克隆胚胎罪；妨害动植物防疫、检疫罪等。

## 第二节 | 卫生法律救济

### 一、卫生法律救济的概念

卫生法律救济，是指公民、法人或者其他组织认为卫生行政机关的行政行为造成自己合法权益的损害，请求有关国家机关给予救济的法律制度的总称，包括对违法或不当的行政行为加以纠正，以及对于因行政行为而遭受的财产损失给予弥补等多项内容。其主要特征是：①卫生法律救济是对相对人权利所进行的救济；②卫生法律救济是对行政行为所实施的救济；③卫生法律救济一般是事后的救济。

## 二、卫生法律救济的途径

卫生法律救济的途径,是指通过何种途径实现救济的问题,即相对人在受到卫生行政机关行政行为侵害时,通过何种程序,何种路径实现救济的问题。我国现有的卫生法律救济途径主要是卫生行政复议、卫生行政诉讼和卫生行政赔偿。

从我国的法律规定来看,行政复议与行政诉讼相比,有以下区别。

### (一) 性质不同

行政复议是行政机关的行政行为,属于行政机关系统内部所设置的对于行政管理相对人实施救济的制度。行政诉讼是人民法院的司法行为,属于在行政机关外部设置的对行政管理相对人实施救济的制度。

### (二) 程序不同

行政复议适用行政程序,行政诉讼适用司法程序。

### (三) 审查范围不同

行政复议对具体行政行为既审查合法性又审查合理性,行政诉讼主要审查具体行政行为的合法性。

### (四) 法律效果不同

行政复议以后仍可提起诉讼,行政诉讼是两审终审。因此,一般情况下,发生行政争议后,行政复议是最为直接有效的解决途径,而行政诉讼是最为客观公正的解决途径。

卫生法律救济制度有利于保护卫生法律关系主体的合法权益、维护卫生法律的权威、促进卫生行政部门依法行政和推进卫生法制建设。

## 第三节 | 卫生行政复议

### 一、卫生行政复议的概念

卫生行政复议,是指公民、法人或者其他组织认为卫生行政机关的具体行政行为侵犯其合法权益,按照法定的程序和条件向作出该具体行政行为的上一级卫生行政机关提出申请,受理申请的行政机关对该具体行政行为进行复查,并作出复议决定的活动。

卫生行政复议包括以下几层含义:①卫生行政复议只能由作为行政相对人的公民、法人或者其他组织提起,除此以外,任何其他主体不得提起行政复议。②卫生行政复议权只能由作出具体行政行为的行政机关的上一级行政机关或者法律授权的组织行使。③卫生行政复议对于公民、法人和其他组织是维护其合法权益的一种程序性权利,不得被非法剥夺;但公民、法人或者其他组织可以自主处分自己的程序性权利,即可以提起行政复议,也可以放弃行政复议的权利。④卫生行政复议的对象原则上只能是卫生行政机关作出的具体行政行为。

为了防止和纠正违法的或者不当的具体行政行为,保护公民、法人和其他组织的合法权益,监督和保障行政机关依法行使职权,发挥行政复议化解行政争议的主渠道作用,推进法治政府建设,1999 年 4 月 29 日,第九届全国人民代表大会常务委员会第九次会议通过了《行政复议法》,自 1999 年 10 月 1 日起施行。2009 年 8 月 27 日第十一届全国人民代表大会常务委员会第十次会议、2017 年 9 月 1 日第十二届全国人民代表大会常务委员会第二十九次会议对《行政复议法》进行了修正。2023 年 9 月 1 日,第十四届全国人民代表大会常务委员会第五次会议对《行政复议法》进行了修订,自 2024 年 1 月 1 日起施行。此外,为了进一步发挥行政复议制度在解决行政争议、建设法治政府、构建社会主义和谐社会中的作用,2007 年 5 月 29 日,国务院颁布了《行政复议法实施条例》。

## 二、卫生行政复议的特征

### (一)行政复议是具有一定司法性的行政行为

这是指有行政复议权的行政机关借用法院审理案件的某些方式来审查行政争议,即复议机关作为第三人对行政机关和行政相对人之间的行政争议进行审查并作出裁决。

### (二)卫生行政复议是行政机关内部纠错机制

卫生行政复议是行政系统内部的行政机关对下级或所属的行政机关作出的违法或不当的具体行政行为实施的一种纠错行为,不同于法院通过行政诉讼审查行政机关具体行政行为合法性的司法审查制度。

## 三、卫生行政复议的原则

卫生行政复议的原则,是指由《宪法》和法律规定的,反映行政复议的基本特点,贯穿于《行政复议法》及行政复议活动并对其具有普遍指导意义的原则。行政复议的基本原则主要如下。

### (一)合法原则

合法原则,是指复议机关在行使复议权时必须合法。具体要求包括:①复议机关和复议机构主体必须合法;②审理复议案件的依据应当合法;③审理复议案件的程序应当合法。

### (二)公正原则

公正原则,是指复议机关在行使复议权时应当公正地对待复议双方的当事人,不能有所偏袒。

### (三)公开原则

公开原则,是指行政复议活动应当公开进行,复议案件的受理、调查、审理、决定等一切活动,都应该尽可能地向当事人、公众及社会舆论公开,使社会各界了解行政复议活动的基本情况。

### (四)高效原则

高效原则在行政复议中的地位尤其重要。在保证公正、效率的前提下,应当在尽可能短的时间内给相对人一个答复,以减少当事人在行政诉讼之前的负担。具体要求包括:①受理复议申请应当及时;②复议案件的审理要按审理期限审结案件;③作出复议决定应当及时;④对复议当事人不履行复议决定的情况,复议机关应当及时处理。

### (五)便民原则

便民原则,是指复议机关在复议的一切环节和步骤上尽最大可能使行政复议制度真正成为人们日常生活中保护自己合法权益的经济、实用、卓有成效的救济手段。

### (六)有错必纠原则

有错必纠原则,是指复议机关对被申请复议的行政行为进行全面的审查,不论是违法,还是不当,也不论申请人是否请求,只要有错必予以纠正。

### (七)诉讼终局原则

诉讼终局原则,是指复议机关的复议决定不是最终发生法律效力的决定,除非有法定特殊情形外,复议当事人对该决定不服的,可以在法定期限内向人民法院提起行政诉讼,人民法院经审理后作出的终审决定才是发生法律效力的终局决定。

## 四、卫生行政复议的受案范围

《行政复议法》规定,有下列情形之一的,公民、法人或者其他组织可以依照本法申请行政复议:①对行政机关作出的行政处罚决定不服;②对行政机关作出的行政强制措施、行政强制执行决定不服;③申请行政许可,行政机关拒绝或者在法定期限内不予答复,或者对行政机关作出的有关行政许可的其他决定不服;④对行政机关作出的确认自然资源的所有权或者使用权的决定不服;⑤对行政机关作出的征收征用决定及其补偿决定不服;⑥对行政机关作出的赔偿决定或者不予赔偿决定不服;

⑦对行政机关作出的不予受理工伤认定申请的决定或者工伤认定结论不服;⑧认为行政机关侵犯其经营自主权或者农村土地承包经营权、农村土地经营权;⑨认为行政机关滥用行政权力排除或者限制竞争;⑩认为行政机关违法集资、摊派费用或者违法要求履行其他义务;⑪申请行政机关履行保护人身权利、财产权利、受教育权利等合法权益的法定职责,行政机关拒绝履行、未依法履行或者不予答复;⑫申请行政机关依法给付抚恤金、社会保险待遇或者最低生活保障等社会保障,行政机关没有依法给付;⑬认为行政机关不依法订立、不依法履行、未按照约定履行或者违法变更、解除政府特许经营协议、土地房屋征收补偿协议等行政协议;⑭认为行政机关在政府信息公开工作中侵犯其合法权益;⑮认为行政机关的其他行政行为侵犯其合法权益。

公民、法人或者其他组织认为行政机关的行政行为所依据的下列规范性文件不合法,在对行政行为申请行政复议时,可以一并向复议机关提出对该规范性文件的附带审查申请:①国务院部门的规范性文件;②县级以上地方各级人民政府及其工作部门的规范性文件;③乡、镇人民政府的规范性文件;④法律、法规、规章授权的组织的规范性文件。前款所列规范性文件不含规章。规章的审查依照法律、行政法规办理。

《行政复议法》规定,下列事项不属于行政复议范围:①国防、外交等国家行为;②行政法规、规章或者行政机关制定、发布的具有普遍约束力的决定、命令等规范性文件;③行政机关对行政机关工作人员的奖惩、任免等决定;④行政机关对民事纠纷作出的调解。

## 五、卫生行政复议的管辖

卫生行政复议的管辖是指复议机关在受理卫生行政复议案件上的分工和权限,它是卫生行政复议制度的重要内容。

1. 县级以上地方各级人民政府管辖下列行政复议案件:①对本级人民政府工作部门作出的行政行为不服的;②对下一级人民政府作出的行政行为不服的;③对本级人民政府依法设立的派出机关作出的行政行为不服的;④对本级人民政府或者其工作部门管理的法律、法规、规章授权的组织作出的行政行为不服的。省、自治区、直辖市人民政府同时管辖对本机关作出的行政行为不服的行政复议案件。

2. 省、自治区人民政府依法设立的派出机关参照设区的市级人民政府的职责权限,管辖相关行政复议案件。对县级以上地方各级人民政府工作部门依法设立的派出机构依照法律、法规、规章规定,以派出机构的名义作出的行政行为不服的行政复议案件,由本级人民政府管辖;其中,对直辖市、设区的市人民政府工作部门按照行政区划设立的派出机构作出的行政行为不服的,也可以由其所在地的人民政府管辖。

3. 国务院部门管辖下列行政复议案件:①对本部门作出的行政行为不服的;②对本部门依法设立的派出机构依照法律、行政法规、部门规章规定,以派出机构的名义作出的行政行为不服的;③对本部门管理的法律、行政法规、部门规章授权的组织作出的行政行为不服的。

4. 对海关、金融、外汇管理等实行垂直领导的行政机关、税务和国家安全机关的行政行为不服的,向上一级主管部门申请行政复议。

5. 对履行复议机关职责的地方人民政府司法行政部门的行政行为不服的,可以向本级人民政府申请行政复议,也可以向上一级司法行政部门申请行政复议。

6. 公民、法人或者其他组织申请行政复议,复议机关已经依法受理的,在行政复议期间不得向人民法院提起行政诉讼。公民、法人或者其他组织向人民法院提起行政诉讼,人民法院已经依法受理的,不得申请行政复议。

## 六、卫生行政复议程序

### (一)申请期限

公民、法人或者其他组织认为卫生行政机关的具体行政行为侵犯其合法权益的,可以自知道该具体行政行为之日起60日内提出行政复议申请；但是法律规定的申请期限超过60日的除外。因不可抗力或者其他正当理由耽误法定申请期限的，申请期限自障碍消除之日起继续计算。

### （二）申请人

依照《行政复议法》，申请行政复议的公民、法人或者其他组织是申请人。

### （三）申请方式

申请人申请行政复议，可以书面申请，也可以口头申请；口头申请的，复议机关应当当场记录申请人的基本情况、行政复议请求、申请行政复议的主要事实、理由和时间。

### （四）受理

复议机关收到行政复议申请后，应当在5日内进行审查，对不符合法律规定的行政复议申请，决定不予受理，并书面告知申请人。法律、法规规定应当先向复议机关申请行政复议、对行政复议决定不服再向人民法院提起行政诉讼的，复议机关不予审理或者受理后超过行政复议期限不作答复的，公民、法人或者其他组织可以自收到不予受理决定书之日起或者行政复议期满之日起15日内，依法向人民法院提起行政诉讼。

卫生行政复议期间具体行政行为不停止执行，但是在下列情况下可以停止执行：①被申请人认为需要停止执行的；②复议机关认为需要停止执行的；③申请人申请停止执行，复议机关认为其要求合理，决定停止执行的；④法律规定停止执行的。

### （五）审理

复议案件的审理是指复议机关受理复议申请后对被申请人的具体行政行为进行全面审查的活动。复议机关受理行政复议申请后，依法适用普通程序或者简易程序进行审理，依照法律、法规、规章审理行政复议案件。复议机关办理行政复议案件，可以进行调解。适用普通程序审理的行政复议案件，复议机关应当当面或者通过互联网、电话等方式听取当事人的意见，并将听取的意见记录在案。因当事人原因不能听取意见的，可以书面审理。审理重大、疑难、复杂的行政复议案件，复议机关应当组织听证。复议机关审理下列行政复议案件，认为事实清楚、权利义务关系明确、争议不大的，可以适用简易程序：①被申请行政复议的行政行为是当场作出；②被申请行政复议的行政行为是警告或者通报批评；③案件涉及款额3 000元以下；④属于政府信息公开案件。除此之外，当事人各方同意适用简易程序的，可以适用简易程序。

### （六）决定

卫生行政复议原则上采取书面审查的办法，但是申请人提出要求或者复议机关认为必要时，可以向有关组织和人员调查情况。在行政复议过程中，被申请人不得自行向申请人和其他有关组织或者个人收集证据。

复议机关应当自受理申请之日起60日内作出行政复议决定，但是法律规定的行政复议期限少于60日的除外。情况复杂，不能在规定期限内作出行政复议决定的，经批准可延长期限，但是最多不超过30日。

复议机关经审理，应当按不同情况依法作出决定，并制作复议决定书：①具体行政行为认定事实清楚，证据确凿，适用依据正确，程序合法，内容适当的，决定维持。②被申请人不履行法定职责的，决定其在一定期限内履行。③具体行政行为有下列情形之一的，决定撤销、变更或者确认该具体行政行为违法；决定撤销或者确认该具体行政行为违法的，可以责令被申请人在一定期限内重新作出具体行政行为：主要事实不清，证据不足的；适用依据错误的；违反法定程序的；超越或者滥用职权的；具体行政行为明显不当的。复议机关责令被申请人重新作出具体行政行为的，被申请人不得以同一事实和理由作出与原具体行政行为相同或者基本相同的具体行政行为。

### （七）执行

卫生行政复议决定书一经送达，即具有法律效力。被申请人不履行或者无正当理由拖延履行行政复议决定的，复议机关或者有关上级卫生行政机关应当责令其限期履行。申请人逾期不起诉又不履行行政复议决定的,或者不履行最终裁决的行政复议决定的,由卫生行政机关强制执行,或者申请人民法院强制履行。

## 第四节 ｜ 卫生行政诉讼

### 一、卫生行政诉讼的概念

卫生行政诉讼,是指公民、法人和其他组织认为卫生行政机关的具体行政行为侵犯了自己的合法权益,依法向人民法院起诉,人民法院在双方当事人和其他诉讼参与人参加下,审理和解决行政案件的活动。

为了保证人民法院正确、及时审理行政案件,解决行政争议,保护公民、法人和其他组织的合法权益,监督行政机关依法行使行政职权,1989 年 4 月 4 日,第七届全国人大第二次会议通过了《行政诉讼法》。2014 年 11 月 1 日,第十二届全国人民代表大会常务委员会第十一次会议对《行政诉讼法》进行了第一次修正;2017 年 6 月 27 日,第十二届全国人民代表大会常务委员会第二十八次会议对《行政诉讼法》进行了第二次修正,自 2017 年 7 月 1 日起施行。

### 二、卫生行政诉讼的特征

卫生行政诉讼是通过审判方式进行的一种司法活动,以解决卫生行政机关与公民、法人或其他组织之间因卫生行政管理而产生纠纷的一项重要法律制度。它具有以下特征。

#### (一)原告是卫生行政管理相对人

卫生行政诉讼是卫生行政管理相对人不服卫生行政机关管理处罚,向人民法院提起的诉讼。所谓卫生行政管理相对人,是指在具体的行政管理过程中,处于被卫生行政机关管理的一方当事人。当事人可以是公民,也可以是法人或其他组织。

#### (二)被告只能是卫生行政机关

卫生行政机关作为被告,是因为卫生执法机关是卫生行政管理的实施者。卫生行政机关委托执法的,它也是被告。

#### (三)审查具体卫生行政行为的合法性

具体行政行为是指卫生行政机关在实施卫生管理活动中,针对特定的人或事所作出的卫生行政处理行为。人民法院审理卫生行政案件,一般只对具体卫生行政行为是否合法进行审查,只有在具体行政行为明显不当的情况下,才能变更卫生行政机关的具体行政行为。

### 三、卫生行政诉讼的构成要件

卫生行政诉讼的构成要件主要有:①原告是认为具体行政行为侵犯其合权益的公民、法人或者其他组织;②被告是行使卫生管理职权的行政机关或法律、法规授权组织;③有具体的诉讼请求和事实依据;④被诉讼的客体,必须是法律规定可以向人民法院起诉的行政机关的具体行政行为;⑤必须在法定的期限内向人民法院起诉,并由人民法院受理,依法审理作出裁决。

### 四、卫生行政诉讼的基本制度

卫生行政诉讼除了要遵循诉讼制度的共同原则外,它有自己特有的基本制度,主要有以下几项。

#### (一)行政诉讼期间,具体行政行为不停止执行

这是指在卫生行政诉讼中,原卫生行政机关的具体行政行为不因原告的起诉和人民法院的审理而停止执行的制度。也就是说,卫生行政机关的具体行政行为一旦作出,就假设是符合法律的规定,是合法的行政行为,对行政机关本身和行政管理相对人具有约束力,必须遵守执行。任何人不得以自

己的判断否定行政行为的约束力。利害关系人对具体行政行为不服起诉到法院后,在未经人民法院变更、撤销以前,具体行政行为要继续执行。

### (二)审查具体行政行为的合法性

在卫生行政诉讼中,人民法院只对卫生行政机关具体行政行为的合法性进行审查,一般不进行是否合理的审查。在一般的情况下,人民法院也不能直接变更具体行政行为的内容,只有在具体行政行为明显不当的情况下,才能变更行政机关的具体行政行为。

### (三)被告负举证责任

举证责任,是指承担责任的当事人必须对自己主张的事实举出证据证明其确实存在,否则就要承担败诉后果。在民事诉讼中,是谁主张谁举证。而在行政诉讼中,则要求卫生行政机关负举证责任,必须提供作出具体行政行为的事实依据和法律依据,否则要承担败诉的结果。

### (四)不适用调解

在卫生行政诉讼中,人民法院审理卫生行政案件不能适用调解的审理方式和结案方式,而是由人民法院在查明事实、分清是非的基础上依法作出公正判决。但在涉及行政赔偿的问题上,可以通过调解解决。

### (五)相对人选择复议

这是指对卫生行政机关的具体行政行为不服,既可以先向行政机关申请行政复议,对复议裁决不服再向人民法院提起行政诉讼;也可以不经复议而直接向人民法院提起行政诉讼,采取哪种救济方法,由相对人自由选择。

## 五、卫生行政诉讼的受案范围

卫生行政诉讼的受案范围,是指人民法院受理或主管一定范围内卫生行政争议案件的权限,或者说哪些卫生行政案件相对人才有权向人民法院提起卫生行政诉讼。

### (一)受案范围

根据《行政诉讼法》,结合我国现行卫生法律、法规的有关规定,可以提起卫生行政诉讼的案件范围有以下几类。

1. **不服卫生行政机关行政处罚的案件**　主要是指对罚款、吊销卫生许可证、责令停产停业、没收财产等行政处罚不服的,可依法向人民法院提起诉讼。

2. **不服卫生行政强制措施的案件**　卫生行政强制措施是卫生行政机关为了履行行政管理职能,依法对公民的财产加以限制的一种特别措施。如在卫生行政执法中,封存某种药品等。对财产封存、扣押等卫生强制措施不服的,可以依法提起卫生行政诉讼。

3. **认为卫生行政机关不履行法定职责的案件**　当公民申请卫生行政机关履行法定职责时,卫生行政机关拒绝履行。如公民、法人和其他组织欲进行与卫生有关的生产经营行为,认为符合法定卫生条件,申请卫生许可证,但卫生行政机关在法定期限内不予答复,或不予批准等,卫生行政管理相对人都可以依法向人民法院提起诉讼。

4. **认为卫生行政机关违法要求履行义务的案件**

### (二)不予受理的事项

按照《行政诉讼法》规定,人民法院不受理公民、法人或者其他组织对卫生行政机关的下列事项提起的诉讼:①规定卫生规章或其他具有普遍约束力的决定、命令,以及卫生标准的抽象卫生行政行为。②卫生行政机关内部行政行为。如卫生行政机关对内部工作人员的奖惩、任免等。③卫生行政机关对公民、法人或者其他组织之间以及他们相互之间的民事权益进行调解或者根据法律、法规的规定作出仲裁处理,当事人对调解、仲裁不服的。④法律规定由行政机关最终裁决的具体行政行为。

### 六、卫生行政诉讼程序

#### （一）起诉和受理

起诉，是指公民、法人或其他组织，认为卫生行政机关的具体行政行为侵犯了其合法权益，向人民法院提出诉讼请求，要求人民法院行使审判权，依法予以保护的诉讼行为。当事人对具体行政行为不服，可以不经过复议，在知道作出具体行政行为之日起 3 个月内直接向人民法院起诉（法律另有规定的除外）；也可以先申请行政复议，对复议决定不服再向人民法院起诉。

#### （二）审理和判决

我国行政诉讼实行两审终审制，当事人不服一审人民法院裁判的，可以上诉；第二审人民法院的裁判是终审裁判，当事人如不服可以进行申诉，但二审裁判必须执行。

人民法院受理行政案件采取合议制，开庭审理，除涉及国家秘密、个人隐私和法律另有规定外，一般实行公开审理，由合议庭进行法庭调查和双方当事人辩论，在辩论终结后依法裁判。依据《行政诉讼法》的规定，人民法院可分别作出以下判决。

1. 具体行政行为证据确凿，适用法律、法规正确，符合法定程序，判决维持卫生行政机关的具体行政行为。

2. 具体行政行为有下列情形之一的，判决撤销或者部分撤销，并可以判决被告重新作出具体行政行为：①主要证据不足；②适用法律错误；③违反法定程序；④超越职权；⑤滥用职权。

3. 被告卫生行政机关不履行或者拖延履行法定职责的，判决其在一定期限内履行。

4. 卫生行政机关所作出的行政处罚显失公正的，可以判决变更。

#### （三）执行

当事人应当自觉履行法院作出的已经生效的法律文书，当事人拒不履行的，卫生行政机关可以向一审人民法院申请强制执行。当事人对卫生行政机关作出的具体行政行为，在法定期限内既不申请复议和起诉，又不履行时，卫生行政机关可以向人民法院申请强制执行。

## 第五节 ｜ 卫生行政赔偿

### 一、卫生行政赔偿的概念

卫生行政赔偿，是指卫生行政机关及其工作人员违法行使职权，侵犯公民、法人或者其他组织的合法权益并造成损害，由行政主体给予赔偿的法律制度。行政赔偿实质是国家赔偿的一部分。

为保障公民、法人和其他组织享有依法取得国家赔偿的权利，促进国家机关依法行使职权，1994 年 5 月 12 日，第八届全国人民代表大会常务委员会第七次会议通过了《国家赔偿法》。2010 年 4 月 29 日第十一届全国人民代表大会常务委员会第十四次会议、2012 年 10 月 26 日第十一届全国人民代表大会常务委员会第二十九次会议对《国家赔偿法》进行了修正。

### 二、卫生行政赔偿的特征

1. 卫生行政赔偿是卫生行政机关及其工作人员在执行公务时所作出的具体行政行为违法给管理相对人造成损害而发生的赔偿。

2. 卫生行政机关是卫生行政侵权损害责任的承担者。

3. 卫生行政机关对故意或重大过失给管理相对人造成侵权损害的工作人员有追偿权。

4. 卫生行政侵权赔偿以支付赔偿金为主要方式，但管理相对人也可以同时或单独请求作出处理决定的卫生行政机关承认错误、赔礼道歉、恢复名誉、消除影响、返还权益及其他赔偿形式承担责任。

5. 根据《行政诉讼法》规定，卫生行政赔偿可以适用调解。

### 三、卫生行政赔偿的构成要件

#### （一）侵权主体必须是卫生行政机关

侵害权利的主体必须是行使国家卫生管理职权的卫生行政机关,法律、法规授权组织,以及受委托行使行政职权的组织及其工作人员。

#### （二）有损害事实存在

国家承担行政赔偿责任以有损害事实的存在为前提,无损害就无所谓赔偿。

#### （三）具体卫生行政行为违法

这里的违法既包括程序上的违法,也包括实体上的违法;既包括形式上的违法,也包括内容上的违法;既包括作为的违法,也包括不作为的违法。

#### （四）行政违法行为与损害事实之间有因果关系

损害结果必须是卫生行政机关及其工作人员违法行使职权的行为所造成的,两者有因果关系。没有因果关系,卫生行政机关不承担赔偿责任。

#### （五）必须有法律的明确规定

致害行为必须是法律明确规定应当承担侵权赔偿责任的行为,如果致害行为是法律规定可以免责的行为,则受害人不能请求赔偿。如国防、外交等国家行为,制定规章等抽象行政行为。

### 四、卫生行政赔偿的范围

卫生行政赔偿范围,是指国家对卫生行政机关及其工作人员在行使行政职权时,侵犯公民、法人或者其他组织合法权益造成的损害给予赔偿的范围。

#### （一）侵犯人身自由权

行政机关及其工作人员在行使行政职权时有下列侵犯人身权情形之一的,受害人有取得赔偿的权利:①违法拘留或者违法采取限制公民人身自由的行政强制措施的;②非法拘禁或者以其他方法非法剥夺公民人身自由;③以殴打、虐待等暴力行为或者唆使、放纵他人以殴打、虐待等行为造成的公民身体伤害或者死亡的;④违法使用武器、警械造成公民身体伤害或者死亡的;⑤造成公民身体伤害或者死亡的其他违法行为。

#### （二）侵犯财产权

行政机关及其工作人员在行使行政职权时有下列侵犯财产权情形之一的,受害人有取得赔偿的权利:①违法实施罚款、吊销许可证和执照、责令停产停业、没收财物等行政处罚的;②违法对财产采取查封、扣押、冻结等行政强制措施的;③违法征收、征用财产的;④造成财产损害的其他违法行为。

属于下列情形之一的,国家不承担赔偿责任:①卫生行政机关工作人员与行使职权无关的个人行为;②因公民、法人和其他组织自己的行为致使损害发生的情形;③法律规定的其他情形。

### 五、卫生行政赔偿请求人和赔偿机关

#### （一）赔偿请求人

赔偿请求人,又称为赔偿诉讼的原告,即以自己的名义,就自身合法权益受到卫生行政机关及其工作人员的不法侵害造成实际损失而依法请求国家予以赔偿的公民、法人和其他组织。《国家赔偿法》规定,赔偿请求人有以下几种:①受害的公民、法人和其他组织;②受害的公民如果死亡,其继承人和其他有抚养关系的亲属可以提出请求;③受害的法人或其他组织终止,承受其权利的法人或其他组织可以提出请求。

#### （二）赔偿机关

赔偿机关,是作出卫生违法行为的卫生行政机关或法律、法规授权组织。两个以上行政机关共同行使行政职权时侵犯公民、法人和其他组织的合法权益造成损害的,共同行使行政职权的行政机关为

共同赔偿义务机关。受卫生行政机关委托的组织或个人作出违法行为,委托的卫生行政机关为赔偿机关。经复议机关复议的,最初造成侵权行为的卫生行政机关为赔偿机关;但复议决定加重损害的,复议机关对加重损害的部分履行赔偿义务。赔偿机关被撤销的,继续行使其职权的卫生行政机关为赔偿机关;没有继续行使其职权的行政机关的,撤销该赔偿机关的行政机关为赔偿机关。

### 六、卫生行政赔偿程序

卫生行政赔偿程序,是指赔偿请求人请求赔偿以及行政机关和人民法院处理赔偿案件的整个过程。行政赔偿程序有两种类型。

#### (一)单独请求行政赔偿的程序

赔偿请求人没有提出其他行政诉讼的请求,单独就行政赔偿提出请求和诉讼。单独要求卫生行政机关赔偿的,赔偿申请人必须先向卫生行政赔偿义务机关提出,并按照法律规定递交行政赔偿申请书,卫生行政赔偿义务机关应当自收到赔偿请求人提交的行政赔偿申请书之日起2个月内依法作出给予行政赔偿或不予行政赔偿的决定。赔偿义务机关逾期不予赔偿或者请求人对赔偿数额有异议,赔偿请求人可以在期限届满之日起3个月内向人民法院提起诉讼,由人民法院按行政诉讼程序审理。

#### (二)附带请求行政赔偿的程序

行政相对人在提起行政复议和行政诉讼的同时一并提出行政赔偿请求。后者完全适用行政复议和行政诉讼程序。

#### (三)申请赔偿的时效

赔偿请求人请求卫生行政赔偿的时效为2年,自卫生行政机关及其工作人员行使职权时的行为被依法确认为违法之日起计算。赔偿请求人在赔偿请求时效的最后6个月内,因不可抗力或者其他障碍不能行使请求权的,时效中止。从中止时效的原因消除之日起,赔偿请求时效期间继续计算。

### 七、卫生行政赔偿的方式和标准

根据《国家赔偿法》的规定,国家赔偿以支付赔偿金为主要方式。能够返还财产或者恢复原状的,予以返还财产或者恢复原状。造成受害人名誉权、荣誉权损害的,应当在侵害行为影响的范围内,为受害人消除影响,恢复名誉,赔礼道歉。

#### (一)侵犯公民人身自由

每日赔偿金按照国家上年度职工日平均工资计算。

#### (二)侵犯公民生命健康权

赔偿金按照下列规定计算:①造成身体伤害的,应当支付医疗费、护理费,以及赔偿因误工减少的收入。减少的收入每日的赔偿金按照国家上年度职工日平均工资计算,最高额为国家上年度职工年平均工资的5倍;②造成部分或者全部丧失劳动能力的,应当支付医疗费、护理费、残疾生活辅助具费、康复费等因残疾而增加的必要支出和继续治疗所必需的费用,以及残疾赔偿金。残疾赔偿金根据丧失劳动能力的程度,按照国家规定的伤残等级确定,最高不超过国家上年度职工年平均工资的20倍。造成全部丧失劳动能力的,对其扶养的无劳动能力的人,还应当支付生活费;③造成死亡的,应当支付死亡赔偿金、丧葬费,总额为国家上年度职工年平均工资的20倍。对死者生前扶养的无劳动能力的人,还应当支付生活费。

生活费的发放标准,参照当地最低生活保障标准执行。被扶养的人是未成年人的,生活费给付至十八周岁止;其他无劳动能力的人,生活费给付至死亡时止。

#### (三)侵犯公民、法人和其他组织的财产权造成损害

按照下列规定处理:①处罚款、罚金、追缴、没收财产或者违法征收、征用财产的,返还财产;②查封、扣押、冻结财产的,解除对财产的查封、扣押、冻结,造成财产损坏或者灭失的,依照下文第三项、第四项的规定赔偿;③应当返还的财产损坏的,能够恢复原状的恢复原状,不能恢复原状的,按照损害程

度给付相应的赔偿金;④应当返还的财产灭失的,给付相应的赔偿金;⑤财产已经拍卖或者变卖的,给付拍卖或者变卖所得的价款;变卖的价款明显低于财产价值的,应当支付相应的赔偿金;⑥吊销许可证和执照、责令停产停业的,赔偿停产停业期间必要的经常性费用开支;⑦返还执行的罚款或者罚金、追缴或者没收的金钱,解除冻结的存款或者汇款的,应当支付银行同期存款利息;⑧对财产权造成其他损害的,按照直接损失给予赔偿。

## 八、卫生行政赔偿经费的来源

《国家赔偿法》规定,赔偿费用列入各级财政预算。卫生行政机关赔偿损失后,应当责令有故意或者重大过失的工作人员或者受委托的组织和个人承担部分或全部赔偿费用。对有故意或者重大过失的责任人员,卫生行政机关应当依法给予处分;构成犯罪的,应当依法追究刑事责任。

**思考题**

1. 法律责任对保障卫生法律制度实施的重要意义是什么?
2. 卫生法律责任有哪些基本特征?
3. 卫生行政复议和行政诉讼有哪些联系和区别?
4. 构成卫生行政赔偿必须具备哪些要件?

思考题解题思路

本章目标测试

## 推荐阅读

1. 江必新.中华人民共和国行政复议法条文解读与法律适用[M].北京:中国法制出版社,2023.
2. 沈岿.国家赔偿法:原理与案例[M].3版.北京:北京大学出版社,2022.

(苏天照)

为了发展医疗卫生与健康事业,保障公民享有基本医疗卫生服务,提高公民健康水平,推进健康中国建设,《基本医疗卫生与健康促进法》规定了基本医疗卫生服务、医疗卫生机构、医疗卫生人员、药品供应保障、健康促进、资金保障、监督管理、法律责任等内容;是我国卫生健康领域的一部基础性、综合性法律,为卫生健康领域所有法律法规构筑了坚实基础。

## 第一节 | 概 述

### 一、基本医疗卫生与健康促进的概念

#### (一)基本医疗卫生服务的概念

基本医疗卫生服务,是指维护人体健康所必需、与经济社会发展水平相适应、公民可公平获得的,采用适宜药物、适宜技术、适宜设备提供的疾病预防、诊断、治疗、护理和康复等服务。基本医疗卫生服务包括基本公共卫生服务和基本医疗服务。基本公共卫生服务由国家免费提供。对这一规定,可以从以下几点加以理解:①维护健康所必需。基本医疗卫生服务是医疗卫生服务中最基础、最核心的部分,是维护人体健康必不可少的医疗卫生服务。②与经济社会发展水平相适应。基本医疗卫生服务要与经济社会发展水平相适应,具有阶段性,必须量力而行,不能超越发展阶段。③公民可公平获得。基本医疗卫生服务要公平可及,保证全体公民都能享受到。这体现了机会公平,而不是简单的平均化。④采用适宜药物、技术、设备。适宜主要体现在安全有效、成本低廉、易于推广。⑤涵盖疾病预防、诊断、治疗、护理和康复等服务,包括基本公共卫生服务和基本医疗服务两大类。

#### (二)健康促进的概念

1986年世界卫生组织第一届全球健康促进大会上通过的《渥太华宣言》,第一次正式提出"健康促进"的概念,明确其主要是通过行政或者组织手段,广泛动员和协调社会各成员、部门以及社区、家庭、个人,使其各自履行对健康的责任,共同维护和促进健康的一种社会行为和社会战略。

"健康促进"已经成为当前各个国家应对健康问题的首选策略和核心策略。当前很多健康决定因素和人群中的健康不公平都有其社会根源,超出了卫生部门和卫生政策的范畴。因此,解决健康问题需要综合治理,这正是健康促进的理念。健康促进就是要建立一种政府主导、部门合作、全社会参与的工作理念和工作模式,充分动员全社会力量参与健康教育和健康促进工作,为提高公众健康水平而共同奋斗。健康促进既强调个人对健康的责任,又强调社会、政府对健康的责任;既强调个人能力的发展,又强调支持性环境的创建。

### 二、基本医疗卫生与健康促进立法

为了发展医疗卫生与健康事业,保障公民享有基本医疗卫生服务,提高公民健康水平,推进健康中国建设,2019年12月28日,十三届全国人大常委会第十五次会议通过了《基本医疗卫生与健康促进法》,自2020年6月1日起施行。《基本医疗卫生与健康促进法》初期是作为基本医疗卫生保健具体领域的单项立法。随着树立大健康理念、贯彻落实党和国家提出的《"健康中国2030"规划纲要》

以及"实施健康中国战略"等重大举措和部署,立法目的、调整范围和基本原则上都有了相应的变化,即由最初针对疾病的医疗卫生服务延伸到全生命周期的卫生与健康促进服务,从以治病为中心扩充到以健康为中心,增加了健康促进的相关内容。

### 三、基本医疗卫生与健康促进立法的基本原则

基本医疗卫生与健康促进法的基本原则,是指反映基本医疗卫生与健康促进法的立法精神、符合医疗卫生与健康事业法律关系的基本原则。

#### (一)公益性原则

《基本医疗卫生与健康促进法》体现了以人民健康为中心的理念,坚持把公益性写在医疗卫生事业的旗帜上。规定基本公共卫生服务由国家免费提供;基本医疗服务主要由政府举办的医疗卫生机构提供;政府举办的医疗卫生机构应当坚持公益性质,所有收支均纳入预算管理;规定医疗卫生服务体系坚持以非营利性医疗卫生机构为主体、营利性医疗卫生机构为补充。

#### (二)保障基本医疗卫生服务公平原则

从现阶段国情和实际出发,突出基本医疗卫生服务的必需性和可持续性,保障基本医疗卫生服务公平可及,既尽力而为,又量力而行,避免脱离实际、超越发展阶段。

#### (三)提高基层医疗卫生服务能力原则

针对基层医疗卫生服务能力薄弱的现状,坚持以基层为重点,加强基层医疗卫生机构和人才队伍建设,提高基层医疗卫生服务能力,筑牢网底。

#### (四)完善重点人群健康制度原则

从以治病为中心向以人民健康为中心转变,强化健康教育、全民健身、食品安全、健康管理等健康促进措施,完善重点人群健康服务制度。

#### (五)促进医疗改革原则

将分级诊疗、家庭医生签约服务、医疗联合体建设等措施上升到法律层面,增强制度刚性;加强"三医联动",形成制度合力。

#### (六)着眼医疗卫生与健康领域的基础性原则

着眼医疗卫生与健康领域的基础性、综合性立法定位,突出规定关键性、骨干性和支撑性等重要制度,处理好《传染病防治法》《药品管理法》等相关法律的关系,既相互衔接,又突出重点。

## 第二节 | 基本医疗卫生服务

### 一、基本公共卫生服务的要求

#### (一)基本公共卫生服务项目

国家采取措施,保障公民享有安全有效的基本公共卫生服务,控制影响健康的危险因素,提高疾病的预防控制水平。国家基本公共卫生服务项目由国务院卫生健康主管部门会同国务院财政部门、中医药主管部门等共同确定。省、自治区、直辖市人民政府可以在国家基本公共卫生服务项目基础上,补充确定本行政区域的基本公共卫生服务项目,并报国务院卫生健康主管部门备案。

国务院和省、自治区、直辖市人民政府可以将针对重点地区、重点疾病和特定人群的服务内容纳入基本公共卫生服务项目并组织实施。县级以上地方人民政府针对本行政区域重大疾病和主要健康危险因素,开展专项防控工作。

#### (二)基本公共卫生服务提供

县级以上人民政府通过举办专业公共卫生机构、基层医疗卫生机构和医院,或者从其他医疗卫生机构购买服务的方式提供基本公共卫生服务。

### （三）突发事件卫生应急制度

国家建立健全突发事件卫生应急体系，制定和完善应急预案，组织开展突发事件的医疗救治、卫生学调查处置和心理援助等卫生应急工作，有效控制和消除危害。

### （四）传染病防控及主体义务

国家建立传染病防控制度，制定传染病防治规划并组织实施，加强传染病监测预警，坚持预防为主、防治结合，联防联控、群防群控、源头防控、综合治理，阻断传播途径，保护易感人群，降低传染病的危害。任何组织和个人应当接受、配合医疗卫生机构为预防、控制、消除传染病危害依法采取的调查、检验、采集样本、隔离治疗、医学观察等措施。

### （五）预防接种制度

国家实行预防接种制度，加强免疫规划工作。居民有依法接种免疫规划疫苗的权利和义务。政府向居民免费提供免疫规划疫苗。

### （六）慢性病防控与管理

国家建立慢性非传染性疾病防控与管理制度，对慢性非传染性疾病及其致病危险因素开展监测、调查和综合防控干预，及时发现高危人群，为患者和高危人群提供诊疗、早期干预、随访管理和健康教育等服务。

### （七）职业健康与职业病防治

国家加强职业健康保护。县级以上人民政府应当制定职业病防治规划，建立健全职业健康工作机制，加强职业健康监督管理，提高职业病综合防治能力和水平。用人单位应当控制职业病危害因素，采取工程技术、个体防护和健康管理等综合治理措施，改善工作环境和劳动条件。

### （八）妇幼健康

国家发展妇幼保健事业，建立健全妇幼健康服务体系，为妇女、儿童提供保健及常见病防治服务，保障妇女、儿童健康。国家采取措施，为公民提供婚前保健、孕产期保健等服务，促进生殖健康，预防出生缺陷。

### （九）老年人健康

国家发展老年人保健事业。国务院和省、自治区、直辖市人民政府应当将老年人健康管理和常见病预防等纳入基本公共卫生服务项目。

### （十）残疾预防与残障者康复

国家发展残疾预防和残疾人康复事业，完善残疾预防和残疾人康复及其保障体系，采取措施为残疾人提供基本康复服务。县级以上人民政府应当优先开展残疾儿童康复工作，实行康复与教育相结合。

### （十一）院前急救体系相关部门职责

国家建立健全院前急救体系，为急危重症患者提供及时、规范、有效的急救服务。

卫生健康主管部门、红十字会等有关部门、组织应当积极开展急救培训，普及急救知识，鼓励医疗卫生人员、经过急救培训的人员积极参与公共场所急救服务。公共场所应当按照规定配备必要的急救设备、设施。急救中心（站）不得以未付费为由拒绝或者拖延为急危重症患者提供急救服务。

### （十二）精神卫生与心理健康

国家发展精神卫生事业，建设完善精神卫生服务体系，维护和增进公民心理健康，预防、治疗精神障碍。

国家采取措施，加强心理健康服务体系和人才队伍建设，促进心理健康教育、心理评估、心理咨询与心理治疗服务的有效衔接，设立为公众提供公益服务的心理援助热线，加强未成年人、残疾人和老年人等重点人群心理健康服务。

## 二、基本医疗服务的要求

### (一) 基本医疗服务的提供主体

基本医疗服务主要由政府举办的医疗卫生机构提供。鼓励社会力量举办的医疗卫生机构提供基本医疗服务。

### (二) 基本医疗服务分级诊疗制度

国家推进基本医疗服务实行分级诊疗制度,引导非急诊患者首先到基层医疗卫生机构就诊,实行首诊负责制和转诊审核责任制,逐步建立基层首诊、双向转诊、急慢分治、上下联动的机制,并与基本医疗保险制度相衔接。

县级以上地方人民政府根据本行政区域医疗卫生需求,整合区域内政府举办的医疗卫生资源,因地制宜建立医疗联合体等协同联动的医疗服务合作机制。鼓励社会力量举办的医疗卫生机构参与医疗服务合作机制。

### (三) 家庭医生签约服务

国家推进基层医疗卫生机构实行家庭医生签约服务,建立家庭医生服务团队,与居民签订协议,根据居民健康状况和医疗需求提供基本医疗卫生服务。

### (四) 公民的知情同意权

公民接受医疗卫生服务,对病情、诊疗方案、医疗风险、医疗费用等事项依法享有知情同意的权利。需要实施手术、特殊检查、特殊治疗的,医疗卫生人员应当及时向患者说明医疗风险、替代医疗方案等情况,并取得其同意;不能或者不宜向患者说明的,应当向患者的近亲属说明,并取得其同意。法律另有规定的,依照其规定。开展药物、医疗器械临床试验和其他医学研究应当遵守医学伦理规范,依法通过伦理审查,取得知情同意。

### (五) 公民在接受医疗卫生服务时的权利与义务

公民接受医疗卫生服务,应当受到尊重。医疗卫生机构、医疗卫生人员应当关心爱护、平等对待患者,尊重患者人格尊严,保护患者隐私。公民接受医疗卫生服务,应当遵守诊疗制度和医疗卫生服务秩序,尊重医疗卫生人员。

## 第三节 │ 医疗卫生机构与人员

### 一、医疗卫生机构与人员的概念

医疗卫生机构,是指依法开展医疗卫生活动,提供专业服务的专门机构,包括基层医疗卫生机构、医院和专业公共卫生机构等。医疗卫生机构执业场所是提供医疗卫生服务的公共场所,任何组织或者个人不得扰乱其秩序。

基层医疗卫生机构,是指乡镇卫生院、社区卫生服务中心(站)、村卫生室、医务室、门诊部和诊所等。

专业公共卫生机构,是指疾病预防控制中心、专科疾病防治机构、健康教育机构、急救中心(站)和血站等。

医疗卫生人员,是指依法从事医疗卫生专业服务活动的专业人员,包括执业医师、执业助理医师、注册护士、药师(士)、检验技师(士)、影像技师(士)和乡村医生等卫生专业人员。

### 二、医疗卫生服务体系

#### (一) 医疗卫生服务体系的组成与分工

国家建立健全由基层医疗卫生机构、医院、专业公共卫生机构等组成的城乡全覆盖、功能互补、连续协同的医疗卫生服务体系。国家加强县级医院、乡镇卫生院、村卫生室、社区卫生服务中心（站）和专业公共卫生机构等的建设,建立健全农村医疗卫生服务网络和城市社区卫生服务网络。

基层医疗卫生机构主要提供预防、保健、健康教育、疾病管理,为居民建立健康档案,常见病、多发病的诊疗以及部分疾病的康复、护理,接收医院转诊患者,向医院转诊超出自身服务能力的患者等基本医疗卫生服务。

医院主要提供疾病诊治,特别是急危重症和疑难病症的诊疗,突发事件医疗处置和救援以及健康教育等医疗卫生服务,并开展医学教育、医疗卫生人员培训、医学科学研究和对基层医疗卫生机构的业务指导等工作。

专业公共卫生机构主要提供传染病、慢性非传染性疾病、职业病、地方病等疾病预防控制和健康教育、妇幼保健、精神卫生、院前急救、采供血、食品安全风险监测评估、出生缺陷防治等公共卫生服务。

### （二）医疗卫生服务的内容

各级各类医疗卫生机构应当分工合作,为公民提供预防、保健、治疗、护理、康复、安宁疗护等全方位全周期的医疗卫生服务。各级人民政府采取措施支持医疗卫生机构与养老机构、儿童福利机构、社区组织建立协作机制,为老年人、孤残儿童提供安全、便捷的医疗和健康服务。

### （三）医疗卫生服务体系规划

县级以上人民政府应当制定并落实医疗卫生服务体系规划,科学配置医疗卫生资源,举办医疗卫生机构,为公民获得基本医疗卫生服务提供保障。政府举办医疗卫生机构,应当考虑本行政区域人口、经济社会发展状况、医疗卫生资源、健康危险因素、发病率、患病率以及紧急救治需求等情况。

### （四）医疗机构的执业

举办医疗机构,应当具备法定条件,按照国家有关规定办理审批或者备案手续。医疗机构依法取得执业许可证。禁止伪造、变造、买卖、出租、出借医疗机构执业许可证。各级各类医疗卫生机构的具体条件和配置应当符合国务院卫生健康主管部门制定的医疗卫生机构标准。

## 三、医疗卫生机构管理

### （一）国家对医疗卫生机构实行分类管理

医疗卫生服务体系坚持以非营利性医疗卫生机构为主体、营利性医疗卫生机构为补充。政府举办非营利性医疗卫生机构,在基本医疗卫生事业中发挥主导作用,保障基本医疗卫生服务公平可及。以政府资金、捐赠资产举办或者参与举办的医疗卫生机构不得设立为营利性医疗卫生机构。医疗卫生机构不得对外出租、承包医疗科室。非营利性医疗卫生机构不得向出资人、举办者分配或者变相分配收益。

### （二）政府办医的公益性

政府举办的医疗卫生机构应当坚持公益性质,所有收支均纳入预算管理,按照医疗卫生服务体系规划合理设置并控制规模。国家鼓励政府举办的医疗卫生机构与社会力量合作举办非营利性医疗卫生机构。政府举办的医疗卫生机构不得与其他组织投资设立非独立法人资格的医疗卫生机构,不得与社会资本合作举办营利性医疗卫生机构。

### （三）鼓励社会力量办医

国家采取多种措施,鼓励和引导社会力量依法举办医疗卫生机构,支持和规范社会力量举办的医疗卫生机构与政府举办的医疗卫生机构开展多种类型的医疗业务、学科建设、人才培养等合作。社会力量举办的医疗卫生机构在基本医疗保险定点、重点专科建设、科研教学、等级评审、特定医疗技术准入、医疗卫生人员职称评定等方面享有与政府举办的医疗卫生机构同等的权利。

社会力量可以选择设立非营利性或者营利性医疗卫生机构。社会力量举办的非营利性医疗卫生机构按照规定享受与政府举办的医疗卫生机构同等的税收、财政补助、用地、用水、用电、用气、用热等政策,并依法接受监督管理。

### (四)国家及区域医疗中心的设置与功能

国家以建成的医疗卫生机构为基础,合理规划与设置国家医学中心和国家、省级区域性医疗中心,诊治疑难重症,研究攻克重大医学难题,培养高层次医疗卫生人才。

### (五)保障医疗卫生服务质量

医疗卫生机构应当遵守法律、法规、规章,建立健全内部质量管理和控制制度,对医疗卫生服务质量负责。医疗卫生机构应当按照临床诊疗指南、临床技术操作规范和行业标准以及医学伦理规范等有关要求,合理进行检查、用药、诊疗,加强医疗卫生安全风险防范,优化服务流程,持续改进医疗卫生服务质量。

### (六)医疗卫生技术临床应用管理

国家对医疗卫生技术的临床应用进行分类管理,对技术难度大、医疗风险高,服务能力、人员专业技术水平要求较高的医疗卫生技术实行严格管理。医疗卫生机构开展医疗卫生技术临床应用,应当与其功能任务相适应,遵循科学、安全、规范、有效、经济的原则,并符合伦理。

### (七)现代医院管理制度的构建

国家建立权责清晰、管理科学、治理完善、运行高效、监督有力的现代医院管理制度。医院应当制定章程,建立和完善法人治理结构,提高医疗卫生服务能力和运行效率。

### (八)医疗风险分担机制

国家完善医疗风险分担机制,鼓励医疗机构参加医疗责任保险或者建立医疗风险基金,鼓励患者参加医疗意外保险。

### (九)鼓励技术创新和发展适宜技术

国家鼓励医疗卫生机构不断改进预防、保健、诊断、治疗、护理和康复的技术、设备与服务,支持开发适合基层和边远地区应用的医疗卫生技术。

### (十)健康和医疗卫生的信息化建设

国家推进全民健康信息化,推动健康医疗大数据、人工智能等的应用发展,加快医疗卫生信息基础设施建设,制定健康医疗数据采集、存储、分析和应用的技术标准,运用信息技术促进优质医疗卫生资源的普及与共享。

县级以上人民政府及其有关部门应当采取措施,推进信息技术在医疗卫生领域和医学教育中的应用,支持探索发展医疗卫生服务新模式、新业态。

国家采取措施,推进医疗卫生机构建立健全医疗卫生信息交流和信息安全制度,应用信息技术开展远程医疗服务,构建线上线下一体化医疗服务模式。

### (十一)医疗卫生服务主体服从突发事件应急调遣

发生自然灾害、事故灾难、公共卫生事件和社会安全事件等严重威胁人民群众生命健康的突发事件时,医疗卫生机构、医疗卫生人员应当服从政府部门的调遣,参与卫生应急处置和医疗救治。对致病、致残、死亡的参与人员,按照规定给予工伤或者抚恤、烈士褒扬等相关待遇。

## 四、医疗卫生人员管理

### (一)医疗卫生人员的职业精神

医疗卫生人员应当弘扬敬佑生命、救死扶伤、甘于奉献、大爱无疆的崇高职业精神,遵守行业规范,恪守医德,努力提高专业水平和服务质量。医疗卫生行业组织、医疗卫生机构、医学院校应当加强对医疗卫生人员的医德医风教育。

### (二)医疗卫生队伍建设

国家制定医疗卫生人员培养规划,建立适应行业特点和社会需求的医疗卫生人员培养机制和供需平衡机制,完善医学院校教育、毕业后教育和继续教育体系,建立健全住院医师、专科医师规范化培训制度,建立规模适宜、结构合理、分布均衡的医疗卫生队伍。国家加强全科医生的培养和使用。全科医生主要提供常见病、多发病的诊疗和转诊、预防、保健、康复,以及慢性病管理、健康管理等服务。

### (三)医疗卫生人员资格准入与执业注册制度

国家对医师、护士等医疗卫生人员依法实行执业注册制度。医疗卫生人员应当依法取得相应的职业资格。

### (四)医疗卫生人员行为规范

医疗卫生人员应当遵循医学科学规律,遵守有关临床诊疗技术规范和各项操作规范以及医学伦理规范,使用适宜技术和药物,合理诊疗,因病施治,不得对患者实施过度医疗;不得利用职务之便索要、非法收受财物或者牟取其他不正当利益。

### (五)医疗卫生人员待遇与特殊津贴

国家建立健全符合医疗卫生行业特点的人事、薪酬、奖励制度,体现医疗卫生人员职业特点和技术劳动价值。对从事传染病防治、放射医学和精神卫生工作以及其他在特殊岗位工作的医疗卫生人员,应当按照国家规定给予适当的津贴。津贴标准应当定期调整。

### (六)基层和边远地区医疗卫生人才队伍建设

国家建立医疗卫生人员定期到基层和艰苦边远地区从事医疗卫生工作制度;采取定向免费培养、对口支援、退休返聘等措施,加强基层和艰苦边远地区医疗卫生队伍建设;加强乡村医疗卫生队伍建设,建立县乡村上下贯通的职业发展机制,完善对乡村医疗卫生人员的服务收入多渠道补助机制和养老政策。

执业医师晋升为副高级技术职称的,应当有累计一年以上在县级以下或者对口支援的医疗卫生机构提供医疗卫生服务的经历。对在基层和艰苦边远地区工作的医疗卫生人员,在薪酬津贴、职称评定、职业发展、教育培训和表彰奖励等方面实行优惠待遇。

### (七)医疗卫生人员权益保护

全社会应当关心、尊重医疗卫生人员,维护良好安全的医疗卫生服务秩序,共同构建和谐医患关系。医疗卫生人员的人身安全、人格尊严不受侵犯,其合法权益受法律保护。禁止任何组织或者个人威胁、危害医疗卫生人员人身安全,侵犯医疗卫生人员人格尊严。国家采取措施,保障医疗卫生人员执业环境。

## 第四节 ｜ 药品供应保障

### 一、药品供应保障制度

国家完善药品供应保障制度,建立工作协调机制,保障药品的安全、有效、可及。

国家建立中央与地方两级医药储备,用于保障重大灾情、疫情及其他突发事件等应急需要。国家建立健全药品供求监测体系,及时收集和汇总分析药品供求信息,定期公布药品生产、流通、使用等情况。

### 二、国家基本药物制度

基本药物,是指满足疾病防治基本用药需求,适应现阶段基本国情和保障能力,剂型适宜,价格合理,能够保障供应,可公平获得的药品。国家实施基本药物制度,遴选适当数量的基本药物品种,满足疾病防治基本用药需求。国家公布基本药物目录,根据药品临床应用实践、药品标准变化、药品新上市情况等,对基本药物目录进行动态调整。基本药物按照规定优先纳入基本医疗保险药品目录。国家提高基本药物的供给能力,强化基本药物质量监管,确保基本药物公平可及、合理使用。

### 三、药品审评审批制度

国家建立健全以临床需求为导向的药品审评审批制度,支持临床急需药品、儿童用药品和防治罕见病、重大疾病等药品的研制、生产,满足疾病防治需求。

### 四、药品全过程追溯

国家建立健全药品研制、生产、流通、使用全过程追溯制度,加强药品管理,保证药品质量。

### 五、药品价格监测

国家建立健全药品价格监测体系,开展成本价格调查,加强药品价格监督检查,依法查处价格垄断、价格欺诈、不正当竞争等违法行为,维护药品价格秩序。

国家加强药品分类采购管理和指导。参加药品采购投标的投标人不得以低于成本的报价竞标,不得以欺诈、串通投标、滥用市场支配地位等方式竞标。

### 六、医疗器械管理

国家加强对医疗器械的管理,完善医疗器械的标准和规范,提高医疗器械的安全有效水平。国务院卫生健康主管部门和省、自治区、直辖市人民政府卫生健康主管部门应当根据技术的先进性、适宜性和可及性,编制大型医用设备配置规划,促进区域内医用设备合理配置、充分共享。

### 七、中药的保护与发展

国家加强中药的保护与发展,充分体现中药的特色和优势,发挥其在预防、保健、医疗、康复中的作用。

## 第五节 ｜ 健康促进

### 一、健康教育制度

#### (一) 政府及各部门、机构的责任

各级人民政府应当加强健康教育工作及其专业人才培养,建立健康知识和技能核心信息发布制度,普及健康科学知识,向公众提供科学、准确的健康信息。

医疗卫生、教育、体育、宣传等机构、基层群众性自治组织和社会组织应当开展健康知识的宣传和普及。医疗卫生人员在提供医疗卫生服务时,应当对患者开展健康教育。新闻媒体应当开展健康知识的公益宣传。健康知识的宣传应当科学、准确。

#### (二) 学校健康教育制度

国家将健康教育纳入国民教育体系。学校应当利用多种形式实施健康教育,普及健康知识、科学健身知识、急救知识和技能,提高学生主动防病的意识,培养学生良好的卫生习惯和健康的行为习惯,减少、改善学生近视、肥胖等不良健康状况。学校应当按照规定开设体育与健康课程,组织学生开展广播体操、眼保健操、体能锻炼等活动。学校按照规定配备校医,建立和完善卫生室、保健室等。县级以上人民政府教育主管部门应当按照规定将学生体质健康水平纳入学校考核体系。

### 二、公民健康责任

公民是自己健康的第一责任人,树立和践行对自己健康负责的健康管理理念,主动学习健康知识,提高健康素养,加强健康管理。倡导家庭成员相互关爱,形成符合自身和家庭特点的健康生活方

式。公民应当尊重他人的健康权利和利益,不得损害他人健康和社会公共利益。

### 三、健康调查、体质监测、评估与防控

国家组织居民健康状况调查和统计,开展体质监测,对健康绩效进行评估,并根据评估结果制定、完善与健康相关的法律、法规、政策和规划。

国家建立疾病和健康危险因素监测、调查和风险评估制度。县级以上人民政府及其有关部门针对影响健康的主要问题,组织开展健康危险因素研究,制定综合防治措施。国家加强影响健康的环境问题预防和治理,组织开展环境质量对健康影响的研究,采取措施预防和控制与环境问题有关的疾病。

### 四、开展全民群众性健康活动

国家大力开展爱国卫生运动,鼓励和支持开展爱国卫生月等群众性卫生与健康活动,依靠和动员群众控制和消除健康危险因素,改善环境卫生状况,建设健康城市、健康村镇、健康社区。

### 五、营养监测与干预

国家建立营养状况监测制度,实施经济欠发达地区、重点人群营养干预计划,开展未成年人和老年人营养改善行动,倡导健康饮食习惯,减少不健康饮食引起的疾病风险。

### 六、全民健身制度

国家发展全民健身事业,完善覆盖城乡的全民健身公共服务体系,加强公共体育设施建设,组织开展和支持全民健身活动,加强全民健身指导服务,普及科学健身知识和方法;鼓励单位的体育场地设施向公众开放。

### 七、特殊人群健康与长期护理保障

国家制定并实施未成年人、妇女、老年人、残疾人等的健康工作计划,加强重点人群健康服务;推动长期护理保障工作,鼓励发展长期护理保险。

### 八、公共场所卫生管理制度

县级以上人民政府卫生健康等主管部门应当加强对公共场所的卫生监督。公共场所卫生监督信息应当依法向社会公开。公共场所经营单位应当建立健全并严格实施卫生管理制度,保证其经营活动持续符合国家对公共场所的卫生要求。

### 九、控烟与禁止烟酒销售

国家采取措施,减少吸烟对公民健康的危害。公共场所控制吸烟,强化监督执法。烟草制品包装应当印制带有说明吸烟危害的警示。禁止向未成年人出售烟酒。

### 十、用人单位职工的健康保护

用人单位应当为职工创造有益于健康的环境和条件,严格执行劳动安全卫生等相关规定,积极组织职工开展健身活动,保护职工健康。

国家鼓励用人单位开展职工健康指导工作;提倡用人单位为职工定期开展健康检查。法律、法规对健康检查有规定的,依照其规定。

## 第六节 | 资金保障与监督管理

### 一、资金保障

#### （一）政府投入保障和政府的资金监管

各级人民政府应当切实履行发展医疗卫生与健康事业的职责，建立与经济社会发展、财政状况和健康指标相适应的医疗卫生与健康事业投入机制，将医疗卫生与健康促进经费纳入本级政府预算，按照规定主要用于保障基本医疗服务、公共卫生服务、基本医疗保障和政府举办的医疗卫生机构建设和运行发展。

县级以上人民政府通过预算、审计、监督执法、社会监督等方式，加强资金的监督管理。

#### （二）基本医疗保险

**1. 基本医疗保险费用的筹集**　基本医疗服务费用主要由基本医疗保险基金和个人支付。国家依法多渠道筹集基本医疗保险基金，逐步完善基本医疗保险可持续筹资和保障水平调整机制。

公民有依法参加基本医疗保险的权利和义务。用人单位和职工按照国家规定缴纳职工基本医疗保险费。城乡居民按照规定缴纳城乡居民基本医疗保险费。

**2. 多层次医疗保障体系**　国家建立以基本医疗保险为主体，商业健康保险、医疗救助、职工互助医疗和医疗慈善服务等为补充的、多层次的医疗保障体系。国家鼓励发展商业健康保险，满足人民群众多样化健康保障需求。国家完善医疗救助制度，保障符合条件的困难群众获得基本医疗服务。

**3. 基本医疗保险基金的规范使用**　国家建立健全基本医疗保险经办机构与协议定点医疗卫生机构之间的协商谈判机制，科学合理确定基本医疗保险基金支付标准和支付方式，引导医疗卫生机构合理诊疗，促进患者有序流动，提高基本医疗保险基金使用效益。

**4. 基本医疗保险基金支付范围、项目和标准**　基本医疗保险基金支付范围由国务院医疗保障主管部门组织制定，并应当听取国务院卫生健康主管部门、中医药主管部门、药品监督管理部门、财政部门等的意见。省、自治区、直辖市人民政府可以按照国家有关规定，补充确定本行政区域基本医疗保险基金支付的具体项目和标准，并报国务院医疗保障主管部门备案。国务院医疗保障主管部门应当对纳入支付范围的基本医疗保险药品目录、诊疗项目、医疗服务设施标准等组织开展循证医学和经济性评价，并应当听取国务院卫生健康主管部门、中医药主管部门、药品监督管理部门、财政部门等有关方面的意见。评价结果应当作为调整基本医疗保险基金支付范围的依据。

### 二、监督管理

#### （一）医疗卫生综合监督管理

国家建立健全机构自治、行业自律、政府监管、社会监督相结合的医疗卫生综合监督管理体系。县级以上人民政府卫生健康主管部门对医疗卫生行业实行属地化、全行业监督管理。

#### （二）基本医疗保险基金监管

县级以上人民政府医疗保障主管部门应当提高医疗保障监管能力和水平，对纳入基本医疗保险基金支付范围的医疗服务行为和医疗费用加强监督管理，确保基本医疗保险基金合理使用、安全可控。

#### （三）提高医疗卫生资源使用效率和保障水平

县级以上人民政府应当组织卫生健康、医疗保障、药品监督管理、发展改革、财政等部门建立沟通协商机制，加强制度衔接和工作配合，提高医疗卫生资源使用效率和保障水平。

#### （四）政府定期报告制度

县级以上人民政府应当定期向本级人民代表大会或者其常务委员会报告基本医疗卫生与健康促

进工作,依法接受监督。

### （五）政府及部门的履职责任

县级以上人民政府有关部门未履行医疗卫生与健康促进工作相关职责的,本级人民政府或者上级人民政府有关部门应当对其主要负责人进行约谈。地方人民政府未履行医疗卫生与健康促进工作相关职责的,上级人民政府应当对其主要负责人进行约谈。被约谈的部门和地方人民政府应当立即采取措施,进行整改。约谈情况和整改情况应当纳入有关部门和地方人民政府工作评议、考核记录。

### （六）食品、饮用水安全监管

国家建立科学、严格的食品、饮用水安全监督管理制度,提高安全水平。

### （七）医疗卫生机构绩效评估

县级以上地方人民政府卫生健康主管部门应当建立医疗卫生机构绩效评估制度,组织对医疗卫生机构的服务质量、医疗技术、药品和医用设备使用等情况进行评估。评估应当吸收行业组织和公众参与。评估结果应当以适当方式向社会公开,作为评价医疗卫生机构和卫生监管的重要依据。

### （八）公民健康信息安全保护

国家保护公民个人健康信息,确保公民个人健康信息安全。任何组织或者个人不得非法收集、使用、加工、传输公民个人健康信息,不得非法买卖、提供或者公开公民个人健康信息。

### （九）信用记录制度与联合惩戒

县级以上人民政府卫生健康主管部门、医疗保障主管部门应当建立医疗卫生机构、人员等信用记录制度,纳入全国信用信息共享平台,按照国家规定实施联合惩戒。

### （十）卫生健康行政执法

县级以上地方人民政府卫生健康主管部门及其委托的卫生健康监督机构,依法开展本行政区域医疗卫生等行政执法工作。

### （十一）培育医疗卫生行业组织

县级以上人民政府卫生健康主管部门应当积极培育医疗卫生行业组织,发挥其在医疗卫生与健康促进工作中的作用,支持其参与行业管理规范、技术标准制定和医疗卫生评价、评估、评审等工作。

### （十二）医疗纠纷预防和处理

国家建立医疗纠纷预防和处理机制,妥善处理医疗纠纷,维护医疗秩序。

### （十三）社会监督

国家鼓励公民、法人和其他组织对医疗卫生与健康促进工作进行社会监督。

任何组织和个人对违反《基本医疗卫生与健康促进法》规定的行为,有权向县级以上人民政府卫生健康主管部门和其他有关部门投诉、举报。

## 第七节 │ 法律责任

### 一、地方各级人民政府以及有关部门的法律责任

违反《基本医疗卫生与健康促进法》规定,地方各级人民政府、县级以上人民政府卫生健康主管部门和其他有关部门,滥用职权、玩忽职守、徇私舞弊的,对直接负责的主管人员和其他直接责任人员依法给予处分。

### 二、医疗卫生机构违反规定的法律责任

违反《基本医疗卫生与健康促进法》规定,有下列行为之一的,由县级以上人民政府卫生健康主

管部门责令改正,没收违法所得,并处违法所得 2 倍以上 10 倍以下的罚款,违法所得不足 1 万元的,按 1 万元计算;对直接负责的主管人员和其他直接责任人员依法给予处分:①政府举办的医疗卫生机构与其他组织投资设立非独立法人资格的医疗卫生机构;②医疗卫生机构对外出租、承包医疗科室;③非营利性医疗卫生机构向出资人、举办者分配或者变相分配收益。

违反《基本医疗卫生与健康促进法》规定,医疗卫生机构等的医疗信息安全制度、保障措施不健全,导致医疗信息泄露,或者医疗质量管理和医疗技术管理制度、安全措施不健全的,由县级以上人民政府卫生健康等主管部门责令改正,给予警告,并处 1 万元以上 5 万元以下的罚款;情节严重的,可以责令停止相应执业活动,对直接负责的主管人员和其他直接责任人员依法追究法律责任。

### 三、医疗卫生人员违反规定的法律责任

违反《基本医疗卫生与健康促进法》规定,医疗卫生人员有下列行为之一的,由县级以上人民政府卫生健康主管部门依照有关执业医师、护士管理和医疗纠纷预防处理等法律、行政法规的规定给予行政处罚:①利用职务之便索要、非法收受财物或者牟取其他不正当利益;②泄露公民个人健康信息;③在开展医学研究或提供医疗卫生服务过程中未按照规定履行告知义务或者违反医学伦理规范。前款规定的人员属于政府举办的医疗卫生机构中的人员的,依法给予处分。

### 四、其他法律责任

#### (一)无证行医或者违规用证执业的法律责任

违反《基本医疗卫生与健康促进法》规定,未取得医疗机构执业许可证擅自执业的,由县级以上人民政府卫生健康主管部门责令停止执业活动,没收违法所得和药品、医疗器械,并处违法所得 5 倍以上 20 倍以下的罚款,违法所得不足 1 万元的,按 1 万元计算。

违反《基本医疗卫生与健康促进法》规定,伪造、变造、买卖、出租、出借医疗机构执业许可证的,由县级以上人民政府卫生健康主管部门责令改正,没收违法所得,并处违法所得 5 倍以上 15 倍以下的罚款,违法所得不足 1 万元的,按 1 万元计算;情节严重的,吊销医疗机构执业许可证。

#### (二)药品招投标领域违法行为的法律责任

违反《基本医疗卫生与健康促进法》规定,参加药品采购投标的投标人以低于成本的报价竞标,或者以欺诈、串通投标、滥用市场支配地位等方式竞标的,由县级以上人民政府医疗保障主管部门责令改正,没收违法所得;中标的,中标无效,处中标项目金额 5‰ 以上 10‰ 以下的罚款,对法定代表人、主要负责人、直接负责的主管人员和其他责任人员处对单位罚款数额 5% 以上 10% 以下的罚款;情节严重的,取消其 2 年至 5 年内参加药品采购投标的资格并予以公告。

#### (三)骗取基本医疗保险基金的法律责任

违反《基本医疗卫生与健康促进法》规定,以欺诈、伪造证明材料或者其他手段骗取基本医疗保险待遇,或者基本医疗保险经办机构以及医疗机构、药品经营单位等以欺诈、伪造证明材料或者其他手段骗取基本医疗保险基金支出的,由县级以上人民政府医疗保障主管部门依照有关社会保险的法律、行政法规规定给予行政处罚。

#### (四)违法规定构成违法犯罪的法律责任

违反《基本医疗卫生与健康促进法》规定,扰乱医疗卫生机构执业场所秩序,威胁、危害医疗卫生人员人身安全,侵犯医疗卫生人员人格尊严,非法收集、使用、加工、传输公民个人健康信息,非法买卖、提供或者公开公民个人健康信息等,构成违反治安管理行为的,依法给予治安管理处罚。

违反《基本医疗卫生与健康促进法》规定,构成犯罪的,依法追究刑事责任;造成人身、财产损害的,依法承担民事责任。

**思考题**

1. 如何理解尊重、保护公民的健康权?
2. 基本医疗服务的内容有哪些?
3. 如何理解基本医疗卫生服务体系分工?
4. 如何理解公民是自己健康的第一责任人?

思考题解题思路

本章目标测试

## 推荐阅读

1. 汪建荣.让人人享有基本医疗卫生服务:我国基本医疗卫生立法研究[M].北京:法律出版社,2014.

2. 申卫星.中华人民共和国基本医疗卫生与健康促进法理解与适用[M].北京:中国政法大学出版社,2020.

3. 王晨光.健康法治的基石:健康权的源流、理论与制度[M].北京:北京大学出版社,2020.

(喻小勇)

# 第七章 | 传染病防治法律制度

传染病是危害人民身体健康、威胁人民生命安全的严重疾病。从保障人体健康的根本目的出发，我国建立了比较完善的传染病防治法律制度，包括传染病的分类，防治体制，传染病预防，疫情的报告、通报和公布，疫情控制，医疗救治，监督管理和保障措施等制度，为预防、控制和消除传染病的发生与流行，维护人体健康和公共卫生，促进社会、经济发展提供了法律保障。

## 第一节 | 概 述

### 一、传染病的概念

传染病是指由各种病原体引起的能在人与人、动物与动物或人与动物之间相互传播的一类疾病。病原体可以是微生物或寄生虫。包括病毒、立克次体、细菌、真菌、螺旋体、原虫等。

传染病的传播和流行需要具备三个环节，即传染源（能排出病原体的人或动物）、传播途径（病原体传染他人的途径）和易感者（对传染病无免疫力者）。切断其中任何一个环节，就可以防止传染病的传播和流行。

### 二、传染病防治立法

传染病是威胁人民群众健康的重要疾病。传染病防治立法历来是卫生立法的重点。20世纪50年代初，卫生部制定了《种痘暂行办法》《交通检疫暂行办法》《民用航空检疫暂行办法》《传染病管理办法》等。1957年第一届全国人民代表大会常务委员会颁布了《国境卫生检疫条例》。改革开放以来，传染病防治立法步伐明显加快。1978年经国务院批准，卫生部颁布了《急性传染病管理条例》，确定了法定传染病范围及分类管理原则。1986年第六届全国人民代表大会常务委员会第十八次会议通过了《国境卫生检疫法》，1989年第七届全国人民代表大会常务委员会第六次会议通过了《传染病防治法》。经国务院批准，卫生部1989年发布了《国境卫生检疫法实施细则》，1991年发布了《传染病防治法实施办法》。为了预防、控制和消除传染病的发生与流行，保障人体健康和公共卫生，充分总结2003年非典型肺炎防控的经验，2004年8月28日，第十届全国人民代表大会常务委员会第十一次会议通过了经过修订的《传染病防治法》，自2004年12月1日起施行。2013年6月29日，第十二届全国人民代表大会常务委员会第三次会议对《传染病防治法》进行了修正。目前，我国传染病防治法律体系已形成以法律、行政法规、部门规章以及规范性文件组成的传染病防治法律体系。行政法规包括《国内交通卫生检疫条例》《突发公共卫生事件应急条例》《医疗废物管理条例》《病原微生物实验室生物安全管理条例》《艾滋病防治条例》《血吸虫病防治条例》等。规章包括《性病防治管理办法》《结核病防治管理办法》《消毒管理办法》《传染性非典型肺炎防治管理办法》《突发公共卫生事件与传染病疫情监测信息报告管理办法》《传染病病人或疑似传染病病人尸体解剖查验规定》《医疗机构传染病预检分诊管理办法》《人间传染的病原微生物菌（毒）种保藏机构管理办法》《人间传染的高致病性病原微生物实验室和实验活动生物安全审批管理办法》等。

### 三、传染病防治方针与原则

为了预防、控制和消除传染病的发生与流行,保障人体健康和公共卫生,国家对传染病防治实行预防为主的方针,坚持防治结合、分类管理、依靠科学、依靠群众的原则。

预防为主,是指传染病防治要把预防工作放在首位,从预防传染病发生入手,通过采取各种防治措施,使传染病不发生、不流行。预防为主并不是不要重视医疗,而是要求无病防病,有病治病,立足于防。

防治结合,是指在贯彻预防为主方针的前提下,实行预防措施和治疗措施相结合。这既符合管理传染源、切断传播途径、保护易感人群等传染病防治要求,又适应由过去单纯的生物医学模式向生物-心理-社会医学模式的转变。

分类管理,是指根据传染病不同病种的传播方式、传播速度、流行强度以及对人体健康和社会危害程度的不同所确定的一种科学管理原则,以便有计划地采取不同的措施,更好地降低防控成本,提高防控水平和效果。

依靠科学,是指在传染病防治工作中,要发扬科学精神,坚持科学决策,普及科学知识,做好科学预防、治疗,组织科学攻关。

依靠群众,是指传染病防治工作的依靠力量是群众,工作对象也是群众,所以传染病防治工作离不开群众的支持和配合,必须以群众自觉参与和积极配合为条件。

《基本医疗卫生与健康促进法》进一步规定,国家建立传染病防控制度,制定传染病防治规划并组织实施,加强传染病监测预警,坚持预防为主、防治结合,联防联控、群防群控、源头防控、综合治理,阻断传播途径,保护易感人群,降低传染病的危害。

### 四、传染病防治体制

传染病防治需要全社会各部门共同努力,《传染病防治法》在确立各级政府的领导地位同时,对相关部门的职责及一切单位和个人的责任进行了具体规定。

1. **政府部门**　县级以上人民政府制定传染病防治规划并组织实施,建立健全传染病防治的疾病预防控制、医疗救治和监督管理体系。国务院卫生行政部门主管全国传染病防治及其监督管理工作。县级以上地方人民政府卫生行政部门负责本行政区域内的传染病防治及其监督管理工作。县级以上人民政府其他部门在各自的职责范围内负责传染病防治工作。国家支持和鼓励单位和个人参与传染病防治工作。各级人民政府应当完善有关制度,方便单位和个人参与防治传染病的宣传教育、疫情报告、志愿服务和捐赠活动。

2. **医疗卫生机构**　各级疾病预防控制机构承担传染病监测、预测、流行病学调查、疫情报告以及其他预防、控制工作。医疗机构承担与医疗救治有关的传染病防治工作和责任区域内的传染病预防工作。城市社区和农村基层医疗机构在疾病预防控制机构的指导下,承担城市社区、农村基层相应的传染病防治工作。

3. **其他组织**　医学院校应当加强预防医学教育和科学研究,对在校学生以及其他与传染病防治相关人员进行预防医学教育和培训,为传染病防治工作提供技术支持。居民委员会、村民委员会应当组织居民、村民参与社区、农村的传染病预防与控制活动。传染病防控需要全社会参与。为提高公众对传染病的防治意识和应对能力,国家开展预防传染病的健康教育,新闻媒体应当无偿开展传染病防治和公共卫生教育的公益宣传。各级各类学校应当对学生进行健康知识和传染病预防知识的教育。

4. **单位和个人**　在中华人民共和国领域内的一切单位和个人,必须接受疾病预防控制机构、医疗机构有关传染病的调查、检验、采集样本、隔离治疗等预防、控制措施,如实提供有关情况。任何单位和个人发现传染病病人或者疑似传染病疫情时,应当及时向附近的疾病预防控制机构或医疗机构报告。卫生行政部门以及其他有关部门、疾病预防控制机构和医疗机构因违法实施行政管理或者预防、控制措施,侵犯单位和个人合法权益的,有关单位和个人可以依法申请行政复议或者提起诉讼。

## 五、传染病的分类

根据传染病病种的传播方式、传播速度、流行强度以及对人体健康、对社会危害程度的不同,参照国际统一分类标准,《传染病防治法》将列为法定管理的传染病分为甲类、乙类和丙类三类。甲类传染病,是指对人体健康和生命安全危害特别严重,可能造成重大经济损失和社会影响,需要特别严格管理、控制疫情蔓延的传染病;乙类传染病,是指对人体健康和生命安全危害严重,可能造成较大经济损失和社会影响,需要严格管理、降低发病率、减少危害的传染病;丙类传染病是指常见多发,对人体健康和生命安全造成危害,可能造成一定程度的经济损失和社会影响,需要关注流行趋势、控制暴发和流行的传染病。

根据 2013 年修改的《传染病防治法》,纳入管理的法定传染病病种如下。

甲类传染病:鼠疫、霍乱。

乙类传染病:传染性非典型肺炎、艾滋病、病毒性肝炎、脊髓灰质炎、人感染高致病性禽流感、麻疹、流行性出血热、狂犬病、流行性乙型脑炎、登革热、炭疽、细菌性和阿米巴性痢疾、肺结核、伤寒和副伤寒、流行性脑脊髓膜炎、百日咳、白喉、新生儿破伤风、猩红热、布鲁氏菌病、淋病、梅毒、钩端螺旋体病、血吸虫病、疟疾。

丙类传染病:流行性感冒、流行性腮腺炎、风疹、急性出血性结膜炎、麻风病、流行性和地方性斑疹伤寒、黑热病、包虫病、丝虫病,除霍乱、细菌性和阿米巴性痢疾、伤寒和副伤寒以外的感染性腹泻病。

《传染病防治法》规定,上述规定以外的其他传染病,根据其暴发、流行情况和危害程度,需要列入乙类、丙类传染病的,由国务院卫生行政部门决定并予以公布。2013 年 11 月 4 日,国家卫生计生委发布通知,将人感染 H7N9 禽流感纳入法定乙类传染病。2023 年 9 月 15 日,国家卫生健康委发布公告,自 2023 年 9 月 20 日起将猴痘纳入乙类传染病进行管理,采取乙类传染病的预防、控制措施。省、自治区、直辖市人民政府对本行政区域内常见、多发的其他地方性传染病,可以根据情况决定按照乙类或者丙类传染病管理并予以公布,报国务院卫生行政部门备案。

除甲类传染病外,《传染病防治法》规定,对乙类传染病中传染性非典型肺炎、炭疽中的肺炭疽采取《传染病防治法》所称甲类传染病的预防、控制措施。其他乙类传染病和突发原因不明的传染病需要采取《传染病防治法》所称甲类传染病的预防、控制措施的,由国务院卫生行政部门及时报经国务院批准后予以公布、实施;需要解除依照上述规定采取的甲类传染病预防、控制措施的,由国务院卫生行政部门报经国务院批准后予以公布。如 2020 年 1 月 20 日,经国务院批准,国家卫生健康委发布公告将新型冠状病毒感染的肺炎纳入乙类传染病,并采取甲类传染病的预防、控制措施。2022 年 12 月 26 日,国家卫生健康委发布公告,将新型冠状病毒肺炎更名为新型冠状病毒感染,并经国务院批准,自 2023 年 1 月 8 日起,解除对新型冠状病毒感染采取的甲类传染病预防、控制措施,实施"乙类乙管"。

目前,我国纳入传染病防治法管理的传染病共有 41 种,其中甲类 2 种、乙类 28 种、丙类 11 种。

## 六、传染病病人、病原携带者和疑似传染病病人合法权益保护

传染病病人、疑似传染病病人,是指根据国务院卫生主管部门发布的传染病诊断标准,符合传染病病人和疑似传染病病人诊断标准的人。病原携带者,是指感染病原体无临床症状但能排出病原体的人。

《传染病防治法》规定,国家和社会应关心、帮助传染病病人、病原携带者和疑似传染病病人,使其得到及时救治。任何单位和个人不得歧视传染病病人、病原携带者和疑似传染病病人。疾病预防控制机构、医疗机构不得泄露涉及个人隐私的有关信息、资料。

同时,为保护其他公民个人权利与维护社会公共利益的健康权益,《传染病防治法》规定,传染

病病人、病原携带者和疑似传染病病人,在治愈前或者在排除传染病嫌疑前,不得从事法律、行政法规和国务院卫生行政部门规定禁止从事的易使该传染病扩散的工作。

## 第二节 | 传染病预防

### 一、加强环境卫生建设,改善公共卫生设施

各级政府应加强环境卫生建设,消除鼠害和蚊、蝇等病媒生物的危害。各级人民政府农业、水利、林业行政部门按照职责分工负责指导和组织消除农田、湖区、河流、牧场、林区的鼠害与血吸虫危害,以及其他传播传染病的动物和病媒生物的危害。铁路、交通、民用航空行政部门负责组织消除交通工具以及相关场所的鼠害和蚊、蝇等病媒生物的危害。

地方各级人民政府应当有计划地建设和改造公共卫生设施,改善饮用水卫生条件,对污水、污物、粪便进行无害化处置。

县级以上人民政府农业、林业行政部门以及其他有关部门,依据各自的职责负责与人畜共患传染病有关的动物传染病的防治管理工作。与人畜共患传染病有关的野生动物、家畜家禽,经检疫合格后,方可出售、运输。

### 二、实行预防接种制度

为保护易感人群,国家实行有计划的预防接种制度。对儿童实行预防接种证制度。国家免疫规划项目的预防接种实行免费。医疗机构、疾病预防控制机构与儿童的监护人应当相互配合,保证儿童及时接受预防接种。

### 三、建立传染病监测制度

国务院卫生行政部门制定国家传染病监测规划和方案。省、自治区、直辖市人民政府卫生行政部门根据国家传染病监测规划和方案,制定本行政区域的传染病监测计划和工作方案。各级疾病预防控制机构对传染病的发生、流行以及影响其发生、流行的因素,进行监测;对国外发生、国内尚未发生的传染病或者国内新发生的传染病,进行监测。

### 四、建立传染病预警制度

国务院卫生行政部门和省、自治区、直辖市人民政府根据传染病发生、流行趋势的预测,及时发出传染病预警,根据情况予以公布。县级以上地方人民政府应当制定传染病预防、控制预案,报上一级人民政府备案。地方人民政府和疾病预防控制机构接到国务院卫生行政部门或者省、自治区、直辖市人民政府发出的传染病预警后,应当按照传染病预防、控制预案,采取相应的预防、控制措施。

### 五、传染病菌种、毒种和病原微生物实验室管理

疾病预防控制机构、医疗机构的实验室和从事病原微生物实验的单位,应当符合国家规定的条件和技术标准,建立严格的监督管理制度,对传染病病原体样本按照规定的措施实行严格监督管理,严防传染病病原体的实验室感染和病原微生物的扩散。

传染病菌种、毒种,是指可能引起《传染病防治法》规定的传染病发生的细菌菌种、病毒毒种。病原微生物,是指能够使人或者动物致病的微生物。病原微生物实验室实验活动,是指实验室从事与病原微生物菌(毒)种、样本有关的研究、教学、检测、诊断等活动。《传染病防治法》规定,国家建立传染病菌种、毒种库。对传染病菌种、毒种和传染病检测样本的采集、保藏、携带、运输和使用实行分类管理,建立健全严格的管理制度。为了加强病原微生物实验室生物安全管理,保护实验室工作人员

和公众的健康,2004 年 11 月 12 日,国务院发布了《病原微生物实验室生物安全管理条例》(2016 年 2 月 6 日、2018 年 3 月 19 日修订)。卫生部还发布实施了《人间传染的高致病性病原微生物实验室和实验活动生物安全审批管理办法》(2006 年)和《人间传染的病原微生物菌(毒)种保藏机构管理办法》(2009 年)。2020 年 10 月 17 日发布,2021 年 4 月 15 日实施的《生物安全法》,设立了专章对病原微生物实验室生物安全作了规定。

## 六、消毒管理制度

《传染病防治法》规定,对被传染病病原体污染的污水、污物、场所和物品,有关单位和个人必须在疾病预防控制机构的指导下或者按照其提出的卫生要求,进行严格消毒处理;拒绝消毒处理的,由当地卫生行政部门或者疾病预防控制机构进行强制消毒处理。用于传染病防治的消毒产品、饮用水供水单位供应的饮用水和涉及饮用水卫生安全的产品,应当符合国家卫生标准和卫生规范。

为了加强消毒管理,预防和控制感染性疾病的传播,保障人体健康,2002 年 3 月 28 日卫生部发布了《消毒管理办法》(2016 年 1 月 19 日、2017 年 12 月 26 日修订),适用于医疗卫生机构、消毒服务机构以及从事消毒产品生产、经营活动的单位和个人以及其他需要消毒的场所和物品管理。公共场所、食品、生活饮用水、血液制品的消毒管理,按有关法律、法规的规定执行。

### (一)消毒的卫生要求

1. **对医疗卫生机构的要求** 医疗卫生机构应当建立消毒管理组织,制定消毒管理制度,执行国家有关规范、标准和规定,定期开展消毒与灭菌效果检测工作。环境、物品应当符合国家有关规范、标准和规定;购进消毒产品必须建立并执行进货检查验收制度。其工作人员应当接受消毒技术培训、掌握消毒知识,并按规定严格执行消毒隔离制度。使用的进入人体组织或无菌器官的医疗用品必须达到灭菌要求。用后的一次性使用医疗用品和排放废弃的污水、污物应当及时进行无害化处理。发生感染性疾病暴发、流行时,应当及时报告当地卫生健康主管部门,并采取有效消毒措施。

2. **对其他相关机构的要求** ①加工、出售、运输被传染病病原体污染或者来自疫区可能被传染病病原体污染的皮毛,应当进行消毒处理。②托幼机构应当健全和执行消毒管理制度,对室内空气、餐(饮)具、毛巾、玩具和其他幼儿活动的场所及接触的物品定期进行消毒。③出租衣物及洗涤衣物的单位和个人,应当对相关物品及场所进行消毒。④从事致病微生物实验的单位应当执行有关的管理制度、操作规程,对实验的器材、污染物品等按规定进行消毒,防止实验室感染和致病微生物的扩散。⑤殡仪馆、火葬场内与遗体接触的物品及运送遗体的车辆应当及时消毒。⑥招用流动人员 200 人以上的用工单位,应当对流动人员集中生活起居的场所及使用的物品定期进行消毒。⑦疫源地的消毒应当执行国家有关规范、标准和规定。

### (二)消毒产品的生产经营

1. 消毒产品应当符合国家有关规范、标准和规定。消毒产品的生产应当符合国家有关规范、标准和规定,对生产的消毒产品应当进行检验,不合格者不得出厂。

2. 生产企业应取得所在地省级卫生健康行政部门发放的卫生许可证,方可从事消毒产品的生产。有迁移厂址或者另设分厂(车间),变更企业名称、法定代表人或者生产类别的情形,应申请许可证信息变更。

3. 生产、进口利用新材料、新工艺技术和新杀菌原理生产消毒剂和消毒器械(以下简称新消毒产品)应当取得国家卫生健康主管部门颁发的卫生许可批件。

4. 消毒产品的命名、标签(含说明书)应当符合国家卫生健康主管部门的有关规定。消毒产品的标签(含说明书)和宣传内容必须真实,不得出现或暗示对疾病的治疗效果。

5. 禁止生产经营下列消毒产品:①无生产企业卫生许可证或新消毒产品卫生许可批准文件的;②产品卫生安全评价不合格或产品卫生质量不符合要求的。

### （三）消毒服务机构

消毒服务机构应当符合以下要求：①具备符合国家有关规范、标准和规定的消毒与灭菌设备；②其消毒与灭菌工艺流程和工作环境必须符合卫生要求；③具有能对消毒与灭菌效果进行检测的人员和条件，建立自检制度；④用环氧乙烷和电离辐射的方法进行消毒与灭菌的，其安全与环境保护等方面的要求按国家有关规定执行。消毒服务机构不得购置和使用不符合规定和标准的消毒产品。

## 七、自然疫源地大型建设项目卫生调查

自然疫源地，是指某些传染病的病原体在自然界的野生动物中长期保存并造成动物间流行的地区。而在自然界中具有自然疫源性疾病存在的传染源和传播媒介，但尚未查明的地区则可能是自然疫源地。

《传染病防治法》规定，在国家确认的自然疫源地计划兴建水利、交通、旅游、能源等大型建设项目的，应当事先由省级以上疾病预防控制机构对施工环境进行卫生调查。建设单位应当根据疾病预防控制机构的意见，采取必要的传染病预防、控制措施。施工期间，建设单位应当设专人负责工地上的卫生防疫工作。工程竣工后，疾病预防控制机构应当对可能发生的传染病进行监测。

## 第三节 │ 疫情的报告、通报和公布

### 一、疫情报告制度

#### （一）疫情报告人

各级各类医疗机构、疾病预防控制机构、采供血机构均为责任报告单位；其执行职务的人员和乡村医生、个体开业医生均为责任疫情报告人，必须按照传染病防治法的规定进行疫情报告，履行法律规定的义务。

任何单位和个人发现传染病病人或者疑似传染病病人时，应当及时向附近的疾病预防控制机构或者医疗机构报告。

疾病预防控制机构应当主动收集、分析、调查、核实传染病疫情信息。接到甲类、乙类传染病疫情报告或者发现传染病暴发、流行时，应当立即报告当地卫生行政部门，由当地卫生行政部门立即报告当地人民政府，同时报告上级卫生行政部门和国务院卫生行政部门。疾病预防控制机构应当设立或者指定专门的部门、人员负责传染病疫情信息管理工作，及时对疫情报告进行核实、分析。

依照《传染病防治法》规定负有传染病疫情报告职责的人民政府有关部门、疾病预防控制机构、医疗机构、采供血机构及其工作人员，不得隐瞒、谎报、缓报传染病疫情。

军队医疗卫生机构向社会公众提供医疗服务时，发现传染病疫情，应当按照本规定进行传染病网络报告或数据交换。

#### （二）报告的方式与时限

传染病报告实行属地化管理，首诊负责制。传染病报告卡由首诊医生或其他执行职务的人员负责填写。现场调查时发现的传染病病例，由属地医疗机构诊断并报告。采供血机构发现阳性病例也应填写报告卡。

传染病疫情信息实行网络直报或直接数据交换。责任报告单位和责任疫情报告人发现甲类传染病和乙类传染病中的肺炭疽、传染性非典型肺炎等按照甲类管理的传染病人或疑似病人时，或发现其他传染病和不明原因疾病暴发时，应于2小时内将传染病报告卡通过网络报告。

对其他乙、丙类传染病病人、疑似病人和规定报告的传染病病原携带者在诊断后，应于24小时内进行网络报告。

## 二、疫情通报制度

县级以上地方人民政府卫生行政部门应当及时向本行政区域内的疾病预防控制机构和医疗机构通报传染病疫情以及监测、预警的相关信息。接到通报的疾病预防控制机构和医疗机构应当及时告知本单位的有关人员。

国务院卫生行政部门应当及时向国务院其他有关部门和各省、自治区、直辖市人民政府卫生行政部门通报全国传染病疫情以及监测、预警的相关信息。

毗邻的以及相关的地方人民政府卫生行政部门,应当及时互相通报本行政区域的传染病疫情以及监测、预警的相关信息。

县级以上人民政府有关部门发现传染病疫情时,应当及时向同级人民政府卫生行政部门通报。

中国人民解放军卫生主管部门发现传染病疫情时,应当向国务院卫生行政部门通报。

动物防疫机构和疾病预防控制机构,应当及时互相通报动物间和人间发生的人畜共患传染病疫情以及相关信息。

## 三、疫情公布制度

国家建立传染病疫情信息公布制度。公布传染病疫情信息应当及时、准确。国务院卫生行政部门定期公布全国传染病疫情信息。省、自治区、直辖市人民政府卫生行政部门定期公布本行政区域的传染病疫情信息。

传染病暴发、流行时,国务院卫生行政部门负责向社会公布传染病疫情信息,并可以授权省、自治区、直辖市人民政府卫生行政部门向社会公布本行政区域的传染病疫情信息。

## 第四节 ｜ 疫情控制

### 一、控制措施

#### (一)医疗机构采取的措施

医疗机构发现甲类传染病时,应当及时采取下列措施:①对病人、病原携带者予以隔离治疗,隔离期限根据医学检查结果确定;②对疑似病人,确诊前在指定场所单独隔离治疗;③对医疗机构内的病人、病原携带者、疑似病人的密切接触者,在指定场所进行医学观察和采取其他必要的预防措施。对于拒绝隔离治疗或者隔离期未满擅自脱离隔离治疗的,可以由公安机关协助医疗机构采取强制隔离治疗措施。

医疗机构发现乙类或者丙类传染病病人,应当根据病情采取必要的治疗和控制传播措施。医疗机构对本单位内被传染病病原体污染的场所、物品以及医疗废物,必须依照法律、法规的规定实施消毒和无害化处置。

#### (二)疾病预防控制机构采取的措施

疾病预防控制机构发现传染病疫情或者接到传染病疫情报告时,应当及时采取下列措施:①对传染病疫情进行流行病学调查,根据调查情况提出划定疫点、疫区的建议,对被污染的场所进行卫生处理,对密切接触者,在指定场所进行医学观察和采取其他必要的预防措施,并向卫生行政部门提出疫情控制方案;②传染病暴发、流行时,对疫点、疫区进行卫生处理,向卫生行政部门提出疫情控制方案,并按照卫生行政部门的要求采取措施;③指导下级疾病预防控制机构实施传染病预防、控制措施,组织、指导有关单位对传染病疫情的处理。

#### (三)场所控制

对已经发生甲类传染病病例的场所或者该场所内的特定区域的人员,所在地的县级以上地方人民政府可以实施隔离措施,并同时向上一级人民政府报告;接到报告的上级人民政府应当即时作出是否批准的决定。上级人民政府作出不予批准决定的,实施隔离措施的人民政府应当立即解除隔离措施。隔离措施的解除,由原决定机关决定并宣布。

在隔离期间,实施隔离措施的人民政府应当对被隔离人员提供生活保障;被隔离人员有工作单位的,所在单位不得停止支付其隔离期间的工作报酬。

### 二、紧急措施

当传染病暴发、流行时,县级以上地方人民政府应当立即组织力量,按照预防、控制预案进行防治,切断传染病的传播途径,必要时报经上一级人民政府决定,可以采取下列紧急措施并予以公告:①限制或者停止集市、影剧院演出或者其他人群聚集的活动;②停工、停业、停课;③封闭或者封存被传染病病原体污染的公共饮用水源、食品以及相关物品;④控制或者扑杀染疫野生动物、家畜家禽;⑤封闭可能造成传染病扩散的场所。上级人民政府接到下级人民政府关于采取上述紧急措施的报告时,应当即时作出决定。当疫情得到控制,需要解除紧急措施的,由原决定机关决定并宣布。

### 三、疫区封锁

甲类、乙类传染病暴发、流行时,县级以上地方人民政府报经上一级人民政府决定,可以宣布本行政区域部分或者全部为疫区;国务院可以决定并宣布跨省、自治区、直辖市的疫区。县级以上地方人民政府可以在疫区内采取相应的紧急措施,并可以对出入疫区的人员、物资和交通工具实施卫生检疫。

省、自治区、直辖市人民政府可以决定对本行政区域内的甲类传染病疫区实施封锁;但是,封锁大、中城市的疫区或者封锁跨省、自治区、直辖市的疫区,以及封锁疫区导致中断干线交通或者封锁国境的,由国务院决定。疫区封锁的解除,由原决定机关决定并宣布。

### 四、交通卫生检疫

发生甲类传染病时,为了防止该传染病通过交通工具及其乘运的人员、物资传播,可以实施交通卫生检疫。省、自治区、直辖市人民政府依照传染病防治法的规定,确定检疫传染病疫区,并决定对出入疫区的交通工具及其乘运的人员、物资实施交通卫生检疫。

1998年国务院发布《国内交通卫生检疫条例》,1999年卫生部发布《国内交通卫生检疫条例实施方案》,对此作出了具体规定。列车、船舶、航空器和其他车辆出入检疫传染病疫区和在非检疫传染病疫区的交通工具上发现检疫传染病疫情时,对交通工具及其乘运的人员、物资实施交通卫生检疫。所称检疫传染病,是指鼠疫、霍乱以及国务院确定并公布的其他传染病。对出入检疫传染病疫区的交通工具及其乘运的人员、物资,县级以上地方人民政府卫生行政部门或者铁路、交通、民用航空行政主管部门的卫生主管机构根据各自的职责,有权采取下列相应的交通卫生检疫措施:①对出入检疫传染病疫区的人员、交通工具及其承运的物资进行查验;②对检疫传染病病人、病原携带者、疑似检疫传染病人和与其密切接触者,实施临时隔离、医学检查及其他应急医学措施;③对被检疫传染病病原体污染或者可能被污染的物品,实施控制和卫生处理;④对通过该疫区的交通工具及其停靠场所,实施紧急卫生处理;⑤需要采取的其他卫生检疫措施。

### 五、人员调集与物资征用

传染病暴发、流行时,根据传染病疫情控制的需要,国务院有权在全国范围或者跨省、自治区、直辖市范围内,县级以上地方人民政府有权在本行政区域内紧急调集人员。紧急调集人员的,应当按照规定给予合理报酬。

传染病暴发、流行时,根据传染病疫情控制的需要,国务院有权在全国范围或者跨省、自治区、直辖市范围内,县级以上地方人民政府有权在本行政区域内调用储备物资,临时征用房屋、交通工具以及相关设施、设备。临时征用房屋、交通工具以及相关设施、设备的,应当依法给予补偿;能返还的,应当及时返还。

## 六、卫生处理

对于患甲类传染病、炭疽死亡的,应当将尸体立即进行卫生处理,就近火化。患其他传染病死亡的,必要时,应当将尸体进行卫生处理后火化或者按照规定深埋。为了查找传染病病因,医疗机构在必要时可以按照国务院卫生行政部门的规定,对传染病病人尸体或者疑似传染病病人尸体进行解剖查验,并应当告知死者家属。2005 年 4 月卫生部颁布《传染病病人或疑似传染病病人尸体解剖查验规定》,自 2005 年 9 月 1 日起施行。

疫区中被传染病病原体污染或者可能被传染病病原体污染的物品,经消毒可以使用的,应当在当地疾病预防控制机构的指导下,进行消毒处理后,方可使用、出售和运输。

## 七、优先运送

传染病暴发、流行时,药品和医疗器械生产、供应单位应当及时生产、供应防治传染病的药品和医疗器械。铁路、交通、民用航空经营单位必须优先运送处理传染病疫情的人员以及防治传染病的药品和医疗器械。县级以上人民政府有关部门应当做好组织协调工作。

## 第五节 | 传染病的医疗救治

### 一、医疗救治服务网络

《传染病防治法》规定,县级以上人民政府应当加强和完善传染病医疗救治服务网络的建设,指定具备传染病救治条件和能力的医疗机构承担传染病救治任务,或者根据传染病救治需要设置传染病医院。

医疗救治服务网络由医疗救治机构、医疗救治信息网络和医疗救治专业技术人员组成。医疗救治机构包括:急救中心、传染病医院、核准登记传染科的综合医院和为控制传染病的暴发、流行,经设区的市以上人民政府卫生行政部门临时指定的承担传染病医疗救治服务的其他医疗机构。

医疗机构应当按照国务院卫生行政部门规定的传染病诊断标准和治疗要求,采取相应措施,提高传染病医疗救治能力。

### 二、预防和控制医院感染

为预防和控制传染病在医院的传播,以及造成医源性感染,医疗机构的基本标准、建筑设计和服务流程,应当符合预防传染病医院感染的要求。

医疗机构必须严格执行国务院卫生行政部门规定的管理制度、操作规范,防止传染病的医源性感染和医院感染;应当确定专门的部门或者人员,承担传染病疫情报告、本单位的传染病预防、控制以及责任区域内的传染病预防工作;承担医疗活动中与医院感染有关的危险因素监测、安全防护、消毒、隔离和医疗废物处置工作。

#### (一)医院和医源性感染管理

医院感染,是指住院病人在医院内获得的感染,包括在住院期间发生的感染和在医院内获得出院后发生的感染,但不包括入院前已开始或者入院时已处于潜伏期的感染。医院工作人员在医院内获得的感染也属医院感染。医源性感染,是指在医学服务中,因病原体传播引起的感染。为加强医院感染管理,有效预防和控制医院感染,保障医疗安全,提高医疗质量,卫生部发布了《医疗机构传染病预检分诊管理办法》和《医院感染管理办法》。

### （二）医疗废物管理

医疗废物，是指医疗卫生机构在医疗、预防、保健以及其他相关活动中产生的具有直接或者间接感染性、毒性以及其他危害性的废物。医疗废物包括大量的一般性废物和少量的危险性废物。为了加强医疗废物的安全管理，防止疾病传播，保护环境，保障人体健康，2003 年 6 月 16 日，国务院颁布了《医疗废物管理条例》（2011 年 1 月 8 日修订）；2003 年 10 月 15 日，卫生部发布了《医疗卫生机构医疗废物管理办法》。

### （三）医用物品安全管理

医疗机构应当按照规定对使用的医疗器械进行消毒；对按照规定一次使用的医疗器具，应当在使用后予以销毁。采供血机构、生物制品生产单位必须严格执行国家有关规定，保证血液、血液制品的质量。疾病预防控制机构、医疗机构使用血液和血液制品，必须遵守国家有关规定，防止因输入血液、使用血液制品引起经血液传播疾病的发生。

## 三、医疗救治的实施

医疗机构应当对传染病病人或者疑似传染病病人提供医疗救护、现场救援和接诊治疗，书写病历记录以及其他有关资料，并妥善保管。

医疗机构应当实行传染病预检、分诊制度；对传染病病人、疑似传染病病人，应当引导至相对隔离的分诊点进行初诊。医疗机构不具备相应救治能力的，应当将患者及其病历记录复印件一并转至具备相应救治能力的医疗机构。

根据 2005 年 2 月 28 日卫生部发布的《医疗机构传染病预检分诊管理办法》要求，二级以上综合医院应当设立感染性疾病科，没有设立感染性疾病科的医疗机构应当设立传染病分诊点。

## 四、特定传染病困难人群的医疗救助

国家对患有特定传染病的困难人群实行医疗救助，减免医疗费用。目前实行医疗救治减免医疗费用的病种有结核病、艾滋病、晚期血吸虫病等。

## 五、有专门规定的传染病救治

### （一）艾滋病

艾滋病已经成为危害人体健康的主要传染病之一。2006 年 1 月 29 日，国务院颁布了《艾滋病防治条例》（2019 年 3 月 2 日修订）。条例对艾滋病的防治作了具体和特别的规定。与医疗机构相关的主要规定如下。

1. 医疗机构应当对因应急用血而临时采集的血液进行艾滋病检测，对临床用血艾滋病检测结果进行核查；对未经艾滋病检测、核查或者艾滋病检测阳性的血液，不得采集或者使用。

2. 医疗机构应当为艾滋病病毒感染者和艾滋病病人提供艾滋病防治咨询、诊断和治疗服务。医疗机构不得因就诊的病人是艾滋病病毒感染者或者艾滋病病人，推诿或者拒绝对其他疾病进行治疗。

3. 医疗卫生机构应当按照国务院卫生主管部门制定的预防艾滋病母婴传播技术指导方案的规定，对孕产妇提供艾滋病防治咨询和检测，对感染艾滋病病毒的孕产妇及其婴儿，提供预防艾滋病母婴传播的咨询、产前指导、阻断、治疗、产后访视、婴儿随访和检测等服务。

4. 对确诊的艾滋病病毒感染者和艾滋病病人，医疗卫生机构的工作人员应当将其感染或者发病的事实告知本人；本人为无行为能力人或者限制行为能力人的，应当告知其监护人。

5. 根据县级以上人民政府关于艾滋病染疫人救助措施，实施下列医疗救治：①向农村艾滋病病人和城镇经济困难的艾滋病病人免费提供抗艾滋病病毒治疗药品；②对农村和城镇经济困难的艾滋病病毒感染者、艾滋病病人适当减免抗机会性感染治疗药品的费用;③向接受艾滋病咨询、检测的人员免费提供咨询和初筛检测;④向感染艾滋病病毒的孕产妇免费提供预防艾滋病母婴传播的治疗和咨询。

6. 医疗机构有权获取必要的相关信息,艾滋病病毒感染者和艾滋病病人就医时,应当将感染或者发病的事实如实告知接诊医生;并采取必要的防护措施,防止感染他人。

### (二) 血吸虫病

血吸虫病在中国很早就已经存在。1949 年前后,受长期战争的影响,血吸虫病的流行情况变得更加严重。1957 年 4 月 20 日国务院发布了《关于消灭血吸虫病的指示》,掀起了一场规模宏大的群众性运动。近半个世纪的努力成绩斐然,疫区和疫情都得到很好控制。为持续做好血吸虫病防治工作,防止"死灰复燃",2006 年 4 月 1 日国务院发布了《血吸虫病防治条例》(2019 年 3 月 2 日修订),对血吸虫病防治实行预防为主的方针,坚持防治结合、分类管理、综合治理、联防联控,人与家畜同步防治,重点加强对传染源的管理。

国家对农民免费提供抗血吸虫基本预防药物,对经济困难农民的血吸虫病治疗费用予以减免。因工作原因感染血吸虫病的,依照《工伤保险条例》的规定,享受工伤待遇。参加城镇职工基本医疗保险的血吸虫病病人,不属于工伤的,按照国家规定享受医疗保险待遇。对未参加工伤保险、医疗保险的人员因防汛、抗洪抢险患血吸虫病的,按照县级以上地方人民政府的规定解决所需的检查、治疗费用。血吸虫病防治地区县级以上地方人民政府民政部门对符合救助条件的血吸虫病病人进行救助。国家对家畜免费实施血吸虫病检查和治疗,免费提供抗血吸虫基本预防药物。

### (三) 结核病防治

WHO 发布的《2022 年全球结核病报告》显示,结核病在全球广泛流行,已成为重大的公共卫生问题和社会问题。为进一步做好结核病防治工作,有效预防、控制结核病的传播和流行,保障人体健康和公共卫生安全,1991 年卫生部发布了《结核病防治管理办法》(2013 年 2 月 20 日修订)。结核病防治坚持预防为主、防治结合的方针,建立政府组织领导、部门各负其责、全社会共同参与的结核病防治机制。加强宣传教育,实行以及时发现患者、规范治疗管理和关怀救助为重点的防治策略。医疗机构的工作职责和要求如下。

1. **医疗机构基本职责**　结核病定点医疗机构履行以下职责:①负责肺结核患者诊断治疗,落实治疗期间的随访检查;②负责肺结核患者报告、登记和相关信息的录入工作;③对传染性肺结核患者的密切接触者进行检查;④对患者及其家属进行健康教育。

基层医疗卫生机构履行以下职责:①负责肺结核患者居家治疗期间的督导管理;②负责转诊、追踪肺结核或者疑似肺结核患者及有可疑症状的密切接触者;③对辖区内居民开展结核病防治知识宣传。

2. **防控与筛查措施**　结核病定点医疗机构应当重点采取以下感染预防与控制措施:①结核病门诊、病房设置应当符合国家有关规定;②严格执行环境卫生及消毒隔离制度,注意环境通风;③对于被结核分枝杆菌污染的痰液等排泄物和污物、污水以及医疗废物,应当按照医疗废物管理的相关规定进行分类收集、暂存及处置;④为肺结核可疑症状者或者肺结核患者采取必要的防护措施,避免交叉感染发生。医疗卫生机构在组织开展健康体检和预防性健康检查时,应当重点做好以下人群的肺结核筛查工作:①从事结核病防治的医疗卫生人员;②食品、药品、化妆品从业人员;③《公共场所卫生管理条例》中规定的从业人员;④各级各类学校、托幼机构的教职员工及学校入学新生;⑤接触粉尘或者有害气体的人员;⑥乳牛饲养业从业人员;⑦其他易使肺结核扩散的人员。

3. **感染防护**　医疗卫生机构要制订结核病感染预防与控制计划,健全规章制度和工作规范,开展结核病感染预防与控制相关工作,落实各项结核病感染防控措施,防止医源性感染和传播。医务人员在工作中严格遵守个人防护的基本原则,接触传染性肺结核患者或者疑似肺结核患者时,应当采取必要的防护措施。

**4. 肺结核患者发现、报告与登记**　各级各类医疗机构应当对肺结核可疑症状者及时进行检查，对发现的确诊和疑似肺结核患者应当按照有关规定进行疫情报告，并将其转诊到患者居住地或者就诊医疗机构所在地的结核病定点医疗机构。

结核病定点医疗机构对肺结核患者进行管理登记。登记内容包括患者诊断、治疗及管理等相关信息。

**5. 肺结核患者治疗与管理**　对发现的肺结核患者进行规范化治疗和督导管理。结核病定点医疗机构应当为肺结核患者制定合理的治疗方案，提供规范化的治疗服务。设区的市级以上结核病定点医疗机构严格按照实验室检测结果，为耐多药肺结核患者制订治疗方案，并规范提供治疗。各级各类医疗机构对危、急、重症肺结核患者负有救治的责任，应当及时对患者进行医学处置，不得以任何理由推诿，不得因就诊的患者是结核病病人拒绝对其其他疾病进行治疗。卫生行政部门指定的医疗机构应当按照有关工作规范对结核菌、艾滋病病毒双重感染患者进行抗结核和抗艾滋病病毒治疗、随访复查和管理。医疗卫生机构对流动人口肺结核患者实行属地化管理，提供与当地居民同等的服务。

**（四）性病**

性病是以性接触为主要传播途径的疾病。为预防、控制性病的传播流行，保护人体健康，1991 年卫生部发布了《性病防治管理办法》（2012 年 11 月 23 日修订，自 2013 年 1 月 1 日起施行）。性病防治坚持预防为主、防治结合的方针，遵循依法防治、科学管理、分级负责、专业指导、部门合作、社会参与的原则。性病防治工作与艾滋病防治工作相结合，将性病防治工作纳入各级艾滋病防治工作协调机制，整合防治资源，实行性病艾滋病综合防治。性病患者应当采取必要的防护措施，防止感染他人，不得以任何方式故意传播性病。医疗机构的主要职责如下。

**1. 医疗机构应当积极提供性病诊疗服务，方便患者就医**　开展性病诊疗业务的医疗机构应当为性病就诊者提供性病和生殖健康教育、咨询检测以及其他疾病的转诊服务。开展妇幼保健和助产服务的医疗机构应当对孕产妇进行梅毒筛查检测、咨询、必要的诊疗或者转诊服务，预防先天梅毒的发生。

**2. 性病的诊断和治疗实行首诊医师负责制**　开展性病诊疗业务的医疗机构，应当实行首诊医师负责制，建立门诊日志，对就诊者逐例登记，对有可能感染性病或者具有性病可疑症状、体征的就诊者应当及时进行相关性病检查，不得以任何理由推诿。

**3. 转诊和其他伴随疾病诊治支持**　不具备开展性病诊疗条件的医疗机构或者科室，在诊治、体检、筛查活动中发现疑似或者确诊的性病患者时，应当及时转诊至具备性病诊疗条件的医疗机构或者科室处置。当患者存在严重危及健康和生命的伴随疾病，可以安排在伴随疾病的专科继续诊治，开展性病诊疗业务的医疗机构或者科室应当给予性病诊治支持。

**4. 按照性病诊断标准和相关规范开展工作**　医疗机构及其医务人员对就诊者进行性病相关检查时，应当遵循知情同意的原则。开展性病诊疗业务的医务人员：①应当严格按照卫生部发布的性病诊断标准及相关规范的要求，采集完整病史，进行体格检查、临床检验和诊断治疗；②应当告知性病患者及早通知与其有性关系者及时就医。

**5. 先天梅毒的预防控制措施**　开展性病诊疗业务并提供孕产期保健和助产服务的医疗机构，应当按照国家推荐方案及时为感染梅毒的孕产妇提供治疗，并为其婴幼儿提供必要的预防性治疗、随访、梅毒相关检测服务等。对确诊的先天梅毒的患儿根据国家推荐治疗方案给予治疗或者转诊。

**6. 性病疫情责任报告**　开展性病诊疗业务的医疗机构也是性病疫情责任报告单位，开展性病诊疗的医务人员是性病疫情责任报告人。性病疫情责任报告单位应当建立健全性病疫情登记和报告制度；性病疫情责任报告人发现应当报告的性病病例时，应当按照要求及时报告疫情。开展性病诊疗业务的医疗机构不得隐瞒、谎报、缓报疫情。

**7. 医疗卫生机构的义务**　医疗卫生机构不得泄露性病患者涉及个人隐私的有关信息、资料。

### （五）传染性非典型肺炎

传染性非典型肺炎，是指严重急性呼吸综合征。为了有效预防和控制传染性非典型肺炎的发生与流行，保障公众的身体健康和生命安全，2003 年 5 月 12 日，卫生部发布了《传染性非典型肺炎防治管理办法》，自发布之日起施行。传染性非典型肺炎防治工作坚持预防为主，防治结合，分级负责，依靠科学，依法管理的原则。医疗机构的职责主要如下。

1. 严格执行有关管理制度、操作规程，防止医源性感染、医院内感染、实验室感染和致病性微生物的扩散。

2. 发现传染性非典型肺炎病人或者疑似病人时，应当及时采取控制措施。病人或者疑似病人以及密切接触者及其他有关单位和人员，应当配合疾病预防控制机构和医疗机构采取预防控制措施。

3. 指定的专门医疗机构设立发热门诊和隔离观察室，负责收治病人或者疑似病人；实行首诊负责制。收治病人或者疑似病人的医疗机构应当符合卫生行政部门规定的隔离、消毒条件，配备必要的救治设备；对病人和疑似病人应当分开隔离治疗；采取有效措施，避免交叉感染。

4. 对下列人员实行医疗救助：①对流动人口中的病人、疑似病人应当按照就地隔离、就地观察、就地治疗的原则，及时送当地指定的专门收治病人和疑似病人的医疗机构治疗；②医疗机构收治病人或者疑似病人，实行先收治、后结算的办法，任何医疗机构不得以费用为由拒收病人；③对农民（含进城务工农民）和城镇困难群众中的传染性非典型肺炎病人实行免费医疗，所发生救治费用由政府负担，具体办法按国家有关部门规定执行。

## 第六节 ｜ 传染病防治的保障与监管

### 一、保障制度

国家将传染病防治工作纳入国民经济和社会发展计划，县级以上地方人民政府应将传染病防治工作纳入本行政区域的国民经济和社会发展计划，实施保障措施。

#### （一）经费管理

1. 县级以上地方人民政府按照本级政府职责负责本行政区域内传染病预防、控制、监督工作的日常经费。地方各级人民政府应当保障城市社区、农村基层传染病预防工作的经费。

2. 中央财政对困难地区实施重大传染病防治项目给予补助。国务院卫生行政部门会同国务院有关部门，根据传染病流行趋势，确定全国传染病预防、控制、救治、监测、预测、预警、监督检查等项目。

3. 省、自治区、直辖市人民政府根据本行政区域内传染病流行趋势，在国务院卫生行政部门确定的项目范围内，确定传染病预防、控制、监督等项目，并保障项目的实施经费。

4. 国家加强基层传染病防治体系建设，扶持贫困地区和少数民族地区的传染病防治工作。地方各级人民政府应当保障城市社区、农村基层传染病预防工作的经费。

#### （二）物资保障

县级以上人民政府负责储备防治传染病的药品、医疗器械和其他物资，以备调用。

#### （三）人员防护保障

对从事传染病预防、医疗、科研、教学、现场处理疫情的人员，以及在生产、工作中接触传染病病原体的其他人员，有关单位应当按照国家规定，采取有效的卫生防护措施和医疗保健措施，并给予适当的津贴。

### 二、监督管理

#### （一）卫生行政部门的监督检查职责

省级以上人民政府卫生行政部门负责组织对传染病防治重大事项的处理。

县级以上人民政府卫生行政部门对传染病防治工作履行下列监督检查职责：①对下级人民政府卫生行政部门履行规定的传染病防治职责进行监督检查；②对疾病预防控制机构、医疗机构的传染病防治工作进行监督检查；③对采供血机构的采供血活动进行监督检查；④对用于传染病防治的消毒产品及其生产单位进行监督检查，并对饮用水供水单位从事生产或者供应活动以及涉及饮用水卫生安全的产品进行监督检查；⑤对传染病菌种、毒种和传染病检测样本的采集、保藏、携带、运输、使用进行监督检查；⑥对公共场所和有关单位的卫生条件和传染病预防、控制措施进行监督检查。

县级以上人民政府卫生行政部门在履行监督检查职责时，有权进入被检查单位和传染病疫情发生现场调查取证，查阅或者复制有关的资料和采集样本。被检查单位应当予以配合，不得拒绝、阻挠。

### （二）临时控制措施

县级以上地方人民政府卫生行政部门在履行监督检查职责时，发现被传染病病原体污染的公共饮用水源、食品以及相关物品，如不及时采取控制措施可能导致传染病传播、流行的，可以采取封闭公共饮用水源、封存食品以及相关物品或者暂停销售的临时控制措施，并予以检验或者进行消毒。经检验，属于被污染的食品，应当予以销毁；对未被污染的食品或者经消毒后可以使用的物品，应当解除控制措施。

## 第七节 | 法律责任

### 一、地方各级人民政府及其有关部门的法律责任

1. 地方各级人民政府未依照规定履行报告职责，或者隐瞒、谎报、缓报传染病疫情，或者在传染病暴发、流行时，未及时组织救治、采取控制措施的，由上级人民政府责令改正，通报批评；造成传染病传播、流行或者其他严重后果的，对负有责任的主管人员，依法给予行政处分；构成犯罪的，依法追究刑事责任。

2. 县级以上人民政府卫生行政部门违反规定，未依法履行传染病疫情通报、报告或者公布职责，或者隐瞒、谎报、缓报传染病疫情的；发生或者可能发生传染病传播时未及时采取预防、控制措施的；未依法履行监督检查职责，或者发现违法行为不及时查处的；未及时调查、处理单位和个人对下级卫生行政部门不履行传染病防治职责的举报的；其他失职、渎职行为的，由本级人民政府、上级人民政府卫生行政部门责令改正，通报批评；造成传染病传播、流行或者其他严重后果的，对负有责任的主管人员和其他直接责任人员，依法给予行政处分；构成犯罪的，依法追究刑事责任。

3. 县级以上人民政府有关部门未依照规定履行传染病防治和保障职责的，由本级人民政府或者上级人民政府有关部门责令改正，通报批评；造成传染病传播、流行或者其他严重后果的，对负有责任的主管人员和其他直接责任人员，依法给予行政处分；构成犯罪的，依法追究刑事责任。

### 二、疾病预防控制机构的法律责任

疾病预防控制机构违反规定，有下列情形之一的，由县级以上人民政府卫生行政部门责令限期改正，通报批评，给予警告；对负有责任的主管人员和其他直接责任人员，依法给予降级、撤职、开除的处分，并可以依法吊销有关责任人员的执业证书；构成犯罪的，依法追究刑事责任：①未依法履行传染病监测职责的；②未依法履行传染病疫情报告、通报职责，或者隐瞒、谎报、缓报传染病疫情的；③未主动收集传染病疫情信息，或者对传染病疫情信息和疫情报告未及时进行分析、调查、核实的；④发现传染病疫情时，未依据职责及时采取《传染病防治法》规定的措施的；⑤故意泄露传染病病人、病原携带者、疑似传染病病人、密切接触者涉及个人隐私的有关信息、资料的。

### 三、医疗机构的法律责任

医疗机构违反规定，有下列情形之一的，由县级以上人民政府卫生行政部门责令改正，通报批评，

给予警告；造成传染病传播、流行或者其他严重后果的，对负有责任的主管人员和其他直接责任人员，依法给予降级、撤职、开除的处分，并可以依法吊销有关责任人员的执业证书；构成犯罪的，依法追究刑事责任：①未按照规定承担本单位的传染病预防、控制工作、医院感染控制任务和责任区域内的传染病预防工作的；②未按照规定报告传染病疫情，或者隐瞒、谎报、缓报传染病疫情的；③发现传染病疫情时，未按照规定对传染病病人、疑似传染病病人提供医疗救护、现场救援、接诊、转诊的，或者拒绝接受转诊的；④未按照规定对本单位内被传染病病原体污染的场所、物品以及医疗废物实施消毒或者无害化处置的；⑤未按照规定对医疗器械进行消毒，或者对按照规定一次使用的医疗器具未予销毁，再次使用的；⑥在医疗救治过程中未按照规定保管医学记录资料的；⑦故意泄露传染病病人、病原携带者、疑似传染病病人、密切接触者涉及个人隐私的有关信息、资料的。

### 四、采供血机构的法律责任

采供血机构未按照规定报告传染病疫情，或者隐瞒、谎报、缓报传染病疫情，或者未执行国家有关规定，导致因输入血液引起经血液传播疾病发生的，由县级以上人民政府卫生行政部门责令改正，通报批评，给予警告；造成传染病传播、流行或者其他严重后果的，对负有责任的主管人员和其他直接责任人员，依法给予降级、撤职、开除的处分，并可以依法吊销采供血机构的执业许可证；构成犯罪的，依法追究刑事责任。

非法采集血液或者组织他人出卖血液的，由县级以上人民政府卫生行政部门予以取缔，没收违法所得，可以并处十万元以下的罚款；构成犯罪的，依法追究刑事责任。

### 五、国境卫生检疫机关、动物防疫机构的法律责任

国境卫生检疫机关、动物防疫机构未依法履行传染病疫情通报职责的，由有关部门在各自职责范围内责令改正，通报批评；造成传染病传播、流行或者其他严重后果的，对负有责任的主管人员和其他直接责任人员，依法给予降级、撤职、开除的处分；构成犯罪的，依法追究刑事责任。

### 六、铁路、交通、民用航空经营单位的法律责任

铁路、交通、民用航空经营单位未依照规定优先运送处理传染病疫情的人员以及防治传染病的药品和医疗器械的，由有关部门责令限期改正，给予警告；造成严重后果的，对负有责任的主管人员和其他直接责任人员，依法给予降级、撤职、开除的处分。

### 七、其他单位和个人的法律责任

1. 有下列情形之一，导致或者可能导致传染病传播、流行的，由县级以上人民政府卫生行政部门责令限期改正，没收违法所得，可以并处 5 万元以下的罚款；已取得许可证的，原发证部门可以依法暂扣或者吊销许可证；构成犯罪的，依法追究刑事责任：①饮用水供水单位供应的饮用水不符合国家卫生标准和卫生规范的；②涉及饮用水卫生安全的产品不符合国家卫生标准和卫生规范的；③用于传染病防治的消毒产品不符合国家卫生标准和卫生规范的；④出售、运输疫区中被传染病病原体污染或者可能被传染病病原体污染的物品，未进行消毒处理的；⑤生物制品生产单位生产的血液制品不符合国家质量标准的。

2. 有下列情形之一的，由县级以上地方人民政府卫生行政部门责令改正，通报批评，给予警告，已取得许可证的，可以依法暂扣或者吊销许可证；造成传染病传播、流行以及其他严重后果的，对负有责任的主管人员和其他直接责任人员，依法给予降级、撤职、开除的处分，并可以依法吊销有关责任人员的执业证书；构成犯罪的，依法追究刑事责任：①疾病预防控制机构、医疗机构和从事病原微生物实验的单位，不符合国家规定的条件和技术标准，对传染病病原体样本未按照规定进行严格管理，造成实验室感染和病原微生物扩散的；②违反国家有关规定，采集、保藏、携带、运输和使用传染病菌种、毒

种和传染病检测样本的;③疾病预防控制机构、医疗机构未执行国家有关规定,导致因输入血液、使用血液制品引起经血液传播疾病发生的。

3. 未经检疫出售、运输与人畜共患传染病有关的野生动物、家畜家禽的,由县级以上地方人民政府畜牧兽医行政部门责令停止违法行为,并依法给予行政处罚。

4. 在国家确认的自然疫源地兴建水利、交通、旅游、能源等大型建设项目,未经卫生调查进行施工的,或者未按照疾病预防控制机构的意见采取必要的传染病预防、控制措施的,由县级以上人民政府卫生行政部门责令限期改正,给予警告,处 5 000 元以上 3 万元以下的罚款;逾期不改正的,处 3 万元以上 10 万元以下的罚款,并可以提请有关人民政府依据职责权限,责令停建、关闭。

5. 单位和个人违反《传染病防治法》规定,导致传染病传播、流行,给他人人身、财产造成损害的,应当依法承担民事责任。

**思考题**

1. 法定管理传染病的分类与病种调整机制的设置意义是什么?
2. 医疗机构在传染病防治工作中的职责是什么?
3. 医疗卫生人员疫情报告的职责和要求有哪些规定?
4. 医疗机构在对传染病患者救治中应关注哪些重点法律要求?
5. 传染病疫情控制措施的决定机构和决策依据是什么?

思考题解题思路　　　　本章目标测试

## 推荐阅读

1. 汪建荣.中国公共卫生法[M].北京:法律出版社,2023.

2. 约翰·科根,基思·赛雷特,A.M.维安.公共卫生法:伦理、治理与规制[M].宋华琳,李芹,李鸻,等译.南京:译林出版社,2021.

3. 乔治·罗森.公共卫生史[M].黄沛一,译.南京:译林出版社,2021.

4. 劳伦斯·高斯汀,林赛·威利.公共卫生法:权力·责任·限制[M].苏玉菊,刘碧波,穆冠群,译.北京:北京大学出版社,2021.

(乐　虹)

# 第八章 | 国境卫生检疫法律制度

国境卫生检疫是在中华人民共和国国际通航的港口、机场以及陆地边境和国界江河的口岸,设立国境卫生检疫机关,依照法律规定实施的传染病检疫、监测和卫生监督。国境卫生检疫法律制度包括检疫查验、传染病监测、卫生监督、应急处置、保障措施等,为加强国境卫生检疫工作,防止传染病跨境传播,保障公众生命安全和身体健康,防范和化解公共卫生风险发挥了重要作用。

## 第一节 | 概 述

### 一、国境卫生检疫的概念

国境卫生检疫,是指为了防止传染病由国外传入或者由国内传出,通过设在国境口岸的卫生检疫机关,依照国境卫生检疫的法律、法规,对进境出境人员、交通工具、运输设备以及可能传播传染病的行李、货物、邮包等物品实施传染病检疫、监测和卫生监督的卫生行政执法行为。根据入、出境方向不同,国境卫生检疫分为进境检疫和出境检疫;根据实施检疫的国境口岸的地理位置不同,可分为海港检疫、航空检疫和陆地边境检疫。

### 二、国境卫生检疫立法

中华人民共和国成立后,卫生部于 1950 年和 1951 年先后发布了《交通检疫暂行办法》和《民用航空检疫暂行办法》。1957 年经第一届全国人民代表大会常务委员会第八十八次会议通过并颁布了我国第一部卫生检疫法律《国境卫生检疫条例》。1982 年 2 月,经国务院批准,卫生部、交通部、中国民用航空总局和铁道部联合发布了《国境口岸卫生监督办法》,初步建立了我国国境卫生检疫法律制度。

为防止传染病由国外传入或者由国内传出,实施国境卫生检疫,保护人体健康,1986 年 12 月 2 日,第六届全国人民代表大会常务委员会第十八次会议通过了《国境卫生检疫法》,自 1987 年 5 月 1 日起施行。2007 年 12 月 29 日第十届全国人民代表大会常务委员会第三十一次会议,2009 年 8 月 27 日第十一届全国人民代表大会常务委员会第十次会议、2018 年 4 月 27 日第十三届全国人民代表大会常务委员会第二次会议对《国境卫生检疫法》进行了修正。2024 年 6 月 28 日,第十四届全国人民代表大会常务委员会第十次会议对《国境卫生检疫法》进行了修订,自 2025 年 1 月 1 日起施行。

1989 年 3 月 6 日,经国务院批准,卫生部发布了《国境卫生检疫法实施细则》,自发布之日起施行。2010 年 4 月 24 日、2016 年 2 月 6 日、2019 年 3 月 2 日国务院对《国境卫生检疫法实施细则》进行了修订。

为了实施《国境卫生检疫法》,原卫生部、国家质量监督检验检疫总局等先后发布了《国际航行船舶出入境检疫管理办法》《出入境集装箱检验检疫管理办法》《危险化学品安全管理条例》《出入境特殊物品卫生检疫管理规定》《国境口岸突发公共卫生事件出入境检验检疫应急处理规定》等,形成了较为完备的国境卫生检疫法律体系。

### 三、国境卫生检疫主体

#### (一)国境卫生检疫机关

《国境卫生检疫法》规定,在中华人民共和国对外开放的口岸(以下简称口岸),海关依照本法规定履行检疫查验、传染病监测、卫生监督和应急处置等国境卫生检疫职责。海关总署统一管理全国国境卫生检疫工作。国务院卫生健康主管部门、国务院疾病预防控制部门和其他有关部门依据各自职责做好国境卫生检疫相关工作。国境卫生检疫工作应当坚持中国共产党的领导,坚持风险管理、科学施策、高效处置的原则,健全常态和应急相结合的口岸传染病防控体系。

《国境卫生检疫法实施细则》规定,国境卫生检疫机关的职责主要包括:①执行《国境卫生检疫法》及其实施细则和国家有关卫生法规;②收集、整理、报告国际和国境口岸传染病的发生、流行和终息情况;③对国境口岸的卫生状况实施卫生监督;对进境、出境的交通工具、人员、集装箱、尸体、骸骨以及可能传播检疫传染病的行李、货物、邮包等实施检疫查验、传染病监测、卫生监督和卫生处理;④对进境、出境的微生物、生物制品、人体组织、血液及其制品等特殊物品以及能传播人类传染病的动物,实施卫生检疫;⑤对进境、出境人员进行预防接种、健康检查、医疗服务、国际旅行健康咨询和卫生宣传;⑥签发卫生检疫证件;⑦进行流行病学调查研究,开展科学实验;⑧执行海关总署、国务院卫生行政部门指定的其他工作。

### (二) 国境卫生检疫人员

国境卫生检疫人员是指国境卫生检疫机关工作人员和国境口岸卫生监督员。

国境卫生检疫机关工作人员是由国家进境出境检验检疫主管部门任命,从事国境卫生检疫管理或国境卫生检疫查验工作的人员。其主要职权有查验权、询问权和签证权。国境卫生检疫人员在执行各项卫生检疫任务时,代表国家行使国境卫生检疫主权,其执业行为受到法律保护。

国境口岸卫生监督员是国境卫生检疫机关设置的实施卫生监督任务的执法人员。根据《国境卫生检疫法实施细则》规定,其职责包括:①对国境口岸和停留在国境口岸的进境、出境交通工具进行卫生监督和卫生宣传;②在消毒、除鼠、除虫等卫生处理方面进行技术指导;③对造成传染病传播、啮齿动物和病媒昆虫扩散、食物中毒、食物污染等事故进行调查,并提出控制措施。

## 四、国境卫生检疫的对象

国境卫生检疫对象也称为检疫范围。根据《国境卫生检疫法》规定,国境卫生检疫对象包括进境出境的人员、交通工具、运输设备以及可能传播检疫传染病的行李、货物、邮包等物品。

1. **进境出境的人员**　是指进、出我国国境的一切人员。根据《国际卫生条例》的规定,外交人员不享有卫生检疫豁免权。

2. **交通工具和运输设备**　交通工具是指船舶、航空器、列车和其他车辆。运输设备是指货物集装箱等。

3. **行李、邮包**　行李是指进境、出境人员携带的物品。邮包是指入、出国境的邮件。

4. **货物**　是指由国外运进或者由国内运出的一切生产和生活资料,以及废旧物品等。

5. **血液及其制品、生物制品、人体组织、微生物等**

6. **尸体、骸骨**　是指在国境口岸以及停在该场所的入、出境交通工具上的所有非因意外伤害而死亡并死因不明的尸体和骸骨。

## 第二节 | 国境卫生检疫查验

### 一、进境出境检疫查验

检疫查验,是指对进境出境的人员、交通运输工具、货物、物品、尸体、骸骨等采取检查措施、实施医学措施。《国境卫生检疫法》规定,进境出境的人员、交通运输工具,集装箱等运输设备、货物、行李、邮包等物品及外包装(以下简称货物、物品),应当依法接受检疫查验,经海关准许,方可进境出境。

#### （一）进境出境人员检疫查验

**1. 进境检疫** 《国境卫生检疫法》规定,进境的交通工具和人员,必须在最先到达的国境口岸的指定地点接受检疫。这里的国境口岸是指国际通航的港口、机场、车站、陆地边境和国界江河的关口。指定地点,一般包括检疫锚地、允许航空器降落的停机坪和航空站、国际列车到达国境后第一个火车站的站台及江河口岸边境的通道口。

进境出境人员,海关可以要求如实申报健康状况及相关信息,进行体温检测、医学巡查,必要时可以查阅旅行证件。医学巡查,是指检疫医师在口岸进境出境旅客通道,观察进境出境人员是否有传染病临床症状,并对有临床症状的人员进行询问的活动。除此之外,海关还可以根据情况对有关进境出境人员实施下列检疫查验措施:①要求提供疫苗接种证明或者其他预防措施证明并进行核查;②进行流行病学调查、医学检查;③法律、行政法规规定的其他检疫查验措施。进境的外国人拒绝接受本条规定的检疫查验措施的,海关可以作出不准其进境的决定,并同时通知移民管理机构。

《国境卫生检疫法实施细则》规定:①进境人员必须在指定地点接受检疫,同时用书面或者口头回答检疫医师提出的有关询问;②检疫期间,除引航员外,未经国境检疫机关许可,任何进境人员不准上下交通工具,不准装卸行李、货物、邮包等,不得离开查验场所;③徒步进境、出境的人员必须首先在指定的场所接受进境、出境的查验,未经卫生检疫机关许可,不准离开指定的场所。

**2. 出境检疫** 卫生检疫机关应当阻止染疫人、染疫嫌疑人出境,但是对来自国外并且在到达时受就地诊验的人,本人要求出境的,可以准许出境;如果乘交通工具出境,检疫医师应当将这种情况在出境检疫证上签注,同时通知交通工具负责人采取必要的预防措施。

#### （二）进境出境交通工具检疫查验

《国境卫生检疫法》规定,进境出境交通运输工具负责人应当按照规定向海关如实申报与检疫查验有关的事项。海关可以登临交通运输工具进行检疫查验,对符合规定条件的,可以采取电讯方式进行检疫查验。除避险等紧急情况外,进境的交通运输工具在检疫查验结束前、出境的交通运输工具在检疫查验结束后至出境前,未经海关准许,不得驶离指定的检疫查验地点,不得装卸货物、物品,不得上下引航员以外的人员。

**1. 交通工具进境检疫查验**

（1）进境前报告:船舶的进境检疫,必须在港口的检疫锚地或者经卫生检疫机关同意的指定地点实施。船舶代理应当在受进境检疫的船舶到达以前尽早向卫生检疫机关通知下列事项:①船名、国籍、预定到达检疫锚地的日期和时间;②发航港、最后寄港;③船员和旅客人数;④货物种类。受进境检疫的船舶如果在航行中发现检疫传染病、疑似检疫传染病,或者有人非因意外伤害而死亡并死因不明的,船长必须立即向实施检疫港口的卫生检疫机关报告下列事项:①船名、国籍、预定到达检疫锚地的日期和时间;②发航港、最后寄港;③船员和旅客人数;④货物种类;⑤病名或者主要症状、患病人数、死亡人数;⑥船上有无船医。

实施卫生检疫机场的航空站,应当在受进境检疫的航空器到达以前,尽早向卫生检疫机关通知下列事项:①航空器的国籍、机型、号码、识别标志、预定到达时间;②出发站、经停站;③机组和旅客人数。受进境检疫的航空器如果在飞行中发现检疫传染病、疑似检疫传染病,或者有人非因意外伤害而死亡并死因不明时,机长应当立即通知到达机场的航空站,向卫生检疫机关报告下列事项:①航空器的国籍、机型、号码、识别标志、预定到达时间;②出发站、经停站;③机组和旅客人数;④病名或者主要症状、患病人数、死亡人数。

实施卫生检疫的车站,应当在受进境检疫的列车到达之前,尽早向卫生检疫机关通知下列事项:①列车的车次,预定到达的时间;②始发站;③列车编组情况。受进境检疫的列车和其他车辆到达车站、关口,在实施进境检疫而未取得进境检疫证以前,未经卫生检疫机关许可,任何人不准上下列车或者其他车辆,不准装卸行李、货物、邮包等物品。

（2）提交申报证件:受进境检疫船舶的船长在检疫医师到达船上时,必须提交由船长签字或者有船医附签的航海健康申报书、船员名单、旅客名单、载货申报单,并出示除鼠证书或者免予除鼠证书。在查验中,检疫医师有权查阅航海日志和其他有关证件;需要进一步了解船舶航行中卫生情况时,检疫医师可以向船长、船医提出询问,船长、船医必须如实回答。用书面回答时,须经船长签字和船医附签。

受进境检疫的航空器到达机场以后,检疫医师首先登机。机长或者其授权的代理人,必须向卫生检疫机关提交总申报单、旅客名单、货物仓单和有效的灭蚊证书,以及其他有关检疫证件;对检疫医师提出的有关航空器上卫生状况的询问,机长或者其授权的代理人应当如实回答。在检疫没有结束之前,除经卫生检疫机关许可以外,任何人不得上下航空器,不准装卸行李、货物、邮包等物品。

受进境检疫的列车和其他车辆到达车站、关口后,检疫医师首先登车,列车长或者其他车辆负责人,应当口头或者书面向卫生检疫机关申报该列车或者其他车辆上人员的健康情况,对检疫医师提出有关卫生状况和人员健康的询问,应当如实回答。

（3）进境检疫证的签发:船舶实施进境查验完毕以后,对没有染疫的船舶,检疫医师应当立即签发进境检疫证;如果该船有受卫生处理或者限制的事项,应当在进境检疫证上签注,并按照签注事项办理。对染疫船舶、染疫嫌疑船舶,除通知港务监督机关外,对该船舶还应当发给卫生处理通知书,该船舶上的引航员和经卫生检疫机关许可上船的人员应当视同员工接受有关卫生处理,在卫生处理完毕以后,再发给进境检疫证。

对进境航空器查验完毕以后,根据查验结果,对没有染疫的航空器,检疫医师应当签发进境检疫证;如果该航空器有受卫生处理或者限制的事项,应当在进境检疫证上签注,由机长或者其授权的代理人负责执行;对染疫或者有染疫嫌疑的航空器,除通知航空站外,对该航空器应当发给卫生处理通知单,在规定的卫生处理完毕以后,再发给进境检疫证。

对列车或者其他车辆实施进境、出境检疫完毕后,检疫医师应当根据检疫结果分别签发进境、出境检疫证,或者在必要的卫生处理完毕后,再分别签发进境、出境检疫证。

（4）非口岸检疫:《国境卫生检疫法》规定,来自国外的船舶、航空器因故停泊、降落在中国境内非口岸地点时,船舶、航空器的负责人应当立即就近的国境卫生检疫机关或者当地卫生行政部门报告。除紧急情况外,未经国境卫生检疫机关或者当地卫生行政部门许可,任何人不准上下船舶、航空器,不准装卸行李、货物、邮包等物品。

（5）电讯检疫:电讯检疫是国际通用的一种简化手续的检疫方式。在公海上航行的船舶通过电讯申请并报告规定内容,使目的港的进境出境检验检疫机构掌握船舶的卫生状况和船员、旅客的健康情况,经检验检疫机构进行风险评估,认为其符合检疫要求,准予其无疫通行,不实施登交通工具检疫。

### 2. 交通工具出境检疫

《国境卫生检疫法》规定,出境的交通工具,必须在最后离开的国境口岸接受卫生检疫。

（1）出境前报告:船舶代理应当在受出境检疫的船舶启航以前,尽早向卫生检疫机关通知下列事项:①船名、国籍、预定开航的日期和时间;②目的港、最初寄港;③船员名单和旅客名单;④货物种类。受出境检疫的船舶,船长应当向卫生检疫机关出示除鼠证书或者免予除鼠证书和其他有关检疫证件。对船舶实施出境检疫完毕以后,除引航员和经卫生检疫机关许可的人员外,其他人员不准上船,不准装卸行李、货物、邮包等物品。如果违反上述规定,该船舶必须重新实施出境检疫。

实施卫生检疫机场的航空站,应当在受出境检疫的航空器起飞以前,尽早向卫生检疫机关提交总申报单、货物仓单和其他有关检疫证件,并通知下列事项:①航空器的国籍、机型、号码、识别标志、预定起飞时间;②经停站、目的站;③机组和旅客人数。

实施卫生检疫的车站,应当在受出境检疫列车发车以前,尽早向卫生检疫机关通知下列事项:①列车的车次,预定发车的时间;②终到站;③列车编组情况。

（2）签发出境检疫证:对船舶实施出境检疫完毕以后,检疫医师应当按照检疫结果立即签发出境检疫证,如果因卫生处理不能按原定时间启航,应当及时通知港务监督机关。

对出境航空器查验完毕以后,如果没有染疫,检疫医师应当签发出境检疫证或者在必要的卫生处理完毕以后再发给出境检疫证;如果该航空器因卫生处理不能按原定时间起飞,应当及时通知航空站。

对列车或者其他车辆实施进境、出境检疫完毕后,检疫医师应当根据检疫结果分别签发进境、出境检疫证,或者在必要的卫生处理完毕后,再分别签发进境、出境检疫证。

### (三)进境出境货物、物品检疫

1. **集装箱、货物、废旧物等物品检疫**　《国境卫生检疫法实施细则》规定:①进境、出境的集装箱、货物、废旧物等物品在到达口岸的时候,承运人、代理人或者货主,必须向卫生检疫机关申报并接受卫生检疫;②对来自疫区的、被传染病污染的以及可能传播检疫传染病或者发现与人类健康有关的啮齿动物和病媒昆虫的集装箱、货物、废旧物等物品,应当实施消毒、除鼠、除虫或者其他必要的卫生处理;③集装箱、货物、废旧物等物品的货主要求在其他地方实施卫生检疫、卫生处理的,卫生检疫机关可以给予方便,并按规定办理。海关凭卫生检疫机关签发的卫生处理证明放行。

2. **微生物、生物制品等特殊物品检疫**　进境、出境的微生物、人体组织、生物制品、血液及其制品等特殊物品的携带人、托运人或者邮递人,必须向卫生检疫机关申报并接受卫生检疫,凭卫生检疫机关签发的特殊物品审批单办理通关手续。未经卫生检疫机关许可,不准进境、出境。

3. **行李和物品检疫**　进境、出境的旅客、员工个人携带或者托运可能传播传染病的行李和物品,应当接受卫生检查。卫生检疫机关对来自疫区或者被传染病污染的各种食品、饮料、水产品等应当实施卫生处理或者销毁,并签发卫生处理证明。海关凭卫生检疫机关签发的卫生处理证明放行。

4. **邮包检疫**　按下列规定实施检疫:①卫生检疫机关对应当实施卫生检疫的邮包进行卫生检查和必要的卫生处理时,邮政部门应予以配合;②未经卫生检疫机关许可,邮政部门不得运递邮包。

### (四)临时检疫

在国境口岸发现检疫传染病、疑似检疫传染病,或者有人非因意外伤害而死亡并死因不明的,国境口岸有关单位和交通工具的负责人,应当立即向国境卫生检疫机关报告,并申请临时检疫。

### (五)边境接壤地区的来往检疫

中华人民共和国边防机关与邻国边防机关之间在边境地区的往来,居住在两国边境接壤地区的居民在边境指定地区的临时往来,双方的交通工具和人员的进境、出境检疫,依照双方协议办理,没有协议的,依照中国政府的有关规定办理。

## 二、检疫传染病病人的管理

### (一)检疫传染病和监测传染病

《国境卫生检疫法》所称传染病,包括检疫传染病、监测传染病和其他需要在口岸采取相应卫生检疫措施的新发传染病、突发原因不明的传染病。检疫传染病,是指鼠疫、霍乱、黄热病以及国务院确定和公布的其他传染病。监测传染病,由国务院卫生行政部门确定和公布。

### (二)检疫传染病染疫人及染疫嫌疑人的管理

染疫人是指正在患检疫传染病的人,或者经卫生检疫机关初步诊断,认为已经感染检疫传染病或者已经处于检疫传染病潜伏期的人。染疫嫌疑人是指接触过检疫传染病的感染环境,并且可能传播检疫传染病的人。海关依据检疫医师提供的检疫查验结果,对判定为检疫传染病染疫人、疑似染疫人的,应当立即采取有效的现场防控措施,并及时通知口岸所在地县级以上地方人民政府疾病预防控制部门。接到通知的疾病预防控制部门应当及时组织将检疫传染病染疫人、疑似染疫人接送至县级以上地方人民政府指定的医疗机构或者其他场所实施隔离治疗或者医学观察。有关医疗机构和场所应当及时接收。

1. **隔离**　是指将染疫人收留在指定的处所,限制其活动并进行治疗,直到消除传染病传播的危险。国境卫生检疫机关对于所发现的检疫传染病鼠疫、霍乱及黄热病病人及处于其潜伏期的人,必须立即将其隔离,及时治疗,实施必要的卫生处理,以防播散。隔离期限根据医学检查结果确定。

2. **就地诊验**　是指在卫生检疫机关指定的期间,到就近的卫生检疫机关或者其他医疗卫生单位去接受诊察和检验;或者卫生检疫机关、其他医疗卫生单位到该人员的居留地,对其进行诊察和检验。受就地诊验的人员应当携带就地诊验记录簿,按照卫生检疫机关指定的期间、地点,接受医学检查。

3. **留验**　是指将染疫嫌疑人收留在指定的处所进行诊察和检验。留验期限根据各种检疫传染病的潜伏期予以确定。按照规定,对染有鼠疫、黄热病嫌疑人的留验期限为 6 天,对染有霍乱嫌疑人的留验期限为 5 天。受留验的人员必须在卫生检疫机关指定的场所接受留验。

### 三、疫情通报

#### (一) 疫情通报

各地海关发现传染病,应当采取相应的控制措施,并及时向海关总署报告,同时向口岸所在地县级以上地方人民政府疾病预防控制部门以及移民管理机构通报。县级以上地方人民政府疾病预防控制部门发现传染病,应当及时向当地海关、移民管理机构通报。

任何单位和个人发现口岸或者进境出境的人员、交通运输工具、货物、物品等存在传播传染病风险的,应当及时向就近的海关或者口岸所在地疾病预防控制机构报告。

#### (二) 疫区的宣布

《国境卫生检疫法实施细则》规定,在国内或者国外某一地区发生检疫传染病流行时,国务院卫生行政部门可以宣布该地区为疫区。

### 四、国境口岸突发公共卫生事件进境出境检验检疫应急处理

国境口岸突发公共卫生事件,是指突然发生,造成或可能造成进境出境人员和国境口岸公众健康严重损害的重大传染病疫情、群体性不明原因疾病、重大食物中毒以及其他严重影响公众健康的事件。

1. **紧急措施**　发生重大传染病疫情,需要在口岸采取应急处置措施的,海关总署、国务院卫生健康主管部门、国务院疾病预防控制部门应当提请国务院批准启动应急响应。海关总署、国务院卫生健康主管部门、国务院疾病预防控制部门和其他有关部门应当依据各自职责,密切配合开展相关的应急处置工作。口岸所在地县级以上地方人民政府应当为应急处置提供场所、设施、设备、物资以及人力和技术等支持。

根据重大传染病疫情应急处置需要,经国务院决定,可以采取下列措施:①对来自特定国家或者地区的人员实施采样检验;②禁止特定货物、物品进境出境;③指定进境出境口岸;④暂时关闭有关口岸或者暂停有关口岸部分功能;⑤暂时封锁有关国境;⑥其他必要的应急处置措施。采取上述规定的应急处置措施,应当事先公布。

2. **应急预案启动**　检验检疫机构应当组织专家对突发事件进行流行病学调查、现场监测、现场勘验,确定危害程度,初步判断突发事件的类型,提出启动国境口岸突发事件进境出境检验检疫应急预案的建议。

3. **应急物资**　根据突发公共卫生事件应急处理的需要,国境口岸突发公共卫生事件进境出境检验检疫应急处理指挥体系有权调集进境出境检验检疫人员、储备物资、交通工具以及相关设施、设备;必要时,可以依照《国境卫生检疫法》的规定,提请国务院下令封锁有关的国境或者采取其他紧急措施。

4. **对传染病病人、疑似传染病病人及密切接触者的处理**　进境出境交通工具上发现传染病病

人、疑似传染病病人,其负责人应当以最快的方式向当地口岸检验检疫机构报告。检验检疫机构接到报告后,应当立即组织有关人员采取相应的卫生检疫处置措施。对进境出境交通工具上的传染病病人密切接触者,应当依法予以留验和医学观察;或依照卫生检疫法律、行政法规的规定,采取控制措施。

检验检疫机构应当对临时留验、隔离人员进行必要的检查检验,并按规定作详细记录;对需要移送的病人,应当按照有关规定将病人及时移交给有关部门或机构进行处理。

## 第三节 │ 传染病监测

### 一、传染病监测对象

传染病监测,是指对特定环境、特定人群进行流行病学、血清学、病原学、临床症状以及其他有关影响因素的调查研究,预测有关传染病的发生、发展和流行。监测传染病包括回归热、流行性斑疹伤寒、登革热、脊髓灰质炎、疟疾、流行性感冒。

《国境卫生检疫法》规定,国境卫生检疫机关对进境出境人员实施传染病监测,并且采取必要的预防、控制措施。传染病监测的对象是进境、出境的交通工具、人员、食品、饮用水和其他物品以及病媒昆虫、动物。

### 二、传染病监测内容

传染病监测包括以下内容:①首发病例的个案调查;②暴发流行的流行病学调查;③传染源调查;④国境口岸内监测传染病的回顾性调查;⑤病原体的分离、鉴定,人群、有关动物血清学调查以及其他流行病学调查;⑥有关动物、病媒昆虫、食品、饮用水和环境因素的调查;⑦消毒、除鼠、除虫的效果观察与评价;⑧国境口岸以及国内外监测传染病疫情的收集、整理、分析和传递;⑨对监测对象开展健康检查和监测传染病病人、疑似病人、密切接触人员的管理。

### 三、传染病监测措施

1. **阻止某些疾病患者入境** 卫生检疫机关应当阻止患有严重精神病、传染性肺结核病或者有可能对公共卫生造成重大危害的其他传染病的外国人进境。

2. **出示健康证明** 国境卫生检疫机关有权要求进境、出境的人员填写健康申明卡,出示某种传染病的预防接种证书、健康证明或者其他有关证件。受进境、出境检疫的人员,必须根据检疫医师的要求,如实填报健康申明卡,出示某种有效的传染病预防接种证书、健康证明或者其他有关证件。

3. **健康检查** 健康检查是一项以物理检查与血清学检验结合的一项检测制度,其目的在于鉴别霍乱、鼠疫和黄热病三种检疫传染病,以及检测包括艾滋病、性病在内的血清学指标,以便及时发现病情,采取有效的预防措施,防止传染病的传播和蔓延。根据规定,健康检查的对象为下列人员:①国境口岸和进出境交通工具上从事饮食行业的人员;②经常进出国境的交通工具上工作的员工;③在境外居住3个月以上的回国中国公民和来华留学、工作、居住1年以上的外籍进境人员。

4. **签发就诊方便卡** 对患有监测传染病的人、来自国外监测传染病流行区的人或者与监测传染病密切接触的人,国境卫生检疫机关可以根据流行病学和医学检查结果,区别情况,发给就诊方便卡,实施留验或者采取其他预防、控制措施,并及时通知当地卫生行政部门。

卫生检疫机关、医疗卫生单位遇到持有就诊方便卡的人员请求医学检查时,应当视同急诊优先给予医学检查和治疗;如发现其患有检疫传染病或者监测传染病,疑似检疫传染病或者监测传染病,应当立即实施必要的卫生措施,并且将情况报告当地卫生防疫机构和签发就诊方便卡的卫生检疫机关。

NOTES

## 第四节 | 卫生监督和卫生处理

### 一、卫生监督

国境卫生监督,是指国境卫生检疫机关根据卫生法规和卫生标准对国境口岸和停泊在国境口岸的交通工具进行的卫生检查、卫生鉴定、卫生评价和采样检验等活动。《国境卫生检疫法》规定,国境卫生检疫机关根据国家规定的卫生标准,对国境口岸的卫生状况和停留在国境口岸的进境、出境的交通工具的卫生状况实施卫生监督。

#### (一)海关的卫生监督职责

《国境卫生检疫法》规定,国境卫生检疫机关根据国家规定的卫生标准,对国境口岸的卫生状况和停留在国境口岸的进境、出境的交通工具的卫生状况实施卫生监督。

《国境卫生检疫法》规定,海关依照本法以及有关法律、行政法规和国家规定的卫生标准,对口岸和停留在口岸的进境出境交通运输工具的卫生状况实施卫生监督,履行下列职责:①开展病媒生物监测,监督和指导有关单位和人员对病媒生物的防除;②监督食品生产经营、饮用水供应、公共场所的卫生状况以及从业人员健康状况;③监督固体、液体废弃物和船舶压舱水的处理;④法律、行政法规规定的其他卫生监督职责。

#### (二)卫生监督内容

国境卫生监督内容包括:①监督和指导有关人员对啮齿动物、病媒昆虫的根除;②检查和检验食品、饮用水及其储存、供应、运输设施;③监督从事食品、饮用水供应的从业人员的健康状况,检查其健康证明书;④监督和检查垃圾、废物、污水、粪便、压舱水的处理等。

#### (三)卫生要求

1. **国境口岸的卫生要求** ①国境口岸和国境口岸内涉外的宾馆、生活服务单位以及候车、候机厅(室)应当有健全的卫生制度和必要的卫生设施,并室内外环境整洁、通风良好;②国境口岸有关部门应当采取切实可行的措施,控制啮齿动物和病媒昆虫,使其数量降低到不足为害的程度,仓库、货物必须有防鼠设施;③国境口岸的垃圾、废物、污水粪便必须进行无害化处理,保持国境口岸环境整洁卫生。

2. **交通工具的卫生要求** ①交通工具上的宿舱、车厢必须保持清洁卫生,通风良好;②交通工具上必须备有足够的消毒、除鼠、除虫药物及器械,并备有防鼠装置;③交通工具上的货舱、行李舱、货车车厢在装货前或者卸货后应当进行彻底清扫,有毒物品和食品不得混装,防止污染;④对不符合卫生要求的进境、出境交通工具,必须接受卫生检疫机关的督导立即进行改进。

3. **饮用水、食品及从业人员的卫生要求** ①国境口岸和交通工具上的食品、饮用水必须符合有关的卫生标准;②国境口岸内的涉外宾馆,以及向进境、出境的交通工具提供饮食服务的部门,必须取得卫生检疫机关发放的卫生许可证;③国境口岸内涉外的宾馆和进境、出境交通工具上的食品、饮用水从业人员应当持有有效的健康证明。

### 二、国境口岸有关单位和交通工具负责人的责任

国境口岸有关单位和交通工具负责人的责任包括:①遵守《国境卫生检疫法》及其实施细则和有关卫生法规的规定;②接受卫生监督员的监督和检查,并为其工作提供方便;③按照卫生监督员的建议,对国境口岸和交通工具的卫生状况及时采取改进措施。

### 三、卫生处理

国境卫生处理,是指国境卫生检疫机关实施的隔离、留验和就地诊验等医学措施,以及消毒和除

鼠、除虫等卫生措施。

### （一）交通工具的卫生处理

《国境卫生检疫法》规定，进境出境交通运输工具有下列情形之一的，应当实施卫生处理，并接受海关监督；必要时，海关可以会同有关部门对交通运输工具实施隔离：①受到检疫传染病污染；②发现与人类健康有关的病媒生物；③存在传播检疫传染病风险的其他情形。外国交通运输工具的负责人拒绝实施卫生处理的，除特殊情况外，海关应当责令该交通运输工具在其监督下立即离境。

《国境卫生检疫法实施细则》规定，进境、出境的交通工具有下列情形之一的，应当由卫生检疫机关实施卫生处理：①来自检疫传染病疫区的；②被检疫传染病污染的；③发现有与人类健康有关的啮齿动物或者病媒昆虫，超过国家卫生标准的。

### （二）货物、物品的卫生处理

进境出境货物、物品的收发货人、收寄件人、携运人（携带人）、承运人或者其代理人应当按照规定向海关如实申报与检疫查验有关的事项。对有《国境卫生检疫法》第十五条第一款规定情形的货物、物品，应当实施卫生处理，并接受海关监督；卫生处理完成前，相关货物、物品应当单独存放，未经海关准许不得移运或者提离。对于无法实施有效卫生处理的货物、物品，海关可以决定不准其进境或者出境，或者予以退运、销毁；对境内公共卫生安全可能造成重大危害的，海关可以暂停相关货物的进口。

卫生检疫机关对进境、出境的废旧物品和曾经行使于境外港口的废旧交通工具，根据污染程度，分别实施消毒、除鼠、除虫，对污染严重的实施销毁。

### （三）尸体、骸骨的卫生处理

进境、出境的尸体、骸骨托运人或者代理人应当申请卫生检疫，并出示死亡证明或者其他有关证件，对不符合卫生要求的，必须接受卫生检疫机关实施的卫生处理。经卫生检疫合格后，方准将其运进或者运出。对因患检疫传染病死亡的病人尸体，必须就近火化，不准移运。

## 第五节 ｜ 法律责任

### 一、进境出境人员的法律责任

违反《国境卫生检疫法》的规定，进境出境人员不如实申报健康状况、相关信息或者拒绝接受检疫查验的，由海关责令改正，可以给予警告或者处 1 万元以下的罚款；情节严重的，处 1 万元以上 5 万元以下的罚款。

### 二、交通运输工具负责人的法律责任

违反《国境卫生检疫法》的规定，有下列情形之一的，对交通运输工具负责人，由海关责令改正，给予警告，可以并处 5 万元以下的罚款；情节严重的，并处 5 万元以上 30 万元以下的罚款：①未按照规定向海关申报与检疫查验有关的事项或者不如实申报有关事项；②拒绝接受对交通运输工具的检疫查验或者拒绝实施卫生处理；③未取得进境检疫证或者出境检疫证，交通运输工具擅自进境或者出境；④未经海关准许，交通运输工具驶离指定的检疫查验地点，装卸货物、物品或者上下人员；⑤已经实施检疫查验的交通运输工具在口岸停留期间，发现检疫传染病染疫人、疑似染疫人或者有人非因意外伤害死亡且死因不明的，未立即向海关报告；⑥过境的交通运输工具在中国境内装卸货物、物品或者上下人员，或者添加燃料、饮用水、食品和供应品不接受海关监督。

### 三、使用买卖、出借或者伪造、变造的国境卫生检疫单证的法律责任

使用买卖、出借或者伪造、变造的国境卫生检疫单证的，由海关责令改正，处 2 万元以上 10 万元以下的罚款。

### 四、卫生检疫机关工作人员的法律责任

违反《国境卫生检疫法》的规定,海关等有关部门、地方人民政府及其工作人员在国境卫生检疫工作中玩忽职守、滥用职权、徇私舞弊的,由上级机关或者所在单位责令改正,对负有责任的领导人员和直接责任人员依法给予处分。

### 五、妨害国境卫生检疫刑事犯罪的法律责任

违反《国境卫生检疫法》的规定,构成违反治安管理行为的,由公安机关依法给予治安管理处罚;构成犯罪的,依法追究刑事责任。

《刑法》第三百三十二条规定,违反国境卫生检疫法规定,引起检疫传染病传播或者有传播严重危险的,处3年以下有期徒刑或者拘役,并处或者单处罚金。单位犯前款罪的,对单位判处罚金,并对其直接负责的主管人员和其他直接责任人员,依照前款的规定处罚。违反国境卫生检疫规定,是指有下列行为之一的:①逃避检疫,向国境卫生检疫机关隐瞒真实情况的;②进境的人员未经国境卫生检疫机关许可擅自上下交通工具,或者装卸行李、货物、邮包等物品、不听劝阻的。单位违反国境卫生检疫规定的,对单位判处罚金,并对其直接负责的主管人员和其他直接责任人员,依照上述规定处罚。

**？**

**思考题**

1. 如何理解国境卫生检疫在国家安全与发展战略中的作用?
2. 国境卫生检疫对象包括哪些?
3. 进境出境检疫管理有哪些规定?
4. 检疫传染病人管理有哪些规定?
5. 国境卫生检疫机关实施的传染病监测包括哪些措施?
6. 如何实现《国境卫生检疫法》与《传染病防治法》的制度衔接?

思考题解题思路　　　　　　　本章目标测试

## 推荐阅读

1. 吴展.公共卫生法治视域下的国境卫生检疫法及其实施[M].北京:法律出版社,2022.
2. 张际文.国境卫生检疫法学理论与实践[M].杭州:浙江工商大学出版社,2013.

（王安富）

# 第九章 | 职业病防治法律制度

职业病防治关系到劳动者的身体健康和生命安全。职业病防治法律制度确立了职业病防治工作方针、机制与管理原则、职业卫生监管体制、国家职业卫生标准的制定部门;规定了职业病前期预防、劳动过程中的防护与管理、职业病诊断与职业病病人保障、监督检查法律责任等制度,对预防、控制和消除职业病危害,防治职业病,保护劳动者健康及其相关权益,促进经济社会发展具有重要作用。

## 第一节 | 概 述

### 一、职业病的概念和分类

职业病,是指企业、事业单位和个体经济组织等用人单位的劳动者在职业活动中,因接触粉尘、放射性物质和其他有毒、有害因素而引起的疾病。

《职业病防治法》规定,职业病的分类和目录由国务院卫生行政部门会同国务院劳动保障行政部门制定、调整并公布。2013 年 12 月,国家卫生计生委、人力资源社会保障部、安全监管总局和全国总工会联合印发了《职业病分类和目录》,将职业病定为 10 大类 132 种,包括:①职业性尘肺病及其他呼吸系统疾病 19 种;②职业性皮肤病 9 种;③职业性眼病 3 种;④职业性耳鼻喉口腔疾病 4 种;⑤职业性化学中毒 60 种;⑥物理因素所致职业病 7 种;⑦职业性放射性疾病 11 种;⑧职业性传染病 5 种;⑨职业性肿瘤 11 种;⑩其他职业病 3 种。

### 二、职业病防治立法

中华人民共和国成立后,国家一直非常重视职业病防治立法。1951 年政务院制定了《劳动保险条例》。1957 年卫生部制定了《职业病范围和职业病患者处理办法的规定》。改革开放后,职业病防治立法迅速发展。1987 年国务院颁布了《尘肺病防治条例》。1994 年第八届全国人民代表大会常务委员会第八次会议通过了《劳动法》。

为了预防、控制和消除职业病危害,防治职业病,保护劳动者健康及其相关权益,促进社会经济发展,2001 年 10 月 27 日,第九届全国人民代表大会常务委员会第二十四次会议通过了《职业病防治法》,自 2002 年 5 月 1 日起施行。2011 年 12 月 31 日第十一届全国人民代表大会常务委员会第二十四次会议、2016 年 7 月 2 日第十二届全国人民代表大会常务委员会第二十一次会议、2017 年 11月 4 日第十二届全国人民代表大会常务委员会第三十次会议、2018 年 12 月 29 日第十三届全国人民代表大会常务委员会第七次会议对《职业病防治法》进行了修正。

《职业病防治法》颁布实施后,国务院 2005 年颁布了《放射性同位素与射线装置安全和防护条例》,2012 年颁布了《女职工劳动保护特别规定》等行政法规。国务院卫生等行政部门相继发布了《国家职业卫生标准管理办法》《放射工作人员职业健康管理办法》《放射诊疗管理规定》《用人单位职业健康监护监督管理办法》《职业健康检查管理办法》《煤矿作业场所职业病危害防治规定》《建设项目职业病防护设施"三同时"监督管理办法》《职业病诊断与鉴定管理办法》《职业卫生技术服务机构管理办法》《工作场所职业卫生管理规定》等规章。各地也相继出台了一批职业病防治地方性法规,完善了我国职业病防治法律体系。

### 三、职业病防治工作方针、机制与管理原则

职业病防治工作坚持预防为主、防治结合的方针,建立用人单位负责、行政机关监管、行业自律、职工参与和社会监督的机制,实行分类管理、综合治理。

为贯彻预防为主、防治结合的方针,国家鼓励和支持研制、开发、推广、应用有利于职业病防治和保护劳动者健康的新技术、新工艺、新设备、新材料,加强对职业病的机理和发生规律的基础研究,提高职业病防治科学研究水平;积极采用有效的职业病防治技术、工艺、设备、材料;限制使用或者淘汰职业病危害严重的技术、工艺、设备、材料;建设职业病医疗康复机构。

### 四、职业病防治监督检查

县级以上人民政府职业卫生监督管理部门依照职业病防治法律、法规、国家职业卫生标准和卫生要求,依据职责划分,对职业病防治工作进行监督检查。职业卫生行政部门履行监督检查职责时,有权采取下列措施:①进入被检查单位和职业病危害现场,了解情况,调查取证;②查阅或者复制与违反职业病防治法律、法规的行为有关的资料和采集样品;③责令违反职业病防治法律、法规的单位和个人停止违法行为。

发生职业病危害事故或者有证据证明危害状态可能导致职业病危害事故发生时,职业卫生监督管理部门可以采取下列临时控制措施:①责令暂停导致职业病危害事故的作业;②封存造成职业病危害事故或者可能导致职业病危害事故发生的材料和设备;③组织控制职业病危害事故现场。

在职业病危害事故或者危害状态得到有效控制后,卫生行政部门应当及时解除控制措施。

### 五、国家职业卫生标准的制定

《职业病防治法》规定,有关防治职业病的国家职业卫生标准,由国务院卫生行政部门组织制定并公布。国务院卫生行政部门应当组织开展重点职业病监测和专项调查,对职业健康风险进行评估,为制定职业卫生标准和职业病防治政策提供科学依据。

### 六、职业卫生技术服务机构的管理

职业卫生技术服务机构,是指为建设项目提供职业病危害预评价、职业病危害控制效果评价,为用人单位提供职业病危害因素检测、职业病危害现状评价、职业病防护设备设施与防护用品的效果评价等技术服务的机构。

《职业病防治法》规定,职业卫生技术服务机构依法从事职业病危害因素检测、评价工作,接受卫生行政部门的监督检查。卫生行政部门应当依法履行监督职责。

为了加强对职业卫生技术服务机构的监督管理,规范职业卫生技术服务行为,2020年12月31日,国家卫生健康委发布了《职业卫生技术服务机构管理办法》,自2021年2月1日起施行。

《职业卫生技术服务机构管理办法》规定,国家对职业卫生技术服务机构实行资质认可制度。职业卫生技术服务机构应当依法取得职业卫生技术服务机构资质;未取得职业卫生技术服务机构资质的,不得从事职业卫生检测、评价技术服务。

职业卫生技术服务机构的资质等级分为甲级和乙级两个等级。甲级资质由国家卫生健康委认可及颁发证书。乙级资质由省、自治区、直辖市卫生健康主管部门认可及颁发证书。职业卫生技术服务机构资质证书有效期为5年。

职业卫生技术服务机构应当建立、健全职业卫生技术服务责任制。职业卫生技术服务机构应当依法独立开展职业卫生技术服务活动。

县级以上地方卫生健康主管部门负责本行政区域内职业卫生技术服务机构的监督管理工作;应当按照有关"双随机、一公开"的规定,加强对本行政区域内从业的职业卫生技术服务机构事中事后监管。

## 第二节 ｜ 前期预防

### 一、用人单位职业病防治责任

用人单位的主要负责人对本单位的职业病防治工作全面负责。用人单位的职业病防治责任主要包括：①为劳动者创造符合国家职业卫生标准和卫生要求的工作环境和条件，并采取措施保障劳动者获得职业卫生保护；②建立、健全职业病防治责任制，加强对职业病防治的管理，提高职业病防治水平，对本单位产生的职业病危害承担责任；③依法参加工伤保险；④依照法律、法规要求，严格遵守国家职业卫生标准，落实职业病预防措施，从源头上控制和消除职业病危害等。

### 二、工作场所的职业卫生要求

《职业病防治法》规定，产生职业病危害的用人单位的设立除应当符合法律、法规规定的条件外，其工作场所还应当符合下列职业卫生要求：①职业病危害因素的强度或者浓度符合国家职业卫生标准；②有与职业病危害防护相适应的设施；③生产布局合理，符合有害与无害作业分开的原则；④有配套的更衣间、洗浴间、孕妇休息间等卫生设施；⑤设备、工具、用具等设施符合保护劳动者生理、心理健康的要求；⑥法律、行政法规和国务院卫生行政部门、安全生产监督管理部门关于保护劳动者健康的其他要求。

### 三、职业病危害项目申报

职业病危害项目，是指存在或者产生职业病危害因素的项目。为保护劳动者健康，国家建立职业病危害项目申报制度。《职业病防治法》规定，职业病危害因素分类目录由国务院卫生行政部门制定、调整并公布。

用人单位工作场所存在职业病危害因素分类目录所列职业病的危害因素的，应当及时、如实向所在地卫生行政部门申报危害项目，接受监督。

### 四、职业病危害预评价报告

《职业病防治法》规定，新建、扩建、改建建设项目和技术改造、技术引进项目等可能产生职业病危害的，建设单位在可行性论证阶段应当提交职业病危害预评价报告。医疗机构建设项目可能产生放射性职业病危害的，建设单位应当向卫生行政部门提交放射性职业病危害预评价报告。卫生行政部门应当自收到预评价报告之日起 30 日内，作出审核决定并书面通知建设单位。未提交预评价报告或者预评价报告未经卫生行政部门审核同意的，不得开工建设。

职业病危害预评价报告应当对建设项目可能产生的职业病危害因素及其对工作场所和劳动者健康的影响作出评价，确定危害类别和职业病防护措施。

### 五、建设项目职业病防护设施和竣工验收

《职业病防治法》规定，建设项目的职业病防护设施所需费用应当纳入建设项目工程预算，并与主体工程同时设计，同时施工，同时投入生产和使用。建设项目的职业病防护设施设计应当符合国家职业卫生标准和卫生要求；其中，医疗机构放射性职业病危害严重的建设项目的防护设施设计，应当经卫生行政部门审查同意后，方可施工。

建设项目在竣工验收前，建设单位应当进行职业病危害控制效果评价。医疗机构可能产生放射性职业病危害的建设项目竣工验收时，其放射性职业病防护设施经卫生行政部门验收合格后，方可投入使用；其他建设项目的职业病防护设施，应当由建设单位负责依法组织验收，验收合格后，方可投入生产和使用。

## 第三节 │ 劳动过程中的防护与管理

### 一、职业病防治管理措施

《职业病防治法》规定,用人单位应当采取下列职业病防治管理措施:①设置或者指定职业卫生管理机构或者组织,配备专职或者兼职的职业卫生专业人员,负责本单位的职业病防治工作;②制定职业病防治计划和实施方案;③建立、健全职业卫生管理制度和操作规程;④建立、健全职业卫生档案和劳动者健康监护档案;⑤建立、健全工作场所职业病危害因素监测及评价制度;⑥建立、健全职业病危害事故应急救援预案。

用人单位应当保障职业病防治所需的资金投入,不得挤占、挪用,并对因资金投入不足导致的后果承担责任。

### 二、职业病防护设施和防护用品

用人单位必须采用有效的职业病防护设施,并为劳动者提供个人使用的职业病防护用品。用人单位为劳动者个人提供的职业病防护用品必须符合防治职业病的要求;不符合要求的,不得使用。对职业病防护设备、应急救援设施和个人使用的职业病防护用品,用人单位应当进行经常性的维护、检修,定期检测其性能和效果,确保其处于正常状态,不得擅自拆除或者停止使用。

用人单位应当优先采用有利于防治职业病和保护劳动者健康的新技术、新工艺、新设备、新材料,逐步替代职业病危害严重的技术、工艺、设备、材料。

### 三、职业病危害告知

#### (一)设置警示标志

产生职业病危害的用人单位,应当在醒目位置设置公告栏,公布有关职业病防治的规章制度、操作规程、职业病危害事故应急救援措施和工作场所职业病危害因素检测结果。对产生严重职业病危害的作业岗位,应当在其醒目位置,设置警示标识和中文警示说明。警示说明应当载明产生职业病危害的种类、后果、预防以及应急救治措施等内容。

#### (二)设置报警装置

对可能发生急性职业损伤的有毒、有害工作场所,用人单位应当设置报警装置,配置现场急救用品、冲洗设备、应急撤离通道和必要的泄险区。对放射工作场所和放射性同位素的运输、贮存,用人单位必须配置防护设备和报警装置,保证接触放射线的工作人员佩戴个人剂量计。

#### (三)劳动合同内容要求

用人单位与劳动者订立劳动合同或者聘用合同时,应当将工作过程中可能产生的职业病危害及其后果、职业病防护措施和待遇等如实告知劳动者,并在劳动合同中写明,不得隐瞒或者欺骗。劳动者在已订立劳动合同期间因工作岗位或者工作内容变更,从事与所订立劳动合同中未告知的存在职业病危害的作业时,用人单位应当向劳动者履行如实告知的义务,并协商变更原劳动合同相关条款。用人单位没有履行告知义务或者协商变更原劳动合同相关条款的,劳动者有权拒绝从事存在职业病危害的作业,用人单位不得因此解除与劳动者所订立的劳动合同。

#### (四)设备材料中文说明书

向用人单位提供可能产生职业病危害的设备时,应当提供中文说明书,并在设备的醒目位置设置警示标识和中文警示说明。警示说明应当载明设备性能、可能产生的职业病危害、安全操作和维护注意事项、职业病防护以及应急救治措施等内容。

向用人单位提供可能产生职业病危害的化学品、放射性同位素和含有放射性物质的材料的,应当提供中文说明书。说明书应当载明产品特性、主要成分、存在的有害因素、可能产生的危害后果、安全使用注意事项、职业病防护以及应急救治措施等内容。产品包装应当有醒目的警示标识和中文警示说明。贮存上述材料的场所应当在规定的部位设置危险物品标识或者放射性警示标识。

### （五）首次使用或者进口化学材料管理

国内首次使用或者首次进口与职业病危害有关的化学材料,使用单位或者进口单位按照国家规定经国务院有关部门批准后,应当向国务院卫生行政部门等报送该化学材料的毒性鉴定以及经有关部门登记注册或者批准进口的文件等资料。

## 四、职业病危害因素检测、评价

用人单位应当按照规定,定期对工作场所进行职业病危害因素检测、评价。检测、评价结果存入用人单位职业卫生档案,定期向所在地卫生行政部门报告并向劳动者公布。用人单位应当实施由专人负责的职业病危害因素日常监测,并确保监测系统处于正常运行状态。职业病危害因素检测、评价由依法设立的取得资质认可的职业卫生技术服务机构进行。

## 五、职业卫生培训

《职业病防治法》规定,用人单位的主要负责人和职业卫生管理人员应当接受职业卫生培训,遵守职业病防治法律、法规,依法组织本单位的职业病防治工作。用人单位应当对劳动者进行上岗前的职业卫生培训和在岗期间的定期职业卫生培训,普及职业卫生知识,督促劳动者遵守职业病防治法律、法规、规章和操作规程,指导劳动者正确使用职业病防护设备和个人使用的职业病防护用品。劳动者应当学习和掌握相关的职业卫生知识,增强职业病防范意识,遵守职业病防治法律、法规、规章和操作规程,正确使用、维护职业病防护设备和个人使用的职业病防护用品,发现职业病危害事故隐患应当及时报告。

## 六、职业健康检查

对从事接触职业病危害的作业的劳动者,用人单位应当按照规定组织上岗前、在岗期间和离岗时的职业健康检查,并将检查结果书面告知劳动者。职业健康检查费用由用人单位承担。用人单位不得安排未经上岗前职业健康检查的劳动者从事接触职业病危害的作业;不得安排有职业禁忌的劳动者从事其所禁忌的作业;对在职业健康检查中发现有与所从事的职业相关的健康损害的劳动者,应当调离原工作岗位,并妥善安置;对未进行离岗前职业健康检查的劳动者不得解除或者终止与其订立的劳动合同。

职业健康检查应当由取得《医疗机构执业许可证》的医疗卫生机构承担。卫生行政部门应当加强对职业健康检查工作的规范管理。

## 七、职业健康监护档案

职业健康监护,是评价劳动者健康变化与职业病危害因素的关系的一项措施。《职业病防治法》规定,用人单位应当为劳动者建立职业健康监护档案,并按照规定的期限妥善保存。职业健康监护档案应当包括劳动者的职业史、职业病危害接触史、职业健康检查结果和职业病诊疗等有关个人健康资料。劳动者离开用人单位时,有权索取本人职业健康监护档案复印件,用人单位应当如实、无偿提供,并在所提供的复印件上签章。

## 八、职业病危害事故的处置

发生或者可能发生急性职业病危害事故时,用人单位应当立即采取应急救援和控制措施,并及时报告所在地职业卫生行政部门和有关部门。职业卫生行政部门接到报告后,应当及时会同有关部门组织调查处理;必要时,可以采取临时控制措施。卫生行政部门应当组织做好医疗救治工作。

对遭受或者可能遭受急性职业病危害的劳动者,用人单位应当及时组织救治、进行健康检查和医学观察,所需费用由用人单位承担。

### 九、劳动者职业卫生权利

根据《职业病防治法》规定,劳动者享有下列职业卫生保护权利:①获得职业卫生教育、培训;②获得职业健康检查、职业病诊疗、康复等职业病防治服务;③了解工作场所产生或者可能产生的职业病危害因素、危害后果和应当采取的职业病防护措施;④要求用人单位提供符合防治职业病要求的职业病防护设施和个人使用的职业病防护用品,改善工作条件;⑤对违反职业病防治法律、法规以及危及生命健康的行为提出批评、检举和控告;⑥拒绝违章指挥和强令进行没有职业病防护措施的作业;⑦参与用人单位职业卫生工作的民主管理,对职业病防治工作提出意见和建议。

《职业病防治法》还规定,用人单位不得安排未成年工从事接触职业病危害的作业;不得安排孕期、哺乳期的女职工从事对本人和胎儿、婴儿有危害的作业。

## 第四节 │ 职业病诊断与职业病病人保障

### 一、职业病诊断机构

《职业病防治法》规定,职业病诊断应当由取得《医疗机构执业许可证》的医疗卫生机构承担。卫生行政部门应当加强对职业病诊断工作的规范管理,具体管理办法由国务院卫生行政部门制定。

根据2021年1月4日国家卫生健康委发布的《职业病诊断与鉴定管理办法》,承担职业病诊断的医疗卫生机构还应当具备下列条件:①具有相应的诊疗科目及与备案开展的诊断项目相适应的职业病诊断医师及相关医疗卫生技术人员;②具有与备案开展的诊断项目相适应的场所、仪器、设备;③具有健全的职业病诊断质量管理制度。

职业病诊断机构的职责是:①在备案的职业病诊断项目范围内开展职业病诊断;②及时向所在地卫生健康主管部门报告职业病;③按照卫生健康主管部门要求报告职业病诊断工作情况;④承担《职业病防治法》中规定的其他职责。职业病诊断机构依法独立行使诊断权,并对其作出的职业病诊断结论负责。

由于劳动者流动性较大,为了保护劳动者的权益,方便劳动者进行职业病诊断,《职业病防治法》规定,劳动者可以在用人单位所在地、本人户籍所在地或者经常居住地依法承担职业病诊断的医疗卫生机构进行职业病诊断。承担职业病诊断的医疗卫生机构不得拒绝劳动者进行职业病诊断的要求。

### 二、职业病诊断

《职业病诊断与鉴定管理办法》规定,职业病诊断与鉴定工作应当按照《职业病防治法》《职业病诊断与鉴定管理办法》《职业病分类和目录》的有关规定及国家职业病诊断标准进行,遵循科学、公正、及时、便捷的原则。

#### (一)职业病诊断综合分析的因素

职业病的诊断应当综合分析下列因素:①劳动者的职业史;②职业病危害接触史和工作场所职业病危害因素情况;③临床表现以及辅助检查结果等。

没有证据否定职业病危害因素与病人临床表现之间的必然联系的,应当诊断为职业病。

#### (二)职业病诊断的程序

职业病诊断证明书应当由参与诊断的取得职业病诊断资格的执业医师签署,并经承担职业病诊断的医疗卫生机构审核盖章。职业病诊断医师应当独立分析、判断、提出诊断意见,任何单位和个人无权干预。

　　职业病诊断证明书应当包括以下内容:①劳动者、用人单位基本信息;②诊断结论。确诊为职业病的,应当载明职业病的名称、程度(期别)、处理意见;③诊断时间。

### 三、职业病诊断鉴定

#### (一)职业病诊断鉴定的申请

　　当事人对职业病诊断机构作出的职业病诊断结论有异议的,可以在接到职业病诊断证明书之日起30日内,向职业病诊断机构所在地设区的市级卫生健康主管部门申请鉴定。设区的市级职业病诊断鉴定委员会负责职业病诊断争议的首次鉴定。

　　当事人对设区的市级职业病鉴定结论不服的,可以在接到鉴定书之日起15日内,向原鉴定组织所在地省级卫生健康主管部门申请再鉴定。

　　职业病鉴定实行两级鉴定制,省级鉴定为最终鉴定。

#### (二)职业病诊断鉴定委员会

　　职业病诊断鉴定委员会由相关专业的专家组成。省、自治区、直辖市人民政府卫生行政部门应当设立相关的专家库,需要对职业病争议作出诊断鉴定时,由当事人或者当事人委托有关卫生行政部门从专家库中以随机抽取的方式确定参加诊断鉴定委员会的专家。

#### (三)职业病诊断鉴定程序和结论

　　职业病诊断鉴定委员会应当按照国务院卫生行政部门颁布的职业病诊断标准和职业病诊断、鉴定办法进行职业病诊断鉴定,向当事人出具职业病诊断鉴定书。

　　《职业病诊断与鉴定管理办法》规定,鉴定委员会应当认真审阅鉴定资料,依照有关规定和职业病诊断标准,经充分合议后,根据专业知识独立进行鉴定。在事实清楚的基础上,进行综合分析,作出鉴定结论,并制作职业病诊断鉴定书。鉴定结论应当经鉴定委员会半数以上成员通过。职业病鉴定书应当包括以下内容:①劳动者、用人单位的基本信息及鉴定事由;②鉴定结论及其依据,鉴定为职业病的,应当注明职业病名称、程度(期别);③鉴定时间。鉴定书加盖职业病诊断鉴定委员会印章。

#### (四)职业病诊断鉴定委员会组成人员的职责

　　职业病诊断鉴定委员会组成人员应当遵守职业道德,客观、公正地进行诊断鉴定,并承担相应的责任。职业病诊断鉴定委员会组成人员不得私下接触当事人,不得收受当事人的财物或者其他好处。参加职业病诊断鉴定的专家有下列情形之一的,应当回避:①是职业病诊断鉴定当事人或者当事人近亲属的;②已参加当事人职业病诊断或者首次鉴定的;③与职业病诊断鉴定当事人有利害关系的;④与职业病诊断鉴定当事人有其他关系,可能影响鉴定公正的。

### 四、用人单位在职业病诊断鉴定中的责任

　　《职业病防治法》规定,用人单位应当如实提供职业病诊断、鉴定所需的劳动者职业史和职业病危害接触史、工作场所职业病危害因素检测结果等资料。卫生行政部门应当监督检查和督促用人单位提供上述资料。

　　职业病诊断、鉴定过程中,用人单位不提供工作场所职业病危害因素检测结果等资料的,诊断、鉴定机构应当结合劳动者的临床表现、辅助检查结果和劳动者的职业史、职业病危害接触史,并参考劳动者的自述监督管理卫生行政部门提供的日常监督检查信息等,作出职业病诊断、鉴定结论。

　　职业病诊断、鉴定费用由用人单位承担。

### 五、职业病诊断、鉴定的现场调查

　　职业病诊断机构需要了解工作场所职业病危害因素情况时,可以对工作场所进行现场调查,也可以依法提请卫生健康主管部门组织现场调查。卫生健康主管部门应当在接到申请之日起30日内完

成现场调查。

职业病鉴定办事机构需要了解被鉴定人的工作场所职业病危害因素情况时,根据鉴定委员会的意见可以组织对工作场所进行现场调查,或者依法提请卫生健康主管部门组织现场调查。现场调查应当在 30 日内完成。

劳动者对用人单位提供的工作场所职业病危害因素检测结果等资料有异议,或者因劳动者的用人单位解散、破产,无用人单位提供上述材料的,职业病诊断、鉴定机构应当依法提请用人单位所在地卫生健康主管部门进行调查,卫生健康主管部门应当自收到申请之日起 30 日内对存在异议的资料或者工作场所职业病危害因素情况作出判定。

## 六、职业病诊断鉴定中争议问题的处理

### (一) 仲裁

职业病诊断、鉴定过程中,在确认劳动者职业史、职业病危害接触史时,当事人对劳动关系、工种、工作岗位或者在岗时间有争议的,可以向当地的劳动人事争议仲裁委员会申请仲裁;接到申请的劳动人事争议仲裁委员会应当受理,并在 30 日内作出裁决。

当事人在仲裁过程中对自己提出的主张,有责任提供证据。劳动者无法提供由用人单位掌握管理的与仲裁主张有关的证据的,仲裁庭应当要求用人单位在指定期限内提供;用人单位在指定期限内不提供的,应当承担不利后果。

### (二) 诉讼

劳动者对仲裁裁决不服的,可以依法向人民法院提起诉讼。用人单位对仲裁裁决不服的,可以在职业病诊断、鉴定程序结束之日起 15 日内依法向人民法院提起诉讼;诉讼期间,劳动者的治疗费用按照职业病待遇规定的途径支付。

## 七、发现职业病病人、疑似职业病病人的报告

《职业病防治法》规定,用人单位和医疗卫生机构发现职业病病人或者疑似职业病病人时,应当及时向所在地卫生行政部门。确诊为职业病的,用人单位还应当向所在地劳动保障行政部门报告。卫生行政部门和劳动保障行政部门接到报告后应当依法作出处理。

## 八、职业病病人的待遇和社会保障

### (一) 职业病病人的待遇

《职业病防治法》规定,用人单位应当保障职业病病人依法享受国家规定的职业病待遇;应当按照国家有关规定,安排职业病病人进行治疗、康复和定期检查;对不适宜继续从事原工作的职业病病人,应当调离原岗位,并妥善安置;对从事接触职业病危害的作业的劳动者,应当给予适当岗位津贴。

职业病病人变动工作单位,其依法享有的待遇不变。用人单位在发生分立、合并、解散、破产等情形时,应当对从事接触职业病危害的作业的劳动者进行健康检查,并按照国家有关规定妥善安置职业病病人。

### (二) 职业病病人的社会保障

1. **工伤保险**　职业病病人的诊疗、康复费用,伤残以及丧失劳动能力的职业病病人的社会保障,按照国家有关工伤保险的规定执行。劳动者被诊断患有职业病,但用人单位没有依法参加工伤保险的,其医疗和生活保障由该用人单位承担。

2. **社会救助**　用人单位已经不存在或者无法确认劳动关系的职业病病人,可以向地方人民政府民政部门申请医疗救助和生活等方面的救助。

3. **民事赔偿**　职业病病人除依法享有工伤保险外,依照有关民事法律,尚有获得赔偿的权利的,有权向用人单位提出赔偿要求。

（三）疑似职业病病人的权益保障

医疗卫生机构发现疑似职业病病人时，应当告知劳动者本人并及时通知用人单位。用人单位应当及时安排对疑似职业病病人进行诊断；在疑似职业病病人诊断或者医学观察期间，不得解除或者终止与其订立的劳动合同。疑似职业病病人在诊断、医学观察期间的费用，由用人单位承担。

## 第五节 ｜ 女职工劳动保护

### 一、用人单位的责任

根据 2012 年 4 月 28 日国务院发布的《女职工劳动保护特别规定》，用人单位应当：①加强女职工劳动保护，采取措施改善女职工劳动安全卫生条件，对女职工进行劳动安全卫生知识培训；②遵守女职工禁忌从事的劳动范围的规定，将本单位属于女职工禁忌从事的劳动范围的岗位书面告知女职工；③不得因女职工怀孕、生育、哺乳降低其工资、予以辞退、与其解除劳动或者聘用合同；④女职工在孕期不能适应原劳动的，根据医疗机构的证明，予以减轻劳动量或者安排其他能够适应的劳动；⑤对怀孕 7 个月以上的女职工，不得延长劳动时间或者安排夜班劳动，并应当在劳动时间内安排一定的休息时间。怀孕女职工在劳动时间内进行产前检查，所需时间计入劳动时间；⑥对哺乳未满 1 周岁婴儿的女职工，不得延长劳动时间或者安排夜班劳动。在每天的劳动时间内为哺乳期女职工安排 1 小时哺乳时间，女职工生育多胞胎的，每多哺乳 1 个婴儿每天增加 1 小时哺乳时间；⑦女职工比较多的，根据女职工的需要，建立女职工卫生室、孕妇休息室、哺乳室等设施，妥善解决女职工在生理卫生、哺乳方面的困难；⑧在劳动场所，预防和制止对女职工的性骚扰。

### 二、女职工禁忌从事的劳动范围

1. **女职工禁忌从事的劳动范围** ①矿山井下作业；②体力劳动强度分级标准中规定的第四级体力劳动强度的作业；③每小时负重 6 次以上、每次负重超过 20 公斤的作业，或者间断负重、每次负重超过 25 公斤的作业。

2. **女职工在经期禁忌从事的劳动范围** ①冷水作业分级标准中规定的第二级、第三级、第四级冷水作业；②低温作业分级标准中规定的第二级、第三级、第四级低温作业；③体力劳动强度分级标准中规定的第三级、第四级体力劳动强度的作业；④高处作业分级标准中规定的第三级、第四级高处作业。

3. **女职工在孕期禁忌从事的劳动范围** ①作业场所空气中铅及其化合物、汞及其化合物、苯、镉、铍、砷、氰化物、氮氧化物、一氧化碳、二硫化碳、氯、己内酰胺、氯丁二烯、氯乙烯、环氧乙烷、苯胺、甲醛等有毒物质浓度超过国家职业卫生标准的作业；②从事抗癌药物、己烯雌酚生产，接触麻醉剂气体等的作业；③非密封源放射性物质的操作，核事故与放射事故的应急处置；④高处作业分级标准中规定的高处作业；⑤冷水作业分级标准中规定的冷水作业；⑥低温作业分级标准中规定的低温作业；⑦高温作业分级标准中规定的第三级、第四级的作业；⑧噪声作业分级标准中规定的第三级、第四级的作业；⑨体力劳动强度分级标准中规定的第三级、第四级体力劳动强度的作业；⑩在密闭空间、高压室作业或者潜水作业，伴有强烈振动的作业，或者需要频繁弯腰、攀高、下蹲的作业。

4. **女职工在哺乳期禁忌从事的劳动范围** ①孕期禁忌从事的劳动范围的第一项、第三项、第九项；②作业场所空气中锰、氟、溴、甲醇、有机磷化合物、有机氯化合物等有毒物质浓度超过国家职业卫生标准的作业。

### 三、女职工产假和生育保险

女职工生育享受 98 天产假，其中产前可以休假 15 天；难产的，增加产假 15 天；生育多胞胎的，每多生育 1 个婴儿，增加产假 15 天。女职工怀孕未满 4 个月流产的，享受 15 天产假；怀孕满 4 个月流产的,享受 42 天产假。

女职工产假期间的生育津贴,对已经参加生育保险的,按照用人单位上年度职工月平均工资的标准由生育保险基金支付;对未参加生育保险的,按照女职工产假前工资的标准由用人单位支付。女职工生育或者流产的医疗费用,按照生育保险规定的项目和标准,对已经参加生育保险的,由生育保险基金支付;对未参加生育保险的,由用人单位支付。

## 第六节 | 尘肺病防治

### 一、尘肺病的概念

尘肺病,是指在生产活动中因吸入粉尘而发生的以肺组织纤维化为主的疾病。包括矽肺、煤工尘肺、石墨尘肺、碳黑尘肺、石棉肺、滑石尘肺、水泥尘肺、云母尘肺、陶工尘肺、铝尘肺、电焊工尘肺和铸工尘肺。尘肺病是我国最严重的职业疾病。

### 二、防尘

根据 1987 年 12 月 3 日国务院发布的《尘肺病防治条例》规定,凡有粉尘作业的企业、事业单位应采取综合防尘措施和无尘或低尘的新技术、新工艺、新设备,使作业场所的粉尘浓度不超过国家规定的卫生标准。新建、改建、扩建、续建有粉尘作业的工程项目,防尘设施必须与主体工程同时设计、同时施工、同时投产。不符合要求的,不得投产。任何企业、事业单位除特殊情况外,未经上级主管部门批准,不得停止运行和拆除防尘设施。

严禁任何企业、事业单位将粉尘作业转嫁、外包或者以联营的形式给没有防尘设施的乡镇、街道企业或个体工商户。中、小学校各类校办的实习工厂或车间,禁止从事有粉尘的作业。不满十八周岁的未成年人,禁止从事粉尘作业。

职工使用的防止粉尘危害的防护用品,必须符合国家的有关标准。对初次从事粉尘作业的职工,由其所在单位进行防尘知识教育和考核、考试合格后方可上岗。作业场所的粉尘浓度超过国家卫生标准,又未积极治理,严重影响职工安全健康时,职工有权拒绝操作。

### 三、健康管理

各企业、事业单位对新从事粉尘作业的职工,必须进行健康检查。对在职和离职的从事粉尘作业的职工,必须定期进行健康检查。各企业、事业单位对已确诊为尘肺病的职工,必须调离粉尘作业岗位,并给予治疗或疗养。

### 四、监督和监测

《尘肺病防治条例》规定,凡有粉尘作业的企业、事业单位,必须定期测定作业场所的粉尘浓度。测尘结果除需要向有关政府部门和工会组织报告外,还必须定期向职工公布。从事粉尘作业的单位必须建立测尘资料档案。

## 第七节 | 放射性同位素与射线装置安全与防护

### 一、放射性同位素和射线装置的概念

放射性同位素,是指某种发生放射性衰变的元素中具有相同原子序数但质量不同的核素。其包括放射源和非密封放射性物质。放射源,是指除研究堆和动力堆核燃料循环范畴的材料以外,永久密

封在容器中或者有严密包层并呈固态的放射性材料。非密封放射性物质,是指非永久密封在包壳里或者紧密地固结在覆盖层里的放射性物质。

射线装置,是指 X 线机、加速器、中子发生器以及含放射源的装置。

## 二、许可与备案

2005 年 9 月 14 日国务院发布的《放射性同位素与射线装置安全和防护条例》规定,生产、销售、使用放射性同位素与射线装置的单位,除医疗使用Ⅰ类放射源、制备正电子发射计算机断层扫描用放射性药物自用的单位外,生产放射性同位素、销售和使用Ⅰ类放射源、销售和使用Ⅰ类射线装置的单位的许可证,由国务院生态环境主管部门审批颁发。除国务院生态环境主管部门审批颁发的许可证外,其他单位的许可证,由省、自治区、直辖市人民政府生态环境主管部门审批颁发。使用放射性同位素和射线装置进行放射诊疗的医疗卫生机构,还应当获得放射源诊疗技术和医疗辐射机构许可。许可证内容包括:①单位的名称、地址、法定代表人;②所从事活动的种类和范围;③有效期限;④发证日期和证书编号。进口列入限制性进出口目录的放射性同位素,应当在国务院环境保护主管部门审查批准后,由国务院对外贸易主管部门依据国家对外贸易的有关规定签发进口许可证。海关凭放射性同位素进口许可证办理有关进口手续。禁止无许可证或者不按照许可证规定的种类和范围从事放射性同位素与射线装置的生产、销售、使用活动。

生产放射性同位素的单位,应当建立放射性同位素产品台账,并按照国务院环境保护主管部门制定的编码规则,对生产的放射源统一编码。放射性同位素产品台账和放射源编码清单应当报国务院环境保护主管部门备案。未列入产品台账的放射性同位素和未编码的放射源,不得出厂和销售。持有放射源的单位将废旧放射源交回生产单位、返回原出口方或者送交放射性废物集中贮存单位贮存的,应当在该活动完成之日起 20 日内向其所在地省、自治区、直辖市人民政府环境保护主管部门备案。使用放射性同位素的单位需要将放射性同位素转移到外省、自治区、直辖市使用的,应当持许可证复印件向使用地省、自治区、直辖市人民政府环境保护主管部门备案。

## 三、安全和防护

生产、销售、使用放射性同位素和射线装置的单位,应当对直接从事生产、销售、使用活动的工作人员进行安全和防护知识教育培训,并进行考核;考核不合格的,不得上岗。对直接从事生产、销售、使用活动的工作人员,还应当严格按照国家关于个人剂量监测和健康管理的规定,进行个人剂量监测和职业健康检查,建立个人剂量档案和职业健康监护档案。

生产、销售、使用放射性同位素和射线装置的单位需要终止的,应当事先对本单位的放射性同位素和放射性废物进行清理登记,作出妥善处理,不得留有安全隐患。生产、进口放射源的单位销售Ⅰ类、Ⅱ类、Ⅲ类放射源给其他单位使用的,应当与使用放射源的单位签订废旧放射源返回协议;使用放射源的单位应当按照废旧放射源返回协议规定将废旧放射源交回生产单位或者返回原出口方。

生产、销售、使用、贮存放射性同位素和射线装置的场所,应当按照国家有关规定设置明显的放射性标志,其入口处应当按照国家有关安全和防护标准的要求,设置安全和防护设施以及必要的防护安全联锁、报警装置或者工作信号。射线装置的生产调试和使用场所,应当具有防止误操作、防止工作人员和公众受到意外照射的安全措施。放射性同位素的包装容器、含放射性同位素的设备和射线装置,应当设置明显的放射性标识和中文警示说明;放射源上能够设置放射性标识的,应当一并设置。运输放射性同位素和含放射源的射线装置的工具,应当按照国家有关规定设置明显的放射性标志或者显示危险信号。

放射性同位素应当单独存放,不得与易燃、易爆、腐蚀性物品等一起存放,并指定专人负责保管。贮存、领取、使用、归还放射性同位素时,应当进行登记、检查,做到账物相符。对放射性同位素贮存场所应当采取防火、防水、防盗、防丢失、防破坏、防射线泄漏的安全措施。对放射源还应当根据其潜在危害的大小,建立相应的多层防护和安全措施,并对可移动的放射源定期进行盘存,确保其处于指定位置,具有可靠的安全保障。在室外、野外使用放射性同位素和射线装置的,应当按照国家安全和防护标准的要求划出安全防护区域,设置明显的放射性标志,必要时设专人警戒。在野外进行放射性同位素示踪试验的,应当经省级以上人民政府环境保护主管部门商同级有关部门批准方可进行。

使用放射性同位素和射线装置进行放射诊疗的医疗卫生机构,应当依据国务院卫生主管部门有关规定和国家标准,制定与本单位从事的诊疗项目相适应的质量保证方案,遵守质量保证监测规范,按照医疗照射正当化和辐射防护最优化的原则,避免一切不必要的照射,并事先告知患者和受检者辐射对健康的潜在影响。

### 四、辐射事故应急处理

根据辐射事故的性质、严重程度、可控性和影响范围等因素,从重到轻将辐射事故分为特别重大辐射事故、重大辐射事故、较大辐射事故和一般辐射事故四个等级。特别重大辐射事故,是指Ⅰ类、Ⅱ类放射源丢失、被盗、失控造成大范围严重辐射污染后果,或者放射性同位素和射线装置失控导致3人以上(含3人)急性死亡。重大辐射事故,是指Ⅰ类、Ⅱ类放射源丢失、被盗、失控,或者放射性同位素和射线装置失控导致2人以下(含2人)急性死亡或者10人以上(含10人)急性重度放射病、局部器官残疾。较大辐射事故,是指Ⅲ类放射源丢失、被盗、失控,或者放射性同位素和射线装置失控导致9人以下(含9人)急性重度放射病、局部器官残疾。一般辐射事故,是指Ⅳ类、Ⅴ类放射源丢失、被盗、失控,或者放射性同位素和射线装置失控导致人员受到超过年剂量限值的照射。

县级以上人民政府环境保护主管部门应当会同同级公安、卫生、财政等部门编制辐射事故应急预案,报本级人民政府批准。辐射事故应急预案应当包括下列内容:①应急机构和职责分工;②应急人员的组织、培训以及应急和救助的装备、资金、物资准备;③辐射事故分级与应急响应措施;④辐射事故调查、报告和处理程序。

在发生辐射事故或者有证据证明辐射事故可能发生时,县级以上人民政府环境保护主管部门有权采取下列临时控制措施:①责令停止导致或者可能导致辐射事故的作业;②组织控制事故现场。

辐射事故发生后,县级以上人民政府环境保护主管部门、公安部门、卫生主管部门,按照职责分工做好相应的辐射事故应急工作:①环境保护主管部门负责辐射事故的应急响应、调查处理和定性定级工作,协助公安部门监控追缴丢失、被盗的放射源;②公安部门负责丢失、被盗放射源的立案侦查和追缴;③卫生主管部门负责辐射事故的医疗应急。

## 第八节 | 使用有毒物品作业场所劳动保护

### 一、有毒物品的分类

按照有毒物品产生的职业中毒危害程度,有毒物品分为一般有毒物品和高毒物品。一般有毒物品目录、高毒物品目录由国务院卫生行政部门会同有关部门依据国家标准制定、调整并公布。

2002年5月12日国务院发布的《使用有毒物品作业场所劳动保护条例》规定,从事使用有毒物品作业的用人单位应当使用符合国家标准的有毒物品,不得在作业场所使用国家明令禁止使用的有毒物品或者使用不符合国家标准的有毒物品。用人单位应当尽可能使用无毒物品;需要使用有毒物品的,应当优先选择使用低毒物品。用人单位不得安排未成年人和孕期、哺乳期的女职工从事使用有毒物品的作业。

### 二、作业场所预防措施

用人单位使用有毒物品作业场所,除应当符合《职业病防治法》规定的职业卫生要求外,还必须符合下列要求：①作业场所与生活场所分开，作业场所不得住人；②有害作业与无害作业分开，高毒作业场所与其他作业场所隔离；③设置有效的通风装置，可能突然泄漏大量有毒物品或者易造成急性中毒的作业场所，设置自动报警装置和事故通风设施；④高毒作业场所设置应急撤离通道和必要的泄险区。

从事使用高毒物品作业的用人单位，应当配备应急救援人员和必要的应急救援器材、设备，制定事故应急救援预案，并根据实际情况变化对应急救援预案适时进行修订，定期组织演练。事故应急救援预案和演练记录应当报当地卫生行政部门、安全生产监督管理部门和公安部门备案。

### 三、劳动过程防护

用人单位应当依照《职业病防治法》的有关规定，采取有效的职业卫生防护管理措施，加强劳动过程中的防护与管理。

1. **提供职业卫生服务** 从事使用高毒物品作业的用人单位，应当配备专职或者兼职职业卫生医师和护士；不具备配备专职或者兼职职业卫生医师和护士条件的，应当与依法取得资质认证的职业卫生技术服务机构签订合同，由其提供职业卫生服务。

2. **作业场所职业中毒危害因素检测、评价** 从事使用高毒物品作业的用人单位应当至少每一个月对高毒作业场所进行一次职业中毒危害因素检测；至少每半年进行一次职业中毒危害控制效果评价。高毒作业场所职业中毒危害因素不符合国家职业卫生标准和卫生要求时，用人单位必须立即停止高毒作业，并采取相应的治理措施；经治理，职业中毒危害因素符合国家职业卫生标准和卫生要求的，方可重新作业。

### 四、职业健康监护

用人单位应当组织从事使用有毒物品作业的劳动者进行上岗前、在岗期间和离岗时的职业健康检查。不得安排未经上岗前职业健康检查的劳动者从事使用有毒物品的作业，不得安排有职业禁忌的劳动者从事其所禁忌的作业。发现有职业禁忌或者有与所从事职业相关的健康损害的劳动者，应当及时调离原工作岗位，并妥善安置。对离岗时未进行职业健康检查的劳动者，不得解除或者终止与其订立的劳动合同。

## 第九节 | 法律责任

### 一、医疗机构职业病危害建设项目违反规定的法律责任

医疗机构职业病危害建设项目违反《职业病防治法》规定，有下列行为之一的，由卫生健康主管部门给予警告、责令限期改正；逾期不改正的，处10万元以上50万元以下的罚款；情节严重的，责令停止产生职业病危害的作业，或者提请有关人民政府按照国务院规定的权限责令停建、关闭：①医疗机构可能产生放射性职业病危害的建设项目未按照规定提交放射性职业病危害预评价报告，或者放射性职业病危害预评价报告未经卫生健康主管部门审核同意，开工建设的；②医疗机构放射性职业病危害严重的建设项目的防护设施未经卫生健康主管部门审核同意擅自施工的。

### 二、医疗卫生机构未按照规定报告职业病、疑似职业病的法律责任

医疗卫生机构未按照规定报告职业病、疑似职业病的，由卫生健康主管部门依据职责分工责令限期改正，给予警告，可以并处1万元以下的罚款；弄虚作假的，并处2万元以上5万元以下的罚款；对直接负责的主管人员和其他直接责任人员，可以依法给予降级或者撤职的处分。

### 三、擅自从事职业卫生技术服务和职业病诊断的法律责任

未取得职业卫生技术服务资质认可擅自从事职业卫生技术服务的,或者医疗卫生机构未经批准擅自从事职业病诊断的,由卫生健康主管部门责令立即停止违法行为,没收违法所得;违法所得5 000元以上的,并处违法所得2倍以上10倍以下的罚款;没有违法所得或者违法所得不足5 000元的,并处5 000元以上5万元以下的罚款;情节严重的,对直接负责的主管人员和其他直接责任人员,依法给予降级、撤职或者开除的处分。

### 四、职业卫生技术服务机构和职业病诊断机构违反规定的法律责任

从事职业卫生技术服务的机构和承担职业病诊断的医疗卫生机构违反规定,有下列行为之一的,由卫生健康主管部门责令立即停止违法行为,给予警告,没收违法所得;违法所得5 000元以上的,并处违法所得2倍以上5倍以下的罚款;没有违法所得或者违法所得不足5 000元的,并处5 000元以上2万元以下的罚款;情节严重的,由原认可或者批准机关取消其相应的资格;对直接负责的主管人员和其他直接责任人员,依法给予降级、撤职或者开除的处分;构成犯罪的,依法追究刑事责任:①超出资质认可范围从事职业卫生技术服务的;②不按照规定履行法定职责的;③出具虚假证明文件的。

### 五、职业病诊断鉴定委员会组成人员违反规定的法律责任

职业病诊断鉴定委员会组成人员收受职业病诊断争议当事人的财物或者其他好处的,给予警告,没收收受的财物,可以并处3 000元以上5万元以下的罚款,取消其担任职业病诊断鉴定委员会组成人员的资格,并从省、自治区、直辖市人民政府卫生行政部门设立的专家库中予以除名。

### 六、卫生健康主管部门及其工作人员未依法履行职责的法律责任

县级以上地方卫生健康主管部门及其工作人员未依法履行职责,滥用职权、玩忽职守、徇私舞弊,依法对直接负责的主管人员和其他直接责任人员给予记大过或者降级的处分;造成职业病危害事故或者其他严重后果的,依法给予撤职或者开除的处分。

**思考题**

1. 如何理解我国职业病防治的方针、机制和管理原则?
2. 国家职业卫生标准的制定有哪些规定?
3. 如何理解我国职业病诊断和职业病诊断鉴定的相关规定?
4. 如何保障疑似职业病病人的权益?
5. 女职工劳动保护的内容是什么?
6. 放射性同位素与射线装置安全与防护的具体内容是什么?
7. 使用有毒物品作业场所的职业卫生要求是什么?

思考题解题思路　　　　本章目标测试

## 推荐阅读

1. 白莹,朱宝立.应用职业病学［M］.长沙:中南大学出版社,2022.
2. 赵金垣.临床职业病学［M］.3 版.北京:北京大学医学出版社,2017.

（王　萍）

# 第十章 | 公共场所卫生法律制度

公共场所是公众进行社会活动的重要载体,其卫生安全关系人民群众健康和经济社会发展。公共场所卫生法律制度对公共场所卫生管理的范围、卫生项目、卫生从业人员、卫生监督机构职责以及法律责任等作出了规定,并对公共场所控烟、公共场所集中空调通风系统卫生管理等进行规范,为加强公共场所卫生监督管理,创造良好的公共场所卫生环境,预防疾病,保障人体健康提供了法律保障。

## 第一节 | 概 述

### 一、公共场所的概念

公共场所是指供公众从事各种社会生活的各类场所的总称。公共场所种类很多。我国《公共场所卫生管理条例》调整的公共场所主要包括:①宾馆、饭馆、旅店、招待所、车马店、咖啡馆、酒吧、茶座;②公共浴室、理发店、美容店;③影剧院、录像厅(室)、游艺厅(室)、舞厅、音乐厅;④体育场(馆)、游泳场(馆)、公园;⑤展览馆、博物馆、美术馆、图书馆;⑥商场(店)、书店;⑦候诊室、候车(机、船)室、公共交通工具。

### 二、公共场所卫生立法

公共场所是人们聚众活动的场所,人口稠密,设施公用,其卫生状况的好坏直接影响到广大人民群众的身体健康。为创造良好的公共场所卫生条件,预防疾病,保障人体健康,1987 年 4 月 1 日,国务院发布了《公共场所卫生管理条例》,对全国公共场所的卫生工作实行法制管理。这是中华人民共和国成立以来,由国家最高行政机关发布的第一部公共场所卫生管理法规。2016 年 2 月 6 日,国务院对《公共场所卫生管理条例》进行了修订;2019 年 4 月 23 日,国务院对《公共场所卫生管理条例》进行第二次修订。

1987 年 9 月 15 日,卫生部发布了《公共场所卫生管理条例实施细则》,1991 年又对实施细则进行了修订并予以重新发布,使之更具操作性。2011 年 3 月 10 日,卫生部对《公共场所卫生管理条例实施细则》进行了全面修订;2016 年 1 月 19 日、2017 年 12 月 26 日,国家卫生计生委对《公共场所卫生管理条例实施细则》进行了修订。经过多次修订的《公共场所卫生管理条例实施细则》对公共场所的卫生管理、卫生监督等相关工作作出明确规定,解决了公共场所卫生监督执法主体、公共场所经营者责任及行政处罚力度等问题;增加了公共场所集中空调通风系统卫生管理要求、公共场所控制吸烟的规定等,完善了公共场所卫生监督管理相关制度。

此外,20 世纪 80 年代末以后,国家卫生行政部门及国务院有关部委还先后针对住宿业、沐浴场所、美容美发场所、游泳场所等多种公共场所制定了相应卫生管理规范和卫生标准等规范性文件,不断细化公共场所卫生管理和卫生要求。

### 三、公共场所卫生项目

《公共场所卫生管理条例》规定,公共场所的下列项目应符合国家卫生标准和要求:①空气、微小气候(湿度、温度、风速);②水质;③采光、照明;④噪声;⑤顾客用具和卫生设施。

## 第二节 | 卫生管理

### 一、公共场所经营者的责任

公共场所的卫生管理,是指公共场所的主管部门及经营单位的自我管理。公共场所主管部门应当建立卫生管理制度,配备专职或兼职卫生管理人员,对所属经营单位包括个体经营者的卫生状况进行经常性检查,并提供必要的条件。

《公共场所卫生管理条例实施细则》和《公共场所卫生管理规范》规定,公共场所的法定代表人或者负责人是其经营场所卫生安全的第一责任人。公共场所经营者应当设立卫生管理部门或者配备专(兼)职卫生管理人员,具体负责本公共场所的卫生管理工作,建立健全卫生管理制度和卫生管理档案。公共场所经营者在经营活动中,应当遵守有关卫生法律、行政法规和部门规章以及相关的卫生标准、规范,开展公共场所卫生知识宣传,预防传染病和保障公众健康,为顾客提供良好的卫生环境。

公共场所经营者应当建立卫生培训制度,组织从业人员学习相关卫生法律知识和公共场所卫生知识,并进行考核,经考核合格后,方可上岗;应有相应的培训、考核资料和记录。

公共场所经营者应当组织从业人员每年进行健康检查,从业人员在取得有效健康合格证明后方可上岗。

### 二、公共场所卫生管理档案

公共场所卫生管理档案,应当包括下列内容:①卫生管理部门、人员设置情况及卫生管理制度;②空气、微小气候(湿度、温度、风速)、水质、采光、照明、噪声的检测情况;③顾客用品用具的清洗、消毒、更换及检测情况;④卫生设施的使用、维护、检查情况;⑤集中空调通风系统的清洗、消毒情况;⑥安排从业人员健康检查情况和培训考核情况;⑦公共卫生用品进货索证管理情况;⑧公共场所危害健康事故应急预案或者方案;⑨省、自治区、直辖市卫生行政部门要求记录的其他情况。

公共场所卫生管理档案应当有专人管理,分类记录,至少保存两年。

### 三、公共场所卫生管理的内容

公共场所应根据卫生法律法规、卫生标准、卫生规范的要求和本单位实际情况建立健全卫生管理制度,并对制度执行情况进行经常性检查。公共场所卫生管理的主要内容如下。

1. 空气质量　公共场所经营者应当保持公共场所空气流通,室内空气质量应当符合国家卫生标准和要求。公共场所采用集中空调通风系统的,应当符合公共场所集中空调通风系统相关卫生规范和规定的要求。

2. 水质　公共场所经营者提供给顾客使用的生活饮用水应当符合国家生活饮用水卫生标准要求。游泳场(馆)和公共浴室水质应当符合国家卫生标准和要求。

3. 采光照明噪声　公共场所的采光照明与噪声应当符合国家卫生标准和要求。公共场所应当尽量采用自然光。自然采光不足的,公共场所经营者应当配置与其经营场所规模相适应的照明设施。公共场所经营者应当采取措施降低噪声。

4. 用品用具　公共场所经营者提供给顾客使用的用品用具应当保证卫生安全,可以反复使用的用品用具应当一客一换,按照有关卫生标准和要求清洗、消毒、保洁。禁止重复使用一次性用品用具。

5. 设施设备　公共场所经营者应当根据经营规模、项目设置清洗、消毒、保洁、盥洗等设施设备和公共卫生间。公共场所经营者应当建立卫生设施设备维护制度,定期检查卫生设施设备,确保其正常运行,不得擅自拆除、改造或者挪作他用。公共场所设置的卫生间,应当有单独通风排气设施,保持清洁无异味。

公共场所经营者应当配备安全、有效的预防控制蚊、蝇、蟑螂、鼠和其他病媒生物的设施设备及废弃物存放专用设施设备,并保证相关设施设备的正常使用,及时清运废弃物。

6. **选址设计装修** 公共场所的选址、设计、装修应当符合国家相关标准和规范的要求。公共场所室内装饰装修期间不得营业。进行局部装饰装修的,经营者应当采取有效措施,保证营业的非装饰装修区域室内空气质量合格。

7. **卫生检测** 公共场所经营者应当按照卫生标准、规范的要求对公共场所的空气、微小气候、水质、采光、照明、噪声、顾客用品用具等进行卫生检测,检测每年不得少于一次;检测结果不符合卫生标准、规范要求的应当及时整改。公共场所经营者不具备检测能力的,可以委托检测。公共场所经营者应当在醒目位置如实公示检测结果,并对其卫生检测的真实性负责,依法依规承担相应后果。

## 四、危害健康事故的处置与报告

公共场所危害健康事故,是指公共场所内发生的传染病疫情或者因空气质量、水质不符合卫生标准、用品用具或者设施受到污染导致的危害公众健康事故。

《公共场所卫生管理条例实施细则》和《公共场所卫生管理规范》规定,公共场所应执行各项卫生管理制度,场所内卫生设施应正常使用,卫生质量符合卫生要求。公共场所经营者应定期检查公共场所各项卫生制度、操作规程落实情况,及时消除健康危害隐患,防止传染病传播流行和健康危害事故的发生。公共场所应制定传染病、健康危害事故应急预案,发生传染性疾病流行和危害健康事故时,应立即处置,防止危害扩大,并及时向县级人民政府卫生行政部门报告,任何单位或者个人对危害健康事故不得隐瞒、缓报、谎报或者授意他人隐瞒、缓报、谎报。公共场所从业人员有传染性疾病感染症状时,应脱离工作岗位,排除传染性疾病后方可重新上岗。公共场所应在相关场所内放置安全套或设置安全套发售设施。

## 第三节 | 卫生监督

### 一、公共场所卫生监督机构及其职责

#### (一)公共场所卫生监督机构

《公共场所卫生管理条例实施细则》规定,国务院卫生行政部门主管全国公共场所卫生监督管理工作。

县级以上地方各级人民政府卫生行政部门负责本行政区域的公共场所卫生监督管理工作。公共场所卫生监督的具体范围由省、自治区、直辖市人民政府卫生行政部门公布。国境口岸及出入境交通工具的卫生监督管理工作由出入境检验检疫机构按照有关法律法规的规定执行。铁路部门所属的卫生主管部门负责对管辖范围内的车站、等候室、铁路客车以及主要为本系统职工服务的公共场所的卫生监督管理工作。

#### (二)公共场所卫生监督机构职责

1. **卫生监督职责** 公共场所卫生监督机构对公共场所行使下列卫生监督职责:①对公共场所进行卫生监测和卫生技术指导;②监督从业人员健康检查,指导有关部门对从业人员进行卫生知识的教育和培训;③对新建、扩建、改建的公共场所的选址和设计进行卫生审查,并参加竣工验收;④对违反《公共场所卫生管理条例》的单位和个人进行行政处罚。

2. **监督检查依据和方法** 县级以上地方人民政府卫生行政部门对公共场所进行监督检查,应当依据有关卫生标准和要求,采取现场卫生监测、采样、查阅和复制文件、询问等方法,有关单位和个人不得拒绝或者隐瞒。县级以上人民政府卫生行政部门应当加强公共场所卫生监督抽检,并将抽检结果向社会公布。

**3. 卫生监测体系和监督计划** 县级以上地方各级人民政府卫生行政部门应当根据公共场所卫生监督管理需要,建立健全公共场所卫生监督队伍和公共场所卫生监测体系,制定公共场所卫生监督计划并组织实施。鼓励和支持公共场所行业组织开展行业自律教育,引导公共场所经营者依法经营,推动行业诚信建设,宣传、普及公共场所卫生知识。

## 二、公共场所卫生许可

《公共场所卫生管理条例》规定,国家对公共场所以及新建、改建、扩建的公共场所的选址和设计实行卫生许可证制度;除公园、体育场(馆)、公共交通工具外的公共场所,经营单位应当及时向卫生行政部门申请办理卫生许可证。《公共场所卫生管理条例实施细则》规定,公共场所经营者取得工商行政管理部门颁发的营业执照后,还应当按照规定向县级以上地方人民政府卫生行政部门申请卫生许可证,方可营业。

### (一)公共场所卫生许可证的申请

公共场所经营者申请卫生许可证的,应当提交下列资料:①卫生许可证申请表;②法定代表人或者负责人身份证明;③公共场所地址方位示意图、平面图和卫生设施平面布局图;④公共场所卫生检测或者评价报告;⑤公共场所卫生管理制度;⑥省、自治区、直辖市卫生行政部门要求提供的其他材料。使用集中空调通风系统的,还应当提供集中空调通风系统卫生检测或者评价报告。

### (二)公共场所卫生许可证的审批

县级以上地方人民政府卫生行政部门应当自受理公共场所卫生许可申请之日起20日内,对申报资料进行审查,对现场进行审核,符合规定条件的,作出准予公共场所卫生许可的决定;对不符合规定条件的,作出不予行政许可的决定并书面说明理由。

公共场所卫生许可证应当载明编号、单位名称、法定代表人或者负责人、经营项目、经营场所地址、发证机关、发证时间、有效期限。公共场所卫生许可证有效期为四年,两年复核一次。公共场所卫生许可证应当在经营场所醒目位置公示。

### (三)公共场所卫生许可证的变更申请和延续申请

**1. 公共场所卫生许可证的变更申请** 公共场所经营者变更单位名称、法定代表人或者负责人的,应当向原发证卫生行政部门办理变更手续。公共场所经营者变更经营项目、经营场所地址的,应当向县级以上地方人民政府卫生行政部门重新申请卫生许可证。

**2. 公共场所卫生许可证的延续申请** 公共场所经营者需要延续卫生许可证的,应当在卫生许可证有效期届满30日前,向原发证卫生行政部门提出申请。

## 三、预防性卫生审查

公共场所进行新建、改建、扩建的,应当符合有关卫生标准和要求,经营者应当按照有关规定办理预防性卫生审查手续。预防性卫生审查程序和具体要求由省、自治区、直辖市人民政府卫生行政部门制定。

公共场所设计说明书内容,包括设计依据、主要卫生问题、卫生保健设施、措施及其预期效果等。凡受周围环境质量影响和有职业危害以及对周围人群健康有影响的公共场所建设项目,必须执行建设项目卫生评价报告书制度。卫生评价报告书应当在建设项目可行性研究阶段进行,施工设计前完成。建设项目的主管部门应将建设项目卫生评价报告书报卫生行政部门审批,经审查同意并取得"建设项目卫生许可证"的建设项目,方可办理施工执照。设计及卫生评价报告书经卫生行政部门审查同意后不得擅自变更,需要更改的应当取得卫生行政部门的同意。建设项目的竣工验收,应当通知卫生行政部门参加,验收合格的方可向卫生行政部门申请"卫生许可证"。

公共场所建设项目卫生评价资格单位由省级卫生行政部门审定并发给资格证书,报国务院卫生行政部门备案。

## 四、公共场所健康危害因素监测

县级以上人民政府卫生行政部门应当组织对公共场所的健康危害因素进行监测、分析,为制定法律法规、卫生标准和实施监督管理提供科学依据。

县级以上疾病预防控制机构应当承担卫生行政部门下达的公共场所健康危害因素监测任务。

## 五、公共场所卫生监督量化分级管理

《公共场所卫生管理条例实施细则》规定,县级以上地方人民政府卫生行政部门应当对公共场所卫生监督实施量化分级管理,促进公共场所自身卫生管理,增强卫生监督信息透明度;并根据卫生监督量化评价的结果确定公共场所的卫生信誉度等级和日常监督频次。公共场所卫生信誉度等级应当在公共场所醒目位置公示。

## 六、临时控制措施

县级以上地方人民政府卫生行政部门对发生危害健康事故的公共场所,可以依法采取封闭场所、封存相关物品等临时控制措施。经检验,属于被污染的场所、物品,应当进行消毒或者销毁;对未被污染的场所、物品或者经消毒后可以使用的物品,应当解除控制措施。

## 七、公共场所卫生技术服务机构

开展公共场所卫生检验、检测、评价等业务的技术服务机构,应当具有相应专业技术能力,按照有关卫生标准、规范的要求开展工作,不得出具虚假检验、检测、评价等报告。

# 第四节 │ 公共场所控制吸烟

## 一、公共场所控制吸烟立法

公共场所相对封闭,人群聚集时,吸烟者极易造成不吸烟者"被动吸烟"。被动吸烟是指不吸烟者吸入吸烟者呼出的烟雾及卷烟燃烧产生的烟雾,因此又称"非自愿吸烟"或"吸二手烟"。被动吸烟吸入的烟雾中含有多种有毒物质和致癌物,是危害最广泛、最严重的室内空气污染,对人群健康,尤其对妇女和儿童危害严重。世界卫生组织全球烟草流行监测报告显示,全球范围内,烟草每年使 800 多万人失去生命,其中约有 700 万人死于吸烟导致的疾病,120 万人死于二手烟暴露导致的疾病。

### (一) WHO《烟草控制框架公约》

WHO 对保护人们免遭二手烟毒害的建议是完全无烟环境。加强教育工作,立法并且严格执法以保障工作场所和公共场所无烟,降低家庭二手烟暴露水平。为了把控烟活动引向深入,WHO 宣布 1988 年 4 月 7 日为第一个"世界无烟日"。自 1989 年起,改为每年的 5 月 31 日为"世界无烟日",并确定一个主题。根据 WHO 的提议,经过政府间谈判,2003 年 5 月,在日内瓦召开的第 56 届世界卫生大会上,《烟草控制框架公约》获得一致通过。这是世界上第一个旨在限制全球烟草和烟草制品的公约。《烟草控制框架公约》的主要目标是"使烟草使用和接触烟草烟雾持续大幅度下降,从而保护当代和后代免受烟草消费和接触烟草烟雾对健康、社会、环境和经济造成的破坏性影响"。公约要求批准生效的成员国应采取以下控烟措施:①减少烟草需求的价格和税收措施。②防止接触烟草烟雾。保护非吸烟者,避免在室内工作场所、公共交通工具、公共场所接触烟草烟雾。③管制和披露烟草制品成分。④烟草制品的包装和标签。所有烟草制品外部包装和标签上要带有说明烟草使用有害后果的健康警语;禁止烟草制品包装和标签使用虚假、误导、欺骗性文字等信息。⑤禁止烟草广告、促销和赞助。⑥降低与烟草依赖和戒烟有关的烟草需求。⑦消除一切形式的烟草制品非法贸易。⑧禁止向未成年人销售烟草制品。⑨坚持法律诉讼是烟草控制的重要策略。⑩促进民间社会的参与意识,利用教育、培训等一切交流手段,促进和加强公众对烟草控制问题的认识。2005年8月27日,第十届全国人民代表大会常务委员会第十七次会议正式批准《烟草控制框架公约》,中国成为第89个批准公约的国家。2006年1月9日《烟草控制框架公约》在我国生效。

### (二) 我国控烟的有关规定

2021年5月,国家卫生健康委发布了《中国吸烟危害健康报告2020》,目前我国吸烟人数超过3亿,每年100多万人因烟草失去生命,如果不采取有效行动,预计到2030年将增至每年200万人,到2050年增至每年300万人。因此,从增进国民健康和促进经济持续发展角度出发,控烟已引起广泛重视。

我国从1979年起开始倡导控烟工作,并持续开展了多项公共场所禁止吸烟的活动。1992年在全国开始创建"无烟学校"的活动;1999年开始创建"无烟医院"的活动。中国控制吸烟协会发布的调查报告显示,有91.9%的公众支持室内公共场所、室内工作场所和公共交通工具内全面禁烟。2012年12月4日,工信部、卫生部、烟草局等8部门联合发布了《中国烟草控制规划(2012—2015)》。2013年12月,中共中央办公厅、国务院办公厅印发《关于领导干部带头在公共场所禁烟有关事项的通知》,提出把各级党政机关建成无烟机关,党政机关公务活动中严禁吸烟,领导干部要模范遵守公共场所禁烟规定,以实际行动作出表率。

我国至今还没有一部控制吸烟的全国性法律法规,仅在相关法律法规的某些条款或细则中作了相应的规定。2021年4月29日修正的《广告法》第二十二条规定,禁止在大众传播媒介或者公共场所、公共交通工具、户外发布烟草广告。禁止向未成年人发送任何形式的烟草广告。禁止利用其他商品或者服务的广告、公益广告,宣传烟草制品名称、商标、包装、装潢以及类似内容。2020年10月17日修订的《未成年人保护法》第五十九条规定,学校、幼儿园周边不得设置烟、酒、彩票销售网点。禁止向未成年人销售烟、酒、彩票或者兑付彩票奖金。烟、酒和彩票经营者应当在显著位置设置不向未成年人销售烟、酒或者彩票的标志;对难以判明是否是未成年人的,应当要求其出示身份证件。任何人不得在学校、幼儿园和其他未成年人集中活动的公共场所吸烟、饮酒。2015年4月24日修正的《烟草专卖法》规定:①国家和社会加强吸烟危害健康的宣传教育,禁止或者限制在公共交通工具和公共场所吸烟,劝阻青少年吸烟,禁止中小学生吸烟;②国家制定卷烟、雪茄烟的焦油含量级标准。卷烟、雪茄烟应当在包装上标明焦油含量级和"吸烟有害健康";③禁止在广播电台、电视台、报刊播放、刊登烟草制品广告。2021年11月10日修订的《烟草专卖法实施条例》第二十七条规定,在中国境内销售的卷烟、雪茄烟,应当在小包、条包上标注焦油含量级和"吸烟有害健康"的中文字样。

此外,在一些规范性文件中,我国积极倡导控烟行动,如2019年7月9日,健康中国行动推进委员会印发《健康中国行动(2019—2030年)》,明确将控烟行动作为十五项重大行动之一,对控烟提出了个人、家庭、社会、政府应采取的具体措施。2019年10月29日,国家卫生健康委等8部门联合印发《关于进一步加强青少年控烟工作的通知》,要求各地各有关部门履行好职责,发挥部门优势,加强沟通协作,形成多部门齐抓共管、媒体及公众广泛参与监督的常态化机制,为青少年远离烟草烟雾营造良好的社会环境。2020年7月23日和11月17日,国家卫生健康委又先后下发《关于进一步加强无烟医疗卫生机构建设工作的通知》和《关于倡导无烟家庭建设的通知》,大力推进控烟行动。

目前,全国多个省、市已经制定了地方性控烟条例,如2009年12月10日,上海市发布了《上海市公共场所控制吸烟条例》,并于2016年11月和2022年10月进行了两次修订;2014年11月28日,北京市发布了《北京市控制吸烟条例》,并于2021年9月24日进行了修订,倡导公共场所全面禁烟并取得了一定成效。

### 二、公共场所控制吸烟的范围和要求

《公共场所卫生管理条例实施细则》规定,室内公共场所禁止吸烟。公共场所经营者应当设置醒

目的禁止吸烟警语和标志。室外公共场所设置的吸烟区不得位于行人必经的通道上。公共场所不得设置自动售烟机。公共场所经营者应当开展吸烟危害健康的宣传,并配备专(兼)职人员对吸烟者进行劝阻。

### 三、青少年控烟与校园禁烟

为进一步加强青少年控烟工作,营造青少年远离烟草烟雾的良好环境,2019 年 10 月 29 日,国家卫生健康委、中宣部、教育部、市场监管总局、广电总局、国家烟草局、共青团中央、全国妇联等 8 部门联合印发《关于进一步加强青少年控烟工作的通知》,明确强化青少年控烟宣传引导,严厉查处违法向未成年人销售烟草制品,加大对违法烟草广告的打击力度,加强影视作品中吸烟镜头的审查,开展电子烟危害宣传和规范管理,特别是要全面推进无烟中小学校建设,任何人不得在校园禁烟区域及其他未成年人集中活动场所吸烟,严肃查处中小学校园内和校园周边违规销售烟草制品行为,学校要加强管理,在校园醒目位置设置禁烟标识和举报电话,加强日常巡查管理,还孩子们一个清新的无烟校园环境。

### 四、医疗卫生系统全面禁烟

为做好控烟履约工作,发挥卫生部门示范带头作用,2008 年 3 月 10 日,卫生部制定了《无烟医疗卫生机构标准(试行)》;2009 年 5 月 20 日,卫生部、国家中医药管理局、总后勤部卫生部和武警部队卫生部 4 部门联合印发了《关于 2011 年起全国医疗卫生系统全面禁烟的决定》;2014 年 1 月 26 日,国家卫生计生委下发《关于进一步加强控烟履约工作的通知》;2020 年 7 月 23 日,国家卫生健康委和国家中医药局又下发《关于进一步加强无烟医疗卫生机构建设工作的通知》。

#### (一)无烟医疗卫生机构基本要求

根据《无烟医疗卫生机构建设指南》,无烟医疗卫生机构基本要求是:制订无烟医疗卫生机构建设管理制度;室内区域全面禁止吸烟,若有室外吸烟区应当规范设置;机构范围内禁止销售烟草制品,无烟草广告;无烟草赞助。

#### (二)无烟医疗卫生机构管理规定

室内全面无烟,不得摆放任何烟缸烟具;设立室外吸烟区,吸烟者只能在室外吸烟区范围内吸烟,室外吸烟区设置应满足:非封闭的空间,有利于空气流通;与非吸烟区(包括建筑物)隔离;远离人员密集区域和行人必经的主要通道;设置明显的标识和引导标识;符合消防安全要求;不奢华。在医院公共场所重点区域张贴醒目的禁烟标识,布置宣传栏及展板;机构范围内禁止烟草制品以及发布各种形式的烟草广告。

为更好地开展控烟履约工作,推进无烟医疗卫生机构建设,根据 WHO《烟草控制框架公约》第 8 条履约准则——《防止接触烟草烟雾准则》要求,在中国控制吸烟协会和中国医院协会多年试点工作的基础上,原卫生部组织制定了《无烟医疗卫生机构标准(试行)》。标准的主要内容是:①成立控烟领导组织,将无烟机构建设纳入本单位发展规划。②建立健全控烟考评奖惩制度。③所属区域有明显的禁烟标识,室内完全禁烟。④各部门设有控烟监督员。⑤开展多种形式的控烟宣传和教育。⑥明确规定全体职工负有劝阻吸烟的责任和义务。⑦鼓励和帮助吸烟职工戒烟。⑧所属区域内禁止销售烟草制品。⑨医务人员掌握控烟知识、方法和技巧,对吸烟者至少提供简短的劝阻指导。⑩在相应科室设戒烟医生和戒烟咨询电话。

## 第五节 | 公共场所集中空调通风系统卫生管理

### 一、集中空调通风系统的概念

集中空调通风系统,是指为使房间或者封闭空间空气温度、湿度、洁净度和气流速度等参数达到设定要求而对空气进行集中处理、输送、分配的所有设备、管道及附件、仪器仪表的总和。对公共场所集中空调通风系统实施卫生监督管理是预防传染病和保障公众健康的重要措施。

为了预防空气传播性疾病在公共场所的传播，保障公众健康，2012年卫生部在2006年制定的公共场所集中空调通风系统有关卫生管理办法和规范的基础上，发布了《公共场所集中空调通风系统卫生规范》（WS 394—2012）、《公共场所集中空调通风系统卫生学评价规范》（WS/T 395—2012）、《公共场所集中空调通风系统清洗消毒规范》（WS/T 396—2012）。2018年国家卫生计生委下发《关于进一步加强和改进公共场所集中空调通风系统卫生监督管理工作的通知》，要求严格按照卫生法规和标准开展集中空调卫生监督管理，严格规范公共场所集中空调卫生检测。2019年国家住房和城乡建设部编制了公共场所集中空调通风系统卫生标准《空调通风系统运行管理标准》（GB 50365—2019）。

### 二、集中空调通风系统卫生学评价

新建、改建和扩建的集中空调系统的设计和竣工应当进行预防空气传播性疾病的卫生学评价，评价合格后方可施工和投入运行。卫生学评价应当符合《公共场所集中空调通风系统卫生学评价规范》（WS/T 395—2012）的规定。

### 三、集中空调通风系统的运行

#### （一）设施要求

集中空调系统应当具备下列设施：①应急关闭回风和新风的装置；②控制空调系统分区域运行的装置；③供风管系统清洗、消毒用的可开闭窗口，或便于拆卸的符合规定的风口。

#### （二）运行要求

集中空调系统应当设置：①去除送风中微生物、颗粒物和气态污染物的空气净化消毒装置；②新风应当直接取自室外，不应从机房、楼道及天棚吊顶等处间接吸取新风；③新风口应设置防护网和初效过滤器；④送风口和回风口应设置防虫媒装置，设备冷凝水管道应设置水封；⑤加湿方式宜选用蒸汽加湿，选用自来水喷雾或冷水蒸发的加湿方式应有控制军团菌繁殖措施；⑥开放式冷却塔符合规定要求；⑦风管内表面应当光滑，易于清理。

### 四、集中空调通风系统卫生管理

公共场所经营者应当按照规定做好集中空调通风系统的卫生管理工作。

#### （一）建立集中空调系统卫生档案

集中空调系统卫生档案包括以下内容：①集中空调系统竣工图；②卫生学检测或评价报告书；③经常性卫生检查及维护记录；④清洗、消毒及其资料记录；⑤空调故障、事故及其他特殊情况记录。

#### （二）定期检查、检测、维护和清洗

1. 公共场所经营者应定期对集中空调系统进行检查、检测和维护。

2. 公共场所经营者应定期对集中空调系统下列部位进行清洗：①开放式冷却塔每年清洗不少于一次；②空气净化过滤材料应当每六个月清洗或更换一次；③空气处理机组、表冷器、加热（湿）器、冷凝水盘等每年清洗一次。

集中空调系统出现下列情况时，应对相关部位进行清洗消毒：①冷却水、冷凝水中检出嗜肺军团菌的；②送风质量不符合规定要求的；③风管内表面集尘量、细菌总数、真菌总数有不符合规定要求的。

#### （三）应急预案

制定集中空调系统预防空气传播性疾病的应急预案，主要包括以下内容：①集中空调系统进行应急处理的责任人；②不同送风区域隔离控制措施、最大新风量或全新风运行方案、空调系统的清洗、消毒方法等；③集中空调系统停用后应采取的其他通风与调温措施等。

当空气传播性疾病暴发流行时,符合下列条件之一的集中空调系统方可继续运行:①采用全新风方式运行的;②装有空气净化消毒装置,并保证该装置有效运行的;③风机盘管加新风的空调系统,能确保各房间独立通风的。

当空气传播性疾病暴发流行时,应每周对运行的集中空调系统的开放式冷却塔、过滤网、过滤器、净化器、风口、空气处理机组、表冷器、加热(湿)器、冷凝水盘等设备或部件进行清洗、消毒或者更换。

## 第六节 ｜ 法律责任

### 一、未依法取得公共场所卫生许可证擅自营业的法律责任

对未依法取得公共场所卫生许可证擅自营业的,由县级以上地方人民政府卫生行政部门责令限期改正,给予警告,并处以 500 元以上 5 000 元以下罚款;有下列情形之一的,处以 5 000 元以上 3 万元以下罚款:①擅自营业曾受过卫生行政部门处罚的;②擅自营业时间在 3 个月以上的;③以涂改、转让、倒卖、伪造的卫生许可证擅自营业的。对涂改、转让、倒卖有效卫生许可证的,由原发证的卫生行政部门予以注销。

### 二、未按照规定履行公共场所卫生职责的法律责任

公共场所经营者有下列情形之一的,由县级以上地方人民政府卫生行政部门责令限期改正,给予警告,并可处以 2 000 元以下罚款;逾期不改正,造成公共场所卫生质量不符合卫生标准和要求的,处以 2 000 元以上 2 万元以下罚款;情节严重的,可以依法责令停业整顿,直至吊销卫生许可证:①未按照规定对公共场所的空气、微小气候、水质、采光、照明、噪声、顾客用品用具等进行卫生检测的;②未按照规定对顾客用品用具进行清洗、消毒、保洁,或者重复使用一次性用品用具的。

公共场所经营者有下列情形之一的,由县级以上地方人民政府卫生行政部门责令限期改正;逾期不改的,给予警告,并处以 1 000 元以上 1 万元以下罚款;对拒绝监督的,处以 1 万元以上 3 万元以下罚款;情节严重的,可以依法责令停业整顿,直至吊销卫生许可证:①未按照规定建立卫生管理制度、设立卫生管理部门或者配备专(兼)职卫生管理人员,或者未建立卫生管理档案的;②未按照规定组织从业人员进行相关卫生法律知识和公共场所卫生知识培训,或者安排未经相关卫生法律知识和公共场所卫生知识培训考核的从业人员上岗的;③未按照规定设置与其经营规模、项目相适应的清洗、消毒、保洁、盥洗等设施设备和公共卫生间,或者擅自停止使用、拆除上述设施设备,或者挪作他用的;④未按照规定配备预防控制鼠、蚊、蝇、蟑螂和其他病媒生物的设施设备以及废弃物存放专用设施设备,或者擅自停止使用、拆除预防控制鼠、蚊、蝇、蟑螂和其他病媒生物的设施设备以及废弃物存放专用设施设备的;⑤未按照规定索取公共卫生用品检验合格证明和其他相关资料的;⑥未按照规定对公共场所新建、改建、扩建项目办理预防性卫生审查手续的;⑦公共场所集中空调通风系统未经卫生检测或者评价不合格而投入使用的;⑧未按照规定公示公共场所卫生许可证、卫生检测结果和卫生信誉度等级的。

公共场所经营者安排未获得有效健康合格证明的从业人员从事直接为顾客服务工作的,由县级以上地方人民政府卫生行政部门责令限期改正,给予警告,并处以 500 元以上 5 000 元以下罚款;逾期不改正的,处以 5 000 元以上 15 000 元以下罚款。

公共场所经营者对发生的危害健康事故未立即采取处置措施,导致危害扩大,或者隐瞒、缓报、谎报的,由县级以上地方人民政府卫生行政部门处以 5 000 元以上 3 万元以下罚款;情节严重的,可以依法责令停业整顿,直至吊销卫生许可证。构成犯罪的,依法追究刑事责任。

公共场所经营者违反其他卫生法律、行政法规规定,应当给予行政处罚的,按照有关卫生法律、行政法规规定进行处罚。

### 三、卫生行政部门及其工作人员的法律责任

县级以上人民政府卫生行政部门及其工作人员玩忽职守、滥用职权、收取贿赂的,由有关部门对单位负责人、直接负责的主管人员和其他责任人员依法给予行政处分。构成犯罪的,依法追究刑事责任。

**思考题**

1. 什么是公共场所?
2. 公共场所卫生监督的重要内容有哪些?
3. 我国对公共场所控烟有哪些法律要求?
4. 集中空调系统卫生管理有哪些要求?

思考题解题思路　　　　本章目标测试

## 推荐阅读

1. 姚孝元,程义斌.公共场所卫生系列标准实施指南[M].北京:人民卫生出版社,2022.

2. 刘业铭,阚晶,徐军英.公共场所卫生状况依法监管三十二年成效的分析与思考[J].职业与健康,2020,36(24):3439-3443.

3. 杨杰,李青,周硕,等.中国城市控烟法规研究(2006—2019)[J].首都公共卫生,2019,13(5):226-229.

（覃　凯）

# 第十一章 | 学校卫生法律制度

学校卫生与儿童和青少年健康成长密切相关。学校卫生法律制度包括教学卫生、教学设施卫生、卫生保健、健康管理、营养与饮食卫生、传染病预防与控制,以及学校卫生工作管理和监督等制度,为给学生创造良好的学习环境和生活环境,保护和促进学生的正常发育、身心健康,实现德、智、体、美、劳全面发展的社会主义教育目标提供法律保障。

## 第一节 | 概 述

### 一、学校卫生的概念

学校卫生,是指根据儿童和青少年生长发育的特点,通过制定相应的法律规定,提出相应的学校卫生要求和卫生标准,消除各种不利于儿童和青少年学习和生活的因素,创造良好的学校教育环境,促进学生身心健康、养成健康生活方式,以培养德智体美劳全面发展的社会主义建设者和接班人。这既包括普通中小学、农业中学、职业中学、中等专业学校、技工学校、普通高等学校的卫生,也包括托儿所幼儿园的卫生保健。

### 二、学校卫生立法

学校卫生,是国家法治建设与健康中国建设的重要组成部分。《基本医疗卫生与健康促进法》《传染病防治法》《精神卫生法》《突发事件应对法》《教育法》等法律中都对学校卫生作出了明确规定。国务院及有关部门先后出台了有关学校卫生的行政法规和专项规范性文件,涉及教学卫生、教学设施卫生、卫生保健、健康管理、营养与饮食卫生、传染病预防与控制,以及学校卫生工作管理和监督等内容。

1990年4月25日,经国务院批准,国家教育委员会和卫生部联合发布了《学校卫生工作条例》,对学校卫生工作的要求、管理、监督、奖励与处罚等作出了具体的规定。教育部、卫生部先后联合印发了《关于加强学校预防艾滋病健康教育工作的通知》《学校食堂与学生集体用餐卫生管理规定》《关于加强学校卫生防疫与食品卫生安全工作的意见》。2010年9月,为提高托儿所、幼儿园卫生保健工作水平,预防和减少疾病发生,保障儿童身心健康,卫生部、教育部联合制定了《托儿所幼儿园卫生保健管理办法》。2019年2月,教育部、国家市场监督管理总局、国家卫生健康委员会等部门联合发布了《学校食品安全与营养健康管理规定》。2021年8月,为把新时代学校卫生与健康教育工作摆在更加突出位置,提升学生健康素养,为学生健康成长和终身发展奠定基础,教育部、发展改革委、财政部、卫生健康委、市场监管总局联合出台了《关于全面加强和改进新时代学校卫生与健康教育工作的意见》。2021年9月,国家卫生健康委、教育部联合印发了《中小学生健康体检管理办法(2021年版)》。

## 第二节 | 学校卫生工作要求

### 一、学校卫生工作的任务

学校卫生工作的任务是:监测学生的健康水平;对学生进行健康教育,提升学生健康素养,培养学生良好的卫生行为和习惯,保持文明、健康、绿色环保生活方式;改善学校卫生环境和教学卫生条件;加强对传染病、学生常见病、多发病等的预防和治疗等。

## 二、学校卫生的基本要求

### (一)教学卫生

学校应当严格遵守卫生保健原则,根据学生年龄,合理安排教学进度、学生的作息时间。学生每日学习时间(包括自习)为:小学不超过 6 小时,中学不超过 8 小时,大学不超过 10 小时。学校或者教师不得以任何理由和方式,增加授课时间和作业量,加重学生学习负担。

学校应当安排学生参加体育活动和适当的劳动,根据学生的年龄、生理承受能力和体质健康状况,选择适宜的项目和强度。对参加劳动的学生,要进行安全生产教育,严格遵守操作规程。普通中小学校组织学生参加劳动时,不得让学生接触有毒有害物质或者从事不安全工种的作业,不得让学生参加夜班劳动。普通高等学校、中等专业学校、技工学校、农业中学、职业中学组织学生参加生产劳动,接触有毒有害物质的,要按照国家有关规定,提供保健待遇,学校还应当定期对他们进行体格检查,以加强卫生防护。学校在安排体力活动时,应当注意女学生的生理卫生特点,给予必要的照顾。同时,学校应当建立健全安全制度和应急制度。

### (二)教学设施卫生

学校要为学生创造良好的学习环境和生活环境。《教育法》规定,教育、体育、卫生行政部门和学校及其他教育机构应当完善体育、卫生保健设施,保护学生的身心健康。《未成年人保护法》也规定,学校不得使未成年学生在危及人身安全、健康的校舍和其他教育教学设施中活动。根据《学校卫生工作条例》的规定,学校在新建、改建、扩建校舍时,其选址、设计应当符合国家的卫生标准,并取得当地卫生行政部门的许可,竣工验收应当有当地卫生行政部门参加;学校教学建筑、环境噪声、室内微小气候、采光、照明等环境质量以及黑板、课桌椅的设置应当符合国家有关标准;学校应当按照有关规定为学生提供充足的符合卫生标准的饮用水;学校体育场地和器材应当符合卫生和安全要求;学校应当按照有关规定为学生设置厕所和洗手设施,寄宿制学校还应当为学生提供相应的洗漱、洗澡等卫生设施。此外,新建学校的饮水、教室采光和照明、通风换气、采暖、厕所和其他卫生设备,应严格执行最新国家标准。

### (三)卫生保健

**1. 健康教育**　学校应教育学生树立"每个人是自己健康第一责任人理念",把健康教育纳入教学计划。《基本医疗卫生与健康促进法》规定,学校应当利用多种形式实施健康教育,普及健康知识、科学健身知识、急救知识和技能,提高学生主动防病的意识,培养学生良好的卫生习惯和健康的行为习惯,减少、改善学生近视、肥胖等不良健康状况。学校应当按照规定开设体育与健康课程,组织学生开展广播体操、眼保健操、体能锻炼等活动。此外,《传染病防治法》《精神卫生法》《突发事件应对法》《妇女权益保障法》等明确要求各级各类学校应当:①对学生进行健康知识和传染病预防知识、精神卫生知识教育、应急知识、安全意识、自救与互救能力等教育;②以符合受教育者特征的适当方式,有计划地开展生理卫生教育、青春期教育或者性健康教育;③根据女学生的年龄阶段,进行生理卫生、心理健康和自我保护教育,在教育、管理、设施等方面采取措施,提高其防范性侵害、性骚扰的自我保护意识和能力,保障女学生的人身安全和身心健康发展。

**2. 健康检查**　学校应当根据条件定期对学生进行健康检查,建立学生体质健康卡片,纳入学生档案。中小学校每年组织一次在校学生健康体检;暂时无条件的地区,可以在学生进入小学低年级、高年级及初中时各进行一次体检,初中及高中毕业时再进行一次体检;大学要认真做好新生入学体检复查工作。对体格检查中发现学生有器质性疾病的,应当配合学生家长做好转诊治疗。学校对残疾、体弱学生,应当加强医学照顾和心理卫生工作。学校应当积极做好近视眼、弱视、沙眼、龋齿、寄生虫、营养不良、贫血、脊柱弯曲、神经衰弱等学生常见疾病的群体预防和矫治工作。

**3. 健康管理**　学校应制订学校卫生规章制度,加强对学生个人卫生、课外活动卫生、体育锻炼卫生、劳动训练卫生、学校环境和教育设备卫生以及膳宿卫生、学生心理卫生、健康教育、疾病防治、卫生宣传等的日常管理。

学校要配备可以处理一般伤病事故的医疗用品。学校供学生使用的文具、娱乐器具、保健用品，必须符合国家有关卫生标准。

学校应当认真贯彻执行传染病防治法律、法规，做好急、慢性传染病的预防和控制管理工作，同时做好地方病的预防和控制管理工作。

### （四）营养与饮食卫生

学校应当认真贯彻执行食品安全法律、法规，加强学校食堂与学生集体用餐的安全管理。

学校应建立主管校长（园长）负责制，并配备专职或者兼职的食品安全管理人员；建立健全食品安全管理制度，食堂实行承包经营时，学校必须把食品安全作为承包合同的重要指标；建立食物中毒或者其他食源性疾患等突发事件的应急处理机制。

根据《食品安全法》规定，集中用餐的学校食堂应当严格遵守法律、法规和食品安全标准，执行原料控制、餐具饮具清洗消毒、食品留样等制度，并依照食品安全法的相关规定定期开展食堂食品安全自查。承包经营集中用餐单位食堂的，应当依法取得食品经营许可，并对食堂的食品安全负责。集中用餐单位应当督促承包方落实食品安全管理制度，承担管理责任。从供餐单位订餐的，应当从取得食品生产经营许可的企业订购，并按照要求对订购的食品进行查验。供餐单位应当严格遵守法律、法规和食品安全标准，当餐加工，确保食品安全。

## 第三节 | 学校卫生工作管理

### 一、教育行政部门及职责

各级教育行政部门应当把学校卫生工作纳入学校工作计划，作为考评学校工作的重要内容，将学校卫生经费纳入核定的年度教学经费预算；组织实施学校卫生技术人员专业技术职称考核、评定，将培养学校卫生技术人员工作列入招生计划，通过各种教育形式为学校卫生技术人员和保健教师提供进修机会；重视教师心理健康，加强学校食堂的食品安全教育和日常管理，组织开展传染病防治知识教育。

### 二、卫生健康行政部门及职责

各级卫生健康行政部门要把学校卫生工作纳入全面贯彻卫生工作方针的总体规划和工作计划。卫生行政部门设有学校卫生管理专门机构，做好对学校卫生工作的监督和指导。组织进行学生健康检查、传染病防治和常见病矫治，批准成立区域性中小学卫生保健机构，督促疾病预防机构履行职责。各级疾病预防机构，对学校卫生工作承担下列任务：①实施学校卫生监测，掌握本地区学生生长发育和健康状况，掌握学生常见病、传染病、地方病动态；②制订学生常见病、多发病、传染病、地方病、突发公共卫生事件的防治计划；③对本地区学校卫生工作进行技术指导；④开展学校卫生服务。

### 三、学校卫生管理机构及职责

普通高等学校、中等专业学校、技工学校和规模较大的农业中学、职业中学、普通中小学，可以设立卫生管理机构。学校按照规定配备校医，建立和完善卫生室、保健室等。普通高等学校设校医院或者卫生科，校医院应当设保健科。城市普通中小学、农村中心小学和普通中学设卫生室，按学生人数600∶1的比例配备专职卫生技术人员。中等专业学校、技工学校、农业中学、职业中学，可以根据需要，配备专职卫生技术人员。学生人数不足 600 人的学校，可以配备专职或者兼职保健教师，开展学校卫生工作。

## 第四节 ｜ 学校卫生监督

### 一、学校卫生监督的概念

学校卫生监督,是指卫生健康行政部门及其卫生监督机构依据法律、法规、规章对辖区内学校的卫生工作进行检查指导,督促改进,并对违反相关法律法规规定的单位和个人依法追究其法律责任的卫生行政执法活动。

### 二、学校卫生监督职责

《学校卫生工作条例》规定由县以上卫生行政部门对学校卫生工作行使监督职权:①对新建、改建、扩建校舍的选址、设计实行卫生监督;②对学校内影响学生健康的学习、生活、劳动、环境、食品等方面的卫生和传染病防治工作实行卫生监督;③对学生使用的文具、娱乐器具、保健用品实行卫生监督。

2012 年 9 月卫生部发布的《学校卫生监督工作规范》进一步细化县级以上卫生健康行政部门承担的学校卫生监督职责,主要包括:①根据职权制订本行政区域内学校卫生监督工作制度、规划和年度工作计划并组织实施,根据学校卫生监督综合评价情况,突出重点,确定日常监督内容和监督覆盖率、监督频次;②组织实施本行政区域内学校卫生监督工作及相关培训,对下级卫生行政部门及监督机构学校卫生监督工作进行指导、督查、稽查和年度考核评估;③开展职责范围内的学校卫生日常监督;④负责本行政区域内学校卫生监督信息管理及数据汇总、核实、分析及上报卫生行政部门,并通报同级教育行政部门;⑤组织协调、督办本行政区域内学校卫生重大违法案件的查处;⑥根据教育行政部门或学校的申请,开展职责范围内的学校校舍新建、改建、扩建项目选址、设计及竣工验收的预防性卫生审查工作;⑦组织协调涉及本行政区域内学校卫生监督相关工作,承担上级卫生健康行政部门交办的学校卫生监督任务。

### 三、学校卫生监督内容

#### (一)教学、生活环境

教学、生活环境的卫生监督包括:①教室人均面积、环境噪声、室内微小气候、采光、照明等环境卫生质量情况;②黑板、课桌椅等教学设施的设置情况;③学生宿舍、厕所等生活设施卫生情况。

#### (二)传染病防控工作

传染病防控工作的卫生监督包括:①传染病防控制度建立及措施落实情况;②学校依法履行传染病疫情报告职责情况;③发生传染病后防控措施落实情况。

#### (三)生活饮用水

生活饮用水的卫生监督包括:①生活饮用水管理制度建立及措施落实情况;②生活饮用水水质情况;③学校内供水设施卫生许可、管理情况;④供、管水人员持有效"健康合格证明"和"卫生培训合格证明"情况;⑤学校索取涉水产品有效卫生许可批件情况;⑥学校内供水水源防护情况。

#### (四)学校内设医疗机构或保健室

学校内设医疗机构或保健室的卫生监督包括:①医疗机构或保健室设置及学校卫生工作开展情况;②医疗机构持有效执业许可证或设置医疗机构备案回执、医护人员持有效执业资质证书情况;③医疗机构传染病疫情报告、消毒隔离、医疗废物处置情况。

#### (五)学校内游泳场所

学校内游泳场所的卫生监督包括:①持有卫生许可证的情况,从业人员健康检查和培训考核情况;②卫生管理制度落实及卫生管理人员配备情况;③游泳场所水质净化、消毒情况;④传染病和健康危害事故应急工作情况。

### （六）学校预防性卫生

学校预防性卫生的监督内容是根据教育行政部门或学校申请,对新建、改建、扩建校舍的选址、设计监督指导并参与竣工验收。

此外,配合相关部门对学校突发公共卫生事件应急处置工作落实情况开展卫生监督,以及完成上级卫生行政部门交办的其他学校卫生监督任务。

## 第五节 ｜ 托儿所幼儿园卫生保健

### 一、托儿所幼儿园的概念

托儿所,通常接纳3周岁以下幼儿,是指用于专门照顾和培养婴幼儿生活能力的地方。幼儿园,通常接纳3至6周岁幼儿,为一种学前教育机构,用于对幼儿集中进行保育和教育。托儿所幼儿园简称托幼机构。托幼机构应当贯彻保教结合、预防为主的方针,认真做好卫生保健工作。

### 二、托幼机构卫生保健监管

县级以上各级人民政府卫生健康行政部门应当将托幼机构的卫生保健工作作为公共卫生服务的重要内容,加强监督和指导。教育行政部门应当协助卫生行政部门检查指导托幼机构的卫生保健工作。

县级以上妇幼保健机构负责对辖区内托幼机构卫生保健工作进行业务指导。业务指导的内容包括:膳食营养、体格锻炼、健康检查、卫生消毒、疾病预防等。

疾病预防控制机构应当定期为托幼机构提供疾病预防控制咨询服务和指导;应当收集、分析、调查、核实托幼机构的传染病疫情,发现问题及时通报托幼机构,并向卫生行政部门和教育行政部门报告。

卫生监督执法机构应当依法对托幼机构的饮用水卫生、传染病预防和控制等工作进行监督检查。

食品安全监管部门应当依法加强对托幼机构食品安全的指导与监督检查。

### 三、托幼机构卫生保健要求

#### （一）执行卫生保健规范

托幼机构应当严格按照《托儿所幼儿园卫生保健工作规范》开展卫生保健工作。新设立的托幼机构,招生前应当取得县级以上地方人民政府卫生行政部门指定的医疗卫生机构出具的符合《托儿所幼儿园卫生保健工作规范》的卫生评价报告。托幼机构的法定代表人或者负责人是本机构卫生保健工作的第一责任人。

托幼机构应当根据规模、接收儿童数量等设立相应的卫生室或者保健室,具体负责卫生保健工作。卫生室应当符合医疗机构基本标准,取得卫生行政部门颁发的《医疗机构执业许可证》或《设置医疗机构备案回执》,聘用符合国家规定的卫生保健人员。保健室不得开展诊疗活动,其配置应当符合保健室设置基本要求。

#### （二）托幼机构卫生保健内容

托幼机构卫生保健工作内容主要包括:①根据儿童不同年龄特点,建立科学、合理的一日生活制度,培养儿童良好的卫生习惯。②为儿童提供合理的营养膳食,科学制订食谱,保证膳食平衡。③制订与儿童生理特点相适应的体格锻炼计划,根据儿童年龄特点开展游戏及体育活动,并保证儿童户外活动时间,增进儿童身心健康。④建立健康检查制度,开展儿童定期健康检查工作,建立健康档案。坚持晨检及全日健康观察,做好常见病的预防,发现问题及时处理。⑤严格执行卫生消毒制度,做好室内外环境及个人卫生。加强饮食卫生管理,保证食品安全。⑥协助落实国家免疫规划,在儿童入托时应当查验其预防接种证,未按规定接种的儿童要告知其监护人,督促监护人带儿童到当地规定的接种单位补种。⑦加强日常保育护理工作,对体弱儿进行专案管理。配合妇幼保健机构定期开展儿童眼、耳、口腔保健,开展儿童心理卫生保健。⑧建立卫生安全管理制度,落实各项卫生安全防护工作,预防伤害事故的发生。⑨制订健康教育计划,对儿童及其家长开展多种形式的健康教育活动。⑩做好各项卫生保健工作信息的收集、汇总和报告工作。

### (三)传染病预防和控制

托幼机构应当在疾病预防控制机构指导下,做好传染病预防和控制管理工作。发现传染病患儿应当及时按照法律、法规和卫生行政部门的相关规定进行报告,在疾病预防控制机构的指导下,对环境进行严格消毒处理。在传染病流行期间,应当加强预防控制措施。疾病预防控制机构应当收集、分析、调查、核实托幼机构的传染病疫情,发现问题及时通报托幼机构,并向卫生行政部门和教育行政部门报告。

### (四)儿童入托前健康检查

儿童入托幼机构前应当经医疗卫生机构进行健康检查,合格后方可进入托幼机构。托幼机构发现在园(所)的儿童患疑似传染病时,应当及时通知其监护人离园(所)诊治。患传染病的患儿治愈后,凭医疗卫生机构出具的健康证明方可入园(所)。儿童离开托幼机构 3 个月以上应当进行健康检查后方可再次入托幼机构。医疗卫生机构应当按照规定的体检项目开展健康检查,不得违反规定擅自改变。

## 第六节 │ 法律责任

### 一、违反相关主体资质要求的法律责任

1. 有下列情形之一的,由卫生行政部门责令限期改正,通报批评;逾期不改的,给予警告;情节严重的,由教育行政部门依法给予行政处罚:①未按要求设立保健室、卫生室或者配备卫生保健人员的;②聘用未进行健康检查或者健康检查不合格的工作人员的;③未定期组织工作人员健康检查的;④招收未经健康检查或健康检查不合格的儿童入托幼机构的。

卫生行政部门应当及时将处理结果通报教育行政部门,教育行政部门将其作为托幼机构分级定类管理和质量评估的依据。

2. 托幼机构、学校在儿童入托、入学时未按照规定查验预防接种证,或者发现未按照规定接种的儿童后未向接种单位报告的,由县级以上地方人民政府教育行政部门责令改正,给予警告,对主要负责人、直接负责的主管人员和其他直接责任人员依法给予处分。

3. 未取得《医疗机构执业许可证》或《设置医疗机构备案回执》,擅自设立卫生室,进行诊疗活动的,按照《医疗机构管理条例》的有关规定进行处罚。

### 二、违反校舍或教育教学设施安全规范的法律责任

1. 对于未经卫生行政部门的许可,新建、改建、扩建校舍的,由卫生行政部门对直接责任单位或者个人给予警告、责令停止施工或者限期改正。

2. 对学校教学建筑、环境噪声、室内微小气候、采光、照明等环境质量以及黑板、课桌椅的设置没有符合国家有关标准的,没有按照有关规定为学生设置厕所和洗手设施的,寄宿制学校没有为学生提供相应的洗漱、洗澡等卫生设施的,学校体育场地和器材不符合卫生和安全要求的,由卫生行政部门对直接责任单位或者个人给予警告并责令限期改进;情节严重的,可以同时建议教育行政部门给予行政处分。

### 三、违反国家规定造成学生健康损害的法律责任

1. 对学校组织学生参加生产劳动,致使学生健康受到损害的,由卫生行政部门对直接责任单位

或者个人给予警告,责令限期改进。对学校提供学生使用的文具、娱乐器具、保健用品,没有符合国家有关卫生标准的,由卫生行政部门对直接责任单位或者个人给予警告;情节严重的,可以会同工商行政部门没收其不符合国家有关卫生标准的物品,并处以非法所得两倍以下的罚款。

2. 未按照规定履行卫生保健工作职责,造成传染病流行、食物中毒等突发公共卫生事件的,由卫生行政部门、教育行政部门依据相关法律法规给予处罚。

3. 县级以上医疗卫生机构未按照规定履行职责,导致托幼机构发生突发公共卫生事件的,由卫生行政部门依据相关法律法规给予处罚。

4. 无民事行为能力人在幼儿园、学校或者其他教育机构学习、生活期间受到人身损害的,幼儿园、学校或者其他教育机构应当承担侵权责任;但是,能够证明尽到教育、管理职责的,不承担侵权责任。限制民事行为能力人在学校或者其他教育机构学习、生活期间受到人身损害,学校或者其他教育机构未尽到教育、管理职责的,应当承担侵权责任。无民事行为能力人或者限制民事行为能力人在幼儿园、学校或者其他教育机构学习、生活期间,受到幼儿园、学校或者其他教育机构以外的第三人人身损害的,由第三人承担侵权责任;幼儿园、学校或者其他教育机构未尽到管理职责的,承担相应的补充责任。幼儿园、学校或者其他教育机构承担补充责任后,可以向第三人追偿。

## 四、违反学校卫生监督的法律责任

拒绝或者妨碍学校卫生监督的,由卫生行政部门对直接责任单位或者个人给予警告;情节严重的,可以建议教育行政部门给予行政处分或者罚款。

**思考题**

1. 为什么对学校提出更高的卫生要求?
2. 学校卫生工作的内容是什么?
3. 学校卫生工作管理和监督的职责各是什么?
4. 托幼机构卫生保健工作的内容是什么?
5. 作为学生,当发现学校卫生问题时,可依法采取什么途径处理?

思考题解题思路　　　　　本章目标测试

## 推荐阅读

1. 李林静.学校卫生学[M].重庆:西南师范大学出版社,2023.

2. 武丽杰,马军.学校卫生监督[M].北京:人民卫生出版社,2017.

3. 中国疾病预防控制中心,国家卫生标准委员会学校卫生标准专业委员会.学校卫生标准实用指南[M].北京:中国标准出版社,2019.

(曾日红)

# 第十二章 | 生活饮用水卫生法律制度

生活饮用水是人们日常生活必不可少的基本物质。饮用水安全直接关系到人民群众的身体健康。生活饮用水卫生法律制度包括饮用水水源区保护、供水单位许可、集中式供水单位和二次供水单位监督管理、饮用水污染事故处置等,以保证生活饮用水卫生安全,保障人体健康。

## 第一节 | 概　述

### 一、生活饮用水和水污染的概念

生活饮用水,是指供人生活的饮用水和生活用水,是人们日常生活必不可少的基本物质。

水污染,是指人类活动排放的污染物进入水体,其数量超过了水体的自净能力,使水和水体底质的理化特性和水环境中的生物特性、组成等发生改变,从而影响水的使用价值,造成水质恶化,乃至危害人体健康或破坏生态环境的现象。

### 二、生活饮用水卫生立法

我国生活饮用水卫生立法是从标准起步的。1954 年卫生部发布了中华人民共和国成立后第一个生活饮用水卫生标准《自来水水质暂行标准》,并于 1955 年在北京、天津、上海等 12 个城市试行。在总结试行城市经验的基础上,1956 年国家建设委员会和卫生部发布《饮用水水质标准》,确立 15 项水质指标。1959 年建筑工程部和卫生部发布《生活饮用水卫生规程》,水质指标增至 17 项。1976 年国家建设委员会和卫生部发布《生活饮用水卫生标准》,水质指标增至 23 项。1985 年卫生部发布我国第一个生活饮用水国家标准《生活饮用水卫生标准》,水质指标增至 35 项。为促进农村改水事业的发展,全国爱国卫生运动委员会和卫生部发布了《农村实施〈生活饮用水卫生标准〉准则》,针对农村居民点集中式给水和分散式给水提出了水质分级的技术要求。随着经济社会发展,卫生部于 2001年制定了《生活饮用水水质卫生规范》,水质指标扩至 96 项,其中常规指标 34 项,非常规指标 62 项,另提出 64 项饮用水源水中有害物质的限值。2005 年建设部发布了《城市供水水质标准》。2006 年,卫生部会同有关部门对生活饮用水卫生标准进行整合,与国家标准化管理委员会联合颁布了新的《生活饮用水卫生标准》,提出了 106 项水质指标,并对水源水质、生活饮用水水质、集中式供水单位、二次供水单位等提出了技术要求。同年,卫生部和国家标准化管理委员会还联合颁布了《生活饮用水标准检验方法》,提出了 147 项检验指标、302 个检验方法。2022 年,随着水源水质的提升、深度处理的开展、管网输配的升级以及检测技术的进步,新版《生活饮用水卫生标准》(GB 5749—2022)发布,水质指标由旧版的 106 项调整为 97 项,满足了现实的需要。

1989 年第七届全国人民代表大会常务委员会第六次会议通过的《传染病防治法》要求地方各级人民政府改善饮用水卫生条件,规定供水单位供应的饮用水必须符合国家规定的卫生标准,并设置了相应的法律责任。1991 年经国务院批准,卫生部发布了《传染病防治法实施办法》,在生活饮用水卫生上作了进一步规定,要求集中式供水必须符合国家《生活饮用水卫生标准》。2004 年第十届全国人民代表大会常务委员会第十一次会议修订通过的《传染病防治法》,对生活饮用水卫生作出了新的规定,饮用水供水单位供应的饮用水和涉及饮用水卫生安全的产品,应当符合国家卫生标准和卫生规范。

为了保障生活饮用水卫生,根据《传染病防治法》相关规定,相关部门出台了监督管理方面的规章。1996年7月9日,建设部、卫生部联合发布了《生活饮用水卫生监督管理办法》。2010年2月12日,卫生部对《生活饮用水卫生监督管理办法》进行了修改;2016年4月17日,住房城乡建设部、国家卫生计生委发布修订后的《生活饮用水卫生监督管理办法》,自2016年6月1日起施行。

## 第二节 ｜ 生活饮用水水源保护

### 一、饮用水水源保护区划定

1984年第六届全国人民代表大会常务委员会第五次会议通过《水污染防治法》。1996年5月15日第八届全国人民代表大会常务委员会第十九次会议、2008年2月28日第十届全国人民代表大会常务委员会第三十二次会议、2017年6月27日第十二届全国人民代表大会常务委员会第二十八次会议对《水污染防治法》进行了修正和修订。《水污染防治法》规定,我国实行饮用水水源保护区制度。饮用水水源保护区的划定权限和程序是:①由有关市、县人民政府提出划定方案,报省、自治区、直辖市人民政府批准;②跨市、县饮用水水源保护区的划定,由有关市、县人民政府协商提出划定方案,报省、自治区、直辖市人民政府批准;协商不成的,由省、自治区、直辖市人民政府环境保护主管部门会同同级水行政、国土资源、卫生、建设等部门提出划定方案,征求同级有关部门的意见后,报省、自治区、直辖市人民政府批准;③跨省、自治区、直辖市的饮用水水源保护区,由有关省、自治区、直辖市人民政府协商有关流域管理机构划定;协商不成的,由国务院环境保护主管部门会同同级水行政、国土资源、卫生、建设等部门提出划定方案,征求国务院有关部门的意见后,报国务院批准。

根据1989年7月10日国家环境保护局、卫生部等部门联合发布,2010年12月修正的《饮用水水源保护区污染防治管理规定》,饮用水地下水源保护区根据饮用水水源地所处的地理位置、水文地质条件、供水的数量、开采方式和污染源的分布划定。

国务院和省、自治区、直辖市人民政府可以根据保护饮用水水源的实际需要,调整饮用水水源保护区的范围,确保饮用水安全。

### 二、饮用水水源保护区管理

《水污染防治法》规定,饮用水水源保护区分为一级保护区和二级保护区;必要时,在饮用水水源保护区外围划定一定的区域作为准保护区。

《水污染防治法》规定,在饮用水水源保护区内,禁止设置排污口。有关地方人民政府应当在饮用水水源保护区的边界设立明确的地理界标和明显的警示标志。《生活饮用水卫生监督管理办法》规定,饮用水水源保护区内严禁修建任何可能危害水源水质卫生的设施及一切有碍水源水质卫生的行为。

（一）饮用水水源一级保护区

禁止在饮用水水源一级保护区内新建、改建、扩建与供水设施和保护水源无关的建设项目;已建成的与供水设施和保护水源无关的建设项目,由县级以上人民政府责令拆除或者关闭。禁止在饮用水水源一级保护区内从事网箱养殖、旅游、游泳、垂钓或者其他可能污染饮用水水体的活动。

（二）饮用水水源二级保护区

禁止在饮用水水源二级保护区内新建、改建、扩建排放污染物的建设项目;已建成的排放污染物的建设项目,由县级以上人民政府责令拆除或者关闭。在饮用水水源二级保护区内从事网箱养殖、旅游等活动的,应当按照规定采取措施,防止污染饮用水水体。

（三）饮用水水源准保护区

禁止在饮用水水源准保护区内新建、扩建对水体污染严重的建设项目;改建建设项目,不得增加排污量。县级以上地方人民政府应当根据保护饮用水水源的实际需要,在准保护区内采取工程措施或者建造湿地、水源涵养林等生态保护措施,防止水污染物直接排入饮用水水体,确保饮用水安全。

### (四)饮用水地下水源保护区

饮用水地下水源各级别保护区及准保护区内均必须遵守下列规定:①禁止利用渗坑、渗井、裂隙、溶洞等排放污水和其他有害废弃物;②禁止利用透水层孔隙、裂隙、溶洞及废弃矿坑储存石油、天然气、放射性物质、有毒有害化工原料、农药等;③实行人工回灌地下水时不得污染当地地下水源。

## 三、饮用水水源受污染时的应对措施

国务院和省、自治区、直辖市人民政府根据水环境保护的需要,可以规定在饮用水水源保护区内,采取禁止或者限制使用含磷洗涤剂、化肥、农药以及限制种植养殖等措施。

饮用水水源受到污染可能威胁供水安全的,环境保护主管部门应当责令有关企业事业单位采取停止或者减少排放水污染物等措施。

## 第三节 │ 生活饮用水卫生管理

## 一、供水单位的分类

### (一)集中式供水

集中式供水,是指由水源集中取水,经统一净化处理和消毒后,由输水管网送至用户的供水方式,包括公共供水和单位自建设施供水。

### (二)二次供水

二次供水,是指将来自集中式供水的管道水另行加压、贮存,再送至水站或用户的供水设施,包括客运船舶、火车客车等交通运输工具上的供水(有独自制水设施者除外)。

## 二、供水单位供应的饮用水卫生要求

《生活饮用水卫生监督管理办法》规定,供水单位供应的生活饮用水必须符合国家生活饮用水卫生标准。根据《生活饮用水卫生标准》,生活饮用水水质应当符合下列基本要求:①生活饮用水中不得含有病原微生物;②生活饮用水中化学物质不得危害人体健康;③生活饮用水中放射性物质不得危害人体健康;④生活饮用水的感官性状良好;⑤生活饮用水应经消毒处理;⑥生活饮用水水质应符合常规指标、非常规指标及其限值要求。集中式供水出厂水中消毒剂限值、出厂水和管网末梢水中消毒剂余量均应符合饮用水中消毒剂常规指标及要求。

农村小型集中式供水和分散式供水因条件限制,水质部分指标可以按小型集中式供水和分散式供水部分水质指标及限值执行,其余指标仍按一般规定执行。

当发生影响水质的突发性公共事件时,经市级以上人民政府批准,感官性状和一般化学指标可以适当放宽。

## 三、集中式供水单位卫生管理

### (一)集中式供水单位的卫生许可

《生活饮用水卫生监督管理办法》规定,国家对供水单位实行卫生许可制度。集中式供水单位取得工商行政管理部门颁发的营业执照后,还应当取得县级以上地方人民政府卫生主管部门发放的卫生许可证,方可供水。供水单位卫生许可证有效期为4年。有效期满前6个月,供水单位应重新提出申请换发新证。

## （二）水源选择

集中式供水单位应选择水质良好、水量充沛、便于防护的水源。取水点应设在城市和工矿企业的上游。

新建、改建、扩建集中式供水工程的水源选择,应根据城市远期和近期规划以及历年来的水质、水文、水文地质、环境影响评价资料、取水点和附近地区的卫生状况、地方病等因素,从卫生、环保、水资源、技术等多方面进行综合评价,并经当地卫生主管部门水源水质监测和卫生学评价合格后,方可作为供水水源。

供水水源水质应符合有关国家生活饮用水水源水质的规定。当水质不符合国家生活饮用水水源水质规定时,不宜作为生活饮用水水源。若限于条件需加以利用时,应采用相应的净化工艺进行处理,处理后的水质应符合规定,并取得当地卫生主管部门的批准。

## （三）生活饮用水生产的卫生要求

集中式供水单位应建立饮用水卫生管理规章制度,配备专职或兼职人员负责饮用水卫生管理工作。

根据《生活饮用水集中式供水单位卫生规范》规定,生产生活饮用水应遵守的卫生要求是:①在新建、改建、扩建集中式供水工程时,向当地卫生主管部门申请进行预防性卫生监督。给水工程设计必须符合有关国家给水设计规范和标准。②配备的水净化处理设备、设施必须满足净水工艺要求,必须有消毒设施,并保证正常运转。③生活饮用水的输水、蓄水和配水等设施应密封,严禁与排水设施及非生活饮用水的管网相连接。④使用的涉及饮用水卫生安全产品必须符合卫生安全和产品质量国家标准的有关规定,并持有省级以上人民政府卫生主管部门颁发的卫生许可批准文件。⑤对取水、输水、净水、蓄水和配水等设施加强质量管理,建立放水、清洗、消毒和检修制度及操作规程,保证供水水质。⑥各类贮水设备要定期清洗和消毒;管网末梢应定期放水清洗,防止水质污染。⑦不得将未经处理的污泥水直接排入地表生活饮用水水源一级保护区水域。⑧针对取水、输水、净水、蓄水和配水等可能发生污染的环节,制定和落实防范措施,加强检查,严防污染事件发生。

## （四）水质检验

集中式供水单位必须有水质净化消毒设施及必要的水质检验仪器、设备和人员,对水质进行日常性检验,并向当地人民政府卫生主管部门和建设行政主管部门报送检测资料。

《生活饮用水集中式供水单位卫生规范》规定,集中式供水单位水质检验范围包括水源水、净化构筑物出水、出厂水和管网水的水质。水质检验应实行全过程的质量控制。水质检验方法应采用国家规定的生活饮用水检验方法。水质检验记录应当完整清晰,档案资料保存完好。

## （五）饮用水水质污染事件的报告

饮用水水源发生水污染事故,或者发生其他可能影响饮用水安全的突发性事件,饮用水供水单位应当采取应急处理措施,向所在地市、县级人民政府报告,并向社会公开。

## 四、二次供水卫生管理

二次供水设施选址、设计、施工及所用材料,应保证不使饮用水水质受到污染,并有利于清洗和消毒。各类蓄水设施要加强卫生防护,定期清洗和消毒。

国家标准《二次供水设施卫生规范》(GB 17051—1997)规定,二次供水设施周围应保持环境整洁,应有很好的排水条件,供水设施应运转正常。设施与饮水接触表面必须保证外观良好,光滑平整,不对饮水水质造成影响。通过设施所供给居民的饮水感官性状不应对人产生不良影响,不应含有危害人体健康的有毒有害物质,不引起肠道传染病发生或流行。

二次供水设施的管理部门负责设施的日常运转、保养、清洗、消毒。管理单位必须制定二次供水设施的卫生制度并予以实施。管理单位每年应对二次供水设施进行一次全面清洗,消毒,并对水质进行检验,及时发现和消除污染隐患,保证居民饮水的卫生安全。发生供水事故时,管理单位必须立即采取应急措施,保证居民日常生活用水,同时报告当地卫生主管部门并协助卫生主管部门进行调查处理。

根据2015年住房城乡建设部、国家发展改革委、公安部、国家卫生计生委联合发布的《关于加强和改进城镇居民二次供水设施建设与管理确保水质安全的通知》,鼓励供水企业逐步将设施的管理延伸至居民家庭水表,对二次供水设施实施专业运行维护;对新建的居民二次供水设施,鼓励供水企业实施统建统管;对改造合格的二次供水设施,鼓励供水企业负责运行维护;对既有的居民二次供水设施,鼓励业主自行决定将设施管理委托给供水企业。物业服务企业可将物业管理区域内的二次供水设施运行维护业务委托给供水企业。

### 五、饮用水供水工程项目的新建、改建与扩建

供水单位新建、改建、扩建饮用水供水工程项目,应当符合卫生要求;选址和设计审查、竣工验收必须有住房城乡建设、卫生行政主管部门参加。新建、改建、扩建城市公共饮用水供水工程项目,由住房城乡建设主管部门负责组织选址、设计审查和竣工验收,卫生行政主管部门参加。

### 六、直接从事供、管水人员的卫生要求

《生活饮用水卫生监督管理办法》规定,直接从事供、管水的人员,包括从事净水、取样、化验、二次供水卫生管理及水池、水箱清洗人员,必须取得体检合格证后方可上岗工作,并每年进行一次健康检查。凡患有痢疾、伤寒、甲型病毒性肝炎、戊型病毒性肝炎、活动性肺结核、化脓性或渗出性皮肤病及其他有碍生活饮用水卫生的疾病或病原携带者,不得直接从事供、管水工作。直接从事供、管水的人员,未经卫生知识培训不得上岗工作。

## 第四节 │ 生活饮用水卫生监督

### 一、生活饮用水卫生监督监测

《生活饮用水卫生监督管理办法》规定,县级以上人民政府卫生主管部门负责本行政区域内饮用水卫生监督监测工作。具体分工是:①供水单位的供水范围在本行政区域内的,由该行政区卫生主管部门负责其饮用水卫生监督监测工作;②供水单位的供水范围超出其所在行政区域的,由供水单位所在行政区域的上一级卫生主管部门负责其饮用水卫生监督监测工作;③供水单位的供水范围超出其所在省、自治区、直辖市的,由该供水单位所在省、自治区、直辖市卫生主管部门负责其饮用水卫生监督监测工作。

新建、改建、扩建集中式供水项目时,当地人民政府卫生主管部门应做好预防性卫生监督工作,并负责本行政区域内饮用水的水源水质监测和评价。

### 二、医疗单位的报告责任

医疗单位发现因饮用水污染出现的介水传染病或化学中毒病例时,应及时向当地人民政府卫生主管部门和疾病预防控制机构报告。

### 三、饮用水污染事故的处置

《生活饮用水卫生监督管理办法》规定,当饮用水被污染,可能危及人体健康时,有关单位或责任人应立即采取措施,消除污染,并向当地人民政府卫生主管部门和住房城乡建设主管部门报告。

县级以上地方人民政府卫生主管部门负责本行政区域内饮用水污染事故对人体健康影响的调查。当发现饮用水污染危及人体健康,须停止使用时,卫生主管部门对二次供水单位应责令其立即停止供水;对集中式供水单位应当会同住房城乡建设主管部门报同级人民政府批准后停止供水。

### 四、饮用水卫生监督员

县级以上人民政府卫生主管部门设饮用水卫生监督员,负责饮用水卫生监督工作。县级人民政府卫生主管部门可聘任饮用水卫生检查员,负责乡、镇饮用水卫生检查工作。

## 第五节 ｜ 法律责任

### 一、饮用水不符合国家卫生标准的法律责任

《传染病防治法》第七十三条规定,饮用水供水单位供应的饮用水不符合国家卫生标准和卫生规范,导致或者可能导致传染病传播、流行的,由县级以上人民政府卫生主管部门责令限期改正,没收违法所得,可以并处 5 万元以下的罚款;已取得许可证的,原发证部门可以依法暂扣或者吊销许可证;构成犯罪的,依法追究刑事责任。

《刑法》第三百三十条规定,违反传染病防治法的规定,供水单位供应的饮用水不符合国家规定的卫生标准,引起甲类传染病传播或者有传播严重危险的,处 3 年以下有期徒刑或者拘役;后果特别严重的,处 3 年以上 7 年以下有期徒刑。

### 二、安排未取得体检合格证人员上岗的法律责任

《生活饮用水卫生监督管理办法》规定,集中式供水单位安排未取得体检合格证的人员从事直接供、管水工作或安排患有有碍饮用水卫生疾病的或病原携带者从事直接供、管水工作的,县级以上地方人民政府卫生主管部门应当责令限期改正,并可对供水单位处以 20 元以上 1 000 元以下的罚款。

### 三、其他相关违法行为的法律责任

《生活饮用水卫生监督管理办法》规定,有下列情形之一的,县级以上地方人民政府卫生主管部门应当责令限期改正,并可处以 20 元以上 5 000 元以下的罚款:①在饮用水水源保护区修建危害水源水质卫生的设施或进行有碍水源水质卫生的作业的;②新建、改建、扩建的饮用水供水项目未经卫生主管部门参加选址、设计审查和竣工验收而擅自供水的;③供水单位未取得卫生许可证而擅自供水的;④供水单位供应的饮用水不符合国家规定的生活饮用水卫生标准的。

**思考题**
1. 饮用水水源保护区管理有哪些规定?
2. 开展集中式供水工作的单位应具备哪些条件?
3. 二次供水卫生管理有哪些规定?
4. 从事供水、管水工作的人员有哪些卫生要求?
5. 饮用水污染事故的处置有哪些规定?

思考题解题思路　　　　　本章目标测试

## 推荐阅读

1. 高利红,周勇飞.我国农村饮用水安全的法律保障问题探析[J].中州学刊,2015,(6):46-49.

2. 马育红,徐贵东.论我国饮用水安全保障法律制度的完善[J].西部法学评论,2015,(2):68-75.

3. 谢玲,黄锡生.城乡一体化背景下农村饮用水安全法律制度的重构[J].华中农业大学学报(社会科学版),2015(3):64-70.

(李筱永)

# 第十三章 | 突发公共卫生事件应急法律制度

突发公共卫生事件应急关系社会民生、稳定和国家经济发展。突发公共卫生事件应急法律制度包括应急组织体系、应急保障、报告与信息发布、应急处理、应急状态的终止和善后处理等,为规范突发事件应对活动,保护人民生命财产安全,维护国家安全、公共安全、环境安全和社会秩序提供了制度保证。

## 第一节 | 概 述

### 一、概念

#### (一)突发事件的概念

突发事件,是指突然发生,造成或者可能造成严重社会危害,需要采取应急处置措施予以应对的自然灾害、事故灾难、公共卫生事件和社会安全事件。

#### (二)突发公共卫生事件的概念

突发公共卫生事件,是指突然发生,造成或者可能造成社会公众健康严重损害的重大传染病疫情、群体性不明原因疾病、重大食物和职业中毒以及其他严重影响公众健康的事件。

重大传染病疫情,是指某种传染病在短时间内发生、波及范围广,出现大量的病人或死亡病例,其发病率远远超过常年的发病率水平的情况。

群体性不明原因疾病,是指在短时间内,某个相对集中的区域内同时或者相继出现具有共同临床表现病人,且病例不断增加,范围不断扩大,又暂时不能明确诊断的疾病。这种疾病可能是传染病,可能是群体性癔症,也可能是某种中毒。

重大食物和职业中毒,是指由于食品污染和职业危害的原因造成的人数众多或者伤亡较重的中毒事件。

其他严重影响公众健康事件,是指针对不特定的社会群体,造成或可能造成社会公众健康严重损害,影响正常社会秩序的重大事件。

突发公共卫生事件较于一般的事件,主要有以下特征:①突发性。突发公共卫生事件的发生比较突然,没有特别的发生方式,突如其来,带有很大的偶然性,不易预测,使人们难以及时预防。②特定性。突发公共卫生事件是发生在公共卫生领域的突发事件,具有公共卫生的属性,它不针对特定的人群发生,也不是局限于某一个固定的领域或区域。③复杂性。表现在成因复杂,种类复杂和影响复杂。④危害性。突发公共卫生事件后果往往较为严重,对公众健康的损害和影响达到一定的程度。

### 二、突发公共卫生事件应急立法

2003 年年初,我国多地先后发生的传染性非典型肺炎疫情,暴露出我国在处置重大突发公共卫生事件方面存在的问题,也引起国家对突发事件管理法制建设的高度重视。为了有效预防、及时控制和消除突发公共卫生事件的危害,保障公众身体健康与生命安全,维护正常的社会秩序,2003 年 5 月 9 日,国务院发布了《突发公共卫生事件应急条例》,自公布之日起施行。2011 年 1 月 8 日,国务院对《突发公共卫生事件应急条例》进行了修订。《突发公共卫生事件应急条例》在总结防治传染性非典型肺炎工作经验基础上,借鉴国外的先进经验和有益做法,对公共卫生突发事件的管理范围和具体内容进行了制度性的建设,从法律角度进一步确立了应对突发公共卫生事件的快速处置机制,强化相应责任,提高处置突发公共卫生事件的反应能力,是中国社会危机管理制度史上具有标志性的重要法规。2003 年 5 月 14 日,最高人民法院、最高人民检察院公布了《关于办理妨害预防、控制突发传染病疫情等灾害的刑事案件具体应用法律若干问题的解释》。

为了预防和减少突发事件的发生,控制、减轻和消除突发事件引起的严重社会危害,规范突发事件应对活动,保护人民生命财产安全,维护国家安全、公共安全、环境安全和社会秩序,2007 年 8 月 30 日,第十届全国人民代表大会常务委员会第二十九次会议通过了《突发事件应对法》,自 2007 年 11 月 1 日起施行。2024 年 6 月 28 日,第十四届全国人民代表大会常务委员会第十次会议对《突发事件应对法》予以修订。《突发事件应对法》对突发事件的预防与应急准备、监测与预警、应急处置与救援、事后恢复与重建等应对活动作出了明确规定。为规范突发事件应急预案管理,增强应急预案的针对性、实用性和可操作性,2013 年 10 月 25 日,国务院制定颁布了《突发事件应急预案管理办法》。

为了实施《突发公共卫生事件应急条例》,原卫生部制定了《传染性非典型肺炎防治管理办法》《突发公共卫生事件与传染病疫情监测信息报告管理办法》《国家救灾防病与突发公共卫生事件信息报告管理规范》等一系列规章及规范性文件。

2023 年 12 月 8 日,为明确突发事件医疗应急工作机制与流程,规范、高效做好各类突发事件紧急医学救援,避免和减少人员伤亡,保障人民群众生命安全和身体健康,依据《突发事件应对法》《基本医疗卫生与健康促进法》《突发公共卫生事件应急条例》《国家突发公共事件总体应急预案》《国家突发公共卫生事件应急预案》《国家突发公共事件医疗卫生救援应急预案》等国家有关法律法规、规章制度和工作预案,国家卫生健康委公布实施了《突发事件医疗应急工作管理办法(试行)》。

《突发事件应对法》《突发公共卫生事件应急条例》以及相关法规、规章构成了我国较为完善的突发公共卫生事件应对法律体系。

## 三、突发公共卫生事件的分级

根据突发公共卫生事件性质、危害程度、涉及范围,《国家突发公共卫生事件应急预案》将突发公共卫生事件划分为特别重大(Ⅰ级)、重大(Ⅱ级)、较大(Ⅲ级)和一般(Ⅳ级)四级,依次用红色、橙色、黄色、蓝色进行预警。

### (一) 特别重大的突发公共卫生事件(Ⅰ级)

特别重大的突发公共卫生事件包括:①肺鼠疫、肺炭疽在大、中城市发生并有扩散趋势,疫情波及 2 个及以上的省份,并有进一步扩散趋势;或人口稀少和交通不便地区 1 个县(区)域内在一个平均潜伏期内发病 10 例及以上。②发生传染性非典型肺炎、人感染高致病性禽流感病例,疫情波及 2 个及以上的省份,并有继续扩散趋势。③涉及多个省份的群体性不明原因疾病,并有扩散趋势,造成重大影响。④发生新发传染病,或我国尚未发现的传染病发生或传入,并有扩散趋势,或发现我国已消灭的传染病重新流行。⑤发生烈性病菌株、毒株、致病因子等丢失事件。⑥周边以及与我国通航的国家和地区发生特大传染病疫情,并出现输入性病例,严重危及我国公共卫生安全的事件。⑦国务院卫生行政部门认定的其他特别重大突发公共卫生事件。

### (二) 重大的突发公共卫生事件(Ⅱ级)

重大的突发公共卫生事件包括:①在一个县(市)行政区域内,一个平均潜伏期内(6 天)发生 5 例以上肺鼠疫、肺炭疽病例,或者相关联的疫情波及 2 个以上的县(市);②发生传染性非典型肺炎、人感染高致病性禽流感疑似病例;③腺鼠疫发生流行,在一个市(地)行政区域内,一个平均潜伏期内多点连续发病 20 例以上,或流行范围波及 2 个以上市(地);④霍乱在一个市(地)行政区域内流行,1 周内发病 30 例以上,或波及 2 个以上市(地),有扩散趋势;⑤乙类、丙类传染病波及 2 个以上县(市),1 周内发病水平超过前 5 年同期平均发病水平 2 倍以上;⑥我国尚未发现的传染病发生或传入,尚未造成扩散;⑦发生群体性不明原因疾病,扩散到县(市)以外的地区;⑧发生重大医源性感染事件;⑨预防接种或群体性预防性服药出现人员死亡;⑩一次食物中毒人数超过100人并出现死亡病例,或出现10例以上死亡病例;⑪一次发生急性职业中毒50人以上,或死亡5人以上;⑫境内外隐匿运输、邮寄烈性生物病原体、生物毒素造成我境内人员感染或死亡的;⑬省级以上人民政府卫生行政部门认定的其他严重突发公共卫生事件。

### (三)较大的突发公共卫生事件(Ⅲ级)

较大的突发公共卫生事件包括:①发生肺鼠疫、肺炭疽病例,一个平均潜伏期内病例数未超过5例,流行范围在一个县(市)行政区域以内;②腺鼠疫发生流行,在一个县(市)行政区域内,一个平均潜伏期内连续发病10例以上,或波及2个以上县(市);③霍乱在一个县(市)行政区域内发生,1周内发病10~29例或波及2个以上县(市),或市(地)级以上城市的市区首次发生;④一周内在一个县(市)行政区域内,乙、丙类传染病发病水平超过前5年同期平均发病水平1倍以上;⑤在一个县(市)行政区域内发现群体性不明原因疾病;⑥一次食物中毒人数超过100人,或出现死亡病例;⑦预防接种或群体性预防性服药出现群体心因性反应或不良反应;⑧一次发生急性职业中毒10~49人,或死亡4人以下;⑨市(地)级以上人民政府卫生行政部门认定的其他较大突发公共卫生事件。

### (四)一般的突发公共卫生事件(Ⅳ级)

一般的突发公共卫生事件包括:①腺鼠疫在一个县(市)行政区域内发生,一个平均潜伏期内病例数未超过10例;②霍乱在一个县(市)行政区域内发生,1周内发病9例以下;③一次食物中毒人数30~99人,未出现死亡病例;④一次发生急性职业中毒9人以下,未出现死亡病例;⑤县级以上人民政府卫生行政部门认定的其他一般突发公共卫生事件。

## 四、突发公共卫生事件应急方针和原则

《突发事件应对法》规定,突发事件应对工作应当坚持总体国家安全观,统筹发展与安全;坚持人民至上、生命至上;坚持依法科学应对,尊重和保障人权;坚持预防为主、预防与应急相结合。《突发公共卫生事件应急条例》规定,突发事件应急工作,应当遵循预防为主、常备不懈的方针,贯彻统一领导、分级负责、反应及时、措施果断、依靠科学、加强合作的原则。《突发事件医疗应急工作管理办法(试行)》第二条规定,按照"人民至上、生命至上、报告及时、快速处置、分级响应、平急结合"的原则,以高度负责的精神,做到早发现、早报告、早处置,拓宽信息渠道,及时、准确、全面报告突发事件信息,有力、有序、有效开展医疗应急工作。

## 第二节 | 突发公共卫生事件应急组织体系

### 一、突发公共卫生事件应急指挥部

突发公共卫生事件应急处理指挥机构分为国家、省级、地市级和县级应急指挥部。每级指挥部成员单位根据突发公共卫生事件的性质和应急处理的需要确定,各级职责分明。

#### (一)全国突发公共卫生事件应急处理指挥部

特别重大的突发公共卫生事件发生后,国务院根据国务院卫生行政部门的建议和突发公共卫生事件应急处理需要,成立全国突发公共卫生事件应急处理指挥部,由国务院和军队有关主管部门组成,国务院主管领导人担任总指挥,负责对特别重大突发公共卫生事件的统一领导、统一指挥,作出处理突发公共卫生事件的重大决策。指挥部成员单位根据突发公共卫生事件的性质和应急处理的需要确定。

#### (二)省级突发公共卫生事件应急处理指挥部

突发事件发生后,省、自治区、直辖市人民政府成立地方突发事件应急处理指挥部,省、自治区、直

辖市人民政府主要领导人担任总指挥,负责领导、指挥本行政区域内突发事件应急处理工作。省级突发公共卫生事件应急指挥部由省级人民政府有关部门组成,实行属地管理的原则,负责对本行政区域内突发公共卫生事件应急处理的协调和指挥,作出处理本行政区域内突发公共卫生事件的决策,决定要采取的措施。

### (三)地市级和县级突发公共卫生事件应急处理指挥部

地市级和县级人民政府按照国家和省级突发公共卫生事件应急预案的要求,根据本级卫生行政部门的建议和突发公共卫生事件应急处理的需要,成立地方突发公共卫生事件应急处理指挥部,负责本地区突发公共卫生事件的协调和指挥,决定采取本行政区域内处理突发公共卫生事件的必要措施。

## 二、日常管理机构

根据 2022 年 1 月《中共中央办公厅　国务院办公厅关于调整国家卫生健康委员会职能配置、内设机构和人员编制的通知》,负责全国突发公共卫生事件应急处理日常管理工作的卫生应急办公室(突发公共卫生事件应急指挥中心)更名为医疗应急司,其主要职能是:①组织协调传染病疫情应对工作,承担医疗卫生应急体系建设,组织指导各类突发公共事件的医疗救治和紧急医学救援工作;②拟订医疗安全、医疗监督、采供血机构管理以及行风建设等行业管理政策、标准并组织实施;③拟订重大疾病、慢性病防控管理政策规范并监督实施。

各省、自治区、直辖市人民政府卫生行政部门及军队、武警系统要参照国务院卫生行政部门突发公共卫生事件日常管理机构的设置及职责,结合各自实际情况,指定突发公共卫生事件的日常管理机构,负责本行政区域或本系统内突发公共卫生事件应急的协调、管理工作。

各市(地)级、县级卫生行政部门要指定机构负责本行政区域内突发公共卫生事件应急的日常管理工作。

## 三、专家咨询委员会

国务院卫生行政部门和省级卫生行政部门负责组建突发公共卫生事件专家咨询委员会。市(地)级和县级卫生行政部门可根据本行政区域内突发公共卫生事件应急工作需要,组建突发公共卫生事件应急处理专家咨询委员会。

## 四、应急专家库

各级卫生健康行政部门建立辖区内的医疗应急专家库,负责更新本级医疗应急专家库。发生突发事件时,卫生健康行政部门应及时从专家库调用专家,书面通知派出人员所在单位,紧急情况下可先电话通知。

### (一)专家资格遴选

政治合格,在临床医学、灾害管理学、法学等领域工作 5 年以上,具有一定专业学术地位或影响和应对突发事件处置经验并具备副高级及其以上专业职称,年龄在 65 周岁以下、身体健康、能够胜任相关工作的,经推荐审核后可作为医疗应急专家,入选医疗应急专家库。医疗应急专家推荐与审核按照突发事件类别和所需相关专业进行推荐,包括医疗救治、卫生管理、危机管理、心理学、社会学等专业专家。

### (二)专家库管理

医疗应急专家库按国家、省、地市三级分级管理、动态维护、实时更新。国家卫生健康委依托国家突发事件医疗应急指挥信息系统,建立和维护医疗应急专家库,指导省级专家库系统管理。省级卫生健康行政部门负责省级医疗应急专家库的建立、管理,按要求推荐国家级专家,指导省级以下医疗应急专家库管理。

### 五、应急处理专业技术机构

医疗机构、疾病预防控制机构、卫生监督机构、出入境检验检疫机构是突发公共卫生事件应急处理的专业技术机构。应急处理专业技术机构要结合本单位职责开展专业技术人员处理突发公共卫生事件能力培训,提高快速应对能力和技术水平,在发生突发公共卫生事件时,要服从卫生行政部门的统一指挥和安排,开展应急处理工作。

## 第三节 │ 突发公共卫生事件应急保障

### 一、监测和预警

《突发公共卫生事件应急条例》规定,县级以上地方人民政府建立和完善突发事件监测与预警系统。县级以上各级人民政府卫生行政部门,指定机构负责开展突发事件的日常监测,并确保监测与预警系统的正常运行。在日常工作中,要对可能发生的突发公共卫生事件进行监测,并及时发出预警;突发公共卫生事件发生后,要对已经发生的突发公共卫生事件进行跟踪监测,掌握其变化情况,对可能出现的趋势和问题及时进行预警。

#### (一)突发公共卫生事件的监测

突发公共卫生事件的监测分为国家级和地方各级卫生行政部门的监测。国家建立统一的突发公共卫生事件监测、预警与报告网络体系。各级医疗、疾病预防控制、卫生监督和出入境检疫机构负责开展突发公共卫生事件的日常监测工作。省级人民政府卫生行政部门按照国家统一规定和要求,结合实际,组织开展重点传染病和突发公共卫生事件的主动监测。

突发公共卫生事件监测的具体要求是:①根据重大的传染病疫情、群体性不明原因疾病、重大食物和职业中毒等突发事件的类别进行;②监测计划的制定要根据突发事件的特点,有的放矢,如对重大的传染病疫情的监测,要根据不同传染病发病规律、传染源传播途径、易感人群等环节制定相应的监测方案;③运用监测数据,进行科学分析,综合评估;④及时发现潜在的隐患;⑤按规定程序和时限报告。

#### (二)突发公共卫生事件的预警

各级人民政府卫生行政部门根据医疗机构、疾病预防控制机构、卫生监督机构提供的监测信息,按照公共卫生事件的发生、发展规律和特点,及时分析其对公众身心健康的危害程度、可能的发展趋势,及时作出预警。

### 二、应急预案

#### (一)应急预案的概念和种类

应急预案是指面对自然灾害、重特大事故、环境公害以及人为破坏等突发事件的应急管理、指挥、救援计划。一般包括完善的应急组织管理指挥系统;强有力的应急工程救援保障体系;综合协调、应对自如的相互支持系统;充分备灾的保障供应体系;体现综合救援的应急队伍等。按照制定主体划分,分为政府及其部门应急预案、单位和基层组织应急预案两大类。政府及其部门应急预案由各级人民政府及其部门制定,包括总体应急预案、专项应急预案、部门应急预案和联合应急预案等。

总体应急预案是应急预案体系的总纲,是政府组织应对突发事件的总体制度安排,由县级以上各级人民政府制定。主要规定突发事件应对的基本原则、组织体系、运行机制,以及应急保障的总体安排等,明确相关各方的职责和任务。

专项应急预案是政府为应对某一类型或某几种类型突发事件,或者针对重要目标物保护、重大活动保障、应急资源保障等重要专项工作而预先制定的涉及多个部门职责的工作方案,由有关部门牵头制订,报本级人民政府批准后印发实施。

部门应急预案是政府有关部门根据总体应急预案、专项应急预案和部门职责,为应对本部门(行业、领域)突发事件,或者针对重要目标物保护、重大活动保障、应急资源保障等涉及部门工作而预先制定的工作方案,由各级政府有关部门制定。

联合应急预案是为了鼓励相邻、相近的地方人民政府及其有关部门联合制定应对区域性、流域性突发事件而制定的应急预案。

### (二)应急预案的制定

《突发事件应对法》规定,国家建立健全突发事件应急预案体系。国务院制定国家突发事件总体应急预案,组织制定国家突发事件专项应急预案;国务院有关部门根据各自的职责和国务院相关应急预案,制定国家突发事件部门应急预案并报国务院备案。县级以上人民政府应急管理部门指导突发事件应急预案体系建设,综合协调应急预案衔接工作,增强有关应急预案的衔接性和实效性。

为了提高政府保障公共安全和处置突发公共事件的能力,最大程度地预防和减少突发公共事件及其造成的损害,保障公众的生命财产安全,维护国家安全和社会稳定,促进经济社会全面、协调、可持续发展,2006年1月8日,国务院发布了《国家突发公共事件总体应急预案》(以下简称《总体预案》)。国家突发公共事件总体应急预案由国家专项应急预案、国务院部门应急预案和省级地方应急预案构成。《总体预案》包括4项公共卫生类突发公共事件专项应急预案,即《国家突发公共卫生事件应急预案》《国家突发公共事件医疗卫生救援应急预案》《国家突发重大动物疫情应急预案》《国家重大食品安全事故应急预案》(2011年修订)。其中,《国家突发公共卫生事件应急预案》适用于突然发生,造成或者可能造成社会公众身心健康严重损害的重大传染病、群体性不明原因疾病、重大食物和职业中毒以及因自然灾害、事故灾难或社会安全等事件引起的严重影响公众身心健康的公共卫生事件的应急处理工作。

《突发公共卫生事件应急条例》规定,国务院卫生行政部门按照分类指导、快速反应的要求,制定全国突发事件应急预案,报请国务院批准。省、自治区、直辖市人民政府根据全国突发事件应急预案,结合本地实际情况,制定本行政区域的突发事件应急预案。

为了有效预防、及时控制和消除公共卫生类突发公共事件及其危害,指导和规范相关应急处理工作,最大程度地减少对公众健康造成的危害,保障公众身心健康与生命安全,原卫生部根据《突发公共卫生事件应急条例》和《国家突发公共卫生事件应急预案》制定了《国家突发公共事件医疗卫生救援应急预案》,以及许多相关的单项突发公共卫生事件应急预案,如《卫生部法定传染病疫情和突发公共卫生事件信息发布方案》《群体性不明原因疾病应急处置方案》《人感染高致病性禽流感应急预案》《卫生部突发中毒事件卫生应急预案》《国家鼠疫控制应急预案》《卫生部应对流感大流行准备计划与应急预案(试行)》《手足口病预防控制指南》等。

### (三)突发事件应急预案的内容

具体包括:①突发事件应急处理指挥部的组成和相关部门的职责;②突发事件的监测与预警;③突发事件信息的收集、分析、报告、通报制度;④突发事件应急处理技术和监测机构及其任务;⑤突发事件的分级和应急处理工作方案;⑥突发事件预防、现场控制,应急设施、设备、救治药品和医疗器械以及其他物资和技术的储备与调度;⑦突发事件应急处理专业队伍的建设和培训。突发事件应急预案应当根据突发事件的变化和实施中发现的问题及时进行修订、补充。

## 三、医疗应急队伍

各级卫生健康行政部门应当按照"统一组织、平急结合、因地制宜、分类管理、分级负责、协调运转"的原则,根据灾害灾难、传染病疫情、中毒、核辐射等不同类别的紧急医学救援组建医疗应急队伍,以有效应对辖区内发生的突发事件,必要时根据有关指令开展辖区外处置支援。各级各类医疗机构根据本单位的职能,成立相应的应急队伍。医疗应急队伍以现场救援、转运后送、院内救治为主要任务。①队伍成员应根据应对事件的不同类型,从医疗卫生机构等选择政治合格、年富力强、有实践经验的人员组成。②队伍装备应实现集成化和自我保障化,分为通用性和专业类装备。通用性保障装备主要包括个人生活用品(携行)、后勤保障装备、指挥通信装备、办公装备、徽章标志和交通装备等;医疗救治专业类装备根据重大灾害、传染病、中毒、核辐射等不同事件类别配备,主要包括救治设备、防护装备,诊断、检测装备,现场处置类装备,药品器材等。③国家医疗应急队伍的建设和管理具体按照《国家卫生应急队伍管理办法(试行)》执行,地方各级医疗应急队伍管理参照执行。各级卫生健康行政部门可依托"医疗应急指挥信息系统"建立队伍成员和装备资料库,实行信息化管理,及时更新信息资料。

### 四、医疗应急储备

各级卫生健康行政部门要依托综合实力强的医疗机构加强紧急医学救援基地、重大传染病防治基地的建设和管理,提高大规模收治伤病员能力和医疗应急演训、科研、物资储备能力。

各级卫生健康行政部门按照突发事件情况和生产供应情况科学制定医疗应急医药储备目录。储备物资类别包括突发事件医疗救治、现场处置所需的有关药品、疫苗、诊断试剂和器械、防护用品、消毒剂等。

医疗机构应本着"自用自储"的原则制定日常应急物资储备计划,国家医学中心、区域医疗中心和重大疫情救治基地、紧急医学救援基地、医疗应急队伍所依托的医疗机构要加强相关医疗救治设备配备并保留一定的备份量,负责区域突发事件快速反应支持。

发生灾情、疫情等突发事件时,卫生健康行政部门需要调用医药储备的,原则上先向地方相关部门申请调用地方医药储备,地方医药储备不能满足需求时,可申请调用中央医药储备。

### 五、应急演练

各级卫生健康行政部门和医疗机构根据突发事件风险评估制定相应的医疗应急预案,针对预案定期开展医疗应急演练,并根据形势变化、预案实施和演练中发现的问题及时修订。

各级卫生健康行政部门根据实际情况和医疗应急工作需要,结合预案制定年度演练计划,采取桌面和实战演练、功能和全面演练等形式,重点演练突发事件医疗应急组织管理、快速反应、技术规范、物资储备、部门协调、媒体沟通等。

### 六、应急培训

各级卫生健康行政部门负责医疗应急培训,包括制定和组织实施培训规划,并进行绩效评估。坚持"预防为主、平急结合、突出重点、学以致用"的原则,根据实际需要,充分利用广播电视、远程教育等先进手段,辅以情景模拟、案例分析等方法,采取多种形式开展培训。依据分级管理、逐级培训的原则,国家卫生健康委组织对省级、地方各级卫生健康行政部门组织本级及下一级师资和技术骨干的培训,做到全员培训和重点提高相结合,现场处置培训与理论培训相结合,地区交流与出国培训相结合。

培训对象为:①医疗应急管理干部;②医疗应急专业队伍;③医务人员;④相关部门医疗应急管理干部;⑤医疗应急救援志愿者。

### 七、科普宣传

加强医疗应急科普宣教,利用广播、电视、报纸和网络等大众媒体,及时将宣传信息传递到有关目标人群,将切合实际的有关自救互救等知识反复向公众宣传,通过开展医疗应急科普知识进企业、进农村、进社区、进学校、进家庭等活动,倡导卫生行为,群策、群防、群控,提高公众突发事件医疗应急意识和能力。

## 八、科研创新

加强医疗应急科技交流与合作,有计划地开展应对突发事件医疗应急相关的科学研究,探索事件发生、发展的规律。加强医疗应急工作的法制、体制、机制和预案建设的相关政策研究,应急指挥平台的开发应用,现场应急处置相关技术,应急能力评估,社会经济评价,队伍装备标准,应急物资储备,现场快速检测技术和实验室诊断方法等医疗应急科研成果的综合评价和推广应用工作。

## 九、应急经费保障

必须保障突发公共卫生事件应急基础设施项目建设经费,按规定落实对突发公共卫生事件应急处理专业技术机构的财政补助政策和突发公共卫生事件应急处理经费。应根据需要对边远贫困地区突发公共卫生事件应急工作给予经费支持。所需经费列入本级政府财政预算。国务院有关部门和地方各级人民政府应积极通过国际、国内等多渠道筹集资金,用于突发公共卫生事件应急处理工作。

## 第四节 | 突发公共卫生事件报告与信息发布

### 一、突发公共卫生事件发现途径

《突发事件医疗应急工作管理办法(试行)》中突发事件医疗应急相关信息的发现途径包括:①各地、各有关单位报告的信息;②新闻媒体报道中涉及的信息、社会公众报告、其他部门通报和上级部门反馈等。

### 二、突发公共卫生事件应急报告

《突发公共卫生事件应急条例》规定,国家建立突发公共卫生事件应急报告制度。国务院卫生行政部门制定突发公共卫生事件应急报告规范,建立重大、紧急疫情信息报告系统。

#### (一) 报告主体

根据《国家突发公共卫生事件应急预案》及《突发事件医疗应急工作管理办法(试行)》的规定,任何单位和个人均有权向所在地人民政府、有关主管部门或者指定的专业机构报告突发事件及其隐患。县级以上卫生健康行政部门、各级各类医疗卫生机构及卫生健康行政部门指定的突发事件监测机构等为突发事件医疗应急信息责任报告单位,应依据各自职责和相关要求向地方人民政府和(或)卫生健康行政部门报告。

《突发公共卫生事件应急条例》明确规定了突发公共卫生事件的责任报告单位和责任报告人,任何单位和个人不得隐瞒、缓报、谎报或者授意他人隐瞒、缓报、谎报突发公共卫生事件。

1. **责任报告单位** 县级以上各级人民政府卫生行政部门指定的突发公共卫生事件监测机构、各级各类医疗卫生机构、卫生行政部门、县级以上地方人民政府和检验检疫机构、食品药品监督管理机构、环境保护监测机构、教育机构等有关单位为突发公共卫生事件的责任报告单位。

2. **责任报告人** 执行职务的医疗卫生机构的医务人员、检疫人员、疾病预防控制人员、乡村医生和个体开业医生等是突发公共卫生事件的责任报告人。

#### (二) 报告内容和时限

《突发公共卫生事件应急条例》规定,有下列情形之一的,省、自治区、直辖市人民政府应当在接到报告1小时内,向国务院卫生行政部门报告:①发生或者可能发生传染病暴发、流行;②发生或者发现不明原因的群体性疾病;③发生传染病菌种、毒种丢失;④发生或者可能发生重大食物和职业中毒事件。

《突发事件医疗应急工作管理办法(试行)》规定,责任报告单位应当按照有关规定及时报告突发事件及其处置情况。获得突发事件相关信息,责任报告单位应当在2小时内向属地卫生健康行政部门报告。属地卫生健康行政部门应当尽快组织现场医疗应急处置,同时进行信息报告;接到突发事件相关信息报告的卫生健康行政部门,应根据事件的不同级别,采取相应的应对措施,并在2小时内同时向本级人民政府和上一级卫生健康行政部门报告。如尚未达到突发事件标准,应当密切跟踪事态发展,及时报告事态变化。

对死亡和危重病例超过5例的重大及以上级别突发事件,或可能引发重大及以上级别突发事件的,省级卫生健康行政部门接到报告2小时内报告国家卫生健康委,伤亡情况暂时不清时先报告事件情况,伤亡情况通过进展报告报送,省级以下卫生健康行政部门可直接上报国家卫生健康委,同时抄送上级卫生健康行政部门,国家卫生健康委接到报告后应当及时向国务院报告。

对重大及以上级别突发事件,省级卫生健康行政部门应由专人对接各救治医疗机构,实时掌握伤病员救治情况,与国家卫生健康委保持24小时信息畅通;特别重大事件每日报告,重大事件隔日报告。

### (三) 分类报告及内容

《突发事件医疗应急工作管理办法(试行)》规定,根据事件发生、发展、控制过程分为初次报告、进展报告、结案报告。初次报告一般应包括以下内容:事件发生或发现时间、地点、事件类型、已造成人员伤亡情况、伤病员检伤分类、初步诊断;调派医务人员、救护车、医疗应急队伍和省、市专家等医疗资源情况;卫生健康系统受损情况、拟进一步采取的医疗应急措施以及请求支援事项。进展报告应包括已实施的救治策略和方案,后续医疗救治方案,并及时更新伤病员救援、医疗救治和病情转归进展等。结案报告应包括伤病员死亡情况、治愈情况等,对突发事件医疗救治工作进行总结分析。

## 三、突发公共卫生事件通报

国务院卫生行政部门应当根据发生突发事件的情况,及时向国务院有关部门和各省、自治区、直辖市人民政府卫生行政部门以及军队有关部门通报。突发公共卫生事件发生地的省、自治区、直辖市人民政府卫生行政部门,应当及时向毗邻省、自治区、直辖市人民政府卫生行政部门通报。

接到通报的省、自治区、直辖市人民政府卫生行政部门,必要时应当及时通知本行政区域内的医疗卫生机构。县级以上地方人民政府有关部门,已经发生或者发现可能引起突发事件的情形时,应当及时向同级人民政府卫生行政部门通报。

对涉及跨境的疫情线索,由国务院卫生行政部门向有关国家和地区通报情况。

## 四、突发公共卫生事件信息发布

国家建立突发公共卫生事件的信息发布制度。国务院卫生行政部门负责向社会发布突发公共卫生事件的信息。必要时,可以授权省、自治区、直辖市人民政府卫生行政部门向社会发布本行政区域内突发公共卫生事件的信息。信息发布应当及时、准确、全面。

## 五、完善责任追究

建立倒查追究制度。加强检查指导,努力提高信息报告的时效性和准确性。对迟报、漏报、谎报、瞒报的单位,坚决按照相关规定,依法依规追究相关人员责任。地方各级卫生健康行政部门应每年对各地突发事件信息报送工作进行评估。任何单位和个人均有权向政府部门举报不履行或不按规定履行突发事件医疗应急职责的部门、单位及个人。

## 第五节 | 突发公共卫生事件应急处理

突发事件医疗应急处置遵循分级负责、属地管理为主的原则,地方各级卫生健康行政部门应当建立突发事件的应急响应机制,根据突发事件类型,启动应急响应,在属地党委和人民政府领导下,加强部门协同,完善应急力量,快速反应、高效应对各类突发事件,开展医疗救援。

## 一、应急预案的启动

突发公共卫生事件发生后,卫生行政部门应当组织专家对突发公共卫生事件进行综合评估,初步判断突发公共卫生事件的类型,提出是否启动突发公共卫生事件应急预案的建议。启动应急预案的建议,主要考虑以下几个方面:①突发公共卫生事件的类型和性质;②突发公共卫生事件的影响面及严重程度;③目前已采取的紧急控制措施及控制效果;④突发公共卫生事件的未来发展趋势;⑤启动应急处理机制是否需要。

在全国范围内或者跨省、自治区、直辖市范围内启动全国突发公共卫生事件应急预案,由国务院卫生行政部门报国务院批准后实施。省、自治区、直辖市启动突发公共卫生事件应急预案,由省、自治区、直辖市人民政府决定,并向国务院报告。

应急预案启动后,突发公共卫生事件发生地的人民政府有关部门,应当根据预案规定的职责要求,服从指挥部的统一指挥,立即到达规定岗位,采取有关的控制措施。医疗卫生机构、监测机构和科学研究机构,应当服从突发事件应急处理指挥部的统一指挥,相互配合、协作,集中力量开展相关的科学研究工作。

## 二、应急处理措施

### (一) 突发公共卫生事件的调查评价

省级以上人民政府卫生行政部门或者其他有关部门指定的突发公共卫生事件应急处理专业技术机构,负责突发公共卫生事件的技术调查、确证、处置、控制和评价工作。国务院卫生行政部门或者其他有关部门指定的专业技术机构,有权进入突发公共卫生事件现场进行调查、采样、技术分析和检验,对地方突发公共卫生事件的应急处理工作进行技术指导,有关单位和个人应当予以配合;任何单位和个人不得以任何理由予以拒绝。对新发现的突发传染病、不明原因的群体性疾病、重大食物和职业中毒事件,国务院卫生行政部门应当尽快组织力量制定相关的技术标准、规范和控制措施。

### (二) 法定传染病的宣布

国务院卫生行政部门对新发现的突发传染病,根据危害程度、流行强度,依照《传染病防治法》的规定及时宣布为法定传染病。宣布为甲类传染病的,由国务院决定;乙类、丙类传染病病种,由国务院卫生行政部门决定并予以公布。

### (三) 应急物资的生产、供应、运送和人员的调集

突发公共卫生事件发生后,国务院有关部门和县级以上地方人民政府及其有关部门,应当保证突发公共卫生事件应急处理所需的医疗救护设备、救治药品、医疗器械等物资的生产、供应;铁路、交通、民用航空行政主管部门应当保证及时运送。根据突发公共卫生事件应急处理的需要,突发公共卫生事件应急处理指挥部有权紧急调集人员、储备的物资、交通工具以及相应的设施、设备参加应急处理工作。

卫生健康行政部门根据现场医疗救治需求,按照预案要求制定医疗救援方案,统一指挥调动医疗资源,迅速开展医疗救援工作。对伤病员进行检伤分类,开展现场救治、合理转运,分级分类开展救治,危险化学品、核辐射事件的伤病员应及时转运到专业医疗机构救治。重大及以上级别突发事件,应统筹组织本省域医疗资源,开展现场救治和转运等工作。国家卫生健康委派出相关领域专家指导医疗救治工作,必要时调派医疗应急队伍予以支援。相邻省份应做好本省份国家、省级医疗应急队伍支援准备工作,随时接受调派。

### (四) 交通工具及乘运人员和物资的处置

《国家突发公共卫生事件应急预案》规定,实施交通卫生检疫,组织铁路、交通、民航、质检等部门在交通站点和出入境口岸设置临时交通卫生检疫站,对出入境、进出疫区和运行中的交通工具及其乘运人员和物资、宿主动物进行检疫查验。

《突发公共卫生事件应急条例》规定,交通工具上发现根据国务院卫生行政部门的规定需要采取

应急控制措施的传染病病人、疑似传染病病人,其负责人应当以最快的方式通知前方停靠点,并向交通工具的营运单位报告。交通工具的前方停靠点和营运单位应当立即向交通工具营运单位行政主管部门和县级以上地方人民政府卫生行政部门报告。卫生行政部门接到报告后,应当立即组织有关人员采取相应的医学处置措施。

交通工具上的传染病病人密切接触者,由交通工具停靠点的县级以上各级人民政府卫生行政部门或者铁路、交通、民用航空行政主管部门,根据各自的职责,依照传染病防治法律、法规的规定,采取控制措施。

涉及国境口岸和出入境的人员、交通工具、货物、集装箱、行李、邮包等需要采取传染病应急控制措施的,依照国境卫生检疫法律、行政法规的规定办理。

### (五) 伤病员的处置

《突发事件医疗应急工作管理办法(试行)》规定,医务人员应当按照相关规范和标准对伤病员进行初次检伤分类、持续评估,分别用绿、黄、红、黑四种颜色,对轻、重、危重伤病员和死亡人员进行分类,标记在伤病员或死亡人员的手腕或脚踝等明显部位,以便按照类别开展处置。危重症患者标红色标,应第一优先处置、转送;重症患者标黄色标,第二优先处置、转送;轻症患者标绿色标,可第三优先处置、转送;死亡者标黑色标。

在确保安全的前提下,按照"最快到达"原则将伤病员迅速转送至具备治疗条件的医疗机构,对于传染病患者,应根据《传染病防治法》等相关法律法规要求转送至指定的救治医疗机构。在医疗应急救援中,应综合考虑伤病员情况、地理环境、医疗救治条件和能力等因素,科学选择转运方式和收治医院。需要远距离转运的,协调民航、铁路、交通等部门协助解决医疗救援有关交通事宜。伤病员现场经治的医疗文书要与接纳后送伤病员的医疗机构做好交接。

伤病员救治应按照集中资源、集中专家、集中伤病员、集中救治的"四集中"原则,首选收治在医疗救治能力和综合水平强的二级以上综合医院、中医医院和中西医结合医院,成立医疗救治工作组,统一指挥、统一部署、统筹资源开展医疗救治工作。根据分级分层分类救治的原则,相应的卫生健康行政部门组织成立专家组,对伤病员病情进行评估,重症患者应按照"一人一策"原则进行救治,必要时开展多学科会诊和远程会诊,保证救治质量。同时,做好伤病员及家属、相关工作人员等重点人群以及公众的心理援助工作。特别重大、重大和较大突发事件伤病员集中收治工作完成、批量伤病员得到有效救治、结束集中收治工作后,对医疗应急工作进行总结,提出工作建议。

### (六) 疫区的控制

突发公共卫生事件应急处理指挥部根据突发事件应急处理的需要,可以对疫区的食物和水源采取控制措施。必要时,对人员进行疏散或者隔离,并可以依法对传染病疫区实行封锁。对传染病暴发、流行区域内流动人口,突发事件发生地的县级以上地方人民政府应当做好预防工作,落实有关卫生控制措施;对传染病病人和疑似传染病病人,应当采取就地隔离、就地观察、就地治疗的措施;对密切接触者根据情况采取集中或居家医学观察;对需要治疗和转诊的,依照规定执行。

## 三、政府及有关部门的责任

### (一) 政府

政府履行统一领导职责,根据突发公共卫生事件性质、特点和危害程度,立即组织有关部门,调动应急救援队伍和社会力量,采取应急处置措施,包括:①组织营救和救治受害人员,疏散、撤离并妥善安置受到威胁的人员以及采取其他救助措施;②迅速控制危险源,标明危险区域,封锁危险场所,划定警戒区,实行交通管制以及其他控制措施;③立即抢修被损坏的交通、通信、供水、排水、供电、供气、供热等公共设施,向受到危害的人员提供避难场所和生活必需品,实施医疗救护和卫生防疫以及其他保障措施;④禁止或者限制使用有关设备、设施,关闭或者限制使用有关场所,中止人员密集的活动或者可能导致危害扩大的生产经营活动以及采取其他保护措施;⑤启用本级人民政府设置的财政预备费和储备的应急救援物资,必要时调用其他急需物资、设备、设施、工具;⑥组织公民参加应急救援和处置工作,要求具有特定专长的人员提供服务;⑦保障食品、饮用水、燃料等基本生活必需品的供应;⑧依法从严惩处囤积居奇、哄抬物价、制假售假等扰乱市场秩序的行为,稳定市场价格,维护市场秩序;⑨依法从严惩处哄抢财物、干扰破坏应急处置工作等扰乱社会秩序的行为,维护社会治安。

### (二)公安机关

公安机关针对突发事件的性质和特点,依照有关法律、行政法规和国家其他有关规定,采取下列一项或者多项应急处置措施:①强制隔离使用器械相互对抗或者以暴力行为参与冲突的当事人,妥善解决现场纠纷和争端,控制事态发展;②对特定区域内的建筑物、交通工具、设备、设施以及燃料、燃气、电力、水的供应进行控制;③封锁有关场所、道路,查验现场人员的身份证件,限制有关公共场所内的活动;④加强对易受冲击的核心机关和单位的警卫,在国家机关、军事机关、国家通讯社、广播电台、电视台、外国驻华使领馆等单位附近设置临时警戒线;⑤法律、行政法规和国务院规定的其他必要措施;⑥在突发事件中需要接受隔离治疗、医学观察措施的病人、疑似病人和传染病病人密切接触者,在卫生行政部门或者有关机构采取医学措施时拒绝配合的,由公安机关依法协助强制执行。突发事件严重危害社会治安秩序时,公安机关应当立即依法出动警力,根据现场情况依法采取相应的强制性措施,尽快使社会秩序恢复正常。

### (三)卫生健康行政部门

卫生健康行政部门根据现场医疗救治需求,按照预案要求制定医疗救援方案,统一指挥调动医疗资源,迅速开展医疗救援工作。对伤病员进行检伤分类,开展现场救治、合理转运、分级分类开展救治,危险化学品、核辐射事件的伤病员应及时转运到专业医疗机构救治。

重大及以上级别突发事件,应统筹组织本省域医疗资源,开展现场救治和转运等工作。国家卫生健康委派出相关领域专家指导医疗救治工作,必要时调派医疗应急队伍予以支援。相邻省份应做好本省份国家、省级医疗应急队伍支援准备工作,随时接受调派。

### (四)街道、乡镇和居(村)民委员会的责任

传染病暴发、流行时,街道、乡镇以及居民委员会、村民委员会应当组织力量,团结协作,群防群治,协助卫生行政部门和其他有关部门、医疗卫生机构做好疫情信息的收集和报告、人员的分散隔离、公共卫生措施的落实工作,向居民、村民宣传传染病防治的相关知识。

## 四、医疗卫生机构的责任

### (一)医疗机构的责任

医疗卫生机构应当对传染病做到早发现、早报告、早隔离、早治疗,切断传播途径,防止扩散。具体包括:①对因突发事件致病的人员提供医疗救护和现场救援,对就诊病人必须接诊治疗,实行重症和普通病人分开管理,并书写详细、完整的病历记录。对需要转送的病人,应当按照规定将病人及其病历记录的复印件转送至接诊的或者指定的医疗机构。对疑似病人及时排除或确诊;②协助疾控机构人员开展标本的采集、流行病学调查工作;③采取卫生防护措施,做好医院内现场控制、消毒隔离、个人防护、医疗垃圾和污水处理工作,防止交叉感染和污染;④做好传染病和中毒病人的报告。对因突发公共卫生事件而引起身体伤害的病人,任何医疗机构不得拒绝接诊;⑤对群体性不明原因疾病和新发传染病做好病例分析与总结,积累诊断治疗的经验。重大中毒事件,按照现场救援、病人转运、后续治疗相结合的原则进行处置。

### (二)疾病预防控制机构的责任

国家、省、市(地)、县级疾病预防控制机构应当做好突发公共卫生事件的信息收集、报告与分析工作;开展流行病学调查;进行实验室检测等。

### (三)卫生监督机构的责任

卫生监督机构应当:①在卫生行政部门的领导下,开展对医疗机构、疾病预防控制机构突发公共

卫生事件应急处理各项措施落实情况的督导、检查;②围绕突发公共卫生事件应急处理工作,开展环境卫生、职业卫生等的卫生监督和执法稽查;③协助卫生行政部门依据《突发公共卫生事件应急条例》和有关法律法规,调查处理突发公共卫生事件应急工作中的违法行为。

### (四)出入境检验检疫机构的责任

出入境检验检疫机构应当:①调动出入境检验检疫机构技术力量,配合当地卫生行政部门做好口岸的应急处理工作;②及时上报口岸突发公共卫生事件信息和情况变化。

## 五、有关单位和个人的责任

《突发公共卫生事件应急条例》规定:①任何单位和个人对突发事件,不得隐瞒、缓报、谎报或者授意他人隐瞒、缓报、谎报。②国务院卫生行政主管部门或者其他有关部门指定的专业技术机构,进入突发事件现场进行调查、采样、技术分析和检验,对地方突发事件的应急处理工作进行技术指导时,有关单位和个人应当予以配合;任何单位和个人不得以任何理由予以拒绝。③在突发事件中需要接受隔离治疗、医学观察措施的病人、疑似病人和传染病病人密切接触者,在卫生行政部门或者有关机构采取医学措施时应当予以配合;拒绝配合的,由公安机关依法协助强制执行。

# 第六节 │ 应急状态的终止和善后处理

## 一、应急状态的终止

《突发事件应对法》规定,突发事件的威胁和危害得到控制或者消除后,履行统一领导职责或者组织处置突发事件的人民政府应当停止执行依照《突发事件应对法》规定采取的应急处置措施,同时采取或者继续实施必要措施,防止发生自然灾害、事故灾难、公共卫生事件的次生、衍生事件或者重新引发社会安全事件,组织受影响地区尽快恢复社会秩序。

根据《国家突发公共卫生事件应急预案》,突发公共卫生事件应急反应的终止需符合两个方面的条件:一是突发公共卫生事件隐患或相关危险因素消除,或末例传染病病例发生后经过最长潜伏期无新的病例出现;二是要经过批准程序。

特别重大突发公共卫生事件由国务院卫生行政部门组织有关专家进行分析论证,提出终止应急状态(措施)的建议,报国务院或全国突发公共卫生事件应急指挥部。

重大突发公共卫生事件由省级人民政府卫生行政部门组织专家进行分析论证,提出终结建议,报省级人民政府或省级突发公共卫生事件应急处理指挥部批准后实施,并向国务院卫生行政部门报告。

较大突发卫生公共事件由地市级人民政府卫生行政部门组织专家进行分析论证,提出终结建议,报地市级人民政府或地市级突发卫生事件应急处理指挥部批准后实施,并向上一级人民政府卫生行政部门报告。

一般突发公共卫生事件由县级人民政府卫生行政部门组织专家进行分析论证,提出终结建议,报请县级人民政府或县级突发卫生事件应急处理指挥部批准后实施,并向上一级人民政府卫生行政部门报告。

## 二、善后处理

### (一)后期评估

突发公共卫生事件结束后,各级卫生行政部门应在本级人民政府的领导下,组织有关人员对突发公共卫生事件的处理情况进行评估。评估内容主要包括事件概况、现场调查处理概况、病人救治情况、所采取措施的效果评价、应急处理过程中存在的问题和取得的经验及改进建议。评估报告上报本级人民政府和上一级人民政府卫生行政部门。

## （二）奖励

对突发事件医疗应急救援作出突出贡献的单位和个人,按照国家有关规定给予表彰。县级以上人民政府人事部门和卫生行政部门对参加突发公共卫生事件应急处理作出贡献的先进集体和个人进行联合表彰;民政部门对在突发公共卫生事件应急处理工作中英勇献身的人员,按有关规定追认为烈士。

## （三）责任追究

对在突发公共卫生事件的预防、报告、调查、控制和处理过程中,有玩忽职守、失职、渎职等行为的,依据《突发公共卫生事件应急条例》及有关法律法规追究当事人的责任。

## （四）抚恤和补助

各地按规定落实参加突发事件应急处置的医疗卫生人员补助,为参与突发事件处置的专业应急救援人员购买人身意外伤害保险。对参加应急处理一线工作的专业技术人员应根据工作需要制订合理的补助标准,给予补助。对在参与突发事件医疗卫生救援工作中致伤、致残、死亡的人员,按照国家有关规定给予相应的补助和抚恤。

## （五）征用物资、劳务的补偿

突发公共卫生事件应急工作结束后,地方各级人民政府应组织有关部门对应急处理期间紧急调集、征用有关单位、企业、个人的物资和劳务进行合理评估,给予补偿。

# 第七节 | 法律责任

## 一、未按规定履行报告职责的法律责任

### （一）县级以上地方人民政府及其卫生行政部门的法律责任

县级以上地方人民政府及其卫生行政部门未依照《突发公共卫生事件应急条例》的规定履行报告职责,对突发事件隐瞒、缓报、谎报或者授意他人隐瞒、缓报、谎报的,对政府主要领导人及其卫生行政部门主要负责人,依法给予降级或者撤职的行政处分;造成传染病传播、流行或者对社会公众健康造成其他严重危害后果的,依法给予开除的行政处分;构成犯罪的,依法追究刑事责任。

### （二）医疗卫生机构隐瞒、缓报、谎报的法律责任

医疗卫生机构隐瞒、缓报、谎报的,由卫生行政部门责令改正、通报批评、给予警告;情节严重的,吊销《医疗机构执业许可证》;对主要负责人、负有责任的主管人员和其他直接责任人员依法给予降级或者撤职的纪律处分;造成传染病传播、流行或者对社会公众健康造成其他严重危害后果,构成犯罪的,依法追究刑事责任。

### （三）有关单位和个人未依照规定履行报告职责的法律责任

在突发事件应急处理工作中,有关单位和个人未依照规定履行报告职责,隐瞒、缓报或者谎报的,对有关责任人员依法给予行政处分或者纪律处分;触犯治安管理法律法规,构成违反治安管理行为的,由公安机关依法予以处罚;构成犯罪的,依法追究刑事责任。

## 二、未按规定完成应急物资的生产、供应、运输和储备的法律责任

国务院有关部门、县级以上地方人民政府及其有关部门未依照规定完成突发事件应急处理所需要的设施、设备、药品和医疗器械等物资的生产、供应、运输和储备的,对政府主要领导人和政府部门主要负责人依法给予降级或者撤职的行政处分;造成传染病传播、流行或者对社会公众健康造成其他严重危害后果的,依法给予开除的行政处分;构成犯罪的,依法追究刑事责任。

## 三、不配合调查或者阻碍、干涉调查的法律责任

突发事件发生后,县级以上地方人民政府及其有关部门对上级人民政府及有关部门的调查不予

配合,或者采取其他方式阻碍、干涉调查的,对政府主要领导人和政府部门主要负责人依法给予降级或者撤职的行政处分;构成犯罪的,依法追究刑事责任。

在突发事件应急处理工作中,有关单位和个人阻碍突发事件应急处理工作人员执行职务,拒绝国务院卫生行政部门或者其他有关部门指定的专业技术机构进入突发事件现场,或者不配合调查、采样、技术分析和检验的,对有关责任人员依法给予行政处分或者纪律处分;触犯治安管理法律法规,构成违反治安管理行为的,由公安机关依法予以处罚;构成犯罪的,依法追究刑事责任。

### 四、玩忽职守、失职、渎职的法律责任

县级以上各级人民政府卫生行政部门和其他有关部门在突发公共卫生事件调查、控制、医疗救治工作中玩忽职守、失职、渎职的,由本级人民政府或者上级人民政府有关部门责令改正、通报批评、给予警告;对主要负责人、负有责任的主管人员和其他责任人员依法给予降级、撤职的行政处分;造成传染病传播、流行或者对社会公众健康造成其他严重危害后果的,依法给予开除的行政处分;构成犯罪的,依法追究刑事责任。

在突发事件医疗应急工作中对工作消极、失职、渎职的有关责任人,依据有关规定严肃追究责任,构成犯罪的,依法追究刑事责任。

### 五、拒不履行应急处理职责的法律责任

县级以上各级人民政府有关部门拒不履行应急处理职责的,由同级人民政府或者上级人民政府有关部门责令改正、通报批评、给予警告;对主要负责人、负有责任的主管人员和其他责任人员依法给予降级、撤职的行政处分;造成传染病传播、流行或者对社会公众健康造成其他严重危害后果的,依法给予开除的行政处分;构成犯罪的,依法追究刑事责任。

### 六、医疗卫生机构违反规定职责的法律责任

医疗卫生机构未依照规定及时采取控制措施的、未履行突发公共卫生事件监测职责的、拒绝接诊病人的、拒不服从突发公共卫生事件应急处理指挥部调度的,由卫生行政部门责令改正、通报批评、给予警告;情节严重的,吊销《医疗机构执业许可证》;对主要负责人、负有责任的主管人员和其他直接责任人员依法给予降级或者撤职的纪律处分;造成传染病传播、流行或者对社会公众健康造成其他严重危害后果,构成犯罪的,依法追究刑事责任。

**思考题**
1. 如何更好地构建公共卫生应急控制体系以有效控制突发公共卫生事件?
2. 如何做好突发公共卫生事件报告与信息发布工作?
3. 突发公共卫生事件暴发时,如何保证快速有效的应急处置?
4. 在突发公共卫生事件应急反应中政府及各部门的职责有哪些?
5. 在突发事件医疗应急工作中怎样才能抓住工作的重点和核心?

思考题解题思路　　　　本章目标测试

## 推荐阅读

1. 杨平.公共卫生法.［M］.济南:山东大学出版社,2020.

2. 段小贝,陈少贤.公共卫生应急处置与案例评析［M］.北京:人民卫生出版社,2010.

3. 张海斌.全球化时代的公共卫生法治:国别区域公共卫生法治动态［M］.北京:法律出版社,2022.

（邓　虹）

# 第十四章 化妆品法律制度

化妆品作为直接作用于人体的日用化学工业产品,其质量事关人民群众的健康安全。化妆品监督管理法律制度主要包括化妆品以及化妆品原料分类管理制度、化妆品生产经营管理制度、化妆品监督管理制度以及法律责任,明确了化妆品注册人、备案人的主体责任,加强了生产经营全过程管理和上市后质量安全管控,为保障消费者健康,促进化妆品产业健康发展提供了法律保障。

## 第一节 概 述

### 一、化妆品的概念

化妆品,是指以涂擦、喷洒或者其他类似方法,施用于皮肤、毛发、指甲、口唇等人体表面,以清洁、保护、美化、修饰为目的的日用化学工业产品。

根据化妆品的使用方式、使用部位、使用目的的不同,可以将其与一般化学物品进行区分。化妆品是外用的,所以内服或者食用制品均不属于化妆品范围之内;不用于人体的如室内芳香剂、杀虫剂等也不属于化妆品。另外,牙膏参照有关普通化妆品的规定进行管理,香皂如宣称具有特殊化妆品功效的则按照化妆品的规定进行管理。

化妆品按其用途可以分为普通化妆品和特殊用途化妆品;按其生产工艺和剂型可以分为液体类、乳液、蜜类或奶类、膏霜类、粉类、块状类和棒状类化妆品。化妆品有以下特点。

1. **可以终身使用** 这是化妆品与药物的根本区别,它不会影响人体的生理功能,不会引起人体的病理改变。

2. **易被污染** 化妆品是由水、油、醇、乳化剂、颜料、香料及多种化学物质混合制成,在生产、储存和使用过程中易被污染。被污染的化妆品可引起化妆品皮炎,使皮肤受到损害。

3. **选择性强** 化妆品的功效因人而异,使用不当,起不到预期的效果。如护肤类化妆品,要根据季节气候及人体皮肤(干性皮肤、油性皮肤、中性皮肤)的特点,同时还应随年龄的变化加以选用。

4. **具有副作用** 由于化妆品是由多种化学物质混合而成,对人体而言,是一种异物,对皮肤有一定的刺激作用。如化妆品中的焦油色素可使皮肤出现色素斑和小皱纹。

### 二、化妆品立法

为了规范化妆品生产经营活动,加强化妆品监督管理,保证化妆品质量安全,保障消费者健康,促进化妆品产业健康发展,1989 年 11 月 13 日,经国务院批准,卫生部发布了《化妆品卫生监督条例》,这是我国第一部化妆品卫生监督管理的行政法规。1991 年 3 月卫生部发布了《化妆品卫生监督条例实施细则》。《化妆品卫生监督条例》施行 30 多年来,在促进化妆品产业健康发展、保障化妆品质量安全方面发挥了积极作用,但已无法适应产业发展和监管实践需要,因此,有必要对《化妆品卫生监督条例》进行全面修改。2020 年 6 月 29 日,国务院公布了《化妆品监督管理条例》,自 2021 年 1 月 1 日起施行,《化妆品卫生监督条例》同时废止。根据《化妆品监督管理条例》,国家药品监督管理局先后发布了《化妆品标签管理办法》《化妆品不良反应监测管理办法》《化妆品生产质量管理规范》《化妆品生产质量管理规范检查要点及判定原则》《化妆品网络经营监督管理办法》,国家市场监督管理总局发布了《化妆品生产经营监督管理办法》，这些为我国化妆品监督管理提供了基本的法律依据。

根据《化妆品监督管理条例》规定，国务院药品监督管理部门负责全国化妆品监督管理工作。国务院有关部门在各自职责范围内负责与化妆品有关的监督管理工作。县级以上地方人民政府负责药品监督管理的部门负责本行政区域的化妆品监督管理工作。县级以上地方人民政府有关部门在各自职责范围内负责与化妆品有关的监督管理工作。

### 三、化妆品的分类及管理

化妆品分为特殊化妆品和普通化妆品。特殊化妆品，是指用于染发、烫发、祛斑美白、防晒、防脱发的化妆品以及宣称新功效的化妆品。特殊化妆品以外的化妆品为普通化妆品。

国家对特殊化妆品实行注册管理，对普通化妆品实行备案管理。特殊化妆品经国务院药品监督管理部门注册后方可生产、进口。国产普通化妆品应当在上市销售前向备案人所在地省、自治区、直辖市人民政府药品监督管理部门备案，进口普通化妆品应当在进口前向国务院药品监督管理部门备案。《化妆品监督管理条例》规定，注册申请人首次申请特殊化妆品注册或者备案人首次进行普通化妆品备案的，应当具备下列条件：①依法设立的企业或者其他组织；②有与申请注册、进行备案的产品相适应的质量管理体系；③有化妆品不良反应监测与评价能力。

国务院药品监督管理部门依照注册审查程序对特殊化妆品注册申请进行审查。对符合要求的，准予注册并发给特殊化妆品注册证；对不符合要求的，不予注册并书面说明理由。特殊化妆品注册证有效期为5年。有效期届满需要延续注册的，应当在有效期届满30个工作日前提出延续注册的申请。国务院药品监督管理部门应当在特殊化妆品注册证有效期届满前作出准予延续的决定；逾期未作决定的，视为准予延续。有下列情形之一的，不予延续注册：①注册人未在规定期限内提出延续注册申请。②强制性国家标准、技术规范已经修订，申请延续注册的化妆品不能达到修订后标准、技术规范的要求。已经注册的特殊化妆品在生产工艺、功效宣称等方面发生实质性变化的，注册人应当向原注册部门申请变更注册。

普通化妆品备案人通过国务院药品监督管理部门在线政务服务平台提交《化妆品监督管理条例》规定的备案资料后即完成备案。省级以上人民政府药品监督管理部门应当自特殊化妆品准予注册之日起、普通化妆品备案人提交备案资料之日起5个工作日内向社会公布注册、备案有关信息。

### 四、化妆品原料的分类及管理

化妆品原料分为新原料和已使用的原料。在我国境内首次使用于化妆品的天然或者人工原料为化妆品新原料。国家对风险程度较高的化妆品新原料实行注册管理，对其他化妆品新原料实行备案管理。

《化妆品监督管理条例》规定，具有防腐、防晒、着色、染发、祛斑美白功能的化妆品新原料，经国务院药品监督管理部门注册后方可使用；其他化妆品新原料应当在使用前向国务院药品监督管理部门备案。国务院药品监督管理部门可以根据科学研究的发展，调整实行注册管理的化妆品新原料的范围，经国务院批准后实施。经注册、备案的化妆品新原料投入使用后3年内，新原料注册人、备案人应当每年向国务院药品监督管理部门报告新原料的使用和安全情况。对存在安全问题的化妆品新原料，由国务院药品监督管理部门撤销注册或者取消备案。3年期满未发生安全问题的化妆品新原料，纳入国务院药品监督管理部门制定的已使用的化妆品原料目录。

经注册、备案的化妆品新原料纳入已使用的化妆品原料目录前，仍然按照化妆品新原料进行管理。

## 第二节 | 化妆品生产

### 一、化妆品生产许可

《化妆品生产经营监督管理办法》规定,国家对化妆品生产实行许可管理。从事化妆品生产活动,应当依法取得化妆品生产许可证。申请化妆品生产许可,应当符合下列条件:①是依法设立的企业;②有与生产的化妆品品种、数量和生产许可项目等相适应的生产场地,且与有毒、有害场所以及其他污染源保持规定的距离;③有与生产的化妆品品种、数量和生产许可项目等相适应的生产设施设备且布局合理,空气净化、水处理等设施设备符合规定要求;④有与生产的化妆品品种、数量和生产许可项目等相适应的技术人员;⑤有与生产的化妆品品种、数量相适应,能对生产的化妆品进行检验的检验人员和检验设备;⑥有保证化妆品质量安全的管理制度。

省、自治区、直辖市药品监督管理部门应当根据申请资料审核和现场核查等情况,自受理化妆品生产许可申请之日起 30 个工作日内作出决定。对符合规定条件的,作出准予许可的决定,并自作出决定之日起 5 个工作日内向申请人颁发化妆品生产许可证;对不符合规定条件的,及时作出不予许可的书面决定并说明理由,同时告知申请人依法享有申请行政复议或者提起行政诉讼的权利。

化妆品生产许可证发证日期为许可决定作出的日期,有效期为 5 年。

### 二、生产质量管理

《化妆品监督管理条例》规定,化妆品注册人、备案人、受托生产企业应当建立化妆品生产质量管理体系。按照国家药品监督管理局制定的化妆品生产质量管理规范的要求组织生产化妆品,建立并执行供应商遴选、原料验收、生产过程及质量控制、设备管理、产品检验及留样等管理制度,实现对化妆品物料采购、生产、检验、贮存、销售和召回等全过程的控制和追溯,确保持续稳定地生产出符合质量安全要求的化妆品。

#### (一)化妆品质量安全责任制

化妆品注册人、备案人对化妆品的质量安全和功效宣称负责。化妆品生产经营者应当依照法律、法规、强制性国家标准、技术规范从事生产经营活动,加强管理,诚信自律,保证化妆品质量安全。

企业应当建立化妆品质量安全责任制,明确企业法定代表人(或者主要负责人)、质量安全负责人、质量管理部门负责人、生产部门负责人以及其他化妆品质量安全相关岗位的职责,各岗位人员应当按照岗位职责要求,逐级履行相应的化妆品质量安全责任。

#### (二)质量管理体系自查制度

《化妆品生产质量管理规范》规定,企业应当建立并执行质量管理体系自查制度,包括自查时间、自查依据、相关部门和人员职责、自查程序、结果评估等内容。化妆品注册人、备案人、受托生产企业应当每年对化妆品生产质量管理规范的执行情况进行自查。自查报告应当包括发现的问题、产品质量安全评价、整改措施等,保存期限不得少于 2 年。

经自查发现生产条件发生变化,不再符合化妆品生产质量管理规范要求的,化妆品注册人、备案人、受托生产企业应当立即采取整改措施;发现可能影响化妆品质量安全的,应当立即停止生产,并向所在地省、自治区、直辖市药品监督管理部门报告。影响质量安全的风险因素消除后,方可恢复生产。省、自治区、直辖市药品监督管理部门可以根据实际情况组织现场检查。化妆品注册人、备案人、受托生产企业连续停产 1 年以上,重新生产前,应当进行全面自查,确认符合要求后,方可恢复生产。自查和整改情况应当在恢复生产之日起 10 个工作日内向所在地省、自治区、直辖市药品监督管理部门报告。

### 三、进货查验和产品销售记录

《化妆品监督管理条例》规定,化妆品注册人、备案人、受托生产企业应当建立并执行原料以及直接接触化妆品的包装材料进货查验记录制度、产品销售记录制度。进货查验记录和产品销售记录应当真实、完整,保证可追溯,保存期限不得少于产品使用期限期满后1年;产品使用期限不足1年的,记录保存期限不得少于2年。化妆品经出厂检验合格后方可上市销售。

委托生产化妆品的,原料以及直接接触化妆品的包装材料进货查验等记录可以由受托生产企业保存。

### 四、从业人员健康管理

《化妆品监督管理条例》规定,化妆品注册人、备案人、受托生产企业应当建立并执行从业人员健康管理制度。患有国务院卫生主管部门规定的有碍化妆品质量安全疾病的人员不得直接从事化妆品生产活动。

直接从事化妆品生产活动的人员应当在上岗前接受健康检查,上岗后每年接受健康检查。企业应当建立从业人员健康档案,至少保存3年。凡患有手癣、指甲癣、手部湿疹、发生于手部的银屑病或者鳞屑、渗出性皮肤病以及患有痢疾、伤寒、病毒性肝炎、活动性肺结核等传染病的人员,不得直接从事化妆品生产活动。

### 五、化妆品标签

化妆品标签,是指产品销售包装上用以辨识说明产品基本信息、属性特征和安全警示等的文字、符号、数字、图案等标识,以及附有标识信息的包装容器、包装盒和说明书。

《化妆品监督管理条例》规定,化妆品的最小销售单元应当有标签。标签应当符合相关法律、行政法规、强制性国家标准,内容真实、完整、准确。进口化妆品可以直接使用中文标签,也可以加贴中文标签;加贴中文标签的,中文标签有关产品安全、功效宣称的内容应当与原标签相关内容对应一致。《化妆品标签管理办法》规定,中文标签应当使用规范汉字,使用其他文字或者符号的,应当在产品销售包装可视面使用规范汉字对应解释说明,网址、境外企业的名称和地址以及约定俗成的专业术语等必须使用其他文字的除外。除注册商标之外,中文标签同一可视面上其他文字字体的字号应当小于或者等于相应的规范汉字字体的字号。

化妆品中文标签应当至少包括以下内容:①产品中文名称、特殊化妆品注册证书编号;②注册人、备案人的名称、地址,注册人或者备案人为境外企业的,应当同时标注境内责任人的名称、地址;③生产企业的名称、地址,国产化妆品应当同时标注生产企业生产许可证编号;④产品执行的标准编号;⑤全成分;⑥净含量;⑦使用期限;⑧使用方法;⑨必要的安全警示用语;⑩法律、行政法规和强制性国家标准规定应当标注的其他内容。

化妆品标签禁止通过下列方式标注或者宣称:①使用医疗术语、医学名人的姓名、描述医疗作用和效果的词语或者已经批准的药品名明示或者暗示产品具有医疗作用;②使用虚假、夸大、绝对化的词语进行虚假或者引人误解地描述;③利用商标、图案、字体颜色大小、色差、谐音或者暗示性的文字、字母、汉语拼音、数字、符号等方式暗示医疗作用或者进行虚假宣称;④使用尚未被科学界广泛接受的术语、机理编造概念误导消费者;⑤通过编造虚假信息、贬低其他合法产品等方式误导消费者;⑥使用虚构、伪造或者无法验证的科研成果、统计资料、调查结果、文摘、引用语等信息误导消费者;⑦通过宣称所用原料的功能暗示产品实际不具有或者不允许宣称的功效;⑧使用未经相关行业主管部门确认的标识、奖励等进行化妆品安全及功效相关宣称及用语;⑨利用国家机关、事业单位、医疗机构、公益性机构等单位及其工作人员、聘任的专家的名义、形象作证明或者推荐;⑩表示功效、安全性的断言或者保证;⑪标注庸俗、封建迷信或者其他违反社会公序良俗的内容;⑫法律、行政法规和化妆品强制性国家标准禁止标注的其他内容。

## 第三节 ｜ 化妆品经营

### 一、进货查验记录

《化妆品监督管理条例》规定,化妆品经营者应当建立并执行进货查验记录制度。查验直接供货者的市场主体登记证明、特殊化妆品注册证或者普通化妆品备案信息、化妆品的产品质量检验合格证明并保存相关凭证,如实记录化妆品名称、特殊化妆品注册证编号或者普通化妆品备案编号、使用期限、净含量、购进数量、供货者名称、地址、联系方式、购进日期等内容。记录和凭证保存期限不得少于产品使用期限届满后 1 年;产品使用期限不足 1 年的,记录保存期限不得少于 2 年。

化妆品经营者不得自行配制化妆品。

### 二、化妆品集中交易市场

化妆品集中交易市场开办者、展销会举办者应当承担入场化妆品经营者管理责任。

根据《化妆品生产经营管理办法》规定,化妆品集中交易市场开办者、展销会举办者应当建立保证化妆品质量安全的管理制度并有效实施,审查入场化妆品经营者的市场主体登记证明,督促入场化妆品经营者依法履行义务,每年或者展销会期间至少组织开展一次化妆品质量安全知识培训。

化妆品集中交易市场开办者、展销会举办者应当建立化妆品检查制度,对经营者的经营条件以及化妆品质量安全状况进行检查。发现入场化妆品经营者有违反相关规定行为的,应当及时制止,依照集中交易市场管理规定或者与经营者签订的协议进行处理,并向所在地县级负责药品监督管理的部门报告。

### 三、电子商务平台

电子商务平台经营者应当承担平台内化妆品经营者管理责任。平台内化妆品经营者应当全面、真实、准确、及时披露所经营化妆品的信息。

化妆品电子商务平台经营者应当对申请入驻的平台内化妆品经营者进行实名登记,要求其提交身份、地址、联系方式等真实信息,进行核验、登记,建立登记档案,并至少每 6 个月核验更新一次。化妆品电子商务平台经营者对平台内化妆品经营者身份信息的保存时间自其退出平台之日起不少于3 年。

化妆品电子商务平台经营者应当设置化妆品质量管理机构或者配备专兼职管理人员,对平台内化妆品经营者的经营行为进行日常检查,督促平台内化妆品经营者依法履行法定义务。发现违法经营化妆品行为的,应当依法或者依据平台服务协议和交易规则采取删除、屏蔽、断开链接等必要措施及时制止,并报告所在地省、自治区、直辖市药品监督管理部门。

化妆品电子商务平台经营者收到化妆品不良反应信息、投诉举报信息的,应当记录并及时转交平台内化妆品经营者处理;涉及产品质量安全的重大信息,应当及时报告所在地省、自治区、直辖市药品监督管理部门。

化妆品电子商务平台经营者发现有下列严重违法行为的,应当立即停止向平台内化妆品经营者提供电子商务平台服务:①因化妆品质量安全相关犯罪被人民法院判处刑罚的;②因化妆品质量安全违法行为被公安机关拘留或者给予其他治安管理处罚的;③被药品监督管理部门依法作出吊销许可证、责令停产停业等处罚的;④其他严重违法行为。

### 四、化妆品广告

化妆品的生产企业和经营单位可利用各种媒介或形式发布化妆品广告。化妆品广告的内容应当真实、合法，不得以任何形式欺骗和误导消费者。

化妆品的功效宣称应当有充分的科学依据。化妆品广告不得明示或者暗示产品具有医疗作用，不得含有虚假或者引人误解的内容，不得欺骗、误导消费者。《广告法》规定，在针对未成年人的大众传播媒介上不得发布化妆品。

## 五、化妆品召回管理制度

化妆品注册人、备案人、受托生产企业、化妆品经营者应当建立并执行产品召回管理制度，依法实施召回工作。

《化妆品监督管理条例》规定，化妆品注册人、备案人发现化妆品存在质量缺陷或者其他问题，可能危害人体健康的，应当立即停止生产，召回已经上市销售的化妆品，通知相关化妆品经营者和消费者停止经营、使用，并记录召回和通知情况。化妆品注册人、备案人应当对召回的化妆品采取补救、无害化处理、销毁等措施，并将化妆品召回和处理情况向所在地省、自治区、直辖市人民政府药品监督管理部门报告。

受托生产企业、化妆品经营者发现其生产、经营的化妆品存在质量缺陷或者其他问题，可能危害人体健康的，应当立即停止生产、经营，通知相关化妆品注册人、备案人。化妆品注册人、备案人应当立即实施召回；受托生产企业、化妆品经营者应当予以配合。

负责药品监督管理的部门在监督检查中发现化妆品存在质量缺陷或者其他问题，可能危害人体健康的，应当通知化妆品注册人、备案人实施召回，通知受托生产企业、化妆品经营者停止生产、经营。

化妆品注册人、备案人、受托生产企业、经营者未依照规定实施召回或者停止生产、经营的，负责药品监督管理的部门责令其实施召回或者停止生产、经营。

## 六、进口化妆品

进口的化妆品，经国家商检部门检验合格方准进口，检验不合格的，不得进口。

进口商应当对拟进口的化妆品是否已经注册或者备案以及是否符合《化妆品监督管理条例》和强制性国家标准、技术规范进行审核；审核不合格的，不得进口。进口商应当如实记录进口化妆品的信息，记录保存期限不得少于产品使用期限届满后1年；产品使用期限不足1年的，记录保存期限不得少于2年。进口商未依照规定记录、保存进口化妆品信息的，由出入境检验检疫机构依照规定给予处罚。

对造成人体伤害或者有证据证明可能危害人体健康的进口化妆品，国家出入境检验检疫部门可以暂停进口。

出口的化妆品应当符合进口国（地区）的标准或者合同要求。

## 第四节 ｜ 监督管理

### 一、化妆品监督检查

《化妆品监督管理条例》规定，负责药品监督管理部门的部门对化妆品生产经营进行监督检查。负责药品监督管理的部门应当按照风险管理的原则，确定监督检查的重点品种、重点环节、检查方式和检查频次等，加强对化妆品生产经营者的监督检查。对化妆品生产经营进行监督检查时，监督检查人员不得少于2人，并应当出示执法证件，有权采取下列措施：①进入生产经营场所实施现场检查；②对生产经营的化妆品进行抽样检验；③查阅、复制有关合同、票据、账簿以及其他有关资料；④查封、扣押不符合强制性国家标准、技术规范或者有证据证明可能危害人体健康的化妆品及其原料、直接接触化妆品的包装材料，以及有证据证明用于违法生产经营的工具、设备；⑤查封违法从事生产经营活动的场所。监督检查人员对监督检查中知悉的被检查单位的商业秘密，应当依法予以保密。被检查单位对监督检查应当予以配合,不得隐瞒有关情况。

负责药品监督管理的部门应当对监督检查情况和处理结果予以记录,由监督检查人员和被检查单位负责人签字;被检查单位负责人拒绝签字的,应当予以注明。

## 二、化妆品抽样检验

《化妆品监督管理条例》规定,国家药品监督管理局组织开展国家化妆品抽样检验。省、自治区、直辖市药品监督管理部门组织开展本行政区域内的化妆品抽样检验。设区的市级、县级人民政府负责药品监督的部门根据工作需要,可以组织开展本行政区域内的化妆品抽样检验。对举报反映或者日常监督检查中发现问题较多的化妆品,以及通过不良反应监测、安全风险监测和评价等发现可能存在质量安全问题的化妆品,负责药品监督管理的部门可以进行专项抽样检验。

负责药品监督管理的部门应当按照规定及时公布化妆品抽样检验结果。化妆品抽样检验结果不合格的,化妆品注册人、备案人应当依照规定,立即停止生产,召回已经上市销售的化妆品,通知相关经营者和消费者停止经营、使用,按照规定开展自查,并进行整改。

## 三、化妆品不良反应监测

化妆品不良反应,是指正常使用化妆品所引起的皮肤及其附属器官的病变,以及人体局部或者全身性的损害。《化妆品监督管理条例》规定,国家建立化妆品不良反应监测制度。

化妆品不良反应监测,是指化妆品不良反应收集、报告、分析评价、调查处理的全过程,具体包括以下内容。①不良反应收集:各级化妆品不良反应监测机构负责化妆品不良反应信息的收集、分析和评价,并向负责药品监督管理的部门提出处理建议。②不良反应报告:化妆品不良反应报告遵循可疑即报的原则,怀疑与使用化妆品有关的人体损害,均应当报告。报告化妆品不良反应的内容应当真实、完整、准确。化妆品不良反应报告应当包括报告者信息、发生不良反应者信息、不良反应信息、所使用化妆品信息等内容。③不良反应分析评价:化妆品不良反应监测机构负责化妆品不良反应信息的收集、分析和评价,并向负责药品监督管理的部门提出处理建议。④不良反应调查:负责药品监督管理的部门收到监测机构报送的化妆品不良反应处理建议后,根据监测结果和工作需要,可以责令不良反应涉及的化妆品注册人、备案人、受托生产企业对不良反应进行分析评价并自查可能引发不良反应的原因,采取有效措施控制风险,或者依职责对不良反应涉及的化妆品注册人、备案人、境内责任人、受托生产企业、化妆品经营者开展监督检查。根据调查结果,发现存在违法行为的,负责药品监督管理的部门应当依法查处。

化妆品注册人、备案人应当监测其上市销售化妆品的不良反应,及时开展评价,按照国务院药品监督管理部门的规定向化妆品不良反应监测机构报告。受托生产企业、化妆品经营者和医疗机构发现可能与使用化妆品有关的不良反应的,应当报告化妆品不良反应监测机构。鼓励其他单位和个人向化妆品不良反应监测机构或者负责药品监督管理的部门报告可能与使用化妆品有关的不良反应。化妆品生产经营者应当配合化妆品不良反应监测机构、负责药品监督管理的部门开展化妆品不良反应调查。

## 四、化妆品安全风险监测和评价

《化妆品监督管理条例》规定,国家建立化妆品安全风险监测和评价制度。国务院药品监督管理部门制定、发布并组织实施国家化妆品安全风险监测计划,对影响化妆品质量安全的风险因素进行监测和评价。国家化妆品安全风险监测计划应当明确重点监测的品种、项目和地域等。

国务院药品监督管理部门建立化妆品质量安全风险信息交流机制,组织化妆品生产经营者、检验机构、行业协会、消费者协会以及新闻媒体等就化妆品质量安全风险信息进行交流沟通。

对造成人体伤害或者有证据证明可能危害人体健康的化妆品,负责药品监督管理的部门可以采取责令暂停生产、经营的紧急控制措施,并发布安全警示信息;属于进口化妆品的,国家出入境检验检疫部门可以暂停进口。

### 五、化妆品安全再评估

《化妆品监督管理条例》规定,国家建立化妆品安全性再评估制度。根据科学研究的发展,对化妆品、化妆品原料的安全性有认识上的改变的,或者有证据表明化妆品、化妆品原料可能存在缺陷的,省级以上人民政府药品监督管理部门可以责令化妆品、化妆品新原料的注册人、备案人开展安全再评估或者直接组织开展安全再评估。再评估结果表明化妆品、化妆品原料不能保证安全的,由原注册部门撤销注册、备案部门取消备案,由国务院药品监督管理部门将该化妆品原料纳入禁止用于化妆品生产的原料目录,并向社会公布。

### 六、化妆品生产经营者信用档案

《化妆品监督管理条例》规定,负责药品监督管理的部门应当建立化妆品生产经营者信用档案。对有不良信用记录的化妆品生产经营者,增加监督检查频次;对有严重不良信用记录的生产经营者,按照规定实施联合惩戒。

化妆品生产经营过程中存在安全隐患,未及时采取措施消除的,负责药品监督管理的部门可以对化妆品生产经营者的法定代表人或者主要负责人进行责任约谈。化妆品生产经营者应当立即采取措施,进行整改,消除隐患。责任约谈情况和整改情况应当纳入化妆品生产经营者信用档案。

## 第五节 │ 法律责任

### 一、违法从事化妆品生产经营活动的法律责任

有下列情形之一,根据《化妆品监督管理条例》规定,分别给予包括警告、罚款、没收、责令停产停业、吊销许可证件、一定期限内不办(受)理许可申请、市场和行业禁入等处罚;对违法单位的法定代表人或主要负责人、直接负责的主管人员和其他直接责任人员给予罚款、禁止一定期限直至终身禁止从事化妆品生产经营活动等处罚;构成犯罪的,依法追究刑事责任。

1. 未经许可从事化妆品生产活动,或者化妆品注册人、备案人委托未取得相应化妆品生产许可的企业生产化妆品;生产经营或者进口未经注册的特殊化妆品;使用禁止用于化妆品生产的原料、应当注册但未经注册的新原料生产化妆品,在化妆品中非法添加可能危害人体健康的物质,或者使用超过使用期限、废弃、回收的化妆品或者原料生产化妆品。构成犯罪的,依法追究刑事责任。

2. 使用不符合强制性国家标准、技术规范的原料、直接接触化妆品的包装材料,应当备案但未备案的新原料生产化妆品,或者不按照强制性国家标准或者技术规范使用原料;生产经营不符合强制性国家标准、技术规范或者不符合化妆品注册、备案资料载明的技术要求的化妆品;未按照化妆品生产质量管理规范的要求组织生产;更改化妆品使用期限;化妆品经营者擅自配制化妆品,或者经营变质、超过使用期限的化妆品;在负责药品监督管理的部门责令其实施召回后拒不召回,或者在负责药品监督管理的部门责令停止或者暂停生产、经营后拒不停止或者暂停生产、经营。

3. 上市销售、经营或者进口未备案的普通化妆品;未依照规定设质量安全负责人;化妆品注册人、备案人未对受托生产企业的生产活动进行监督;未依照规定建立并执行从业人员健康管理制度;生产经营标签不符合本条例规定的化妆品。

4. 未依照规定公布化妆品功效宣称依据的摘要;未依照规定建立并执行进货查验记录制度、产品销售记录制度;未依照规定对化妆品生产质量管理规范的执行情况进行自查;未依照规定贮存、运输化妆品;未依照规定监测、报告化妆品不良反应,或者对化妆品不良反应监测机构、负责药品监督管

理的部门开展的化妆品不良反应调查不予配合。

5. 化妆品新原料注册人、备案人未依照规定报告化妆品新原料使用和安全情况的。

6. 在申请化妆品行政许可时提供虚假资料或者采取其他欺骗手段的。

7. 伪造、变造、出租、出借或者转让化妆品许可证件的。构成犯罪的，依法追究刑事责任。

8. 备案时提供虚假资料的；已经备案的资料不符合要求的。

9. 备案部门取消备案后，仍然使用该化妆品新原料生产化妆品或者仍然上市销售、进口该普通化妆品的。构成犯罪的，依法追究刑事责任。

10. 化妆品集中交易市场开办者、展销会举办者未依照规定履行审查、检查、制止、报告等管理义务的。

11. 境外化妆品注册人、备案人指定的在我国境内的企业法人未协助开展化妆品不良反应监测、实施产品召回的。

## 二、其他违法行为的法律责任

1. 电子商务平台经营者未依照《化妆品监督管理条例》规定履行实名登记、制止、报告、停止提供电子商务平台服务等管理义务的，由省、自治区、直辖市人民政府药品监督管理部门依照《电子商务法》的规定给予处罚。

2. 化妆品广告违反规定的，采用其他方式对化妆品作虚假或者引人误解的宣传的，依照有关法律的规定给予处罚；构成犯罪的，依法追究刑事责任。化妆品广告违反规定的，依照《广告法》的规定给予处罚；采用其他方式对化妆品作虚假或者引人误解的宣传的，依照有关法律的规定给予处罚；构成犯罪的，依法追究刑事责任。

3. 阻碍负责药品监督管理的部门工作人员依法执行职务；伪造、销毁、隐匿证据或者隐藏、转移、变卖、损毁依法查封、扣押的物品。构成违反治安管理行为的，由公安机关依法给予治安管理处罚；构成犯罪的，依法追究刑事责任。

## 三、检验、评审、监测机构及其人员的法律责任

1. 化妆品检验机构出具虚假检验报告的，由认证认可监督管理部门吊销检验机构资质证书，10年内不受理其资质认定申请，没收所收取的检验费用，并处 5 万元以上 10 万元以下罚款；对其法定代表人或者主要负责人、直接负责的主管人员和其他直接责任人员处以其上一年度从本单位取得收入的 1 倍以上 3 倍以下罚款，依法给予或者责令给予降低岗位等级、撤职或者开除的处分，受到开除处分的，10 年内禁止其从事化妆品检验工作；构成犯罪的，依法追究刑事责任。

2. 化妆品技术审评机构、化妆品不良反应监测机构和负责化妆品安全风险监测的机构未依照规定履行职责，致使技术审评、不良反应监测、安全风险监测工作出现重大失误的，由负责药品监督管理的部门责令改正，给予警告，通报批评；造成严重后果的，对其法定代表人或者主要负责人、直接负责的主管人员和其他直接责任人员，依法给予或者责令给予降低岗位等级、撤职或者开除的处分。

3. 化妆品生产经营者、检验机构招用、聘用不得从事化妆品生产经营活动的人员或者不得从事化妆品检验工作的人员从事化妆品生产经营或者检验的，由负责药品监督管理的部门或者其他有关部门责令改正，给予警告；拒不改正的，责令停产停业直至吊销化妆品许可证件、检验机构资质证书。

## 四、负责药品监督管理的部门工作人员的法律责任

负责药品监督管理的部门工作人员违反规定，滥用职权、玩忽职守、徇私舞弊的，依法给予警告、记过或者记大过的处分；造成严重后果的，依法给予降级、撤职或者开除的处分；构成犯罪的，依法追究刑事责任。

## 五、造成人身、财产或者其他损害的法律责任

违反《化妆品监督管理条例》规定,造成人身、财产或者其他损害的,依法承担赔偿责任。

**思考题**

1. 国家对化妆品如何管理?
2. 化妆品质量安全涉及哪些制度?
3. 化妆品不良反应监测包括哪些环节? 如何评价化妆品不良反应监测制度?
4. 如何看待化妆品风险监测和评价制度?

思考题解题思路　　　　　本章目标测试

### 推荐阅读

1. 赵大程,颜江瑛.化妆品监督管理条例释义[M].北京:中国民主法制出版社,2021.
2. 宋华琳,李鸻,田宗旭.中国化妆品监管治理体系的制度改革[J].财经法学,2015,(3):15-28.

(蔡晓卫)

# 第十五章 | 食品安全法律制度

食品安全,是指食品无毒、无害,符合应当有的营养要求,对人体健康不造成任何急性、亚急性或者慢性危害。食品安全事关人民群众的身体健康和生命安全,是重大的民生问题。食品安全法律制度通过建立严格的生产经营全过程监管制度;完善食品安全风险监测、风险评估、食品安全标准等基础性制度和责任约谈、风险分级管理制度;突出对特殊食品的严格监管;实行食品安全社会共治;建立严格的法律责任制度,保证食品安全,保障公众身体健康和生命安全。

## 第一节 | 概 述

### 一、食品和食品安全的概念

#### (一) 食品

食品,是指各种供人食用或者饮用的成品和原料以及按照传统既是食品又是药品的物品,但是不包括以治疗为目的的物品。

食品不仅包括经过加工制作的能够直接食用的各种食物,还包括未经加工制作的原料,囊括了从农田到餐桌的整个食物链中的物品。

#### (二) 食品安全

食品安全,是指食品无毒、无害,符合应当有的营养要求,对人体健康不造成任何急性、亚急性或者慢性危害。"食品安全"一词,是 1974 年由联合国粮农组织提出。根据 WHO 的定义,食品安全,是指"食物中有毒、有害物质对人体健康影响的公共卫生问题"。食品安全要求食品对人体健康造成急性或慢性损害的所有危险都不存在,起初是一个较为绝对的概念。后来人们逐渐认识到,绝对安全是很难做到的,食品安全更应该是一个相对的、广义的概念。一方面,任何一种食品,即使其成分对人体是有益的,或者其毒性极微,如果食用数量过多或食用条件不合适,仍然可能对身体健康造成损害。另一方面,一些食品的安全性又是因人而异的。因此,评价一种食品或者其成分是否安全,不能单纯地看它是否为固有的"有毒有害物质",更要紧的是看它是否能造成实际危害。在对食品安全概念的理解上,国际社会目前已经基本形成共识,即食品的种植、养殖、加工、包装、贮藏、运输、销售、消费等活动符合国家强制标准和要求,不存在可能损害或威胁人体健康的有毒有害物质致消费者病亡或者危及消费者及其后代的隐患。

#### (三) 食品安全与食品卫生

1996 年 WHO 发表的《加强国家级食品安全性计划指南》中把食品安全与食品卫生作为两个概念不同的用语:将食品安全解释为"对食品按其原定用途进行制作和食用时不会使消费者受害的一种担保";将食品卫生界定为"为确保食品安全性和适合性在食物链的所有阶段必须采取的一切条件和措施"。食品卫生虽然也是一个具有广泛含义的概念,但是与食品安全相比,食品卫生无法涵盖作为食品源头的农产品种植、养殖等环节;而且从过程安全、结果安全的角度来看,食品卫生是侧重过程安全的概念,不如食品安全的概念更为全面。

## 二、食品安全立法

食品是人类赖以生存和发展的物质基础,食品安全问题不仅关系到人体健康,而且关系到经济发展与社会的稳定。中华人民共和国成立初期,卫生部发布了《清凉饮食物管理办法》《食用合成染料管理办法》等单项规章、标准。1964 年国务院颁布了《食品卫生管理试行条例》,加强了政府对食品卫生法制化管理的力度,食品卫生管理由单项规章过渡到全面管理。1979 年,国务院颁布了《食品卫生管理条例》,食品卫生管理的重点从预防肠道传染病发展到防止所有食源性疾患的新阶段。随着经济社会的发展,1982 年 11 月 19 日,第五届全国人民代表大会常务委员会通过了《食品卫生法(试行)》,规定国家实行食品卫生监督制度。1995 年 10 月 30 日,第八届全国人民代表大会常务委员会第十六次会议通过《食品卫生法》,规定了食品卫生的基本原则和基本制度。随着市场经济的快速发展和生活水平的提高,特别是中国加入世界贸易组织(World Trade Organization,WTO)以后,消费者对食品安全更加关注,食品安全与食品贸易的关系更为密切,提高我国食品安全水平的要求越来越迫切。为了切实控制食品污染,减少食源性疾病,保障消费者健康,促进经济发展,2003 年 8 月 14 日,卫生部制定并实施了《食品安全行动计划》;2004 年 9 月 1 日,政府发布《国务院关于进一步加强食品安全工作的决定》;2007 年 7 月 26 日,又发布了《国务院关于加强食品等产品安全监督管理的特别规定》。为了保证食品安全,保障公众身体健康和生命安全,2009 年 2 月 28 日,第十一届全国人民代表大会常务委员会第七次会议通过了《食品安全法》,自 2009 年 6 月 1 日起施行。2015 年 4 月 24 日,第十二届全国人民代表大会常务委员会第十四次会议通过了修订的《食品安全法》,自 2015 年 10 月 1 日起施行。2018 年 12 月 29 日第十三届全国人民代表大会常务委员会第七次会议、2021 年 4 月 29 日第十三届全国人民代表大会常务委员会第二十八次会议对《食品安全法》进行了修正。2009 年 7 月 20 日,国务院发布了《食品安全法实施条例》,自公布之日起施行。2016 年 2 月 6 日,国务院对《食品安全法实施条例》进行了修订;2019 年 3 月 26 日,国务院对《食品安全法实施条例》进行了第二次修订,自 2019 年 12 月 1 日起施行。相关部委发布了一系列食品安全规章:原卫生部发布了《食品安全国家标准管理办法》《食品添加剂新品种管理办法》,原国家卫生计生委发布了《新食品原料安全性审查管理办法》,原国家食品药品监督管理总局发布了《特殊医学用途配方食品注册管理办法》《网络餐饮服务食品安全监督管理办法》《网络食品安全违法行为查处办法》《食品召回管理办法》,原国家质量监督检验检疫总局发布了《食品标识管理规定》;国家市场监督管理总局发布了《食品生产许可管理办法》《食品经营许可和备案管理办法》《保健食品注册与备案管理办法》《婴幼儿配方乳粉产品配方注册管理办法》《学校食品安全与营养健康管理规定》《企业落实食品安全主体责任监督管理规定》《食品安全抽样检验管理办法》《食品相关产品质量安全监督管理暂行办法》《食品生产经营监督检查管理办法》,海关总署发布了《进出口食品安全管理办法》等。

现在我国基本建立了以《食品安全法》为核心,包括食品安全法规、规章和标准的食品安全法律体系,为食品安全管理监督提供了基本法律依据。

## 三、食品安全法的适用范围

《食品安全法》规定,为保证食品安全,保障公众身体健康和生命安全,在中华人民共和国境内从事下列活动,应当遵守本法:①食品生产和加工(以下称食品生产),食品流通和餐饮服务(以下称食品经营);②食品添加剂的生产经营;③用于食品的包装材料、容器、洗涤剂、消毒剂和用于食品生产经营的工具、设备(以下称食品相关产品)的生产经营;④食品生产经营者使用食品添加剂、食品相关产品;⑤食品的贮存和运输;⑥对食品、食品添加剂和食品相关产品的安全管理。供食用的源于农业的初级产品(以下称食用农产品)的质量安全管理,遵守《农产品质量安全法》的规定。但是,食用农产品的市场销售、有关质量安全标准的制定、有关安全信息的公布和《食品安全法》对农业投入品作出规定的,应当遵守《食品安全法》的规定。

## 四、食品安全工作原则

《食品安全法》规定,食品安全工作实行预防为主、风险管理、全程控制、社会共治,建立科学、严格的监督管理制度。

### (一)预防为主

食品安全各项工作要关口前移,不能等到发生问题再查处、追责,要通过加强日常监督管理工作,消除隐患,防患于未然。

### (二)风险管理

强化包括食品安全风险监测、风险评估、风险监督管理和风险交流在内的所有与风险有关的制度。

### (三)全程控制

针对食品安全管理链条长、环节多的特点,建立最严格的覆盖从农田到餐桌的全过程的食品安全监管制度。

### (四)社会共治

调动社会各方力量,包括政府监管部门、食品生产经营者、行业协会、消费者协会乃至公民个人,共同参与食品安全工作,形成食品安全社会共管共治的格局。

## 五、食品生产经营者的社会责任

食品生产经营者是向市场提供食品的主体,也是食品安全的责任主体。《食品安全法》规定,食品生产经营者对其生产经营的食品安全负责。食品生产经营者应当依照法律、法规和食品安全标准从事食品生产、采集、收购、加工、储存、运输、陈列、供应、销售等生产经营活动,及时消除食品生产经营活动中的危害与风险,保证食品安全,诚信自律,对社会和公众负责,接受社会监督,承担社会责任。

## 六、食品安全监管体制

### (一)国务院食品安全委员会的职责

《食品安全法》规定,国务院设立食品安全委员会。根据国务院《关于设立国务院食品安全委员会的通知》,其主要职责是,分析食品安全形势,研究部署、统筹指导食品安全工作;提出食品安全监管的重大政策措施;督促落实食品安全监管责任。同时,设立国务院食品安全委员会办公室,具体承担委员会的日常工作。

### (二)国务院有关部门的职责

《食品安全法》规定,国务院食品安全监督管理部门依照《食品安全法》和国务院规定的职责,对食品生产经营活动实施监督管理。国务院卫生行政部门依照《食品安全法》和国务院规定的职责,组织开展食品安全风险监测和风险评估,会同国务院食品安全监督管理部门制定并公布食品安全国家标准。国务院其他有关部门依照《食品安全法》和国务院规定的职责,承担有关食品安全工作。

根据2018年3月第十三届全国人民代表大会第一次会议通过的《关于国务院机构改革方案的决定》,组建国家市场监督管理总局,其职责之一是负责食品安全监管。

### (三)县级以上地方人民政府的职责

1. **统一领导、组织、协调食品安全监督管理工作**　根据《食品安全法》规定,县级以上地方人民政府对本行政区域的食品安全监督管理工作负责,统一领导、组织、协调本行政区域的食品安全监督管理工作以及食品安全突发事件应对工作,建立健全食品安全全程监督管理工作机制和信息共享机制。

2. **确定有关部门职责**　县级以上地方人民政府依照《食品安全法》和国务院的规定,确定本级食品安全监督管理、卫生行政部门和其他有关部门的职责。有关部门在各自职责范围内负责本行政区域的食品安全监督管理工作;食品安全监督管理部门和其他有关部门应当加强沟通、密切配合,按照各自职责分工,依法行使职权,承担责任。县级人民政府食品安全监督管理部门可以在乡镇或者特定区域设立派出机构。

**3. 实行食品安全监督管理责任制**　县级以上地方人民政府实行食品安全监督管理责任制。上级人民政府负责对下一级人民政府的食品安全监督管理工作进行评议、考核。县级以上地方人民政府负责对本级食品安全监督管理部门和其他有关部门的食品安全监督管理工作进行评议、考核。

### 七、食品安全的社会监督

《食品安全法》要求,各级人民政府应当加强食品安全的宣传教育,普及食品安全知识,鼓励社会组织、基层群众性自治组织、食品生产经营者开展食品安全法律、法规以及食品安全标准和知识的普及工作,倡导健康的饮食方式,增强消费者食品安全意识和自我保护能力。

新闻媒体应当开展食品安全法律、法规以及食品安全标准和知识的公益宣传,并对违反食品安全法的行为进行舆论监督。有关食品安全的宣传报道应当真实、公正。任何组织或者个人有权举报食品安全违法行为,依法向有关部门了解食品安全信息,对食品安全监督管理工作提出意见和建议。

## 第二节 ｜ 食品安全风险监测和评估

### 一、食品安全风险监测

#### (一) 食品安全风险监测的概念

食品安全风险监测,是指通过系统和持续地收集食源性疾病、食品污染以及食品中有害因素的监测数据及相关信息,并综合分析、及时报告和通报的活动。其目的是为食品安全风险评估、食品安全标准制定修订、食品安全风险预警和交流、监督管理等提供科学支持。

《食品安全法》规定,国家建立食品安全风险监测制度,对食源性疾病、食品污染以及食品中的有害因素进行监测。

**1. 食源性疾病**　是指食品中致病因素进入人体引起的感染性、中毒性等疾病。包括常见的食物中毒、肠道传染病、人畜共患传染病、寄生虫病以及有毒有害化学性物质所引起的疾病。

**2. 食品污染**　是指食品及其原料在生产、加工、运输、包装、贮存、销售、烹调等过程中,因农药、废水、污水、病虫害和家畜疫病所引起的污染,以及霉菌毒素引起的食品霉变,运输、包装材料中有毒物质等对食品所造成的污染。

**3. 食品中的有害因素**　按来源可分为三类:①食品污染物,即在食品生产、加工、贮存、运输、销售等过程中混入食品中的物质。②食品中天然存在的有害物质,如大豆中存在的蛋白酶抑制剂。③食品加工、保藏过程中产生的有害物质,如酿酒过程中产生的甲醇、杂醇油等有害成分。

#### (二) 食品安全风险监测计划的制定

**1. 国家食品安全风险监测计划**　食品安全风险监测计划是针对食源性疾病、食品污染以及食品中有害因素进行监测的具体计划。《食品安全法》规定,国务院卫生行政部门会同国务院食品安全监督管理等部门,制定、实施国家食品安全风险监测计划。

省、自治区、直辖市人民政府卫生行政部门会同同级食品安全监督管理等部门,根据国家食品安全风险监测计划,结合本行政区域的具体情况,制定、调整本行政区域的食品安全风险监测方案,报国务院卫生行政部门备案并实施。

根据国家卫生健康委员会发布的《食品安全风险监测管理规定》,食品安全风险监测应当将以下情况作为优先监测内容:①健康危害较大、风险程度较高以及风险水平呈上升趋势的;②易于对婴幼儿、孕产妇等重点人群造成健康影响的;③以往在国内导致食品安全事故或者受到消费者关注的;

④已在国外导致健康危害并有证据表明可能在国内存在的;⑤新发现的可能影响食品安全的食品污染和有害因素;⑥食品安全监督管理及风险监测相关部门认为需要优先监测的其他内容。

2. **食品安全风险监测计划的调整**　国务院食品安全监督管理部门和其他有关部门获知有关食品安全风险信息后,应当立即核实并向国务院卫生行政部门通报。对有关部门通报的食品安全风险信息以及医疗机构报告的食源性疾病等有关疾病信息,国务院卫生行政部门应当会同国务院有关部门分析研究,认为必要的,及时调整国家食品安全风险监测计划。

### (三) 食品安全风险监测技术机构

《食品安全法》规定,承担食品安全风险监测工作的技术机构应当根据食品安全风险监测计划和监测方案开展监测工作,保证监测数据真实、准确,并按照食品安全风险监测计划和监测方案的要求报送监测数据和分析结果。食品安全风险监测工作人员有权进入相关食用农产品种植养殖、食品生产经营场所采集样品、收集相关数据。采集样品应当按照市场价格支付费用。

### (四) 食品安全风险监测结果

《食品安全法》规定,食品安全风险监测结果表明可能存在食品安全隐患的,县级以上人民政府卫生行政部门应当及时将相关信息通报同级食品安全监督管理等部门,并报告本级人民政府和上级人民政府卫生行政部门。食品安全监督管理等部门应当组织开展进一步调查。

### (五) 食源性疾病信息的报告

根据《食品安全风险监测管理规定》,县级以上卫生健康行政部门接到医疗机构或疾病预防控制机构报告的食源性疾病信息,应当组织研判,认为与食品安全有关的,应当及时通报同级食品安全监督管理部门,并向本级人民政府和上级卫生健康行政部门报告。

## 二、食品安全风险评估

### (一) 食品安全风险评估的概念

食品安全风险评估,是指对食品、食品添加剂、食品相关产品中的生物性、化学性和物理性危害对人体健康造成不良影响的可能性及其程度进行定性或定量估计的过程,包括危害识别、危害特征描述、暴露评估、风险特征描述等。

1. **危害识别**　是指根据相关的科学数据和科学实验,来判断食品中的某种因素会不会危及人体健康的过程。

2. **危害特征描述**　是指对某种因素对人体可能造成的危害予以定性或者对其予以量化。

3. **暴露评估**　是指通过膳食调查,确定危害以何种途径进入人体,同时计算出人体对各种食物的安全摄入量是多少。

4. **风险特征描述**　是指在危害识别、危害特征描述和暴露评估的基础上,总结某种危害因素对人体产生不良影响的程度。

《食品安全法》规定,国家建立食品安全风险评估制度,运用科学方法,根据食品安全风险监测信息、科学数据以及有关信息,对食品、食品添加剂、食品相关产品中生物性、化学性和物理性危害进行风险评估。

国家卫生健康委员会发布的《食品安全风险评估管理规定》指出,根据工作需要,可以参照风险评估技术指南有关要求开展应急风险评估和风险研判。应急风险评估是指在受时间等因素限制的特殊情形下,开展的紧急风险评估。风险研判是指在现有数据资料不能满足完成全部风险评估程序的情况下,就现有数据资料按照食品安全风险评估方法,对食品安全风险进行的综合描述。食品安全应急风险评估和风险研判主要为实施食品安全风险管理提供科学支持。

### (二) 食品安全风险评估专家委员会

《食品安全法》规定,国务院卫生行政部门负责组织食品安全风险评估工作,成立由医学、农业、食品、营养、生物、环境等方面的专家组成的食品安全风险评估专家委员会进行食品安全风险评估。

食品安全风险评估结果由国务院卫生行政部门公布。对农药、肥料、兽药、饲料和饲料添加剂等的安全性评估，应当有食品安全风险评估专家委员会的专家参加。

食品安全风险评估不得向生产经营者收取费用，采集样品应当按照市场价格支付费用。

### （三）应当进行食品安全风险评估的情形

《食品安全法》规定，有下列情形之一的，应当进行食品安全风险评估：①通过食品安全风险监测或者接到举报发现食品、食品添加剂、食品相关产品可能存在安全隐患的；②为制定或者修订食品安全国家标准提供科学依据需要进行风险评估的；③为确定监督管理的重点领域、重点品种需要进行风险评估的；④发现新的可能危害食品安全的因素的；⑤需要判断某一因素是否构成食品安全隐患的；⑥国务院卫生行政部门认为需要进行风险评估的其他情形。

国务院食品安全监督管理、农业行政等部门在监督管理工作中发现需要进行食品安全风险评估的，应当向国务院卫生行政部门提出食品安全风险评估的建议，并提供风险来源、相关检验数据和结论等信息、资料。属于《食品安全法》规定需要食品安全风险评估情形的，国务院卫生行政部门应当及时进行食品安全风险评估，并向国务院有关部门通报评估结果。

### （四）食品安全风险评估结果

食品安全风险评估结果是制定、修订食品安全国家和地方标准、规定食品中有害物质的临时限量值，以及实施食品安全监督管理的科学依据。经食品安全风险评估，得出食品、食品添加剂、食品相关产品不安全结论的，国务院食品安全监督管理等部门应当依据各自职责立即向社会公告，告知消费者停止食用或者使用，并采取相应措施，确保该食品、食品添加剂、食品相关产品停止生产经营；需要制定、修订相关食品安全国家标准的，国务院卫生行政部门应当会同国务院食品安全监督管理部门立即制定、修订。

### （五）食品安全风险警示

《食品安全法》规定，国务院食品安全监督管理部门应当会同国务院有关部门，根据食品安全风险评估结果、食品安全监督管理信息，对食品安全状况进行综合分析。对经综合分析表明可能具有较高程度安全风险的食品，国务院食品安全监督管理部门应当及时提出食品安全风险警示，并向社会公布。

## 第三节 ｜ 食品安全标准

### 一、食品安全标准的含义

食品安全标准，是指国家为保证食品质量安全，保障公众身体健康和生命安全，适应科学发展和合理组织生产的需要，对食品、食品添加剂、食品相关产品，在品种、规格、质量、等级或者安全、卫生要求等方面规定的统一技术要求。截至2024年3月，我国共发布食品安全国家标准1 610项。

### 二、食品安全标准的性质和内容

#### （一）食品安全标准的性质

食品安全关系人民群众身体健康和生命安全，食品安全标准属于保障人体健康，人身、财产安全的标准，因此《食品安全法》规定，食品安全标准是强制执行的标准。除食品安全标准外，不得制定其他的食品强制性标准。省级以上人民政府卫生行政部门应当在其网站上公布制定和备案的食品安全国家标准、地方标准和企业标准，供公众免费查阅、下载。

#### （二）食品安全标准的内容

食品安全标准是保证食品安全，保障公众身体健康的重要措施，是实现食品安全科学管理、强化各环节监管的重要基础，也是规范食品生产经营、促进食品行业健康发展的技术保障。《食品安全法》

规定,食品安全标准应当包括下列内容:①食品、食品添加剂、食品相关产品中的致病性微生物、农药残留、兽药残留、生物毒素、重金属等污染物质以及其他危害人体健康物质的限量规定;②食品添加剂的品种、使用范围、用量;③专供婴幼儿和其他特定人群的主辅食品的营养成分要求;④对与卫生、营养等食品安全要求有关的标签、标识、说明书的要求;⑤食品生产经营过程的卫生要求;⑥与食品安全有关的质量要求;⑦与食品安全有关的食品检验方法与规程;⑧其他需要制定为食品安全标准的内容。

## 三、食品安全标准的制定

### (一) 食品安全标准制定的原则

《食品安全法》规定,制定食品安全标准,应当以保障公众身体健康为宗旨,做到科学合理、安全可靠。制定食品安全国家标准,应当依据食品安全风险评估结果并充分考虑食用农产品安全风险评估结果,参照相关的国际标准和国际食品安全风险评估结果,并将食品安全国家标准草案向社会公布,广泛听取食品生产经营者、消费者、有关部门等方面的意见。

### (二) 食品安全国家标准的制定

《食品安全法》规定,食品安全国家标准由国务院卫生行政部门会同国务院食品安全监督管理部门制定、公布,国务院标准化行政部门提供国家标准编号。食品中农药残留、兽药残留的限量规定及其检验方法与规程由国务院卫生行政部门、国务院农业行政部门会同国务院食品安全监督管理部门制定。屠宰畜、禽的检验规程由国务院农业行政部门会同国务院卫生行政部门制定。

1. **食品安全国家标准审评委员会**　《食品安全法》规定,食品安全国家标准应当经国务院卫生行政部门组织的食品安全国家标准审评委员会审查通过。食品安全国家标准审评委员会由医学、农业、食品、营养、生物、环境等方面的专家以及国务院有关部门、食品行业协会、消费者协会的代表组成,对食品安全国家标准草案的科学性和实用性等进行审查。

2. **食品安全国家标准制定程序**　根据《食品安全标准管理办法》,食品安全国家标准的制定程序主要包括以下步骤。①立项。②起草:国务院卫生行政部门采取招标、委托等形式,择优选择具备相应技术能力的单位承担食品安全国家标准起草工作。鼓励跨部门、跨领域的专家和团队组成标准协作组参与标准起草、跟踪评价和宣传培训等工作。③审查:食品安全国家标准按照以下程序审查:秘书处办公室初审;专业委员会会议审查;技术总师会议审查;合法性审查工作组审查;秘书长会议审查;主任会议审议。食品安全国家标准草案按照规定履行向世界贸易组织(WTO)的通报程序。④公布:食品安全国家标准由国务院卫生行政部门会同国务院有关部门公布,由国家标准化管理委员会提供编号。国务院卫生行政部门负责食品安全国家标准的解释,标准解释与食品安全国家标准文本具有同等效力。

### (三) 食品安全地方标准和企业标准的制定

《食品安全法》规定,对地方特色食品,没有食品安全国家标准的,省、自治区、直辖市人民政府卫生行政部门可以制定并公布食品安全地方标准,报国务院卫生行政部门备案。食品安全国家标准制定后,该地方标准即行废止。《食品安全法实施条例》规定,保健食品、特殊医学用途配方食品、婴幼儿配方食品等特殊食品不属于地方特色食品,不得对其制定食品安全地方标准。

国家鼓励食品生产企业制定严于食品安全国家标准或者地方标准的企业标准,在本企业适用,并报省、自治区、直辖市人民政府卫生行政部门备案。

## 四、食品安全标准的跟踪评价

《食品安全法》规定,省级以上人民政府卫生行政部门应当会同同级食品安全监督管理、农业行政等部门,分别对食品安全国家标准和地方标准的执行情况进行跟踪评价,并根据评价结果及时修订食品安全标准。省级以上人民政府食品安全监督管理、农业行政等部门应当对食品安全标准执行中存在的问题进行收集、汇总,并及时向同级卫生行政部门通报。食品生产经营者、食品行业协会发现食品安全标准在执行中存在问题的,应当立即向卫生行政部门报告。

## 第四节 ｜ 食品生产经营

### 一、食品生产经营许可

《食品安全法》规定,国家对食品生产经营实行许可制度。从事食品生产、食品销售、餐饮服务,应当依法取得许可。但是,销售食用农产品和仅销售预包装食品的,不需要取得许可。仅销售预包装食品的,应当报所在地县级以上地方人民政府食品安全监督管理部门备案。食品生产,包括食品生产和加工,是指把食品原料通过生产加工程序,形成一种新形式的可直接食用的产品。食品经营,包括食品销售和餐饮服务。餐饮服务,是指通过即时制作加工、商业销售和服务性劳动等,向消费者提供食品和消费场所及设施的服务活动。预包装食品,是指预先定量包装或者制作在包装材料和容器中的食品(含保健食品、特殊医学用途配方食品、婴幼儿配方乳粉以及其他婴幼儿配方食品等特殊食品)。《食品安全法实施条例》规定,食品生产经营许可的有效期为 5 年。

国家市场监督管理总局发布的《食品生产许可管理办法》规定,取得食品经营许可的餐饮服务提供者在其餐饮服务场所制作加工食品,不需要取得食品生产许可。《食品经营许可和备案管理办法》规定,下列情形不需要取得食品经营许可:①销售食用农产品;②仅销售预包装食品;③医疗机构、药品零售企业销售特殊医学用途配方食品中的特定全营养配方食品;④已经取得食品生产许可的食品生产者,在其生产加工场所或者通过网络销售其生产的食品;⑤法律、法规规定的其他不需要取得食品经营许可的情形。

### 二、食品生产经营的一般规定

#### (一) 食品生产经营的要求

《食品安全法》规定,食品生产经营应当符合食品安全标准,并符合下列要求。

1. 具有与生产经营的食品品种、数量相适应的食品原料处理和食品加工、包装、贮存等场所,保持该场所环境整洁,并与有毒、有害场所以及其他污染源保持规定的距离。

2. 具有与生产经营的食品品种、数量相适应的生产经营设备或者设施,有相应的消毒、更衣、盥洗、采光、照明、通风、防腐、防尘、防蝇、防鼠、防虫、洗涤以及处理废水、存放垃圾和废弃物的设备或者设施。

3. 有专职或者兼职的食品安全专业技术人员、食品安全管理人员和保证食品安全的规章制度。

4. 具有合理的设备布局和工艺流程,防止待加工食品与直接入口食品、原料与成品交叉污染,避免食品接触有毒物、不洁物。

5. 餐具、饮具和盛放直接入口食品的容器,使用前应当洗净、消毒,炊具、用具用后应当洗净,保持清洁。

6. 贮存、运输和装卸食品的容器、工具和设备应当安全、无害,保持清洁,防止食品污染,并符合保证食品安全所需的温度、湿度等特殊要求,不得将食品与有毒、有害物品一同贮存、运输。

7. 直接入口的食品应当使用无毒、清洁的包装材料、餐具、炊具和容器。

8. 食品生产经营人员应当保持个人卫生,生产经营食品时,应当将手洗净,穿戴清洁的工作衣、帽等;销售无包装的直接入口食品时,应当使用无毒、清洁的容器、售货工具和设备。

9. 用水应当符合国家规定的生活饮用水卫生标准。

10. 使用的洗涤剂、消毒剂应当对人体安全、无害。

11. 法律、法规规定的其他要求。

## （二）禁止生产经营的食品、食品添加剂、食品相关产品

《食品安全法》规定,禁止生产经营下列食品、食品添加剂、食品相关产品。

1. 用非食品原料生产的食品或者添加食品添加剂以外的化学物质和其他可能危害人体健康物质的食品,或者用回收食品作为原料生产的食品。

2. 致病性微生物、农药残留、兽药残留、生物毒素、重金属等污染物质以及其他危害人体健康的物质含量超过食品安全标准限量的食品、食品添加剂、食品相关产品。

3. 用超过保质期的食品原料、食品添加剂生产的食品、食品添加剂。

4. 超范围、超限量使用食品添加剂的食品。

5. 营养成分不符合食品安全标准的专供婴幼儿和其他特定人群的主辅食品。

6. 腐败变质、油脂酸败、霉变生虫、污秽不洁、混有异物、掺假掺杂或者感官性状异常的食品、食品添加剂。

7. 病死、毒死或者死因不明的禽、畜、兽、水产动物肉类及其制品。

8. 未按规定进行检疫或者检疫不合格的肉类,或者未经检验或者检验不合格的肉类制品。

9. 被包装材料、容器、运输工具等污染的食品、食品添加剂。

10. 标注虚假生产日期、保质期或者超过保质期的食品、食品添加剂。

11. 无标签的预包装食品、食品添加剂。

12. 国家为防病等特殊需要明令禁止生产经营的食品。

13. 其他不符合法律、法规或者食品安全标准的食品、食品添加剂、食品相关产品。

## （三）食品添加剂的生产和使用

食品添加剂,是指为了改善食品品质和色、香、味以及为防腐、保鲜和加工工艺的需要而加入食品中的人工合成或者天然物质。

1. **食品添加剂生产许可**　《食品安全法》规定,国家对食品添加剂的生产实行许可制度。从事食品添加剂生产,应当具有与所生产食品添加剂品种相适应的场所、生产设备或者设施、专业技术人员和管理制度,并依照法定的程序,取得食品添加剂生产许可。生产食品添加剂应当符合法律、法规和食品安全国家标准。利用新的食品原料生产食品添加剂新品种,应当向国务院卫生行政部门提交相关产品的安全性评估材料。

2. **食品添加剂的使用**　食品添加剂应当在技术上确有必要且经过风险评估证明安全可靠,方可列入允许使用的范围。有关食品安全国家标准应当根据技术必要性和食品安全风险评估结果及时修订。食品生产经营者应当按照食品安全国家标准使用食品添加剂。

《食品添加剂新品种管理办法》规定,使用食品添加剂应当符合下列要求:①不应当掩盖食品腐败变质;②不应当掩盖食品本身或者加工过程中的质量缺陷;③不以掺杂、掺假、伪造为目的而使用食品添加剂;④不应当降低食品本身的营养价值;⑤在达到预期的效果下尽可能降低在食品中的用量;⑥食品工业用加工助剂应当在制成最后成品之前去除,有规定允许残留量的除外。

## （四）食品中不得添加药品

《食品安全法》规定,生产经营的食品中不得添加药品,但是可以添加按照传统既是食品又是中药材的物质。按照传统既是食品又是中药材的物质目录由国务院卫生行政部门会同国务院食品安全监督管理部门制定、公布。

根据国家卫生健康委员会发布的《按照传统既是食品又是中药材的物质目录管理规定》,按照传统既是食品又是中药材的物质(以下简称食药物质),是指传统作为食品,且列入《中华人民共和国药典》的物质。纳入食药物质目录的物质应当符合下列要求:①有传统上作为食品食用的习惯;②已经列入《中华人民共和国药典》;③安全性评估未发现食品安全问题;④符合中药材资源保护、野生动植物保护、生态保护等相关法律法规规定。

### （五）食品相关产品

食品相关产品,是指用于食品的包装材料、容器、洗涤剂、消毒剂和用于食品生产经营的工具、设备。用于食品的包装材料和容器,是指包装、盛放食品或者食品添加剂用的纸、竹、木、金属、搪瓷、陶瓷、塑料、橡胶、天然纤维、化学纤维、玻璃等制品和直接接触食品或者食品添加剂的涂料;用于食品生产经营的工具、设备,是指在食品或者食品添加剂生产、流通、使用过程中直接接触食品或者食品添加剂的机械、管道、传送带、容器、用具、餐具等;用于食品的洗涤剂和消毒剂,是指直接用于洗涤或者消毒食品、餐饮具以及直接接触食品的工具、设备或者食品包装材料和容器的物质。

《食品安全法》规定,生产食品相关产品应当符合法律、法规和食品安全国家标准。对直接接触食品的包装材料等具有较高风险的食品相关产品,按照国家有关工业产品生产许可证管理的规定实施生产许可。利用新的食品原料生产食品相关产品新品种,应当向国务院卫生行政部门提交相关产品的安全性评估材料。食品安全监督管理部门应当加强对食品相关产品生产活动的监督管理。为了加强食品相关产品质量安全监督管理,国家市场监督管理总局发布了《食品相关产品质量安全监督管理暂行办法》。

### （六）食品安全全程追溯

《食品安全法》规定,国家建立食品安全全程追溯制度。食品生产经营者应当依照规定,建立食品安全追溯体系,保证食品可追溯。国家鼓励食品生产经营者采用信息化手段采集、留存生产经营信息,建立食品安全追溯体系。

《食品安全法实施条例》规定:①国务院食品安全监督管理部门会同国务院农业行政等有关部门明确食品安全全程追溯基本要求,指导食品生产经营者通过信息化手段建立、完善食品安全追溯体系;②食品安全监督管理等部门应当将婴幼儿配方食品等针对特定人群的食品以及其他食品安全风险较高或者销售量大的食品的追溯体系建设作为监督检查的重点;③食品生产经营者应当建立食品安全追溯体系,依照《食品安全法》的规定如实记录并保存进货查验、出厂检验、食品销售等信息,保证食品可追溯。

## 三、生产经营过程控制

### （一）制定并实施控制要求

《食品安全法》规定,食品生产企业应当就下列事项制定并实施控制要求,保证所生产的食品符合食品安全标准:①原料采购、原料验收、投料等原料控制;②生产工序、设备、贮存、包装等生产关键环节控制;③原料检验、半成品检验、成品出厂检验等检验控制;④运输和交付控制。

### （二）实施危害分析与关键控制点体系

《食品安全法》规定,国家鼓励食品生产经营企业符合良好生产规范要求,实施危害分析与关键控制点体系,提高食品安全管理水平。

### （三）建立健全食品安全管理制度

食品安全管理,是指食品生产经营企业内部建立的管理制度。《食品安全法》规定,食品生产经营企业应当建立健全食品安全管理制度,对职工进行食品安全知识培训,加强食品检验工作,依法从事生产经营活动。食品生产经营企业的主要负责人应当落实企业食品安全管理制度,对本企业的食品安全工作全面负责。食品生产经营企业应当配备食品安全管理人员,加强对其培训和考核。经考核不具备食品安全管理能力的,不得上岗。根据上述规定,国家市场监督管理总局发布了《企业落实食品安全主体责任监督管理规定》。食品安全管理制度包括:①从业人员健康管理制度。患有国务院卫生行政部门规定的有碍食品安全疾病的人员,不得从事接触直接入口食品的工作。从事接触直接入口食品工作的食品生产经营人员每年应当进行健康检查,取得健康证明后方可参加工作。②食品安全自查制度。③查验记录制度。④出厂检验和检验记录制度。⑤农业投入品使用记录制度。⑥食品召回制度。《食品安全法》规定,国家建立食品召回制度。食品召回,是指食品生产者按照规定程序,对由其生产原因造成的某一批次或类别的不安全食品,通过换货、退货、补充或修正消费说明等方式,及时消除或减少食品安全危害的活动。根据原国家食品药品监督管理总局发布的《食品召回管理办法》,不安全食品是指食品安全法律法规规定禁止生产经营的食品以及其他有证据证明可能危害人体健康的食品。食品召回包括主动召回和责令召回。

## 四、餐饮服务和网络食品交易

### (一) 餐饮服务

**1. 原料控制要求** 《食品安全法》规定,餐饮服务提供者应当制定并实施原料控制要求,不得采购不符合食品安全标准的食品原料。倡导餐饮服务提供者公开加工过程,公示食品原料及其来源等信息。

**2. 加工过程要求** 餐饮服务提供者在加工过程中应当检查待加工的食品及原料,发现食品、食品添加剂有腐败变质、油脂酸败、霉变生虫、污秽不洁、混有异物、掺假掺杂或者感官性状异常的,不得加工或者使用。

**3. 设施、设备维护** 餐饮服务提供者应当定期维护食品加工、贮存、陈列等设施、设备;定期清洗、校验保温设施及冷藏、冷冻设施。

**4. 餐具、饮具卫生要求** 餐饮服务提供者应当按照要求对餐具、饮具进行清洗消毒,不得使用未经清洗消毒的餐具、饮具。餐饮服务提供者委托清洗消毒餐具、饮具的,应当委托符合《食品安全法》规定条件的餐具、饮具集中消毒服务单位。

### (二) 集中用餐单位食堂

学校、托幼机构、养老机构、建筑工地等集中用餐单位的食堂应当严格遵守法律、法规和食品安全标准;从供餐单位订餐的,应当从取得食品生产经营许可的企业订购,并按照要求对订购的食品进行查验。供餐单位应当严格遵守法律、法规和食品安全标准,当餐加工,确保食品安全。学校、托幼机构、养老机构、建筑工地等集中用餐单位的主管部门应当加强对集中用餐单位的食品安全教育和日常管理,降低食品安全风险,及时消除食品安全隐患。

### (三) 网络食品交易平台

网络食品交易第三方平台提供者应当对入网食品经营者进行实名登记,明确其食品安全管理责任;依法应当取得许可证的,还应当审查其许可证。网络食品交易第三方平台提供者发现入网食品经营者有违反《食品卫生法》规定行为的,应当及时制止并立即报告所在地县级人民政府食品安全监督管理部门;发现严重违法行为的,应当立即停止提供网络交易平台服务。

## 五、标签、说明书和广告

### (一) 食品标签

食品标签,是指在食品包装容器上或附于食品包装容器上的一切附签、吊牌、文字、图形、符号说明物。《食品安全法》规定,食品经营者应当按照食品标签标示的警示标志、警示说明或者注意事项的要求销售食品。

**1. 预包装食品标签** 预包装食品的包装上应当有标签。标签应当标明下列事项:①名称、规格、净含量、生产日期;②成分或者配料表;③生产者的名称、地址、联系方式;④保质期;⑤产品标准代号;⑥贮存条件;⑦所使用的食品添加剂在国家标准中的通用名称;⑧生产许可证编号;⑨法律、法规或者食品安全标准规定应当标明的其他事项。专供婴幼儿和其他特定人群的主辅食品,其标签还应当标明主要营养成分及其含量。食品经营者应当按照食品标签标示的警示标志、警示说明或者注意事项的要求,销售预包装食品。

**2. 散装食品标签** 散装食品,是指无预包装的食品、食品原料及加工半成品,但不包括新鲜果蔬,以及需清洗后加工的原粮、鲜冻畜禽产品和水产品等。食品经营者销售散装食品,应当在散装食品的容器、外包装上标明食品的名称、生产日期或者生产批号、保质期以及生产经营者名称、地址、联系方式等内容。

3. **转基因食品标签** 转基因食品,是指利用基因工程技术改变基因组成而形成的食品。为保障消费者的知情权,让消费者对转基因食品进行充分了解和自主选择,《食品安全法》规定,生产经营转基因食品应当按照规定显著标示。

### (二)进口食品标签、说明书

《食品安全法》规定,国家出入境检验检疫部门对进出口食品安全实施监督管理。进口的预包装食品、食品添加剂应当有中文标签;依法应当有说明书的,还应当有中文说明书。标签、说明书应当符合《食品安全法》以及我国其他有关法律、行政法规的规定和食品安全国家标准的要求,并载明食品的原产地以及境内代理商的名称、地址、联系方式。预包装食品没有中文标签、中文说明书或者标签、说明书不符合规定的,不得进口。根据上述规定,海关总署发布了《进出口食品安全管理办法》。

### (三)食品添加剂标签、说明书、包装

食品添加剂标签,是指粘贴、印刷、标记在食品添加剂或者其包装上,用以表示食品添加剂的名称、成分、使用方法、生产者或者销售者等相关信息的文字、符号、数字、图案以及其他说明的总称。食品添加剂说明书,是指用以说明食品添加剂的名称、成分、使用方法、生产者或者销售者等相关信息,通常含有比标签更多的信息,置于食品添加剂的外包装内。食品添加剂的包装,是指用于包裹食品添加剂以便于储存、销售和使用的塑料袋、纸盒、玻璃瓶等物品。食品添加剂的标签、说明书和包装是一个整体,不得分离,是保持食品添加剂品质,保证使用安全、方便等所必不可少的组成部分。

《食品安全法》规定,食品添加剂应当有标签、说明书和包装。标签、说明书应当载明规定的有关事项,以及食品添加剂的使用范围、用量、使用方法,并在标签上载明"食品添加剂"字样。

### (四)食品和食品添加剂标签、说明书的要求

《食品安全法》规定,食品和食品添加剂的标签、说明书,不得含有虚假内容,不得涉及疾病预防、治疗功能。生产经营者对其提供的标签、说明书的内容负责。食品和食品添加剂的标签、说明书应当清楚、明显,生产日期、保质期等事项应当显著标注,容易辨识。食品和食品添加剂与其标签、说明书的内容不符的,不得上市销售。

### (五)食品广告

食品广告是广告的一个重要类型,包括普通食品广告、保健食品广告和特殊膳食用食品广告等。

《食品安全法》规定,食品广告内容应当真实合法,不得含有虚假内容,不得涉及疾病预防、治疗功能。食品生产经营者对食品广告内容的真实性、合法性负责。县级以上人民政府食品安全监督管理部门和其他有关部门以及食品检验机构、食品行业协会不得以广告或者其他形式向消费者推荐食品。消费者组织不得以收取费用或者其他牟取利益的方式向消费者推荐食品。

## 六、特殊食品

### (一)特殊食品的含义

特殊食品,是指保健食品、特殊医学用途配方食品、婴幼儿配方食品和其他专供特定人群的主辅食品。《食品安全法》规定,国家对保健食品、特殊医学用途配方食品和婴幼儿配方食品等特殊食品实行严格监督管理。

### (二)保健食品

保健食品,是指声称具有保健功能或者以补充维生素、矿物质等营养物质为目的的食品,即适宜于特定人群食用,具有调节机体功能,不以治疗疾病为目的,并且对人体不产生任何急性、亚急性或者慢性危害的食品。

保健食品的标签、说明书不得涉及疾病预防、治疗功能,内容应当真实,与注册或者备案的内容相一致,载明适宜人群、不适宜人群、功效成分或者标志性成分及其含量等,并声明"本品不能代替药

物"。保健食品的功能和成分应当与标签、说明书相一致。

### (三) 特殊医学用途配方食品

特殊医学用途配方食品,是指为了满足进食受限、消化吸收障碍、代谢紊乱或特定疾病状态人群对营养素或膳食的特殊需要,专门加工配制而成的配方食品。特殊医学用途配方食品必须在医生或临床营养师指导下,单独食用或与其他食品配合食用。

特殊医学用途配方食品应当经国务院食品安全监督管理部门注册。注册时,应当提交产品配方、生产工艺、标签、说明书以及表明产品安全性、营养充足性和特殊医学用途临床效果的材料。

### (四) 婴幼儿配方食品

婴幼儿配方食品,包括婴儿配方食品、较大婴儿和幼儿配方食品。婴儿配方食品包括乳基婴儿配方食品和豆基婴儿配方食品。

《食品安全法》规定,不得以分装方式生产婴幼儿配方乳粉,同一企业不得用同一配方生产不同品牌的婴幼儿配方乳粉。

## 第五节 | 食品检验

### 一、食品检验的概念

食品检验,是指食品检验机构根据有关国家标准,对食品原料、辅助材料、成本的质量和安全性进行的检验,包括对食品理化指标、卫生指标、外观特性以及外包装、内包装、标志等进行的检验。食品检验是保证食品安全,加强食品安全监管的重要技术支撑,是保障食品安全的一系列制度中不可或缺的环节。

### 二、食品检验机构

《食品安全法》规定,食品检验机构按照国家有关认证认可的规定取得资质认定后,方可从事食品检验活动。但是,法律另有规定的除外。符合《食品安全法》规定的食品检验机构出具的检验报告具有同等效力。县级以上人民政府应当整合食品检验资源,实现资源共享。食品检验机构的资质认定条件和检验规范,由国务院食品安全监督管理部门规定。

### 三、检验人

《食品安全法》规定,食品检验由食品检验机构指定的检验人独立进行。检验人应当依照有关法律、法规的规定,并按照食品安全标准和检验规范对食品进行检验,尊重科学,恪守职业道德,保证出具的检验数据和结论客观、公正,不得出具虚假检验报告。

食品检验实行食品检验机构与检验人负责制。食品检验报告应当加盖食品检验机构公章,并有检验人的签名或者盖章。食品检验机构和检验人对出具的食品检验报告负责。

### 四、监督抽检

监督抽检,是指食品安全监督管理部门按照法定程序和食品安全标准等规定,以排查风险为目的,对食品组织的抽样、检验、复检、处理等活动。《食品安全法》规定,县级以上人民政府食品安全监督管理部门应当对食品进行定期或者不定期的抽样检验,并依据有关规定公布检验结果,不得免检。国家市场监督管理总局《食品安全抽样检验管理办法》规定,市场监督管理部门应当按照科学、公开、公平、公正的原则,以发现和查处食品安全问题为导向,依法对食品生产经营活动全过程组织开展食品安全抽样检验工作。

《食品安全法》规定,进行抽样检验,应当购买抽取的样品,委托符合《食品安全法》规定的食品检验机构进行检验,并支付相关费用;不得向食品生产经营者收取检验费和其他费用。

### 五、食品生产经营企业自行检验

食品生产企业可以自行对所生产的食品进行检验,也可以委托符合《食品安全法》规定的食品检验机构进行检验。食品行业协会和消费者协会等组织、消费者需要委托食品检验机构对食品进行检验的,应当委托符合《食品安全法》规定的食品检验机构进行。

### 六、复检

《食品安全法》规定,对依照规定实施的检验结论有异议的,食品生产经营者可以自收到检验结论之日起 7 个工作日内向实施抽样检验的食品安全监督管理部门或者其上一级食品安全监督管理部门提出复检申请,由受理复检申请的食品安全监督管理部门在公布的复检机构名录中随机确定复检机构进行复检。复检机构出具的复检结论为最终检验结论。复检机构与初检机构不得为同一机构。

《食品安全法》规定,采用国家规定的快速检测方法对食用农产品进行抽查检测,被抽查人对检测结果有异议的,可以自收到检测结果时起四小时内申请复检。复检不得采用快速检测方法。

## 第六节 | 食品安全事故处置

### 一、食品安全事故的概念

食品安全事故是指食物中毒、食源性疾病、食品污染等源于食品,对人体健康有危害或者可能有危害的事故。食源性疾病是指食品中致病因素进入人体引起的感染性、中毒性等疾病。食物中毒是指食用了被有毒有害物质污染的食品或者食用了含有毒有害物质的食品后出现的急性、亚急性疾病。

《国家重大食品安全事故应急预案》按食品安全事故的性质、危害程度和涉及范围,将重大食品安全事故分为特别重大食品安全事故(Ⅰ级)、重大食品安全事故(Ⅱ级)、较大食品安全事故(Ⅲ级)和一般食品安全事故(Ⅳ级)。

### 二、食品安全事故应急预案

食品安全事故应急预案,是指经过一定程序制定的开展食品安全事故应急处理工作的事先指导方案。制定食品安全事故应急预案,目的是建立健全应对食品安全事故的救助体系和运行机制,规范和指导应急处理工作,确保一旦发生食品安全事故,能够有效组织、快速反应,及时控制食品安全事故,高效开展应急救援工作,最大限度减少食品安全事故的危害,保障人民群众身体健康与生命安全,维护正常社会秩序。《食品安全法》规定,国务院组织制定国家食品安全事故应急预案。县级以上地方人民政府应当根据有关法律、法规的规定和上级人民政府的食品安全事故应急预案以及本地区的实际情况,制定本行政区域的食品安全事故应急预案,并报上一级人民政府备案。食品安全事故应急预案应当对食品安全事故分级、事故处置组织指挥体系与职责、预防预警机制、处置程序、应急保障措施等作出规定。

食品生产经营企业应当制定食品安全事故处置方案,定期检查本企业各项食品安全防范措施的落实情况,及时消除食品安全事故隐患。

### 三、食品安全事故的应急处置、报告和通报

#### (一)食品安全事故的应急处置和报告

《食品安全法》规定,发生食品安全事故的单位应当立即采取措施,防止事故扩大。事故发生单位和接收病人进行治疗的单位应当及时向事故发生地县级人民政府食品安全监督管理、卫生行政部

门报告。《食品安全法实施条例》规定，发生食品安全事故的单位应当对导致或者可能导致食品安全事故的食品及原料、工具、设备、设施等，立即采取封存等控制措施。

### （二）食品安全事故的通报和上报

《食品安全法》规定，县级以上人民政府农业行政等部门在日常监督管理中发现食品安全事故或者接到事故举报，应当立即向同级食品安全监督管理部门通报。

医疗机构发现其接收的病人属于食源性疾病病人或者疑似病人的，应当按照规定及时将相关信息向所在地县级人民政府卫生行政部门报告。县级人民政府卫生行政部门认为与食品安全有关的，应当及时通报同级食品安全监督管理部门。县级以上人民政府卫生行政部门在调查处理传染病或者其他突发公共卫生事件中发现与食品安全相关的信息，应当及时通报同级食品安全监督管理部门。

发生食品安全事故，接到报告的县级人民政府食品安全监督管理部门应当按照应急预案的规定向本级人民政府和上级人民政府食品安全监督管理部门报告。县级人民政府和上级人民政府食品安全监督管理部门应当按照应急预案的规定上报。

《食品安全法》规定，任何单位或者个人不得对食品安全事故隐瞒、谎报、缓报，不得隐匿、伪造、毁灭有关证据。

## 四、食品安全事故应急措施

### （一）应急措施

《食品安全法》规定，县级以上人民政府食品安全监督管理部门接到食品安全事故的报告后，应当立即会同同级卫生行政、农业行政等部门进行调查处理，并采取下列措施，防止或者减轻社会危害：①开展应急救援工作，组织救治因食品安全事故导致人身伤害的人员；②封存可能导致食品安全事故的食品及其原料，并立即进行检验；对确认属于被污染的食品及其原料，责令食品生产经营者依照《食品安全法》的规定召回或者停止经营；③封存被污染的食品相关产品，并责令进行清洗消毒；④做好信息发布工作，依法对食品安全事故及其处理情况进行发布，并对可能产生的危害加以解释、说明。

### （二）启动应急预案

发生食品安全事故需要启动应急预案的，县级以上人民政府应当立即成立事故处置指挥机构，启动应急预案，依照应急措施和应急预案的规定进行处置。

### （三）疾病预防控制机构的职责

发生食品安全事故，县级以上疾病预防控制机构应当对事故现场进行卫生处理，并对与事故有关的因素开展流行病学调查，有关部门应当予以协助。县级以上疾病预防控制机构应当向同级食品安全监督管理、卫生行政部门提交流行病学调查报告。《食品安全法实施条例》规定，任何单位和个人不得拒绝、阻挠疾病预防控制机构开展流行病学调查。有关部门应当对疾病预防控制机构开展流行病学调查予以协助。

## 五、食品安全事故的调查处理

### （一）食品安全事故责任的调查

发生食品安全事故，设区的市级以上人民政府食品安全监督管理部门应当立即会同有关部门进行事故责任调查，督促有关部门履行职责，向本级人民政府和上一级人民政府食品安全监督管理部门提出事故责任调查处理报告。涉及两个以上省、自治区、直辖市的重大食品安全事故由国务院食品安全监督管理部门依照规定组织事故责任调查。

### （二）食品安全事故调查的原则

调查食品安全事故，应当坚持实事求是、尊重科学的原则，及时、准确查清事故性质和原因，认定事故责任，提出整改措施。调查食品安全事故，除了查明事故单位的责任，还应当查明有关监督管理部门、食品检验机构、认证机构及其工作人员的责任。

### （三）不得阻挠食品安全事故的调查处理

食品安全事故调查部门有权向有关单位和个人了解与事故有关的情况,并要求提供相关资料和样品。有关单位和个人应当予以配合,按照要求提供相关资料和样品,不得拒绝。任何单位和个人不得阻挠、干涉食品安全事故的调查处理。

## 第七节 ｜ 食品安全监督管理

### 一、食品安全风险分级管理

食品安全风险分级管理,是指根据食品安全风险所分等级等实际情况,科学确定食品安全监管的重点、方式和频次。《食品安全法》规定,县级以上人民政府食品安全监督管理部门根据食品安全风险监测、风险评估结果和食品安全状况等,确定监督管理的重点、方式和频次,实施风险分级管理。

### 二、食品安全年度监督管理计划

《食品安全法》规定,县级以上地方人民政府组织本级食品安全监督管理、农业行政等部门制定本行政区域的食品安全年度监督管理计划,向社会公布并组织实施。食品安全年度监督管理计划应当将下列事项作为监督管理的重点:①专供婴幼儿和其他特定人群的主辅食品;②保健食品生产过程中的添加行为和按照注册或者备案的技术要求组织生产的情况,保健食品标签、说明书以及宣传材料中有关功能宣传的情况;③发生食品安全事故风险较高的食品生产经营者;④食品安全风险监测结果表明可能存在食品安全隐患的事项。

### 三、食品安全监督检查措施

县级以上人民政府食品安全监督管理履行食品安全监督管理职责,有权采取下列措施,对生产经营者遵守《食品安全法》的情况进行监督检查:①进入生产经营场所实施现场检查;②对生产经营的食品、食品添加剂、食品相关产品进行抽样检验;③查阅、复制有关合同、票据、账簿以及其他有关资料;④查封、扣押有证据证明不符合食品安全标准或者有证据证明存在安全隐患以及用于违法生产经营的食品、食品添加剂、食品相关产品;⑤查封违法从事食品生产经营活动的场所。

根据国家市场监督管理总局《食品生产经营监督检查管理办法》,监督检查应当遵循属地负责、风险管理、程序合法、公正公开的原则。监督检查包括日常监督检查、飞行检查、体系检查。

### 四、食品安全信用档案

《食品安全法》规定,县级以上人民政府食品安全监督管理部门应当建立食品生产经营者食品安全信用档案,记录许可颁发、日常监督检查结果、违法行为查处等情况,依法向社会公布并实时更新;对有不良信用记录的食品生产经营者增加监督检查频次,对违法行为情节严重的食品生产经营者,可以通报投资主管部门、证券监督管理机构和有关的金融机构。

### 五、责任约谈

#### （一）对食品生产经营者的责任约谈

食品生产经营过程中存在食品安全隐患,未及时采取措施消除的,县级以上人民政府食品安全监督管理部门可以对食品生产经营者的法定代表人或者主要负责人进行责任约谈。食品生产经营者应当立即采取措施,进行整改,消除隐患。责任约谈情况和整改情况应当纳入食品生产经营者食品安全信用档案。

### （二）对网络食品交易第三方平台提供者的责任约谈

《食品安全法实施条例》规定，网络食品交易第三方平台多次出现入网食品经营者违法经营或者入网食品经营者的违法经营行为造成严重后果的，县级以上人民政府食品安全监督管理部门可以对网络食品交易第三方平台提供者的法定代表人或者主要负责人进行责任约谈。

### （三）对食品安全监管部门和地方人民政府的责任约谈

县级以上人民政府食品安全监督管理等部门未及时发现食品安全系统性风险，未及时消除监督管理区域内的食品安全隐患的，本级人民政府可以对其主要负责人进行责任约谈。地方人民政府未履行食品安全职责，未及时消除区域性重大食品安全隐患的，上级人民政府可以对其主要负责人进行责任约谈。

被约谈的食品安全监督管理等部门、地方人民政府应当立即采取措施，对食品安全监督管理工作进行整改。责任约谈情况和整改情况应当纳入地方人民政府和有关部门食品安全监督管理工作评议、考核记录。

## 六、投诉和举报的处理

### （一）食品安全咨询、投诉和举报

县级以上人民政府食品安全监督管理等部门应当公布本部门的电子邮件地址或者电话，接受咨询、投诉、举报。接到咨询、投诉、举报，对属于本部门职责的，应当受理并在法定期限内及时答复、核实、处理；对不属于本部门职责的，应当移交有权处理的部门并书面通知咨询、投诉、举报人。有权处理的部门应当在法定期限内及时处理，不得推诿。对查证属实的举报，给予举报人奖励。有关部门应当对举报人的信息予以保密，保护举报人的合法权益。举报人举报所在企业的，该企业不得以解除、变更劳动合同或者其他方式对举报人进行打击报复。

### （二）对食品安全执法人员违规执法的投诉、举报

食品生产经营者、食品行业协会、消费者协会等发现食品安全执法人员在执法过程中有违反法律、法规规定的行为以及不规范执法行为的，可以向本级或者上级人民政府食品安全监督管理等部门或者监察机关投诉、举报。接到投诉、举报的部门或者机关应当进行核实，并将经核实的情况向食品安全执法人员所在部门通报；涉嫌违法违纪的，按照《食品安全法》和有关规定处理。

## 七、食品安全信息公布

《食品安全法》规定，国家建立统一的食品安全信息平台，实行食品安全信息统一公布制度。

### （一）食品安全信息公布的主体和内容

《食品安全法》规定：①国家食品安全总体情况、食品安全风险警示信息、重大食品安全事故及其调查处理信息和国务院确定需要统一公布的其他信息由国务院食品安全监督管理部门统一公布。②食品安全风险警示信息和重大食品安全事故及其调查处理信息的影响限于特定区域的，也可以由有关省、自治区、直辖市人民政府食品安全监督管理部门公布。未经授权不得发布上述信息。③县级以上人民政府食品安全监督管理、农业行政部门依据各自职责公布食品安全日常监督管理信息。

### （二）食品安全信息公布的要求

《食品安全法》规定，公布食品安全信息，应当做到准确、及时，并进行必要的解释说明，避免误导消费者和社会舆论。任何单位和个人不得编造、散布虚假食品安全信息。

## 八、涉嫌食品安全犯罪案件的处理

县级以上人民政府食品安全监督管理等部门发现涉嫌食品安全犯罪的，应当按照有关规定及时将案件移送公安机关。对移送的案件，公安机关应当及时审查；认为有犯罪事实需要追究刑事责任的，应当立案侦查。

公安机关在食品安全犯罪案件侦查过程中认为没有犯罪事实，或者犯罪事实显著轻微，不需要追

究刑事责任,但依法应当追究行政责任的,应当及时将案件移送食品安全监督管理等部门和监察机关,有关部门应当依法处理。

公安机关商请食品安全监督管理生态环境等部门提供检验结论、认定意见以及对涉案物品进行无害化处理等协助的,有关部门应当及时提供,予以协助。

## 第八节 | 法律责任

### 一、未取得食品生产经营许可从事食品生产经营的法律责任

违反《食品安全法》规定,未取得食品生产经营许可从事食品生产经营活动,或者未取得食品添加剂生产许可从事食品添加剂生产活动的,由县级以上人民政府食品安全监督管理部门没收违法所得和违法生产经营的食品、食品添加剂以及用于违法生产经营的工具、设备、原料等物品;违法生产经营的食品、食品添加剂货值金额不足 1 万元的,并处 5 万元以上 10 万元以下罚款;货值金额 1 万元以上的,并处货值金额 10 倍以上 20 倍以下罚款。明知从事上述规定的违法行为,仍为其提供生产经营场所或者其他条件的,由县级以上人民政府食品安全监督管理部门责令停止违法行为,没收违法所得,并处 5 万元以上 10 万元以下罚款;使消费者的合法权益受到损害的,应当与食品、食品添加剂生产经营者承担连带责任。

### 二、违法从事食品生产经营活动的法律责任

1. 违反《食品安全法》规定,有下列情形之一,尚不构成犯罪的,由县级以上人民政府食品安全监督管理部门没收违法所得和违法生产经营的食品,并可以没收用于违法生产经营的工具、设备、原料等物品;违法生产经营的食品货值金额不足 1 万元的,并处 10 万元以上 15 万元以下罚款;货值金额 1 万元以上的,并处货值金额 15 倍以上 30 倍以下罚款;情节严重的,吊销许可证,并可以由公安机关对其直接负责的主管人员和其他直接责任人员处以 5 日以上 15 日以下拘留:①用非食品原料生产食品、在食品中添加食品添加剂以外的化学物质和其他可能危害人体健康的物质,或者用回收食品作为原料生产食品,或者经营上述食品;②生产经营营养成分不符合食品安全标准的专供婴幼儿和其他特定人群的主辅食品;③经营病死、毒死或者死因不明的禽、畜、兽、水产动物肉类,或者生产经营其制品;④经营未按规定进行检疫或者检疫不合格的肉类,或者生产经营未经检验或者检验不合格的肉类制品;⑤生产经营国家为防病等特殊需要明令禁止生产经营的食品;⑥生产经营添加药品的食品。明知从事上述规定的违法行为,仍为其提供生产经营场所或者其他条件的,由县级以上人民政府食品安全监督管理部门责令停止违法行为,没收违法所得,并处 10 万元以上 20 万元以下罚款;使消费者的合法权益受到损害的,应当与食品生产经营者承担连带责任。违法使用剧毒、高毒农药的,除依照有关法律、法规规定给予处罚外,可以由公安机关依照规定给予拘留。

2. 违反《食品安全法》规定,有下列情形之一,尚不构成犯罪的,由县级以上人民政府食品安全监督管理部门没收违法所得和违法生产经营的食品、食品添加剂,并可以没收用于违法生产经营的工具、设备、原料等物品;违法生产经营的食品、食品添加剂货值金额不足 1 万元的,并处 5 万元以上 10 万元以下罚款;货值金额 1 万元以上的,并处货值金额 10 倍以上 20 倍以下罚款;情节严重的,吊销许可证:①生产经营致病性微生物,农药残留、兽药残留、生物毒素、重金属等污染物质以及其他危害人体健康的物质含量超过食品安全标准限量的食品、食品添加剂;②用超过保质期的食品原料、食品添加剂生产食品、食品添加剂,或者经营上述食品、食品添加剂;③生产经营超范围、超限量使用食品添加剂的食品;④生产经营腐败变质、油脂酸败、霉变生虫、污秽不洁、混有异物、掺假掺杂或者感官性状异常的食品、食品添加剂;⑤生产经营标注虚假生产日期、保质期或者超过保质期的食品、食品添加剂;⑥生产经营未按规定注册的保健食品、特殊医学用途配方食品、婴幼儿配方乳粉,或者未按注册的产品配方、生产工

艺等技术要求组织生产;⑦以分装方式生产婴幼儿配方乳粉,或者同一企业以同一配方生产不同品牌的婴幼儿配方乳粉;⑧利用新的食品原料生产食品,或者生产食品添加剂新品种,未通过安全性评估;⑨食品生产经营者在食品安全监督管理部门责令其召回或者停止经营后,仍拒不召回或者停止经营。

3. 违反《食品安全法》规定,有下列情形之一的,由县级以上人民政府食品安全监督管理部门没收违法所得和违法生产经营的食品、食品添加剂,并可以没收用于违法生产经营的工具、设备、原料等物品;违法生产经营的食品、食品添加剂货值金额不足1万元的,并处5 000元以上5万元以下罚款;货值金额1万元以上的,并处货值金额5倍以上10倍以下罚款;情节严重的,责令停产停业,直至吊销许可证:①生产经营被包装材料、容器、运输工具等污染的食品、食品添加剂;②生产经营无标签的预包装食品、食品添加剂或者标签、说明书不符合本法规定的食品、食品添加剂;③生产经营转基因食品未按规定进行标示;④食品生产经营者采购或者使用不符合食品安全标准的食品原料、食品添加剂、食品相关产品。

生产经营的食品、食品添加剂的标签、说明书存在瑕疵但不影响食品安全且不会对消费者造成误导的,由县级以上人民政府食品安全监督管理部门责令改正;拒不改正的,处2 000元以下罚款。

4. 违反《食品安全法》规定,有下列情形之一的,由县级以上人民政府食品安全监督管理部门责令改正,给予警告;拒不改正的,处5 000元以上5万元以下罚款;情节严重的,责令停产停业,直至吊销许可证:①食品、食品添加剂生产者未按规定对采购的食品原料和生产的食品、食品添加剂进行检验;②食品生产经营企业未按规定建立食品安全管理制度,或者未按规定配备或者培训、考核食品安全管理人员;③食品、食品添加剂生产经营者进货时未查验许可证和相关证明文件,或者未按规定建立并遵守进货查验记录、出厂检验记录和销售记录制度;④食品生产经营企业未制定食品安全事故处置方案;⑤餐具、饮具和盛放直接入口食品的容器,使用前未经洗净、消毒或者清洗消毒不合格,或者餐饮服务设施、设备未按规定定期维护、清洗、校验;⑥食品生产经营者安排未取得健康证明或者患有国务院卫生行政部门规定的有碍食品安全疾病的人员从事接触直接入口食品的工作;⑦食品经营者未按规定要求销售食品;⑧保健食品生产企业未按规定向食品安全监督管理部门备案,或者未按备案的产品配方、生产工艺等技术要求组织生产;⑨婴幼儿配方食品生产企业未将食品原料、食品添加剂、产品配方、标签等向食品安全监督管理部门备案;⑩特殊食品生产企业未按规定建立生产质量管理体系并有效运行,或者未定期提交自查报告;⑪食品生产经营者未定期对食品安全状况进行检查评价,或者生产经营条件发生变化,未按规定处理;⑫学校、托幼机构、养老机构、建筑工地等集中用餐单位未按规定履行食品安全管理责任;⑬食品生产企业、餐饮服务提供者未按规定制定、实施生产经营过程控制要求。

5. 违反《食品安全法》规定,网络食品交易第三方平台提供者未对入网食品经营者进行实名登记、审查许可证,或者未履行报告、停止提供网络交易平台服务等义务的,由县级以上人民政府食品安全监督管理部门责令改正,没收违法所得,并处5万元以上20万元以下罚款;造成严重后果的,责令停业,直至由原发证部门吊销许可证;使消费者的合法权益受到损害的,应当与食品经营者承担连带责任。

### 三、提供虚假监测、评估信息的法律责任

违反《食品安全法》规定,承担食品安全风险监测、风险评估工作的技术机构、技术人员提供虚假监测、评估信息的,依法对技术机构直接负责的主管人员和技术人员给予撤职、开除处分;有执业资格的,由授予其资格的主管部门吊销执业证书。

### 四、出具虚假检验报告的法律责任

违反《食品安全法》规定,食品检验机构、食品检验人员出具虚假检验报告的,由授予其资质的主管部门或者机构撤销该食品检验机构的检验资质,没收所收取的检验费用,并处检验费用5倍以上10倍以下罚款,检验费用不足1万元的,并处5万元以上10万元以下罚款;依法对食品检验机构直接负责的主管人员和食品检验人员给予撤职或者开除处分;导致发生重大食品安全事故的,对直接负责的主管人员和食品检验人员给予开除处分。

违反《食品安全法》规定受到开除处分的食品检验机构人员,自处分决定作出之日起10年内不得从事食品检验工作;因食品安全违法行为受到刑事处罚或者因出具虚假检验报告导致发生重大食品安全事故受到开除处分的食品检验机构人员,终身不得从事食品检验工作。食品检验机构聘用不得从事食品检验工作的人员的,由授予其资质的主管部门或者机构撤销该食品检验机构的检验资质。食品检验机构出具虚假检验报告,使消费者的合法权益受到损害的,应当与食品生产经营者承担连带责任。

## 五、出具虚假认证结论的法律责任

违反《食品安全法》规定,认证机构出具虚假认证结论,由认证认可监督管理部门没收所收取的认证费用,并处认证费用5倍以上10倍以下罚款,认证费用不足1万元的,并处5万元以上10万元以下罚款;情节严重的,责令停业,直至撤销认证机构批准文件,并向社会公布;对直接负责的主管人员和负有直接责任的认证人员,撤销其执业资格。认证机构出具虚假认证结论,使消费者的合法权益受到损害的,应当与食品生产经营者承担连带责任。

## 六、造成人身、财产或者其他损害的法律责任

违反《食品安全法》规定,造成人身、财产或者其他损害的,依法承担赔偿责任。生产经营者财产不足以同时承担民事赔偿责任和缴纳罚款、罚金时,先承担民事赔偿责任。

违反《食品安全法》规定,构成犯罪的,依法追究刑事责任。

---

**思考题**

1. 什么是食品安全和食品卫生?
2. 《食品安全法》的调整范围是什么?
3. 我国食品安全监管体制是如何规定的?
4. 食品安全风险监测内容有哪些?
5. 食品安全风险评估情形有哪些?
6. 食品安全标准应当包括哪些内容?
7. 禁止生产经营的食品有哪些?
8. 食品、食品添加剂的标签、说明书和包装有哪些规定?

思考题解题思路　　　本章目标测试

---

### 推荐阅读

1. 徐景和.食品安全治理创新研究[M].上海:华东理工大学出版社,2017.
2. 卢玮.我国食品安全责任保险制度的重构[M].北京:法律出版社,2023.

（达庆东）

药品以治病为人为目的,直接关系到每一个人的生命健康。药品监督管理法律制度包括药品研制和注册、药品上市许可持有人、药品生产、药品经营、医疗机构药事管理、药品上市后管理、药品价格和广告、药品储备和供应、监督管理等制度,为加强药品管理,保证药品质量,保障公众用药安全和合法权益,保护和促进公众健康提供了制度保证。

## 第一节 | 概 述

### 一、药品的概念

药品,是指用于预防、治疗、诊断人的疾病,有目的地调节人的生理机能,并规定有适应证或者功能主治、用法和用量的物质,包括中药、化学药和生物制品等。

在我国,药品的概念具有以下特点:①我国的药品概念仅指人用药品,农药和兽药等非用于人类疾病的药品,不属于药品的范畴;②对药品的使用目的、方法等均有严格限定,药品使用必须遵照医嘱和说明书,按照用法用量使用才能达到预防、治疗、诊断人的疾病的目的,从而使药品与食品、保健品相区别;③药品包括传统药(广义的中药)与现代药(化学药、生物制品)。

### 二、药品的特殊性

药品是一种特殊商品,与一般商品相比较,其特殊性体现在以下方面。

#### (一)特殊的用途

药品用于疾病的诊断、预防和治疗,与人的生命健康密切相关,具有很强的专属性。而且与一般商品不同,人们生病才会用药,不同的疾病需用对症的药品。

#### (二)特殊的作用

药品具有双重作用,既可以防病治病、康复保健,又会产生不同程度的毒副作用。俗话说"是药三分毒",药品只有使用得当,才能治病救人。反之,则可能危害人体健康和生命安全。

#### (三)特殊的质量

经过严格审批,符合国家药品标准的药品才能保证疗效。进入流通渠道的药品,只允许有合格品,绝对不允许有次品或等外品。因此,我国对药品有特殊的质量要求、评价标准和鉴定手段。

#### (四)特殊的时效性

药品的时效性有两层含义:一是药品存在有效期,在规定期限内,质量可以得到保证,但超过有效期即为《药品管理法》所界定的劣药范畴;二是药品一旦需要,必须及时供应,如急救药品,有时相差几小时甚至几分钟,就可能决定人的生命健康。

#### (五)特殊的消费方式

对于药品的销售或者使用,消费者往往处于一种被动消费的状态,药品使用的选择权主要集中于处方医生或药师。即使是非处方药(OTC),消费者有自我判断适应证、自行选择的主动权,但大部分消费者仍是在咨询医师或者药师后才会放心购买所需药品。

### 三、药品管理立法

为了加强药品管理,保证药品质量,保障公众用药安全和合法权益,保护和促进公众健康,1984年9月20日,第六届全国人民代表大会常务委员会第七次会议通过了《药品管理法》,自1985年7月1日起施行。2001年2月28日第九届全国人民代表大会常务委员会第二十次会议、2019年8月26日第十三届全国人民代表大会常务委员会第十二次会议对《药品管理法》进行了修订,2013年12月28日第十二届全国人民代表大会常务委员会第六次会议、2015年4月24日第十二届全国人民代表大会常务委员会第十四次会议对《药品管理法》进行了修正。为了加强疫苗管理,保证疫苗质量和供应,规范预防接种,促进疫苗行业发展,保障公众健康,维护公共卫生安全,2019年6月29日,第十三届全国人民代表大会常务委员会第十一次会议通过了《疫苗管理法》,自2019年12月1日起施行。

此外,国务院发布了《药品管理法实施条例》《中药品种保护条例》《易制毒化学品管理条例》《麻醉药品和精神药品管理条例》《反兴奋剂条例》《血液制品管理条例》《医疗用毒性药品管理办法》《放射性药品管理办法》《野生药材资源保护管理条例》等行政法规。国务院药品监督管理部门、国务院卫生健康主管部门、国务院市场监督管理部门等还发布了《药品注册管理办法》《中药注册管理专门规定》《药物非临床研究质量管理规范》《药物临床试验质量管理规范》《药品生产质量管理规范》《药品生产监督管理办法》《生物制品批签发管理办法》《药品经营质量管理规范》《药品网络销售监督管理办法》《药品进口管理办法》《医疗机构药事管理规定》《医疗机构制剂配制质量管理规范(试行)》《医疗机构制剂配制监督管理办法(试行)》《医疗机构制剂注册管理办法(试行)》《药品说明书和标签管理规定》《处方药与非处方药分类管理办法(试行)》《互联网药品信息服务管理办法》《药品不良反应报告和监测管理办法》《药品医疗器械飞行检查办法》《药品召回管理办法》《药品经营和使用质量监督管理办法》等部门规章。

### 四、药品监督管理体制

《药品管理法》规定,药品管理应当以人民健康为中心,坚持风险管理、全程管控、社会共治的原则,建立科学、严格的监督管理制度,全面提升药品质量,保障药品的安全、有效、可及。

#### (一)药品监督管理机构

国务院药品监督管理部门主管全国药品监督管理工作。国务院有关部门在各自职责范围内负责与药品有关的监督管理工作。国务院药品监督管理部门配合国务院有关部门,执行国家药品行业发展规划和产业政策。

省、自治区、直辖市人民政府药品监督管理部门负责本行政区域内的药品监督管理工作。设区的市级、县级人民政府负责药品监督管理的部门负责本行政区域内的药品监督管理工作。县级以上地方人民政府有关部门在各自职责范围内负责与药品有关的监督管理工作。

#### (二)药品监督管理的主要手段措施

根据相关法律规定,药品监督管理部门应当行使以下监督管理职权,并严格遵守《药品管理法》关于药品监督管理的有关禁止性规定。

1. **药品检查**　药品检查是药品监督管理部门对药品生产、经营、使用环节相关单位遵守法律法规、执行相关质量管理规范和药品标准等情况进行检查的行为。

根据检查性质和目的,药品检查分为许可检查、常规检查、有因检查、其他检查。许可检查是药品监督管理部门在开展药品生产经营许可申请审查过程中,对申请人是否具备从事药品生产经营活动条件开展的检查。常规检查是根据药品监督管理部门制定的年度检查计划,对药品上市许可持有人、药品生产企业、药品经营企业、药品使用单位遵守有关法律、法规、规章,执行相关质量管理规范以及有关标准情况开展的监督检查。有因检查是对药品上市许可持有人、药品生产企业、药品经营企业、药品使用单位可能存在的具体问题或者投诉举报等开展的针对性检查。其他检查是除许可检查、常规检查、有因检查外的检查。

2. **药品行政强制措施与行政处罚**　药品监督管理部门对有证据证明可能危害人体健康的药品及有关材料可以采取查封、扣押的行政强制措施，并在七日内做出行政处理决定；药品需要检验的，必须自检验报告书发出之日起十五日内做出行政处理决定。

3. **药品再评价**　药品监督管理部门应当组织药品不良反应监测和上市药品再评价，对疗效不确切、不良反应大或者因其他原因危害人体健康的药品，国务院和省级药品监督管理部门可以采取停止生产、销售、使用的紧急控制措施，并应当在五日内组织鉴定，自鉴定结论做出之日起十五日内依法做出行政处理决定。

4. **药品监督管理过程中的禁止性规定**　地方人民政府和药品监督管理部门不得以要求实施药品检验、审批等手段限制或者排斥非本地区药品生产企业生产的药品进入本地区。

药品监督管理部门及其设置的药品检验机构和确定的专业从事药品检验的机构不得参与药品生产经营活动，不得以其名义推荐或者监制、监销药品。其工作人员不得参与药品生产经营活动。

# 第二节 | 药品研制与注册管理

## 一、药物非临床研究和临床研究管理

### (一) 药物非临床研究

药物非临床研究，也称药物临床前研究，指不在人体上进行的生物医学研究。主要包括选题立项、药学研究和药理毒理学研究等方面。

从事药品研制活动，应当遵守药物非临床研究质量管理规范（Good Laboratory Practice for Nonclinical Laboratory Studies，GLP），保证药品研制全过程持续符合法定要求。开展药物非临床研究，应当符合国家有关规定，有与研究项目相适应的人员、场地、设备、仪器和管理制度，保证有关数据、资料和样品的真实性。

### (二) 药物临床研究

药物临床试验（包含生物等效性试验）是指任何在人体进行药物的系统性研究，以证实或揭示试验药物的作用、不良反应及试验药物的吸收、分布、代谢、排泄，目的是确定试验药物的疗效与安全性。临床试验分为Ⅰ、Ⅱ、Ⅲ、Ⅳ期。临床试验，指以人体（患者或健康受试者）为对象的试验，意在发现或验证某种试验药物的临床医学、药理学以及其他药效学作用、不良反应，或者试验药物的吸收、分布、代谢和排泄，以确定药物的疗效与安全性的系统性试验。

开展药物临床试验，应当按照国务院药品监督管理部门的规定如实报送研制方法、质量指标、药理及毒理试验结果等有关数据、资料和样品，经国务院药品监督管理部门批准。开展药物临床试验，应当在具备相应条件的临床试验机构进行，并遵守药物临床研究质量管理规范（Good Clinical Practice，GCP）。药物临床试验机构实行备案管理。

## 二、药品注册管理

药品注册是指药品注册申请人依照法定程序和相关要求提出药物临床试验、药品上市许可、再注册等申请以及补充申请，药品监督管理部门基于法律法规和现有科学认知进行安全性、有效性和质量可控性等审查，决定是否同意其申请的活动。

### (一) 注册要求

在中国境内上市的药品，应当经国务院药品监督管理部门批准，取得药品注册证书；但是，未实施审批管理的中药材和中药饮片除外。实施审批管理的中药材、中药饮片品种目录由国务院药品监督管理部门会同国务院中医药主管部门制定。申请药品注册,应当提供真实、充分、可靠的数据、资料和样品,证明药品的安全性、有效性和质量可控性。

### （二）关联审批

国务院药品监督管理部门在审批药品时,对化学原料药一并审评审批,对相关辅料、直接接触药品的包装材料和容器一并审评,对药品的质量标准、生产工艺、标签和说明书一并核准。

### （三）附条件审批

对治疗严重危及生命且尚无有效治疗手段的疾病以及公共卫生方面急需的药品,药物临床试验已有数据显示疗效并能预测其临床价值的,可以附条件批准,并在药品注册证书中载明相关事项。

## 三、药品标准与名称

药品应当符合国家药品标准。国务院药品监督管理部门颁布的《中华人民共和国药典》和药品标准为国家药品标准。

经国务院药品监督管理部门核准的药品质量标准高于国家药品标准的,按照经核准的药品质量标准执行;没有国家药品标准的,应当符合经核准的药品质量标准。国务院药品监督管理部门设置或者指定的药品检验机构负责标定国家药品标准品、对照品。

列入国家药品标准的药品名称为药品通用名称。已经作为药品通用名称的,该名称不得作为药品商标使用。

## 四、药品上市许可持有人制度

药品上市许可持有人（Marketing Authorization Holder,MAH）是指取得药品注册证书的企业或者药品研制机构等。

药品上市许可持有人应当依照《药品管理法》规定,对药品的非临床研究、临床试验、生产经营、上市后研究、不良反应监测及报告与处理等承担责任。其他从事药品研制、生产、经营、储存、运输、使用等活动的单位和个人依法承担相应责任。药品上市许可持有人的法定代表人、主要负责人对药品质量全面负责。此外,药品上市许可持有人应当建立药品质量保证体系,配备专门人员独立负责药品质量管理。药品上市许可持有人应当对受托药品生产企业、药品经营企业的质量管理体系进行定期审核,监督其持续具备质量保证和控制能力。

药品上市许可持有人可以自行生产药品,也可以委托药品生产企业生产。但血液制品、麻醉药品、精神药品、医疗用毒性药品、药品类易制毒化学品不得委托生产;国务院药品监督管理部门另有规定的除外。药品上市许可持有人可以自行销售其取得药品注册证书的药品,也可以委托药品经营企业销售。经国务院药品监督管理部门批准,药品上市许可持有人可以转让药品上市许可。

## 第三节 ｜ 药品生产经营、使用与上市后管理

### 一、药品生产管理

#### （一）药品生产许可和应具备的条件

从事药品生产活动,应当经所在地省、自治区、直辖市人民政府药品监督管理部门批准,取得药品生产许可证。从事药品生产活动,应当具备以下条件:①有依法经过资格认定的药学技术人员、工程技术人员及相应的技术工人;②有与药品生产相适应的厂房、设施和卫生环境;③有能对所生产药品进行质量管理和质量检验的机构、人员及必要的仪器设备;④有保证药品质量的规章制度,并符合国

务院药品监督管理部门制定的药品生产质量管理规范要求。

### (二) 药品生产应遵守的规定

从事药品生产活动,应当:①遵守药品生产质量管理规范,建立健全药品生产质量管理体系,保证药品生产全过程持续符合法定要求。②按照国家药品标准和经药品监督管理部门核准的生产工艺进行生产。中药饮片应当按照国家药品标准炮制;国家药品标准没有规定的,应当按照省、自治区、直辖市人民政府药品监督管理部门制定的炮制规范炮制。③生产药品所需的原料、辅料,应当符合药用要求、药品生产质量管理规范的有关要求。④直接接触药品的包装材料和容器,应当符合药用要求,符合保障人体健康、安全的标准。⑤药品上市许可持有人、药品生产企业、药品经营企业和医疗机构中直接接触药品的工作人员,应当每年进行健康检查。患有传染病或者其他可能污染药品的疾病的,不得从事直接接触药品的工作。

### (三) 药品生产的质量控制要求

药品生产企业应当对药品进行质量检验。药品生产企业应当建立药品出厂放行规程,明确出厂放行的标准、条件。符合标准、条件的,经质量受权人签字后方可放行。药品包装应当适合药品质量的要求,方便储存、运输和医疗使用。

### (四) 药品生产的信息管理

发运中药材应当有包装。药品包装应当按照规定印有或者贴有标签并附有说明书。标签或者说明书应当注明药品的通用名称、成分、规格、上市许可持有人及其地址、生产企业及其地址、批准文号、产品批号、生产日期、有效期、适应证或者功能主治、用法、用量、禁忌、不良反应和注意事项。标签、说明书中的文字应当清晰,生产日期、有效期等事项应当显著标注,容易辨识。麻醉药品、精神药品、医疗用毒性药品、放射性药品、外用药品和非处方药的标签、说明书,应当印有规定的标志。

## 二、药品经营管理

### (一) 药品经营许可和应具备的条件

从事药品批发活动,应当经所在地省、自治区、直辖市人民政府药品监督管理部门批准,取得药品经营许可证。从事药品零售活动,应当经所在地县级以上地方人民政府药品监督管理部门批准,取得药品经营许可证。

从事药品经营活动应当具备以下条件:①有依法经过资格认定的药师或者其他药学技术人员;②有与所经营药品相适应的营业场所、设备、仓储设施和卫生环境;③有与所经营药品相适应的质量管理机构或者人员;④有保证药品质量的规章制度,并符合国务院药品监督管理部门制定的药品经营质量管理规范要求。

### (二) 药品经营应遵守的规定

从事药品经营活动,应当遵守药品经营质量管理规范,建立健全药品经营质量管理体系,保证药品经营全过程持续符合法定要求。国家鼓励、引导药品零售连锁经营。国家实行处方药与非处方药分类管理制度。药品上市许可持有人、药品生产企业、药品经营企业和医疗机构应当从药品上市许可持有人或者具有药品生产、经营资格的企业购进药品;但购进未实施审批管理的中药材除外。药品经营企业购进药品,应当建立并执行进货检查验收制度,验明药品合格证明和其他标识。药品经营企业购销药品,应当有真实、完整的购销记录。药品经营企业零售药品应当准确无误,并正确说明用法、用量和注意事项;调配处方应当经过核对,对处方所列药品不得擅自更改或者代用。对有配伍禁忌或者超剂量的处方,应当拒绝调配;必要时,经处方医师更正或者重新签字,方可调配。药品经营企业销售中药材,应当标明产地。药品经营企业应当制定和执行药品保管制度,采取必要的冷藏、防冻、防潮、防虫、防鼠等措施,保证药品质量。药品入库和出库应当执行检查制度。城乡集市贸易市场可以出售中药材,国务院另有规定的除外。

### （三）药品网络销售规定

药品上市许可持有人、药品经营企业通过网络销售药品,应当遵守《药品管理法》药品经营的有关规定。疫苗、血液制品、麻醉药品、精神药品、医疗用毒性药品、放射性药品、药品类易制毒化学品等国家实行特殊管理的药品不得在网络上销售。药品网络交易第三方平台提供者应当按照国务院药品监督管理部门的规定,向所在地省、自治区、直辖市人民政府药品监督管理部门备案。

### （四）药品进出口规定

新发现和从境外引种的药材,经国务院药品监督管理部门批准后,方可销售。药品应当从允许药品进口的口岸进口,并由进口药品的企业向口岸所在地药品监督管理部门备案。海关凭药品监督管理部门出具的进口药品通关单办理通关手续。

医疗机构因临床急需进口少量药品的,经国务院药品监督管理部门或者国务院授权的省、自治区、直辖市人民政府批准,可以进口。进口的药品应当在指定医疗机构内用于特定医疗目的。个人自用携带进境少量药品,按照国家有关规定办理。进口、出口麻醉药品和国家规定范围内的精神药品,应当持有国务院药品监督管理部门颁发的进口准许证、出口准许证。禁止进口疗效不确切、不良反应大或者因其他原因危害人体健康的药品。

### （五）药品经营中的指定检验

国务院药品监督管理部门对下列药品在销售前或者进口时,应当指定药品检验机构进行检验;未经检验或者检验不合格的,不得销售或者进口:①首次在中国境内销售的药品;②国务院药品监督管理部门规定的生物制品;③国务院规定的其他药品。

## 三、医疗机构药事管理

### （一）药学专业技术人员配备规定

医疗机构应当配备依法经过资格认定的药师或者其他药学技术人员,负责本单位的药品管理、处方审核和调配、合理用药指导等工作。非药学技术人员不得直接从事药剂技术工作。

### （二）药品购进、保管规定

医疗机构购进药品,应当建立并执行进货检查验收制度,验明药品合格证明和其他标识;不符合规定要求的,不得购进和使用。医疗机构应当有与所使用药品相适应的场所、设备、仓储设施和卫生环境,制定和执行药品保管制度,采取必要的冷藏、防冻、防潮、防虫、防鼠等措施,保证药品质量。

### （三）用药原则

医疗机构应当坚持安全有效、经济合理的用药原则,遵循药品临床应用指导原则、临床诊疗指南和药品说明书等合理用药,对医师处方、用药医嘱的适宜性进行审核。医疗机构以外的其他药品使用单位,应当遵守《药品管理法》有关医疗机构使用药品的规定。

### （四）处方调配规定

依法经过资格认定的药师或者其他药学技术人员调配处方,应当进行核对,对处方所列药品不得擅自更改或者代用。对有配伍禁忌或者超剂量的处方,应当拒绝调配;必要时,经处方医师更正或者重新签字,方可调配。

### （五）医疗机构制剂管理

医疗机构配制的制剂,应当是本单位临床需要而市场上没有供应的品种,需经批准而配制,凭医师处方在本医疗机构使用。

1. **配制许可**　医疗机构配制制剂,应当经所在地省、自治区、直辖市人民政府药品监督管理部门批准,取得医疗机构制剂许可证和医疗机构制剂批准文号。医疗机构配制传统中药制剂实施备案管理。

2. **配制质量管理**　医疗机构配制制剂,应当有能够保证制剂质量的设施、管理制度、检验仪器和卫生环境。

**3. 使用管理** 医疗机构配制的制剂应当凭医师处方在本单位使用。经国务院药品监督管理部门或者省、自治区、直辖市人民政府药品监督管理部门批准,医疗机构配制的制剂可以在指定的医疗机构之间调剂使用,但不得在市场上销售。

### 四、药品上市后管理

#### (一)基本要求

药品上市许可持有人应当制定药品上市后风险管理计划,主动开展药品上市后研究,对药品的安全性、有效性和质量可控性进行进一步确证,加强对已上市药品的持续管理。

对附条件批准的药品,药品上市许可持有人应当采取相应风险管理措施,并在规定期限内按照要求完成相关研究;逾期未按照要求完成研究或者不能证明其获益大于风险的,国务院药品监督管理部门应当依法处理,直至注销药品注册证书。

#### (二)药品生产过程变更管理

对药品生产过程中的变更,按照其对药品安全性、有效性和质量可控性的风险和产生影响的程度,实行分类管理。属于重大变更的,应当经国务院药品监督管理部门批准,其他变更应当按照国务院药品监督管理部门的规定备案或者报告。药品上市许可持有人应当按照国务院药品监督管理部门的规定,全面评估、验证变更事项对药品安全性、有效性和质量可控性的影响。

#### (三)药品不良反应监测与报告

药品上市许可持有人应当开展药品上市后不良反应监测,主动收集、跟踪分析疑似药品不良反应信息,对已识别风险的药品及时采取风险控制措施。药品上市许可持有人、药品生产企业、药品经营企业和医疗机构应当经常考察本单位所生产、经营、使用的药品质量、疗效和不良反应。发现疑似不良反应的,应当及时向药品监督管理部门和卫生健康主管部门报告。对已确认发生严重不良反应的药品,由国务院药品监督管理部门或者省、自治区、直辖市人民政府药品监督管理部门根据实际情况采取停止生产、销售、使用等紧急控制措施,并应当在五日内组织鉴定,自鉴定结论作出之日起十五日内依法作出行政处理决定。

#### (四)药品召回管理

药品存在质量问题或者其他安全隐患的,药品上市许可持有人应当立即停止销售,告知相关药品经营企业和医疗机构停止销售和使用,召回已销售的药品,及时公开召回信息,必要时应当立即停止生产,并将药品召回和处理情况向省、自治区、直辖市人民政府药品监督管理部门和卫生健康主管部门报告。药品上市许可持有人依法应当召回药品而未召回的,省、自治区、直辖市人民政府药品监督管理部门应当责令其召回。

#### (五)药品上市后再评价

药品上市许可持有人应当对已上市药品的安全性、有效性和质量可控性定期开展上市后评价。必要时,国务院药品监督管理部门可以责令药品上市许可持有人开展上市后评价或者直接组织开展上市后评价。

### 第四节 | 药品的价格、广告、储备与供应管理

#### 一、药品价格和广告管理

##### (一)药品价格管理

国家完善药品采购管理制度,对药品价格进行监测,开展成本价格调查,加强药品价格监督检查,依法查处价格垄断、哄抬价格等药品价格违法行为,维护药品价格秩序。依法实行市场调节价的药

品,药品上市许可持有人、药品生产企业、药品经营企业和医疗机构应当按照公平、合理和诚实信用、质价相符的原则制定价格,为用药者提供价格合理的药品。

### (二)药品购销中的禁止性规定

禁止药品上市许可持有人、药品生产企业、药品经营企业和医疗机构在药品购销中给予、收受回扣或者其他不正当利益。

### (三)药品广告管理

药品广告应当经广告主所在地省、自治区、直辖市人民政府确定的广告审查机关批准;未经批准的,不得发布。药品广告的内容应当真实、合法,以国务院药品监督管理部门核准的药品说明书为准,不得含有虚假的内容。药品广告不得含有表示功效、安全性的断言或者保证;不得利用国家机关、科研单位、学术机构、行业协会或者专家、学者、医师、药师、患者等的名义或者形象作推荐、证明。非药品广告不得有涉及药品的宣传。

## 二、药品储备和供应管理

### (一)药品储备制度

国家实行药品储备制度,建立中央和地方两级药品储备。发生重大灾情、疫情或者其他突发事件时,依照《突发事件应对法》的规定,可以紧急调用药品。

### (二)基本药物制度

国家实行基本药物制度,遴选适当数量的基本药物品种,加强组织生产和储备,提高基本药物的供给能力,满足疾病防治基本用药需求。

### (三)短缺药品管理

国家建立药品供求监测体系,及时收集和汇总分析短缺药品供求信息,对短缺药品实行预警,采取应对措施。

国家实行短缺药品清单管理制度。国家鼓励短缺药品的研制和生产,对临床急需的短缺药品、防治重大传染病和罕见病等疾病的新药予以优先审评审批。对短缺药品,国务院可以限制或者禁止出口。必要时,国务院有关部门可以采取组织生产、价格干预和扩大进口等措施,保障药品供应。

# 第五节 | 特殊管理规定的药品管理

## 一、疫苗的管理

### (一)疫苗的概念

疫苗,是指为预防、控制疾病的发生、流行,用于人体免疫接种的预防性生物制品,包括免疫规划疫苗和非免疫规划疫苗。免疫规划疫苗,是指居民应当按照政府的规定接种的疫苗,包括国家免疫规划确定的疫苗,省、自治区、直辖市人民政府在执行国家免疫规划时增加的疫苗,以及县级以上人民政府或者其卫生健康主管部门组织的应急接种或者群体性预防接种所使用的疫苗。非免疫规划疫苗,是指由居民自愿接种的其他疫苗。

国家对疫苗实行最严格的管理制度,坚持安全第一、风险管理、全程管控、科学监管、社会共治;实行疫苗全程电子追溯制度。国家实行免疫规划制度;居住在中国境内的居民,依法享有接种免疫规划疫苗的权利,履行接种免疫规划疫苗的义务。政府免费向居民提供免疫规划疫苗。

### (二)医疗卫生人员在预防接种中的职责

1. 告知与询问　医疗卫生人员实施接种,应当告知受种者或者其监护人所接种疫苗的品种、作用、禁忌、不良反应以及现场留观等注意事项,询问受种者的健康状况以及是否有接种禁忌等情况,并如实记录告知和询问情况。受种者或者其监护人应当如实提供受种者的健康状况和接种禁忌等情况。有接种禁忌不能接种的,医疗卫生人员应当向受种者或者其监护人提出医学建议,并如实记录提出医学建议情况。

2. **检查与核对** 医疗卫生人员在实施接种前,应当按照预防接种工作规范的要求,检查受种者健康状况、核查接种禁忌,查对预防接种证,检查疫苗、注射器的外观、批号、有效期,核对受种者的姓名、年龄和疫苗的品名、规格、剂量、接种部位、接种途径,做到受种者、预防接种证和疫苗信息相一致,确认无误后方可实施接种。

3. **接种与记录** 医疗卫生人员应当对符合接种条件的受种者实施接种。受种者在现场留观期间出现不良反应的,医疗卫生人员应当按照预防接种工作规范的要求,及时采取救治等措施。

医疗卫生人员应当按照国务院卫生健康主管部门的规定,真实、准确、完整记录疫苗的品种、上市许可持有人、最小包装单位的识别信息、有效期、接种时间、实施接种的医疗卫生人员、受种者等接种信息,确保接种信息可追溯、可查询。接种记录应当保存至疫苗有效期满后不少于 5 年备查。

### (三)儿童预防接种管理

国家对儿童实行预防接种证制度。在儿童出生后 1 个月内,其监护人应当到儿童居住地承担预防接种工作的接种单位或者出生医院为其办理预防接种证。预防接种证的格式由国务院卫生健康主管部门规定。接种单位或者出生医院不得拒绝办理。监护人应当妥善保管预防接种证。

预防接种实行居住地管理,儿童离开原居住地期间,由现居住地承担预防接种工作的接种单位负责对其实施接种。

儿童入托、入学时,托幼机构、学校应当查验预防接种证,发现未按照规定接种免疫规划疫苗的,应当向儿童居住地或者托幼机构、学校所在地承担预防接种工作的接种单位报告,并配合接种单位督促其监护人按照规定补种。疾病预防控制机构应当为托幼机构、学校查验预防接种证等提供技术指导。

### (四)预防接种异常反应监测和处理

预防接种异常反应,是指合格的疫苗在实施规范接种过程中或者实施规范接种后造成受种者机体组织器官、功能损害,相关各方均无过错的药品不良反应。

下列情形不属于预防接种异常反应:①因疫苗本身特性引起的接种后一般反应;②因疫苗质量问题给受种者造成的损害;③因接种单位违反预防接种工作规范、免疫程序、疫苗使用指导原则、接种方案给受种者造成的损害;④受种者在接种时正处于某种疾病的潜伏期或者前驱期,接种后偶合发病;⑤受种者有疫苗说明书规定的接种禁忌,在接种前受种者或者其监护人未如实提供受种者的健康状况和接种禁忌等情况,接种后受种者原有疾病急性复发或者病情加重;⑥因心理因素发生的个体或者群体的心因性反应。

国家加强预防接种异常反应监测。预防接种异常反应监测方案由国务院卫生健康主管部门会同国务院药品监督管理部门制定。此外,国家实行预防接种异常反应补偿制度。实施接种过程中或者实施接种后出现受种者死亡、严重残疾、器官组织损伤等损害,属于预防接种异常反应或者不能排除的,应当给予补偿。补偿范围实行目录管理,并根据实际情况进行动态调整。

## 二、麻醉药品和精神药品的管理

### (一)麻醉药品和精神药品的概念

麻醉药品和精神药品,是指列入麻醉药品目录、精神药品目录(以下简称"目录")的药品和其他物质。精神药品分为第一类精神药品和第二类精神药品。其目录由国务院药品监督管理部门会同国务院公安部门、国务院卫生健康主管部门制定、调整并公布。上市销售但尚未列入目录的药品和其他物质或者第二类精神药品发生滥用,已经造成或者可能造成严重社会危害的,国务院药品监督管理部门会同国务院公安部门、国务院卫生健康主管部门应当及时将该药品和该物质列入目录或者将该第二类精神药品调整为第一类精神药品。

### （二）医疗机构麻醉药品和精神药品的使用管理

1. **麻醉药品和精神药品的购用管理**　医疗机构需要使用麻醉药品和第一类精神药品的,应当经所在地设区的市级人民政府卫生健康主管部门批准,取得麻醉药品、第一类精神药品购用印鉴卡(以下称印鉴卡)。医疗机构应当凭印鉴卡向本省、自治区、直辖市行政区域内的定点批发企业购买麻醉药品和第一类精神药品。设区的市级人民政府卫生健康主管部门发给医疗机构印鉴卡时,应当将取得印鉴卡的医疗机构情况抄送所在地设区的市级药品监督管理部门,并报省、自治区、直辖市人民政府卫生健康主管部门备案。省、自治区、直辖市人民政府卫生健康主管部门应当将取得印鉴卡的医疗机构名单向本行政区域内的定点批发企业通报。

2. **麻醉药品和精神药品的处方权及处方管理**　执业医师经考核合格取得麻醉药品和第一类精神药品的处方资格后,方可在本医疗机构开具麻醉药品和第一类精神药品处方,但不得为自己开具该种处方。执业医师应当使用专用处方开具麻醉药品和精神药品,单张处方的最大用量应当符合国务院卫生健康主管部门的规定。医疗机构应当对麻醉药品和精神药品处方进行专册登记,加强管理。麻醉药品和第一类精神药品处方至少保存 3 年,第二类精神药品处方至少保存 2 年。

3. **麻醉药品和精神药品的使用管理**　具有麻醉药品和第一类精神药品处方资格的执业医师,根据临床应用指导原则,对确需使用麻醉药品或者第一类精神药品的患者,应当满足其合理用药需求。在医疗机构就诊的癌症疼痛患者和其他危重患者得不到麻醉药品或者第一类精神药品时,患者或者其亲属可以向执业医师提出申请。具有麻醉药品和第一类精神药品处方资格的执业医师认为要求合理的,应当及时为患者提供所需麻醉药品或者第一类精神药品。

医疗机构抢救病人急需麻醉药品和第一类精神药品而本医疗机构无法提供时,可以从其他医疗机构或者定点批发企业紧急借用;抢救工作结束后,应当及时将借用情况报所在地设区的市级药品监督管理部门和卫生健康主管部门备案。

因治疗疾病需要,个人凭医疗机构出具的医疗诊断书、本人身份证明,可以携带单张处方最大用量以内的麻醉药品和第一类精神药品;携带麻醉药品和第一类精神药品出入境的,由海关根据自用、合理的原则放行。医务人员为了医疗需要携带少量麻醉药品和精神药品出入境的,应当持有省级以上人民政府药品监督管理部门发放的携带麻醉药品和精神药品证明。海关凭携带麻醉药品和精神药品证明放行。

医疗机构、戒毒机构以开展戒毒治疗为目的,可以使用美沙酮或者国家确定的其他用于戒毒治疗的麻醉药品和精神药品。

4. **麻醉药品和精神药品制剂配制管理**　对临床需要而市场无供应的麻醉药品和精神药品,持有医疗机构制剂许可证和印鉴卡的医疗机构需要配制制剂的,应当经所在地省、自治区、直辖市人民政府药品监督管理部门批准。医疗机构配制的麻醉药品和精神药品制剂只能在本医疗机构使用,不得对外销售。

## 三、医疗用毒性药品的管理

### （一）医疗用毒性药品的概念

医疗用毒性药品(以下简称毒性药品),系指毒性剧烈、治疗剂量与中毒剂量相近,使用不当会致人中毒或死亡的药品。毒性药品的管理品种,由国务院卫生健康主管部门会同国务院药品监督部门、国务院中医药主管部门规定。

### （二）医疗机构使用医疗用毒性药品的管理

医疗机构供应和调配毒性药品,凭医师签名的正式处方。零售药店供应和调配毒性药品,凭盖有医师所在的医疗机构公章的正式处方。每次处方剂量不得超过 2 日极量。

调配处方时,必须认真负责,计量准确,按医嘱注明要求,并由配方人员及具有药师以上技术职称的复核人员签名盖章后方可发出。对处方未注明"生用"的毒性中药,应当付炮制品。如发现处方有疑问,须经原处方医师重新审定后再行调配。处方一次有效,取药后处方保存 2 年备查。

### 四、放射性药品的管理

#### (一) 放射性药品的概念

放射性药品是指用于临床诊断或者治疗的放射性核素制剂或者其标记药物。

#### (二) 放射性药品的使用

医疗机构设置核医学科、室(同位素室),必须配备与其医疗任务相适应的并经核医学技术培训的技术人员。非核医学专业技术人员未经培训,不得从事放射性药品使用工作。医疗机构使用放射性药品,必须符合国家有关放射性同位素安全和防护的规定。所在地的省、自治区、直辖市药品监督管理部门,应当根据医疗机构核医疗技术人员的水平、设备条件,核发相应等级的《放射性药品使用许可证》,无许可证的医疗机构不得临床使用放射性药品。《放射性药品使用许可证》有效期为 5 年,期满前 6 个月,医疗机构应当向原发证的行政部门重新提出申请,经审核批准后,换发新证。

医疗机构配制、使用放射性制剂,应当符合《药品管理法》及其实施条例的相关规定。持有《放射性药品使用许可证》的医疗机构,必须负责对使用的放射性药品进行临床质量检验,收集药品不良反应等项工作,并定期向所在地药品监督管理、卫生健康主管部门报告。由省、自治区、直辖市药品监督管理部门、卫生健康主管部门汇总后分别报国务院药品监督管理、卫生健康主管部门。放射性药品使用后的废物(包括患者排出物),必须按国家有关规定妥善处置。

### 五、药品类易制毒化学品的管理

#### (一) 药品类易制毒化学品的概念

药品类易制毒化学品是指《易制毒化学品管理条例》中所确定的麦角酸、麻黄素等物质。国务院药品监督管理部门主管全国药品类易制毒化学品生产、经营、购买等方面的监督管理工作。县级以上地方人民政府负责药品监督管理的部门负责本行政区域内的药品类易制毒化学品生产、经营、购买等方面的监督管理工作。

#### (二) 药品类易制毒化学品的购买许可

国家对药品类易制毒化学品实行购买许可制度。购买药品类易制毒化学品的,应当办理《药品类易制毒化学品购用证明》(以下简称《购用证明》),但以下情形除外:①医疗机构凭麻醉药品、第一类精神药品购用印鉴卡购买药品类易制毒化学品单方制剂和小包装麻黄素的;②麻醉药品全国性批发企业、区域性批发企业持麻醉药品调拨单购买小包装麻黄素以及单次购买麻黄素片剂 6 万片以下、注射剂 1.5 万支以下的;③按规定购买药品类易制毒化学品标准品、对照品的;④药品类易制毒化学品生产企业凭药品类易制毒化学品出口许可自营出口药品类易制毒化学品的。

《购用证明》由国务院药品监督管理部门统一印制,不得转借、转让,有效期为 3 个月,只能在有效期内一次使用。购买药品类易制毒化学品时必须使用《购用证明》原件,不得使用复印件、传真件。

#### (三) 药品类易制毒化学品的购销管理

药品类易制毒化学品生产企业应当将药品类易制毒化学品原料药销售给取得《购用证明》的药品生产企业、药品经营企业和外贸出口企业。药品类易制毒化学品经营企业应当将药品类易制毒化学品原料药销售给本省、自治区、直辖市行政区域内取得《购用证明》的单位。药品类易制毒化学品经营企业之间不得购销药品类易制毒化学品原料药。教学科研单位只能凭《购用证明》从麻醉药品全国性批发企业、区域性批发企业和药品类易制毒化学品经营企业购买药品类易制毒化学品。药品类易制毒化学品禁止使用现金或者实物进行交易。

药品类易制毒化学品生产企业、经营企业销售药品类易制毒化学品,应当逐一建立购买方档案。购买方为医疗机构的,档案应当包括医疗机构麻醉药品、第一类精神药品购用印鉴卡复印件和销售记录。

除药品类易制毒化学品经营企业外,购用单位应当按照《购用证明》载明的用途使用药品类易制毒化学品,不得转售;外贸出口企业购买的药品类易制毒化学品不得内销。购用单位需要将药品类易制毒化学品退回原供货单位的,应当分别报其所在地和原供货单位所在地省、自治区、直辖市药品监督管理部门备案。原供货单位收到退货后,应当分别向其所在地和原购用单位所在地省、自治区、直辖市药品监督管理部门报告。

## 第六节 │ 监督管理

### 一、禁止生产、销售假药、劣药

《药品管理法》规定,禁止生产(包括配制)、销售、使用假药、劣药。禁止未取得药品批准证明文件生产、进口药品;禁止使用未按照规定审评、审批的原料药、包装材料和容器生产药品。

**(一)有关假药的规定**

《药品管理法》规定,有下列情形之一的,为假药:①药品所含成份与国家药品标准规定的成份不符;②以非药品冒充药品或者以他种药品冒充此种药品;③变质的药品;④药品所标明的适应症或者功能主治超出规定范围。

**(二)有关劣药的规定**

《药品管理法》规定,有下列情形之一的,为劣药:①药品成份的含量不符合国家药品标准;②被污染的药品;③未标明或者更改有效期的药品;④未注明或者更改产品批号的药品;⑤超过有效期的药品;⑥擅自添加防腐剂、辅料的药品;⑦其他不符合药品标准的药品。

### 二、药品质量抽查检验

药品监督管理部门根据监督管理的需要,可以对药品质量进行抽查检验。抽查检验应当按照规定抽样,并不得收取任何费用;抽样应当购买样品。所需费用按照国务院规定列支。对有证据证明可能危害人体健康的药品及其有关材料,药品监督管理部门可以查封、扣押,并在七日内作出行政处理决定;药品需要检验的,应当自检验报告书发出之日起十五日内作出行政处理决定。

国务院和省、自治区、直辖市药品监督管理部门应当定期公告药品质量抽查检验结果;公告不当的,应当在原公告范围内予以更正。当事人对药品检验结果有异议的,可以自收到药品检验结果之日起七日内向原药品检验机构或者上一级药品监督管理部门设置或者指定的药品检验机构申请复验,也可以直接向国务院药品监督管理部门设置或者指定的药品检验机构申请复验。受理复验的药品检验机构应当在国务院药品监督管理部门规定的时间内作出复验结论。

### 三、药品安全信息公布制度

国家实行药品安全信息统一公布制度。国家药品安全总体情况、药品安全风险警示信息、重大药品安全事件及其调查处理信息和国务院确定需要统一公布的其他信息由国务院药品监督管理部门统一公布。药品安全风险警示信息和重大药品安全事件及其调查处理信息的影响限于特定区域的,也可以由有关省、自治区、直辖市药品监督管理部门公布。未经授权不得发布上述信息。公布药品安全信息,应当及时、准确、全面,并进行必要的说明,避免误导。任何单位和个人不得编造、散布虚假药品安全信息。

## 第七节 | 法律责任

### 一、非法生产、经营药品的法律责任

未取得药品生产许可证、药品经营许可证或者医疗机构制剂许可证生产、销售药品的,责令关闭,没收违法生产、销售的药品和违法所得,并处违法生产、销售的药品(包括已售出和未售出的药品)货值金额 15 倍以上 30 倍以下的罚款;货值金额不足 10 万元的,按 10 万元计算。

### 二、生产、销售、使用假药、劣药的法律责任

#### (一)生产、销售假药的法律责任

生产、销售假药的,没收违法生产、销售的药品和违法所得,责令停产停业整顿,吊销药品批准证明文件,并处违法生产、销售的药品货值金额 15 倍以上 30 倍以下的罚款;货值金额不足 10 万元的,按 10 万元计算;情节严重的,吊销药品生产许可证、药品经营许可证或者医疗机构制剂许可证,10 年内不受理其相应申请;药品上市许可持有人为境外企业的,10 年内禁止其药品进口。

#### (二)生产、销售劣药的法律责任

生产、销售劣药的,没收违法生产、销售的药品和违法所得,并处违法生产、销售的药品货值金额 10 倍以上 20 倍以下的罚款;违法生产、批发的药品货值金额不足 10 万元的,按 10 万元计算,违法零售的药品货值金额不足 1 万元的,按 1 万元计算;情节严重的,责令停产停业整顿直至吊销药品批准证明文件、药品生产许可证、药品经营许可证或者医疗机构制剂许可证。

生产、销售的中药饮片不符合药品标准,尚不影响安全性、有效性的,责令限期改正,给予警告;可以处 10 万元以上 50 万元以下的罚款。

#### (三)生产、销售假药,或者生产、销售劣药且情节严重的法律责任

生产、销售假药,或者生产、销售劣药且情节严重的,对法定代表人、主要负责人、直接负责的主管人员和其他责任人员,没收违法行为发生期间自本单位所获收入,并处所获收入 30% 以上 3 倍以下的罚款,终身禁止从事药品生产经营活动,并可以由公安机关处 5 日以上 15 日以下的拘留。

对生产者专门用于生产假药、劣药的原料、辅料、包装材料、生产设备予以没收。

#### (四)药品使用单位使用假药、劣药的法律责任

药品使用单位使用假药、劣药的,按照销售假药、零售劣药的规定处罚;情节严重的,法定代表人、主要负责人、直接负责的主管人员和其他责任人员有医疗卫生人员执业证书的,还应当吊销执业证书。

#### (五)为假药、劣药提供储存、运输等便利条件的法律责任

知道或者应当知道属于假药、劣药或者属于《药品管理法》第一百二十四条第一款第一项至第五项规定的药品,而为其提供储存、运输等便利条件的,没收全部储存、运输收入,并处违法收入 1 倍以上 5 倍以下的罚款;情节严重的,并处违法收入 5 倍以上 15 倍以下的罚款;违法收入不足 5 万元的,按 5 万元计算。

《药品管理法》第一百二十四条第一款第一项至第五项规定的药品包括:(一)未取得药品批准证明文件生产、进口药品;(二)使用采取欺骗手段取得的药品批准证明文件生产、进口药品;(三)使用未经审评审批的原料药生产药品;(四)应当检验而未经检验即销售药品;(五)生产、销售国务院药品监督管理部门禁止使用的药品。

### 三、违法购进药品的法律责任

违反《药品管理法》规定,药品上市许可持有人、药品生产企业、药品经营企业或者医疗机构未从

药品上市许可持有人或者具有药品生产、经营资格的企业购进药品的,责令改正,没收违法购进的药品和违法所得,并处违法购进药品货值金额 2 倍以上 10 倍以下的罚款;情节严重的,并处货值金额 10 倍以上 30 倍以下的罚款、吊销药品批准证明文件、药品生产许可证、药品经营许可证或者医疗机构执业许可证;货值金额不足 5 万元的,按 5 万元计算。

### 四、医疗机构配制的制剂在市场销售的法律责任

违反《药品管理法》规定,医疗机构将其配制的制剂在市场上销售的,责令改正,没收违法销售的制剂和违法所得,并处违法销售制剂货值金额 2 倍以上 5 倍以下的罚款;情节严重的,并处货值金额 5 倍以上 15 倍以下的罚款;货值金额不足 5 万元的,按 5 万元计算。

### 五、药品购销中收受非法利益的法律责任

药品上市许可持有人、药品生产企业、药品经营企业或者医疗机构在药品购销中给予、收受回扣或者其他不正当利益的,药品上市许可持有人、药品生产企业、药品经营企业或者代理人给予使用其药品的医疗机构的负责人、药品采购人员、医师、药师等有关人员财物或者其他不正当利益的,由市场监督管理部门没收违法所得,并处 30 万元以上 300 万元以下的罚款;情节严重的,吊销药品上市许可持有人、药品生产企业、药品经营企业营业执照,并由药品监督管理部门吊销药品批准证明文件、药品生产许可证、药品经营许可证。

药品上市许可持有人、药品生产企业、药品经营企业在药品研制、生产、经营中向国家工作人员行贿的,对法定代表人、主要负责人、直接负责的主管人员和其他责任人员终身禁止从事药品生产经营活动。

药品上市许可持有人、药品生产企业、药品经营企业的负责人、采购人员等有关人员在药品购销中收受其他药品上市许可持有人、药品生产企业、药品经营企业或者代理人给予的财物或者其他不正当利益的,没收违法所得,依法给予处罚;情节严重的,5 年内禁止从事药品生产经营活动。

医疗机构的负责人、药品采购人员、医师、药师等有关人员收受药品上市许可持有人、药品生产企业、药品经营企业或者代理人给予的财物或者其他不正当利益的,由卫生健康主管部门或者本单位给予处分,没收违法所得;情节严重的,还应当吊销其执业证书。

### 六、出具虚假检验报告的法律责任

药品检验机构出具虚假检验报告的,责令改正,给予警告,对单位并处 20 万元以上 100 万元以下的罚款;对直接负责的主管人员和其他直接责任人员依法给予降级、撤职、开除处分,没收违法所得,并处 5 万元以下的罚款;情节严重的,撤销其检验资格。药品检验机构出具的检验结果不实,造成损失的,应当承担相应的赔偿责任。

### 七、违法发放证书的法律责任

违反《药品管理法》规定,药品监督管理部门有下列行为之一的,应当撤销相关许可,对直接负责的主管人员和其他直接责任人员依法给予处分:①不符合条件而批准进行药物临床试验;②对不符合条件的药品颁发药品注册证书;③对不符合条件的单位颁发药品生产许可证、药品经营许可证或者医疗机构制剂许可证。

### 八、药品监督管理部门参与药品生产经营活动的法律责任

药品监督管理部门或者其设置、指定的药品专业技术机构参与药品生产经营活动的,由其上级主管机关责令改正,没收违法收入;情节严重的,对直接负责的主管人员和其他直接责任人员依法给予处分。

药品监督管理部门或者其设置、指定的药品专业技术机构的工作人员参与药品生产经营活动的，依法给予处分。

**思考题**

1. 如何理解药品的概念？
2. 实行药品上市许可持有人制度的优点是什么？
3. 如何区分假药和劣药？
4. 为什么国家对药品实施以最严谨的标准、最严格的监管、最严厉的处罚、最严肃的问责？

思考题解题思路　　　　　本章目标测试

## 推荐阅读

1. 宋华琳.药品管理立法比较研究［M］.南京：译林出版社，2023.
2. 袁曙宏，张敬礼.百年 FDA 美国药品监管法律框架［M］.北京：中国医药科技出版社，2008.
3. 朱幼棣.无药［M］.北京：世界图书出版公司，2015.
4. 郭薇.立法50年欧盟药品监管法律法规纲要——原则、程序、体系及一般药品规制［M］.北京：中国医药科技出版社，2018.

（田　侃）

# 第十七章 | 医疗器械法律制度

医疗器械法律制度涉及医疗器械的研制、生产、经营、使用活动以及监督管理全过程,包括医疗器械生产注册与备案、分类管理、临床试验、经营许可、使用、不良事件处理与医疗器械召回制度等,这些制度为加强医疗器械的监督管理,保证医疗器械的安全、有效,维护人体健康和生命安全提供了法律保障。

## 第一节 | 概 述

### 一、医疗器械的概念

医疗器械,是指直接或者间接用于人体的仪器、设备、器具、体外诊断试剂及校准物、材料以及其他类似或者相关的物品,包括所需要的计算机软件。其效用主要通过物理等方式获得,不是通过药理学、免疫学或者代谢的方式获得,或者虽然有这些方式参与但是只起辅助作用,其目的是:①疾病的诊断、预防、监护、治疗或者缓解;②损伤的诊断、监护、治疗、缓解或者功能补偿;③生理结构或者生理过程的检验、替代、调节或者支持;④生命的支持或者维持;⑤妊娠控制;⑥通过对来自人体的样本进行检查,为医疗或者诊断目的提供信息。

### 二、医疗器械监督管理立法

为了加强对医疗器械的监督管理,保证医疗器械的安全、有效,保障人体健康和生命安全,促进医疗器械产业发展,2000年1月4日国务院发布了《医疗器械监督管理条例》,自2000年4月1日起施行,这是我国第一部关于医疗器械监督管理的行政法规,适用于在中华人民共和国境内从事医疗器械的研制、生产、经营、使用活动及其监督管理。2014年2月12日、2017年5月4日、2020年12月21日国务院对《医疗器械监督管理条例》进行了修订。

国务院药品监督管理部门根据《医疗器械监督管理条例》发布了《医疗器械生产监督管理办法》《医疗器械经营监督管理办法》《医疗器械网络销售监督管理办法》《医疗器械标准管理办法》《医疗器械召回管理办法》《医疗器械临床试验质量管理规范》《医疗器械使用质量监督管理办法》《医疗器械分类规则》《医疗器械注册与备案管理办法》《医疗器械经营企业许可证管理办法》等一系列规章,使医疗器械监督管理法律制度得到进一步完善。

### 三、医疗器械的分类

《医疗器械监督管理条例》规定,医疗器械监督管理遵循风险管理、全程控制、科学监管、社会共治的原则。国家对医疗器械按照风险程度实行分类管理。第一类是风险程度低,实行常规管理可以保证其安全、有效的医疗器械。第二类是具有中度风险,需要严格控制管理以保证其安全、有效的医疗器械。第三类是具有较高风险,需要采取特别措施严格控制管理以保证其安全、有效的医疗器械。

评价医疗器械风险程度,应当考虑医疗器械的预期目的、结构特征、使用方法等因素。预期目的,是指产品说明书、标签或者宣传资料载明的,使用医疗器械应当取得的作用。《医疗器械分类规则》规定,依据影响医疗器械风险程度的因素,医疗器械可以分为以下几种情形。

1. **无源医疗器械和有源医疗器械**　根据结构特征的不同,分为无源医疗器械和有源医疗器械。无源医疗器械,是指不依靠电能或者其他能源,但是可以通过由人体或者重力产生的能量,发挥其功能的医疗器械。有源医疗器械,是指任何依靠电能或者其他能源,而不是直接由人体或者重力产生的能量,发挥其功能的医疗器械。

2. **接触人体器械和非接触人体器械**　根据是否接触人体,分为接触人体器械和非接触人体器械。接触人体器械,是指直接或间接接触患者或者能够进入患者体内的医疗器械,反之则为非接触人体器械。

此外,根据不同的结构特征和是否接触人体,医疗器械的使用形式,主要包括四种类型。①无源接触人体器械:包括液体输送器械、侵入器械、重复使用手术器械、植入器械、改变血液体液器械、医用敷料、避孕和计划生育器械、其他无源接触人体器械。根据使用时限无源接触人体器械分为暂时使用、短期使用、长期使用。②无源非接触人体器械:包括护理器械、医疗器械清洗消毒器械、其他无源非接触人体器械。③有源接触人体器械:包括能量治疗器械、诊断监护器械、液体输送器械、电离辐射器械、植入器械、其他有源接触人体器械。④有源非接触人体器械:包括临床检验仪器设备、独立软件、医疗器械消毒灭菌设备、其他有源非接触人体器械。

根据不同的结构特征、是否接触人体以及使用形式,医疗器械的使用状态或者其产生的影响包括以下情形。①无源接触人体器械:根据使用时限分为暂时使用、短期使用、长期使用;接触人体的部位分为皮肤或腔道(口)、创伤或组织、血液循环系统或中枢神经系统。②无源非接触人体器械:根据对医疗效果的影响程度分为基本不影响、轻微影响、重要影响。③有源接触人体器械:根据失控后可能造成的损伤程度分为轻微损伤、中度损伤、严重损伤。④有源非接触人体器械:根据对医疗效果的影响程度分为基本不影响、轻微影响、重要影响。

## 第二节 │ 医疗器械注册与备案

### 一、医疗器械注册与备案的概念

医疗器械注册,是指药品监督管理部门根据医疗器械注册申请人的申请,依照法定程序,对其拟上市医疗器械的安全性、有效性研究及其结果进行系统评价,以决定是否同意其申请的过程。

医疗器械备案,是指医疗器械备案人向药品监督管理部门提交备案资料,药品监督管理部门对提交的备案资料存档备查。

医疗器械注册人、备案人,是指取得医疗器械注册证或者办理医疗器械备案的企业或者研制机构。

医疗器械注册与备案应当遵循公开、公平、公正的原则。根据《医疗器械监督管理条例》规定,第一类医疗器械实行产品备案管理,第二类、第三类医疗器械实行产品注册管理。医疗器械注册人、备案人应当加强医疗器械全生命周期质量管理,对研制、生产、经营、使用全过程中医疗器械的安全性、有效性依法承担责任。

### 二、医疗器械注册与备案申请

#### (一)注册与备案申请

《医疗器械监督管理条例》规定,第一类医疗器械产品实行备案管理,由备案人向所在地设区的市级人民政府负责药品监督管理的部门提交备案资料。申请第二类医疗器械产品注册,注册申请人应当向所在地省、自治区、直辖市人民政府药品监督管理部门提交注册申请资料。申请第三类医疗器械产品注册,注册申请人则应当向国务院药品监督管理部门提交注册申请资料。

负责药品监督管理的部门应当自收到备案资料之日起 5 个工作日内,通过国务院药品监督管理部门在线政务服务平台向社会公布备案有关信息。如果备案资料载明的事项发生变化,应当向原备案部门变更备案。

### (二)注册与备案申请应提交的资料

医疗器械注册申请人、备案人应当确保提交的资料合法、真实、准确、完整和可追溯。第一类医疗器械产品备案和申请第二类、第三类医疗器械产品注册,应当提交的资料包括:①产品风险分析资料;②产品技术要求;③产品检验报告;④临床评价资料;⑤产品说明书及标签样稿;⑥与产品研制、生产有关的质量管理体系文件;⑦证明产品安全、有效所需的其他资料。其中,产品检验报告应当符合国务院药品监督管理部门的要求,可以是医疗器械注册申请人、备案人的自检报告,也可以是委托有资质的医疗器械检验机构出具的检验报告。符合《医疗器械监督管理条例》规定的免于进行临床评价情形的,可以免于提交临床评价资料。符合下列情形之一,可以免于进行临床评价:①工作机理明确、设计定型,生产工艺成熟,已上市的同品种医疗器械临床应用多年且无严重不良事件记录,不改变常规用途的;②其他通过非临床评价能够证明该医疗器械安全、有效的。

### (三)进口医疗器械产品注册与备案

《医疗器械监督管理条例》规定,向我国境内出口第一类医疗器械的境外备案人,第二类、第三类医疗器械的境外注册申请人,由其指定的我国境内企业法人向国务院药品监督管理部门提交备案资料、注册申请资料和备案人、注册申请人所在国(地区)主管部门准许该医疗器械上市销售的证明文件。未在境外上市的创新医疗器械,可以不提交该证明文件。《医疗器械注册与备案管理办法》规定,我国香港、澳门、台湾地区医疗器械的注册、备案,参照进口医疗器械办理。

## 三、医疗器械注册的受理与审批

### (一)受理

受理注册申请的药品监督管理部门应当对医疗器械的安全性、有效性以及注册申请人保证医疗器械安全、有效的质量管理能力等进行审查。应当自受理注册申请之日起 3 个工作日内将注册申请资料转交技术审评机构,技术审评机构应当在完成技术审评后,将审评意见提交受理注册申请的药品监督管理部门作为审批的依据。受理注册申请的药品监督管理部门在组织对医疗器械的技术审评时认为有必要对质量管理体系进行核查的,应当组织开展质量管理体系核查。

### (二)审批

1. **一般审批**　受理注册申请的药品监督管理部门应当自收到审评意见之日起 20 个工作日内作出决定。对符合条件的,准予注册并发给医疗器械注册证;对不符合条件的,不予注册并书面说明理由。受理注册申请的药品监督管理部门应当自医疗器械准予注册之日起 5 个工作日内,通过国务院药品监督管理部门在线政务服务平台向社会公布注册有关信息。

2. **附条件批准**　对用于治疗罕见疾病、严重危及生命且尚无有效治疗手段的疾病和应对公共卫生事件等急需的医疗器械,受理注册申请的药品监督管理部门可以作出附条件批准决定,并在医疗器械注册证中载明相关事项。

3. **紧急使用**　出现特别重大突发公共卫生事件或者其他严重威胁公众健康的紧急事件,国务院卫生主管部门根据预防、控制事件的需要提出紧急使用医疗器械的建议,经国务院药品监督管理部门组织论证同意后可以在一定范围和期限内紧急使用。

4. **变更注册**　已注册的第二类、第三类医疗器械产品,其设计、原材料、生产工艺、适用范围、使用方法等发生实质性变化,有可能影响该医疗器械安全、有效的,注册人应当向原注册部门申请办理变更注册手续;发生其他变化的,应当按照国务院药品监督管理部门的规定备案或者报告。

5. **延续注册**　医疗器械注册证有效期为 5 年。有效期届满需要延续注册的,应当在有效期届满6 个月前向原注册部门提出延续注册的申请。除有特殊规定情形外,接到延续注册申请的药品监督管理部门应当在医疗器械注册证有效期届满前作出准予延续的决定。逾期未作决定的,视为准予延续。但有下列情形之一的，不予延续注册：①未在规定期限内提出延续注册申请；②医疗器械强制性标准已经修订，申请延续注册的医疗器械不能达到新要求；③附条件批准的医疗器械，未在规定期限内完成医疗器械注册证载明事项。

### 四、医疗器械注册、备案人的义务

医疗器械注册人、备案人应当履行下列义务：①建立与产品相适应的质量管理体系并保持有效运行；②制定上市后研究和风险管控计划并保证有效实施；③依法开展不良事件监测和再评价；④建立并执行产品追溯和召回制度；⑤国务院药品监督管理部门规定的其他义务。境外医疗器械注册人、备案人指定的我国境内企业法人应当协助注册人、备案人履行《医疗器械监督管理条例》规定的义务。

## 第三节 │ 医疗器械临床试验

### 一、医疗器械临床试验备案

医疗器械临床试验，是指在符合条件的医疗器械临床试验机构中，对拟申请注册的医疗器械（含体外诊断试剂）在正常使用条件下的安全性和有效性进行确认的过程。《医疗器械监督管理条例》规定，医疗器械临床试验机构实行备案管理。开展医疗器械临床试验，应当按照医疗器械临床试验质量管理规范的要求，在具备相应条件的临床试验机构进行，并向临床试验申办者所在地省、自治区、直辖市人民政府药品监督管理部门备案。

第三类医疗器械临床试验对人体具有较高风险的，应当经国务院药品监督管理部门批准。国务院药品监督管理部门审批临床试验，应当对拟承担医疗器械临床试验的机构的设备、专业人员等条件，该医疗器械的风险程度，临床试验实施方案，临床受益与风险对比分析报告等方面进行综合分析，并自受理申请之日起60个工作日内作出决定并通知临床试验申办者。逾期未通知的，视为同意。

### 二、受试者权益保障

#### （一）伦理审查

《医疗器械临床试验质量管理规范》规定，医疗器械临床试验开始前，申办者应当通过研究者和临床试验机构的医疗器械临床试验管理部门向伦理委员会提交下列文件：①临床试验方案；②研究者手册；③知情同意书文本和其他任何提供给受试者的书面材料；④招募受试者和向其宣传的程序性文件（如适用）；⑤病例报告表文本；⑥基于产品技术要求的产品检验报告；⑦床前研究相关资料；⑧主要研究者简历、专业特长、能力、接受培训和其他能够证明其资格的文件；⑨试验医疗器械的研制符合适用的医疗器械质量管理体系相关要求的声明；⑩与伦理审查相关的其他文件。对正在开展临床试验的用于治疗严重危及生命且尚无有效治疗手段的疾病的医疗器械，经医学观察可能使患者获益，经伦理审查、知情同意后，可以在开展医疗器械临床试验的机构内免费用于其他病情相同的患者，其安全性数据可以用于医疗器械注册申请。

#### （二）知情同意

知情同意，是指向受试者告知医疗器械临床试验的各方面情况后，受试者确认自愿参加该项医疗器械临床试验的过程，应当以书面签署姓名和注明日期的知情同意书作为证明文件。在受试者参与临床试验前，研究者应当充分向受试者或者无民事行为能力人、限制民事行为能力人的监护人告知试验目的、用途和可能产生的风险等详细情况。经充分履行告知义务后，在经受试者或者其监护人同意的前提下由其在知情同意书上签署姓名和日期，研究者也需在知情同意书上签署姓名和日期。知情同意书的内容一般应当包括：①研究者的姓名以及相关信息；②临床试验机构的名称；③试验名称、目的、方法、内容；④试验过程、期限；⑤试验的资金来源、可能的利益冲突；⑥预期受试者可能的受益和已知的、可以预见的风险以及可能发生的不良事件；⑦受试者可以获得的替代诊疗方法以及其潜在受益和风险的信息；⑧需要时，说明受试者可能被分配到试验的不同组别；⑨受试者参加试验应当是自愿的，且在试验的任何阶段有权退出而不会受到歧视或者报复，其医疗待遇与权益不受影响；⑩告知受试者参加试验的个人资料属于保密，但伦理委员会、药品监督管理部门、卫生主管部门或者申办者在工作需要时按照规定程序可以查阅受试者参加试验的个人资料；⑪如发生与试验相关的伤害，受试者可以获得治疗和经济补偿；⑫受试者在试验期间可以随时了解与其有关的信息资料；⑬受试者在试验期间可能获得的免费诊疗项目和其他相关补助。《医疗器械监督管理条例》还规定，开展临床试验，不得以任何形式向受试者收取与临床试验有关的费用。

### 三、医疗器械临床试验方案

临床试验方案，是指说明医疗器械临床试验目的、设计、方法学和组织实施等的文件。临床试验方案包括方案以及其修订版。开展医疗器械临床试验，申办者应当按照试验用医疗器械的类别、风险、预期用途等组织制定科学、合理的临床试验方案。方案应当包括以下内容：①一般信息；②临床试验的背景资料；③试验目的；④试验设计；⑤安全性评价方法；⑥有效性评价方法；⑦统计学考虑；⑧对临床试验方案修正的规定；⑨对不良事件和器械缺陷报告的规定；⑩直接访问源数据、文件；⑪临床试验涉及的伦理问题和说明以及知情同意书文本；⑫数据处理与记录保存；⑬财务和保险；⑭试验结果发表约定。

### 四、医疗器械临床试验职责

1. **申办者职责**　申办者是指临床试验的发起、管理和提供财务支持的机构或者组织。医疗器械临床试验申办者通常为医疗器械生产企业。申办者为境外机构的，应当按规定在我国境内指定代理人。其职责主要是：①负责发起、申请、组织、监查临床试验，并对临床试验的真实性、可靠性负责；②负责组织制定和修改研究者手册、临床试验方案、知情同意书、病例报告表、有关标准操作规程以及其他相关文件，并负责组织开展临床试验所必需的培训；③根据试验用医疗器械的特性，在经资质认定的医疗器械临床试验机构中选择试验机构及其研究者；④在组织临床试验方案的制定中不得夸大宣传试验用医疗器械的机理和疗效；⑤在临床试验过程中，得到影响临床试验的重要信息时，应当及时对研究者手册以及相关文件进行修改，并通过临床试验机构的医疗器械临床试验管理部门提交伦理委员会审查同意；⑥与临床试验机构和研究者就相关事项达成书面协议等事项；⑦对试验用医疗器械在临床试验中的安全性负责；⑧决定暂停或者终止临床试验的，应当在5日内通知所有临床试验机构医疗器械临床试验管理部门，并书面说明理由；⑨为发生与临床试验相关的伤害或者死亡的受试者承担治疗的费用以及相应的经济补偿，但在诊疗活动中由医疗机构及其医务人员过错造成的损害除外；⑩对临床试验承担监查责任，并选择符合要求的监查员履行监查职责。

2. **临床试验机构职责**　医疗器械临床试验机构，是指具备相应条件，按照《医疗器械临床试验质量管理规范》和相关法律法规实施医疗器械临床试验的机构，包括承担体外诊断试剂临床试验的血液中心和中心血站、设区的市级以上疾病预防控制机构、戒毒中心等非医疗机构。医疗器械临床试验机构应当建立质量管理制度，涵盖医疗器械临床试验实施的全过程，包括培训和考核、临床试验的实施、医疗器械的管理、生物样本的管理、不良事件和器械缺陷的处理以及安全性信息的报告、记录、质量控制等制度，确保主要研究者履行其临床试验相关职责，保证受试者得到妥善的医疗处理，确保试验产生数据的真实性。医疗器械临床试验机构在接受医疗器械临床试验前，应当根据试验医疗器械的特性评估相关资源，确保具备相匹配的资质、人员、设施、条件等。

3. **研究者职责**　研究者，是指在医疗器械临床试验机构中实施医疗器械临床试验的人员。主要研究者，是指在医疗器械临床试验机构中实施医疗器械临床试验的负责人。协调研究者，是指在多中心临床试验中由申办者指定实施协调工作的研究者，一般为组长单位的主要研究者。研究者应当遵守《世界医学大会赫尔辛基宣言》的伦理准则及相关伦理要求,并符合以下要求:①应当使用经伦理委员会同意的最新版本知情同意书和其他提供给受试者的信息。②在受试者参与临床试验前,应当向受试者说明试验医疗器械以及临床试验有关的详细情况,告知受试者可能的受益和已知的、可以预见的风险,经充分和详细解释后由受试者在知情同意书上签署姓名和日期,研究者在知情同意书上应当签署姓名和日期。③受试者为无民事行为能力人或者限制民事行为能力人的,应当依法获得其监护人的书面知情同意;受试者缺乏阅读能力的,应当有一位公正见证人见证整个知情同意过程并在知情同意书上签字并注明日期。④不应当强迫或者以其他不正当方式诱使受试者参加临床试验。⑤确保知情同意书更新并获得伦理委员会审查同意后,所有受影响的未结束试验流程的受试者,都签署新修订的知情同意书。

## 第四节 | 医疗器械生产、经营和使用

### 一、医疗器械生产

#### (一)医疗器械生产企业开办的条件

《医疗器械监督管理条例》规定,从事医疗器械生产活动,应当具备下列条件:①有与生产的医疗器械相适应的生产场地、环境条件、生产设备以及专业技术人员;②有对生产的医疗器械进行质量检验的机构或者专职检验人员以及检验设备;③有保证医疗器械质量的管理制度;④有与生产的医疗器械相适应的售后服务能力;⑤产品研制、生产工艺文件规定的要求。

#### (二)医疗器械生产企业的审批

从事第一类医疗器械生产的,应当向所在地设区的市级人民政府负责药品监督管理的部门备案。从事第二类、第三类医疗器械生产的,应当向所在地省、自治区、直辖市人民政府药品监督管理部门申请生产许可并提交其符合《医疗器械监督管理条例》规定条件的有关资料以及所生产医疗器械的注册证。

受理生产许可申请的药品监督管理部门应当对申请资料进行审核,按照国务院药品监督管理部门制定的医疗器械生产质量管理规范的要求进行核查,并自受理申请之日起20个工作日内作出决定。对符合规定条件的,准予申请并发给医疗器械生产许可证;对不符合规定条件的,不予许可并书面说明理由。医疗器械生产许可证有效期为5年。有效期届满需要延续的,依照有关行政许可的法律规定办理延续手续。

#### (三)医疗器械标准

医疗器械标准,是指由国务院药品监督管理部门依据职责组织制修订,依法定程序发布,在医疗器械研制、生产、经营、使用、监督管理等活动中遵循统一的技术要求。《医疗器械监督管理条例》规定,医疗器械产品应当符合医疗器械强制性国家标准;尚无强制性国家标准的,应当符合强制性行业标准。《医疗器械标准管理办法》规定,医疗器械标准按照其效力分为强制性标准和推荐性标准。对保障人体健康和生命安全的技术要求,应当制定为医疗器械强制性国家标准和强制性行业标准。对满足基础通用、与强制性标准配套、对医疗器械产业起引领作用等需要的技术要求,可以制定为医疗器械推荐性国家标准和推荐性行业标准。

#### (四)医疗器械名称

医疗器械应当使用通用名称。通用名称应当符合国务院药品监督管理部门制定的医疗器械命名规则。国家根据医疗器械产品类别,分步实施医疗器械唯一标识制度,实现医疗器械可追溯。

#### (五)医疗器械使用说明书和标签

医疗器械应当有说明书、标签。说明书、标签的内容且应当与经注册或者备案的相关内容一致,确保真实、准确。医疗器械说明书,是指由医疗器械注册人或者备案人制作,随产品提供给用户,涵盖

该产品安全有效的基本信息,用以指导正确安装、调试、操作、使用、维护、保养的技术文件。医疗器械标签,是指在医疗器械或者其包装上附有的用于识别产品特征和标明安全警示等信息的文字说明及图形、符号。医疗器械的说明书、标签应当标明下列事项:①通用名称、型号、规格;②医疗器械注册人、备案人、受托生产企业的名称、地址以及联系方式;③生产日期,使用期限或者失效日期;④产品性能、主要结构、适用范围;⑤禁忌、注意事项以及其他需要警示或者提示的内容;⑥安装和使用说明或者图示;⑦维护和保养方法,特殊运输、贮存的条件、方法;⑧产品技术要求规定应当标明的其他内容。除此之外,第二类、第三类医疗器械还应当标明医疗器械注册证编号。由消费者个人自行使用的医疗器械还应当具有安全使用的特别说明。

### (六)医疗器械委托生产

**1. 医疗器械委托生产的基本要求**　医疗器械注册人、备案人可以自行生产医疗器械,也可以委托符合《医疗器械监督管理条例》规定、具备相应条件的企业生产医疗器械。委托生产医疗器械的,医疗器械注册人、备案人应当对所委托生产的医疗器械质量负责,并加强对受托生产企业生产行为的管理,保证其按照法定要求进行生产。医疗器械注册人、备案人应当与受托生产企业签订委托协议,明确双方权利、义务和责任。受托生产企业应当依照法律法规、医疗器械生产质量管理规范、强制性标准、产品技术要求和委托协议组织生产,对生产行为负责,并接受委托方的监督。具有高风险的植入性医疗器械不得委托生产,具体目录由国务院药品监督管理部门制定、调整并公布。

**2. 医疗器械生产质量管理**　器械注册人、备案人、受托生产企业应当按照医疗器械生产质量管理规范,建立健全与所生产医疗器械相适应的质量管理体系并保证其有效运行;严格按照经注册或者备案的产品技术要求组织生产,保证出厂的医疗器械符合强制性标准以及经注册或者备案的产品技术要求。应当定期对质量管理体系的运行情况进行自查,并按照国务院药品监督管理部门的规定提交自查报告。医疗器械的生产条件发生变化,不再符合医疗器械质量管理体系要求的,医疗器械注册人、备案人、受托生产企业应当立即采取整改措施;可能影响医疗器械安全、有效的,应当立即停止生产活动,并向原生产许可或者生产备案部门报告。

## 二、医疗器械经营

### (一)医疗器械经营企业开办的条件

《医疗器械监督管理条例》规定,从事医疗器械经营活动,应当有与经营规模和经营范围相适应的经营场所和贮存条件,以及与经营的医疗器械相适应的质量管理制度和质量管理机构或者人员。《医疗器械经营监督管理办法》规定,从事第三类医疗器械经营的企业还应当具有符合医疗器械经营质量管理要求的计算机信息管理系统,保证经营的产品可追溯。鼓励从事第一类、第二类医疗器械经营的企业建立符合医疗器械经营质量管理要求的计算机信息管理系统。

### (二)医疗器械经营企业的审批

从事第二类医疗器械经营的,由经营企业向所在地设区的市级人民政府负责药品监督管理的部门备案并提交符合《医疗器械监督管理条例》规定条件的有关资料。从事第三类医疗器械经营的,经营企业应当向所在地设区的市级人民政府负责药品监督管理的部门申请经营许可并提交符合《医疗器械监督管理条例》规定条件的有关资料。

负责受理经营许可申请的药品监督管理的部门应当对申请资料进行审查,必要时组织核查,并自受理申请之日起 20 个工作日内作出决定。对符合规定条件的,准予许可并发给医疗器械经营许可证;对不符合规定条件的,不予许可并书面说明理由。医疗器械经营许可证有效期为 5 年。有效期届满需要延续的,依照有关行政许可的法律规定办理延续手续。

### (三)医疗器械经营质量管理

《医疗器械监督管理条例》规定,从事医疗器械经营,应当依照法律法规和国务院药品监督管理部门制定的医疗器械经营质量管理规范的要求,建立健全与所经营医疗器械相适应的质量管理体系并保证其有效运行。《医疗器械经营质量管理规范》规定,医疗器械经营企业应当在医疗器械采购、验收、贮存、销售、运输、售后服务等环节采取有效的质量控制措施,保障经营过程中产品的质量安全。应当按照所经营医疗器械的风险类别实行风险管理,并采取相应的质量管理措施。企业应当诚实守信,依法经营。禁止任何虚假、欺骗行为。

### (四) 医疗器械网络销售管理

《医疗器械监督管理条例》规定《医疗器械监督管理条例》,从事医疗器械网络销售的企业应当是依法取得医疗器械生产许可、经营许可或者办理备案的医疗器械生产经营企业。医疗器械网络交易服务第三方平台提供者,是指在医疗器械网络交易中仅提供网页空间、虚拟交易场所、交易规则、交易撮合、电子订单等交易服务,供交易双方或者多方开展交易活动,不直接参与医疗器械销售的企业。《医疗器械网络销售监督管理办法》规定,从事医疗器械网络销售的企业、医疗器械网络交易服务第三方平台提供者应当遵守医疗器械法规、规章和规范,建立健全管理制度,依法诚信经营,保证医疗器械质量安全;应当采取技术措施,保障医疗器械网络销售数据和资料的真实、完整、可追溯。为医疗器械网络交易提供服务的电子商务平台经营者应当对入网医疗器械经营者进行实名登记,审查其经营许可、备案情况和所经营医疗器械产品注册、备案情况,并对其经营行为进行管理。

## 三、医疗器械使用管理

医疗器械使用单位,是指使用医疗器械为他人提供医疗等技术服务的机构,包括取得医疗机构执业许可证的医疗机构,取得计划生育技术服务机构执业许可证的计划生育技术服务机构,以及依法不需要取得医疗机构执业许可证的血站、单采血浆站、康复辅助器具适配机构等。

### (一) 医疗器械使用单位应当具备的条件

《医疗器械监督管理条例》规定,医疗器械使用单位应当有与在用医疗器械品种、数量相适应的贮存场所和条件。医疗器械使用单位应当加强对工作人员的技术培训,按照产品说明书、技术操作规范等要求使用医疗器械。医疗器械使用单位配置大型医用设备,应当符合国务院卫生主管部门制定的大型医用设备配置规划,与其功能定位、临床服务需求相适应,具有相应的技术条件、配套设施和具备相应资质、能力的专业技术人员,并经省级以上人民政府卫生主管部门批准,取得大型医用设备配置许可证。

### (二) 进货查验和资料保存

医疗器械使用单位购进医疗器械,应当查验供货者的资质和医疗器械的合格证明文件,建立进货查验记录制度;应当妥善保存购入第三类医疗器械的原始资料,并确保信息具有可追溯性。

### (三) 医疗器械的使用管理

医疗器械使用应当:①对重复使用的医疗器械,应当按照国务院卫生主管部门制定的消毒和管理的规定进行处理。一次性使用的医疗器械不得重复使用,对使用过的医疗器械应当按照国家有关规定销毁并记录。②对需要定期检查、检验、校准、保养、维护的医疗器械,应当按照产品说明书的要求进行检查、检验、校准、保养、维护并予以记录,及时进行分析、评估,确保医疗器械处于良好状态,以保障使用质量。③对使用期限长的大型医疗器械,应当逐台建立使用档案,记录其使用、维护、转让、实际使用时间等事项。记录保存期限不得少于医疗器械规定使用期限终止后5年。④使用大型医疗器械以及植入和介入类医疗器械的,应当将医疗器械的名称、关键性技术参数等信息以及与使用质量安全密切相关的必要信息记载到病历等相关记录中。⑤发现使用的医疗器械存在安全隐患的,医疗器械使用单位应当立即停止使用,并通知生产企业或者其他负责产品质量的机构进行检修;经检修仍不能达到使用安全标准的医疗器械,不得继续使用。⑥医疗器械使用单位应当妥善保存购入第三类医疗器械的原始资料,并确保信息具有可追溯性。⑦医疗器械经营企业、使用单位不得经营、使用未依法注册或者备案、无合格证明文件以及过期、失效、淘汰的医疗器械。⑧医疗器械使用单位之间转让在用医疗器械,转让方应当确保所转让的医疗器械安全、有效,不得转让过期、失效、淘汰以及检验不合格的医疗器械。⑨对国内尚无同品种产品上市的体外诊断试剂,符合条件的医疗机构根据本单位的临床需要,可以自行研制,在执业医师指导下在本单位内使用。

### 四、医疗器械进出口管理

进口的医疗器械应当是按规定已注册或者已备案的医疗器械。进口的医疗器械应当有中文说明书、中文标签。说明书、标签应当符合《医疗器械监督管理条例》规定以及相关强制性标准的要求,并在说明书中载明医疗器械的原产地以及境外医疗器械注册人、备案人指定的我国境内企业法人的名称、地址、联系方式。没有中文说明书、中文标签或者说明书、标签不符合本条规定的,不得进口。医疗机构因临床急需进口少量第二类、第三类医疗器械的,经国务院药品监督管理部门或者国务院授权的省、自治区、直辖市人民政府批准,可以进口。进口的医疗器械应当在指定医疗机构内用于特定医疗目的。出入境检验检疫机构依法对进口的医疗器械实施检验;检验不合格的,不得进口。出口医疗器械的企业应当保证其出口的医疗器械符合进口国(地区)的要求。

### 五、医疗器械广告管理

医疗器械广告,是指通过一定媒介和形式发布的含有医疗器械名称、产品适用范围、性能结构及组成、作用机理等内容的广告。发布医疗器械广告,应当在发布前由省、自治区、直辖市人民政府确定的广告审查机关对广告内容进行审查,并取得医疗器械广告批准文号;未经审查,不得发布。医疗器械广告的内容应当真实合法,以经负责药品监督管理的部门注册或者备案的医疗器械说明书为准,不得含有虚假、夸大、误导性的内容。省级以上人民政府药品监督管理部门责令暂停生产、进口、经营和使用的医疗器械,在暂停期间不得发布涉及该医疗器械的广告。

## 第五节 │ 医疗器械不良事件的处理与缺陷医疗器械的召回

### 一、医疗器械不良事件的处理

#### (一)医疗器械不良事件的概念

医疗器械不良事件,是指获准上市的质量合格的医疗器械在正常使用情况下发生的,导致或者可能导致人体伤害的各种有害事件。《医疗器械监督管理条例》规定,国家建立医疗器械不良事件监测制度,对医疗器械不良事件及时进行收集、分析、评价、控制。

#### (二)医疗器械不良事件监测和报告

医疗器械不良事件监测,是指对医疗器械不良事件的发现、报告、评价和控制的过程。医疗器械注册人、备案人应当建立医疗器械不良事件监测体系,配备与其产品相适应的不良事件监测机构和人员,对其产品主动开展不良事件监测,并按照国务院药品监督管理部门的规定,向医疗器械不良事件监测技术机构报告调查、分析、评价、产品风险控制等情况。

医疗器械生产经营企业、使用单位应当协助医疗器械注册人、备案人对所生产经营或者使用的医疗器械开展不良事件监测;发现医疗器械不良事件或者可疑不良事件,应当按照国务院药品监督管理部门的规定,向医疗器械不良事件监测技术机构报告。

其他单位和个人发现医疗器械不良事件或者可疑不良事件,有权向负责药品监督管理的部门或者医疗器械不良事件监测技术机构报告。《医疗器械不良事件监测和再评价管理办法》规定,报告医疗器械不良事件应当遵循可疑即报的原则。

医疗器械不良事件监测技术机构应当加强医疗器械不良事件信息监测,主动收集不良事件信息。

发现不良事件或者接到不良事件报告的,应当及时进行核实、调查、分析,对不良事件进行评估,并向药品监督管理部门和卫生主管部门提出处理建议。药品监督管理部门应当根据医疗器械不良事件评估结果及时采取发布警示信息以及责令暂停生产、销售、进口和使用等控制措施。

### (三) 医疗器械再评价

医疗器械再评价,是指对获准上市的医疗器械的安全性、有效性进行重新评价,并实施相应措施的过程。《医疗器械监督管理条例》规定,有下列情形之一的,医疗器械注册人、备案人应当主动开展已上市医疗器械再评价:①根据科学研究的发展,对医疗器械的安全、有效有认识上的改变;②医疗器械不良事件监测、评估结果表明医疗器械可能存在缺陷;③国务院药品监督管理部门规定的其他情形。医疗器械注册人、备案人应当根据再评价结果,采取相应控制措施,对已上市医疗器械进行改进,并按照规定进行注册变更或者备案变更。再评价结果表明已上市医疗器械不能保证安全、有效的,医疗器械注册人、备案人应当主动申请注销医疗器械注册证或者取消备案;申请注销医疗器械注册证或者取消备案的,由负责药品监督管理的部门注销医疗器械注册证或者取消备案。被注销医疗器械注册证或者取消备案的医疗器械不得继续生产、进口、经营、使用。

## 二、缺陷医疗器械召回

### (一) 缺陷医疗器械召回的概念

缺陷医疗器械召回,是指医疗器械生产企业按照规定的程序对其已上市销售的某一类别、型号或者批次的存在缺陷的医疗器械产品,采取警示、检查、修理、重新标签、修改并完善说明书、软件更新、替换、收回、销毁等方式进行处理的行为。《医疗器械召回管理办法》规定,存在缺陷的医疗器械产品包括:①正常使用情况下存在可能危及人体健康和生命安全的不合理风险的产品;②不符合强制性标准、经注册或者备案的产品技术要求的产品;③不符合医疗器械生产、经营质量管理有关规定导致可能存在不合理风险的产品;④其他需要召回的产品。

根据医疗器械缺陷的严重程度,缺陷医疗器械召回分为三个级别。①一级召回:使用该医疗器械可能或者已经引起严重健康危害的;②二级召回:使用该医疗器械可能或者已经引起暂时的或者可逆的健康危害的;③三级召回:使用该医疗器械引起危害的可能性较小但仍需要召回的。医疗器械生产企业应当根据具体情况确定召回级别并根据召回级别与医疗器械的销售和使用情况,科学设计召回计划并组织实施。

### (二) 缺陷医疗器械召回的方式

1. **主动召回**　是指医疗器械注册人、备案人按照《医疗器械召回管理办法》的要求进行调查评估后,确定医疗器械产品存在缺陷并按规定及时召回该产品的过程。

《医疗器械监督管理条例》规定,医疗器械注册人、备案人发现生产的医疗器械不符合强制性标准、经注册或者备案的产品技术要求,或者存在其他缺陷的,应当立即停止生产,通知相关经营企业、使用单位和消费者停止经营和使用,召回已经上市销售的医疗器械,采取补救、销毁等措施,记录相关情况,发布相关信息,并将医疗器械召回和处理情况向负责药品监督管理的部门和卫生主管部门报告。

医疗器械受托生产企业、经营企业发现生产、经营的医疗器械存在上述规定情形的,应当立即停止生产、经营,通知医疗器械注册人、备案人,并记录停止生产、经营和通知情况。医疗器械注册人、备案人认为属于依照上述规定需要召回的医疗器械,应当立即召回。

2. **责令召回**　是指医疗器械注册人、备案人、受托生产企业、经营企业未依照《医疗器械召回管理办法》规定实施召回或者停止生产、经营的,负责药品监督管理的部门可以责令其召回或者停止生产、经营的过程。《医疗器械监督管理条例》规定,药品监督管理部门经过调查评估,认为医疗器械生产企业应当召回存在缺陷的医疗器械产品而未主动召回的,应当责令医疗器械生产企业召回医疗器械。

## 第六节 | 监督检查

### 一、药品监督管理部门的职责

《医疗器械监督管理条例》规定,负责药品监督管理的部门应当对医疗器械的研制、生产、经营活动以及使用环节的医疗器械质量加强监督检查,并对下列事项进行重点监督检查:①是否按照经注册或者备案的产品技术要求组织生产;②质量管理体系是否保持有效运行;③生产经营条件是否持续符合法定要求。必要时,负责药品监督管理的部门可以对为医疗器械研制、生产、经营、使用等活动提供产品或者服务的其他相关单位和个人进行延伸检查。

负责药品监督管理的部门在监督检查中有下列职权:①进入现场实施检查、抽取样品;②查阅、复制、查封、扣押有关合同、票据、账簿以及其他有关资料;③查封、扣押不符合法定要求的医疗器械,违法使用的零配件、原材料以及用于违法生产经营医疗器械的工具、设备;④查封违反《医疗器械监督管理条例》规定从事医疗器械生产经营活动的场所。进行监督检查,应当出示执法证件,保守被检查单位的商业秘密。有关单位和个人应当对监督检查予以配合,提供相关文件和资料,不得隐瞒、拒绝、阻挠。

### 二、卫生主管部门的职责

《医疗器械监督管理条例》规定,卫生主管部门应当:①对医疗机构的医疗器械使用行为加强监督检查。实施监督检查时,可以进入医疗机构,查阅、复制有关档案、记录以及其他有关资料;②对大型医用设备的使用状况进行监督和评估;发现违规使用以及与大型医用设备相关的过度检查、过度治疗等情形的,应当立即纠正,依法予以处理。

## 第七节 | 法律责任

### 一、违法生产经营医疗器械的法律责任

《医疗器械监督管理条例》规定,有下列情形之一的,由负责药品监督管理的部门没收违法所得、违法生产经营的医疗器械和用于违法生产经营的工具、设备、原材料等物品;违法生产经营的医疗器械货值金额不足1万元的,并处5万元以上15万元以下罚款;货值金额1万元以上的,并处货值金额15倍以上30倍以下罚款;情节严重的,责令停产停业,10年内不受理相关责任人以及单位提出的医疗器械许可申请,对违法单位的法定代表人、主要负责人、直接负责的主管人员和其他责任人员,没收违法行为发生期间自本单位所获收入,并处所获收入30%以上3倍以下罚款,终身禁止其从事医疗器械生产经营活动:①生产、经营未取得医疗器械注册证的第二类、第三类医疗器械;②未经许可从事第二类、第三类医疗器械生产活动;③未经许可从事第三类医疗器械经营活动。

《刑法》第一百四十五条规定,生产不符合保障人体健康的国家标准、行业标准的医疗器械、医用卫生材料,或者销售明知是不符合保障人体健康的国家标准、行业标准的医疗器械、医用卫生材料,对人体健康造成严重危害的,处5年以下有期徒刑,并处销售金额50%以上2倍以下罚金;后果特别严重的,处5年以上10年以下有期徒刑,并处销售金额50%以上2倍以下罚金,其中情节特别恶劣的,处10年以上有期徒刑或者无期徒刑,并处销售金额50%以上2倍以下罚金或者没收财产。

### 二、未经许可擅自配置使用大型医用设备的法律责任

《医疗器械监督管理条例》规定,未经许可擅自配置使用大型医用设备的,由县级以上人民政府

卫生主管部门责令停止使用,给予警告,没收违法所得;违法所得不足 1 万元的,并处 5 万元以上 10 万元以下罚款;违法所得 1 万元以上的,并处违法所得 10 倍以上 30 倍以下罚款;情节严重的,5 年内不受理相关责任人以及单位提出的大型医用设备配置许可申请,对违法单位的法定代表人、主要负责人、直接负责的主管人员和其他责任人员,没收违法行为发生期间自本单位所获收入,并处所获收入 30% 以上 3 倍以下罚款,依法给予处分。

### 三、提供虚假资料或者采取其他欺骗手段申请行政许可的法律责任

《医疗器械监督管理条例》规定,在申请医疗器械行政许可时提供虚假资料或者采取其他欺骗手段的,不予行政许可,已经取得行政许可的,由作出行政许可决定的部门撤销行政许可,没收违法所得、违法生产经营使用的医疗器械,10 年内不受理相关责任人以及单位提出的医疗器械许可申请;违法生产经营使用的医疗器械货值金额不足 1 万元的,并处 5 万元以上 15 万元以下罚款;货值金额 1 万元以上的,并处货值金额 15 倍以上 30 倍以下罚款;情节严重的,责令停产停业,对违法单位的法定代表人、主要负责人、直接负责的主管人员和其他责任人员,没收违法行为发生期间自本单位所获收入,并处所获收入 30% 以上 3 倍以下罚款,终身禁止其从事医疗器械生产经营活动。

### 四、伪造、变造、买卖、出租、出借相关医疗器械许可证件的法律责任

伪造、变造、买卖、出租、出借相关医疗器械许可证件的,由原发证部门予以收缴或者吊销,没收违法所得;违法所得不足 1 万元的,并处 5 万元以上 10 万元以下罚款;违法所得 1 万元以上的,并处违法所得 10 倍以上 20 倍以下罚款;构成违反治安管理行为的,由公安机关依法予以治安管理处罚。

### 五、未进行医疗器械临床试验机构备案的法律责任

未进行医疗器械临床试验机构备案开展临床试验的,由负责药品监督管理的部门责令停止临床试验并改正;拒不改正的,该临床试验数据不得用于产品注册、备案,处 5 万元以上 10 万元以下罚款,并向社会公告;造成严重后果的,5 年内禁止其开展相关专业医疗器械临床试验,并处 10 万元以上 30 万元以下罚款,由卫生主管部门对违法单位的法定代表人、主要负责人、直接负责的主管人员和其他责任人员,没收违法行为发生期间自本单位所获收入,并处所获收入 30% 以上 3 倍以下罚款,依法给予处分。

### 六、出具虚假报告的法律责任

医疗器械临床试验机构出具虚假报告的,由负责药品监督管理的部门处 10 万元以上 30 万元以下罚款;有违法所得的,没收违法所得;10 年内禁止其开展相关专业医疗器械临床试验;由卫生主管部门对违法单位的法定代表人、主要负责人、直接负责的主管人员和其他责任人员,没收违法行为发生期间自本单位所获收入,并处所获收入 30% 以上 3 倍以下罚款,依法给予处分。

### 七、不履行职责的法律责任

1. 医疗器械技术审评机构、医疗器械不良事件监测技术机构未依照《医疗器械监督管理条例》规定履行职责,致使审评、监测工作出现重大失误的,由负责药品监督管理的部门责令改正,通报批评,给予警告;造成严重后果的,对违法单位的法定代表人、主要负责人、直接负责的主管人员和其他责任人员,依法给予处分。

2. 负责药品监督管理的部门或者其他有关部门工作人员违反本条例规定,滥用职权、玩忽职守、徇私舞弊的,依法给予处分。

### 八、造成民事损害的法律责任

《医疗器械监督管理条例》规定,违反本条例规定,造成人身、财产或者其他损害的,依法承担赔

偿责任。《民法典》第一千二百二十三条规定,因药品、消毒产品、医疗器械的缺陷,或者输入不合格的血液造成患者损害的,患者可以向药品上市许可持有人、生产者、血液提供机构请求赔偿,也可以向医疗机构请求赔偿。患者向医疗机构请求赔偿的,医疗机构赔偿后,有权向负有责任的药品上市许可持有人、生产者、血液提供机构追偿。

**思考题**

1. 如何保护医疗器械临床试验中受试者的权益?
2. 简述医疗器械生产经营法律制度。
3. 简述医疗器械不良事件报告制度。
4. 简述医疗器械召回法律制度。

思考题解题思路　　　　　本章目标测试

## 推荐阅读

1. 阎华国,胡彬. 医疗器械管理与法规[M]. 济南:山东人民出版社,2023.

2. 国家药品监督管理局医疗器械技术审评中心. 美国医疗器械管理法规(三)[M]. 北京:中国医药科技出版社,2019.

（王安富）

# 第十八章 | 医疗机构法律制度

医疗机构是医疗服务的提供者。医疗机构法律制度主要包括医疗机构规划布局与设置审批、医疗机构执业登记、医疗机构执业以及处方管理、病历书写与保管、医疗机构药事管理、抗菌药物临床应用、医疗广告管理等。完善医疗机构法律制度对加强医疗机构的管理,促进医疗卫生事业发展,保障生命安全和身体健康具有重要意义。

## 第一节 | 概　述

### 一、医疗机构的概念

医疗机构,是指依法定程序和条件设立的从事疾病诊断、治疗活动的卫生机构的总称。这一概念有以下几层含义。

#### (一)医疗机构是依法成立的卫生机构

医疗机构依法成立,是指依据国务院《医疗机构管理条例》及其实施细则的规定进行设置和登记。只有依法取得设置医疗机构批准书,并履行登记手续,领取了《医疗机构执业许可证》的单位或者个人才能开展相应的诊断、治疗活动。

#### (二)医疗机构是从事疾病诊断、治疗活动的卫生机构

根据设立卫生机构目的的不同,我国将提供医疗卫生服务的卫生机构主要分为医疗机构和疾病预防控制机构等。前者主要以开展疾病诊断、治疗活动为主,后者主要以开展疾病预防、控制活动为主。卫生机构是一个广义的概念,它还包括其他与卫生工作密切相关的机构,如健康教育机构和血站等。

#### (三)医疗机构是从事疾病诊断、治疗活动的卫生机构的总称

我国的医疗机构是由一系列开展疾病诊断、治疗活动的卫生机构构成的。医院、社区卫生服务中心(站)、卫生院、诊所、村卫生室是我国医疗机构的主要形式,此外,还有疗养院、门诊部、卫生室以及急救站等,共同构成了我国的医疗机构。《中华人民共和国 2023 年国民经济和社会发展统计公报》显示,截至 2023 年底,我国共有医疗卫生机构 107.1 万个,其中医院 3.9 万个,在医院中有公立医院 1.2 万个,民营医院 2.7 万个;基层医疗卫生机构 101.6 万个,其中乡镇卫生院 3.4 万个,社区卫生服务中心(站)3.7 万个,门诊部(所)36.2 万个,村卫生室 58.3 万个。

### 二、医疗机构的类别

1994 年卫生部根据国务院《医疗机构管理条例》制定了《医疗机构管理条例实施细则》,其中第三条规定了医疗机构的类别,共分 12 类。2006 年卫生部印发的《关于修订〈医疗机构管理条例实施细则〉第三条有关内容的通知》,在医疗机构类别中增加了社区卫生机构;2017 年 2 月 21 日,根据《国家卫生计生委关于修改〈医疗机构管理条例实施细则〉的决定》,在医疗机构类别中增加了医学检验实验室、病理诊断中心、医学影像诊断中心、血液透析中心、安宁疗护中心。目前医疗机构的类别为:①综合医院、中医医院、中西医结合医院、民族医医院、专科医院、康复医院;②妇幼保健院、妇幼保健计划生育服务中心;③社区卫生服务中心、社区卫生服务站;④中心卫生院、乡(镇)

卫生院、街道卫生院;⑤疗养院;⑥综合门诊部、专科门诊部、中医门诊部、中西医结合门诊部、民族医门诊部;⑦诊所、中医诊所、民族医诊所、卫生所、医务室、卫生保健所、卫生站;⑧村卫生室(所);⑨急救中心、急救站;⑩临床检验中心;⑪专科疾病防治院、专科疾病防治所、专科疾病防治站;⑫护理院、护理站;⑬医学检验实验室、病理诊断中心、医学影像诊断中心、血液透析中心、安宁疗护中心;⑭其他诊疗机构。

2009 年卫生部、人力资源和社会保障部、国家中医药管理局、中国残疾人联合会出台《盲人医疗按摩管理办法》,又增加了盲人医疗按摩所类别。

医疗机构按其性质可以分为非营利性医疗机构和营利性医疗机构。所谓非营利性医疗机构,是指为社会公众利益服务而设立和运营的医疗机构。它不以营利为目的,其收入用于弥补医疗服务成本,实际运营中的收支结余只能用于自身的发展,如改善医疗条件、引进技术、开展新的医疗服务项目等。所谓营利性医疗机构,是指医疗服务所得收益可用于投资者经济回报的医疗机构。政府不举办营利性医疗机构,以政府资金、捐赠资产举办或者参与举办的医疗机构不得设立为营利性医疗机构。目前,我国医疗服务体系中,非营利性医疗机构占主导地位。政府举办非营利性医疗机构,在基本医疗事业中发挥主导作用,保障基本医疗卫生服务公平可及。

### 三、医疗机构管理立法

1951 年 1 月,当时的政务院批准发布了我国第一个医疗机构管理方面的行政法规——《医院诊所管理暂行条例》。之后,国务院以及原卫生部又陆续制定了《县卫生院暂行组织通则》《县属区卫生所暂行组织通则》等。改革开放以后,国家实行多层次、多形式和多渠道办医的政策,允许私人和社会团体举办医疗机构,军队、企事业单位的医疗机构对社会开放等。为此,原卫生部制定了《全国城市街道卫生院工作条例》《综合医院组织编制原则试行草案》《全国医院工作条例》《医院工作制度》《医师、中医师个体开业暂行管理办法》《医院分级管理办法》等。

1994 年 2 月,国务院发布了《医疗机构管理条例》,并于 2016 年 2 月 6 日、2022 年 3 月 29 日对《医疗机构管理条例》进行了修订。该条例是我国卫生立法史上一个重要的里程碑。原卫生部围绕该条例制定了一系列配套规章,如《医疗机构管理条例实施细则》《医疗机构设置规划指导原则》《医疗机构基本标准(试行)》《医疗机构诊疗科目名录》《医疗机构评审委员会章程》《医疗机构评审办法》等。

为了适应社会主义市场经济发展的新形势,卫生部等部委于 2000 年联合出台了《关于城镇医疗机构分类管理的实施意见》《中外合资、合作医疗机构管理暂行办法》《关于城镇非营利性医疗机构进行民办非企业单位登记有关问题的通知》等。

为加强和增进两岸间的经济合作,促进我国香港、澳门与内地建立更紧密的经贸关系,2010 年,卫生部、商务部联合印发了《台湾服务提供者在大陆设立独资医院管理暂行办法》《香港和澳门服务提供者在内地设立独资医院管理暂行办法》,自 2011 年 1 月 1 日起施行。

为推进健康服务业发展,更好地满足人民群众医疗服务需求,根据《中共中央关于全面深化改革若干重大问题的决定》和《国务院关于促进健康服务业发展的若干意见》精神,2014 年 7 月 25 日,国家卫生计生委和商务部联合发布《关于开展设立外资独资医院试点工作的通知》,决定在北京等 7 省(市)开展设立外资独资医院试点工作。

近几年,国家加大了医疗机构立法力度,国务院有关部门单独或者联合制定了一系列新的规定,如原卫生部制定的《医疗美容服务管理办法》《关于医疗机构冠名红十字(会)的规定》《医疗机构校验管理办法(试行)》《城市社区卫生服务机构管理办法(试行)》《妇幼保健机构管理办法》和《乡镇卫生院管理办法(试行)》等;原国家卫生计生委制定的《村卫生室管理办法(试行)》《医疗机构病历管理规定》《电子病历应用管理规范(试行)》《院前医疗急救管理办法》《医疗卫生机构开展临床研究项目管理办法》和《医疗质量管理办法》等。

## 第二节 ｜ 医疗机构规划布局与设置审批

### 一、医疗机构设置规划的制定

医疗机构设置规划是区域卫生规划的重要组成部分,是卫生行政部门审批医疗机构的依据。它由县级以上地方人民政府卫生行政部门根据其行政区域内的人口、医疗资源、医疗需求和现有医疗机构的分布状况等制定,报同级人民政府批准后实施。其目的是统筹规划医疗机构的数量、规模和分布,合理配置卫生资源,提高卫生资源的利用效率。

医疗机构设置规划分为三级。省级和县级的医疗机构设置规划应当以设区的市级医疗机构设置规划为基础。县级医疗机构设置规划的重点是 100 张床以下的医疗机构的配置和布局;省级医疗机构设置规划的重点是 500 张床以上的医院、重点专科和重点专科医院、急救中心、临床检验中心等医疗机构的配置。

### 二、申请设置医疗机构的条件

任何单位和个人申请设置医疗机构,要按照规定的程序和要求向县级以上地方人民政府卫生行政部门申请办理设置审批手续。医疗机构不分类别、所有制形式、隶属关系、服务对象,其设置申请必须符合当地《医疗机构设置规划》。

根据《医疗机构管理条例实施细则》规定,在城市申请设置诊所的个人,应当同时具备下列条件:①经医师执业技术考核合格,取得《医师执业证书》;②取得《医师执业证书》或者医师职称后,从事五年以上同一专业临床工作;③省、自治区、直辖市卫生行政部门规定的其他条件。在乡镇和村申请设置诊所的个人的条件,由省、自治区、直辖市卫生行政部门规定。

根据《医疗美容服务管理办法》规定,申请开办美容医疗机构或者医疗机构申请开设医疗美容科室必须同时具备下列条件:①具有承担民事责任的能力;②有明确的医疗美容诊疗服务范围;③符合《医疗机构基本标准(试行)》;④省级以上人民政府卫生行政部门规定的其他条件。

根据《盲人医疗按摩管理办法》规定,申请开办盲人医疗按摩所应当符合下列条件:①开办人应当为盲人医疗按摩人员;②至少有 1 名从事盲人医疗按摩活动 5 年以上的盲人医疗按摩人员;③至少有 1 张按摩床及相应的按摩所需用品,建筑面积不少于 40 平方米;④有必要的消毒设备;⑤有相应的规章制度,装订成册的国家制定或者认可的盲人医疗按摩技术操作规程;⑥能够独立承担法律责任;⑦有设区的市级残疾人联合会出具的同意开办盲人医疗按摩所的证明文件。

根据《互联网医院管理办法(试行)》规定,申请设置互联网医院,应当向其依托的实体医疗机构执业登记机关提出设置申请。实体医疗机构自行或者与第三方机构合作搭建信息平台,使用在本机构和其他医疗机构注册的医师开展互联网诊疗活动的,应当申请将互联网医院作为第二名称。实体医疗机构仅使用在本机构注册的医师开展互联网诊疗活动的,可以申请将互联网医院作为第二名称。

根据《台湾服务提供者在大陆设立独资医院管理暂行办法》《香港和澳门服务提供者在内地设立独资医院管理暂行办法》规定,申请设置台资独资医院、港澳独资医院应当符合下列条件:①必须是独立的法人;②三级医院投资总额不低于 5 000 万元人民币,二级医院投资总额不低于 2 000 万元人民币;③符合二级以上医院基本标准;④在老、少、边、穷地区设置的港澳独资医院,投资总额要求可以适当降低。台资独资医院、港澳独资医院可以是营利性的,也可以是非营利性的。

根据《中外合资、合作医疗机构管理暂行办法》规定,申请设置中外合资、合作医疗机构应当符合下列条件:①必须是独立的法人;②投资总额不得低于 2 000 万元人民币;③中方在中外合资、合作医疗机构中所占有的股份比例或权益不得低于 30%;④合资、合作期限不超过 20 年;⑤省级以上卫生行政部门规定的其他条件。申请在我国中西部地区或老、少、边、穷地区设置中外合资、合作医疗机构或申请设置的中外合资、合作医疗机构所提供的医疗服务范围和内容属于国家鼓励的服务领域,相关条件可适当放宽。目前,我国不批准设立外商独资的医疗机构。中外合资、合作医疗机构可以是营利性医疗机构,也可以是非营利性医疗机构。

《医疗机构管理条例》及其实施细则规定,有下列情形之一的单位和个人,不得申请设置医疗机构:①不能独立承担民事责任的单位;②正在服刑或者不具有完全民事行为能力的个人;③发生二级以上医疗事故未满五年的医务人员;④因违反有关法律、法规和规章,已被吊销执业证书的医务人员;⑤被吊销《医疗机构执业许可证》的医疗机构法定代表人或者主要负责人;⑥省、自治区、直辖市政府卫生行政部门规定的其他情形。

### 三、医疗机构设置申请需要提交的材料

申请设置医疗机构的单位和个人应当按照规定的程序和要求向县级以上地方人民政府卫生行政部门提交设置申请书、设置可行性研究报告、选址报告和建筑设计平面图等。

根据《台湾服务提供者在大陆设立独资医院管理暂行办法》《香港和澳门服务提供者在内地设立独资医院管理暂行办法》规定,申请设置台资独资医院、港澳独资医院,应当分别向卫生行政部门和商务主管部门提交材料。向卫生行政部门提交的材料是:①设置医疗机构申请书;②项目建议书;③可行性研究报告;④有效的台湾服务提供者、香港和澳门服务提供者证明;⑤法人注册登记证明(复印件)、法定代表人身份证明(复印件)和银行资信证明;⑥项目选址报告、项目土地使用租赁证明、项目建筑平面图;⑦台湾服务提供者、香港和澳门服务提供者能够提供国际先进医院管理经验、管理模式和服务模式或具有国际领先水平医学技术的证明材料。

根据《中外合资、合作医疗机构管理暂行办法》规定,申请设立中外合资、合作医疗机构需要分别向卫生行政部门和商务主管部门提交相关材料。应当向卫生行政部门提交的材料是:①设置医疗机构申请书;②合资、合作双方法人代表签署的项目建议书及中外合资、合作医疗机构设置可行性研究报告;③合资、合作双方各自的注册登记证明(复印件)、法定代表人身份证明(复印件)和银行资信证明;④国有资产管理部门对拟投入国有资产的评估报告确认文件。

### 四、医疗机构设置申请的审批

卫生行政部门对设置医疗机构申请,应当自受理之日起 30 日内,依据当地医疗机构设置规划进行审查,对符合医疗机构设置规划和原卫生部制定的医疗机构基本标准的,发给设置医疗机构批准证书;对不予批准的要以书面形式告知理由。

床位在一百张以上的综合医院、中医医院、中西医结合医院、民族医医院以及专科医院、疗养院、康复医院、妇幼保健院、急救中心、临床检验中心和专科疾病防治机构的设置审批权限的划分,由省、自治区、直辖市卫生行政部门规定;其他医疗机构的设置,由县级卫生行政部门负责审批。

机关、企业和事业单位按照国家医疗机构基本标准设置的为内部职工服务的门诊部、诊所、卫生所(室),报所在地的县级卫生行政部门备案。

国家统一规划的医疗机构的设置,由国务院卫生行政部门决定。

根据《台湾服务提供者在大陆设立独资医院管理暂行办法》《香港和澳门服务提供者在内地设立独资医院管理暂行办法》规定,申请设置台资独资中医医院、港澳独资中医医院(含中西医结合医院和民族医医院)的,由地方中医药管理部门初审、审核,报国务院中医药主管部门审核后转报国务院卫生行政部门审批。申请人在获得国务院卫生行政部门设置许可后,还应当按照规定经国务院商务部门审批或者备案。

根据《中外合资、合作医疗机构管理暂行办法》规定,申请设置中外合资、合作医疗机构的,获卫生行政部门设置许可后,还应当按照有关规定报商务部审批。2011 年卫生部发出通知,对中外合资、合作医疗机构审批权限进行了调整,将审批权由卫生部下调至省级卫生行政部门。

《医疗机构管理条例》及其实施细则规定,设置医疗机构申请有下列情形之一的,不予批准:①不符合当地《医疗机构设置规划》;②设置人不符合规定的条件;③不能提供满足投资总额的资信证明;④投资总额不能满足各项预算开支;⑤医疗机构选址不合理;⑥污水、污物、粪便处理不合理;⑦省、自治区、直辖市卫生行政部门规定的其他情形。

为贯彻实施《中医药法》,2017 年 9 月国家卫生计生委发布《中医诊所备案管理暂行办法》。明确规定,在中医药理论指导下,运用中药和针灸、拔罐、推拿等非药物疗法开展诊疗服务,以及中药调剂、汤剂煎煮等中药药事服务的中医诊所,报所在地县级中医药主管部门备案后即可开展执业活动。

为贯彻落实《国务院关于深化"证照分离"改革进一步激发市场主体发展活力的通知》(国发〔2021〕7 号),国家卫生健康委、国家中医药局 2022 年 12 月印发《诊所备案管理暂行办法》,对设置诊所政策进行了调整。根据规定,单位或者个人设置诊所报所在地县级人民政府卫生健康行政部门或中医药主管部门备案,取得诊所备案凭证后即可开展执业活动。

## 第三节 ｜ 医疗机构执业登记

### 一、申请医疗机构执业登记的条件

医疗机构开业应当办理执业登记手续。申请医疗机构执业登记应当填写《医疗机构申请执业登记注册书》,并提交下列材料:①《设置医疗机构批准书》或者《设置医疗机构备案回执》;②医疗机构用房产权证明或者使用证明;③医疗机构建筑设计平面图;④验资证明、资产评估报告;⑤医疗机构规章制度;⑥医疗机构法定代表人或者主要负责人以及各科室负责人名录和有关资格证书、执业证书复印件等。

申请门诊部、诊所、卫生所、医务室、卫生保健所和卫生站执业登记的,还应当提交附设药房(柜)的药品种类清单、卫生技术人员名录及其有关资格证书、执业证书复印件等。

卫生行政部门受理执业登记申请后,应当按照规定的条件和期限对提交的材料进行审查和实地考察、核实,并对有关执业人员进行消毒、隔离和无菌操作等基本知识和技能的现场抽查考核。经审核合格的,发给《医疗机构执业许可证》;审核不合格的,将审核结果和不予批准的理由以书面形式告知申请人。

申请医疗机构执业登记有下列情形之一的,不予登记:①不符合《设置医疗机构批准书》核准的事项;②不符合《医疗机构基本标准》;③投资不到位;④医疗机构用房不能满足诊疗服务功能;⑤通讯、供电、上下水道等公共设施不能满足医疗机构正常运转;⑥医疗机构规章制度不符合要求;⑦消毒、隔离和无菌操作等基本知识和技能的现场抽查考核不合格;⑧省、自治区、直辖市卫生行政部门规定的其他情形。

### 二、医疗机构执业登记的内容

#### (一)执业登记事项

医疗机构执业,应当进行登记,领取《医疗机构执业许可证》。未取得《医疗机构执业许可证》的,不得开展诊断、治疗活动。医疗机构执业登记的事项是:①类别、名称、地址、法定代表人或者主要负责人;②所有制形式;③注册资金(资本);④服务方式;⑤诊疗科目;⑥房屋建筑面积、床位(牙椅);⑦服务对象;⑧职工人数;⑨执业许可证登记号(医疗机构代码)等。门诊部、诊所、卫生所、医务室、卫生保健所、卫生站还应当核准附设药房(柜)的药品种类。

根据《医疗美容服务管理办法》规定,美容医疗机构或者增设医疗美容科目的医疗机构登记的医疗美容科为一级诊疗科目,美容外科、美容牙科、美容皮肤科和美容中医科为二级诊疗科目。

根据《城市社区卫生服务机构管理办法(试行)》规定,社区卫生服务中心可以登记的诊疗科目为预防保健科、全科医疗科、中医科(含民族医学)、康复医学科、医学检验科、医学影像科。有条件的社区卫生服务中心还可以登记口腔医学科、临终关怀科。其他诊疗科目,原则上不应登记。社区卫生服务站可以登记的诊疗科目为预防保健科、全科医疗科。有条件的社区卫生服务站还可以登记中医科(含民族医学)。其他诊疗科目,一般不应登记。

根据《妇幼保健机构管理办法》规定,妇幼保健机构可以登记的保健科室包括妇女保健科、儿童保健科、生殖健康科、健康教育科、信息管理科等;临床科室包括妇科、产科、儿科、新生儿科、计划生育科等;医技科室包括医学检验科、医学影像科等。

根据《乡镇卫生院管理办法(试行)》规定,乡镇卫生院可以登记的临床科室包括全科医学科、内(儿)科、外科、妇产科、中医科、急诊科和医技科。规模较小的卫生院也可以登记为综合性科室。

根据《村卫生室管理办法(试行)》规定,村卫生室可以登记的诊疗科目为预防保健科、全科医疗科和中医科(民族医学科)。村卫生室原则上不得登记其他诊疗科目。

根据《盲人医疗按摩管理办法》规定,盲人医疗按摩所登记的诊疗科目为推拿科(盲人医疗按摩)。盲人医疗按摩所不登记推拿科(盲人医疗按摩)以外的诊疗科目,不设床位,不设药房(柜)。非盲人不得在盲人医疗按摩所从事医疗、预防、保健活动。

### (二) 变更登记

医疗机构有下列情形之一时,应当按照规定向原登记的卫生行政部门申请办理变更登记手续。

1. 医疗机构变更名称、地址、法定代表人或者主要负责人、所有制形式、注册资金(资本)、服务方式、诊疗科目、床位(牙椅)、服务对象的。

2. 医疗机构发生分立或者合并,保留医疗机构的。

3. 机关、企业和事业单位设置的为内部职工服务的医疗机构向社会开放的。

台资独资医院、港澳独资医院变更名称、地址、规模(床位、牙椅)、诊疗科目、投资总额和注册资金的,应当按照规定的审批程序,经原审批机关审批后,到原项目登记机关办理相应的变更登记手续。但变更设置人和股权的,应当按照规定分别报有关行政管理部门批准。中外合资、合作医疗机构变更机构规模(床位、牙椅)、诊疗科目、合资、合作期限等,应当经原审批机关审批后,到原登记机关办理相应的变更登记手续。

## 三、医疗机构的名称

### (一) 医疗机构命名基本要求

医疗机构的名称由识别名称和通用名称依次组成。医疗机构的通用名称为:医院、社区卫生服务中心、社区卫生服务站、中心卫生院、卫生院、疗养院、妇幼保健院、门诊部、诊所、卫生所、卫生站、卫生室、医务室、卫生保健所、卫生站、急救中心、急救站、临床检验中心、防治院、防治所、防治站、护理院、护理站、中心以及卫生行政管理部门规定或者认可的其他名称。可以作为医疗机构识别名称的有:地名、单位名称、个人姓名、医学学科名称、医学专业和专科名称、诊疗科目名称和其他批准使用的名称。

医疗机构的名称应当名副其实,与其类别或者诊疗科目相适应。各级地方人民政府设置的医疗机构的识别名称中应当含有省、市、县、区、街道、乡、镇、村等行政区划名称,其他医疗机构的识别名称中不得含有行政区划名称。国家机关、企业和事业单位、社会团体或者个人设置的医疗机构的名称中应当含有设置单位名称或者个人的姓名。

医疗机构只准使用 1 个名称。确有需要,经核准机关核准可以使用 2 个或 2 个以上名称,但必须确定 1 个第一名称。卫生健康行政部门有权纠正已经核准登记的不适宜的医疗机构名称,上级卫生健康行政部门有权纠正下级卫生健康行政部门已经核准登记的不适宜的医疗机构名称。

社区卫生服务中心的命名原则是:所在区名(可选)+ 所在街道办事处名 + 识别名(可选)+ 社区卫生服务中心;社区卫生服务站的命名原则是:所在街道办事处名(可选)+ 所在社区名 + 社区卫生服务站。

乡镇卫生院的命名原则是:县(市、区)名 + 乡镇名 +(中心)卫生院(分院)。

盲人医疗按摩所登记名称为识别名称 + 盲人医疗按摩所。

台资独资医院、港澳独资医院以及中外合资、合作医疗机构的名称由所在地地名、识别名和通用名依次组成,并符合医疗机构命名的有关规定。

### (二) 由国务院卫生行政部门和国务院中医药主管部门核准的医疗机构名称

医疗机构名称中含有外国国家(地区)名称及其简称、国际组织名称,或者含有"中国""全国""中华""国家"等字样以及跨省地域名称等,由国务院卫生行政部门核准;属于中医、中西医结合和民族医医疗机构的,由国务院中医药主管部门核准。

2006年印发的《卫生部关于进一步规范医疗机构命名有关问题的通知》,对医疗机构申请的名称含有外国国家(地区)名称及其简称、国际组织名称的,如"××国际医院""中×医院"等作出明确规定,要求符合以下条件:①医疗机构的设置或命名具有中国政府(卫生部)与其他国家政府(卫生部)友好合作协议或技术合作协议背景;②医疗机构的设置或命名具有中国政府(卫生部)同意与国际组织友好合作或技术合作项目背景;③医疗机构的设置或命名具有中国政府(卫生部)指定的国际多边或双边诊疗服务业务项目背景;④具有历史沿革的习惯名称。

### (三) 医疗机构冠名红十字(会)的规定

2007年卫生部印发《关于医疗机构冠名红十字(会)的规定》,明确要求医疗机构冠名"红十字(会)"应当符合医疗机构命名基本原则。以"红十字(会)"冠名的医疗机构,应当在地区名称等识别名称后、医疗机构通用名称前,增加"红十字(会)"字样。申请冠名"红十字(会)"的医疗机构必须符合下列条件之一:①由红十字会创办(包括历史上创办)的医疗机构;②由红十字会设置的医疗机构;③国内、外红十字会提供资助援建的医疗机构;④历史上与红十字会关系密切或对红十字事业做过特殊贡献的医疗机构等。由红十字会创办和设置的医疗机构,冠以"红十字会"的医疗机构名称可以作为医疗机构的第一名称。其他医疗机构则可冠名"红十字"字样,但不能作为医疗机构第一名称。

### (四) 医疗机构不得使用的名称

医疗机构不得使用下列名称:①有损于国家、社会或者公共利益的名称;②侵犯他人利益的名称;③以外文字母、汉语拼音组成的名称;④以医疗仪器、药品、医用产品命名的名称;⑤含有"疑难病""专治""专家""名医"或者同类含义文字的名称以及其他宣传或者暗示诊疗效果的名称;⑥超出登记的诊疗科目范围的名称等。

## 四、医疗机构执业登记的校验

医疗机构校验,是指卫生行政部门依法对医疗机构的基本条件和执业状况进行检查、评估、审核,并依法作出相应结论的过程。医疗机构经执业登记取得《医疗机构执业许可证》后,应当按照规定的期限办理校验手续。

《医疗机构校验管理办法(试行)》规定:①床位在100张以上的综合医院、中医医院、中西医结合医院、民族医医院以及专科医院、疗养院、康复医院、妇幼保健院、急救中心、临床检验中心和专科疾病防治机构的校验期为3年;②其他医疗机构的校验期为1年;③中外合资、合作医疗机构校验期为1年;④暂缓校验后再次校验合格医疗机构的校验期为1年。《互联网诊疗监管细则(试行)》规定,作为实体医疗机构第二名称的互联网医院,与该实体医疗机构同时校验;依托实体医疗机构单独获得《医疗机构执业许可证》的互联网医院,每年校验1次。

《台湾服务提供者在大陆设立独资医院管理暂行办法》《香港和澳门服务提供者在内地设立独资医院管理暂行办法》规定,台资独资医院、港澳独资医院的《医疗机构执业许可证》每3年校验一次。

医疗机构应当于校验期满前3个月向登记的卫生行政部门申请办理校验手续,并提交《医疗机构校验申请书》《医疗机构执业许可证》副本等。卫生行政部门应当在受理校验申请后30日内完成校验。

《医疗机构校验管理办法(试行)》规定,医疗机构有下列情形之一的,卫生行政部门可以根据情况给予1至6个月的暂缓校验期:①校验审查所涉及的有关文件、病案和材料存在隐瞒、弄虚作假情况;②不符合医疗机构基本标准;③限期整改期间;④省、自治区、直辖市卫生行政部门规定的其他情形。

不设床位的医疗机构在暂缓校验期内不得执业。暂缓校验期满仍不能通过校验的,卫生行政部门注销其《医疗机构执业许可证》。

### 五、医疗机构执业登记的注销

医疗机构歇业,应当向原登记的卫生行政部门办理注销登记手续。经登记的卫生行政部门核准后,收缴《医疗机构执业许可证》。医疗机构非因改建、扩建、迁建原因停业超过1年的,视为歇业。医疗机构注销登记后,不得继续开展诊断、治疗活动。

医疗机构发生分立或者合并,终止医疗机构的,应当向原登记的卫生行政部门办理注销登记手续。

盲人医疗按摩所有下列情形之一的,由卫生行政部门予以注销,并收回《医疗机构执业许可证》:①聘用非盲人开展医疗、预防、保健活动的;②开展盲人医疗按摩以外的医疗、预防、保健活动的;③出卖、转让、出借《医疗机构执业许可证》的;④开具药品处方的;⑤设床位、药房(柜)的;⑥《医疗机构执业许可证》有效期届满未延续的;⑦不具备开办盲人医疗按摩所的条件的。

台资独资医院、港澳独资医院终止运营,应当在终止运营90天前申请办理注销手续。

## 第四节 │ 医疗机构执业

### 一、严格按照登记的诊疗科目执业

医疗机构应当按照核准登记的诊疗科目开展诊断、治疗活动。需要改变诊疗科目的,应当按照规定的程序和要求,办理变更登记手续。未经允许不得擅自扩大业务范围。

在执业活动中,医疗机构应当遵守法律、法规和医疗技术规范。

### 二、加强对医务人员的医德教育和业务培训

医疗机构应当加强对医务人员的医德教育。组织医务人员学习医德规范,督促医务人员恪守职业道德。医疗机构应当经常对医务人员进行"基础理论、基本知识、基本技能"的训练与考核,把"严格要求、严密组织、严谨态度"落实到各项工作中。

### 三、全面加强医疗质量管理

医疗机构应当按照卫生行政部门的有关规定和标准加强医疗质量管理,实施医疗质量保证方案,确保医疗安全和服务质量,不断提高服务水平。

医疗机构应当定期检查、考核各项规章制度和各级各类人员岗位责任制的执行和落实情况。

医疗机构不得使用非卫生技术人员从事医疗卫生技术工作。

### 四、主动公开医疗相关信息

医疗机构应当将《医疗机构执业许可证》、诊疗科目、诊疗时间和收费标准悬挂于明显处所。工作人员上岗工作,应当佩戴载有本人姓名、职务或者职称的标牌。

根据2015年国家卫生计生委办公厅《关于印发医院、计划生育技术服务机构等9类医疗卫生机构信息公开目录的通知》,下列信息医疗机构应当向患者公开:①患者的病情告知制度;②特殊诊疗服务流程;③主要检查项目的预约与报告;④辅助检查前的告知事项;⑤医疗纠纷的处理程序;⑥病历复

制、封存及启封服务;⑦收费查询制度;⑧医疗服务项目价格;⑨药品价格;⑩医用耗材价格;⑪门诊费用;⑫住院费用。

## 五、积极救治患者

医疗机构对危重病人应当立即抢救。对限于设备或者技术条件不能诊治的病人,应当及时转诊。急救中心(站)不得以未付费为由拒绝或者拖延为急危重症患者提供急救服务。

医疗机构对传染病、精神病、职业病等患者的特殊诊治和处理,应当按照国家有关法律、法规的规定办理。

医疗机构应当按照有关药品管理的法律、法规,加强药品管理。不得使用假劣药品、过期和失效药品以及违禁药品。

## 六、规范使用医疗机构名称

医疗机构的印章、银行账户、牌匾以及医疗文件中使用的名称应当与核准登记的医疗机构名称相同。使用两个以上名称的,应当与第一名称相同。

标有医疗机构标识的票据和病历本册以及处方笺、各种检查的申请单、报告单、证明文书单、药品分装袋、制剂标签等不得买卖、出借和转让。

医疗机构不得冒用标有其他医疗机构标识的票据和病历本册以及处方笺、各种检查的申请单、报告单、证明文书单、药品分装袋、制剂标签等。

根据《乡镇卫生院管理办法(试行)》规定,乡镇卫生院不得使用或加挂其他类别医疗机构的名称。其印章、票据、病历本册、处方等医疗文书使用的名称必须与批准的名称一致。

## 七、按规定出具医学证明文件

未经医师亲自诊查,医疗机构不得出具疾病诊断书、健康证明书或者死亡证明书等证明文件;未经医师、助产人员亲自接产,医疗机构不得出具出生证明书或者死产报告书。

医疗机构为死因不明者出具的《死亡医学证明书》,只作是否死亡的诊断,不作死亡原因的诊断。如要求进行死亡原因诊断的,医疗机构应当指派医生对尸体进行解剖和有关死因检查后方能作出死因诊断。

## 八、充分尊重患者知情同意权

医疗机构应当尊重患者对自己的病情、诊断、治疗的知情权利。医务人员在诊疗活动中应当向患者说明病情和医疗措施。需要实施手术、特殊检查、特殊治疗的,医务人员应当及时向患者具体说明医疗风险、替代医疗方案等情况,并取得其明确同意;不能或者不宜向患者说明的,应当向患者的近亲属说明,并取得其明确同意。因抢救生命垂危的患者等紧急情况,不能取得患者或者其近亲属意见的,经医疗机构负责人或者授权的负责人批准,可以立即实施相应的医疗措施。

## 九、按收费标准收取医疗费用

医疗机构应当按照政府物价等有关部门核准的收费标准收取医疗费用,详列细项,并出具收据。

## 十、切实做好医院感染管理

医疗机构应当严格执行无菌消毒、隔离制度,采取科学有效的措施处理污水和废弃物,预防和减少医院感染。

### (一)医院感染和消毒管理

医院感染,是指住院病人在医院内获得的感染,包括在住院期间发生的感染和在医院内获得出院后发生的感染;但不包括入院前已开始或入院时已处于潜伏期的感染。医院工作人员在医院内获得的感染也属医院感染。

根据《医院感染管理办法》规定,对医疗器械、器具消毒要求是:①进入人体组织、无菌器官的医疗器械、器具和物品必须达到灭菌水平;②接触皮肤、黏膜的医疗器械、器具和物品必须达到消毒水平;③各种用于注射、穿刺、采血等有创操作的医疗器具必须一用一灭菌。一次性使用的医疗器械、器具不得重复使用。

### (二)医疗废物管理

医疗废物,是指医疗卫生机构在医疗、预防、保健以及其他相关活动中产生的具有直接或者间接感染性、毒性以及其他危害性的废物。根据国务院《医疗废物管理条例》规定,医疗机构应当对医疗废物的来源、种类、重量或者数量、交接时间、处置方法、最终去向以及经办人签名等进行登记。

医疗机构应当严防医疗废物流失、泄漏、扩散。发生医疗废物流失、泄漏、扩散时,应当采取减少危害的紧急处理措施,对致病人员提供医疗救护和现场救援;同时向所在地的县级人民政府卫生、环保等行政主管部门报告,并向可能受到危害的单位和居民通报。

## 十一、正确发布医疗广告

根据 2006 年国家工商总局和卫生部联合发布的《医疗广告管理办法》规定,医疗机构利用各种媒介或者形式直接或者间接介绍医疗机构或者医疗服务,应当办理医疗广告审查手续,取得《医疗广告审查证明》;未取得《医疗广告审查证明》的,不得发布医疗广告。《医疗广告审查证明》由省级卫生行政部门、中医药管理部门核发。

医疗广告内容仅限于以下项目:医疗机构第一名称、地址、所有制形式、医疗机构类别、诊疗科目、床位数、接诊时间和联系电话。

医疗广告的表现形式不得含有以下情形:①涉及医疗技术、诊疗方法、疾病名称、药物的;②保证治愈或者隐含保证治愈的;③宣传治愈率、有效率等诊疗效果的;④淫秽、迷信、荒诞的;⑤贬低他人的;⑥利用患者、卫生技术人员、医学教育科研机构及人员以及其他社会社团、组织的名义、形象作证明的;⑦使用解放军和武警部队名义的;⑧法律、行政法规规定禁止的其他情形。

医疗机构不得以内部科室名义发布医疗广告,不得利用新闻形式、医疗资讯服务类专题节(栏)目发布或者变相发布医疗广告。有关医疗机构的人物专访、专题报道等宣传内容,可以出现医疗机构名称,但不得出现有关医疗机构的地址、联系方式等医疗广告内容;也不得在同一媒介同一时间段或者版面发布该医疗机构的广告。

医疗机构发布户外医疗广告,应当在取得《医疗广告审查证明》后,按照《户外广告登记管理规定》办理登记。

## 十二、及时报告医疗质量安全事件

根据 2011 年卫生部发布的《医疗质量安全事件报告暂行规定》,医疗机构发生造成 2 人以下轻度残疾、器官组织损伤导致一般功能障碍或者其他人身损害后果的一般医疗质量安全事件,应当自事件发现之日起 15 日内上报有关信息;发生造成 2 人以下死亡或中度以上残疾、器官组织损伤导致严重功能障碍,或者造成 3 人以上中度以下残疾、器官组织损伤以及其他人身损害后果的重大医疗质量安全事件,应当自事件发现之时起 12 小时内上报有关信息;发生造成 3 人以上死亡或者重度残疾的特大医疗质量安全事件,应当自事件发现之时起 2 小时内上报有关信息。

医疗质量安全事件实行网络在线直报。尚不具备网络直报条件的医疗机构通过电话、传真等形式,向卫生行政部门报告医疗质量安全事件。

《医院感染管理办法》规定,有下列情形时,医疗机构应当于 12 小时内向所在地的县级卫生行政部门报告,并同时向所在地疾病预防控制机构报告:①5 例以上医院感染暴发;②由于医院感染暴发直接导致患者死亡;③由于医院感染暴发导致 3 人以上人身损害后果。有下列情形时,应当按照《国家突发公共卫生事件相关信息报告管理工作规范(试行)》的要求进行报告:①10 例以上的医院感染暴发事件;②发生特殊病原体或者新发病原体的医院感染;③可能造成重大公共影响或者严重后果的医院感染。

### 十三、认真接待患者投诉

根据 2019 年国家卫生健康委《医疗机构投诉管理办法》规定,医疗机构投诉的接待、处理工作应当贯彻 "以患者为中心" 的理念,遵循合法、公正、及时、便民的原则。

#### (一)建立畅通、便捷的投诉渠道

医疗机构应当建立畅通、便捷的投诉渠道,在医疗机构显著位置公布投诉处理程序、地点、接待时间和联系方式。鼓励医疗机构加强舆情监测,及时掌握患者在其他渠道的诉求。

#### (二)设置专门投诉接待场所

医疗机构应当设置专门的投诉接待场所,接待场所应当提供有关法律、法规、投诉程序等资料,便于患者查询。

#### (三)实行"首诉负责制"

医疗机构投诉实行 "首诉负责制",患者向有关部门、科室投诉的,接待投诉的部门、科室工作人员应当热情接待,对于能够当场协调处理的,应当尽量当场协调解决;对于无法当场协调处理的,接待的部门或者科室应当主动将患者引导到投诉管理部门,投诉管理专(兼)职人员,不得推诿、搪塞。

#### (四)及时调查、核实、处理

医疗机构投诉管理部门接到投诉或者卫生健康主管部门交办的投诉后,应当及时向当事部门、科室和相关人员了解、核实情况,在查清事实、分清责任的基础上提出处理意见,并反馈患者。投诉涉及的部门、科室和相关人员应当积极配合投诉管理部门开展投诉事项调查、核实、处理工作。

#### (五)建立健全相关机制

医疗机构应当逐步建立健全相关机制,鼓励和吸纳社会工作者、志愿者等熟悉医学、法律专业知识的人员或者第三方组织参与医疗机构投诉接待与处理工作。

### 十四、服从卫生行政部门的调遣

医疗机构应当承担相应的预防保健工作,承担县级以上人民政府卫生行政部门委托的支援农村、指导基层医疗卫生工作等任务。发生重大灾害、事故、疾病流行或者其他意外情况时,医疗机构及其卫生技术人员必须服从县级以上人民政府卫生行政部门的调遣。

## 第五节 ｜ 处方管理

### 一、处方的概念

处方,是指由注册的执业医师和执业助理医师在诊疗活动中为患者开具的、由取得药学专业技术职务任职资格的药学专业技术人员审核、调配、核对,并作为患者用药凭证的医疗文书。处方包括医疗机构病区用药医嘱单。

开具处方和调剂处方应当遵循安全、有效和经济的原则。处方药凭医师处方方可销售、调剂和使用。

为规范处方管理,提高处方质量,促进合理用药,保障医疗安全,2007 年 2 月 14 日卫生部发布了《处方管理办法》。

### 二、处方的书写规则

《处方管理办法》规定,处方书写应当符合下列规则:①患者一般情况、临床诊断填写清晰、完整,

并与病历记载相一致。②每张处方限于一名患者的用药。③字迹清楚,不得涂改;如需修改,应当在修改处签名并注明修改日期。④药品名称应当使用规范的中文名称书写,没有中文名称的可以使用规范的英文名称书写;医疗机构或者医师、药师不得自行编制药品缩写名称或者使用代号;书写药品名称、剂量、规格、用法、用量要准确规范,药品用法可用规范的中文、英文、拉丁文或者缩写体书写,但不得使用"遵医嘱""自用"等含糊不清字句。⑤患者年龄应当填写实足年龄,新生儿、婴幼儿写日、月龄,必要时要注明体重。⑥西药和中成药可以分别开具处方,也可以开具一张处方,中药饮片应当单独开具处方。⑦开具西药、中成药处方,每一种药品应当另起一行,每张处方不得超过5种药品。⑧中药饮片处方的书写,一般应当按照"君、臣、佐、使"的顺序排列;调剂、煎煮的特殊要求注明在药品右上方,并加括号,如布包、先煎、后下等;对饮片的产地、炮制有特殊要求的,应当在药品名称之前写明。⑨药品用法用量应当按照药品说明书规定的常规用法用量使用,特殊情况需要超剂量使用时,应当注明原因并再次签名。⑩除特殊情况外,应当注明临床诊断。⑪开具处方后的空白处划一斜线以示处方完毕。⑫处方医师的签名式样和专用签章应当与院内药学部门留样备查的式样相一致,不得任意改动,否则应当重新登记留样备案。

药品剂量与数量用阿拉伯数字书写。剂量应当使用法定剂量单位:重量以克(g)、毫克(mg)、微克(μg)、纳克(ng)为单位;容量以升(L)、毫升(ml)为单位;国际单位(IU)、单位(U);中药饮片以克(g)为单位。

片剂、丸剂、胶囊剂、颗粒剂分别以片、丸、粒、袋为单位;溶液剂以支、瓶为单位;软膏及乳膏剂以支、盒为单位;注射剂以支、瓶为单位,应当注明含量;中药饮片以剂为单位。

### 三、处方权的获得

经注册的执业医师在执业地点取得相应的处方权。经注册的执业助理医师在医疗机构开具的处方,应当经所在执业地点执业医师签名或加盖专用签章后方有效。但经注册的执业助理医师在乡、民族乡、镇、村的医疗机构独立从事一般的执业活动,可以在注册的执业地点取得相应的处方权。执业医师经培训考核合格后可以取得麻醉药品和第一类精神药品的处方权,药师经培训考核合格后可以取得麻醉药品和第一类精神药品调剂资格。

试用期人员开具处方,应当经所在医疗机构有处方权的执业医师审核、并签名或加盖专用签章后方有效。进修医师由接收进修的医疗机构对其胜任本专业工作的实际情况进行认定后授予相应的处方权。

### 四、处方的开具

医师应当根据医疗、预防、保健需要,按照诊疗规范、药品说明书中的药品适应证、药理作用、用法、用量、禁忌、不良反应和注意事项等开具处方。开具医疗用毒性药品、放射性药品的处方应当严格遵守有关法律、法规和规章的规定。

医师开具处方应当使用经药品监督管理部门批准并公布的药品通用名称、新活性化合物的专利药品名称和复方制剂药品名称,也可以使用由卫生部公布的药品习惯名称开具处方,但开具院内制剂处方时应当使用经省级卫生行政部门审核、药品监督管理部门批准的名称。

### 五、处方的有效期限和用量

处方开具当日有效。特殊情况需要延长有效期的,由开具处方的医师注明有效期限,但有效期最长不得超过3天。

处方一般不得超过7日用量;急诊处方一般不得超过3日用量;对于某些慢性病、老年病或特殊情况,处方用量可适当延长,但医师应当注明理由。

为门(急)诊患者开具的麻醉药品注射剂,每张处方为一次常用量;控缓释制剂,每张处方不得超过 7 日常用量;其他剂型,每张处方不得超过 3 日常用量。

第一类精神药品注射剂,每张处方为一次常用量;控缓释制剂,每张处方不得超过 7 日常用量;其他剂型,每张处方不得超过 3 日常用量。哌醋甲酯用于治疗儿童多动症时,每张处方不得超过 15 日常用量。第二类精神药品一般每张处方不得超过 7 日常用量;对于慢性病或某些特殊情况的患者,处方用量可以适当延长,医师应当注明理由。

为门(急)诊癌症疼痛患者和中、重度慢性疼痛患者开具的麻醉药品、第一类精神药品注射剂,每张处方不得超过 3 日常用量;控缓释制剂,每张处方不得超过 15 日常用量;其他剂型,每张处方不得超过 7 日常用量。为住院患者开具的麻醉药品和第一类精神药品处方应当逐日开具,每张处方为 1 日常用量。

### 六、处方调剂资格的取得

取得药学专业技术职务任职资格的人员方可从事处方调剂工作。药师在执业的医疗机构取得处方调剂资格。具有药师以上专业技术职务任职资格的人员负责处方审核、评估、核对、发药以及安全用药指导;药士从事处方调配工作。

### 七、处方调剂

药师凭医师处方调剂处方药品。药师调剂处方时必须做到"四查十对":①查处方,对科别、姓名、年龄;②查药品,对药名、剂型、规格、数量;③查配伍禁忌,对药品性状、用法用量;④查用药合理性,对临床诊断。认为存在用药不适宜时,应当告知处方医师进行确认或者重新开具处方。具体包括:对有配伍禁忌或者超剂量的处方,应当拒绝调配;必要时,经处方医师更正或重新签字,方可调配。发现严重不合理用药或者用药错误时,应当拒绝调剂,及时告知处方医师,进行记录,并按照有关规定报告。

药师对处方用药适宜性审核内容包括:①规定必须做皮试的药品,处方医师是否注明过敏试验及结果的判定;②处方用药与临床诊断的相符性;③剂量、用法的正确性;④选用剂型与给药途径的合理性;⑤是否有重复给药现象;⑥是否有潜在临床意义的药物相互作用和配伍禁忌;⑦其他用药不适宜情况。

### 八、处方点评

处方点评,是指根据相关法规、技术规范,对处方书写的规范性及药物临床使用的适宜性(用药适应证、药物选择、给药途径、用法用量、药物相互作用、配伍禁忌等)进行评价,发现存在或潜在的问题,制定并实施干预和改进措施,促进临床药物合理应用的过程。

处方点评是医院持续医疗质量改进和药品临床应用管理的重要组成部分,是提高临床药物治疗学水平的重要手段。

#### (一) 处方点评原则

处方点评工作应坚持科学、公正、务实的原则,有完整、准确的书面记录,并通报临床科室和当事人。

#### (二) 处方点评结果

根据 2010 年卫生部《医院处方点评管理规范(试行)》,处方点评结果分为合理处方和不合理处方。不合理处方包括不规范处方、用药不适宜处方及超常处方。

1. **不规范处方** 有下列情况之一的,应当判定为不规范处方:①处方的前记、正文、后记内容缺项,书写不规范或者字迹难以辨认的;②医师签名、签章不规范或者与签名、签章的留样不一致的;③药师未对处方进行适宜性审核的(处方后记的审核、调配、核对、发药栏目无审核调配药师及核对发药药师签名,或者单人值班调剂未执行双签名规定);④新生儿、婴幼儿处方未写明日、月龄的;⑤西药、中成药与中药饮片未分别开具处方的;⑥未使用药品规范名称开具处方的;⑦药品的剂量、规格、数量、单位等书写不规范或不清楚的;⑧用法、用量使用"遵医嘱""自用"等含糊不清字句的;⑨处方修改未签名并注明修改日期,或药品超剂量使用未注明原因和再次签名的;⑩开具处方未写临床诊断或临床诊断书写不全的;⑪单张门(急)诊处方超过五种药品的;⑫无特殊情况下,门诊处方超过 7 日用量,急诊处方超过 3 日用量,慢性病、老年病或特殊情况下需要适当延长处方用量未注明理由的;⑬开具麻醉药品、精神药品、医疗用毒性药品、放射性药品等特殊管理药品处方未执行国家有关规定的;⑭医师未按照抗菌药物临床应用管理规定开具抗菌药物处方的;⑮中药饮片处方药物未按照"君、臣、佐、使"的顺序排列,或未按要求标注药物调剂、煎煮等特殊要求的。

2. **用药不适宜处方**　有下列情况之一的,应当判定为用药不适宜处方:①适应证不适宜的;②遴选的药品不适宜的;③药品剂型或给药途径不适宜的;④无正当理由不首选国家基本药物的;⑤用法、用量不适宜的;⑥联合用药不适宜的;⑦重复给药的;⑧有配伍禁忌或者不良相互作用的;⑨其他用药不适宜情况的。

3. **超常处方**　有下列情况之一的,应当判定为超常处方:①无适应证用药;②无正当理由开具高价药的;③无正当理由超说明书用药的;④无正当理由为同一患者同时开具 2 种以上药理作用相同药物的。

**(三) 监督管理**

卫生行政部门和医院应当加强监督管理。①对开具不合理处方的医师,采取教育培训、批评等措施;②对于开具超常处方的医师按照《处方管理办法》的规定予以处理:对出现超常处方 3 次以上且无正当理由的医师提出警告,限制其处方权,限制处方权后,仍连续 2 次以上出现超常处方且无正当理由的,取消其处方权;③一个考核周期内 5 次以上开具不合理处方的医师,应当认定为医师定期考核不合格,离岗参加培训;④对患者造成严重损害的,卫生行政部门应当按照相关法律、法规、规章给予相应处罚。

### 九、处方保管

医疗机构应当妥善保存处方:①普通处方、急诊处方、儿科处方保存期限为 1 年,医疗用毒性药品、第二类精神药品处方保存期限为 2 年,麻醉药品和第一类精神药品处方保存期限为 3 年。处方保存期满后,经医疗机构主要负责人批准、登记备案,方可销毁。②应当根据麻醉药品和精神药品处方开具情况,按照麻醉药品和精神药品品种、规格对其消耗量进行专册登记,登记内容包括发药日期、患者姓名、用药数量。专册保存期限为 3 年。

## 第六节 ｜ 病历书写与保管

### 一、病历和病历书写的概念

病历,是指医务人员在医疗活动过程中形成的文字、符号、图表、影像、切片等资料的总和,包括门(急)诊病历和住院病历。

病历书写,是指医务人员通过问诊、查体、辅助检查、诊断、治疗、护理等医疗活动获得有关资料,并进行归纳、分析、整理形成医疗活动记录的行为。

### 二、病历书写的要求

根据 2010 年 1 月 22 日卫生部印发的《病历书写基本规范》,病历书写总的要求是客观、真实、准确、及时、完整和规范。病历书写应当使用中文,通用的外文缩写和无正式中文译名的症状、体征、疾病名称等可以使用外文。病历书写还应当规范使用医学术语,文字工整,字迹清晰,表述准确,语句通顺,标点正确。

病历书写过程中出现错字时,应当用双线划在错字上,保留原记录清楚、可辨,并注明修改时间,修改人签名。不得采用刮、粘、涂等方法掩盖或去除原来的字迹。上级医务人员有审查修改下级医务人员书写的病历的责任。

实习医务人员、试用期医务人员书写的病历,应当经过本医疗机构注册的医务人员审阅、修改并签名。进修医务人员由医疗机构根据其胜任本专业工作实际情况认定后书写病历。病历书写一律使用阿拉伯数字书写日期和时间,采用 24 小时制记录。

对需要取得患者书面同意方可进行的医疗活动,应当由患者本人签署知情同意书。患者不具备完全民事行为能力时,应当由其法定代理人签字;患者因病无法签字时,应当由其授权的人员签字;为抢救患者,在法定代理人或被授权人无法及时签字的情况下,可由医疗机构负责人或者授权的负责人签字。因实施保护性医疗措施不宜向患者说明情况的,应当将有关情况告知患者近亲属,由患者近亲属签署知情同意书,并及时记录。患者无近亲属的或者患者近亲属无法签署同意书的,由患者的法定代理人或者关系人签署同意书。

### 三、门(急)诊病历书写的内容

门(急)诊病历内容包括门(急)诊病历首页(门诊手册封面)、病历记录、化验单(检验报告)、医学影像检查资料等。门(急)诊病历首页内容应当包括患者姓名、性别、出生年月日、民族、婚姻状况、职业、工作单位、住址、药物过敏史等项目。门诊手册封面内容应当包括患者姓名、性别、年龄、工作单位或住址、药物过敏史等项目。

门(急)诊病历记录分为初诊病历记录和复诊病历记录。初诊病历记录书写内容应当包括就诊时间、科别、主诉、现病史、既往史,阳性体征、必要的阴性体征和辅助检查结果,诊断及治疗意见和医师签名等。复诊病历记录书写内容应当包括就诊时间、科别、主诉、病史、必要的体格检查和辅助检查结果、诊断、治疗处理意见和医师签名等。急诊病历书写就诊时间应当具体到分钟。

门(急)诊病历记录应当由接诊医师在患者就诊时及时完成。急诊留观记录是急诊患者因病情需要留院观察期间的记录,重点记录观察期间病情变化和诊疗措施,记录简明扼要,并注明患者去向。抢救危重患者时,应当书写抢救记录。门(急)诊抢救记录书写内容及要求按照住院病历抢救记录书写内容及要求执行。

### 四、住院病历书写的内容

住院病历内容包括住院病案首页、入院记录、病程记录、手术同意书、麻醉同意书、输血治疗知情同意书、特殊检查(特殊治疗)同意书、病危(重)通知书、医嘱单、辅助检查报告单、体温单、医学影像检查资料、病理资料等。

#### (一) 入院记录

入院记录可分为入院记录、再次或多次入院记录、24 小时内入出院记录、24 小时内入院死亡记录。入院记录内容包括:①患者一般情况;②主诉;③现病史;④既往史;⑤个人史,婚育史,月经史,家族史;⑥体格检查;⑦专科情况;⑧辅助检查;⑨初步诊断等。再次或多次入院记录内容基本同入院记录。24 小时内入出院记录内容包括患者姓名、性别、年龄、职业、入院时间、出院时间、主诉、入院情况、入院诊断、诊疗经过、出院情况、出院诊断、出院医嘱等。24 小时内入院死亡记录内容包括患者姓名、性别、年龄、职业、入院时间、死亡时间、主诉、入院情况、入院诊断、诊疗经过(抢救经过)、死亡原因、死亡诊断,医师签名等。

#### (二) 病程记录

病程记录内容包括患者的病情变化情况、重要的辅助检查结果及临床意义、上级医师查房意见、会诊意见、医师分析讨论意见、所采取的诊疗措施及效果、医嘱更改及理由、向患者及其近亲属告知的重要事项等。具体包括:①首次病程记录;②日常病程记录;③上级医师查房记录;④疑难病例讨论记录;⑤交(接)班记录;⑥转科记录;⑦阶段小结;⑧抢救记录;⑨有创诊疗操作记录;⑩会诊记录(含会诊意见);⑪术前小结;⑫术前讨论记录;⑬麻醉术前访视记录;⑭麻醉记录;⑮手术记录;⑯手术安全核查记录;⑰手术清点记录;⑱术后首次病程记录;⑲麻醉术后访视记录;⑳出院记录;㉑死亡记录;㉒死亡病例讨论记录;㉓病重(病危)患者护理记录。

### (三) 手术同意书

手术同意书内容包括术前诊断、手术名称、术中或术后可能出现的并发症、手术风险、患者签署意见并签名、经治医师和术者签名等。

### (四) 麻醉同意书

麻醉同意书内容包括患者姓名、性别、年龄、病案号、科别、术前诊断、拟行手术方式、拟行麻醉方式,患者基础疾病及可能对麻醉产生影响的特殊情况,麻醉中拟行的有创操作和监测,麻醉风险、可能发生的并发症及意外情况,患者签署意见并签名、麻醉医师签名并填写日期。

### (五) 输血治疗知情同意书

输血治疗知情同意书内容包括患者姓名、性别、年龄、科别、病案号、诊断、输血指征、拟输血成分、输血前有关检查结果、输血风险及可能产生的不良后果、患者签署意见并签名、医师签名并填写日期。

### (六) 特殊检查、特殊治疗同意书

特殊检查、特殊治疗同意书内容包括特殊检查、特殊治疗项目名称、目的、可能出现的并发症及风险、患者签名、医师签名等。

### (七) 病危(重)通知书

病危(重)通知书内容包括患者姓名、性别、年龄、科别,目前诊断及病情危重情况,患方签名、医师签名并填写日期。一式两份,一份交患方保存,另一份归病历中保存。

### (八) 医嘱单

医嘱分为长期医嘱单和临时医嘱单。长期医嘱单内容包括患者姓名、科别、住院病历号(或病案号)、页码、起始日期和时间、长期医嘱内容、停止日期和时间、医师签名、执行时间、执行护士签名。临时医嘱单内容包括医嘱时间、临时医嘱内容、医师签名、执行时间、执行护士签名等。一般情况下,医师不得下达口头医嘱。因抢救急危患者需要下达口头医嘱时,护士应当复诵一遍。抢救结束后,医师应当即刻据实补记医嘱。

### (九) 辅助检查报告单

辅助检查报告单内容包括患者姓名、性别、年龄、住院病历号(或病案号)、检查项目、检查结果、报告日期、报告人员签名或者印章等。

### (十) 体温单

体温单内容包括患者姓名、科室、床号、入院日期、住院病历号(或病案号)、日期、手术后天数、体温、脉搏、呼吸、血压、大便次数、出入液量、体重、住院周数等。

## 五、打印病历的内容及要求

打印病历,是指应用字处理软件编辑生成并打印的病历。打印病历应当按照规定的内容录入并及时打印,由相应医务人员手写签名。医疗机构打印病历应当统一纸张、字体、字号及排版格式。打印字迹应清楚易认,符合病历保存期限和复印的要求。打印病历编辑过程中应当按照权限要求进行修改,已完成录入打印并签名的病历不得修改。

## 六、病历管理

根据 2013 年 11 月 20 日国家卫生计生委印发的《医疗机构病历管理规定》,医疗机构应当建立健全病历管理制度,设置病案管理部门或者配备专(兼)职人员,负责病历和病案管理工作。门(急)

诊病历原则上由患者负责保管。医疗机构建有门(急)诊病历档案室或者已建立门(急)诊电子病历的,经患者或者其法定代理人同意,其门(急)诊病历可以由医疗机构负责保管。住院病历由医疗机构负责保管。医疗机构应当严格病历管理,任何人不得随意涂改病历,严禁伪造、隐匿、销毁、抢夺、窃取病历。

《医疗机构管理条例实施细则》规定,医疗机构的门诊病历的保存期不得少于 15 年,住院病历的保存期不得少于 30 年。

## 第七节 | 医疗机构药事管理

### 一、医疗机构药事管理的概念

医疗机构药事管理,是指医疗机构以病人为中心,以临床药学为基础,对临床用药全过程进行有效的组织实施与管理,促进临床科学、合理用药的药学技术服务和相关的药品管理工作。

### 二、医疗机构药事管理组织及其职责

根据 2011 年 1 月 30 日卫生部印发的《医疗机构药事管理规定》,二级以上医院设立药事管理与药物治疗学委员会,其他医疗机构成立药事管理与药物治疗学组。其主要职责是:①贯彻执行医疗卫生及药事管理等有关法律、法规、规章。审核制定本机构药事管理和药学工作规章制度,并监督实施;②制定本机构药品处方集和基本用药供应目录;③推动药物治疗相关临床诊疗指南和药物临床应用指导原则的制定与实施,监测、评估本机构药物使用情况,提出干预和改进措施,指导临床合理用药;④分析、评估用药风险和药品不良反应、药品损害事件,并提供咨询与指导;⑤建立药品遴选制度,审核本机构临床科室申请的新购入药品、调整药品品种或者供应企业和申报医院制剂等事宜;⑥监督、指导麻醉药品、精神药品、医疗用毒性药品及放射性药品的临床使用与规范化管理;⑦对医务人员进行有关药事管理法律法规、规章制度和合理用药知识教育培训,向公众宣传安全用药知识。

### 三、药物临床应用管理

药物临床应用管理涉及医疗机构临床诊断、预防和治疗疾病用药的全过程。具体内容包括:①依据国家基本药物制度,抗菌药物临床应用指导原则和中成药临床应用指导原则,制定本医疗机构的基本药物临床应用管理办法,建立并落实抗菌药物临床应用分级管理制度;②建立由医师、临床药师和护士组成的临床治疗团队,开展临床合理用药工作;③遵循有关药物临床应用指导原则、临床路径、临床诊疗指南和药品说明书等合理使用药物,对医师处方、用药医嘱的适宜性进行审核;④配备临床药师;⑤建立临床用药监测、评价和超常预警制度,对药物临床使用安全性、有效性和经济性进行监测、分析、评估,实施处方和用药医嘱点评与干预;⑥建立药品不良反应、用药错误和药品损害事件监测报告制度;⑦结合临床和药物治疗,开展临床药学和药学研究工作,并提供必要的工作条件,制订相应管理制度,加强领导与管理。

### 四、药剂管理

临床使用的药品由药学部门统一采购供应。经药事管理与药物治疗学委员会(组)审核同意,核医学科可以购用、调剂本专业所需的放射性药品。

化学药品、生物制品、中成药和中药饮片应当分别储存,分类定位存放。易燃、易爆、强腐蚀性等危险性药品应当另设仓库单独储存,并设置必要的安全设施。麻醉药品、精神药品、医疗用毒性药品、放射性药品等特殊管理的药品,应当按照有关法律、法规、规章的相关规定进行管理和监督使用。

医疗机构门(急)诊药品调剂室应实行大窗口或者柜台式发药。住院(病房)药品调剂室对注射

剂按日剂量配发,对口服制剂药品实行单剂量调剂配发。肠外营养液、危害药品静脉用药应当实行集中调配供应。

### 五、医疗机构药师工作职责

医疗机构药师工作职责是:①负责药品采购供应、处方或者用药医嘱审核、药品调剂、静脉用药集中调配和医院制剂配制,指导病房(区)护士请领、使用与药品管理;②参与临床药物治疗,进行个体化药物治疗方案的设计与实施,开展药学查房,为患者提供药学专业技术服务;③参加查房、会诊、病例讨论和疑难、危重患者的医疗救治,协同医师做好药物使用遴选,对临床药物治疗提出意见或调整建议,与医师共同对药物治疗负责;④开展抗菌药物临床应用监测,实施处方点评与超常预警,促进药物合理使用;⑤开展药品质量监测,药品严重不良反应和药品损害的收集、整理、报告等工作;⑥掌握与临床用药相关的药物信息,提供用药信息与药学咨询服务,向公众宣传合理用药知识;⑦结合临床药物治疗实践,进行药学临床应用研究,开展药物利用评价和药物临床应用研究,参与新药临床试验和新药上市后安全性与有效性监测;⑧其他与医院药学相关的专业技术工作。

## 第八节 ｜ 抗菌药物临床应用

### 一、抗菌药物的概念

抗菌药物,是指治疗细菌、支原体、衣原体、立克次体、螺旋体、真菌等病原微生物所致感染性疾病病原的药物,不包括治疗结核病、寄生虫病和各种病毒所致感染性疾病的药物以及具有抗菌作用的中药制剂。

为加强医疗机构抗菌药物临床应用管理,规范抗菌药物临床应用行为,提高抗菌药物临床应用水平,促进临床合理应用抗菌药物,控制细菌耐药,保障医疗质量和医疗安全,2012年4月卫生部发布了《抗菌药物临床应用管理办法》。抗菌药物临床应用应当遵循安全、有效、经济的原则。

### 二、抗菌药物临床应用的分级管理

抗菌药物临床应用实行分级管理。根据安全性、疗效、细菌耐药性、价格等因素,将抗菌药物分为三级:非限制使用级、限制使用级与特殊使用级。具体划分标准如下。

1. **非限制使用级抗菌药物**　是指经长期临床应用证明安全、有效,对细菌耐药性影响较小,价格相对较低的抗菌药物。

2. **限制使用级抗菌药物**　是指经长期临床应用证明安全、有效,对细菌耐药性影响较大,或者价格相对较高的抗菌药物。

3. **特殊使用级抗菌药物**　是指具有以下情形之一的抗菌药物:①具有明显或者严重不良反应,不宜随意使用的抗菌药物;②需要严格控制使用,避免细菌过快产生耐药的抗菌药物;③疗效、安全性方面的临床资料较少的抗菌药物;④价格昂贵的抗菌药物。

### 三、组织机构和职责

#### (一) 抗菌药物管理工作机构

医疗机构应当设立抗菌药物管理工作机构或者配备专(兼)职人员负责本机构的抗菌药物管理工作。二级以上的医院、妇幼保健院及专科疾病防治机构应当在药事管理与药物治疗学委员会下设立抗菌药物管理工作组。抗菌药物管理工作组由医务、药学、感染性疾病、临床微生物、护理、医院感染管理等部门负责人和具有相关专业高级技术职务任职资格的人员组成,医务、药学等部门共同负责日常管理工作。其他医疗机构设立抗菌药物管理工作小组或者指定专(兼)职人员,负责具体管理工作。

### （二）抗菌药物管理工作机构职责

医疗机构抗菌药物管理工作机构或者专（兼）职人员的主要职责是：①贯彻执行抗菌药物管理相关的法律、法规、规章，制定本机构抗菌药物管理制度并组织实施；②审议本机构抗菌药物供应目录，制定抗菌药物临床应用相关技术性文件，并组织实施；③对本机构抗菌药物临床应用与细菌耐药情况进行监测，定期分析、评估、上报监测数据并发布相关信息，提出干预和改进措施；④对医务人员进行抗菌药物管理相关法律、法规、规章制度和技术规范培训，组织对患者合理使用抗菌药物的宣传教育。

## 四、抗菌药物临床应用管理

### （一）医疗机构抗菌药物遴选和定期评估制度

医疗机构应当建立抗菌药物遴选和定期评估制度。

**1. 抗菌药物遴选申请**　医疗机构遴选和新引进抗菌药物品种，应当由临床科室提交申请报告，经药学部门提出意见后，由抗菌药物管理工作组审议。

**2. 抗菌药物遴选申请审核**　抗菌药物遴选申请经抗菌药物管理工作组三分之二以上成员审议同意，并经药事管理与药物治疗学委员会三分之二以上委员审核同意后方可列入采购供应目录。

**3. 抗菌药物品种的清退或更换**　抗菌药物品种或者品规存在安全隐患、疗效不确定、耐药率高、性价比差或者违规使用等情况的，临床科室、药学部门、抗菌药物管理工作组可以提出清退或者更换意见。清退意见经抗菌药物管理工作组二分之一以上成员同意后执行，并报药事管理与药物治疗学委员会备案；更换意见经药事管理与药物治疗学委员会讨论通过后执行。清退或者更换的抗菌药物品种或者品规原则上 12 个月内不得重新进入本机构抗菌药物供应目录。

### （二）抗菌药物处方权的授予

《抗菌药物临床应用管理办法》规定，具有高级专业技术职务任职资格的医师，可授予特殊使用级抗菌药物处方权；具有中级以上专业技术职务任职资格的医师，可授予限制使用级抗菌药物处方权；具有初级专业技术职务任职资格的医师，在乡、民族乡、镇、村的医疗机构独立从事一般执业活动的执业助理医师以及乡村医生，可授予非限制使用级抗菌药物处方权。药师经培训并考核合格后，方可获得抗菌药物调剂资格。

二级以上医院应当定期对医师和药师进行抗菌药物临床应用知识和规范化管理的培训。医师经本机构培训并考核合格后，方可获得相应的处方权。

其他医疗机构依法享有处方权的医师、乡村医生和从事处方调剂工作的药师，由县级以上地方卫生行政部门组织相关培训、考核。经考核合格的，授予相应的抗菌药物处方权或者抗菌药物调剂资格。

### （三）抗菌药物预防感染指证的掌握

医疗机构和医务人员应当严格掌握使用抗菌药物预防感染的指证。预防感染、治疗轻度或者局部感染应当首选非限制使用级抗菌药物；严重感染、免疫功能低下合并感染或者病原菌只对限制使用级抗菌药物敏感时，方可选用限制使用级抗菌药物。

### （四）特殊使用级抗菌药物的使用

严格控制特殊使用级抗菌药物使用。特殊使用级抗菌药物不得在门诊使用。

临床应用特殊使用级抗菌药物应当严格掌握用药指证，经抗菌药物管理工作组指定的专业技术人员会诊同意后，由具有相应处方权医师开具处方。

特殊使用级抗菌药物会诊人员由具有抗菌药物临床应用经验的感染性疾病科、呼吸科、重症医学科、微生物检验科、药学部门等具有高级专业技术职务任职资格的医师、药师或具有高级专业技术职务任职资格的抗菌药物专业临床药师担任。

### （五）抗菌药物的越级使用

因抢救生命垂危的患者等紧急情况，医师可以越级使用抗菌药物。越级使用抗菌药物应当详细记录用药指证，并应当于 24 小时内补办越级使用抗菌药物的必要手续。

### （六）细菌耐药预警机制

医疗机构应当开展细菌耐药监测工作,建立细菌耐药预警机制,并采取下列相应措施:①主要目标细菌耐药率超过 30% 的抗菌药物,应当及时将预警信息通报本机构医务人员;②主要目标细菌耐药率超过 40% 的抗菌药物,应当慎重经验用药;③主要目标细菌耐药率超过 50% 的抗菌药物,应当参照药敏试验结果选用;④主要目标细菌耐药率超过 75% 的抗菌药物,应当暂停针对此目标细菌的临床应用,根据追踪细菌耐药监测结果,再决定是否恢复临床应用。

### （七）抗菌药物临床应用异常情况的调查和处理

医疗机构应当对以下抗菌药物临床应用异常情况开展调查,并根据不同情况作出处理:①使用量异常增长的抗菌药物;②半年内使用量始终居于前列的抗菌药物;③经常超适应证、超剂量使用的抗菌药物;④企业违规销售的抗菌药物;⑤频繁发生严重不良事件的抗菌药物。

### （八）抗菌药物临床应用知识和规范化管理培训和考核

抗菌药物临床应用知识和规范化管理培训和考核内容应当包括:①《药品管理法》《医师法》《抗菌药物临床应用管理办法》《处方管理办法》《医疗机构药事管理规定》《抗菌药物临床应用指导原则》《国家基本药物处方集》《国家处方集》和《医院处方点评管理规范（试行）》等相关法律、法规、规章和规范性文件;②抗菌药物临床应用及管理制度;③常用抗菌药物的药理学特点与注意事项;④常见细菌的耐药趋势与控制方法;⑤抗菌药物不良反应的防治。

## 五、监督管理

### （一）抗菌药物处方、医嘱点评

医疗机构抗菌药物管理机构应当定期组织相关专业技术人员对抗菌药物处方、医嘱实施点评,并将点评结果作为医师定期考核、临床科室和医务人员绩效考核依据。

### （二）对抗菌药物超常处方医师的处理

医疗机构应当对出现抗菌药物超常处方 3 次以上且无正当理由的医师提出警告,限制其特殊使用级和限制使用级抗菌药物处方权。

### （三）取消医师抗菌药物处方权的情形

医师出现下列情形之一的,医疗机构应当取消其处方权:①抗菌药物考核不合格的;②限制处方权后,仍出现超常处方且无正当理由的;③未按照规定开具抗菌药物处方,造成严重后果的;④未按照规定使用抗菌药物,造成严重后果的;⑤开具抗菌药物处方牟取不正当利益的。医师处方权资格取消后,在 6 个月内不得恢复其处方权。

# 第九节 ｜ 法律责任

## 一、未取得《医疗机构执业许可证》擅自执业的法律责任

《医疗机构管理条例》规定,未取得医疗机构执业许可证擅自执业的,依照《基本医疗卫生与健康促进法》的规定予以处罚。《基本医疗卫生与健康促进法》规定,未取得医疗机构执业许可证擅自执业的,由县级以上人民政府卫生健康主管部门责令停止执业活动,没收违法所得和药品、医疗器械,并处违法所得 5 倍以上 20 倍以下的罚款,违法所得不足 1 万元的,按 1 万元计算。

诊所未经备案执业的,由县级以上人民政府卫生健康主管部门责令其改正,没收违法所得,并处 3 万元以下罚款;拒不改正的,责令其停止执业活动。

## 二、伪造、变造、买卖、出租、出借医疗机构执业许可证的法律责任

《医疗机构管理条例》规定,出卖、转让、出借《医疗机构执业许可证》的,依照《基本医疗卫生与

健康促进法》的规定予以处罚。《基本医疗卫生与健康促进法》规定,伪造、变造、买卖、出租、出借医疗机构执业许可证的,由县级以上人民政府卫生健康主管部门责令改正,没收违法所得,并处违法所得 5 倍以上 15 倍以下的罚款,违法所得不足 1 万元的,按 1 万元计算;情节严重的,吊销医疗机构执业许可证。

### 三、逾期不校验《医疗机构执业许可证》仍从事诊疗活动的法律责任

《医疗机构管理条例》规定,医疗机构逾期不校验《医疗机构执业许可证》仍从事诊疗活动的,由县级以上人民政府卫生行政部门责令其限期补办校验手续;拒不校验的,吊销其《医疗机构执业许可证》。

### 四、诊疗活动超出登记范围的法律责任

《医疗机构管理条例》规定,诊疗活动超出登记或者备案范围的,由县级以上人民政府卫生行政部门予以警告、责令其改正,没收违法所得,并可以根据情节处以 1 万元以上 10 万元以下的罚款;情节严重的,吊销其《医疗机构执业许可证》或者责令其停止执业活动。

### 五、使用非卫生技术人员从事医疗卫生技术工作的法律责任

《医疗机构管理条例》规定,使用非卫生技术人员从事医疗卫生技术工作的,由县级以上人民政府卫生行政部门责令其限期改正,并可以处以 1 万元以上 10 万元以下的罚款;情节严重的,吊销其《医疗机构执业许可证》或者责令其停止执业活动。

### 六、出具虚假证明文件的法律责任

《医疗机构管理条例》规定,出具虚假证明文件的,由县级以上人民政府卫生行政部门予以警告;对造成危害后果的,可以处以 1 万元以上 10 万元以下的罚款;对直接责任人员由所在单位或者上级机关给予行政处分。

### 七、违反《处方管理办法》的法律责任

《处方管理办法》规定,医疗机构有下列情形之一的,由县级以上卫生行政部门按照《医疗机构管理条例》的规定,责令限期改正,并可处以 5 000 元以下的罚款;情节严重的,吊销其《医疗机构执业许可证》:①使用未取得处方权的人员、被取消处方权的医师开具处方的;②使用未取得麻醉药品和第一类精神药品处方资格的医师开具麻醉药品和第一类精神药品处方的;③使用未取得药学专业技术职务任职资格的人员从事处方调剂工作的。

医疗机构未按照规定保管麻醉药品和精神药品处方,或者未依照规定进行专册登记的,按照《麻醉药品和精神药品管理条例》的规定,由设区的市级卫生行政部门责令限期改正,给予警告;逾期不改正的,处 5 000 元以上 1 万元以下的罚款;情节严重的,吊销其印鉴卡;对直接负责的主管人员和其他直接责任人员,依法给予降级、撤职、开除的处分。

### 八、违反《抗菌药物临床应用管理办法》的法律责任

医疗机构有下列情形之一的,由县级以上卫生行政部门责令限期改正;逾期不改的,进行通报批评,并给予警告;造成严重后果的,对负有责任的主管人员和其他直接责任人员,给予处分:①未建立抗菌药物管理组织机构或者未指定专(兼)职技术人员负责具体管理工作的;②未建立抗菌药物管理规章制度的;③抗菌药物临床应用管理混乱的;④未按照规定执行抗菌药物分级管理、医师抗菌药物处方权限管理、药师抗菌药物调剂资格管理或者未配备相关专业技术人员的;⑤其他违反《抗菌药物临床应用管理办法》规定行为的。

　　医疗机构有下列情形之一的,由县级以上卫生行政部门责令限期改正,给予警告,并可根据情节轻重处以 3 万元以下罚款;对负有责任的主管人员和其他直接责任人员,可根据情节给予处分:①使用未取得抗菌药物处方权的医师或者使用被取消抗菌药物处方权的医师开具抗菌药物处方的;②未对抗菌药物处方、医嘱实施适宜性审核,情节严重的;③非药学部门从事抗菌药物购销、调剂活动的;④将抗菌药物购销、临床应用情况与个人或者科室经济利益挂钩的;⑤在抗菌药物购销、临床应用中牟取不正当利益的。

**思考题**

1. 申请设置医疗机构应具备哪些条件?
2. 医疗机构执业登记应符合哪些条件?
3. 医疗机构执业规则有哪些规定?
4. 医疗机构应当公开哪些信息?
5. 处方的书写规则有哪些规定?
6. 病历书写的要求是什么?
7. 药物临床应用管理的内容是什么?

思考题解题思路　　　　本章目标测试

## 推荐阅读

　　1. 北京大学医学部.北京大学医院医疗管理制度(2019 版)[M].北京:北京大学医学出版社,2019.

　　2. 童云洪,张宝珠,刘炫麟.新形势下医疗法律难点指引[M].北京:法律出版社,2023.

　　3. 卢意光.医疗合规典型案例解析[M].北京:中国法制出版社,2021.

（汪建荣　刘炫麟）

# 第十九章 卫生技术人员法律制度

卫生技术人员是深化医疗卫生体制改革,维护人民群众健康利益的重要力量。卫生技术人员法律制度包括医师、乡村医生、护士等管理制度。加强对卫生技术人员的法治管理,有利于卫生技术人员依法执业,建立和谐医患关系,更好地满足人民群众医疗服务需求,推进健康中国建设。

## 第一节 概 述

### 一、卫生技术人员的概念

卫生技术人员,是指受过高等或者中等医药卫生教育或培训,掌握医药卫生知识,经卫生健康主管部门考试或考核并进行执业登记注册,取得执业权利,在医疗卫生机构中从事医疗、预防、保健、药剂、护理或其他专业工作的技术人员。

医疗卫生人员,是指从事临床医疗、公共卫生等专业技术工作的中医(含民族医)、西医、中西结合医、公共卫生等专业技术人员。

药剂人员,是指从事药剂、药检,提供药物知识及药事服务的专业人员,包括中药和西药专业技术人员。

护理人员,是指在医院、基层医疗卫生机构和专业公共卫生机构中担任各种护理工作的技术人员。

其他卫生技术人员,是指从事检验、理疗、病理、口腔、同位素、放射、营养等技术操作、器械维修以及生物制品研制等专业技术工作的卫生技术人员。

### 二、卫生技术人员管理立法

中华人民共和国成立后,人民政府十分重视对卫生技术人员的管理。1951年颁布了《医师暂行条例》《中医师暂行条例》等。党的十一届三中全会以后,原卫生部制定发布了一系列规范性文件,使卫生技术人员管理逐步法治化,包括《卫生技术人员职称及晋升条例(试行)》《卫生技术人员职务试行条例》《医院工作人员职责》《医师、中医师个体开业暂行管理办法》《外国医师来华短期行医暂行管理办法》等。

为了保障医师合法权益,规范医师执业行为,加强医师队伍建设,保护人民健康,推进健康中国建设,1998年6月26日第九届全国人民代表大会常务委员会第三次会议通过了《执业医师法》,自1999年5月1日起施行。2009年8月27日,第十一届全国人民代表大会常务委员会第十次会议对《执业医师法》进行了修正。为具体实施《执业医师法》,原卫生部、原国家卫生计生委先后制定了《具有医学专业技术职务任职资格人员认定医师资格及执业注册办法》《医师资格考试暂行办法》《医师执业注册管理办法》《医师资格考试违纪违规处理规定》《传统医学师承和确有专长人员医师资格考核考试办法》《中医医术确有专长人员医师资格考核注册管理暂行办法》《医师外出会诊管理暂行规定》《医师定期考核管理办法》《全国医院工作制度与人员岗位职责》。

2021年8月20日,第十三届全国人民代表大会常务委员会第三十次会议审议通过了《医师法》,自2022年3月1日起施行。该法对《执业医师法》进行了全面修订,《执业医师法》同时废止。

国务院先后发布了《护士条例》《乡村医生从业管理条例》,原卫生部制定了《乡村医生考核办法》《护士执业资格考试办法》《护士执业注册管理办法》。

## 第二节 | 医　师

### 一、医师的概念

医师,是指依法取得医师资格,经注册在医疗卫生机构中执业的专业医务人员,包括执业医师和执业助理医师。执业医师,是指依法取得执业医师资格并经注册,在医疗卫生机构中,按照其注册的执业类别和范围,独立从事相应医疗工作的人员。执业助理医师,是指依法取得执业助理医师资格并经注册,在医疗卫生机构中执业医师的指导下,按照其注册的执业类别和范围执业的人员。

医师应当坚持人民至上、生命至上,发扬人道主义精神,弘扬敬佑生命、救死扶伤、甘于奉献、大爱无疆的崇高职业精神,恪守职业道德,遵守执业规范,提高执业水平,履行防病治病、保护人民健康的神圣职责。

《医师法》规定,每年8月19日为中国医师节。全社会应当尊重医师。各级人民政府应当关心爱护医师,弘扬先进事迹,加强业务培训,支持开拓创新,帮助解决困难,推动在全社会广泛形成尊医重卫的良好氛围。医师依法执业,受法律保护。医师的人格尊严、人身安全不受侵犯。

### 二、医师资格考试

《医师法》规定,国家实行医师资格考试制度。医师资格考试分为执业医师考试和执业助理医师考试。医师资格考试类别分为临床、中医、口腔、公共卫生四类。考试方式分为实践技能考试和医学综合笔试。医师资格考试成绩合格,取得执业医师资格或者执业助理医师资格,发给医师资格证书。

#### (一)参加执业医师资格考试的条件

《医师法》规定,具有下列条件之一的,可以参加执业医师资格考试:①具有高等学校相关医学专业本科以上学历,在执业医师指导下,在医疗卫生机构中参加医学专业工作实践满1年;②具有高等学校相关医学专业专科学历,取得执业助理医师执业证书后,在医疗卫生机构中执业满2年。

#### (二)参加执业助理医师资格考试的条件

《医师法》规定,具有高等学校相关医学专业专科以上学历,在医疗卫生机构中参加医学专业工作实践满1年的,可以参加执业助理医师资格考试。

#### (三)以师承方式学习中医或经多年实践确有专长者的特别规定

《医师法》规定,以师承方式学习中医满三年,或者经多年实践医术确有专长的,经县级以上人民政府卫生健康主管部门委托的中医药专业组织或者医疗卫生机构考核合格并推荐,可以参加中医医师资格考试。以师承方式学习中医或者经多年实践,医术确有专长的,由至少2名中医医师推荐,经省级人民政府中医药主管部门组织实践技能和效果考核合格后,即可取得中医医师资格及相应的资格证书。

### 三、医师执业注册

《医师法》规定,国家实行医师执业注册制度。取得医师资格的,可以向所在地县级以上地方人民政府卫生健康主管部门申请注册。医疗卫生机构可以为本机构中的申请人集体办理注册手续。

2017年2月28日,国家卫生计生委发布的《医师执业注册管理办法》规定,医师执业应当经注册取得《医师执业证书》。未经注册取得《医师执业证书》者,不得从事医师执业活动。国家建立医师管理信息系统,实行医师电子注册管理。国家卫生健康主管部门负责全国医师执业注册监督管理工作。县级以上地方卫生健康主管部门是医师执业注册的主管部门,负责本行政区域内的医师执业注册监督管理工作。

### (一)医师执业注册程序

1. **注册申请** 《医师执业注册管理办法》规定,拟在医疗、保健机构中执业的人员,应当向批准该机构执业的卫生健康主管部门申请注册;拟在预防机构中执业的人员,应当向该机构的同级卫生健康主管部门申请注册。

在同一执业地点多个机构执业的医师,应当确定一个机构作为其主要执业机构,并向批准该机构执业的卫生健康主管部门申请注册;对于拟执业的其他机构,应当向批准该机构执业的卫生健康主管部门分别申请备案,注明所在执业机构的名称。《医师法》规定国家鼓励医师定期定点到县级以下医疗卫生机构,包括乡镇卫生院、村卫生室、社区卫生服务中心等,提供医疗卫生服务,主执业机构应当支持并提供便利。同时,卫生健康主管部门、医疗卫生机构应当加强对有关医师的监督管理,规范其执业行为,保证医疗卫生服务质量。

执业助理医师取得执业医师资格后,继续在医疗、预防、保健机构中执业的,应当按规定,申请执业医师注册。医师跨执业地点增加执业机构,应当向批准该机构执业的卫生健康主管部门申请增加注册。执业助理医师只能注册一个执业地点。

2. **申请注册提交的材料** 申请医师执业注册,应当提交下列材料:①医师执业注册申请审核表;②近6个月2寸白底免冠正面半身照片;③医疗、预防、保健机构的聘用证明;④省级以上卫生健康主管部门规定的其他材料。

获得医师资格后2年内未注册者、中止医师执业活动2年以上或者规定不予注册的情形消失的医师申请注册时,还应当提交在省级以上卫生健康主管部门指定的机构接受连续6个月以上的培训,并经考核合格的证明。

3. **注册审批** 注册主管部门应当自收到注册申请之日起20个工作日内,对申请人提交的申请材料进行审核。审核合格的,予以注册并发放《医师执业证书》。

《医师执业证书》应当由本人妥善保管,不得出借、出租、抵押、转让、涂改和毁损。如发生损坏或者遗失的,当事人应当及时向原发证部门申请补发。

执业医师个体行医,须经注册后在医疗卫生机构中执业满5年;但是以师承方式学习中医或者经多年实践,医术确有专长的,由至少2名中医医师推荐,经省级人民政府中医药主管部门组织实践技能和效果考核合格后,取得中医医师资格的人员,按照考核内容进行执业注册后,即可在注册的执业范围内个体行医。

4. **备案** 医师个体行医应当依法办理审批或备案手续。医师注册后有下列情况之一的,其所在的医疗、预防、保健机构应当自办理相关手续之日起30日内报注册主管部门,办理备案:①调离、退休、退职;②被辞退、开除;③省级以上卫生健康主管部门规定的其他情形。

### (二)注册内容

医师执业注册内容包括:执业地点、执业类别、执业范围。执业地点,是指执业医师执业的医疗、预防、保健机构所在地的省级行政区划和执业助理医师执业的医疗、预防、保健机构所在地的县级行政区划。执业类别,是指临床、中医(包括中医、民族医和中西医结合)、口腔、公共卫生。执业范围,是指医师在医疗、预防、保健活动中从事的与其执业能力相适应的专业。医师取得《医师执业证书》后,应当按照注册的执业地点、执业类别、执业范围,从事相应的医疗、预防、保健活动。

### (三)不予注册

《医师执业注册管理办法》规定,有下列情形之一的,不予注册:①不具有完全民事行为能力的;②因受刑事处罚,自刑罚执行完毕之日起至申请注册之日止不满2年的;③受吊销《医师执业证书》行政处罚,自处罚决定之日起至申请注册之日止不满2年的;④甲类、乙类传染病传染期、精神疾病发病期以及身体残疾等健康状况不适宜或者不能胜任医疗、预防、保健业务工作的;⑤重新申请注册,经考核不合格的;⑥在医师资格考试中参与有组织作弊的;⑦被查实曾使用伪造医师资格或者冒名使用他人医师资格进行注册的;⑧国务院卫生健康主管部门规定不宜从事医疗、预防、保健业务的其他情形的。

对不符合注册条件不予注册的,注册主管部门应当自收到注册申请之日起 20 个工作日内书面通知聘用单位和申请人,并说明理由。申请人如有异议的,可以依法申请行政复议或者向人民法院提起行政诉讼。

### (四)注销注册

医师注册后有下列情形之一的,医师个人或者其所在的医疗、预防、保健机构,应当自知道或者应当知道之日起 30 日内报告注册主管部门,办理注销注册:①死亡或者被宣告失踪的;②受刑事处罚的;③受吊销医师执业证书行政处罚的;④医师定期考核不合格,并经培训后再次考核仍不合格的;⑤连续两个考核周期未参加医师定期考核的;⑥中止医师执业活动满 2 年的;⑦身体健康状况不适宜继续执业的;⑧出借、出租、抵押、转让、涂改《医师执业证书》的;⑨在医师资格考试中参与有组织作弊的;⑩本人主动申请的;⑪国家卫生健康主管部门规定不宜从事医疗、预防、保健业务的其他情形的。

县级以上地方人民政府卫生健康主管部门对个体行医的医师,应当按照国家有关规定实施监督检查,发现有应当注销注册情形的,应当及时注销注册,废止医师执业证书。

### (五)变更注册

医师变更执业地点、执业类别、执业范围等注册事项的,应当通过国家医师管理信息系统提交医师变更执业注册申请及省级以上卫生行政部门规定的其他材料。医师从事下列活动的,可以不办理相关变更注册手续:①参加规范化培训、进修、对口支援、会诊、突发事件医疗救援、慈善或者其他公益性医疗、义诊;②承担国家任务或者参加政府组织的重要活动等;③在医疗联合体内的医疗机构中执业。

### (六)重新注册

《医师法》规定,中止医师执业活动 2 年以上或者不予注册的情形消失,申请重新执业的,应当由县级以上人民政府卫生健康主管部门或者其委托的医疗卫生机构、行业组织考核合格,按照规定重新注册。《医师执业注册管理办法》规定,医师变更主要执业机构的,应当按规定重新办理注册。

## 四、医师执业

### (一)医师执业享有的权利

《医师法》规定,医师在执业活动中享有下列权利:①在注册的执业范围内,按照有关规范进行医学诊查、疾病调查、医学处置、出具相应的医学证明文件,选择合理的医疗、预防、保健方案;②获取劳动报酬,享受国家规定的福利待遇,按照规定参加社会保险并享受相应待遇;③获得符合国家规定标准的执业基本条件和职业防护装备;④从事医学教育、研究、学术交流;⑤参加专业培训,接受继续医学教育;⑥对所在医疗卫生机构和卫生健康主管部门的工作提出意见和建议,依法参与所在机构的民主管理;⑦法律、法规规定的其他权利。

### (二)医师执业履行的义务

《医师法》规定,医师在执业活动中应当履行下列义务:①树立敬业精神,恪守职业道德,履行医师职责,尽职尽责救治患者,执行疫情防控等公共卫生措施;②遵循临床诊疗指南,遵守临床技术操作规范和医学伦理规范等;③尊重、关心、爱护患者,依法保护患者隐私和个人信息;④努力钻研业务,更新知识,提高医学专业技术能力和水平,提升医疗卫生服务质量;⑤宣传推广与岗位相适应的健康科普知识,对患者及公众进行健康教育和健康指导;⑥法律、法规规定的其他义务。

### (三)医师执业规则

**1. 亲自诊查和按照规定填写医学文书**　《医师法》规定,医师实施医疗、预防、保健措施,签署有关医学证明文件,必须亲自诊查、调查,并按照规定及时填写病历等医学文书,不得隐匿、伪造、篡改或者擅自销毁病历等医学文书及有关资料。医师不得出具虚假医学证明文件及与自己执业范围无关或者执业类别不相符的医学证明文件。

2. **急危患者诊治** 《医师法》规定,对需要紧急救治的患者,医师应当采取紧急措施进行诊治,不得拒绝急救处置。因抢救生命垂危的患者等紧急情况,不能取得患者或者其近亲属意见的,经医疗机构负责人或者授权的负责人批准,可以立即实施相应的医疗措施。国家鼓励医师积极参与公共交通工具等公共场所急救服务;医师因自愿实施急救造成受助人损害的,不承担民事责任。

3. **合理用药** 规范使用药品和医疗器械。医师应当坚持安全有效、经济合理的用药原则,遵循药品临床应用指导原则、临床诊疗指南和药品说明书等合理用药。在尚无有效或者更好治疗手段等特殊情况下,医师取得患者明确知情同意后,可以采用药品说明书中未明确但具有循证医学证据的药品用法实施治疗。《医师法》规定,医师应当使用经依法批准或者备案的药品、消毒药剂、医疗器械,采用合法、合规、科学的诊疗方法。除按照规范用于诊断治疗外,不得使用麻醉药品、医疗用毒性药品、精神药品、放射性药品等。

4. **告知说明** 《医师法》规定,医师在诊疗活动中应当向患者说明病情、医疗措施和其他需要告知的事项。需要实施手术、特殊检查、特殊治疗的,医师应当及时向患者具体说明医疗风险、替代医疗方案等情况,并取得其明确同意;不能或者不宜向患者说明的,应当向患者的近亲属说明,并取得其明确同意。

5. **临床试验** 医师开展药物、医疗器械临床试验和其他医学临床研究应当符合国家有关规定,遵守医学伦理规范,依法通过伦理审查,取得书面知情同意。

6. **互联网医疗服务** 执业医师按照国家有关规定,经所在医疗卫生机构同意,可以通过互联网等信息技术提供部分常见病、慢性病复诊等适宜的医疗卫生服务。国家支持医疗卫生机构之间利用互联网等信息技术开展远程医疗合作。

7. **禁止牟取不正当利益** 《医师法》规定,医师不得利用职务之便,索要、非法收受患者财物或者牟取其他不正当利益;不得对患者实施不必要的检查、治疗。

8. **服从调遣** 《医师法》规定,遇有自然灾害、事故灾难、公共卫生事件和社会安全事件等严重威胁人民生命健康的突发事件时,医师应当服从县级以上人民政府卫生健康主管部门的调遣,参与卫生应急处置和医疗救治工作。

9. **报告** 《医师法》规定,医师应当按照有关规定及时向所在医疗卫生机构或者有关部门、机构报告:①发现传染病、突发不明原因疾病或者异常健康事件;②发生或者发现医疗事故;③发现可能与药品、医疗器械有关的不良反应或者不良事件;④发现假药或者劣药;⑤发现患者涉嫌伤害事件或者非正常死亡;⑥法律、法规规定的其他情形。

### (四)执业助理医师的特别规定

执业助理医师应当在执业医师的指导下,在医疗卫生机构中按照注册的执业类别、执业范围执业。在乡、民族乡、镇和村医疗卫生机构以及艰苦边远地区县级医疗卫生机构中执业的执业助理医师,可以根据医疗卫生服务情况和本人实践经验,独立从事一般的执业活动。

### (五)参加临床实践的医学生和医学毕业生的特别规定

参加临床教学实践的医学生和尚未取得医师执业证书、在医疗卫生机构中参加医学专业工作实践的医学毕业生,应当在执业医师监督、指导下参与临床诊疗活动。医疗卫生机构应当为有关医学生、医学毕业生参与临床诊疗活动提供必要的条件。

### (六)中西医药技术方法采用

《医师法》规定,经考试取得医师资格的中医医师按照国家有关规定,经培训和考核合格,在执业活动中可以采用与其专业相关的西医药技术方法。西医医师按照国家有关规定,经培训和考核合格,在执业活动中可以采用与其专业相关的中医药技术方法。

### 五、培训与考核

#### （一）培训

**1. 医师培养规划**　《医师法》规定,国家制定医师培养规划,建立适应行业特点和社会需求的医师培养和供需平衡机制,统筹各类医学人才需求,加强全科、儿科、精神科、老年医学等紧缺专业人才培养。

国家采取措施,加强医教协同,完善医学院校教育、毕业后教育和继续教育体系。国家通过多种途径,加强以全科医生为重点的基层医疗卫生人才培养和配备。国家采取措施,完善中医西医相互学习的教育制度,培养高层次中西医结合人才和能够提供中西医结合服务的全科医生。

**2. 住院医师规范化培训**　国家建立健全住院医师规范化培训制度,健全临床带教激励机制,保障住院医师培训期间待遇,严格培训过程管理和结业考核。国家建立健全专科医师规范化培训制度,不断提高临床医师专科诊疗水平。

**3. 继续医学教育**　县级以上人民政府卫生健康主管部门和其他有关部门应当制定医师培训计划,采取多种形式对医师进行分级分类培训,为医师接受继续医学教育提供条件。县级以上人民政府应当采取有力措施,优先保障基层、欠发达地区和民族地区的医疗卫生人员接受继续医学教育。

医疗卫生机构应当合理调配人力资源,按照规定和计划保证本机构医师接受继续医学教育。县级以上人民政府卫生健康主管部门应当有计划地组织协调县级以上医疗卫生机构对乡镇卫生院、村卫生室、社区卫生服务中心等基层医疗卫生机构中的医疗卫生人员开展培训,提高其医学专业技术能力和水平。有关行业组织应当为医师接受继续医学教育提供服务和创造条件,加强继续医学教育的组织、管理。

**4. 定向培养、委托培训**　国家在每年的医学专业招生计划和教育培训计划中,核定一定比例用于定向培养、委托培训,加强基层和艰苦边远地区医师队伍建设。有关部门、医疗卫生机构与接受定向培养、委托培训的人员签订协议,约定相关待遇、服务年限、违约责任等事项,有关人员应当履行协议约定的义务。县级以上人民政府有关部门应当采取措施,加强履约管理。协议各方违反约定的,应当承担违约责任。

#### （二）考核

《医师法》规定,国家实行医师定期考核制度。县级以上人民政府卫生健康主管部门或者其委托的医疗卫生机构、行业组织应当按照医师执业标准,对医师的业务水平、工作业绩和职业道德状况进行考核,考核周期为 3 年。对具有较长年限执业经历、无不良行为记录的医师,可以简化考核程序。受委托的机构或者组织应当将医师考核结果报准予注册的卫生健康主管部门备案。对考核不合格的医师,县级以上人民政府卫生健康主管部门应当责令其暂停执业活动 3 个月至 6 个月,并接受相关专业培训。暂停执业活动期满,再次进行考核,对考核合格的,允许其继续执业。

## 第三节 ｜ 乡村医生

### 一、乡村医生的概念

乡村医生,是指尚未取得执业医师资格或者执业助理医师资格,经注册在村医疗卫生机构从事预防、保健和一般医疗服务的医生。

2003 年 8 月 5 日国务院发布《乡村医生从业管理条例》,规定村医疗卫生机构中的执业医师或者执业助理医师,依照执业医师法的规定管理,不适用《乡村医生从业管理条例》。

国家鼓励乡村医生学习中医药基本知识,运用中医药技能防治疾病;鼓励乡村医生通过医学教育取得医学专业学历,鼓励符合条件的乡村医生申请参加国家医师资格考试;鼓励取得执业医师资格或者执业助理医师资格的人员,开办村医疗卫生机构,或者在村医疗卫生机构向村民提供预防、保健和医疗服务。

## 二、乡村医生执业注册

《乡村医生从业管理条例》规定,国家实行乡村医生执业注册制度。县级人民政府卫生行政主管部门负责乡村医生执业注册工作。乡村医生执业证书有效期为5年。有效期满需要继续执业的,应当在期满前3个月申请再注册。

1. **注册条件**　①已经取得中等以上医学专业学历的;②在村医疗卫生机构连续工作20年以上的;③按照省、自治区、直辖市人民政府卫生健康主管部门制定的培训规划,接受培训取得合格证书的。

2. **不予注册**　乡村医生有下列情形之一的,不予注册:①不具有完全民事行为能力的;②受刑事处罚,自刑罚执行完毕之日起至申请执业注册之日止不满2年的;③受吊销乡村医生执业证书行政处罚,自处罚决定之日起至申请执业注册之日止不满2年的。

3. **注销注册**　乡村医生有下列情形之一的,由原注册的卫生健康主管部门注销执业注册,收回乡村医生执业证书:①死亡或者被宣告失踪的;②受刑事处罚的;③中止执业活动满2年的;④考核不合格,逾期未提出再次考核申请或者经再次考核仍不合格的。

## 三、乡村医生执业规则

### (一) 乡村医生在执业活动中享有的权利

主要包括:①进行一般医学处置,出具相应的医学证明;②参与医学经验交流,参加专业学术团体;③参加业务培训和教育;④在执业活动中,人格尊严、人身安全不受侵犯;⑤获取报酬;⑥对当地的预防、保健、医疗工作和卫生行政主管部门的工作提出意见和建议。

### (二) 乡村医生在执业活动中履行的义务

主要包括:①遵守法律、法规、规章和诊疗护理技术规范、常规;②树立敬业精神,遵守职业道德,履行乡村医生职责,为村民健康服务;③关心、爱护、尊重患者,保护患者的隐私;④努力钻研业务,更新知识,提高专业技术水平;⑤向村民宣传卫生保健知识,对患者进行健康教育。

### (三) 执业规则

主要包括:①应当协助有关部门做好初级卫生保健服务工作。按照规定及时报告传染病疫情和中毒事件,如实填写并上报有关卫生统计报表,妥善保管有关资料。②在执业活动中,不得重复使用一次性医疗器械和卫生材料。对使用过的一次性医疗器械和卫生材料,应当按照规定处置。③应当如实向患者或者其家属介绍病情,对超出一般医疗服务范围或者限于医疗条件和技术水平不能诊治的患者,应当及时转诊。情况紧急不能转诊的,应当先行抢救并及时向有抢救条件的医疗卫生机构求助。④不得出具与执业范围无关或者与执业范围不相符的医学证明,不得进行实验性临床医疗活动。⑤乡村医生应当在乡村医生基本用药目录规定的范围内用药。

## 四、乡村医生执业培训与考核

### (一) 培训

省、自治区、直辖市人民政府组织制定乡村医生培训规划,保证乡村医生至少每2年接受一次培训。县级人民政府根据培训规划制定本地区乡村医生培训计划。对承担国家规定的预防、保健等公共卫生服务的乡村医生,其培训所需经费列入县级财政预算。对边远贫困地区、设区的市级以上地方人民政府应当给予适当经费支持。同时国家鼓励社会组织和个人支持乡村医生培训工作。

县级人民政府卫生健康主管部门根据乡村医生培训计划,负责组织乡村医生的培训工作。乡、镇人民政府以及村民委员会应当为乡村医生开展工作和学习提供条件,保证乡村医生接受培训和继续教育。乡村医生应当按照培训规划的要求至少每2年接受一次培训,更新医学知识,提高业务水平。

**(二)考核**

《乡村医生从业管理条例》规定,县级人民政府卫生健康主管部门每2年组织一次对乡村医生的考核。根据2008年卫生部《乡村医生考核办法》,考核应当坚持科学、公平、公正、公开原则。

**1. 考核内容**　乡村医生考核包括业务考评和职业道德评定两方面内容。业务考评主要包括:①工作任务完成情况;②业务水平;③学习培训情况;④省级卫生行政部门规定的其他内容。职业道德评定主要包括医德医风情况。考核委员会在评定过程中要充分听取所在村村民委员会、乡村医生和村民的意见。

**2. 考核方式**　主要包括:①个人述职;②日常工作和年度考核;③业务水平测试;④职业道德评议。

**3. 考核结果及应用**　考核结果分为合格和不合格。县级人民政府卫生健康主管部门应当将考核结果记入《乡村医生执业证书》中的"考核记录"栏。乡村医生在考核工作中有下列情形之一的,考核结果为不合格:①以不正当手段通过考核的;②无正当理由不参加考核的;③省级卫生健康主管部门规定的其他情形。

乡村医生经考核合格的,可以继续执业;经考核不合格的,在6个月之内可以申请进行再次考核。逾期未提出再次考核申请或者经再次考核仍不合格的乡村医生,原注册部门应当注销其执业注册,并收回乡村医生执业证书。

# 第四节 | 护 士

## 一、护士的概念

护士,是指经执业注册取得护士执业证书,依照规定从事护理活动,履行保护生命、减轻痛苦、增进健康职责的卫生技术人员。

2008年1月31日,国务院发布了《护士条例》,自2008年5月12日起施行。2020年3月27日,国务院对《护士条例》进行了修订。

《护士条例》规定,护士人格尊严、人身安全不受侵犯。护士依法履行职责,受法律保护。全社会应当尊重护士。国务院有关部门、县级以上地方人民政府及其有关部门以及乡(镇)人民政府应当采取措施,改善护士的工作条件,保障护士待遇,加强护士队伍建设,促进护理事业健康发展。国务院有关部门和县级以上地方人民政府应当采取措施,鼓励护士到农村、基层医疗卫生机构工作。

## 二、护士执业资格考试

护士执业资格考试是评价申请者是否具备执业所必需的护理专业知识与工作能力的考试。考试成绩合格者,可申请护士执业注册。

根据《护士执业资格考试办法》,具有护理、助产专业中专和大专学历的人员,参加护士执业资格考试并成绩合格,可取得护理初级(士)专业技术资格证书;护理初级(师)专业技术资格按照有关规定通过参加全国卫生专业技术资格考试取得。具有护理、助产专业本科以上学历的人员,参加护士执业资格考试并成绩合格,可以取得护理初级(士)专业技术资格证书;在达到《卫生技术人员职务试行条例》规定的护师专业技术职务任职资格年限后,可直接聘任护师专业技术职务。

**(一)考试原则和科目**

护士执业资格考试实行国家统一考试制度。统一考试大纲,统一命题,统一合格标准,遵循公平、公开、公正的原则。

护士执业资格考试包括专业实务和实践能力两个科目。一次考试通过两个科目为考试成绩合格。为加强对考生实践能力的考核,原则上采用"人机对话"考试方式进行。

### (二)考试申请

在中等职业学校、高等学校完成国务院教育主管部门和国务院卫生健康主管部门规定的普通全日制3年以上的护理、助产专业课程学习,包括在教学、综合医院完成8个月以上护理临床实习,并取得相应学历证书的,可以申请参加护士执业资格考试。

申请参加护士执业资格考试的人员,应当在公告规定的期限内报名,并提交以下材料:①护士执业资格考试报名申请表;②本人身份证明;③近6个月二寸免冠正面半身照片3张;④本人毕业证书;⑤报考所需的其他材料。

申请人为在校应届毕业生的,应当持有所在学校出具的应届毕业生毕业证明,到学校所在地的考点报名。学校可以为本校应届毕业生办理集体报名手续。申请人为非应届毕业生的,可以选择到人事档案所在地报名。

中国香港特别行政区、中国澳门特别行政区和中国台湾地区居民符合规定和《内地与香港关于建立更紧密经贸关系的安排》《内地与澳门关于建立更紧密经贸关系的安排》或者内地有关主管部门规定的,可以申请参加护士执业资格考试。

## 三、护士执业注册

### (一)注册条件

申请护士执业注册,应当具备下列条件:①具有完全民事行为能力;②在中等职业学校、高等学校完成国务院教育主管部门和国务院卫生健康主管部门规定的普通全日制3年以上的护理、助产专业课程学习,包括在教学、综合医院完成8个月以上护理临床实习,并取得相应学历证书;③通过国务院卫生健康主管部门组织的护士执业资格考试;④符合国务院卫生健康主管部门规定的健康标准。

### (二)健康标准

申请护士执业注册,应当符合下列健康标准:①无精神病史;②无色盲、色弱、双耳听力障碍;③无影响履行护理职责的疾病、残疾或者功能障碍。

### (三)提交材料

申请护士执业注册,应当提交下列材料:①护士执业注册申请审核表;②申请人身份证明;③申请人学历证书及专业学习中的临床实习证明;④护士执业资格考试成绩合格证明;⑤省、自治区、直辖市人民政府卫生行政部门指定的医疗机构出具的申请人6个月内健康体检证明;⑥医疗卫生机构拟聘用的相关材料。

### (四)注册申请

应当自通过护士执业资格考试之日起3年内提出;逾期提出申请的,除应当具备规定条件外,还应当在符合国务院卫生健康主管部门规定条件的医疗卫生机构接受3个月临床护理培训并考核合格。

### (五)注册

申请护士执业注册的,应当向拟执业地省、自治区、直辖市人民政府卫生健康主管部门提出申请。收到申请的卫生健康主管部门应当自收到申请之日起20个工作日内做出决定,对具备《护士条例》规定条件的,准予注册,并发给护士执业证书;对不具备规定条件的,不予注册,并书面说明理由。《护士执业证书》上应当注明护士的姓名、性别、出生日期等个人信息及证书编号、注册日期和执业地点。护士执业注册有效期为5年。

### (六)执业注册变更

护士在其执业注册有效期内变更执业地点的,应当向拟执业地省、自治区、直辖市人民政府卫生健康主管部门报告。但承担卫生健康主管部门交办或者批准的任务以及履行医疗卫生机构职责的护理活动,包括经医疗卫生机构批准的进修、学术交流等除外。收到报告的卫生健康主管部门应当自收到报告之日起 7 个工作日内为其办理变更手续。护士跨省、自治区、直辖市变更执业地点的,收到报告的卫生健康主管部门还应当向其原执业地省、自治区、直辖市人民政府卫生健康主管部门通报。

### (七) 延续注册

护士执业注册有效期届满需要继续执业的,应当在护士执业注册有效期届满前 30 日向执业地省、自治区、直辖市人民政府卫生健康主管部门申请延续注册。收到申请的卫生健康主管部门对具备《护士条例》规定条件的,准予延续,延续执业注册有效期为 5 年。有下列情形之一的,不予延续注册,并书面说明理由:①不符合规定的健康标准的;②被处暂停执业活动处罚期限未满的。

### (八) 注销注册

护士执业注册后有下列情形之一的,原注册部门应当依照行政许可法的规定注销其执业注册:①注册有效期届满未延续注册;②受吊销《护士执业证书》处罚;③护士死亡或者丧失民事行为能力。

## 四、护士执业权利和义务

### (一) 护士执业权利

护士执业权利包括:①有按照国家有关规定获取工资报酬、享受福利待遇、参加社会保险的权利。任何单位或者个人不得克扣护士工资,降低或者取消护士福利等待遇。②有获得与其所从事的护理工作相适应的卫生防护、医疗保健服务的权利。从事直接接触有毒有害物质、有感染传染病危险工作的护士,有依照有关法律、行政法规的规定接受职业健康监护的权利;患职业病的,有依照有关法律、行政法规的规定获得赔偿的权利。③有按照国家有关规定获得与本人业务能力和学术水平相应的专业技术职务、职称的权利;有参加专业培训、从事学术研究和交流、参加行业协会和专业学术团体的权利。④有获得疾病诊疗、护理相关信息的权利和其他与履行护理职责相关的权利,可以对医疗卫生机构和卫生主管部门的工作提出意见和建议。

### (二) 护士执业义务

护士执业义务包括:①应当遵守法律、法规、规章和诊疗技术规范的规定。②在执业活动中,发现患者病情危急,应当立即通知医师;在紧急情况下为抢救垂危患者生命,应当先行实施必要的紧急救护。护士发现医嘱违反法律、法规、规章或者诊疗技术规范规定的,应当及时向开具医嘱的医师提出,必要时应当向该医师所在科室的负责人或者医疗卫生机构负责医疗服务管理的人员报告。③应当尊重、关心、爱护患者,保护患者的隐私。④有义务参与公共卫生和疾病预防控制工作。发生自然灾害、公共卫生事件等严重威胁公众生命健康的突发事件,护士应当服从县级以上人民政府卫生主管部门或者所在医疗卫生机构的安排,参加医疗救护。

# 第五节 ｜ 法律责任

## 一、违反医师执业资格、证书管理的法律责任

《医师法》规定,在医师资格考试中有违反考试纪律等行为,情节严重的,1 年至 3 年内禁止参加医师资格考试。以不正当手段取得医师资格证书或者医师执业证书的,由发给证书的卫生健康主管部门予以撤销,3 年内不受理其相应申请。

伪造、变造、买卖、出租、出借医师执业证书的,由县级以上人民政府卫生健康主管部门责令改正,没收违法所得,并处违法所得 2 倍以上 5 倍以下的罚款,违法所得不足 1 万元的,按 1 万元计算;情节严重的,吊销医师执业证书。

## 二、医师违反执业规则的法律责任

医师在执业活动中有下列行为之一的,由县级以上人民政府卫生健康主管部门责令改正,给予警

告;情节严重的,责令暂停6个月以上1年以下执业活动直至吊销医师执业证书:①在提供医疗卫生服务或者开展医学临床研究中,未按照规定履行告知义务或者取得知情同意;②对需要紧急救治的患者,拒绝急救处置,或者由于不负责任延误诊治;③遇有自然灾害、事故灾难、公共卫生事件和社会安全事件等严重威胁人民生命健康的突发事件时,不服从卫生健康主管部门调遣;④未按照规定报告有关情形;⑤违反法律、法规、规章或者执业规范,造成医疗事故或者其他严重后果。

医师在执业活动中有下列行为之一的,由县级以上人民政府卫生健康主管部门责令改正,给予警告,没收违法所得,并处1万元以上3万元以下的罚款;情节严重的,责令暂停6个月以上1年以下执业活动直至吊销医师执业证书:①泄露患者隐私或者个人信息;②出具虚假医学证明文件,或者未经亲自诊查、调查,签署诊断、治疗、流行病学等证明文件或者有关出生、死亡等证明文件;③隐匿、伪造、篡改或者擅自销毁病历等医学文书及有关资料;④未按照规定使用麻醉药品、医疗用毒性药品、精神药品、放射性药品等;⑤利用职务之便,索要、非法收受财物或者牟取其他不正当利益,或者违反诊疗规范,对患者实施不必要的检查、治疗造成不良后果;⑥开展禁止类医疗技术临床应用。

### 三、超范围执业的法律责任

医师未按照注册的执业地点、执业类别、执业范围执业的,由县级以上人民政府卫生健康主管部门或者中医药主管部门责令改正,给予警告,没收违法所得,并处1万元以上3万元以下的罚款;情节严重的,责令暂停6个月以上1年以下执业活动直至吊销医师执业证书。

### 四、违反医师职业道德、伦理规范的法律责任

严重违反医师职业道德、医学伦理规范,造成恶劣社会影响的,由省级以上人民政府卫生健康主管部门吊销医师执业证书或者责令停止非法执业活动,5年直至终身禁止从事医疗卫生服务或者医学临床研究。

### 五、阻碍医师依法执业的法律责任

违反《医师法》规定,阻碍医师依法执业,干扰医师正常工作、生活,或者通过侮辱、诽谤、威胁、殴打等方式,侵犯医师人格尊严、人身安全,构成违反治安管理行为的,依法给予治安管理处罚。

### 六、以不正当手段取得乡村医生执业证书的法律责任

《乡村医生从业管理条例》规定,以不正当手段取得乡村医生执业证书的,由发证部门收缴乡村医生执业证书;造成患者人身损害的,依法承担民事赔偿责任;构成犯罪的,依法追究刑事责任。

### 七、乡村医生违反执业规则的法律责任

1. 乡村医生在执业活动中,违反规定,有下列行为之一的,由县级人民政府卫生行政主管部门责令限期改正,给予警告;逾期不改正的,责令暂停3个月以上6个月以下执业活动;情节严重的,由原发证部门暂扣乡村医生执业证书:①执业活动超出规定的执业范围,或者未按照规定进行转诊的;②违反规定使用乡村医生基本用药目录以外的处方药品的;③违反规定出具医学证明,或者伪造卫生统计资料的;④发现传染病疫情、中毒事件不按规定报告的。

2. 乡村医生在执业活动中,违反规定进行实验性临床医疗活动,或者重复使用一次性医疗器械和卫生材料的,由县级人民政府卫生行政主管部门责令停止违法行为,给予警告,可以并处1 000元以下的罚款;情节严重的,由原发证部门暂扣或者吊销乡村医生执业证书。

3. 未经注册在村医疗卫生机构从事医疗活动的乡村医生,由县级以上地方人民政府卫生行政主管部门予以取缔,没收其违法所得以及药品、医疗器械,违法所得5 000元以上的,并处违法所得1倍以上3倍以下的罚款;没有违法所得或者违法所得不足5 000元的,并处1 000元以上3 000元以下

的罚款;造成患者人身损害的,依法承担民事赔偿责任;构成犯罪的,依法追究刑事责任。

## 八、护士违反执业规则的法律责任

《护士条例》规定,护士在执业活动中有下列情形之一的,由县级以上地方人民政府卫生主管部门依据职责分工责令改正,给予警告;情节严重的,暂停其 6 个月以上 1 年以下执业活动,直至由原发证部门吊销其护士执业证书:①发现患者病情危急未立即通知医师的;②发现医嘱违反法律、法规、规章或者诊疗技术规范的规定,未依照规定提出或者报告的;③泄露患者隐私的;④发生自然灾害、公共卫生事件等严重威胁公众生命健康的突发事件,不服从安排参加医疗救护的。

护士在执业活动中造成医疗事故的,依照医疗事故处理的有关规定承担法律责任。护士被吊销执业证书的,自执业证书被吊销之日起 2 年内不得申请执业注册。

**思考题**

1.《医师法》对于参加执业医师资格考试条件方面有何新要求?

2.《医师法》对中医师执业有哪些鼓励性的政策?

3. 乡村医生在执业规则方面有什么特点?

4. 护士的执业规则有哪些规定?

思考题解题思路　　　本章目标测试

**推荐阅读**

1. 刘鑫,陈伟,张宝珠. 中华人民共和国医师法理解与适用[M]. 北京:中国法制出版社,2022.

2. 陈志华. 医疗安全核心制度及案例精析[M]. 北京:人民卫生出版社,2016.

(杨　健)

# 第二十章 | 医疗技术临床应用法律制度

医疗技术的临床应用应当遵循科学、安全、有效、经济、符合伦理的原则。为此,国家对人体器官移植、人类辅助生殖技术、放射诊疗、医疗美容等医疗技术临床应用已建立技术准入和管理制度,为促进医学科学发展和医疗技术进步,提高医疗质量,保障医疗安全提供了法律保障。

## 第一节 | 概　述

### 一、医疗技术的概念

医疗技术,是指医疗机构及其医务人员以诊断和治疗疾病为目的,对疾病作出判断和消除疾病、缓解病情、减轻痛苦、改善功能、延长生命、帮助患者恢复健康而采取的医学专业手段和措施。

医疗技术临床应用,是将经过临床研究论证且安全性、有效性确切的医疗技术应用于临床,用以诊断或者治疗疾病的过程。医疗技术临床应用应当遵循科学、安全、规范、有效、经济、符合伦理的原则。安全性、有效性不确切的医疗技术,医疗机构不得开展临床应用。

### 二、医疗技术临床应用立法

为了规范人体器官捐献和移植,保证医疗质量,保障人体健康,维护公民的合法权益,弘扬社会主义核心价值观,国务院颁布了《人体器官捐献和移植条例》。国务院卫生行政部门还发布了《人类辅助生殖技术管理办法》《人类精子库管理办法》《放射诊疗管理规定》《医疗美容服务管理办法》《医疗技术临床应用管理办法》等。

### 三、医疗技术负面清单管理

目前医疗技术管理模式已从分类管理转变为负面清单制度管理,即国家仅规定"禁止使用"和"限制使用"清单,对"限制使用"也不再进行事前审批,而是采取备案方式。

2018 年 8 月 13 日国家卫生计生委发布的《医疗技术临床应用管理办法》规定,国家建立医疗技术临床应用负面清单管理制度,对禁止临床应用的医疗技术实施负面清单管理,对部分需要严格监管的医疗技术进行重点管理。其他临床应用的医疗技术由决定使用该类技术的医疗机构自我管理。医疗机构对本机构医疗技术临床应用和管理承担主体责任。医疗机构开展医疗技术服务应当与其技术能力相适应。医疗机构主要负责人是本机构医疗技术临床应用管理的第一责任人。

#### (一) 禁止应用于临床的医疗技术

医疗技术具有下列情形之一的,禁止应用于临床(以下简称禁止类技术):①临床应用安全性、有效性不确切;②存在重大伦理问题;③该技术已经被临床淘汰;④未经临床研究论证的医疗新技术。禁止类技术目录由国家卫生健康委制定发布或者委托专业组织制定发布,并根据情况适时予以调整。

#### (二) 限制应用于临床的医疗技术

禁止类技术目录以外并具有下列情形之一的,作为需要重点加强管理的医疗技术(以下简称限制类技术),由省级以上卫生健康主管部门严格管理:①技术难度大、风险高,对医疗机构的服务能力、人员水平有较高专业要求,需要设置限定条件的;②需要消耗稀缺资源的;③涉及重大伦理风险的;④存在不合理临床应用,需要重点管理的。

国家限制类技术目录及其临床应用管理规范由国家卫生健康委制定发布或者委托专业组织制定发布,并根据临床应用实际情况予以调整。省级卫生健康主管部门可以结合本行政区域实际情况,在国家限制类技术目录基础上增补省级限制类技术相关项目,制定发布相关技术临床应用管理规范,并报国家卫生健康委备案。

《医疗技术临床应用管理办法》规定,对限制类技术实施备案管理。医疗机构拟开展限制类技术临床应用的,应当按照相关医疗技术临床应用管理规范进行自我评估,符合条件的可以开展临床应用,并于开展首例临床应用之日起15个工作日内,向核发其《医疗机构执业许可证》的卫生健康主管部门备案。备案材料应当包括以下内容:①开展临床应用的限制类技术名称和所具备的条件及有关评估材料;②本机构医疗技术临床应用管理专门组织和伦理委员会论证材料;③技术负责人(限于在本机构注册的执业医师)资质证明材料。备案部门应当自收到完整备案材料之日起15个工作日内完成备案,在该医疗机构的《医疗机构执业许可证》副本备注栏予以注明,并逐级上报至省级卫生健康主管部门。

### (三)其他医疗技术

未纳入禁止类技术和限制类技术目录的医疗技术,医疗机构可以根据自身功能、任务、技术能力等自行决定开展临床应用,并应当对开展的医疗技术临床应用实施严格管理。

### (四)重大伦理风险医疗技术的伦理审查

医疗机构拟开展存在重大伦理风险的医疗技术,应当提请本机构伦理委员会审议,必要时可以咨询省级和国家医学伦理专家委员会。未经本机构伦理委员会审查通过的医疗技术,特别是限制类医疗技术,不得应用于临床。

## 四、医疗技术临床应用的管理与控制

国家建立医疗技术临床应用质量管理与控制制度,充分发挥各级、各专业医疗质量控制组织的作用,以"限制类技术"为主加强医疗技术临床应用质量控制,对医疗技术临床应用情况进行日常监测与定期评估,及时向医疗机构反馈质控和评估结果,持续改进医疗技术临床应用质量。

### (一)医疗机构开展医疗技术临床应用的基本条件

医疗机构开展医疗技术临床应用应当具有符合要求的诊疗科目、专业技术人员、相应的设备、设施和质量控制体系,并遵守相关技术临床应用管理规范。

### (二)医疗技术临床应用管理专门组织

二级以上的医院、妇幼保健院及专科疾病防治机构医疗质量管理委员会应当下设医疗技术临床应用管理的专门组织,由医务、质量管理、药学、护理、院感、设备等部门负责人和具有高级技术职务任职资格的临床、管理、伦理等相关专业人员组成。该专门组织的负责人由医疗机构主要负责人担任,由医务部门负责日常管理工作,主要职责包括:①根据医疗技术临床应用管理相关的法律、法规、规章,制定本机构医疗技术临床应用管理制度并组织实施;②审定本机构医疗技术临床应用管理目录和手术分级管理目录并及时调整;③对首次应用于本机构的医疗技术组织论证,对本机构已经临床应用的医疗技术定期开展评估;④定期检查本机构医疗技术临床应用管理各项制度执行情况,并提出改进措施和要求;⑤省级以上卫生行政部门规定的其他职责。

其他医疗机构应当设立医疗技术临床应用管理工作小组,并指定专(兼)职人员负责本机构医疗技术临床应用管理工作。

### (三)医疗技术临床应用管理制度

医疗机构应当建立本机构医疗技术临床应用管理制度,包括目录管理、手术分级、医师授权、质量控制、档案管理、动态评估等制度,保障医疗技术临床应用质量和安全。医疗机构应当制定本机构医疗技术临床应用管理目录并及时调整,对目录内的手术进行分级管理。手术管理按照国家关于手术分级管理的有关规定执行。

医疗机构应当依法准予医务人员实施与其专业能力相适应的医疗技术,并为医务人员建立医疗技术临床应用管理档案,纳入个人专业技术档案管理。医疗机构应当建立医师手术授权与动态管理制度,根据医师的专业能力和培训情况,授予或者取消相应的手术级别和具体手术权限。

### (四)医疗技术临床应用论证与评估制度

医疗机构应当建立医疗技术临床应用论证制度。对已证明安全有效,但属本机构首次应用的医疗技术,应当组织开展本机构技术能力和安全保障能力论证,通过论证的方可开展医疗技术临床应用。医疗机构开展的限制类技术目录、手术分级管理目录和限制类技术临床应用情况应当纳入本机构院务公开范围,主动向社会公开,接受社会监督。

医疗机构应当建立医疗技术临床应用评估制度,对限制类技术的质量安全和技术保证能力进行重点评估,并根据评估结果及时调整本机构医疗技术临床应用管理目录和有关管理要求。对存在严重质量安全问题或者不再符合有关技术管理要求的,要立即停止该项技术的临床应用。医疗机构应当根据评估结果,及时调整本机构医师相关技术临床应用权限。

### (五)医疗技术临床应用的停止

医疗机构在医疗技术临床应用过程中出现下列情形之一的,应当立即停止该项医疗技术的临床应用:①该医疗技术被国家卫生健康委列为"禁止类技术";②从事该医疗技术的主要专业技术人员或者关键设备、设施及其他辅助条件发生变化,不能满足相关技术临床应用管理规范要求,或者影响临床应用效果;③该医疗技术在本机构应用过程中出现重大医疗质量、医疗安全或者伦理问题,或者发生与技术相关的严重不良后果;④发现该项医疗技术临床应用效果不确切,或者存在重大质量、安全或者伦理缺陷。

医疗机构出现上述②③情形,属于限制类技术的,应当立即将有关情况向核发其《医疗机构执业许可证》的卫生行政部门报告。卫生行政部门应当及时取消该医疗机构相应医疗技术临床应用备案,在该机构《医疗机构执业许可证》副本备注栏予以注明,并逐级向省级卫生行政部门报告。

医疗机构出现上述④情形的,应当立即将有关情况向核发其《医疗机构执业许可证》的卫生行政部门和省级卫生行政部门报告。省级卫生行政部门应当立即组织对该项医疗技术临床应用情况进行核查,确属医疗技术本身存在问题的,可以暂停该项医疗技术在本地区的临床应用,并向国家卫生健康委报告。国家卫生健康委收到报告后,组织专家进行评估,决定需要采取的进一步管理措施。

## 五、医疗技术临床应用的培训与考核

国家建立医疗技术临床应用规范化培训制度。拟开展限制类技术的医师应当按照相关技术临床应用管理规范要求接受规范化培训。国家卫生健康委统一组织制定国家限制类技术的培训标准和考核要求,并向社会公布。省级增补的限制类技术以及省级卫生行政部门认为其他需要重点加强培训的医疗技术,由省级卫生行政部门统一组织制定培训标准,对培训基地管理和参加培训医师的培训和考核提出统一要求,并向社会公布。对限制类技术临床应用规范化培训基地实施备案管理。医疗机构拟承担限制类技术临床应用规范化培训工作的,应当达到国家和省级卫生健康主管部门规定的条件,制定培训方案并向社会公开。对国家和省级卫生行政部门作出统一培训要求以外的医疗技术,医疗机构应当自行进行规范化培训。

参加培训医师完成培训后应当接受考核。考核包括过程考核和结业考核。考核应当由所在培训基地或者省级卫生健康主管部门委托的第三方组织实施。

## 第二节 ｜ 人体器官捐献和移植

### 一、人体器官捐献和移植的概念

人体器官捐献,是指自愿、无偿提供具有特定生理功能的心脏、肺脏、肝脏、肾脏、胰腺或者小肠等人体器官的全部或者部分用于移植的活动。

人体器官移植,是指将捐献的人体器官植入接受人身体以代替其病损器官的活动。

为了规范人体器官移植,保证医疗质量,保障人体健康,维护公民的合法权益,2007 年 3 月 31 日,国务院颁布了《人体器官移植条例》,自 2007 年 5 月 1 日起施行。2023 年 12 月,在总结《人体器官移植条例》施行情况的基础上,对其进行修订,并将人体器官捐献内容纳入法规进行调整,出台了《人体器官捐献和移植条例》。在中华人民共和国境内从事人体器官捐献和移植的,适用《人体器官捐献和移植条例》,但从事人体细胞和角膜、骨髓等人体组织捐献和移植的,不适用该条例。《人体器官捐献和移植条例》规定,国家通过建立人体器官捐献和移植工作体系,开展人体器官捐献的宣传、推动工作,规范人体器官获取和分配,提升人体器官移植服务能力。国家鼓励遗体器官捐献。公民可以通过中国红十字会总会建立的登记服务系统表示捐献其遗体器官的意愿。

### 二、人体器官的捐献

#### （一）人体器官捐献的基本原则

《人体器官捐献和移植条例》规定,人体器官捐献应当遵循自愿、无偿的原则。公民享有捐献或者不捐献其人体器官的权利;任何组织或者个人不得强迫、欺骗或者利诱他人捐献人体器官。具有完全民事行为能力的公民有权依法自主决定捐献其人体器官。公民表示捐献其人体器官的意愿,应当采用书面形式,也可以订立遗嘱。公民对已经表示捐献其人体器官的意愿,有权予以撤销。任何组织或者个人不得以任何形式买卖人体器官,不得从事与买卖人体器官有关的活动。申请人体器官移植手术患者的排序,应当符合医疗需要,遵循公平、公正和公开的原则。从事人体器官移植的医务人员应当对人体器官捐献人、接受人和申请人体器官移植手术的患者的个人资料保密。

#### （二）人体捐献器官的分配

《人体捐献器官获取与分配管理规定》规定,捐献器官的分配应当符合医疗需要,遵循公平、公正和公开的原则。捐献器官必须通过器官分配系统进行分配,保证捐献器官可溯源。任何机构、组织和个人不得在器官分配系统外擅自分配捐献器官,不得干扰、阻碍器官分配。

#### （三）人体器官捐献和接受的合法主体

《人体器官捐献和移植条例》规定,捐献人体器官的公民应当具有完全民事行为能力。任何组织或者个人不得获取未满 18 周岁公民的活体器官用于移植。公民捐献其人体器官应当有书面形式的捐献意愿,对已经表示捐献其人体器官的意愿,公民有权予以撤销。公民生前表示不同意捐献其遗体器官的,任何组织或者个人不得捐献、获取该公民的遗体器官;公民生前未表示不同意捐献其遗体器官的,该公民死亡后,其配偶、成年子女、父母可以以书面形式共同决定捐献该公民的遗体器官。

活体器官的接受人限于活体器官捐献人的配偶、直系血亲或者三代以内旁系血亲。这里需要特别注意的是,第一,此次新颁布的《人体器官捐献和移植条例》删除了原《人体器官移植条例》中"因帮扶等形成亲情关系"这种活体器官捐献人与接受人关系的情况;第二,2009 年颁布的《卫生部关于规范活体器官移植的若干规定》进一步细化了原《人体器官移植条例》允许捐献器官的范围,其中的"配偶",仅限于结婚 3 年以上或者婚后已育有子女的。

### 三、人体器官移植机构与人员管理

#### (一)从事人体器官移植医疗机构的管理

**1. 从事遗体器官获取医疗机构的条件**　医疗机构从事遗体器官获取,应当具备下列条件:①有专门负责遗体器官获取的部门以及与从事遗体器官获取相适应的管理人员、执业医师和其他医务人员;②有满足遗体器官获取所需要的设备、设施和技术能力;③有符合《人体器官捐献和移植条例》第十八条第一款规定的人体器官移植伦理委员会;④有完善的遗体器官获取质量管理和控制等制度。

从事遗体器官获取的医疗机构同时从事人体器官移植的,负责遗体器官获取的部门应当独立于负责人体器官移植的科室。

**2. 从事人体器官移植医疗机构的条件**　医疗机构从事人体器官移植,应当具备下列条件:①有与从事人体器官移植相适应的管理人员、执业医师和其他医务人员;②有满足人体器官移植所需要的设备、设施和技术能力;③有由医学、法学、伦理学等方面专家组成的人体器官移植伦理委员会,该委员会中从事人体器官移植的医学专家不超过委员人数的四分之一;④有完善的人体器官移植质量管理和控制等制度。

**3. 人体器官移植诊疗科目的登记**　医疗机构从事人体器官移植,应当向国务院卫生健康部门提出申请。国务院卫生健康部门应当自受理申请之日起5个工作日内组织专家评审,于专家评审完成后15个工作日内作出决定并书面告知申请人。国务院卫生健康部门审查同意的,通知申请人所在地省、自治区、直辖市人民政府卫生健康主管部门办理人体器官移植诊疗科目登记,在申请人的执业许可证上注明获准从事的人体器官移植诊疗科目。国务院卫生健康部门审查医疗机构的申请,还应当考虑申请人所在省、自治区、直辖市人体器官移植的医疗需求、现有服务能力和人体器官捐献情况。省、自治区、直辖市人民政府卫生健康部门应当及时公布已经办理人体器官移植诊疗科目登记的医疗机构名单。

**4. 人体器官移植的定期报告与评估**　已经办理人体器官移植诊疗科目登记的医疗机构不再具备规定条件的,应当停止从事人体器官移植,并向原登记部门报告。原登记部门应当自收到报告之日起2个工作日内注销该医疗机构的人体器官移植诊疗科目登记,向国务院卫生健康部门报告,并予以公布。省级以上人民政府卫生健康部门应当建立人体器官移植质量管理和控制制度,定期对医疗机构的人体器官移植技术临床应用能力进行评估,并及时公布评估结果;对评估不合格的,国务院卫生健康部门通知原登记部门注销其人体器官移植诊疗科目登记。

#### (二)从事人体器官移植执业医师的要求

实施人体器官移植手术的执业医师应当具备下列条件,经省、自治区、直辖市人民政府卫生健康部门认定,并在执业证书上注明:①有与实施人体器官移植手术相适应的专业技术职务任职资格;②有与实施人体器官移植手术相适应的临床工作经验;③经培训并考核合格。

### 四、人体器官的获取和移植

#### (一)遗体器官的获取

**1. 遗体器官获取区域划分**　省、自治区、直辖市人民政府卫生健康部门根据本行政区域遗体器官捐献情况,制定遗体器官获取服务规划,并结合医疗机构的条件和服务能力,确定本行政区域从事遗体器官获取的医疗机构,划定其提供遗体器官获取服务的区域。从事遗体器官获取的医疗机构应当在所在地省、自治区、直辖市人民政府卫生健康部门划定的区域内提供遗体器官获取服务。

医疗机构发现符合捐献条件且有捐献意愿的潜在遗体器官捐献人的,应当向负责提供其所在区域遗体器官获取服务的医疗机构报告,接到报告的医疗机构应当向所在地省、自治区、直辖市红十字会通报。

任何组织或者个人不得以获取遗体器官为目的的跨区域转运潜在遗体器官捐献人,不得向不符合规定的组织或者个人转介潜在遗体器官捐献人的相关信息。

**2. 遗体器官获取的伦理审查**　获取遗体器官前,负责遗体器官获取的部门应当向其所在医疗机构的人体器官移植伦理委员会提出获取遗体器官审查申请。

人体器官移植伦理委员会由医学、法学、伦理学等方面专家组成,委员会中从事人体器官移植的医学专家不超过委员人数的四分之一。人体器官移植伦理委员会的组成和工作规则,由国务院卫生健康部门制定。

人体器官移植伦理委员会收到获取遗体器官审查申请后,应当及时对下列事项进行审查:①遗体器官捐献意愿是否真实;②有无买卖或者变相买卖遗体器官的情形。经三分之二以上委员同意,人体器官移植伦理委员会方可出具同意获取遗体器官的书面意见。人体器官移植伦理委员会同意获取的,医疗机构方可获取遗体器官。

**3. 遗体器官获取的见证**　获取遗体器官,应当在依法判定遗体器官捐献人死亡后进行。从事人体器官获取、移植的医务人员不得参与遗体器官捐献人的死亡判定。

获取遗体器官,应当经人体器官捐献协调员见证。获取遗体器官前,从事遗体器官获取的医疗机构应当通知所在地省、自治区、直辖市红十字会。接到通知的红十字会应当及时指派 2 名以上人体器官捐献协调员对遗体器官获取进行见证。

从事遗体器官获取的医疗机构及其医务人员应当维护遗体器官捐献人的尊严;获取器官后,应当对遗体进行符合伦理原则的医学处理,除用于移植的器官以外,应当恢复遗体外观。

**4. 遗体器官的分配**　遗体器官的分配,应当符合医疗需要,遵循公平、公正和公开的原则。患者申请人体器官移植手术,其配偶、直系血亲或者三代以内旁系血亲曾经捐献遗体器官的,在同等条件下优先排序。

遗体器官应当通过国务院卫生健康部门建立的分配系统统一分配。从事遗体器官获取、移植的医疗机构应当在分配系统中如实录入遗体器官捐献人、申请人体器官移植手术患者的相关医学数据并及时更新,不得伪造、篡改数据。

医疗机构及其医务人员应当执行分配系统分配结果。禁止医疗机构及其医务人员使用未经分配系统分配的遗体器官或者来源不明的人体器官实施人体器官移植。国务院卫生健康部门应当定期公布遗体器官捐献和分配情况。

**5. 遗体器官运送绿色通道**　国务院卫生健康部门会同国务院公安、交通运输、铁路、民用航空等部门和中国红十字会总会建立遗体器官运送绿色通道工作机制,确保高效、畅通运送遗体器官。

### (二)活体器官移植

**1. 活体器官移植的伦理审查**　移植活体器官的,由从事人体器官移植的医疗机构获取活体器官。获取活体器官前,负责人体器官移植的科室应当向其所在医疗机构的人体器官移植伦理委员会提出获取活体器官审查申请。

人体器官移植伦理委员会收到获取活体器官审查申请后,应当及时对下列事项进行审查:①活体器官捐献意愿是否真实;②有无买卖或者变相买卖活体器官的情形;③活体器官捐献人与接受人是否存在法律规定的关系;④活体器官的配型和接受人的适应证是否符合伦理原则和人体器官移植技术临床应用管理规范。

经三分之二以上委员同意,人体器官移植伦理委员会方可出具同意获取活体器官的书面意见。人体器官移植伦理委员会同意获取的,医疗机构方可获取活体器官。

**2. 获取活体器官应履行的义务**　从事人体器官移植的医疗机构及其医务人员获取活体器官前,应当履行下列义务:①向活体器官捐献人说明器官获取手术的风险、术后注意事项、可能发生的并发症及其预防措施等,并与活体器官捐献人签署知情同意书;②查验活体器官捐献人同意捐献其器官的书面意愿、活体器官捐献人与接受人存在法律规定关系的证明材料;③确认除获取器官产生的直接后果外不会损害活体器官捐献人其他正常的生理功能。

从事人体器官移植的医疗机构应当保存活体器官捐献人的医学资料,并进行随访。

### (三) 术前医学检查与风险评估

医疗机构及其医务人员从事人体器官获取、移植,应当遵守伦理原则和相关技术临床应用管理规范。

1. **医学检查**　医疗机构及其医务人员获取、移植人体器官,应当对人体器官捐献人和获取的人体器官进行医学检查。

2. **风险评估**　医疗机构及其医务人员获取、移植人体器官,对接受人接受人体器官移植的风险进行评估,并采取措施降低风险。评估内容包括:①评估接受人是否有接受活体器官移植手术的必要性、适应证;②评估活体器官捐献人的健康状况是否适合捐献器官;③评估获取器官可能对活体器官捐献人健康产生的影响,确认不会因捐献活体器官而损害捐献者正常的生理功能;④评估接受人因活体器官移植传播疾病的风险;⑤根据医学及伦理学原则需要进行的其他评估。

### (四) 人体器官移植的费用

从事人体器官移植的医疗机构实施人体器官移植手术,除向接受人收取下列费用外,不得收取或者变相收取所移植人体器官的费用:①获取活体器官、切除病损器官、植入人体器官所发生的手术费、检查费、检验费等医疗服务费以及药费、医用耗材费。②向从事遗体器官获取的医疗机构支付的遗体器官获取成本费用。遗体器官获取成本费用,包括为获取遗体器官而发生的评估、维护、获取、保存、修复和运送等成本。

## 第三节 ｜ 人类辅助生殖技术

### 一、概念

人类辅助生殖技术(assisted reproductive technology, ART),是指运用医学技术和方法对配子、合子、胚胎进行人工操作,以达到受孕目的的技术,分为人工授精和体外受精-胚胎移植技术(in vitro fertilization-embryo transfer, IVF-ET)及其各种衍生技术。

人工授精,是指用人工方式将精液注入女性体内以取代性交途径使其妊娠的一种方法。根据精液来源不同,分为丈夫精液人工授精和供精人工授精。

体外受精-胚胎移植技术及其各种衍生技术,是指从女性体内取出卵子,在器皿内培养后,加入经技术处理的精子,待卵子受精后,继续培养,到形成早期胚胎时,再转移到子宫内着床,发育成胎儿直至分娩的技术。用这种技术生育的婴儿称为“试管婴儿”。1978年7月25日,世界上第一个试管婴儿诞生。

为保证我国人类辅助生殖技术安全、有效和健康发展,规范人类辅助生殖技术的应用和管理,保障人体健康,2000年2月20日,卫生部发布了《人类辅助生殖技术管理办法》《人类精子库管理办法》,自2001年8月1日起施行。2003年6月27日,卫生部颁布了修订后的《人类辅助生殖技术规范》《人类精子库基本标准和技术规范》和《人类辅助生殖技术和人类精子库伦理原则》。

### 二、人类辅助生殖技术应用规则

《人类辅助生殖技术管理办法》规定,人类辅助生殖技术的应用应当在医疗机构中进行,以医疗为目的,并符合国家优生优育政策、伦理原则和有关法律规定。禁止以任何形式买卖配子、合子、胚胎。医疗机构和医务人员不得实施任何形式的代孕技术。人类辅助生殖技术应当遵循有利于患者、知情同意、保护后代、社会公益、保密、严防商业化、伦理监督等伦理原则。

### 三、人类辅助生殖技术的审批

《人类辅助生殖技术管理办法》规定,卫生健康主管部门根据区域卫生规划、医疗需求和技术条件等实际情况,制定人类辅助生殖技术应用规划;对人类辅助生殖技术和精子库技术实行严格准入制度。《人类辅助生殖技术规范》规定,凡计划拟开展人类辅助生殖技术的机构必须由所在省、区、市卫生健康主管部门根据区域规划、医疗需求予以初审,并上报卫生部批准筹建。筹建完成后由国务院卫生行政部门组织专家进行预准入评审,试运行1年后再行正式准入评审。

### (一)申请开展人类辅助生殖技术的医疗机构的条件

主要包括:①具有与开展技术相适应的卫生专业技术人员和其他专业技术人员;②具有与开展技术相适应的技术和设备;③设有医学伦理委员会;④符合《人类辅助生殖技术规范》的要求。

### (二)开展体外受精-胚胎移植技术及其衍生技术医疗机构的条件

主要包括:①必须是持有《医疗机构执业许可证》的综合性医院、专科医院或持有《计划生育技术服务机构执业许可证》的省级以上(含省级)的计划生育技术服务机构;②必须设有妇产科和男科临床并具有妇产科住院开腹手术的技术和条件;③生殖医学机构由生殖医学临床(以下称临床)和体外受精实验室(以下称实验室)两部分组成;④机构必须具备选择性减胎技术;⑤机构必须具备胚胎冷冻、保存、复苏的技术和条件;⑥机构如同时设置人类精子库,不能设在同一科室,必须与生殖医学机构分开管理;⑦实施体外受精-胚胎移植及其衍生技术必须获得国务院卫生健康主管部门的批准证书。

### (三)开展人工授精技术医疗机构的条件

主要包括:①必须是持有《医疗机构执业许可证》的综合性医院、专科医院或持有《计划生育技术服务执业许可证》的计划生育技术服务机构;②实施供精人工授精技术必须获得国务院卫生健康主管部门的批准证书,实施夫精人工授精技术必须获得省、自治区、直辖市卫生健康主管部门的批准证书并报国务院卫生健康主管部门备案;③实施供精人工授精的机构,必须从持有《人类精子库批准证书》的人类精子库获得精源并签署供精协议,并有义务向供精单位及时提供供精人工授精情况及准确的反馈信息;协议应明确双方的职责;④具备法律、法规或主管部门要求的其他条件。

## 四、人类辅助生殖技术的实施

### (一)人类辅助生殖技术实施规则

人类辅助生殖技术必须在经过批准开展此项技术并进行登记的医疗机构中实施,未经卫生行政部门批准,任何单位和个人不得实施人类辅助生殖技术。

《人类辅助生殖技术管理办法》规定,实施人类辅助生殖技术:①应当符合《人类辅助生殖技术规范》的规定。②应当遵循知情同意原则,并签署知情同意书。涉及伦理问题的,应当提交医学伦理委员会讨论。③实施供精人工授精和体外受精-胚胎移植技术及其各种衍生技术的医疗机构应当与国务院卫生行政部门批准的人类精子库签订供精协议。严禁私自采精。医疗机构在实施人类辅助生殖技术时应当索取精子检验合格证明。④实施人类辅助生殖技术的医疗机构应当为当事人保密,不得泄露有关信息。⑤实施人类辅助生殖技术的医疗机构不得进行性别选择。法律法规另有规定的除外。⑥实施人类辅助生殖技术的医疗机构应当建立健全技术档案管理制度。供精人工授精医疗行为方面的医疗技术档案和法律文书应当永久保存。⑦实施人类辅助生殖技术的医疗机构应当对实施人类辅助生殖技术的人员进行医学业务和伦理学知识的培训。

### (二)人类辅助生殖技术的管理

**1. 体外受精-胚胎移植技术及其各种衍生技术的管理**　实施体外受精与胚胎移植及其衍生技术的机构:①必须遵守国家人口和计划生育法规和条例的规定,并同不育夫妇签署相关技术的《知情同意书》和《多胎妊娠减胎术同意书》。②必须预先认真查验不育夫妇的身份证、结婚证,并保留其复印件备案。不再查验患者夫妇的生育证明,由患者夫妇作出符合计划生育政策的书面承诺。涉外婚姻夫妇及外籍人员应出示护照及婚姻证明并保留其复印件备案。③必须按期对工作情况进行自查,按要求向国家卫生健康委提供必需的各种资料及年度报告。④各种病历及其相关记录,须按卫生部和国家中医药管理局印发的《医疗机构病历管理规定》予以严格管理。⑤实施供精体外受精与胚胎移植及其衍生技术,必须向供精的人类精子库及时准确地反馈受者的妊娠和子代等相关信息。⑥应建立生殖医学伦理委员会工作制度、病案管理制度、随访制度、工作人员分工责任制度,接触配子胚胎的实验材料质控制度、各项技术操作常规、特殊药品管理制度、仪器管理制度、消毒隔离制度和材料管理制度。⑦技术安全符合规定要求。

2. **人工授精技术的管理**　主要包括:①实施授精前,不育夫妇必须签订《知情同意书》及《多胎妊娠减胎术同意书》;②供精人工授精只能从持有国务院卫生健康主管部门批准证书的人类精子库获得精源;③必须及时做好不育夫妇的病历书写并按《医疗机构病历管理规定》严格管理,对每一位受者都应进行随访;④实施供精人工授精的机构,必须向人类精子库反馈妊娠、子代以及受者使用冷冻精液后是否出现性传播疾病的临床信息等情况,记录档案应永久保存;⑤严格控制每一位供精者的冷冻精液最多只能使 5 名妇女受孕;⑥除司法机关出具公函或相关当事人具有充分理由同意查阅外,其他任何单位和个人一律谢绝查阅供受精者双方的档案;确因工作需要及其他特殊原因非得查阅档案时,则必须经授精机构负责人批准,并隐去供受者双方的社会身份资料;⑦必须具备完善、健全的规章制度和技术操作手册并切实付诸实施;⑧必须按期对人工授精的情况进行自查,按要求向卫生行政审批部门提供必要的资料及年度报告。

### (三) 实施人类辅助生殖技术人员的行为准则

《人类辅助生殖技术规范》规定,实施人类辅助生殖技术的人员必须遵守以下行为准则:①严格遵守国家人口和计划生育法律法规。②严格遵守知情同意、知情选择的自愿原则。③尊重患者隐私权。④禁止无医学指征的性别选择。⑤禁止实施代孕技术。⑥禁止实施胚胎赠送。⑦禁止实施以治疗不育为目的的人卵胞浆移植及核移植技术。⑧禁止人类与异种配子的杂交;禁止人类体内移植异种配子、合子和胚胎;禁止异种体内移植人类配子、合子和胚胎。⑨禁止以生殖为目的的对人类配子、合子和胚胎进行基因操作。⑩禁止实施近亲间的精子和卵子结合。⑪在同一治疗周期中,配子和合子必须来自同一男性和同一女性。⑫禁止在患者不知情和不自愿的情况下,将配子、合子和胚胎转送他人或进行科学研究。⑬禁止给不符合国家人口和计划生育法规和条例规定的夫妇和单身妇女实施人类辅助生殖技术。⑭禁止开展人类嵌合体胚胎试验研究。⑮禁止克隆人。

## 五、人类精子库

人类精子库是以治疗不育症及预防遗传病和提供生殖保险等为目的,利用超低温冷冻技术,采集、检测、保存和提供精子的机构。《人类精子库管理办法》规定,精子的采集和提供应当遵守当事人自愿和符合社会伦理原则。任何单位和个人不得以营利为目的进行精子的采集与提供活动。

### (一) 人类精子库的设置

《人类精子库管理办法》规定,人类精子库必须设置在持有《医疗机构执业许可证》的综合性医院、专科医院或持有《计划生育技术服务执业许可证》的省级以上(含省级)计划生育服务机构内,其设置必须符合《人类精子库管理办法》的规定。

1. **设置人类精子库的条件**　申请设置人类精子库的医疗机构应当符合下列条件:①具有《医疗机构执业许可证》;②设有医学伦理委员会;③具有与采集、检测、保存和提供精子相适应的卫生专业技术人员;④具有与采集、检测、保存和提供精子相适应的技术和仪器设备;⑤具有对供精者进行筛查的技术能力;⑥应当符合国务院卫生健康主管部门制定的《人类精子库基本标准》。

2. **设置人类精子库的申请**　申请设置人类精子库的医疗机构应当向所在地省、自治区、直辖市人民政府卫生行政部门提交下列资料:①设置人类精子库可行性报告;②医疗机构基本情况;③拟设置人类精子库的建筑设计平面图;④拟设置人类精子库将开展的技术业务范围、技术设备条件、技术人员配备情况和组织结构;⑤人类精子库的规章制度、技术操作手册等;⑥省级以上卫生行政部门规定的其他材料。

3. **设置人类精子库的审批效验** 省、自治区、直辖市人民政府卫生行政部门收到规定的申请材料后，提出初步意见，报国务院卫生行政部门审批。国务院卫生行政部门收到省、自治区、直辖市人民政府卫生行政部门的初步意见和材料后，聘请有关专家进行论证，并在收到专家论证报告后45个工作日内进行审核，审核同意的，发给人类精子库批准证书；审核不同意的，书面通知申请单位。

批准设置人类精子库的医疗机构应当按照《医疗机构管理条例》的有关规定，持国务院卫生行政部门的批准证书到核发其医疗机构执业许可证的卫生行政部门办理变更登记手续。人类精子库批准证书每2年校验1次。校验合格的，可以继续开展人类精子库工作；校验不合格的，收回人类精子库批准证书。

### （二）精子采集与提供

根据《人类精子库管理办法》，精子的采集与提供应当在经过批准的人类精子库中进行。未经批准，任何单位和个人不得从事精子的采集与提供活动。精子的采集与提供应当严格遵守人类精子库各项技术操作规程。人类精子库应当和供精者签署知情同意书。

1. **精子的采集** 供精者必须原籍为中国公民，应当是年龄在22～45周岁之间的健康男性。人类精子库应当对供精者进行健康检查和严格筛选，供精者必须达到供精者健康检查标准，不得采集有下列情况之一的人员的精液：①有遗传病家族史或者患遗传性疾病；②精神病患者；③传染病患者或者病源携带者；④长期接触放射线和有害物质者；⑤精液检查不合格者；⑥其他严重器质性疾病患者。精子库采集精子后，应当进行检验和筛查。

人类精子库工作人员应当向供精者说明精子的用途、保存方式以及可能带来的社会伦理等问题。供精者只能在一个人类精子库中供精。

2. **精子的提供** 应当符合下列要求：①不得向未取得国务院卫生行政部门人类辅助生殖技术批准证书的机构提供精液；②不得提供未经检验或检验不合格的精液；③不得提供新鲜精液进行供精人工授精，精液冷冻保存需经6个月检疫期并经复检合格后，才能提供临床使用，并向医疗机构提交校验结果；④不得实施非医学指征的、以性别选择生育为目的的精子分离技术；⑤不得提供2人或2人以上的混合精液；⑥一个供精者的精子最多只能提供给5名妇女受孕。

### （三）建立供精者档案和保密

人类精子库应当建立供精者档案，对供精者的详细资料和精子使用情况进行计算机管理并永久保存。人类精子库应当为供精者和受精者保密，未经供精者和受精者同意不得泄露有关信息。

## 第四节 │ 放射诊疗

### 一、放射诊疗的概念

放射诊疗是指使用放射性同位素、射线装置进行临床医学诊断、治疗和健康检查的活动。放射诊疗工作按照诊疗风险和技术难易程度分为放射治疗、核医学、介入放射学和X射线影像诊断四类。

1. 放射治疗是指利用电离辐射的生物效应治疗肿瘤等疾病的技术。

2. 核医学是指利用放射性同位素诊断或治疗疾病或进行医学研究的技术。

3. 介入放射学是指在医学影像系统监视引导下，经皮针穿刺或引入导管做抽吸注射、引流或对管腔、血管等做成型、灌注、栓塞等，以诊断与治疗疾病的技术。

4. X射线影像诊断是指利用X射线的穿透等性质取得人体内器官与组织的影像信息以诊断疾病的技术。

为加强放射诊疗工作的管理，保证医疗质量和医疗安全，保障放射诊疗工作人员、患者和公众的健康权益，2006年1月24日，卫生部发布了《放射诊疗管理规定》，自2006年3月1日起施行。2016年1月19日，国家卫生计生委对《放射诊疗管理规定》进行了修订。

## 二、开展放射诊疗的条件

### (一) 基本条件

医疗机构开展放射诊疗工作,应当具备以下基本条件:①具有经核准登记的医学影像科诊疗科目;②具有符合国家相关标准和规定的放射诊疗场所和配套设施;③具有质量控制与安全防护专(兼)职管理人员和管理制度,并配备必要的防护用品和监测仪器;④产生放射性废气、废液、固体废物的,具有确保放射性废气、废物、固体废物达标排放的处理能力或者可行的处理方案;⑤具有放射事件应急处理预案。

### (二) 人员要求

医疗机构开展不同类别放射诊疗工作,对相应人员有不同的要求。

1. **放射治疗**　开展放射治疗工作的,应当具有:①中级以上专业技术职务任职资格的放射肿瘤医师;②病理学、医学影像学专业技术人员;③大学本科以上学历或中级以上专业技术职务任职资格的医学物理人员;④放射治疗技师和维修人员。

2. **核医学**　开展核医学工作的,应当具有:①中级以上专业技术职务任职资格的核医学医师;②病理学、医学影像学专业技术人员;③大学本科以上学历或中级以上专业技术职务任职资格的技术人员或核医学技师。

3. **介入放射学**　开展介入放射学工作的,应当具有:①大学本科以上学历或中级以上专业技术职务任职资格的放射影像医师;②放射影像技师;③相关内、外科的专业技术人员。

4. **X 射线影像诊断**　开展 X 射线影像诊断工作的,应当具有专业的放射影像医师。

### (三) 设备要求

医疗机构开展不同类别放射诊疗工作,应当分别具有下列设备:①开展放射治疗工作的,至少有一台远距离放射治疗装置、并具有模拟定位设备和相应的治疗计划系统等设备;②开展核医学工作的,具有核医学设备及其他相关设备;③开展介入放射学工作的,具有带影像增强器的医用诊断 X 射线机、数字减影装置等设备;④开展 X 射线影像诊断工作的,有医用诊断 X 射线机或 CT 机等设备。

### (四) 安全防护装置、辐射检测仪器和个人防护用品要求

医疗机构应当按照下列要求配备并使用安全防护装置、辐射检测仪器和个人防护用品:①放射治疗场所应当按照相应标准设置多重安全联锁系统、剂量监测系统、影像监控、对讲装置和固定式剂量监测报警装置;配备放疗剂量仪、剂量扫描装置和个人剂量报警仪。②开展核医学工作的,设有专门的放射性同位素分装、注射、储存场所,放射性废物屏蔽设备和存放场所;配备活度计、放射性表面污染监测仪。③介入放射学与其他 X 射线影像诊断工作场所应当配备工作人员防护用品和受检者个人防护用品。

### (五) 警示标志要求

医疗机构应当对下列设备和场所设置醒目的警示标志:①装有放射性同位素和放射性废物的设备、容器,设有电离辐射标志;②放射性同位素和放射性废物储存场所,设有电离辐射警告标志及必要的文字说明;③放射诊疗工作场所的入口处,设有电离辐射警告标志;④放射诊疗工作场所应当按照有关标准的要求分为控制区、监督区,在控制区进出口及其他适当位置,设有电离辐射警告标志和工作指示灯。

## 三、安全防护与质量保证

### (一) 专(兼)职管理人员及其职责

医疗机构应当配备专(兼)职的管理人员,负责放射诊疗工作的质量保证和安全防护。其主要职责是:①组织制定并落实放射诊疗和放射防护管理制度;②定期组织对放射诊疗工作场所、设备和人员进行放射防护检测、监测和检查;③组织本机构放射诊疗工作人员接受专业技术、放射防护知识及

有关规定的培训和健康检查;④制定放射事件应急预案并组织演练;⑤记录本机构发生的放射事件并及时报告卫生行政部门。

### (二) 放射诊疗设备和检测仪表的安全保护

医疗机构的放射诊疗设备和检测仪表,应当符合下列要求:①新安装、维修或更换重要部件后的设备,应当经省级以上卫生行政部门资质认证的检测机构对其进行检测,合格后方可启用;②定期进行稳定性检测、校正和维护保养,由省级以上卫生行政部门资质认证的检测机构每年至少进行一次状态检测;③按照国家有关规定检验或者校准用于放射防护和质量控制的检测仪表;④放射诊疗设备及其相关设备的技术指标和安全、防护性能,应当符合有关标准与要求。不合格或国家有关部门规定淘汰的放射诊疗设备不得购置、使用、转让和出租。

### (三) 放射诊疗场所防护要求

放射诊疗场所的防护要求,主要是:①医疗机构应当定期对放射诊疗工作场所、放射性同位素储存场所和防护设施进行放射防护检测,保证辐射水平符合有关规定或者标准;②放射性同位素不得与易燃、易爆、腐蚀性物品同库储存;储存场所应当采取有效的防泄漏等措施,并安装必要的报警装置;③放射性同位素储存场所应当有专人负责,有完善的存入、领取、归还登记和检查的制度,做到交接严格,检查及时,账目清楚,账物相符,记录资料完整。

### (四) 放射诊疗工作人员安全保护

放射诊疗工作人员应当按照有关规定佩戴个人剂量计。医疗机构应当按照有关规定和标准,对放射诊疗工作人员进行上岗前、在岗期间和离岗时的健康检查,定期进行专业及防护知识培训,并分别建立个人剂量、职业健康管理和教育培训档案。

### (五) 患者和受检者安全保护

放射诊疗工作人员对患者和受检者进行医疗照射时,应当遵守医疗照射正当化和放射防护最优化的原则,有明确的医疗目的,严格控制受照剂量;对邻近照射野的敏感器官和组织进行屏蔽防护,并事先告知患者和受检者辐射对健康的影响。

1. **放射诊断检查安全保护** 医疗机构在实施放射诊断检查前应当对不同检查方法进行利弊分析,在保证诊断效果的前提下,优先采用对人体健康影响较小的诊断技术。实施检查应当遵守下列规定:①严格执行检查资料的登记、保存、提取和借阅制度,不得因资料管理、受检者转诊等原因使受检者接受不必要的重复照射;②不得将核素显像检查和 X 射线胸部检查列入对婴幼儿及少年儿童体检的常规检查项目;③对育龄妇女腹部或骨盆进行核素显像检查或 X 射线检查前,应问明是否怀孕;非特殊需要,对受孕后八至十五周的育龄妇女,不得进行下腹部放射影像检查;④应当尽量以胸部 X 射线摄影代替胸部荧光透视检查;⑤实施放射性药物给药和 X 射线照射操作时,应当禁止非受检者进入操作现场;因患者病情需要其他人员陪检时,应当对陪检者采取防护措施。

医疗机构使用放射影像技术进行健康普查的,应当经过充分论证,制定周密的普查方案,采取严格的质量控制措施。

2. **放射治疗安全保护** 开展放射治疗的医疗机构,在对患者实施放射治疗前,应当进行影像学、病理学及其他相关检查,严格掌握放射治疗的适应证。对确需进行放射治疗的,应当制订科学的治疗计划,并按照下列要求实施:①对体外远距离放射治疗,放射诊疗工作人员在进入治疗室前,应首先检查操作控制台的源位显示,确认放射线束或放射源处于关闭位时,方可进入。②对近距离放射治疗,放射诊疗工作人员应当使用专用工具拿取放射源,不得徒手操作,对接受敷贴治疗的患者采取安全护理,防止放射源被患者带走或丢失。③在实施永久性籽粒插植治疗时,放射诊疗工作人员应随时清点所使用的放射性籽粒,防止在操作过程中遗失;放射性籽粒植入后,必须进行医学影像学检查,确认植入部位和放射性籽粒的数量。④治疗过程中,治疗现场至少应有 2 名放射诊疗工作人员,并密切注视治疗装置的显示及病人情况,及时解决治疗中出现的问题;严禁其他无关人员进入治疗场所。⑤放射诊疗工作人员应当严格按照放射治疗操作规范、规程实施照射;不得擅自修改治疗计划。⑥放射诊工作人员应当验证治疗计划的执行情况,发现偏离计划现象时,应当及时采取补救措施并向本科室负责人或者本机构负责医疗质量控制的部门报告。

**3. 核医学诊疗安全保护**　开展核医学诊疗的医疗机构应当:①遵守相应的操作规范、规程,防止放射性同位素污染人体、设备、工作场所和环境;②按照有关标准的规定对接受体内放射性药物诊治的患者进行控制,避免其他患者和公众受到超过允许水平的照射。核医学诊疗产生的放射性固体废物、废液及患者的放射性排出物应当单独收集,与其他废物、废液分开存放,按照国家有关规定处理。

### 四、放射事件的防范和处置

根据《放射诊疗管理规定》,医疗机构应当制定防范和处置放射事件的应急预案。发生放射事件后应当立即采取有效应急救援和控制措施,防止事件的扩大和蔓延。

医疗机构发生下列放射事件情形之一的,应当及时进行调查处理,如实记录,并按照有关规定及时报告卫生行政部门和有关部门:①诊断放射性药物实际用量偏离处方剂量 50% 以上的;②放射治疗实际照射剂量偏离处方剂量 25% 以上的;③人员误照或误用放射性药物的;④放射性同位素丢失、被盗和污染的;⑤设备故障或人为失误引起的其他放射事件。

## 第五节 ｜ 医疗美容

### 一、医疗美容的概念

医疗美容是指运用手术、药物、医疗器械以及其他具有创伤性或侵入性的医学技术方法,对人的容貌和人体各部位形态进行的修复与再塑。医疗美容与一般医疗行为不同,一般医疗行为是以延长生命、恢复健康为目的而针对患者进行的诊疗操作;而医疗美容中部分接受服务者是健康人,其接受医疗美容的目的是使自身容貌和人体各部位更加美观。医疗美容与生活美容不同,生活美容是指运用化妆品、保健品和非医疗器械等非医疗性手段,对人体所进行的皮肤、毛发的护理、按摩等带有保养或者保健型的非侵入性的美容护理;而医疗美容是具有创伤性或侵入性的医疗操作。

为规范医疗美容服务,促进医疗美容事业的健康发展,维护就医者的合法权益,2002 年 1 月 22 日,卫生部发布了《医疗美容服务管理办法》,同年 5 月 1 日起施行。2009 年 2 月 13 日卫生部、2016 年 1 月 19 日国家卫生计生委对《医疗美容服务管理办法》先后进行了修订。原卫生部还制定了《美容医疗机构、医疗美容科(室)基本标准(试行)》等配套文件,完善了医疗美容服务管理制度。

### 二、医疗美容机构的设置和登记

医疗美容机构是指以开展医疗美容诊疗业务为主的医疗机构。

**1. 开办条件**　举办医疗美容机构或医疗机构设置医疗美容科室,必须同时具备下列条件:①具有承担民事责任的能力;②有明确的医疗美容诊疗服务范围;③符合《医疗机构基本标准(试行)》;④省级以上人民政府卫生健康主管部门规定的其他条件。

**2. 设置审批**　申请举办医疗美容机构的单位或者个人,应按照《医疗美容服务管理办法》,以及《医疗机构管理条例》和《医疗机构管理条例实施细则》的有关规定办理设置审批和登记注册手续。卫生健康主管部门自收到合格申办材料之日起 30 日内作出批准或不予批准的决定,并书面答复申办者。

**3. 登记注册**　医疗美容机构必须经卫生健康主管部门登记注册并获得《医疗机构执业许可证》后方可开展执业活动。

**4. 变更登记**　医疗机构增设医疗美容科目的必须具备规定的条件,按照《医疗机构管理条例》及其实施细则规定的程序,向登记注册机关申请变更登记。

5. **备案**　美容医疗机构和医疗美容科室开展医疗美容项目应当由登记机关指定的专业学会核准,并向登记机关备案。

任何单位和个人,未取得《医疗机构执业许可证》并经登记机关核准开展医疗美容诊疗科目,不得开展医疗美容服务。

### 三、医疗美容执业人员资格

1. **医疗美容主诊医师**　是指具备《医疗美容服务管理办法》规定条件,负责实施医疗美容项目的执业医师。主诊医师必须同时具备下列条件:①具有执业医师资格,经执业医师注册机关注册;②具有从事相关临床学科工作经历。其中,负责实施美容外科项目的应具有6年以上从事美容外科或整形外科等相关专业临床工作经历;负责实施美容牙科项目的应具有5年以上从事美容牙科或口腔科专业临床工作经历;负责实施美容中医科和美容皮肤科项目的应分别具有3年以上从事中医专业和皮肤病临床工作经历;③经过医疗美容专业培训或进修资格,或已从事医疗美容临床工作1年以上;④省级人民政府卫生健康主管部门规定的其他条件。

不具备主诊医师条件的执业医师,可在主诊医师的指导下从事医疗美容临床技术服务工作。

2. **医疗美容护理工作人员**　应同时具备下列条件:①具有护士资格,并经护士注册机关注册;②具有2年以上护理工作经历;③经过医疗美容护理专业培训或进修并合格,或已从事医疗美容临床护理工作6个月以上。

未经卫生行政部门核定并办理执业注册手续的人员不得从事医疗美容诊疗服务。

### 四、医疗美容执业规则

《医疗美容服务管理办法》规定,实施医疗美容项目必须在相应的美容医疗机构或开设医疗美容科室的医疗机构中进行,遵守以下执业规则。

1. 美容医疗机构和医疗美容科室应根据自身条件和能力在卫生行政部门核定的诊疗科目范围内开展医疗服务,未经批准不得擅自扩大诊疗范围。美容医疗机构及开设医疗美容科室的医疗机构不得开展未向登记机关备案的医疗美容项目。

2. 美容医疗机构执业人员要严格执行有关法律、法规和规章,遵守医疗美容技术操作规程。美容医疗机构使用的医用材料须经有关部门批准。

3. 医疗美容服务实行主诊医师负责制。医疗美容项目必须由主诊医师负责或在其指导下实施。

4. 执业医师对就医者实施治疗前,必须向就医者本人或亲属书面告知治疗的适应证、禁忌证、医疗风险和注意事项等,并取得就医者本人或监护人的签字同意。未经监护人同意,不得为无行为能力或者限制行为能力人实施医疗美容项目。

5. 美容医疗机构和医疗美容科室的从业人员要尊重就医者的隐私权,未经就医者本人或监护人同意,不得向第三方披露就医者病情及病历资料。

6. 美容医疗机构和医疗美容科室发生重大医疗过失,要按规定及时报告当地人民政府卫生行政部门。

7. 美容医疗机构和医疗美容科室应加强医疗质量管理,不断提高服务水平。

### 五、医疗美容监督管理

《医疗美容服务管理办法》规定,任何单位和个人,未取得《医疗机构执业许可证》并经登记机关核准开展医疗美容诊疗科目,不得开展医疗美容服务。各级地方人民政府卫生行政部门要加强对医疗美容项目备案的审核。发现美容医疗机构及开设医疗美容科的医疗机构不具备开展某医疗美容项目的条件和能力,应及时通知该机构停止开展该医疗美容项目。

根据2017年发布、2020年修正的《最高人民法院关于审理医疗损害责任纠纷案件适用法律若干问题的解释》第一条第二款的规定,患者以在美容医疗机构或者开设医疗美容科室的医疗机构实施的医疗美容活动中受到人身或者财产损害为由提起的侵权纠纷案件,适用本解释。

对违反《医疗美容服务管理办法》规定的,依据《医师法》《医疗机构管理条例》和《护士管理办法》有关规定予以处罚。

## 第六节 | 法律责任

### 一、违反《人体器官捐献和移植条例》的法律责任

#### (一)违法获取器官的法律责任

《人体器官捐献和移植条例》规定,有下列情形之一,构成犯罪的,依法追究刑事责任:①组织他人出卖人体器官;②未经本人同意获取其活体器官,或者获取未满18周岁公民的活体器官,或者强迫、欺骗他人捐献活体器官;③违背本人生前意愿获取其遗体器官,或者本人生前未表示同意捐献其遗体器官,违反国家规定,违背其配偶、成年子女、父母意愿获取其遗体器官。医务人员有前款所列情形被依法追究刑事责任的,由原执业注册部门吊销其执业证书,终身禁止其从事医疗卫生服务。《刑法修正案(八)》规定,未经本人同意摘取其器官,或者摘取不满18周岁的人的器官,或者强迫、欺骗他人捐献器官的,以故意伤害罪或者故意杀人罪定罪处罚。

《刑法修正案(八)》规定,违背本人生前意愿摘取其尸体器官,或者本人生前未表示同意,违反国家规定,违背其近亲属意愿摘取其尸体器官的,以盗窃、侮辱尸体罪定罪处罚。

#### (二)买卖人体器官或者从事与买卖人体器官有关活动的法律责任

买卖人体器官或者从事与买卖人体器官有关活动的,由县级以上地方人民政府卫生健康部门没收违法所得,并处交易额10倍以上20倍以下的罚款;医疗机构参与上述活动的,还应当由原登记部门吊销该医疗机构的人体器官移植诊疗科目,禁止其10年内从事人体器官获取或者申请从事人体器官移植,并对负有责任的领导人员和直接责任人员依法给予处分,情节严重的,由原执业登记部门吊销该医疗机构的执业许可证或者由原备案部门责令其停止执业活动;医务人员参与上述活动的,还应当由原执业注册部门吊销其执业证书,终身禁止其从事医疗卫生服务,构成犯罪的,依法追究刑事责任。公职人员参与买卖人体器官或者从事与买卖人体器官有关活动的,依法给予撤职、开除处分;构成犯罪的,依法追究刑事责任。

《刑法修正案(八)》规定,组织他人出卖人体器官的,以组织贩卖人体器官罪定罪处罚。

#### (三)医务人员的法律责任

1. 医疗机构未办理人体器官移植诊疗科目登记,擅自从事人体器官移植的,对有关医务人员责令暂停1年执业活动;情节严重的,由原执业注册部门吊销有关医务人员的执业证书。医疗机构不再具备开展人体器官移植条件,仍从事人体器官移植,情节严重的,对有关医务人员责令暂停6个月以上1年以下执业活动。

2. 医疗机构安排不符合人体器官移植要求的人员实施人体器官移植手术,情节严重的,对有关人员依照有关医师管理的法律规定予以处罚。

3. 医疗机构有下列情形之一的,对有关医务人员责令暂停6个月以上1年以下执业活动,情节严重的,可以由原执业注册部门吊销有关医务人员的执业证书:①不具备规定条件从事遗体器官获取;②未按照所在地省、自治区、直辖市人民政府卫生健康部门划定的区域提供遗体器官获取服务;③从事人体器官获取、移植的医务人员参与遗体器官捐献人的死亡判定;④未通过分配系统分配遗体器官,或者不执行分配系统分配结果;⑤使用未经分配系统分配的遗体器官或者来源不明的人体器官实施人体器官移植;⑥获取活体器官前未依照规定履行说明、查验、确认义务;⑦以伪造、篡改数据等方式干扰遗体器官分配。

4. 医务人员有下列情形之一的,应当责令其暂停6个月以上1年以下执业活动,情节严重的,由原执业注册部门吊销其执业证书;构成犯罪的,依法追究刑事责任:①以获取遗体器官为目的跨区域转运潜在遗体器官捐献人;②违反规定,转介潜在遗体器官捐献人的相关信息;③在人体器官捐献和移植中提供虚假材料。

5. 医务人员违反规定,有下列情形之一的,依照有关医疗纠纷预防和处理、医疗事故处理的行政法规规定予以处罚;构成犯罪的,依法追究刑事责任:①未对人体器官捐献人或者获取的人体器官进行医学检查;②未对接受人接受人体器官移植的风险进行评估并采取相应措施;③未遵守相关技术临床应用管理规范。

医疗机构工作人员违反《人体器官捐献和移植条例》规定,泄露人体器官捐献人、接受人或者申请人体器官移植手术患者个人信息的,依照法律、行政法规关于个人信息保护的规定予以处罚;构成犯罪的,依法追究刑事责任。

## 二、违反《人类辅助生殖技术管理办法》的法律责任

### (一)未经批准擅自开展人类辅助生殖技术和设置人类精子库的法律责任

对未经批准擅自开展人类辅助生殖技术和设置人类精子库,采集、提供精子的非医疗机构,按照《医疗机构管理条例》第四十四条的规定处罚。对未经批准擅自开展人类辅助生殖技术和设置人类精子库,采集、提供精子的医疗机构按照《医疗机构管理条例》第四十七条和《医疗机构管理条例实施细则》第八十条的规定处罚。

设置人类精子库的医疗机构有下列行为之一的,由省、自治区、直辖市人民政府卫生行政部门给予警告、1万元以下罚款,并给予有关责任人员行政处分;构成犯罪的,依法追究刑事责任:①采集精液前,未按规定对供精者进行健康检查的;②向医疗机构提供未经检验的精子的;③向不具有人类辅助生殖技术批准证书的机构提供精子的;④供精者档案不健全的;⑤经评估机构检查质量不合格的;⑥其他违反《人类精子库管理办法》规定的行为。

### (二)开展人类辅助生殖技术医疗机构的法律责任

开展人类辅助生殖技术的医疗机构有下列行为之一的,由省、自治区、直辖市人民政府卫生行政部门给予警告、3万元以下罚款,并给予有关责任人行政处分;构成犯罪的,依法追究刑事责任:①买卖配子、合子、胚胎的;②实施代孕技术的;③使用不具有《人类精子库批准证书》机构提供的精子的;④擅自进行性别选择的;⑤实施人类辅助生殖技术档案不健全的;⑥经指定技术评估机构检查技术质量不合格的;⑦其他违反《人类辅助生殖技术管理办法》规定的行为。

### (三)非法植入基因编辑、克隆胚胎罪

将基因编辑、克隆的人类胚胎植入人体或者动物体内,或者将基因编辑、克隆的动物胚胎植入人体内,情节严重的,处3年以下有期徒刑或者拘役,并处罚金;情节特别严重的,处3年以上7年以下有期徒刑,并处罚金。

## 三、违反《放射诊疗管理规定》的法律责任

### (一)违反放射诊疗工作的法律责任

医疗机构有下列情形之一的,由县级以上卫生行政部门给予警告、责令限期改正,并可以根据情节处以3 000元以下的罚款;情节严重的,吊销其《医疗机构执业许可证》:未取得放射诊疗许可从事放射诊疗工作的;未办理诊疗科目登记或者未按照规定进行校验的;未经批准擅自变更放射诊疗项目或者超出批准范围从事放射诊疗工作的。

医疗机构使用不具备相应资质的人员从事放射诊疗工作的,由县级以上卫生行政部门责令限期改正,并可以处以5 000元以下的罚款;情节严重的,吊销其《医疗机构执业许可证》。医疗机构违反建设项目卫生审查、竣工验收有关规定的,按照《职业病防治法》的规定进行处罚。

### （二）未履行安全防护职责的法律责任

医疗机构违反规定，有下列行为之一的，由县级以上卫生行政部门给予警告，责令限期改正；并可处 1 万元以下的罚款：①购置、使用不合格或国家有关部门规定淘汰的放射诊疗设备的；②未按照规定使用安全防护装置和个人防护用品的；③未按照规定对放射诊疗设备、工作场所及防护设施进行检测和检查的；④未按照规定对放射诊疗工作人员进行个人剂量监测、健康检查、建立个人剂量和健康档案的；⑤发生放射事件并造成人员健康严重损害的；⑥发生放射事件未立即采取应急救援和控制措施或者未按照规定及时报告的。

**思考题**

1. 如何理解医疗技术的概念？
2. 为何要对医疗技术进行分类管理？
3. 什么是人体器官移植？
4. 如何保障人体捐献器官分配的公平性？
5. 实施人类辅助生殖技术的人员必须遵守哪些行为准则？
6. 医疗美容主诊医师必须同时具备哪些条件？

思考题解题思路　　　　　本章目标测试

## 推荐阅读

1. 王岳. 医事法［M］.3 版. 北京：人民卫生出版社，2019.
2. 何悦，刘云龙，陈琳. 人体器官移植法律问题研究［M］. 北京：法律出版社，2016.

（杨　健）

# 第二十一章 | 母婴保健法律制度

国家发展母婴保健事业,保障母亲和婴儿健康。母婴保健法律制度包括婚前保健、孕产期保健、产前诊断、禁止非医学需要的胎儿性别鉴定和选择性别的人工终止妊娠、新生儿疾病筛查、儿童保健、母婴保健医学技术鉴定、母婴保健机构和工作人员许可等内容,为母亲和婴儿获得医疗保健服务提供了法律保障。

## 第一节 | 概　述

### 一、母婴保健的概念

母婴保健,是为母亲和婴儿提供医疗保健服务,以保障母亲和婴儿健康、提高出生人口素质的一种活动。

母婴保健工作以保健为中心,以保障生殖健康为目的,实行保健和临床相结合,面向群体、面向基层和预防为主的方针。国家发展母婴保健事业,提供必要条件和物质帮助,使母亲和婴儿获得医疗保健服务。

### 二、母婴保健立法

在我国,保障妇女和儿童的健康权利,一直受到党和政府的重视。1949 年发表的《共同纲领》明确规定"保护母亲、婴儿和儿童的健康"。我国宪法中明确了保护母亲和儿童的规定。为了贯彻宪法思想,《民法典》《妇女权益保障法》《未成年人保护法》等法律对保护妇女和儿童的健康都作了规定。为了保障母亲和婴儿健康、提高出生人口素质,1994 年 10 月 27 日,第八届全国人民代表大会常务委员会第十次会议通过了《母婴保健法》,自 1995 年 6 月 1 日起施行。2009 年 8 月 27 日第十一届全国人民代表大会常务委员会第十次会议、2017 年 11 月 4 日第十二届全国人民代表大会常务委员会第三十次会议对《母婴保健法》进行了修正。这是我国第一部保护妇女儿童健康的法律,是宪法对人民的健康和对妇女、儿童保护原则规定的具体化。2001 年 6 月 20 日,国务院颁布了《母婴保健法实施办法》,并于 2017 年 11 月 17 日、2022 年 3 月 29 日、2023 年 7 月 20 日进行了修订。国务院卫生行政部门还颁布了《产前诊断技术管理办法》《新生儿疾病筛查管理办法》《母婴保健专项技术服务许可及人员资格管理办法》《关于禁止非医学需要的胎儿性别鉴定和选择性别的人工终止妊娠的规定》等规章,以及《婚前保健工作规范(修订)》《孕前保健服务工作规范(试行)》《孕产期保健工作管理办法》《孕产期保健工作规范》《母婴保健医学技术鉴定管理办法》等规范性文件。

## 第二节 | 母婴保健技术服务

### 一、母婴保健技术服务的范围

《母婴保健法实施办法》规定,母婴保健技术服务主要包括下列事项:①有关母婴保健的科普宣传、教育和咨询;②婚前医学检查;③产前诊断和遗传病诊断;④助产技术;⑤实施医学上需要的节育手术;⑥新生儿疾病筛查;⑦有关生育、节育、不育的其他生殖保健服务。

## 二、婚前保健

婚前保健服务,是指对准备结婚的男女双方在结婚登记前所进行的婚前卫生指导、婚前卫生咨询和婚前医学检查服务。

根据《母婴保健法》及其实施办法的规定,医疗保健机构应当为公民提供婚前保健服务,对准备结婚的男女双方提供与结婚和生育有关的生殖健康知识,并根据需要提出医学指导意见。

### (一) 婚前保健服务的内容

1. **婚前卫生指导**　是指关于性卫生知识、生育知识和遗传病知识的教育。包括:①有关性卫生的保健和教育;②新婚避孕知识及计划生育指导;③受孕前的准备、环境和疾病对后代影响等孕前保健知识;④遗传病的基本知识;⑤影响婚育的有关疾病的基本知识;⑥其他生殖健康知识。

2. **婚前卫生咨询**　是指对有关婚配、生育保健等问题提供医学意见。医师进行婚前卫生咨询时,应当为服务对象提供科学的信息,对可能产生的后果进行指导,并提出适当的建议。

3. **婚前医学检查**　是指对准备结婚的男女双方可能患影响结婚和生育的疾病进行医学检查。婚前医学检查包括询问病史、体格及相关检查。婚前医学检查对下列疾病进行检查:①严重遗传性疾病。是指由于遗传因素先天形成,患者全部或者部分丧失自主生活能力,后代再现风险高,医学上认为不宜生育的遗传性疾病。②指定传染病。是指《传染病防治法》中规定的艾滋病、淋病、梅毒、麻风病以及医学上认为影响结婚和生育的其他传染病。③有关精神病。是指精神分裂症、躁狂抑郁型精神病以及其他重型精神病。

《母婴保健法实施办法》规定,婚前医学检查应当遵守婚前保健工作规范并按照婚前医学检查项目进行。经婚前医学检查,医疗、保健机构应当向接受婚前医学检查的当事人出具婚前医学检查证明,并应当列明是否发现下列疾病:①在传染期内的指定传染病;②在发病期内的有关精神病;③不宜生育的严重遗传性疾病;④医学上认为不宜结婚的其他疾病。

### (二) 婚前医学检查意见

《母婴保健法》规定,经婚前医学检查,对患指定传染病在传染期内或者有关精神病在发病期内的,医师应当提出医学意见;准备结婚的男女双方应当暂缓结婚。

经婚前医学检查,对诊断患医学上认为不宜生育的严重遗传性疾病的,医师应当向男女双方说明情况,提出医学意见;经男女双方同意,采取长效避孕措施或者施行结扎手术后不生育的,可以结婚。

经婚前医学检查,医疗、保健机构不能确诊的,应当转到设区的市级以上人民政府卫生行政部门指定的医疗、保健机构确诊。

### (三) 查验婚前医学检查证明

《母婴保健法实施办法》规定,在实行婚前医学检查的地区,婚姻登记机关在办理结婚登记时,应当查验婚前医学检查证明或者母婴保健法规定的医学鉴定证明。

## 三、孕产期保健

孕产期保健,是指各级各类医疗保健机构为准备妊娠至产后 42 天的妇女及胎婴儿提供全程系列的医疗保健服务。《母婴保健法》及其实施办法规定,医疗保健机构应当为育龄妇女和孕产妇提供孕产期保健服务。孕产期保健应当以保障母婴安全为目的,遵循保健与临床相结合的工作方针。

### (一) 孕产期保健服务的内容

1. **母婴保健指导**　是指对孕育健康后代,以及严重遗传性疾病和碘缺乏病等地方病的发病原因、治疗和预防方法提供医学意见。

2. **孕妇、产妇保健**　是指为孕妇、产妇提供卫生、营养、心理等方面的咨询和指导以及产前定期检查等医疗保健服务。

3. **胎儿保健**　是指为胎儿生长发育进行监护,提供咨询和医学指导。

4. **新生儿保健**　是指为新生儿生长发育、哺乳和护理提供医疗保健服务。

### (二)育龄妇女保健服务

《母婴保健法实施办法》规定,医疗保健机构应当为育龄妇女提供有关避孕、节育、生育、不育和生殖健康的咨询和医疗保健服务。根据2011年卫生部发布的《孕前保健服务工作规范(试行)》规定,育龄妇女保健服务的内容主要有以下方面。

1. **健康教育与咨询**　①生理和心理保健知识;②有关生育的基本知识(如生命的孕育过程等);③生活方式、孕前及孕期运动方式、饮食营养和环境因素等对生育的影响;④出生缺陷及遗传性疾病的防治等。

2. **健康状况检查**　通过咨询和孕前医学检查,对准备怀孕夫妇的健康状况作出初步评估。针对存在的可能影响生育的健康问题,提出建议。孕前医学检查(包括体格检查、实验室和影像学等辅助检查)应在知情选择的基础上进行,同时应保护服务对象的隐私。

3. **健康指导**　根据一般情况了解和孕前医学检查结果,对孕前保健对象的健康状况进行综合评估。遵循普遍性指导和个性化指导相结合的原则,对计划怀孕的夫妇进行怀孕前、孕早期及预防出生缺陷的指导等。

### (三)孕产妇保健服务

医疗、保健机构应当为孕产妇提供下列医疗保健服务:①为孕产妇建立保健手册(卡),定期进行产前检查;②为孕产妇提供卫生、营养、心理等方面的医学指导与咨询;③对高危孕妇进行重点监护、随访和医疗保健服务;④为孕产妇提供安全分娩技术服务;⑤定期进行产后访视,指导产妇科学喂养婴儿;⑥提供避孕咨询指导和技术服务;⑦对产妇及其家属进行生殖健康教育和科学育儿知识教育;⑧其他孕产期保健服务。

### (四)婴儿保健服务

《母婴保健法》规定,医疗保健机构为产妇提供科学育儿、合理营养和母乳喂养的指导;对婴儿进行体格检查和预防接种,逐步开展新生儿疾病筛查、婴儿多发病和常见病防治等医疗保健服务。

1. **疾病筛查**　医疗、保健机构应当按照国家有关规定开展新生儿先天性、遗传性代谢病筛查、诊断、治疗和监测。

2. **健康检查**　医疗、保健机构应当按照规定进行新生儿访视,建立儿童保健手册(卡),定期对其进行健康检查,提供有关预防疾病、合理膳食、促进智力发育等科学知识,做好婴儿多发病、常见病防治等医疗保健服务。

3. **预防接种**　医疗、保健机构应当按照规定的程序和项目对婴儿进行预防接种。婴儿的监护人应当保证婴儿及时接受预防接种。

4. **母乳喂养**　国家推行母乳喂养。医疗、保健机构应当为实施母乳喂养提供技术指导,为住院分娩的产妇提供必要的母乳喂养条件。医疗、保健机构不得向孕产妇和婴儿家庭宣传、推荐母乳代用品。

### (五)医学指导和医学意见

1. **医学指导**　医疗保健机构发现孕妇患有下列严重疾病或者接触物理、化学、生物等有毒有害因素,可能危及孕妇生命安全或者可能严重影响孕妇健康和胎儿正常发育的,应当对孕妇进行医学指导和下列必要的医学检查:①严重的妊娠合并症或者并发症;②严重的精神性疾病;③国务院卫生行政部门规定的严重影响生育的其他疾病。

2. **医学意见**　①医师发现或者怀疑患严重遗传性疾病的育龄夫妻,应当提出医学意见。限于现有医疗技术水平难以确诊的,应当向当事人说明情况。育龄夫妻可以选择避孕、节育、不孕等相应的医学措施。②生育过严重遗传性疾病或者严重缺陷患儿的,再次妊娠前,夫妻双方应当按照国家有关规定到医疗、保健机构进行医学检查。医疗、保健机构应当向当事人介绍有关遗传性疾病的知识,给予咨询、指导。对诊断患有医学上认为不宜生育的严重遗传性疾病的,医师应当向当事人说明情况,并提出医学意见。

### (六) 住院分娩

国家提倡住院分娩。医疗保健机构应当按照国务院卫生行政部门制定的技术操作规范,实施消毒接生和新生儿复苏,预防产伤及产后出血等产科并发症,降低孕产妇及围产儿发病率、死亡率。医师和助产人员应当严格遵守有关操作规程,提高助产技术和服务质量,预防和减少产伤。

没有条件住院分娩的,应当由经县级地方人民政府卫生行政部门许可并取得家庭接生员技术证书的人员接生。高危孕妇应当在医疗保健机构住院分娩。

### (七) 新生儿出生医学证明

国家建立孕产妇死亡、婴儿死亡和新生儿出生缺陷监测、报告制度。医疗保健机构和从事家庭接生的人员按照国务院卫生行政部门的规定,出具统一制发的新生儿出生医学证明;有产妇和婴儿死亡以及新生儿出生缺陷情况的,应当向卫生行政部门报告。《出生医学证明》是新生儿申报户口的证明。

## 第三节 │ 产前诊断

### 一、产前诊断的概念

产前诊断,是指对胎儿进行先天性缺陷和遗传性疾病的诊断,包括相应筛查。产前诊断技术项目包括遗传咨询、医学影像、生化免疫、细胞遗传和分子遗传等。

产前诊断技术的应用应当以医疗为目的,符合国家有关法律规定和伦理原则,由经资格认定的医务人员在经许可的医疗保健机构中进行。医疗保健机构和医务人员不得实施任何非医疗目的的产前诊断技术。

### 二、产前诊断的情形

《母婴保健法》规定,经产前检查,医师发现或者怀疑胎儿异常的,应当对孕妇进行产前诊断。《母婴保健法实施办法》规定,孕妇有下列情形之一的,医师应当对其进行产前诊断:①羊水过多或者过少的;②胎儿发育异常或者胎儿有可疑畸形的;③孕早期时接触过可能导致胎儿先天缺陷的物质的;④有遗传病家族史或者曾经分娩过先天性严重缺陷婴儿的;⑤初产妇年龄超过35周岁的。

根据《母婴保健法》规定,胎儿的严重遗传性疾病、胎儿的严重缺陷、孕妇患继续妊娠可能危及其生命健康和安全的严重疾病目录,由国务院卫生行政部门规定。

《产前诊断技术管理办法》规定,确定产前诊断重点疾病,应当符合下列条件:①疾病发生率较高;②疾病危害严重,社会、家庭和个人疾病负担大;③疾病缺乏有效的临床治疗方法;④诊断技术成熟、可靠、安全和有效。

### 三、产前诊断机构和技术人员

《产前诊断技术管理办法》规定,申请开展产前诊断技术的医疗保健机构,必须明确提出拟开展的产前诊断具体技术项目,并符合下列所有条件:①设有妇产科诊疗科目;②具有与所开展技术相适应的卫生专业技术人员;③具有与所开展技术相适应的技术条件和设备;④设有医学伦理委员会;⑤符合《开展产前诊断技术医疗保健机构的基本条件》及相关技术规范。

从事产前诊断的卫生专业技术人员应符合下列所有条件:①从事临床工作的,应取得执业医师资格;②从事医技和辅助工作的,应取得相应卫生专业技术职称;③符合《从事产前诊断卫生专业技术人员的基本条件》;④经省级卫生健康主管部门考核合格,取得从事产前诊断的《母婴保健技术考核合格证书》或者《医师执业证书》中加注母婴保健技术(产前诊断类)考核合格的。从事产前诊断的人员不得在未许可开展产前诊断技术的医疗保健机构中从事相关工作。

## 四、产前诊断的实施

1. **知情选择**　《产前诊断技术管理办法》规定,对一般孕妇实施产前筛查以及应用产前诊断技术坚持知情选择。孕妇自行提出进行产前诊断的,经治医师可根据其情况提供医学咨询,由孕妇决定是否实施产前诊断技术。

2. **告知义务**　经治医师应本着科学、负责的态度,向孕妇或家属告知技术的安全性、有效性和风险性,使孕妇或家属理解技术可能存在的风险和结果的不确定性。在发现胎儿异常的情况下,经治医师必须将继续妊娠和终止妊娠可能出现的结果以及进一步处理意见,以书面形式明确告知孕妇,由孕妇夫妻双方自行选择处理方案,并签署知情同意书。若孕妇缺乏认知能力,由其近亲属代为选择。涉及伦理问题的,应当交医学伦理委员会讨论。

3. **产前诊断报告**　医疗保健机构出具的产前诊断报告,应当由 2 名以上经资格认定的执业医师签发。

4. **健全技术档案**　开展产前诊断技术的医疗保健机构应当建立健全技术档案管理和追踪观察制度。

5. **终止妊娠**　《母婴保健法》规定,经产前诊断,有下列情形之一的,医师应当向夫妻双方说明情况,并提出终止妊娠的医学意见:①胎儿患严重遗传性疾病的;②胎儿有严重缺陷的;③因患严重疾病,继续妊娠可能危及孕妇生命安全或者严重危害孕妇健康的。

依照母婴保健法规定施行终止妊娠或者结扎手术,应当经本人同意,并签署意见。本人无行为能力的,应当经其监护人同意,并签署意见;依照规定施行终止妊娠或者结扎手术的,接受免费服务。

## 五、禁止非医学需要的胎儿性别鉴定

非医学需要的胎儿性别鉴定和选择性别人工终止妊娠,是指除经医学诊断胎儿可能为伴性遗传病等需要进行胎儿性别鉴定和选择性别人工终止妊娠以外,所进行的胎儿性别鉴定和选择性别人工终止妊娠。

《母婴保健法》规定,严禁采用技术手段对胎儿进行性别鉴定,但医学上确有需要的除外。《母婴保健法实施办法》规定,对怀疑胎儿可能为伴性遗传病,需要进行性别鉴定的,由省、自治区、直辖市人民政府卫生行政部门指定的医疗、保健机构按照国务院卫生行政部门的规定进行鉴定。

《禁止非医学需要的胎儿性别鉴定和选择性别人工终止妊娠的规定》指出,禁止任何单位或者个人实施非医学需要的胎儿性别鉴定和选择性别人工终止妊娠。禁止任何单位或者个人介绍、组织孕妇实施非医学需要的胎儿性别鉴定和选择性别人工终止妊娠。

### (一)实施选择性别人工终止妊娠的情形

根据《禁止非医学需要的胎儿性别鉴定和选择性别人工终止妊娠的规定》,符合法定生育条件,除下列情形外,不得实施选择性别人工终止妊娠:①胎儿患严重遗传性疾病的;②胎儿有严重缺陷的;③因患严重疾病,继续妊娠可能危及孕妇生命安全或者严重危害孕妇健康的;④法律法规规定的或医学上认为确有必要终止妊娠的其他情形。

### (二)胎儿性别鉴定的实施

医学需要的胎儿性别鉴定,由省、自治区、直辖市卫生行政部门批准设立的医疗卫生机构按照国家有关规定实施。实施医学需要的胎儿性别鉴定,应当由医疗卫生机构组织 3 名以上具有临床经验和医学遗传学知识,并具有副主任医师以上的专业技术职称的专家集体审核。经诊断,确需人工终止妊娠的,应当出具医学诊断报告,并由医疗卫生机构通报当地县级卫生行政部门。

### (三)查验身份和情况通报

实施人工终止妊娠手术的机构应当在手术前登记、查验受术者身份证明信息,并及时将手术实施情况通报当地县级卫生行政部门。

### （四）遵守管理制度

医疗卫生机构应当在工作场所设置禁止非医学需要的胎儿性别鉴定和选择性别人工终止妊娠的醒目标志；医务人员应当严格遵守有关法律法规和超声诊断、染色体检测、人工终止妊娠手术管理等相关制度。

## 第四节 ｜ 母婴保健医学技术鉴定

### 一、母婴保健医学技术鉴定的概念

母婴保健医学技术鉴定，是指接受母婴保健服务的公民或者提供母婴保健服务的医疗保健机构，对婚前医学检查、遗传病诊断、产前诊断的结果或医学技术鉴定结论持有异议所进行的医学技术鉴定。母婴保健医学技术鉴定工作必须坚持实事求是，尊重科学，公正鉴定，保守秘密的原则。

### 二、医学技术鉴定组织

《母婴保健实施办法》规定，母婴保健医学技术鉴定委员会分为省、市、县三级。母婴保健医学技术鉴定委员会成员应当符合下列任职条件：①县级母婴保健医学技术鉴定委员会成员应当具有主治医师以上专业技术职务；②设区的市级和省级母婴保健医学技术鉴定委员会成员应当具有副主任医师以上专业技术职务。

### 三、医学技术鉴定的程序

当事人对婚前医学检查、遗传病诊断、产前诊断结果有异议，需要进一步确诊的，可以自接到检查或者诊断结果之日起 15 日内向所在地县级或者设区的市级母婴保健医学技术鉴定委员会提出书面鉴定申请。母婴保健医学技术鉴定委员会应当自接到鉴定申请之日起 30 日内作出医学技术鉴定意见，并及时通知当事人。

当事人对鉴定意见有异议的，可以自接到鉴定意见通知书之日起 15 日内向上一级母婴保健医学技术鉴定委员会申请再鉴定。

母婴保健医学技术鉴定委员会进行医学鉴定时须有 5 名以上相关专业医学技术鉴定委员会成员参加。《母婴保健医学技术鉴定管理办法》规定，参加鉴定人员中与当事人有利害关系的，应当回避。医学技术鉴定委员会成员在发表鉴定意见前，可以要求当事人及有关人员到会陈述理由和事实经过，当事人应当如实回答提出的询问。当事人无正当理由不到会的，鉴定仍可照常进行。医学技术鉴定委员会成员发表医学技术鉴定意见时，当事人应当回避。鉴定委员会成员应当在鉴定结论上署名；不同意见应当如实记录。鉴定委员会根据鉴定结论向当事人出具鉴定意见书。

当事人对鉴定结论有异议的，可在接到《母婴保健医学技术鉴定证明》之日起 15 日内向上一级医学技术鉴定委员会申请重新鉴定。省级医学技术鉴定委员会的医学技术鉴定结论，为最终鉴定结论。

## 第五节 ｜ 新生儿疾病筛查

### 一、新生儿疾病筛查的概念

新生儿疾病筛查，是指在新生儿期对严重危害新生儿健康的先天性、遗传性疾病施行专项检查，提供早期诊断和治疗的母婴保健技术。

新生儿疾病筛查是提高出生人口素质,减少出生缺陷的预防措施之一。各级各类医疗机构和医务人员应当在工作中开展新生儿疾病筛查的宣传教育工作。

### 二、新生儿疾病筛查的病种

《新生儿疾病筛查管理办法》规定,全国新生儿疾病筛查病种包括先天性甲状腺功能减低症、苯丙酮尿症等新生儿遗传代谢病和听力障碍。

国务院卫生行政部门根据需要对全国新生儿疾病筛查病种进行调整。省、自治区、直辖市人民政府卫生行政部门可以根据本行政区域的医疗资源、群众需求、疾病发生率等实际情况,增加本行政区域内新生儿疾病筛查病种,并报国务院卫生行政部门备案。

### 三、新生儿疾病筛查的原则和程序

新生儿疾病筛查遵循自愿和知情选择的原则。医疗机构在实施新生儿疾病筛查前,应当将新生儿疾病筛查的项目、条件、方式、灵敏度和费用等情况如实告知新生儿的监护人,并取得签字同意。

新生儿遗传代谢病筛查程序包括血片采集、送检、实验室检测、阳性病例确诊和治疗。新生儿听力筛查程序包括初筛、复筛、阳性病例确诊和治疗。

### 四、新生儿疾病筛查医疗机构

#### (一)新生儿疾病筛查中心

省、自治区、直辖市人民政府卫生行政部门应当根据本行政区域的实际情况,制定本地区新生儿遗传代谢病筛查中心和新生儿听力筛查中心(即新生儿疾病筛查中心)设置规划,指定具备能力的医疗机构为本行政区域新生儿疾病筛查中心。

新生儿疾病筛查中心应当开展以下工作:①开展新生儿遗传代谢疾病筛查的实验室检测、阳性病例确诊和治疗或者听力筛查阳性病例确诊、治疗;②掌握本地区新生儿疾病筛查、诊断、治疗、转诊情况;③负责本地区新生儿疾病筛查人员培训、技术指导、质量管理和相关的健康宣传教育;④承担本地区新生儿疾病筛查有关信息的收集、统计、分析、上报和反馈工作。开展新生儿疾病筛查的医疗机构应当及时提供病例信息,协助新生儿疾病筛查中心做好上述工作。

新生儿遗传代谢病筛查中心发现新生儿遗传代谢病阳性病例时,应当及时通知新生儿监护人进行确诊。开展新生儿听力初筛、复筛的医疗机构发现新生儿疑似听力障碍的,应当及时通知新生儿监护人到新生儿听力筛查中心进行听力确诊。医疗机构发现新生儿患有遗传代谢病和听力障碍的,应当及时告知其监护人,并提出治疗和随诊建议。

从事新生儿疾病筛查的医疗机构和人员,应当严格执行新生儿疾病筛查技术规范,保证筛查质量。

#### (二)医疗机构

诊疗科目中设有产科或者儿科的医疗机构,应当按照《新生儿疾病筛查技术规范》的要求,开展新生儿遗传代谢病血片采集及送检、新生儿听力初筛及复筛工作。不具备开展新生儿疾病筛查血片采集、新生儿听力初筛和复筛服务条件的医疗机构,应当告知新生儿监护人到有条件的医疗机构进行新生儿疾病筛查血片采集及听力筛查。

## 第六节 | 儿童保健

### 一、概念

儿童保健,是指以 0～6 岁儿童为对象的保健服务。儿童保健管理包括散居儿童保健管理和学龄前集体儿童卫生保健管理。

《全国儿童保健工作规范(试行)》规定,要根据不同年龄儿童生理和心理发育特点,提供基本保健服务,包括出生缺陷筛查与管理(包括新生儿疾病筛查)、生长发育监测、喂养与营养指导、早期综合发展、心理行为发育评估与指导、免疫规划、常见疾病防治、健康安全保护、健康教育与健康促进等。

## 二、儿童保健职责

1. **儿童保健工作的主管部门**　各级卫生行政部门是儿童保健工作的主管部门,职责是:①负责制定儿童保健工作方针政策、发展规划、技术规范与标准,并组织实施;②根据当地区域卫生规划,建立健全儿童保健服务机构和服务网络,提供专业人员、经费、房屋和设备等必要的服务条件;③建立完善的质量控制和绩效评估制度,对辖区内儿童保健工作进行监督管理。

2. **妇幼保健机构**　妇幼保健机构是辖区内专业公共卫生机构和妇幼保健的技术指导中心,职责是:①在卫生行政部门领导下,制定并实施辖区儿童保健工作计划;②制定健康教育工作计划,开展有针对性的健康教育和健康促进活动。定期对健康教育效果进行评估,不断探索适宜不同人群的健康教育方式,提高健康教育质量;③承担对下级妇幼保健机构的技术指导、业务培训和工作评估,协助开展儿童保健服务;④负责对社区卫生服务机构、乡(镇)卫生院和其他医疗机构的儿童保健工作进行技术指导和业务培训,推广儿童保健适宜技术;⑤按照《托儿所幼儿园卫生保健管理办法》的要求,对辖区托幼机构卫生保健工作进行业务管理、技术指导、人员培训和考核评估;⑥做好儿童保健信息的收集、汇总、上报、分析、反馈和交流等管理工作,做好信息统计工作的质量控制,确保资料的准确性;⑦建立健全婴儿及 5 岁以下儿童死亡和出生缺陷监测系统,建立残疾儿童筛查和报告制度,开展儿童死亡评审工作;⑧对危害儿童健康的主要问题开展调查与科学研究,为卫生行政部门提供决策依据;⑨根据当地儿童保健工作规划,有计划、有重点地开展儿童保健服务;⑩完成卫生行政部门交办的其他任务。

3. **乡(镇)卫生院、社区卫生服务中心**　其职责是:①开展与机构职责、功能相适应的儿童保健健康教育和技术服务;②掌握辖区内儿童健康基本情况,完成辖区内各项儿童保健服务与健康状况数据的收集、上报和反馈,对村卫生室、社区卫生服务站的儿童保健服务、信息收集、相关监测等工作进行指导和质量控制;③接受妇幼保健机构的技术指导、培训和工作评估。

4. **村卫生室和社区卫生服务站**　其职责是:在乡(镇)卫生院或社区卫生服务中心指导下,开展或协助开展儿童保健健康教育和服务,收集和上报儿童保健服务与健康状况数据。

5. **其他医疗卫生机构**　其职责是:①医疗卫生机构开展儿童保健服务,应遵循《全国儿童保健工作规范(试行)》;②开展儿童保健服务的医疗卫生机构应接受妇幼保健机构的技术指导、服务管理与工作评估;③参与辖区儿童工作技术指导、业务培训、考核评估。

## 三、儿童保健的内容

1. **胎儿保健**　动态监测胎儿发育状况,为孕妇提供合理膳食、良好生活环境和心理状态的指导,避免或减少孕期有害因素对胎儿的影响,开展产前筛查和诊断。

2. **新生儿保健**　①新生儿出院前,由助产单位医务人员进行预防接种和健康评估,根据结果提出相应的指导意见;②开展新生儿访视,访视次数不少于 2 次,首次访视应在出院 7 天之内进行,对高危新生儿酌情增加访视次数。访视内容包括全面健康检查、母乳喂养和科学育儿指导,发现异常,应指导及时就诊;③按照《新生儿疾病筛查管理办法》和技术规范,开展新生儿疾病筛查工作。

3. **婴幼儿及学龄前期儿童保健**　①建立儿童保健册(表、卡),提供定期健康体检或生长监测服务,做到正确评估和指导。②为儿童提供健康检查,1 岁以内婴儿每年 4 次、1~2 岁儿童每年 2 次、3 岁以上儿童每年 1 次。开展体格发育及健康状况评价,提供婴幼儿喂养咨询和口腔卫生行为指导。

按照国家免疫规划进行预防接种。③对早产儿、低出生体重儿、中重度营养不良、单纯性肥胖、中重度贫血、活动期佝偻病、先心病等高危儿童进行专案管理。④根据不同年龄儿童的心理发育特点,提供心理行为发育咨询指导。⑤开展高危儿童筛查、监测、干预及转诊工作,对残障儿童进行康复训练与指导。⑥开展儿童五官保健服务,重点对龋齿、听力障碍、弱视、屈光不正等疾病进行筛查和防治。⑦采取综合措施预防儿童意外伤害的发生。

## 第七节 | 行政管理

### 一、母婴保健工作职责

1. **各级人民政府职责** 《母婴保健法》规定,各级人民政府应当采取措施,加强母婴保健工作,提高医疗保健服务水平,积极防治由环境因素所致严重危害母亲和婴儿健康的地方性高发性疾病,促进母婴保健事业的发展。

2. **卫生行政部门职责** 县级以上地方人民政府卫生行政部门负责本行政区域内的母婴保健监督管理工作,履行下列监督管理职责:①依照母婴保健法及其实施办法以及国务院卫生行政部门规定的条件和技术标准,对从事母婴保健工作的机构和人员实施许可,并核发相应的许可证书;②对母婴保健法及其实施办法的执行情况进行监督检查;③对违反母婴保健法及其实施办法的行为,依法给予行政处罚;④负责母婴保健工作监督管理的其他事项。

3. **医疗保健机构职责** 医疗保健机构按照国务院卫生行政部门的规定,负责其职责范围内的母婴保健工作,建立医疗保健工作规范,提高医学技术水平,采取各种措施方便人民群众,做好母婴保健服务工作。

### 二、医疗保健机构和工作人员许可

1. **医疗保健机构的许可** 医疗保健机构依照《母婴保健法》的规定开展婚前医学检查、遗传病诊断、产前诊断以及施行结扎手术和终止妊娠手术的,必须符合国务院卫生行政部门规定的条件和技术标准,并经县级及以上地方人民政府卫生行政部门许可:①从事遗传病诊断、产前诊断的医疗、保健机构,须经省、自治区、直辖市人民政府卫生行政部门许可;②从事产前诊断中产前筛查的医疗、保健机构,须经县级人民政府卫生行政部门许可;③从事婚前医学检查的医疗、保健机构,须经县级人民政府卫生行政部门许可;④从事助产技术服务、结扎手术和终止妊娠手术的医疗、保健机构须经县级人民政府卫生行政部门许可,并取得相应的合格证书。

2. **母婴保健工作人员的许可** 《母婴保健法实施办法》规定:①从事遗传病诊断、产前诊断的人员,须经省、自治区、直辖市人民政府卫生行政部门许可;②从事产前诊断中产前筛查的人员,须经县级人民政府卫生行政部门许可;③从事婚前医学检查的人员,须经县级人民政府卫生行政部门许可;④从事助产技术服务、结扎手术和终止妊娠手术的人员,须经县级人民政府卫生行政部门许可,并取得相应的合格证书。

从事母婴保健工作的执业医师应当依照母婴保健法的规定取得相应的资格。从事母婴保健工作的人员应当严格遵守职业道德,为当事人保守秘密。

## 第八节 | 法律责任

### 一、擅自从事母婴保健技术服务的法律责任

《母婴保健法》规定,未取得国家颁发的有关合格证书,有下列行为之一,县级以上地方人民政府

卫生行政部门应当予以制止,并可根据情节给予警告或者处以罚款:①从事婚前医学检查、遗传病诊断或者医学技术鉴定的;②施行终止妊娠手术的;③出具法律规定的有关医学证明的。同时,违法出具的医学证明视为无效。

《母婴保健法实施办法》规定,母婴保健机构或者人员未取得母婴保健技术许可,擅自从事婚前医学检查、遗传病诊断、产前诊断、终止妊娠手术和医学技术鉴定或者出具有关医学证明的,由卫生行政部门给予警告,责令停止违法行为,没收违法所得;违法所得5 000元以上的,并处违法所得3倍以上5倍以下的罚款;没有违法所得或者违法所得不足5 000元的,并处5 000元以上2万元以下的罚款。

《母婴保健法》规定,未取得国家颁发的有关合格证书,施行终止妊娠手术或者采取其他方法终止妊娠,致人死亡、残疾、丧失或者基本丧失劳动能力的,依照刑法有关规定追究刑事责任。《刑法》第三百三十六条规定,未取得医生执业资格擅自为他人进行节育复通手术、假节育手术、终止妊娠手术或者摘取宫内节育器,情节严重的,处3年以下有期徒刑、拘役或者管制,并处或者单处罚金;严重损害就诊人身体健康的,处3年以上10年以下有期徒刑,并处罚金;造成就诊人死亡的,处10年以上有期徒刑,并处罚金。

## 二、出具虚假医学证明文件的法律责任

《母婴保健法》规定,从事母婴保健工作的人员违反规定出具虚假医学证明文件的,由医疗保健机构或者卫生行政部门根据情节给予行政处分;情节严重的,依法取消执业资格。

《母婴保健法实施办法》规定,从事母婴保健技术服务的人员出具虚假医学证明文件的,依法给予行政处分。有下列情形之一的,由原发证部门撤销相应的母婴保健技术执业资格或者医师执业证书:①因延误诊治,造成严重后果的;②给当事人身心健康造成严重后果的;③造成其他严重后果的。

## 三、违反规定进行胎儿性别鉴定的法律责任

《母婴保健法》规定,从事母婴保健技术服务的人员违反规定进行胎儿性别鉴定的,由医疗保健机构或者卫生行政部门根据情节给予行政处分;情节严重的,依法取消执业资格。

《母婴保健法实施办法》规定,违反规定进行胎儿性别鉴定的,由卫生行政部门给予警告,责令停止违法行为;对医疗、保健机构直接负责的主管人员和其他直接责任人员,依法给予行政处分。进行胎儿性别鉴定两次以上的或者以营利为目的进行胎儿性别鉴定的,并由原发证机关撤销相应的母婴保健技术执业资格或者医师执业证书。

**思考题**

1. 如何保护公民享有母婴保健的知情选择权?
2. 婚前保健的作用体现在哪些方面?
3. 卫生专业技术人员如何履行产前诊断的告知义务?

思考题解题思路　　　　本章目标测试

## 推荐阅读

1. 国家卫生健康委综合监督局.母婴保健执法工作法律法规汇编［M］.北京:中国人口出版社,2019.

2. 黄学贤.现行婚检制度的规范冲突及其解决［J］.南大法学,2023,(4):90-98.

（蔡晓卫）

# 第二十二章 | 精神卫生法律制度

精神卫生,是影响经济社会发展的重大公共卫生问题和社会问题。精神卫生法律制度明确了我国精神卫生工作实行预防为主的方针,坚持预防、治疗和康复相结合的原则;规定了各级政府心理健康促进和精神障碍预防的责任、精神障碍患者的权益保护;完善了精神障碍的诊断和治疗制度、精神障碍康复制度和保障措施,为发展精神卫生事业,规范精神卫生服务,维护精神障碍患者的合法权益,促进社会和谐稳定提供了法律保障。

## 第一节 | 概 述

### 一、精神卫生的概念

精神卫生,是指开展精神障碍的预防、治疗和康复,促进公民心理健康的各项活动。

精神卫生有广义和狭义之分。狭义的精神卫生,是指精神障碍的预防、医疗和康复工作,即对精神障碍患者早期发现,及时治疗,有效康复,最终使其回归社会。广义的精神卫生,除了上述内容外,还包括促进全体公民心理健康的内容,通过政府及有关部门、用人单位、学校、新闻媒体等的工作,促进公民了解精神卫生知识,提高社会公众的心理健康水平。

精神障碍是一种疾病,是指由各种原因引起的感知、情感和思维等精神活动的紊乱或者异常,导致患者明显的心理痛苦或者社会适应等功能损害。常见的精神障碍有精神分裂症、情感性精神障碍、脑器质性精神障碍等。导致精神障碍的致病因素是多方面的,既有先天遗传、个性特征及体质因素、器质因素,也有社会性环境因素等。

现行国际疾病诊断分类(ICD-11)将精神、行为及神经发育障碍分为以下几类:精神分裂症与其他原发性精神病性障碍;紧张症;心境障碍;焦虑及恐惧相关障碍;强迫及相关障碍;应激相关障碍;躯体痛苦和躯体体验障碍;物质使用和成瘾行为所致障碍;人格障碍及相关人格特质;神经发育障碍等。

精神障碍根据病情的严重程度,分为一般的精神障碍和严重的精神障碍。严重精神障碍,是指疾病症状严重,导致患者社会适应等功能严重损害、对自身健康状况或者客观现实不能完整认识,或者不能处理自身事务的精神障碍。主要包括精神分裂症、偏执性精神病、分裂情感障碍、双向情感障碍、癫痫所致精神障碍、精神发育迟滞等6种精神疾病。

### 二、精神卫生立法

精神卫生问题既是公共卫生问题,也是重大的社会问题。随着我国经济社会的发展,人们生活节奏的加快,在工作、生活中面临的各种压力的增大,精神健康问题渐渐增多,精神卫生逐渐成为迫切需要关注的一个重要问题。截至2021年底,全国在数据库里登记在册的严重精神障碍患者660万;同时精神疾病属于慢性疾病,治疗时间长,康复任务重,又易于复发,在我国疾病总负担中排名首位,约占疾病总负担的20%,远高于传染病等疾病。因此,制定精神卫生法,依法促进精神卫生事业的发展,对于做好精神障碍的预防、治疗和康复,加强精神障碍服务体系建设,增进人民群众的身心健康,保障我国经济社会全面、协调和可持续发展具有重要意义。

长期以来,国家对精神卫生工作一直予以高度重视。多次召开全国精神卫生工作会议,研究和部署精神卫生工作。2002 年卫生部、民政部、公安部和中国残联联合发布《中国精神卫生工作规划（2002—2010 年）》；2004 年国务院办公厅转发《关于进一步加强精神卫生工作的指导意见》；2006 年国务院批准建立"精神卫生工作部际联席会议制度"；2008 年 1 月卫生部等 17 个部门联合印发了《全国精神卫生工作体系发展指导纲要（2008 年—2015 年）》。2015 年 6 月国务院办公厅转发了国家卫生计生委等 10 部门联合制定的《全国精神卫生工作规划（2015—2020 年）》。2016 年 10 月 25 日，中共中央、国务院印发的《"健康中国 2030"规划纲要》提出，加强心理健康服务体系建设和规范化管理；加大全民心理健康科普宣传力度，提升心理健康素养；加强对抑郁症、焦虑症等常见精神障碍和心理行为问题的干预，加大对重点人群心理问题早期发现和及时干预力度；加强严重精神障碍患者报告登记和救治救助管理；全面推进精神障碍社区康复服务；提高突发事件心理危机的干预能力和水平，到 2030 年，常见精神障碍防治和心理行为问题识别干预水平显著提高。2019 年 7 月 9 日，国务院健康中国行动推进委员会发布的《健康中国行动（2019—2030 年）》指出，心理健康是健康的重要组成部分，并提出了心理健康行动的目标，包括到 2022 年和 2030 年，居民心理健康素养水平提升到 20% 和 30%；登记在册的严重精神障碍患者规范管理率达到 80% 和 85%；建立精神卫生医疗机构、社区康复机构及社会组织、家庭相互衔接的精神障碍社区康复服务体系，建立和完善心理健康教育、心理热线服务、心理评估、心理咨询、心理治疗、精神科治疗等衔接合作的心理危机干预和心理援助服务模式。2019 年 12 月 28 日，第十三届全国人民代表大会常务委员会第十五次会议通过的《基本医疗卫生法与健康促进法》规定，国家发展精神卫生事业，建设完善精神卫生服务体系，维护和增进公民心理健康，预防、治疗精神障碍。

为了发展精神卫生事业，规范精神卫生服务，维护精神障碍患者的合法权益，2012 年 10 月 26 日，第十一届全国人民代表大会常务委员会第二十九次会议通过了《精神卫生法》，自 2013 年 5 月 1 日起施行。2018 年 4 月 27 日，第十三届全国人民代表大会常务委员会第二次会议对《精神卫生法》进行了修正。

《精神卫生法》适用于在中华人民共和国境内开展维护和增进公民心理健康、预防和治疗精神障碍、促进精神障碍患者康复的活动。

### 三、精神卫生工作的方针和原则

《精神卫生法》规定，精神卫生工作实行预防为主的方针，坚持预防、治疗和康复相结合的原则。

预防是精神卫生工作中非常重要的一环，通过积极有效的预防，可以减少精神障碍的发生，促进全民的心理健康。精神卫生预防分为三级：一级预防即病因预防，通过消除或者减少致病因素来防止或减少精神障碍发生；二级预防的重点是早期发现、早期诊断、早期治疗，并争取疾病缓解后有良好的预后，防止复发；三级预防的重点是做好精神障碍患者的康复训练，最大限度地促进患者社会功能的恢复，减少功能残疾，延缓疾病衰退的进程，提高患者的生活质量。

坚持预防为主的方针外，对于已经患有精神障碍的患者，及时治疗和有效的康复就显得极为重要。精神障碍康复应当坚持功能训练、全面康复、回归社会三项基本原则，运用一切可采取的手段，尽量纠正精神障碍的病态表现，最大限度地恢复适应社会生活的精神功能。

### 四、精神障碍患者权益保护

精神障碍患者同其他公民一样，享受人身权、财产权，以及教育、劳动、医疗、从国家和社会获得物质帮助等方面的合法权益。同时，由于精神障碍患者属于社会弱势群体，社会上对他们还存在或多或少的歧视，使他们在就学、就业等方面存在困难，所以依法维护他们的合法权益就显得十分需要和迫切。

《精神卫生法》规定，精神障碍患者的人格尊严、人身和财产安全不受侵犯。精神障碍患者的教育、劳动、医疗以及从国家和社会获得物质帮助等方面的合法权益受法律保护。

### (一)尊重、理解、关爱精神障碍患者

全社会应当尊重、理解、关爱精神障碍患者。任何组织或者个人不得歧视、侮辱、虐待精神障碍患者,不得非法限制精神障碍患者的人身自由。新闻报道和文学艺术作品等不得含有歧视、侮辱精神障碍患者的内容。

### (二)保障精神障碍患者教育、就业权利

县级以上地方人民政府及其有关部门应当采取有效措施,保证患有精神障碍的适龄儿童、少年接受义务教育,扶持有劳动能力的精神障碍患者从事力所能及的劳动,并为已经康复的人员提供就业服务。国家对安排精神障碍患者就业的用人单位依法给予税收优惠,并在生产、经营、技术、资金、物资、场地等方面给予扶持。

### (三)保护精神障碍患者隐私

有关单位和个人应当对精神障碍患者的姓名、肖像、住址、工作单位、病历资料以及其他可能推断出其身份的信息予以保密;但是,依法履行职责需要公开的除外。

### (四)禁止对精神障碍患者实施家庭暴力和遗弃

精神障碍患者的监护人应当履行监护职责,维护精神障碍患者的合法权益。禁止对精神障碍患者实施家庭暴力,禁止遗弃精神障碍患者。

## 五、精神卫生工作管理机制

《精神卫生法》规定,精神卫生工作实行政府组织领导、部门各负其责、家庭和单位尽力尽责、全社会共同参与的综合管理机制。

### (一)政府组织领导

县级以上人民政府领导精神卫生工作,将其纳入国民经济和社会发展规划,建设和完善精神障碍的预防、治疗和康复服务体系,建立健全精神卫生工作协调机制和工作责任制,对有关部门承担的精神卫生工作进行考核、监督。乡镇人民政府和街道办事处根据本地区的实际情况,组织开展预防精神障碍发生、促进精神障碍患者康复等工作。

各级人民政府和县级以上人民政府有关部门应当采取措施,鼓励和支持组织、个人提供精神卫生志愿服务,捐助精神卫生事业,兴建精神卫生公益设施。对在精神卫生工作中作出突出贡献的组织、个人,按照国家有关规定给予表彰、奖励。

### (二)国务院卫生行政部门和有关部门职责

《精神卫生法》规定,国务院卫生行政部门主管全国的精神卫生工作。县级以上地方人民政府卫生行政部门主管本行政区域的精神卫生工作。县级以上人民政府司法行政、民政、公安、教育、人力资源和社会保障等部门在各自职责范围内负责有关的精神卫生工作。

## 第二节 ｜ 心理健康促进和精神障碍预防

### 一、各级政府及其部门的责任

《基本医疗卫生与健康促进法》规定,国家采取措施,加强心理健康服务体系和人才队伍建设,促进心理健康教育、心理评估、心理咨询与心理治疗服务的有效衔接,设立为公众提供公益服务的心理援助热线,加强未成年人、残疾人和老年人等重点人群心理健康服务。

《精神卫生法》规定,各级人民政府和县级以上人民政府有关部门应当采取措施,加强心理健康促进和精神障碍预防工作,提高公众心理健康水平。各级人民政府和县级以上人民政府有关部门制定的突发事件应急预案,应当包括心理援助的内容。发生突发事件,履行统一领导职责或者组织处置突发事件的人民政府应当根据突发事件的具体情况,按照应急预案的规定,组织开展心理援助工作。

## 二、相关单位和人员的精神障碍预防义务

### (一) 用人单位

用人单位作为职工活动的主要场所,其工作环境是影响职工心理健康的重要因素。用人单位应当创造有益于职工身心健康的工作环境,关注职工的心理健康;对处于职业发展特定时期或者在特殊岗位工作的职工,应当有针对性地开展心理健康教育。

### (二) 学校

通过各种方式对不同年龄层次的学生进行心理健康教育指导,是对传统学校教育的重要补充,能帮助学生掌握调控自我,发展自我的方法与能力,避免学生出现行为障碍或人格缺陷,也有助于促进学生德、智、体、美全面发展。

《精神卫生法》规定,各级各类学校应当对学生进行精神卫生知识教育;配备或者聘请心理健康教育教师、辅导人员,并可以设立心理健康辅导室,对学生进行心理健康教育。学前教育机构应当对幼儿开展符合其特点的心理健康教育。发生自然灾害、意外伤害、公共安全事件等可能影响学生心理健康的事件,学校应当及时组织专业人员对学生进行心理援助。

教师应当学习和了解相关的精神卫生知识,关注学生心理健康状况,正确引导、激励学生。地方各级人民政府教育行政部门和学校应当重视教师心理健康。

学校和教师应当与学生父母或者其他监护人、近亲属沟通学生心理健康情况。

### (三) 医务人员

加强医疗环节的心理健康指导,是精神卫生预防工作的重要组成部分。精神障碍诊断治疗以外的医务人员应承担起精神卫生预防的职责。《精神卫生法》规定,医务人员开展疾病诊疗服务,应当按照诊断标准和治疗规范的要求,对就诊者进行心理健康指导;发现就诊者可能患有精神障碍的,应当建议其到符合精神卫生法规定的医疗机构就诊。

### (四) 监狱、看守所等场所

监狱、看守所、拘留所、强制隔离戒毒所等场所,应当对服刑人员,被依法拘留、逮捕、强制隔离戒毒的人员等开展精神卫生知识宣传,关注其心理健康状况,必要时提供心理咨询和心理辅导。根据2003年司法部《监狱教育改造工作规定》,监狱应当对犯人进行心理健康教育,宣传心理健康知识,使罪犯对心理问题学会自我调节、自我矫治。

### (五) 村委会、居委会

村民委员会、居民委员会应当协助所在地人民政府及其有关部门开展社区心理健康指导、精神卫生知识宣传教育活动,创建有益于居民身心健康的社区环境。

### (六) 乡镇、社区卫生服务机构

乡镇卫生院或者社区卫生服务机构应当为村民委员会、居民委员会开展社区心理健康指导、精神卫生知识宣传教育活动提供技术指导。

### (七) 家庭

《精神卫生法》规定,家庭成员之间应当相互关爱,创造良好、和睦的家庭环境,提高精神障碍预防意识;发现家庭成员可能患有精神障碍的,应当帮助其及时就诊,照顾其生活,做好看护管理。

### (八) 心理咨询人员

心理健康咨询,是运用心理学技术和方法帮助健康人解决生活中遇到的各种心理困扰,预防心理问题演变为心理障碍,促进心理健康。

心理咨询对精神障碍的预防具有重要作用。《精神卫生法》规定,心理咨询人员应当提高业务素质,遵守执业规范,为社会公众提供专业化的心理咨询服务。

心理咨询人员不得从事心理治疗或者精神障碍的诊断、治疗。心理咨询人员发现接受咨询的人员可能患有精神障碍的,应当建议其到符合《精神卫生法》规定的医疗机构就诊。心理咨询人员应当

尊重接受咨询人员的隐私,并为其保守秘密。

### (九) 新闻媒体、社会组织

国家鼓励和支持新闻媒体、社会组织开展精神卫生的公益性宣传,普及精神卫生知识,引导公众关注心理健康,预防精神障碍的发生。

## 三、精神卫生信息管理

国务院卫生行政部门建立精神卫生监测网络,实行严重精神障碍发病报告制度,组织开展精神障碍发生状况、发展趋势等的监测和专题调查工作。国务院卫生行政部门应当会同有关部门、组织,建立精神卫生工作信息共享机制,实现信息互联互通、交流共享。

根据 2012 年卫生部印发的《重性精神疾病信息管理办法》,重性精神疾病信息管理范围包括国家重性精神疾病信息管理系统中的患者基本信息、治疗与随访信息及精神卫生工作报表,以及与之相关的各类纸质材料。重性精神疾病信息管理工作,坚持分级负责、属地管理,服务患者、安全有效的原则。

## 第三节 ｜ 精神障碍的诊断和治疗

### 一、精神卫生医疗机构的条件

精神障碍的诊断、治疗,应当遵循维护患者合法权益、尊重患者人格尊严的原则,保障患者在现有条件下获得良好的精神卫生服务。

《精神卫生法》规定,开展精神障碍诊断、治疗活动,应当具备下列条件,并依照医疗机构的管理规定办理有关手续:①有与从事的精神障碍诊断、治疗相适应的精神科执业医师、护士;②有满足开展精神障碍诊断、治疗需要的设施和设备;③有完善的精神障碍诊断、治疗管理制度和质量监控制度。从事精神障碍诊断、治疗的专科医疗机构还应当配备从事心理治疗的人员。

根据《精神卫生法》,县级以上地方人民政府卫生行政部门应当定期就下列事项对本行政区域内从事精神障碍诊断、治疗的医疗机构进行检查:①相关人员、设施、设备是否符合精神卫生法要求;②诊疗行为是否符合精神卫生法以及诊断标准、治疗规范的规定;③对精神障碍患者实施住院治疗的程序是否符合规定;④是否依法维护精神障碍患者的合法权益。县级以上地方人民政府卫生行政部门进行上述检查,应当听取精神障碍患者及其监护人的意见;发现存在违反精神卫生法行为的,应当立即制止或者责令改正,并依法作出处理。

### 二、精神障碍的诊断

#### (一) 精神障碍诊断的依据

根据《精神卫生法》,精神障碍的诊断应当以精神健康状况为依据。除法律另有规定外,不得违背本人意志进行确定其是否患有精神障碍的医学检查。

#### (二) 精神障碍患者送诊的主体和条件

1. **通常情况下的送诊**　《精神卫生法》规定,除个人自行到医疗机构进行精神障碍诊断外,疑似精神障碍患者的近亲属可以将其送往医疗机构进行精神障碍诊断。对查找不到近亲属的流浪乞讨疑似精神障碍患者,由当地民政等有关部门按照职责分工,帮助送往医疗机构进行精神障碍诊断。

2. **紧急情况下的送诊**　疑似精神障碍患者发生伤害自身、危害他人安全的行为,或者有伤害自身、危害他人安全的危险的,其近亲属、所在单位、当地公安机关应当立即采取措施予以制止,并将其送往医疗机构进行精神障碍诊断。

3. **医疗机构的接诊义务**　医疗机构接到送诊的疑似精神障碍患者,不得拒绝为其作出诊断。

**（三）精神障碍诊断的主体和程序**

《精神卫生法》规定，精神障碍的诊断应当由精神科执业医师作出。医疗机构接到依照规定紧急情况下送诊的发生伤害自身、危害他人安全的行为，或者有伤害自身、危害他人安全的危险的疑似精神障碍患者，应当将其留院，立即指派精神科执业医师进行诊断，并及时出具诊断结论。

## 三、精神障碍的住院治疗

《精神卫生法》规定，精神障碍的住院治疗实行自愿原则。

精神障碍的非自愿住院治疗，必须符合精神卫生法规定的条件，即诊断结论、病情评估表明，就诊者为严重精神障碍患者并有下列情形之一的，应当对其实施住院治疗：①已经发生伤害自身的行为，或者有伤害自身的危险的；②已经发生危害他人安全的行为，或者有危害他人安全的危险的。

精神障碍患者已经发生伤害自身的行为，或者有伤害自身的危险情形的，经其监护人同意，医疗机构应当对患者实施住院治疗；监护人不同意的，医疗机构不得对患者实施住院治疗。监护人应当对在家居住的患者做好看护管理。

## 四、精神障碍患者的再次诊断和鉴定

### （一）再次诊断

精神障碍患者已经发生危害他人安全的行为，或者有危害他人安全的危险情形的，患者或者其监护人对需要住院治疗的诊断结论有异议，不同意对患者实施住院治疗的，可以要求再次诊断和鉴定。

依照规定要求再次诊断的，应当自收到诊断结论之日起3日内向原医疗机构或者其他具有合法资质的医疗机构提出。承担再次诊断的医疗机构应当在接到再次诊断要求后指派2名初次诊断医师以外的精神科执业医师进行再次诊断，并及时出具再次诊断结论。承担再次诊断的执业医师应当到收治患者的医疗机构面见、询问患者，该医疗机构应当予以配合。

### （二）精神障碍医学鉴定

精神障碍医学鉴定，是指经司法行政部门审核、登记，取得精神障碍鉴定执业资质的司法鉴定机构，运用科学技术或者专门知识对精神障碍进行鉴别和判断并提供鉴定意见的活动。

《精神卫生法》规定，患者或者其监护人对再次诊断结论有异议的，可以自主委托依法取得执业资质的鉴定机构进行精神障碍医学鉴定；医疗机构应当公示经公告的鉴定机构名单和联系方式。接受委托的鉴定机构应当指定本机构具有该鉴定事项执业资格的2名以上鉴定人共同进行鉴定，并及时出具鉴定报告。

**1. 鉴定人面见询问患者**　鉴定人应当到收治精神障碍患者的医疗机构面见、询问患者，该医疗机构应当予以配合。

鉴定人本人或者其近亲属与鉴定事项有利害关系，可能影响其独立、客观、公正进行鉴定的，应当回避。

**2. 鉴定的实施**　鉴定机构、鉴定人应当遵守有关法律、法规、规章的规定，尊重科学，恪守职业道德，按照精神障碍鉴定的实施程序、技术方法和操作规范，依法独立进行鉴定，出具客观、公正的鉴定报告。

鉴定人应当对鉴定过程进行实时记录并签名。记录的内容应当真实、客观、准确、完整，记录的文本或者声像载体应当妥善保存。

### （三）再次诊断结论和鉴定报告

《精神卫生法》规定，再次诊断结论或者鉴定报告表明，不能确定就诊者为严重精神障碍患者，或者患者不需要住院治疗的，医疗机构不得对其实施住院治疗。再次诊断结论或者鉴定报告表明，精神障碍患者有已经发生危害他人安全的行为，或者有危害他人安全的危险情形的，其监护人应当同意对患者实施住院治疗。监护人阻碍实施住院治疗或者患者擅自脱离住院治疗的，可以由公安机关协助医疗机构采取措施对患者实施住院治疗。

在相关机构出具再次诊断结论、鉴定报告前，收治精神障碍患者的医疗机构应当按照诊疗规范的要求对患者实施住院治疗。

#### （四）精神障碍患者住院手续

诊断结论表明需要住院治疗的精神障碍患者，本人没有能力办理住院手续的，由其监护人办理住院手续；患者属于查找不到监护人的流浪乞讨人员的，由送诊的有关部门办理住院手续。

精神障碍患者有已经发生危害他人安全的行为，或者有危害他人安全的危险情形的，其监护人不办理住院手续的，由患者所在单位、村民委员会或者居民委员会办理住院手续，并由医疗机构在患者病历中予以记录。

### 五、医疗机构管理

#### （一）环境设施

医疗机构应当配备适宜的设施、设备，保护就诊和住院治疗的精神障碍患者的人身安全，防止其受到伤害，并为住院患者创造尽可能接近正常生活的环境和条件。

#### （二）告知和知情同意

医疗机构及其医务人员应当将精神障碍患者在诊断、治疗过程中享有的权利，告知患者或者其监护人。

医疗机构及其医务人员应当遵循精神障碍诊断标准和治疗规范，制定治疗方案，并向精神障碍患者或者其监护人告知治疗方案和治疗方法、目的以及可能产生的后果。

医疗机构对精神障碍患者实施下列治疗措施，应当向患者或者其监护人告知医疗风险、替代医疗方案等情况，并取得患者的书面同意；无法取得患者意见的，应当取得其监护人的书面同意，并经本医疗机构伦理委员会批准：①导致人体器官丧失功能的外科手术；②与精神障碍治疗有关的实验性临床医疗。实施导致人体器官丧失功能的外科手术的治疗措施，因情况紧急查找不到监护人的，应当取得本医疗机构负责人和伦理委员会批准。禁止对精神障碍患者实施与治疗其精神障碍无关的实验性临床医疗。

#### （三）保护性医疗措施

精神障碍患者在医疗机构内发生或者将要发生伤害自身、危害他人安全、扰乱医疗秩序的行为，医疗机构及其医务人员在没有其他可替代措施的情况下，可以实施约束、隔离等保护性医疗措施。实施保护性医疗措施应当遵循诊断标准和治疗规范，并在实施后告知患者的监护人。禁止利用约束、隔离等保护性医疗措施惩罚精神障碍患者。

#### （四）药物使用

对精神障碍患者使用药物，应当以诊断和治疗为目的，使用安全、有效的药物，不得为诊断或者治疗以外的目的使用药物。医疗机构不得强迫精神障碍患者从事生产劳动。

#### （五）精神外科手术

根据 2008 年印发的《卫生部办公厅关于加强神经外科手术治疗精神疾病管理有关问题的通知》，神经外科手术治疗某些精神疾病具有高风险性，其安全性和有效性尚需进一步验证；此类技术属限制性医疗技术，并涉及伦理评价问题，应严格在限定的机构、人员和条件下，有限制地实施。《精神卫生法》规定，禁止对依照规定实施住院治疗的下列精神障碍患者实施以治疗精神障碍为目的的外科手术：①已经发生伤害自身的行为，或者有伤害自身的危险的；②已经发生危害他人安全的行为，或者有危害他人安全的危险的。

#### （六）尊重住院精神障碍患者权利

医疗机构及其医务人员应当尊重住院精神障碍患者的通讯和会见探访者等权利。除在急性发病期或者为了避免妨碍治疗可以暂时性限制外，不得限制患者的通讯和会见探访者等权利。

医疗机构不得因就诊者是精神障碍患者，推诿或者拒绝为其治疗属于本医疗机构诊疗范围的其他疾病。

### （七）精神障碍患者病历记录

医疗机构及其医务人员应当在病历资料中如实记录精神障碍患者的病情、治疗措施、用药情况、实施约束、隔离措施等内容，并如实告知患者或者其监护人。患者及其监护人可以查阅、复制病历资料；但是，患者查阅、复制病历资料可能对其治疗产生不利影响的除外。病历资料保存期限不得少于 30 年。

## 六、精神障碍患者出院

《精神卫生法》规定，自愿住院治疗的精神障碍患者可以随时要求出院，医疗机构应当同意。对有已经发生伤害自身的行为，或者有伤害自身危险情形的精神障碍患者实施住院治疗的，监护人可以随时要求患者出院，医疗机构应当同意。

医疗机构认为上述精神障碍患者不宜出院的，应当告知不宜出院的理由；患者或者其监护人仍要求出院的，执业医师应当在病历资料中详细记录告知的过程，同时提出出院后的医学建议，患者或者其监护人应当签字确认。

对有已经发生危害他人安全的行为，或者有危害他人安全的危险情形的精神障碍患者实施住院治疗，医疗机构认为患者可以出院的，应当立即告知患者及其监护人。

医疗机构应当根据精神障碍患者病情，及时组织精神科执业医师对依照规定实施住院治疗的患者进行检查评估。评估结果表明患者不需要继续住院治疗的，医疗机构应当立即通知患者及其监护人。

精神障碍患者出院，本人没有能力办理出院手续的，监护人应当为其办理出院手续。

## 七、心理治疗

心理治疗，是指借助心理学的、非药物的技术和方法改变患者的心理状态来达到治疗精神障碍患者的目的。临床上心理治疗最常见的对象是神经症等轻度精神障碍患者，同时也包括需配合药物治疗进行心理治疗的严重精神障碍患者。因此，《精神卫生法》规定，心理治疗活动应当在医疗机构内开展。专门从事心理治疗的人员不得从事精神障碍的诊断，不得为精神障碍患者开具处方或者提供外科治疗。

## 八、未住院治疗精神障碍患者的看护

根据《精神卫生法》，精神障碍患者的监护人，即依照《民法典》的有关规定可以担任监护人的人，应当妥善看护未住院治疗的患者，按照医嘱督促其按时服药、接受随访或者治疗。村民委员会、居民委员会、患者所在单位等应当依患者或者其监护人的请求，对监护人看护患者提供必要的帮助。

## 九、精神障碍患者违法行为的处理

《精神卫生法》规定，精神障碍患者违反治安管理处罚法或者触犯刑法的，依照有关法律的规定处理。

《治安管理处罚法》第十三条规定，精神病人在不能辨认或者不能控制自己行为的时候违反治安管理的，不予处罚，但是应当责令其监护人严加看管和治疗。间歇性精神病人在精神正常的时候违反治安管理的，应当给予处罚。

《刑法》第十八条第一款规定，精神病人在不能辨认或者不能控制自己行为的时候造成危害结果，经法定程序鉴定确认的，不负刑事责任，但是应当责令他的家属或者监护人严加看管和医疗；在必要的时候，由政府强制医疗。2012 年修订的《刑事诉讼法》增加了依法不负刑事责任的精神病人的强制医疗程序一章；第二百八十四条规定，实施暴力行为，危害公共安全或者严重危害公民人身安全，经法定程序鉴定依法不负刑事责任的精神病人，有继续危害社会可能的，可以予以强制医疗。

## 第四节 ｜ 精神障碍的康复

### 一、精神障碍康复的概念

精神障碍康复，是指对患有身心疾病的患者，尽可能利用药物、社会、职业、经济和教育的方法使残疾的风险减少到最低限度。康复是精神障碍患者最终摆脱疾病，走向健康的重要环节。精神障碍的康复工作应当以社区康复为基础、以康复机构为骨干，以家庭为依托。

### 二、相关机构和单位的义务

#### （一）社区康复机构的义务

社区康复是属于社区发展范畴内的一项战略性计划，其目的是促进所有精神障碍患者得到康复，享受均等的机会，成为社会的一员。《精神卫生法》规定，社区康复机构应当为需要康复的精神障碍患者提供场所和条件，对患者进行生活自理能力和社会适应能力等方面的康复训练。

#### （二）医疗机构的义务

医疗机构应当为在家居住的严重精神障碍患者提供精神科基本药物维持治疗，并为社区康复机构提供有关精神障碍康复的技术指导和支持。

社区卫生服务机构、乡镇卫生院、村卫生室应当建立严重精神障碍患者的健康档案，对在家居住的严重精神障碍患者进行定期随访，指导患者服药和开展康复训练，并对患者的监护人进行精神卫生知识和看护知识的培训。县级人民政府卫生行政部门应当为社区卫生服务机构、乡镇卫生院、村卫生室开展上述工作给予指导和培训。

#### （三）村民委员会、居民委员会的义务

村民委员会、居民委员会应当为生活困难的精神障碍患者家庭提供帮助，并向所在地乡镇人民政府或者街道办事处以及县级人民政府有关部门反映患者及其家庭的情况和要求，帮助其解决实际困难，为患者融入社会创造条件。

#### （四）残疾人组织或者残疾人康复机构的义务

残疾人组织或者残疾人康复机构应当根据精神障碍患者康复的需要，组织患者参加康复活动。

#### （五）用人单位的义务

用人单位应当根据精神障碍患者的实际情况，安排患者从事力所能及的工作，保障患者享有同等待遇，安排患者参加必要的职业技能培训，提高患者的就业能力，为患者创造适宜的工作环境，对患者在工作中取得的成绩予以鼓励。

### 三、精神障碍患者监护人的责任

精神障碍患者的监护人应当协助患者进行生活自理能力和社会适应能力等方面的康复训练。精神障碍患者的监护人在看护患者过程中需要技术指导的，社区卫生服务机构或者乡镇卫生院、村卫生室、社区康复机构应当提供。

## 第五节 ｜ 保障措施

### 一、制定精神卫生工作规划

县级以上人民政府卫生行政部门会同有关部门依据国民经济和社会发展规划的要求，制定精神卫生工作规划并组织实施。精神卫生监测和专题调查结果应当作为制定精神卫生工作规划的依据。

## 二、建设和完善精神卫生服务体系

省、自治区、直辖市人民政府根据本行政区域的实际情况，统筹规划，整合资源，建设和完善精神卫生服务体系，加强精神障碍预防、治疗和康复服务能力建设。县级人民政府根据本行政区域的实际情况，统筹规划，建立精神障碍患者社区康复机构。县级以上地方人民政府应当采取措施，鼓励和支持社会力量举办从事精神障碍诊断、治疗的医疗机构和精神障碍患者康复机构。

加强基层精神卫生服务体系建设，扶持贫困地区、边远地区的精神卫生工作，保障城市社区、农村基层精神卫生工作所需经费。

## 三、精神卫生工作财政保障

各级人民政府应当根据精神卫生工作需要，加大财政投入力度，保障精神卫生工作所需经费，将精神卫生工作经费列入本级财政预算。

## 四、培养精神卫生专门人才

国家鼓励和支持开展精神卫生专门人才的培养，维护精神卫生工作人员的合法权益，加强精神卫生专业队伍建设。医学院校应当加强精神医学的教学和研究，按照精神卫生工作的实际需要培养精神医学专门人才，为精神卫生工作提供人才保障。

## 五、开展科学研究和国际交流

国家鼓励和支持开展精神卫生科学技术研究，发展现代医学、我国传统医学、心理学，提高精神障碍预防、诊断、治疗、康复的科学技术水平。国家鼓励和支持开展精神卫生领域的国际交流与合作。

## 六、提高精神障碍预防、诊断、治疗能力

综合性医疗机构应当按照国务院卫生行政部门的规定开设精神科门诊或者心理治疗门诊，提高精神障碍预防、诊断、治疗能力。

医疗机构应当组织医务人员学习精神卫生知识和相关法律、法规、政策。从事精神障碍诊断、治疗、康复的机构应当定期组织医务人员、工作人员进行在岗培训，更新精神卫生知识。县级以上人民政府卫生行政部门应当组织医务人员进行精神卫生知识培训，提高其识别精神障碍的能力。

## 七、提供基本公共卫生服务

县级以上人民政府卫生行政部门应当组织医疗机构为严重精神障碍患者免费提供基本公共卫生服务。

### (一) 基本医疗保险

精神障碍患者的医疗费用按照国家有关社会保险的规定由基本医疗保险基金支付。医疗保险经办机构应当按照国家有关规定将精神障碍患者纳入城镇职工基本医疗保险、城乡居民基本医疗保险。县级人民政府应当按照国家有关规定对家庭经济困难的严重精神障碍患者参加基本医疗保险给予资助。人力资源和社会保障、卫生、民政、财政等部门应当加强协调，简化程序，实现属于基本医疗保险基金支付的医疗费用由医疗机构与医疗保险经办机构直接结算。

### (二) 医疗救助

精神障碍患者通过基本医疗保险支付医疗费用后仍有困难，或者不能通过基本医疗保险支付医疗费用的，民政部门应当优先给予医疗救助。

### (三) 严重精神障碍患者生活保障

对符合城乡最低生活保障条件的严重精神障碍患者，民政部门应当会同有关部门及时将其纳入

最低生活保障。对属于农村五保供养对象的严重精神障碍患者,以及城市中无劳动能力、无生活来源且无法定赡养、抚养、扶养义务人,或者其法定赡养、抚养、扶养义务人无赡养、抚养、扶养能力的严重精神障碍患者,民政部门应当按照国家有关规定予以供养、救助。上述规定以外的严重精神障碍患者确有困难的,民政部门可以采取临时救助等措施,帮助其解决生活困难。

## 第六节　法律责任

### 一、擅自从事精神障碍诊断、治疗的法律责任

不符合《精神卫生法》规定条件的医疗机构擅自从事精神障碍诊断、治疗的,由县级以上人民政府卫生行政部门责令停止相关诊疗活动,给予警告,并处 5 000 元以上 1 万元以下罚款,有违法所得的,没收违法所得;对直接负责的主管人员和其他直接责任人员依法给予或者责令给予降低岗位等级或者撤职、开除的处分;对有关医务人员,吊销其执业证书。

### 二、医疗机构及其工作人员的法律责任

1. 医疗机构及其工作人员有下列行为之一的,由县级以上人民政府卫生行政部门责令改正,给予警告;情节严重的,对直接负责的主管人员和其他直接责任人员依法给予或者责令给予降低岗位等级或者撤职、开除的处分,并可以责令有关医务人员暂停 1 个月以上 6 个月以下执业活动:①拒绝对送诊的疑似精神障碍患者作出诊断的;②对依照规定实施住院治疗的患者未及时进行检查评估或者未根据评估结果作出处理的。

2. 医疗机构及其工作人员有下列行为之一的,由县级以上人民政府卫生行政部门责令改正,对直接负责的主管人员和其他直接责任人员依法给予或者责令给予降低岗位等级或者撤职的处分;对有关医务人员,暂停 6 个月以上 1 年以下执业活动;情节严重的,给予或者责令给予开除的处分,并吊销有关医务人员的执业证书:①违反规定实施约束、隔离等保护性医疗措施的;②违反规定强迫精神障碍患者劳动的;③违反规定对精神障碍患者实施外科手术或者实验性临床医疗的;④违反规定侵害精神障碍患者的通讯和会见探访者等权利的;⑤违反精神障碍诊断标准,将非精神障碍患者诊断为精神障碍患者的。

### 三、心理咨询、心理治疗人员的法律责任

心理咨询人员有下列情形之一的,由县级以上人民政府卫生行政部门、工商行政管理部门依据各自职责责令改正,给予警告,并处 5 000 元以上 1 万元以下罚款,有违法所得的,没收违法所得;造成严重后果的,责令暂停 6 个月以上 1 年以下执业活动,直至吊销执业证书或者营业执照:①心理咨询人员从事心理治疗或者精神障碍的诊断、治疗的;②从事心理治疗的人员在医疗机构以外开展心理治疗活动的;③专门从事心理治疗的人员从事精神障碍的诊断的;④专门从事心理治疗的人员为精神障碍患者开具处方或者提供外科治疗的。

心理咨询人员、专门从事心理治疗的人员在心理咨询、心理治疗活动中造成他人人身、财产或者其他损害的,依法承担民事责任。

### 四、卫生行政部门和其他有关部门的法律责任

县级以上人民政府卫生行政部门和其他有关部门未依照精神卫生法规定履行精神卫生工作职责,或者滥用职权、玩忽职守、徇私舞弊的,由本级人民政府或者上一级人民政府有关部门责令改正,通报批评,对直接负责的主管人员和其他直接责任人员依法给予警告、记过或者记大过的处分;造成严重后果的,给予降级、撤职或者开除的处分。

**思考题**

1. 什么是精神卫生和精神障碍？

2. 精神障碍患者权益保护的内容是什么？

3. 各级政府心理健康促进和精神障碍预防的责任是什么？

4. 精神障碍的诊断有哪些规定？

5. 精神障碍住院治疗的规定是什么？

6. 医疗机构治疗精神障碍患者有哪些要求？

思考题解题思路　　　　　本章目标测试

## 推荐阅读

1. 王岳.疯癫与法律[M].北京:法律出版社,2014.

2. 信春鹰.中华人民共和国精神卫生法解读[M].北京:中国法制出版社,2012.

（达庆东）

# 第二十三章 | 献血和临床用血法律制度

血液是一种复杂的维持生命不可缺少的物质。输血是现代医学治疗疾病、拯救生命不可或缺、不可替代的有效手段。献血和临床用血法律制度对公民自愿无偿献血、血站管理，以及医疗机构临床用血等进行规范，对保证临床用血的需要和安全，保障献血者和用血者的身体健康具有重要作用。

## 第一节 | 概　述

### 一、血液的概念

血液由血浆和血细胞（包括红细胞，白细胞，血小板）构成，简称血，是指全血、血液成分和特殊血液成分。血液在人体生命活动中具有运输、体液调节、内环境稳定、调节体温、维持组织的兴奋性及防御外界有害因素的入侵而保持身体健康的防御功能，对维持生命起重要作用。

自 1900 年被誉为"血型之父"的奥地利血液学专家兰特斯坦纳（Landsteiner）首先发现人类红细胞 ABO 血型系统，并创立科学的输血理论之后，输血已成为现代医疗的重要手段，它在临床医学领域中为治疗疾病、拯救生命发挥着其他药物不可替代的重要作用。到目前为止，由于能够完全替代人体血液全部功能的物质还没有发明出来，因此，临床治疗、急救等需要的用血只能依靠健康公民捐献血液的方式来解决。正因为这样，一个国家公民献血制度的确立和完善程度，可以充分反映出一个国家的社会文明程度，社会公德水准和公民的道德意识水平。

为了感谢那些为拯救生命而无私奉献的无偿献血者，2004 年红十字会和红新月会国际联合会、世界卫生组织、献血者组织国际联合会以及国际输血协会联合发起，把每年的 6 月 14 日定为"世界献血者日"。

### 二、献血和临床用血立法

与世界上许多国家一样，我国的血液管理制度是一个从有偿供血向无偿献血过渡，最终实现自愿无偿献血的过程。1944 年中国第一个血库在昆明建立，标志着我国有偿献血制度的开始，并一直延续到 20 世纪 70 年代末。1978 年国务院批准卫生部《关于加强输血工作的请示报告》，正式提出实行公民义务献血制度，同时建立健全全国各级输血机构。1984 年卫生部和中国红十字总会在全国倡导自愿无偿献血。为了加强血液制品管理，预防和控制经血液途径传播的疾病，保证血液制品的质量，1996 年 12 月 6 日，国务院发布了《血液制品管理条例》，自发布之日起施行。2016 年 2 月 6 日，国务院对《血液制品管理条例》进行了修订。原卫生部相继颁发了《全国血站工作条例（试行草案）》《关于加强输血工作管理的若干规定》《采供血机构和血液管理办法》以及《血站基本标准》等规章或规范性文件。为了保证临床用血的需要和安全，保障献血者和用血者的身体健康，1997 年 12 月 29 日，第八届全国人民代表大会常务委员会第二十九次会议通过了《献血法》，自 1998 年 10 月 1 日起施行。献血法确立了我国无偿献血制度，保障和推进了我国血液采集、临床供给及用血安全的发展。

原卫生部根据《献血法》先后制定并发布了《血站管理办法》《医疗机构临床用血管理办法》《临床输血技术规范》《脐带血造血干细胞库管理办法（试行）》《采供血机构设置规划指导原

则》等配套规章和规范性文件。2011 年卫生部、国家标准化管理委员会发布了《献血者健康检查要求》（GB 18467—2011）国家标准。为进一步做好全国无偿献血表彰奖励工作，鼓励公民积极参与无偿献血，营造无偿献血良好社会氛围，推动无偿献血工作高质量发展，国家卫生健康委、中国红十字会总会和中央军委后勤保障部卫生局修订形成了《全国无偿献血表彰奖励办法（2022 年版）》。

## 第二节 ｜ 无偿献血

### 一、无偿献血的含义

无偿献血，是指公民在无报酬的情况下，自愿捐献自身血液的行为。《献血法》规定，我国实行无偿献血制度。

目前许多国家和地区都实行了无偿献血。一些全球性的调查数据显示，自愿无偿献血者的血液传播艾滋病病毒和肝炎病毒的概率是最低的；而且，自愿无偿献血者作为固定的血液捐献者，可以使临床用血获得安全、稳定的血液来源。积极推行自愿无偿献血无疑是血液安全的基础和保障。

《献血法》规定，对无偿献血者，发给国务院卫生行政部门制作的无偿献血证书，有关单位可以给予适当补贴。"适当补贴"原则上指少量的、必要的误餐、交通费等费用。这和 1991 年红十字会与红新月会国际联合会第 8 届大会通过的第 34 号决议关于无偿献血定义的精神也是一致的。该决议指出，出于自愿提供自身的血液、血浆或其他血液成分而不取任何报酬的人被称为自愿无偿献血者。无论是金钱或礼品，还是休假和旅游等，都可视为金钱的替代等；而小型纪念品和茶点，以及支付交通费则是合理的。

### 二、无偿献血的主体

《献血法》规定，国家提倡十八周岁至五十五周岁的健康公民自愿献血。根据《献血者健康检查要求》（GB 18467—2011），既往无献血反应、符合健康检查要求的多次献血者主动要求再次献血的，年龄可延长至 60 周岁。

我国提倡的自愿献血年龄的上限，比国际上的普遍规定低。世界卫生组织提倡的献血年龄是18～65 周岁。

国家鼓励国家工作人员、现役军人和高等学校在校学生率先献血，为树立社会新风尚作表率。

### 三、无偿献血的用途

无偿献血的最终目的是将血液应用于临床，以挽救伤病者的生命，维护其健康。《献血法》规定，无偿献血的血液必须用于临床，不得买卖。血站、医疗机构不得将无偿献血的血液出售给单采血浆站或者血液制品生产单位。

### 四、无偿献血的管理

#### （一）无偿献血的组织和协调

《献血法》规定，地方各级人民政府领导本行政区域内的献血工作，统一规划并负责组织、协调有关部门共同做好献血工作。县级以上各级人民政府卫生行政部门监督管理献血工作。各级红十字会依法参与、推动献血工作。

#### （二）无偿献血的宣传和动员

各级人民政府采取措施广泛宣传献血的意义，普及献血的科学知识，开展预防和控制经血液途径传播的疾病的教育。新闻媒介应当开展献血的社会公益性宣传。国家鼓励国家工作人员、现役军人和高等学校在校学生率先献血，为树立社会新风尚作表率。

## 第三节 ｜ 血　站

### 一、血站的概念

血站,是指不以营利为目的,采集、提供临床用血的公益性卫生机构。在我国,血站分为一般血站和特殊血站。一般血站包括血液中心、中心血站和中心血库。特殊血站包括脐带血造血干细胞库和国务院卫生行政部门根据医学发展需要批准、设置的其他类型血库。为了确保血液安全,规范血站执业行为,促进血站的建设与发展,2005 年 11 月 17 日,卫生部发布了《血站管理办法》,自 2006 年 3 月 1 日起施行;并于 2009 年 3 月 27 日进行了修订。2016 年 1 月 19 日、2017 年 12 月 26 日,国家卫生计生委对《血站管理办法》进行了修订。2005 年卫生部下发了《采供血机构设置规划指导原则》。2013 年 5 月 2 日,国家卫生计生委制定了《血站设置规划指导原则》。

血站是连接献血者和用血者的桥梁。各级政府应当把血站的事业经费和人员经费纳入政府的财政预算统筹安排,保证其正常、健康运转。血站作为专业性、责任性很强的社会公益性机构,必须以全部精力为公民用血和健康服务,在地方各级政府的支持和管理下依法做好采集、提供临床用血的工作。

### 二、血站的设置和审批

国务院卫生行政部门根据全国医疗资源配置、临床用血需求,制定全国采供血机构设置规划指导原则,并负责全国血站建设规划的指导。

省、自治区、直辖市人民政府卫生行政部门根据国务院卫生行政部门制定的全国采供血机构设置规划指导原则,结合本行政区域人口、医疗资源、临床用血需求等实际情况和当地区域卫生发展规划,制定本行政区域血站设置规划,报同级人民政府批准,并报卫生行政部门备案。

#### (一)一般血站的设置和审批

血液中心、中心血站和中心血库由地方人民政府设立、审批。血站与单采血浆站不得在同一县级行政区域内设置。

1. **血液中心的设置**　血液中心应该设置在直辖市、省会市、自治区首府市。

2. **中心血站的设置**　中心血站应当设置在设区的市。直辖市、省会市、自治区首府市已经设置血液中心的,不再设置中心血站;尚未设置血液中心的,可以在已经设置的中心血站基础上加强能力建设,履行血液中心的职责。

3. **中心血库的设置**　中心血库应当设置在中心血站服务覆盖不到的县级综合医院内。其主要职责是,按照省级人民政府卫生行政部门的要求,在规定范围内开展无偿献血者的招募、血液的采集与制备、临床用血供应以及医疗用血业务指导等工作。同一行政区域内不得重复设置血液中心、中心血站。血液中心和中心血站可根据服务区域实际需要,设立非独立的分支机构、固定采血点、储血点。固定采血点、储血点不得进行血液检测。

#### (二)特殊血站的设置和审批

特殊血站包括脐带血造血干细胞库和国务院卫生行政部门根据医学发展需要批准、设置的其他类型血库。脐带血造血干细胞库,是指以人体造血干细胞移植为目的,具有采集、处理、保存和提供造血干细胞的能力,并具有相当研究实力的特殊血站。国家卫生行政部门根据全国人口分布、卫生资源、临床造血干细胞移植需要等实际情况,统一制定我国脐带血造血干细胞库等特殊血站的设置规划和原则。国家不批准设置以营利为目的的脐带血造血干细胞库等特殊血站。任何单位和个人不得以营利为目的进行脐带血采供活动。

根据 1999 年卫生部《脐带血造血干细胞库管理办法(试行)》,国家对脐带血造血干细胞库实行全国统一规划,统一布局,统一标准,统一规范和统一管理制度。符合规划的省级行政区域范围内,只能设置一个脐带血造血干细胞库。脐带血造血干细胞库不得在批准设置地以外的省、自治区、直辖市设置分支机构或采血点。

申请设置脐带血造血干细胞库等特殊血站的,应当按照国务院卫生行政部门规定的条件向所在地省级人民政府卫生行政部门申请。省级人民政府卫生行政部门组织初审后报国务院卫生行政部门。国务院卫生行政部门对脐带血造血干细胞库等特殊血站的设置审批按照申请的先后顺序进行。脐带血造血干细胞库等特殊血站执业,应当向所在地省级人民政府卫生行政部门申请办理执业登记。

### 三、血站的职责

#### （一）血液中心的职责

血液中心应当具有较高综合质量评价的技术能力。其主要职责是:①按照省级人民政府卫生行政部门的要求,在规定范围内开展无偿献血者的招募、血液的采集与制备、临床用血供应以及医疗用血的业务指导等工作;②承担所在省、自治区、直辖市血站的质量控制与评价;③承担所在省、自治区、直辖市血站的业务培训与技术指导;④承担所在省、自治区、直辖市血液的集中化检测任务;⑤开展血液相关的科研工作;⑥承担卫生行政部门交办的任务。

#### （二）中心血站的职责

中心血站的主要职责是:①按照省级人民政府卫生行政部门的要求,在规定范围内开展无偿献血者的招募、血液的采集与制备、临床用血供应以及医疗用血的业务指导等工作;②承担供血区域范围内血液储存的质量控制;③对所在行政区域内的中心血库进行质量控制;④承担卫生行政部门交办的任务。

#### （三）中心血库的职责

中心血库的主要职责是:按照省级人民政府卫生行政部门的要求,在规定范围内开展无偿献血者的招募、血液的采集与制备、临床用血供应以及医疗用血业务指导等工作。

### 四、血站执业登记

《献血法》规定,设立血站向公民采集血液,必须经国务院卫生行政部门或者省、自治区、直辖市人民政府卫生行政部门批准。《血站管理办法》规定,血站开展采供血活动,应当向所在省、自治区、直辖市人民政府卫生行政部门申请办理执业登记,取得《血站执业许可证》。没有取得《血站执业许可证》的,不得开展采供血活动。《血站执业许可证》有效期为3年。

《血站管理办法》规定,有下列情形之一的,不予执业登记:①《血站质量管理规范》技术审查不合格的;②《血站实验室质量管理规范》技术审查不合格的;③血液质量检测结果不合格的。执业登记机关对审核不合格、不予执业登记的,将结果和理由以书面形式通知申请人。

《血站执业许可证》有效期满前3个月,血站应当办理再次执业登记,并提交《血站再次执业登记申请书》及《血站执业许可证》。省级人民政府卫生行政部门应当根据血站业务开展和监督检查情况进行审核,审核合格的,予以继续执业。未通过审核的,责令其限期整改;经整改仍审核不合格的,注销其《血站执业许可证》。未办理再次执业登记手续或者被注销《血站执业许可证》的血站,不得继续执业。

血站因采供血需要,在规定的服务区域内设置分支机构,应当报所在省、自治区、直辖市人民政府卫生计生行政部门批准;设置固定采血点(室)或者流动采血车的,应当报省、自治区、直辖市人民政府卫生计生行政部门备案。

### 五、血液采集管理

血液采集简称采血,是指因检验或相关需要,由医务人员经静脉、动脉采取血液标本的过程。

## (一) 基本要求

《血站管理办法》规定,血站应当根据医疗机构临床用血需求,制定血液采集、制备、供应计划,保障临床用血安全、及时、有效,并为献血者提供安全、卫生、便利的条件和良好的服务。血站应当建立献血者的信息和保密制度,为献血者保密。

## (二) 健康检查

为了保障献血者和用血者身体健康,血站应当按照国家有关规定对献血者进行健康检查和血液采集。

**1. 健康检查**　血站在每次采血前必须免费对献血者进行必要的身体健康检查。身体状况不符合献血条件的,血站应向其说明情况,不得采集血液。

**2. 身份核对**　血站采血前应当对献血者身份进行核对并进行登记。严禁采集冒名顶替者的血液。严禁超量、频繁采集血液。血站不得采集用于生产血液制品所需的原料血浆。

**3. 知情同意**　血站采集血液应当遵循自愿和知情同意的原则,对献血者履行规定的告知义务,并取得献血者签字的知情同意书。

根据《献血者健康检查要求》( GB 18467—2011 ),告知内容主要如下。①献血动机:无偿献血是出于利他主义的动机,目的是帮助需要输血的患者;②安全献血者的重要性:不安全的血液会危害患者的生命与健康,具有高危行为的献血者不应献血,如静脉药瘾史、男男性行为或具有经血传播疾病(艾滋病、丙型肝炎、乙型肝炎、梅毒等)风险的;③具有高危行为者故意献血的责任;④实名制献血:冒用他人身份献血的,应按照相关法律规定承担责任;⑤献血者献血后回告:献血者如果认为已捐献的血液可能存在安全隐患,应当尽快告知血站;⑥献血反应;⑦应该如实填写健康状况征询表;⑧血液检测;⑨疫情报告:血站将向当地疾病预防控制中心报告艾滋病病毒感染等检测阳性的结果及其个人资料。

## (三) 质量管理

血站开展采供血业务应当实行全面质量管理,严格遵守《中国输血技术操作规程》《血站质量管理规范》和《血站实验室质量管理规范》等技术规范和标准。

血站应当建立对有易感染经血液传播疾病危险行为的献血者献血后的报告工作程序、献血屏蔽和淘汰制度;建立人员岗位责任制度和采供血管理相关工作制度,并定期检查、考核各项规章制度和各级各类人员岗位责任制的执行和落实情况。

《献血法》规定,采血必须由具有采血资格的医务人员进行。根据《血站管理办法》,血站工作人员应当符合岗位执业资格的规定,并接受血液安全和业务岗位培训与考核,领取岗位培训合格证书后方可上岗。血站工作人员每人每年应当接受不少于 75 学时的岗位继续教育。

## (四) 采血量和献血间隔

《献血法》规定,血站对献血者每次采集血液量一般为 200 毫升,最高不得超过 400 毫升;献血间隔不得少于 6 个月。严格禁止血站违反规定对献血者超量、频繁采集血液。《献血者健康检查要求》( GB 18467—2011 )遵循医学科学的原则,借鉴其他国家及我国港台地区已经成熟的、经过验证的标准,对献血量和献血间隔作了调整。

**1. 献血量**　全血献血者每次可献全血不超过 400 毫升。单采血小板献血者:每次可献 1 个至 2 个治疗单位,或者 1 个治疗单位及不超过 200 毫升血浆。全年血小板和血浆采集总量不超过 10 升。上述献血量均不包括血液检测留样的血量和保养液或抗凝剂的量。

**2. 献血间隔**　全血献血间隔:不少于 6 个月。单采血小板献血间隔:不少于 2 周,不大于 24 次/年。因特殊配型需要,由医生批准,最短间隔时间不少于 1 周。单采血小板后与全血献血间隔:不少于 4 周。全血献血后与单采血小板献血间隔:不少于 3 个月。

## (五) 采血器材的使用

血站采集血液必须使用有生产单位名称和批准文号的一次性采血器材,不得使用可重复使用的采血器材和无生产单位名称和批准文号的一次性采血器材;同时,一次性采血器材一次使用后必须销毁,不得再次使用。

### (六) 血液检测

血站对采集的血液必须根据国务院卫生行政部门制定的献血者血液检验标准规定的项目进行检测;未经检测或者检测不合格的血液,不得向医疗机构提供。《血站管理办法》规定,血站应当保证所采集的血液由具有血液检测实验室资格的实验室进行检测。对检测不合格或者报废的血液,血站应当严格按照有关规定处理。

## 六、供应血液

血液的供应由血站负责。

### (一) 发血

血站应当保证发出的血液质量符合国家有关标准,其品种、规格、数量、活性、血型无差错;未经检测或者检测不合格的血液,不得向医疗机构提供。

### (二) 血液包装、储存和运输

血站向医疗机构提供的血液,其包装、储存和运输应当符合《血站质量管理规范》的要求。

**1. 血液的包装**　对于临床用血,血站和医疗机构应当使用符合国家规定的卫生标准和要求的包装袋进行包装,以确保血液的质量。血液包装袋上应当标明:①血站的名称及其许可证号;②献血编号或者条形码;③血型;④血液品种;⑤采血日期及时间或者制备日期及时间;⑥有效日期及时间;⑦储存条件。

**2. 血液的储存**　血站应当加强对其所设储血点的质量监督,确保储存条件,保证血液储存质量;按照临床需要进行血液储存和调换。

**3. 血液的运输**　血站和医疗机构应当使用符合卫生标准的运输工具进行血液的运输,以确保血液不受污染。

## 七、特殊血站管理

《血站管理办法》规定,脐带血造血干细胞库等特殊血站执业除应当遵守一般血站的执业要求外,还应当遵守以下规定:①按照国务院卫生行政部门规定的脐带血造血干细胞库等特殊血站的基本标准、技术规范等执业;②脐带血等特殊血液成分的采集必须符合医学伦理的有关要求,并遵循自愿和知情同意的原则。脐带血造血干细胞库必须与捐献者签署经执业登记机关审核的知情同意书;③脐带血造血干细胞库等特殊血站只能向有造血干细胞移植经验和基础,并装备有造血干细胞移植所需的无菌病房和其他必须设施的医疗机构提供脐带血造血干细胞;④出于人道主义、救死扶伤的目的,必须向境外医疗机构提供脐带血造血干细胞等特殊血液成分的,应当严格按照国家有关人类遗传资源管理规定办理手续;⑤脐带血等特殊血液成分必须用于临床。

## 第四节 ｜ 临床用血

### 一、临床用血的原则

医疗机构临床用血,是指输血治疗的活动。

《献血法》规定,医疗机构临床用血应当制定用血计划,遵循合理、科学的原则,不得浪费和滥用血液。医疗机构应当推行按血液成分针对医疗实际需要输血。国家鼓励临床用血新技术的研究和推广。

为加强医疗机构临床用血管理,推进临床科学合理用血,保护血液资源,保障临床用血安全和医疗质量,2012 年 6 月 7 日卫生部发布了《医疗机构临床用血管理办法》,自 2012 年 8 月 1 日起施行。2019 年 2 月 28 日国家卫生健康委对《医疗机构临床用血管理办法》进行了修订。

## 二、临床用血组织与职责

### (一)临床用血专家委员会

国务院卫生行政部门成立临床用血专家委员会,协助制订国家临床用血相关制度、技术规范和标准;协助指导全国临床用血管理和质量评价工作,促进提高临床合理用血水平;协助临床用血重大安全事件的调查分析,提出处理意见;承担卫生行政部门交办的有关临床用血管理的其他任务。

### (二)临床用血质量控制中心

各省、自治区、直辖市人民政府卫生行政部门成立省级临床用血质量控制中心,负责辖区内医疗机构临床用血管理的指导、评价和培训等工作。

### (三)临床用血管理委员会

医疗机构应当加强组织管理,明确岗位职责,健全管理制度。医疗机构法定代表人为临床用血管理第一责任人。

二级以上医院和妇幼保健院应当设立临床用血管理委员会,负责本机构临床合理用血管理工作。主任委员由院长或者分管医疗的副院长担任,成员由医务部门、输血科、麻醉科、开展输血治疗的主要临床科室、护理部门、手术室等部门负责人组成。医务、输血部门共同负责临床合理用血日常管理工作。其他医疗机构应当设立临床用血管理工作组,并指定专(兼)职人员负责日常管理工作。

临床用血管理委员会或者临床用血管理工作组应当履行以下职责:①认真贯彻临床用血管理相关法律、法规、规章、技术规范和标准,制定本机构临床用血管理的规章制度并监督实施;②评估确定临床用血的重点科室、关键环节和流程;③定期监测、分析和评估临床用血情况,开展临床用血质量评价工作,提高临床合理用血水平;④分析临床用血不良事件,提出处理和改进措施;⑤指导并推动开展自体输血等血液保护及输血新技术;⑥承担医疗机构交办的有关临床用血的其他任务。

### (四)输血科或者血库

《医疗机构临床用血管理办法》规定,医疗机构应当根据有关规定和临床用血需求设置输血科或者血库,并根据自身功能、任务、规模,配备与输血工作相适应的专业技术人员、设施、设备。不具备条件设置输血科或者血库的医疗机构,应当安排专(兼)职人员负责临床用血工作。

输血科及血库的主要职责是:①建立临床用血质量管理体系,推动临床合理用血;②负责制订临床用血储备计划,根据血站供血的预警信息和医院的血液库存情况协调临床用血;③负责血液预订、入库、储存、发放工作;④负责输血相关免疫血液学检测;⑤参与推动自体输血等血液保护及输血新技术;⑥参与特殊输血治疗病例的会诊,为临床合理用血提供咨询;⑦参与临床用血不良事件的调查;⑧根据临床治疗需要,参与开展血液治疗相关技术;⑨承担医疗机构交办的有关临床用血的其他任务。

## 三、临床用血管理

医疗机构应当使用卫生行政部门指定血站提供的血液,加强临床用血管理,建立并完善管理制度和工作规范,并保证落实。

### (一)预警机制

医疗机构应当配合血站建立血液库存动态预警机制,保障临床用血需求和正常医疗秩序;应当对血液预订、接收、入库、储存、出库及库存预警等进行管理,保证血液储存、运送符合国家有关标准和要求。

### (二)临床用血核查

《献血法》规定,临床用血的包装、储存、运输,必须符合国家规定的卫生标准和要求;医疗机构对临床用血必须进行核查。医疗机构不得将不符合国家规定标准的血液用于临床。

**1. 接收血液核对**　医疗机构接收血站发送的血液后,应当对血袋标签进行核对。符合国家有关标准和要求的血液入库,做好登记;并按不同品种、血型和采血日期(或有效期),分别有序存放于专用储藏设施内。血袋标签核对的主要内容是:①血站的名称;②献血编号或者条形码、血型;③血液品种;④采血日期及时间或者制备日期及时间;⑤有效期及时间;⑥储存条件。禁止将血袋标签不合格的血液入库。

**2. 血液发放和输血核对**　医疗机构在血液发放和输血时应当进行核对,并指定医务人员负责血液的收领、发放工作。

根据《临床输血技术规范》的要求,取血与发血的双方必须共同查对患者姓名、性别、病案号、门急诊(病室)、床号、血型、血液有效期及配血试验结果,以及保存血的外观等,准确无误时,双方共同签字后方可发出。凡血袋有下列情形之一的,一律不得发出:①标签破损、字迹不清;②血袋有破损、漏血;③血液中有明显凝块;④血浆呈乳糜状或暗灰色;⑤血浆中有明显气泡、絮状物或粗大颗粒;⑥未摇动时血浆层与红细胞的界面不清或交界面上出现溶血;⑦红细胞层呈紫红色;⑧过期或其他须查证的情况。

血液发出后,受血者和供血者的血样保存于2～6℃冰箱,至少7天,以便对输血不良反应追查原因。血液发出后不得退回。

### (三) 储血设施

医疗机构储血设施应当保证运行有效,全血、红细胞的储藏温度应当控制在2～6℃,血小板的储藏温度应当控制在20～24℃。储血保管人员应当做好血液储藏温度的24小时监测记录。储血环境应当符合卫生标准和要求。

### (四) 输血治疗方案

《临床输血技术规范》要求,医务人员应当认真执行临床输血技术规范,严格掌握临床输血适应证,根据患者病情和实验室检测指标,对输血指征进行综合评估,制订输血治疗方案。

### (五) 临床用血申请

医疗机构应当建立临床用血申请管理制度:①同一患者一天申请备血量少于800毫升的,由具有中级以上专业技术职务任职资格的医师提出申请,上级医师核准签发后,方可备血;②同一患者一天申请备血量在800毫升至1 600毫升的,由具有中级以上专业技术职务任职资格的医师提出申请,经上级医师审核,科室主任核准签发后,方可备血;③同一患者一天申请备血量达到或超过1 600毫升的,由具有中级以上专业技术职务任职资格的医师提出申请,科室主任核准签发后,报医务部门批准,方可备血。以上规定内容不适用于急救用血。

### (六) 知情同意

《医疗机构临床用血管理办法》规定,在输血治疗前,医师应当向患者或者其近亲属说明输血目的、方式和风险,并签署临床输血治疗知情同意书。因抢救生命垂危的患者需要紧急输血,且不能取得患者或者其近亲属意见的,经医疗机构负责人或者授权的负责人批准后,可以立即实施输血治疗。

### (七) 临床用血不良事件监测报告

医疗机构应当根据国家有关法律法规和规范建立临床用血不良事件监测报告制度。临床发现输血不良反应后,应当积极救治患者,及时向有关部门报告,并做好观察和记录。

### (八) 临床用血医学文书管理

医疗机构应当建立临床用血医学文书管理制度,确保临床用血信息客观真实、完整、可追溯。医师应当将患者输血适应证的评估、输血过程和输血后疗效评价情况记入病历;临床输血治疗知情同意书、输血记录单等随病历保存。

### (九) 培训考核

医疗机构应当建立培训制度,加强对医务人员临床用血和无偿献血知识的培训,将临床用血相关知识培训纳入继续教育内容。新上岗医务人员应当接受岗前临床用血相关知识培训及考核。建立科室和医师临床用血评价及公示制度。将临床用血情况纳入科室和医务人员工作考核指标体系。禁止将用血量和经济收入作为输血科或者血库工作的考核指标。

### 四、患者自身储血

《献血法》规定,为保障公民临床急救用血的需要,国家提倡并指导择期手术的患者自身储血,动员家庭、亲友、所在单位以及社会互助献血。

医疗机构应当积极推行节约用血的新型医疗技术。三级医院、有条件的二级医院和妇幼保健院应当开展自体输血技术,建立并完善管理制度和技术规范,提高合理用血水平,保证医疗质量和安全。医疗机构应当动员符合条件的患者接受自体输血技术,提高输血治疗效果和安全性。医疗机构应当积极推行成分输血,保证医疗质量和安全。

### 五、临时采集血液

《献血法》规定,为保证应急用血,医疗机构可以临时采集血液,但应当依照规定、确保采血用血安全。

根据《医疗机构临床用血管理办法》规定,医疗机构应当制定应急用血工作预案。为保证应急用血,医疗机构可以临时采集血液,但必须同时符合以下条件:①危及患者生命,急需输血;②所在地血站无法及时提供血液,且无法及时从其他医疗机构调剂血液,而其他医疗措施不能替代输血治疗;③具备开展交叉配血及乙型肝炎病毒表面抗原、丙型肝炎病毒抗体、艾滋病病毒抗体和梅毒螺旋体抗体的检测能力;④遵守采供血相关操作规程和技术标准。

医疗机构应当在临时采集血液后10日内将情况报告县级以上人民政府卫生行政部门。

### 六、临床用血应急预案

省、自治区、直辖市人民政府卫生行政部门应当制定临床用血保障措施和应急预案,保证自然灾害、突发事件等大量伤员和特殊病例、稀缺血型等应急用血的供应和安全。因应急用血或者避免血液浪费,在保证血液安全的前提下,经省、自治区、直辖市人民政府卫生行政部门核准,医疗机构之间可以调剂血液。

## 第五节 │ 法律责任

### 一、非法采集、出售、出卖血液的法律责任

《献血法》规定,有下列行为之一的,由县级以上地方人民政府予以取缔,没收违法所得,可以并处10万元以下的罚款;构成犯罪的,依法追究刑事责任:①非法采集血液的;②血站、医疗机构出售无偿献血的血液的;③非法组织他人出卖血液的。

《刑法》第三百三十四条第一款规定,非法采集、供应血液或者制作、供应血液制品,不符合国家规定的标准,足以危害人体健康的,处5年以下有期徒刑或者拘役,并处罚金;对人体健康造成严重危害的,处5年以上10年以下有期徒刑,并处罚金;造成特别严重后果的,处10年以上有期徒刑或者无期徒刑,并处罚金或者没收财产。

《刑法》第三百三十三条规定,非法组织他人出卖血液的,处5年以下有期徒刑,并处罚金;以暴力、威胁方法强迫他人出卖血液的,处5年以上10年以下有期徒刑,并处罚金。有前款行为对他人造成伤害的,依照《刑法》第二百三十四条定罪处罚。

《刑法》第二百三十四条规定,故意伤害他人身体的,处3年以下有期徒刑、拘役或者管制。犯前

款罪,致人重伤的,处 3 年以上 10 年以下有期徒刑;致人死亡或者以特别残忍手段致人重伤造成严重残疾的,处 10 年以上有期徒刑、无期徒刑或者死刑。本法另有规定的,依照规定。

## 二、违规采集血液的法律责任

《传染病防治法》规定,采供血机构未执行国家有关规定,导致因输入血液引起经血液传播疾病发生的,由县级以上人民政府卫生行政部门责令改正,通报批评,给予警告;造成传染病传播、流行或者其他严重后果的,对负有责任的主管人员和其他直接责任人员,依法给予降级、撤职、开除的处分,并可以依法吊销采供血机构的执业许可证。

《献血法》规定,血站违反有关操作规程和制度采集血液,由县级以上地方人民政府卫生行政部门责令改正,给献血者健康造成损害的,应当依法赔偿,对直接负责的主管人员和其他直接责任人员,依法给予行政处分;构成犯罪的,依法追究刑事责任。

《医疗机构临床用血管理办法》规定,医疗机构违反关于应急用血采血规定的,由县级以上人民政府卫生行政部门责令限期改正,给予警告;情节严重或者造成严重后果的,处 3 万元以下罚款,对负有责任的主管人员和其他直接责任人员依法给予处分。

《刑法》第三百三十四条第二款规定,经国家主管部门批准采集、供应血液或者制作、供应血液制品的部门,不依照规定进行检测或者违背其他操作规定,造成危害他人身体健康后果的,对单位判处罚金,并对其直接负责的主管人员和其他直接责任人员,处 5 年以下有期徒刑或者拘役。

## 三、违反临床用血管理规定的法律责任

《医疗机构临床用血管理办法》规定,医疗机构有下列情形之一的,由县级以上人民政府卫生行政部门责令限期改正;逾期不改的,进行通报批评,并予以警告;情节严重或者造成严重后果的,可处 3 万元以下的罚款,对负有责任的主管人员和其他直接责任人员依法给予处分:①未设立临床用血管理委员会或者工作组的;②未拟定临床用血计划或者 1 年内未对计划实施情况进行评估和考核的;③未建立血液发放和输血核对制度的;④未建立临床用血申请管理制度的;⑤未建立医务人员临床用血和无偿献血知识培训制度的;⑥未建立科室和医师临床用血评价及公示制度的;⑦将经济收入作为对输血科或者血库工作的考核指标的;⑧违反《医疗机构临床用血管理办法》的其他行为。

医疗机构使用未经卫生行政部门指定的血站供应的血液的,由县级以上地方人民政府卫生行政部门给予警告,并处 3 万元以下罚款;情节严重或者造成严重后果的,对负有责任的主管人员和其他直接责任人员依法给予处分。

## 四、临床用血的包装、储存、运输不符合规定的法律责任

《献血法》规定,临床用血的包装、储存、运输,不符合国家规定的卫生标准和要求的,责令改正,给予警告,可以并处 1 万元以下的罚款。

## 五、提供不符合国家规定标准血液的法律责任

《献血法》规定,血站违反规定向医疗机构提供不符合国家规定标准的血液的,由县级以上人民政府卫生行政部门责令改正;情节严重,造成经血液途径传播的疾病传播或者有传播严重危险的,限期整顿,对直接负责的主管人员和其他直接责任人员,依法给予行政处分;构成犯罪的,依法追究刑事责任。

## 六、将不符合标准的血液用于患者的法律责任

《献血法》规定,医疗机构的医务人员违反规定,将不符合国家规定标准的血液用于患者的,由县级以上地方人民政府卫生行政部门责令改正;给患者健康造成损害的,应当依法赔偿,对直接负责的

主管人员和其他直接责任人员,依法给予行政处分;构成犯罪的,依法追究刑事责任。

《民法典》第一千二百二十三条规定,因药品、消毒产品、医疗器械的缺陷,或者输入不合格的血液造成患者损害的,患者可以向药品上市许可持有人、生产者、血液提供机构请求赔偿,也可以向医疗机构请求赔偿。患者向医疗机构请求赔偿的,医疗机构赔偿后,有权向负有责任的药品上市许可持有人、生产者、血液提供机构追偿。

《刑法》第三百三十五条规定,医务人员由于严重不负责任,造成就诊人死亡或者严重损害就诊人身体健康的,处 3 年以下有期徒刑或者拘役。

## 七、卫生行政部门及其工作人员玩忽职守的法律责任

《献血法》规定,卫生行政部门及其工作人员在献血、用血的监督管理工作中,玩忽职守,造成严重后果,构成犯罪的,依法追究刑事责任;尚不构成犯罪的,依法给予行政处分。

《医疗机构临床用血管理办法》规定,县级以上地方卫生行政部门未按照规定履行监管职责,造成严重后果的,对直接负责的主管人员和其他直接责任人员依法给予记大过、降级、撤职、开除等行政处分。

---

**思考题**

1. 我国《献血法》中对无偿献血是如何规范的?
2. 我国对采供血的管理是如何规制的?
3. 在献血和临床用血的过程中,血站的地位与作用是什么?
4. 医疗机构在什么情况下可以临时采集血液?
5. 怎样才能保证临床用血的安全?

思考题解题思路　　　　　　本章目标测试

---

### 推荐阅读

1. 王岳. 医事法[M]. 3 版. 北京:人民卫生出版社,2019.
2. 陈志华. 医疗安全核心制度及案例精析[M]. 北京:人民卫生出版社,2016.
3. 李宇阳. 卫生法学案例与实训教程[M]. 杭州:浙江大学出版社,2017.
4. 黄丁全. 医事法新论[M]. 北京:法律出版社,2013.

(邓　虹)

# 第二十四章 | 人口与计划生育法律制度

人口问题的本质是发展问题,能否解决好人口问题,直接关系到人民生活改善、全民素质提高和中华民族的兴衰。同时,人口与计划生育问题也要在发展中加以解决。人口与计划生育法律制度主要包括人口发展规划的制定与实施、生育调节、奖励与社会保障、计划生育服务等制度,上述制度对促进人口长期均衡发展,实现人口与经济、社会、资源、环境的协调发展,保障公民计划生育的合法权益,促进家庭幸福、民族繁荣与社会进步具有重要意义。

## 第一节 | 概 述

### 一、人口与计划生育的概念

人口是生活在一定社会生产方式下,在一定时间和一定地域内实现其生命活动并构成社会生活主体的,具有一定数量、质量和构成的社会群体。人口是一切社会生活的基础与出发点,人口问题从根本上讲是一个发展问题。人口的数量、结构及变动与经济、社会发展密不可分。

计划生育是指为了社会、家庭和夫妻的利益,育龄夫妻有计划地在适当年龄生育合理数量的子女,并健康地养育下一代,以增进家庭幸福,促进人口、经济、社会、资源、环境协调发展和可持续发展。

### 二、人口与生育政策的演变

人口与生育政策是指由国家制定或在国家指导下制定的控制人口数量变化,规范育龄夫妇生育行为(包括生育数量和质量)的准则。人口问题始终是制约我国全面协调可持续发展的重大问题,是影响经济社会发展的关键因素。党和政府高度重视人口问题,根据我国人口发展变化形势,逐步调整完善生育政策,促进人口长期均衡发展。

党的十一届三中全会以后,国家将人口发展纳入现代化建设总体战略。1980年党中央发表《关于控制我国人口增长问题致全体共产党员共青团员的公开信》,提倡一对夫妇生育一个孩子。1981年11月,第五届全国人大第四次会议提出"限制人口的数量,提高人口的素质"的人口政策。1982年2月,党中央、国务院下发《关于进一步做好计划生育工作的指示》,强调实行必要的奖励和限制,保证计划生育工作的顺利开展。1982年9月,党的十二大把实行计划生育确定为基本国策,同年12月写入新修改的《宪法》。1991年党中央、国务院作出《关于加强计划生育工作严格控制人口增长的决定》,明确提出要坚定不移地贯彻落实现行生育政策,严格控制人口增长。

自20世纪末以来,我国人口形势发生了重大变化。劳动力供给的持续问题、老龄化问题、人口结构性问题等开始显现。目前世界上对老龄化的标准基本趋于统一,即60岁及以上的老年人口占总人口的10%以上或65岁及以上老年人口占总人口的7%以上的国家或地区为老龄化社会。当一个国家或地区65岁及以上老年人口占到总人口的14%以上时,称其为深度老龄化社会。按照人口老龄化的标准,我国于1999年步入老龄化社会。2023年末,我国60岁及以上人口有29 697万人(占21.1%),其中65岁及以上人口21 676万人(占15.4%),开始进入深度老龄化社会。

人口老龄化是社会发展的重要趋势,是人类文明进步的体现,也是今后较长一段时期我国的基本国情。人口老龄化对经济运行全领域、社会建设各环节、社会文化多方面乃至国家综合实力和国际竞争力,都具有深远影响,挑战与机遇并存。2013 年 11 月,党的十八届三中全会审议通过《中共中央关于全面深化改革若干重大问题的决定》,提出坚持计划生育的基本国策,启动实施一方是独生子女的夫妇可生育两个孩子的政策,逐步调整完善生育政策,促进人口长期均衡发展。同年 12 月,中共中央、国务院印发《关于调整完善生育政策的意见》,明确了生育政策调整的重要意义和总体思路。为了应对我国人口发展出现的新问题,2015 年 10 月 29 日,党的十八届五中全会公报提出,促进人口均衡发展,坚持计划生育的基本国策,完善人口发展战略,全面实施一对夫妇可生育两个孩子政策,积极开展应对人口老龄化行动。2021 年 3 月,第十三届全国人大第四次会议通过《中华人民共和国国民经济和社会发展第十四个五年规划和 2035 年远景目标纲要》,提出制定人口长期发展战略,优化生育政策,以"一老一小"为重点完善人口服务体系,促进人口长期均衡发展;增强生育政策包容性,推动生育政策与经济社会政策配套衔接,减轻家庭生育、养育、教育负担,释放生育政策潜力;深化人口发展战略研究,健全人口与发展综合决策机制。2021 年 6 月 26 日,中共中央、国务院印发《关于优化生育政策促进人口长期均衡发展的决定》,提倡适龄婚育、优生优育,实施三孩生育政策。

### 三、人口与计划生育立法

1978 年,我国宪法第一次规定国家提倡和推行计划生育,确立了计划生育工作在我国经济和社会发展全局中的重要地位。1982 年,第五届全国人大五次会议通过的《宪法》,进一步增加了有关计划生育的条款和内容。《宪法》第二十五条规定,国家推行计划生育,使人口的增长同经济和社会发展计划相适应。《宪法》第四十九条第二款规定,夫妻双方有实行计划生育的义务。《宪法》还将计划生育工作列为国务院的职责之一和县级以上地方各级人民政府管理本行政区域内的行政工作之一。

为了实现人口与经济、社会、资源、环境的协调发展,保障公民计划生育的合法权益,促进家庭幸福、民族繁荣与社会进步,2001 年 12 月 29 日,第九届全国人民代表大会常务委员会第二十五次会议通过了《人口与计划生育法》,自 2002 年 9 月 1 日起施行。《人口与计划生育法》对人口发展规划的制定与实施,生育调节,奖励与社会保障,计划生育技术服务等方面作了具体规定。这是中国第一部以人口与计划生育工作为规制对象的专门法律,首次用法律的形式确立了计划生育基本国策的法律地位,为实现人口与经济社会协调发展和可持续发展战略,综合治理人口问题提供了法律保障。

2015 年 12 月 27 日,第十二届全国人民代表大会常务委员会第十八次会议对《人口与计划生育法》进行了第一次修正,规定国家提倡一对夫妻生育两个子女;符合法律、法规规定条件的,可以要求安排再生育子女。2021 年 8 月 20 日,第十三届全国人民代表大会常务委员会第三十次会议对《人口与计划生育法》进行了第二次修正,规定一对夫妻可以生育三个子女;国家采取财政、税收、保险、教育、住房、就业等支持措施,减轻家庭生育、养育、教育负担。

《人口与计划生育法》颁布后,国务院发布了有关人口与计划生育的行政法规;全国各省区市和军队先后完成了地方人口和计划生育条例的修订或制定工作;相关规章的制定,使人口与计划生育工作进入依法管理的阶段。

### 四、计划生育的基本国策

《人口与计划生育法》规定,我国是人口众多的国家,实行计划生育是国家的基本国策。国家采取综合措施,调控人口数量,提高人口素质,推动实现适度生育水平,优化人口结构,促进人口长期均衡发展;国家依靠宣传教育、科学技术进步、综合服务、建立健全奖励和社会保障制度,开展人口与计划生育工作。

### 五、人口与计划生育工作职责分工

《人口与计划生育法》规定,国务院领导全国的人口与计划生育工作。地方各级人民政府领导本行政区域内的人口与计划生育工作。

国务院卫生健康主管部门负责全国计划生育工作和与计划生育有关的人口工作。县级以上地方各级人民政府卫生健康主管部门负责本行政区域内的计划生育工作和与计划生育有关的人口工作。县级以上各级人民政府其他有关部门在各自的职责范围内，负责有关的人口与计划生育工作。

工会、共产主义青年团、妇女联合会及计划生育协会等社会团体、企业事业组织和公民应当协助人民政府开展人口与计划生育工作。

### 六、流动人口计划生育工作管理

流动人口，是指离开户籍所在地的县、市或者市辖区，以工作、生活为目的异地居住的成年育龄人员。但是，下列人员除外：①因出差、就医、上学、旅游、探亲、访友等事由异地居住、预期将返回户籍所在地居住的人员；②在直辖市、设区的市行政区域内区与区之间异地居住的人员。

《人口与计划生育法》规定，流动人口的计划生育工作由其户籍所在地和现居住地的人民政府共同负责管理，以现居住地为主。

## 第二节 ｜ 人口发展规划的制定与实施

制定人口发展规划，调节人口与经济、社会、环境的关系，是我国人口与计划生育工作一个重要的调控手段。

### 一、人口发展规划的制定

人口是社会生活的基本前提和出发点，是社会物质生活条件的必要因素；人口的发展变化和经济的发展变化是相互依存、相互制约的。人口发展目标与经济发展相协调，就能促进和加快经济的发展，人口发展与经济发展比例失调，就会延缓经济的发展。因此，必须坚持人口与发展综合决策，制定符合国情的人口发展规划，并将其纳入国民经济和社会发展的总体规划之中，政府应采取有效措施，确保人口计划的实现。

《人口与计划生育法》规定，国务院编制人口发展规划，并将其纳入国民经济和社会发展计划。县级以上地方各级人民政府根据全国人口发展规划以及上一级人民政府人口发展规划，结合当地实际情况编制本行政区域的人口发展规划，并将其纳入国民经济和社会发展计划。2016 年 12 月 30 日，国务院印发《国家人口发展规划（2016—2030 年）》，明确实施人口均衡发展国家战略，提出到 2030 年，人口自身均衡发展的态势基本形成，人口与经济社会、资源环境的协调程度进一步提高。

### 二、人口与计划生育方案的实施

#### （一）人口与计划生育实施方案

人口与计划生育实施方案，是指为保证人口与计划生育法律法规和人口发展规划在本行政区域内得到全面贯彻实施而依据人口发展规划制定的工作计划、目标、任务、措施、要求和方法的总称。

《人口与计划生育法》规定，县级以上各级人民政府根据人口发展规划，制定人口与计划生育实施方案并组织实施。人口与计划生育实施方案应当规定调控人口数量，提高人口素质，推动实现适度生育水平，优化人口结构，加强母婴保健和婴幼儿照护服务，促进家庭发展的措施。

#### （二）人口与计划生育方案实施的主体

《人口与计划生育法》规定，县级以上各级人民政府卫生健康主管部门负责实施人口与计划生育实施方案的日常工作。乡、民族乡、镇的人民政府和城市街道办事处负责本管辖区域内的人口与计划生育工作，贯彻落实人口与计划生育实施方案。村民委员会、居民委员会应当依法做好计划生育工作。机关、部队、社会团体、企业事业组织应当做好本单位的计划生育工作。

### （三）人口与计划生育宣传教育

卫生健康、教育、科技、文化、民政、新闻出版、广播电视等部门应当组织开展人口与计划生育宣传教育。大众传媒负有开展人口与计划生育的社会公益性宣传的义务。学校应当在学生中，以符合受教育者特征的适当方式，有计划地开展生理卫生教育、青春期教育或者性健康教育。

### （四）人口与计划生育经费投入和保障

国家根据国民经济和社会发展状况逐步提高人口与计划生育经费投入的总体水平。各级人民政府应当保障人口与计划生育工作必要的经费。各级人民政府应当对欠发达地区、少数民族地区开展人口与计划生育工作给予重点扶持。国家鼓励社会团体、企业事业组织和个人为人口与计划生育工作提供捐助。任何单位和个人不得截留、克扣、挪用人口与计划生育工作费用。

### （五）科学研究和对外交流与合作

国家鼓励开展人口与计划生育领域的科学研究和对外交流与合作。人口与计划生育领域的科学研究包括：①人口与计划生育理论研究，如人口论、新人口论、适度人口论、人口经济学等；②计划生育技术研究，如对避孕、节育药具、技术的研究等。国际交流活动包括：①参加重要国际人口会议；②接受国际人口援助；③与国际组织的合作；④双边国际交往与合作；⑤参加国际人口学会的活动；⑥国际组织对我国人口与计划生育工作方面的奖励。

## 第三节 | 生育调节

生育调节，是指以经济、行政、法律、医学手段调整人类的生育行为。

### 一、公民的生育权利

生育权，是公民的一项基本人权，是指公民享有生育子女及获得与此相关的信息和服务的权利。《人口与计划生育法》规定，公民有生育的权利，也有依法实行计划生育的义务，夫妻双方在实行计划生育中负有共同的责任。禁止歧视、虐待生育女婴的妇女和不育的妇女。

《人口与计划生育法》规定，国家提倡适龄婚育、优生优育。一对夫妻可以生育三个子女。符合法律、法规规定条件的，可以要求安排再生育子女。具体办法由省、自治区、直辖市人民代表大会或者其常务委员会规定。少数民族也要实行计划生育，具体办法由省、自治区、直辖市人民代表大会或者其常务委员会规定。夫妻双方户籍所在地的省、自治区、直辖市之间关于再生育子女的规定不一致的，按照有利于当事人的原则适用。

### 二、生殖健康

1994年世界人口与发展大会通过的行动纲领中提出了"生殖健康"的概念。生殖健康指在生命每个阶段中个体的生殖系统、生殖过程和生殖功能的状况，包括身体、精神和社会等方面的健康状态，而不仅仅是指没有疾病或不适。生殖健康的内涵包括：①人们能够有满意、安全而且负责任的性生活，而不担心传染病和意外妊娠；②有生育能力，可以自主并负责地决定是否、何时、间隔多长时间生育以及生育多少；③妇女能够安全地通过妊娠和分娩，妊娠结局是成功的，婴儿成活并健康成长；④夫妇能够知情选择和获得安全、有效、负担得起和可以接受的计划生育方法。由此可见，生殖健康包括安全、满意、负责任的性生活，生育调节，母婴保健、优生优育，防治性病、艾滋病等多方面的内容。

《人口与计划生育法》规定，国家创造条件，保障公民知情选择安全、有效、适宜的避孕节育措施。实施避孕节育手术，应当保证受术者的安全。育龄夫妻自主选择计划生育避孕节育措施，预防和减少非意愿妊娠。实行计划生育的育龄夫妻免费享受国家规定的基本项目的计划生育技术服务。上述规定所需经费，按照国家有关规定列入财政预算或者由社会保险予以保障。

## 第四节 | 奖励与社会保障

### 一、奖励

#### （一）计划生育的奖励

《人口与计划生育法》规定，国家对实行计划生育的夫妻，按照规定给予奖励。符合法律、法规规定生育子女的夫妻，可以获得延长生育假的奖励或者其他福利待遇。国家支持有条件的地方设立父母育儿假。近年来，多地相继出台生育政策，给予一系列扶持政策，如生育津贴、托幼补贴、子女教育补贴、住房补贴等，以鼓励年轻夫妻生育，合力破解"不愿生""生不起""养不起"难题。

#### （二）独生子女父母奖励

据 2020 年全国人口普查数据显示，我国独生子女家庭占家庭总数的 63.53%。这表明计划生育政策对于我国人口控制的效果非常明显，提高了人口素质，促进了经济发展，但同时也带来老年人口增多，养老问题加剧等一系列问题。

《人口与计划生育法》规定，在国家提倡一对夫妻生育一个子女期间，自愿终身只生育一个子女的夫妻，国家发给《独生子女父母光荣证》。获得《独生子女父母光荣证》的夫妻，按照国家和省、自治区、直辖市有关规定享受独生子女父母奖励。法律、法规或者规章规定给予获得《独生子女父母光荣证》的夫妻奖励的措施中由其所在单位落实的，有关单位应当执行。在国家提倡一对夫妻生育一个子女期间，按照规定应当享受计划生育家庭老年人奖励扶助的，继续享受相关奖励扶助，并在老年人福利、养老服务等方面给予必要的优先和照顾。

### 二、社会保障

生育社会保障，是国家为解除生育家庭的后顾之忧而建立的各种社会保障制度和措施，包括基本医疗保险和养老保险、生育保险、社会福利和社会救助制度等。

#### （一）社会保险

《人口与计划生育法》规定，国家建立、健全生育保险和社会福利等社会保障制度，促进计划生育。国家鼓励保险公司举办有利于计划生育的保险项目。

#### （二）妇女劳动保护和就业

妇女怀孕、生育和哺乳期间，按照国家有关规定享受特殊劳动保护并可以获得帮助和补偿。国家保障妇女就业合法权益，为因生育影响就业的妇女提供就业服务。公民实行计划生育手术，享受国家规定的休假。

#### （三）支持措施

《人口与计划生育法》规定，国家采取财政、税收、保险、教育、住房、就业等支持措施，减轻家庭生育、养育、教育负担。地方各级人民政府对农村实行计划生育的家庭发展经济，给予资金、技术、培训等方面的支持、优惠；对实行计划生育的贫困家庭，在扶贫贷款、以工代赈、扶贫项目和社会救济等方面给予优先照顾。

#### （四）建立普惠托育服务体系

县级以上各级人民政府综合采取规划、土地、住房、财政、金融、人才等措施，推动建立普惠托育服务体系，提高婴幼儿家庭获得服务的可及性和公平性。国家鼓励和引导社会力量兴办托育机构，支持幼儿园和机关、企业事业单位、社区提供托育服务。托育机构的设置和服务应当符合托育服务相关标准和规范。托育机构应当向县级人民政府卫生健康主管部门备案。

县级以上地方各级人民政府应当在城乡社区建设改造中，建设与常住人口规模相适应的婴幼儿活动场所及配套服务设施。公共场所和女职工比较多的用人单位应当配置母婴设施，为婴幼儿照护、哺乳提供便利条件。

县级以上各级人民政府应当加强对家庭婴幼儿照护的支持和指导,增强家庭的科学育儿能力。医疗卫生机构应当按照规定为婴幼儿家庭开展预防接种、疾病防控等服务,提供膳食营养、生长发育等健康指导。

## 第五节 ｜ 计划生育服务

### 一、计划生育服务制度

计划生育服务,是指计划生育技术指导、咨询以及与计划生育有关的临床医疗服务。计划生育服务是计划生育工作的重要环节,加强计划生育服务工作,对调控人口数量,提高人口素质,保障公民的生殖健康权利,保护妇女的身体健康具有重要意义。

《人口与计划生育法》规定,国家建立婚前保健、孕产期保健制度,防止或者减少出生缺陷,提高出生婴儿健康水平。各级人民政府应当采取措施,保障公民享有计划生育服务,提高公民的生殖健康水平。

### 二、计划生育服务要求

《人口与计划生育法》规定,医疗卫生机构应当针对育龄人群开展优生优育知识宣传教育,对育龄妇女开展围孕期、孕产期保健服务,承担计划生育、优生优育、生殖保健的咨询、指导和技术服务,规范开展不孕不育症诊疗;计划生育技术服务人员应当指导实行计划生育的公民选择安全、有效、适宜的避孕措施。国家鼓励计划生育新技术、新药具的研究、应用和推广;严禁利用超声技术和其他技术手段进行非医学需要的胎儿性别鉴定;严禁非医学需要的选择性别的人工终止妊娠。

## 第六节 ｜ 法律责任

### 一、违法实施与计划生育相关手术的法律责任

违反《人口与计划生育法》规定,有下列行为之一的,由卫生健康主管部门责令改正,给予警告,没收违法所得;违法所得 1 万元以上的,处违法所得 2 倍以上 6 倍以下的罚款;没有违法所得或者违法所得不足 1 万元的,处 1 万元以上 3 万元以下的罚款;情节严重的,由原发证机关吊销执业证书;构成犯罪的,依法追究刑事责任:①非法为他人施行计划生育手术的;②利用超声技术和其他技术手段为他人进行非医学需要的胎儿性别鉴定或者选择性别的人工终止妊娠的。

《刑法》第三百三十六条第二款规定,未取得医生执业资格的人擅自为他人进行节育复通手术、假节育手术、终止妊娠手术或者摘取宫内节育器,情节严重的,处 3 年以下有期徒刑、拘役或者管制,并处或者单处罚金;严重损害就诊人身体健康的,处 3 年以上 10 年以下有期徒刑,并处罚金;造成就诊人死亡的,处 10 年以上有期徒刑,并处罚金。

### 二、托育机构违反托育服务相关标准和规范的法律责任

托育机构违反托育服务相关标准和规范的,由卫生健康主管部门责令改正,给予警告;拒不改正的,处 5 000 元以上 5 万元以下的罚款;情节严重的,责令停止托育服务,并处 5 万元以上 10 万元以下的罚款。

托育机构有虐待婴幼儿行为的,其直接负责的主管人员和其他直接责任人员终身不得从事婴幼儿照护服务;构成犯罪的,依法追究刑事责任。

### 三、计划生育技术服务人员违章操作造成严重后果的法律责任

计划生育技术服务人员违章操作或者延误抢救、诊治,造成严重后果的,依照有关法律、行政法规的规定承担相应的法律责任。

### 四、国家机关工作人员在计划生育工作中违法的法律责任

国家机关工作人员在计划生育工作中,有下列行为之一,构成犯罪的,依法追究刑事责任;尚不构成犯罪的,依法给予处分;有违法所得的,没收违法所得:①侵犯公民人身权、财产权和其他合法权益的;②滥用职权、玩忽职守、徇私舞弊的;③索取、收受贿赂的;④截留、克扣、挪用、贪污计划生育经费的;⑤虚报、瞒报、伪造、篡改或者拒报人口与计划生育统计数据的。

### 五、不履行协助计划生育管理义务的法律责任

违反《人口与计划生育法》规定,不履行协助计划生育管理义务的,由有关地方人民政府责令改正,并给予通报批评;对直接负责的主管人员和其他直接责任人员依法给予处分。

### 六、拒绝、阻碍依法执行公务的法律责任

拒绝、阻碍卫生健康主管部门及其工作人员依法执行公务的,由卫生健康主管部门给予批评教育并予以制止;构成违反治安管理行为的,依法给予治安管理处罚;构成犯罪的,依法追究刑事责任。

《人口与计划生育法》规定,公民、法人或者其他组织认为行政机关在实施计划生育管理过程中侵犯其合法权益,可以依法申请行政复议或者提起行政诉讼。

**思考题**

1. 我国人口老龄化的基本情况是什么?
2. 为什么要实施计划生育?
3. 《人口与计划生育法》两次修正的要点是什么?
4. 我国现行的生育政策是什么?
5. 国家对生育的社会保障措施有哪些?
6. 计划生育服务的要求有哪些?

思考题解题思路　　　本章目标测试

## 推荐阅读

1. 童卫东. 中华人民共和国人口与计划生育法解读[M]. 北京:中国法制出版社,2016.
2. 马骏. 中国人口老龄化及其政策应对研究[M]. 南京:南京大学出版社,2023.
3. 青连斌. 关于人口老龄化的答问[M]. 北京:国家行政学院出版社,2023.
4. 杜鹏,李龙. 新时代中国人口老龄化长期趋势预测[J]. 中国人民大学学报,2021,35(1):96-109.

(喻小勇)

# 第二十五章 医疗损害责任法律制度

医疗损害是在医疗活动中有过错的诊疗行为或者有缺陷的产品以及不合格的血液等造成的患者损害。医疗损害责任法律制度包括医疗损害主体的确认、医疗损害的预防与处置、医疗损害鉴定、医疗损害的行政处理与监督、医疗损害的赔偿等内容,对维护医疗秩序,保障当事人合法权益,共同构建和谐医患关系具有重要作用。

## 第一节 | 概 述

### 一、医疗损害的概念

医疗损害目前没有法定概念。《民法典》所指的医疗损害,既包括有过错的诊疗行为引起的患者损害,也包括有缺陷的产品和不合格血液引起的患者损害。

过错,在民法上指因故意或过失而损害他人的违法行为。故意,即行为人明知其行为将侵害他人的权益而有意为之或听任损害的发生;过失,即行为人能注意、应注意而不予注意的主观心理状态。

缺陷,在产品质量法上指产品存在危及人身、他人财产安全的不合理的危险。如果产品有保障人体健康和人身、财产安全的国家标准、行业标准的,缺陷是指不符合该标准。

综上所述,医疗损害是指医疗活动中有过错的诊疗行为或者有缺陷的产品以及不合格的血液造成的患者损害。

### 二、医疗损害与医疗事故的关系

医疗损害与医疗事故既有相同之处,又有明显的区别。

#### (一)医疗损害与医疗事故相同之处

医疗损害与医疗事故两者相同之处是:首先,医疗损害与医疗事故都发生在诊疗活动中;其次,都给患者造成了损害;再次,责任人的行为与损害后果之间都存在因果关系。

#### (二)医疗损害与医疗事故区别之处

医疗损害与医疗事故两者明显区别是:首先,责任人不同。医疗事故的责任人只能是医疗机构及其医务人员,而医疗损害的责任人除可以是医疗机构及其医务人员外,还可以是药品、消毒产品、医疗器械生产者或者血液提供机构等。其次,造成的损害后果不同。医疗事故造成的是人身损害,而医疗损害造成的除人身损害外,还可以是其他损害。再次,责任人过错形式不同。医疗事故只有过失一种形式,而医疗损害不但包括了故意和过失两种形式外,还包括了无过错。

### 三、医疗损害责任立法

对医疗损害进行专门立法是从医疗事故开始的。1987年国务院颁布了《医疗事故处理办法》。该办法将医疗事故分为责任事故和技术事故。所谓责任事故是指医务人员因违反规章制度、诊疗护理常规等失职行为所致的事故;技术事故是指医务人员因技术过失所致的事故。该办法根据给患者直接造成损害的程度,将医疗事故分为三级;并规定,由县级以上地方政府按行政区划成立医疗事故技术鉴定委员会,负责对医疗事故争议的技术鉴定,对确定的医疗事故由医疗机构给予一次性经济补偿。

为适应新的形势和要求,2002年国务院对《医疗事故处理办法》从名称到内容进行了大幅度修订,出台了新的《医疗事故处理条例》。与1987年的《医疗事故处理办法》相比,该条例取消了医疗事故的分类,并将医疗事故由三级增加为四级;将医疗事故技术鉴定由政府组织调整为由医学会组织,并对确定的医疗事故由补偿改为赔偿。同时,该条例首次较系统地规定了患者权利,如患者有权复印或者复制病历资料等,并对患者及其家属实质性参与医疗事故争议的处理作了制度性和机制性安排。

《医疗事故处理条例》对妥善解决医疗事故争议发挥了重要作用,但由于效力等级的局限性,它并没能从根本上解决法律适用上的二元化现象。

2003年《最高人民法院关于参照〈医疗事故处理条例〉审理医疗纠纷民事案件的通知》规定,医疗事故处理条例施行后发生的医疗事故引起的医疗赔偿纠纷,诉到法院的,参照条例的有关规定办理;因医疗事故以外的原因引起的其他医疗赔偿纠纷,适用民法通则的规定。同年,《最高人民法院关于审理人身损害赔偿案件适用法律若干问题的解释》规定了人身损害的赔偿项目和计算方法,与《医疗事故处理条例》规定的医疗事故的赔偿项目和计算标准也不一致。

医疗事故争议处理中存在的法律适用二元化现象损害了我国法制的统一性和严肃性,影响司法公正,加剧了医患矛盾。2009年12月26日,第十一届全国人民代表大会常务委员会第十二次会议通过了《侵权责任法》,自2010年7月1日起施行。其中第七章是"医疗损害责任",共十一条。法律的效力高于行政法规、地方性法规、规章。据此,《医疗事故处理条例》的规定与《侵权责任法》不一致的,应以《侵权责任法》为准。

为正确审理医疗损害责任纠纷案件,依法维护当事人的合法权益,推动构建和谐医患关系,促进卫生健康事业发展,2017年3月27日,最高人民法院审判委员会第1713次会议通过《最高人民法院关于审理医疗损害责任纠纷案件适用法律若干问题的解释》,自2017年12月14日起施行。该解释的适用范围是:①患者以在诊疗活动中受到人身或者财产损害为由请求医疗机构,医疗产品的生产者、销售者或者血液提供机构承担侵权责任的案件;②患者以在美容医疗机构或者开设医疗美容科室的医疗机构实施的医疗美容活动中受到人身或者财产损害为由提起的侵权纠纷案件;③患者死亡后,其近亲属请求医疗损害赔偿的;④支付患者医疗费、丧葬费等合理费用的人请求赔偿该费用的。

2020年5月28日第十三届全国人民代表大会第三次会议通过的《民法典》,第七编为"侵权责任",其中第六章"医疗损害责任"除个别条款有微调外,大部分是原《侵权责任法》第七章"医疗损害责任"的内容,保持了法律规定的稳定性。

## 第二节 ｜ 医疗损害责任

### 一、医疗损害责任主体

由于导致医疗损害的原因多种多样,因此,相应的承担医疗损害赔偿责任的主体也各有不同。

患者在诊疗活动中受到损害,医疗机构或者其医务人员有过错的,由医疗机构承担赔偿责任。《民法典》规定,医务人员在诊疗活动中应当向患者说明病情和医疗措施。需要实施手术、特殊检查、特殊治疗的,医务人员应当及时向患者具体说明医疗风险、替代医疗方案等情况,并取得其明确同意;不能或者不宜向患者说明的,应当向患者的近亲属说明,并取得其明确同意。如果医务人员未尽到相应义务,造成患者损害的,医疗机构应当承担赔偿责任。《最高人民法院关于审理医疗损害责任纠纷案件适用法律若干问题的解释》规定,患者依据规定主张医疗机构承担赔偿责任的,应当提交到该医疗机构就诊、受到损害的证据。医疗机构提交患者或者患者近亲属书面同意证据的,可以认定医疗机构尽到说明义务,但患者有相反证据足以反驳的除外。

《民法典》规定,因抢救生命垂危的患者等紧急情况,不能取得患者或者其近亲属意见的,经医疗机构负责人或者授权的负责人批准,可以立即实施相应的医疗措施。根据《最高人民法院关于审理医疗损害责任纠纷案件适用法律若干问题的解释》,因抢救生命垂危的患者等紧急情况且不能取得患者意见时,下列情形可以认定为不能取得患者近亲属意见:①近亲属不明的;②不能及时联系到近亲属的;③近亲属拒绝发表意见的;④近亲属达不成一致意见的;⑤法律、法规规定的其他情形。上述情形,医务人员经医疗机构负责人或者授权的负责人批准立即实施相应医疗措施,患者因此请求医疗机构承担赔偿责任的,不予支持;医疗机构及其医务人员怠于实施相应医疗措施造成损害,患者请求医疗机构承担赔偿责任的,应予支持。

《民法典》还规定,医疗机构及其医务人员应当对患者的隐私保密。泄露患者隐私或者未经患者同意公开其病历资料,造成患者损害的,应当承担侵权责任。

因药品、消毒产品、医疗器械的缺陷,或者输入不合格的血液造成患者损害的,医疗损害责任主体是该缺陷药品、消毒产品、医疗器械的药品上市许可持有人、生产者和该不合格血液的提供机构;需要赔偿的,由药品上市许可持有人、生产者或者血液提供机构承担赔偿责任。

为了保护患者利益,方便索赔,《民法典》规定,因药品、消毒产品、医疗器械的缺陷,或者输入不合格的血液造成患者损害的,患者可以向药品上市许可持有人、生产者、血液提供机构请求赔偿,也可以向医疗机构请求赔偿。患者向医疗机构请求赔偿的,医疗机构赔偿后,有权向负有责任的药品上市许可持有人、生产者、血液提供机构追偿。

## 二、推定医疗机构有过错的情形

所谓过错推定,是指行为人的行为致人损害就推定其主观上有过错,除非其能证明自己没有过错,否则应承担民事责任。

《民法典》规定,患者在诊疗活动中受到损害,有下列情形之一的,推定医疗机构有过错:①违反法律、行政法规、规章以及其他有关诊疗规范的规定;②隐匿或者拒绝提供与纠纷有关的病历资料;③遗失、伪造、篡改或者违法销毁病历资料。《最高人民法院关于审理医疗损害责任纠纷案件适用法律若干问题的解释》规定,患者依法向人民法院申请医疗机构提交由其保管的与纠纷有关的病历资料等,医疗机构未在人民法院指定期限内提交的,人民法院可以依法推定医疗机构有过错,但是因不可抗力等客观原因无法提交的除外。

## 三、医疗机构及其医务人员过错认定的因素

《最高人民法院关于审理医疗损害责任纠纷案件适用法律若干问题的解释》规定,对医疗机构及其医务人员的过错,应当依据法律、行政法规、规章以及其他有关诊疗规范进行认定,可以综合考虑患者病情的紧急程度、患者个体差异、当地的医疗水平、医疗机构与医务人员资质等因素。

## 四、医疗机构不承担赔偿责任的情形

现代医学还远没有发展到包治百病的阶段。对大多数疾病来说,医学更多的是帮助患者缓解症状。这不是医疗机构或者医生的问题,而是医学发展的局限性。人类在与疾病顽强斗争中,需要研究的领域还很宽广,需要探索的道路还很漫长。

《医疗事故处理条例》规定了6种情形不属于医疗事故:①在紧急情况下为抢救垂危患者生命而采取紧急医学措施造成不良后果的;②在医疗活动中由于患者病情异常或者患者体质特殊而发生医疗意外的;③在现有医学科学技术条件下,发生无法预料或者不能防范的不良后果的;④无过错输血感染造成不良后果的;⑤因患方原因延误诊疗导致不良后果的;⑥因不可抗力造成不良后果的。

《民法典》规定了3种情形,医疗机构不承担赔偿责任:①患者或者其近亲属不配合医疗机构进行符合诊疗规范的诊疗;②医务人员在抢救生命垂危的患者等紧急情况下已经尽到合理诊疗义务;

③限于当时的医疗水平难以诊疗。需要说明的是,患者或者其近亲属不配合医疗机构进行符合诊疗规范的诊疗的情形中,医疗机构或者其医务人员也有过错的,应当承担相应的赔偿责任。

根据《最高人民法院关于审理医疗损害责任纠纷案件适用法律若干问题的解释》,医务人员违反规定的说明病情和医疗措施义务,但未造成患者人身损害,患者请求医疗机构承担损害赔偿责任的,不予支持。

## 第三节 | 医疗损害的预防与处置

### 一、医疗损害的预防

医疗机构及其医务人员应当按照《医疗事故处理条例》的相关规定,做好医疗事故等医疗损害的预防工作。为了预防和妥善处理医疗纠纷,保护医患双方的合法权益,维护医疗秩序,保障医疗安全,2018年7月31日国务院发布了《医疗纠纷预防和处理条例》,自2018年10月1日起施行。

#### (一)依法执业

医疗机构及其医务人员在医疗活动中应当以患者为中心,加强人文关怀,严格遵守医疗卫生法律、法规、规章和诊疗护理规范、常规,恪守职业道德。

#### (二)加强培训

医疗机构应当对其医务人员进行医疗卫生法律、法规、规章和诊疗相关规范、常规的培训,并加强职业道德教育。

#### (三)严格质量控制

医疗机构应当制定并实施医疗质量安全管理制度,设置医疗服务质量监控部门或者配备专(兼)职人员,加强对诊断、治疗、护理、药事、检查等工作的规范化管理,优化服务流程,提高服务水平;应当加强医疗风险管理,完善医疗风险的识别、评估和防控措施,定期检查措施落实情况,及时消除隐患。

#### (四)开展与能力相适应的医疗技术服务

医疗机构应当按照国务院卫生主管部门制定的医疗技术临床应用管理规定,开展与其技术能力相适应的医疗技术服务,保障临床应用安全,降低医疗风险;采用医疗新技术的,应当开展技术评估和伦理审查,确保安全有效、符合伦理。

#### (五)加强药品管理

医疗机构应当依照有关法律、法规的规定,严格执行药品、医疗器械、消毒药剂、血液等的进货查验、保管等制度。禁止使用无合格证明文件、过期等不合格的药品、医疗器械、消毒药剂、血液等。

#### (六)制定预案

医疗机构应当制定防范、处理医疗事故等医疗损害的预案,预防医疗事故等医疗损害的发生,减轻医疗事故等医疗损害的结果。

#### (七)保障患者权利

医务人员在诊疗活动中应当向患者说明病情和医疗措施。需要实施手术,或者开展临床试验等存在一定危险性、可能产生不良后果的特殊检查、特殊治疗的,医务人员应当及时向患者说明医疗风险、替代医疗方案等情况,并取得其书面同意;在患者处于昏迷等无法自主作出决定的状态或者病情不宜向患者说明等情形下,应当向患者的近亲属说明,并取得其书面同意。紧急情况下不能取得患者或者其近亲属意见的,经医疗机构负责人或者授权的负责人批准,可以立即实施相应的医疗措施。

#### (八)建立医患沟通机制

医疗机构应当建立健全医患沟通机制,对患者在诊疗过程中提出的咨询、意见和建议,应当耐心解释、说明,并按照规定进行处理;对患者就诊疗行为提出的疑问,应当及时予以核实、自查,并指定有关人员与患者或者其近亲属沟通,如实说明情况。

### （九）建立投诉接待制度

医疗机构应当建立健全投诉接待制度,设置统一的投诉管理部门或者配备专(兼)职人员,在医疗机构显著位置公布医疗纠纷解决途径、程序和联系方式等,方便患者投诉或者咨询。

## 二、医疗过错行为的报告

医务人员在医疗活动中有下列情形之一的,应当立即向所在科室负责人报告:①发生或者发现医疗事故等医疗损害;②可能引起医疗事故等医疗损害的医疗过错行为;③发生医疗事故等医疗损害争议。

科室负责人接到报告后,应当及时向本医疗机构负责医疗服务质量监控的部门或者专(兼)职人员报告。负责医疗服务质量监控的部门或者专(兼)职人员接到报告后,应当立即进行调查、核实,将有关情况如实向本医疗机构负责人报告,并向患者通报、解释。

发生医疗事故等医疗损害的医疗机构,应当按照规定向所在地卫生行政部门报告。发生下列重大医疗过错行为的,医疗机构应当在 12 小时内向所在地卫生行政部门报告:①导致患者死亡或者可能造成患者中度以上残疾、器官组织损伤导致严重功能障碍的医疗事故等医疗损害;②导致 3 人以上人身损害后果;③国务院卫生行政部门和省、自治区、直辖市人民政府卫生行政部门规定的其他情形。

发生或者发现医疗过错行为,医疗机构及其医务人员应当立即采取有效措施,避免或者减轻对患者身体健康的损害,防止损害扩大。

## 三、病历资料的填写与保管

病历资料分客观性病历资料和主观性病历资料。客观性病历资料,包括门诊病历、住院志、体温单、医嘱单、化验单(检验报告)、医学影像检查资料、特殊检查同意书、手术同意书、手术及麻醉记录单、病理资料、护理记录以及国务院卫生行政部门规定的其他病历资料。主观性病历资料,包括死亡病例讨论记录、疑难病例讨论记录、上级医师查房记录、会诊意见、病程记录等。

《民法典》规定,医疗机构及其医务人员应当按照规定填写并妥善保管住院志、医嘱单、检验报告、手术及麻醉记录、病理资料、护理记录、医疗费用等病历资料。

《医疗纠纷预防和处理条例》规定,因抢救急危患者,未能及时书写病历的,有关医务人员应当在抢救结束后 6 个小时内据实补记,并加以注明。

任何单位和个人都不得涂改、伪造、隐匿、销毁或者抢夺病历资料。

## 四、病历资料的复印

《医疗纠纷预防和处理条例》规定,患者有权查阅、复制其门诊病历、住院志、体温单、医嘱单、化验单(检验报告)、医学影像检查资料、特殊检查同意书、手术同意书、手术及麻醉记录单、病理资料、护理记录、医疗费用以及国务院卫生主管部门规定的其他属于病历的全部资料。

患者要求复制病历资料的,医疗机构应当提供复制服务,并在复制的病历资料上加盖证明印记。复制病历资料时,应当有患者或者其近亲属在场。医疗机构应患者的要求为其复制病历资料,可以收取工本费,收费标准应当公开。患者死亡的,其近亲属可以依照规定,查阅、复制病历资料。

## 五、病历资料和现场实物的封存

《医疗纠纷预防和处理条例》规定,发生医疗纠纷需要封存、启封病历资料的,应当在医患双方在场的情况下进行。封存的病历资料可以是原件,也可以是复制件,由医疗机构保管。病历尚未完成需要封存的,对已完成病历先行封存;病历按照规定完成后,再对后续完成部分进行封存。医疗机构应当对封存的病历开列封存清单,由医患双方签字或者盖章,各执一份。病历资料封存后医疗纠纷已经解决,或者患者在病历资料封存满 3 年未再提出解决医疗纠纷要求的,医疗机构可以自行启封。

疑似输液、输血、注射、药物等引起不良后果的,医患双方应当共同对现场实物进行封存、启封,封存的现场实物由医疗机构保管;需要检验的,应当由双方共同指定的、依法具有检验资格的检验机构进行检验;双方无法共同委托的,由医疗机构所在地县级人民政府卫生行政部门指定。疑似输血引起不良后果,需要对血液进行封存保留的,医疗机构应当通知提供该血液的采供血机构派员到场。

现场实物封存后医疗纠纷已经解决,或者患者在现场实物封存满 3 年未再提出解决医疗纠纷要求的,医疗机构可以自行启封。

## 六、尸检

《医疗事故处理条例》《医疗纠纷预防和处理条例》规定,患者死亡,医患双方对死因有异议的,应当在患者死亡后 48 小时内进行尸检;具备尸体冻存条件的,可以延长至 7 日。尸检应当经死者近亲属同意并签字,拒绝签字的,视为死者近亲属不同意进行尸检。不同意或者拖延尸检,超过规定时间,影响对死因判定的,由不同意或者拖延的一方承担责任。尸检应当由按照国家有关规定取得相应资格的机构和专业技术人员进行。医患双方可以委派代表观察尸检过程。

## 第四节 ｜ 医疗损害鉴定与医疗事故技术鉴定

### 一、医疗损害鉴定

《民法典》没有规定医疗损害鉴定问题。目前,与医疗损害鉴定有关的规定主要是《全国人民代表大会常务委员会关于司法鉴定管理问题的决定》、国务院《医疗事故处理条例》和《最高人民法院关于审理医疗损害责任纠纷案件适用法律若干问题的解释》。

司法鉴定,是指在诉讼活动中,鉴定人运用科学技术或者专门知识,对诉讼涉及的专门性问题进行鉴别和判断并提供鉴定意见的活动。而医疗事故技术鉴定是医学会组织专家鉴定组依照医疗卫生管理法律、行政法规、部门规章和诊疗护理规范、常规,运用医学科学原理和专业知识,独立进行医疗事故技术鉴定,对医疗事故进行鉴别和判断,为处理医疗事故争议提供医学依据。

《全国人民代表大会常务委员会关于司法鉴定管理问题的决定》规定,国家对从事法医类鉴定的鉴定人和鉴定机构实行登记管理制度。医疗事故技术鉴定的组织方式与一般的法医类鉴定有很大区别,医疗事故技术鉴定的内容也不都属于法医类鉴定。但医疗事故技术鉴定中涉及的有关问题,如尸检、伤残鉴定等,属于法医类鉴定。对此类鉴定事项,在进行医疗事故技术鉴定时,由已列入鉴定人名册的法医参加鉴定为宜。

医疗损害争议解决的途径比较多,从诉讼角度说,可以分为诉讼解决和非诉讼解决。诉讼解决是最终途径;但实践中,大多数医疗损害争议是由非诉讼解决的。换句话说,大多数医疗损害鉴定是非司法鉴定。

现在从事医疗损害鉴定的机构主要是三类:①医学会;②司法鉴定机构;③依法具有检验资格的检验机构。医学会主要进行诊疗行为引起的医疗损害争议鉴定;司法鉴定机构根据司法行政部门授予的业务范围进行司法鉴定;检验机构进行缺陷产品或者不合格血液的质量鉴定。

医疗损害鉴定内容主要分为两部分:一是诊疗行为引起的医疗损害;二是缺陷产品或者不合格血液引起的医疗损害。诊疗行为引起的医疗损害又分为故意行为引起的医疗损害和过失行为引起的医疗损害。故意行为引起的医疗损害,涉嫌刑事犯罪,由公安部门负责侦查,医学会并不介入。而缺陷产品或者不合格血液引起的医疗损害,依法需要由具有检验资格的检验机构进行质量检验,医学会并不具有相应资质,所以,医学会也不介入。医学会开展的医疗损害鉴定内容只能是过失行为引起的医疗损害,实质上也就是医疗事故部分。

《最高人民法院关于审理医疗损害责任纠纷案件适用法律若干问题的解释》对人民法院审理医疗损害责任纠纷案件中医疗损害鉴定作出了具体规定。

### (一) 申请鉴定和委托鉴定

**1. 申请鉴定**　当事人依法申请对医疗损害责任纠纷中的专门性问题进行鉴定的,人民法院应予准许。患者无法提交医疗机构及其医务人员有过错、诊疗行为与损害之间具有因果关系的证据,依法提出医疗损害鉴定申请的,人民法院应予准许。当事人申请医疗损害鉴定的,由双方当事人协商确定鉴定人。当事人就鉴定人无法达成一致意见,人民法院提出确定鉴定人的方法,当事人同意的,按照该方法确定;当事人不同意的,由人民法院指定。

**2. 委托鉴定**　当事人未申请鉴定,人民法院对规定的专门性问题认为需要鉴定的,应当依职权委托鉴定。委托医疗损害鉴定的,当事人应当按照要求提交真实、完整、充分的鉴定材料。提交的鉴定材料不符合要求的,人民法院应当通知当事人更换或者补充相应材料。

### (二) 委托鉴定书

委托鉴定书,应当有明确的鉴定事项和鉴定要求。鉴定人应当按照委托鉴定的事项和要求进行鉴定。下列专门性问题可以作为申请医疗损害鉴定的事项:①实施诊疗行为有无过错;②诊疗行为与损害后果之间是否存在因果关系以及原因力大小;③医疗机构是否尽到了说明义务、取得患者或者患者近亲属书面同意的义务;④医疗产品是否有缺陷、该缺陷与损害后果之间是否存在因果关系以及原因力的大小;⑤患者损伤残疾程度;⑥患者的护理期、休息期、营养期;⑦其他专门性问题。鉴定要求包括鉴定人的资质、鉴定人的组成、鉴定程序、鉴定意见、鉴定期限等。

### (三) 鉴定意见

可以按照导致患者损害的全部原因、主要原因、同等原因、次要原因、轻微原因或者与患者损害无因果关系,表述诊疗行为或者医疗产品等造成患者损害的原因力大小。鉴定意见应当经当事人质证。

## 二、医疗事故技术鉴定

### (一) 鉴定组织

《医疗纠纷预防和处理条例》规定,医学会或者司法鉴定机构接受委托从事医疗损害鉴定,应当由鉴定事项所涉专业的临床医学、法医学等专业人员进行鉴定;医学会或者司法鉴定机构没有相关专业人员的,应当从符合规定的专家库中抽取相关专业专家进行鉴定。

医学会或者司法鉴定机构开展医疗损害鉴定,应当执行规定的标准和程序,尊重科学,恪守职业道德,对出具的医疗损害鉴定意见负责,不得出具虚假鉴定意见。医疗损害鉴定的具体管理办法由国务院卫生、司法行政部门共同制定。

咨询专家、鉴定人员有下列情形之一的,应当回避,当事人也可以以口头或者书面形式申请其回避:①是医疗纠纷当事人或者当事人的近亲属;②与医疗纠纷有利害关系;③与医疗纠纷当事人有其他关系,可能影响医疗纠纷公正处理。

### (二) 鉴定的提起

卫生行政部门接到医疗机构关于重大医疗过失行为的报告或者医疗事故争议当事人要求处理医疗事故争议的申请后,对需要进行医疗事故技术鉴定的,交由负责医疗事故技术鉴定工作的组织鉴定。

《医疗纠纷预防和处理条例》规定,医疗纠纷人民调解委员会调解医疗纠纷,需要进行医疗损害鉴定以明确责任的,由医患双方共同委托医学会或者司法鉴定机构进行鉴定,也可以经医患双方同意,由医疗纠纷人民调解委员会委托鉴定。

医患双方协商解决医疗事故争议,需要进行医疗事故技术鉴定的,由双方当事人共同委托负责医疗事故技术鉴定工作的组织鉴定。当事人对首次医疗事故技术鉴定结论不服的,可以自收到首次鉴定结论之日起 15 日内向医疗机构所在地卫生行政部门提出再次鉴定的申请。

### （三）专家库的建立

《医疗纠纷预防和处理条例》规定，医疗损害鉴定专家库由设区的市级以上人民政府卫生、司法行政部门共同设立。专家库应当包含医学、法学、法医学等领域的专家。聘请专家进入专家库，不受行政区域的限制。

### （四）鉴定程序和方法

**1. 双方当事人提交进行医疗事故技术鉴定所需材料**　医学会应当自受理医疗事故技术鉴定之日起 5 日内通知医疗事故争议双方当事人提交进行医疗事故技术鉴定所需的材料。当事人应当自收到医学会的通知之日起 10 日内提交有关医疗事故技术鉴定的材料、书面陈述及答辩。

医疗机构提交的有关医疗事故技术鉴定的材料应当包括下列内容：①住院患者的病程记录、死亡病例讨论记录、疑难病例讨论记录、会诊意见、上级医师查房记录等病历资料原件；②住院患者的住院志、体温单、医嘱单、化验单（检验报告）、医学影像检查资料、特殊检查同意书、手术同意书、手术及麻醉记录单、病理资料、护理记录等病历资料原件；③抢救急危患者，在规定时间内补记的病历资料原件；④封存保留的输液、注射用物品和血液、药物等实物，或者依法具有检验资格的检验机构对这些实物作出的检验报告；⑤与医疗事故技术鉴定有关的其他材料。在医疗机构建有病历档案的门诊、急诊患者，其病历资料由医疗机构提供；没有在医疗机构建立病历档案的，由患者提供。

医疗机构无正当理由未依照规定如实提供相关材料，导致医疗事故技术鉴定不能进行的，应当承担责任。

**2. 抽取参加医疗事故技术鉴定的相关专业的专家**　医患双方应当在医学会主持下从专家库中随机抽取参加医疗事故技术鉴定的相关专业的专家。在特殊情况下，医学会根据医疗事故技术鉴定工作的需要，可以组织医患双方在其他医学会建立的专家库中随机抽取相关专业的专家参加鉴定或者函件咨询。专家鉴定组人数为单数，涉及的主要学科的专家一般不得少于鉴定组成员的二分之一；涉及死因、伤残等级鉴定的，并应当从专家库中随机抽取法医参加专家鉴定组。专家鉴定组成员有下列情形之一的，应当回避，当事人也可以以口头或者书面的方式申请其回避：①是医疗事故争议当事人或者当事人的近亲属的；②与医疗事故争议有利害关系的；③与医疗事故争议当事人有其他关系，可能影响公正鉴定的。

**3. 调查取证、听取陈述及答辩并进行核实**　医学会应当自接到当事人提交的有关医疗事故技术鉴定的材料、书面陈述及答辩之日起 45 日内组织鉴定并出具医疗事故技术鉴定书。专家鉴定组进行医疗事故技术鉴定，实行合议制。专家鉴定组应当认真审查双方当事人提交的材料，听取双方当事人的陈述及答辩并进行核实。双方当事人应当按照规定如实提交进行医疗事故技术鉴定所需要的材料，并积极配合调查。必要时，医学会可以向双方当事人调查取证。当事人任何一方不予配合，影响医疗事故技术鉴定的，由不予配合的一方承担责任。

专家鉴定组独立进行医疗事故技术鉴定。任何单位或者个人不得干扰医疗事故技术鉴定工作，不得威胁、利诱、辱骂、殴打专家鉴定组成员。

### （五）鉴定意见

《医疗纠纷预防和处理条例》规定，医学会、司法鉴定机构作出的医疗损害鉴定意见应当载明并详细论述下列内容：①是否存在医疗损害以及损害程度；②是否存在医疗过错；③医疗过错与医疗损害是否存在因果关系；④医疗过错在医疗损害中的责任程度。

医疗事故技术鉴定意见是卫生行政部门处理医疗事故争议的依据，也是人民法院审理医疗事故争议案件的重要依据。因此，专家鉴定组应当在事实清楚、证据确凿的基础上，综合分析患者的病情和个体差异，实事求是地作出鉴定结论，并制作医疗事故技术鉴定书。鉴定结论以专家鉴定组成员的过半数通过。鉴定过程应当如实记载。医疗事故技术鉴定书应当包括下列主要内容：①双方当事人的基本情况及要求；②当事人提交的材料和负责组织医疗事故技术鉴定工作的医学会的调查材料；

③对鉴定过程的说明；④医疗行为是否违反医疗卫生管理法律、行政法规、部门规章和诊疗护理规范、常规；⑤医疗过失行为与人身损害后果之间是否存在因果关系；⑥医疗过失行为在医疗事故损害后果中的责任程度；⑦医疗事故等级；⑧对医疗事故患者的医疗护理医学建议。

### （六）鉴定费用

《医疗纠纷预防和处理条例》规定，鉴定费预先向医患双方收取，最终按照责任比例承担。

医疗事故技术鉴定，可以收取鉴定费用。经鉴定，属于医疗事故的，鉴定费用由医疗机构支付；不属于医疗事故的，鉴定费用由提出医疗事故处理申请的一方支付。鉴定费用标准由省、自治区、直辖市人民政府价格主管部门会同同级财政部门、卫生行政部门规定。

## 第五节 │ 医疗损害的行政处理与监督

### 一、医疗损害争议的行政处理

卫生行政部门接到医疗机构关于重大医疗过错行为的报告后，除责令医疗机构及时采取必要的医疗救治措施，防止损害后果扩大外；应当组织调查，判定是否属于医疗事故等医疗损害；对不能判定是否属于医疗事故等医疗损害的，应当依照有关规定交由医学会组织鉴定。

发生医疗事故等医疗损害争议，当事人申请卫生行政部门处理的，应当提出书面申请。申请书应当载明申请人的基本情况、有关事实、具体请求及理由等。申请应当自当事人知道或者应当知道其身体健康受到损害之日起1年内提出。当事人申请卫生行政部门处理的，由医疗机构所在地的县级人民政府卫生行政部门受理。医疗机构所在地是直辖市的，由医疗机构所在地的区、县人民政府卫生行政部门受理。

有下列情形之一的，县级人民政府卫生行政部门应当自接到医疗机构的报告或者当事人提出医疗事故等医疗损害争议处理申请之日起7日内移送上一级人民政府卫生行政部门处理：①患者死亡；②可能为二级以上的医疗事故；③国务院卫生行政部门和省、自治区、直辖市人民政府卫生行政部门规定的其他情形。

卫生行政部门应当自收到申请之日起10日内进行审查，作出是否受理的决定。对符合规定的，予以受理，需要进行技术鉴定的，应当自作出受理决定之日起5日内将有关材料交由医学会组织鉴定并书面通知申请人；对不符合规定，不予受理的，应当书面通知申请人并说明理由。当事人对首次技术鉴定结论有异议，申请再次鉴定的，卫生行政部门应当自收到申请之日起7日内交由省、自治区、直辖市地方医学会组织再次鉴定。

当事人既向卫生行政部门提出处理申请，又向人民法院提起诉讼的，卫生行政部门不予受理；卫生行政部门已经受理的，应当终止处理。

### 二、医疗损害鉴定的监督

卫生行政部门收到医学会出具的技术鉴定书后，应当对参加鉴定的人员资格和专业类别、鉴定程序进行审核；必要时，可以组织调查，听取医疗事故等医疗损害争议双方当事人的意见。卫生行政部门经审核，对符合规定作出的技术鉴定结论，应当作为对发生医疗事故等医疗损害的医疗机构和医务人员作出行政处理以及进行赔偿调解的依据；经审核，发现技术鉴定不符合规定的，应当要求重新鉴定。

医疗事故等医疗损害争议由双方当事人自行协商解决的，医疗机构应当自协商解决之日起7日内向所在地卫生行政部门作出书面报告，并附具协议书。医疗事故等医疗损害争议经人民法院调解或者判决解决的，医疗机构应当自收到生效的调解书或者判决书之日起7日内向所在地卫生行政部门作出书面报告，并附具调解书或者判决书。卫生行政部门应当依据有关规定，对发生医疗事故等医疗损害的医疗机构和医务人员作出行政处理。县级以上地方人民政府卫生行政部门应当按照规定逐级将当地发生的医疗事故等医疗损害以及依法对发生医疗事故等医疗损害的医疗机构和医务人员作出行政处理的情况，上报国务院卫生行政部门。

## 第六节 ｜ 医疗损害赔偿

### 一、医疗损害赔偿项目

《民法典》规定，侵害他人造成人身损害的，应当赔偿医疗费、护理费、交通费、营养费、住院伙食补助费等为治疗和康复支出的合理费用，以及因误工减少的收入。造成残疾的，还应当赔偿辅助器具费和残疾赔偿金；造成死亡的，还应当赔偿丧葬费和死亡赔偿金。

根据规定，侵害自然人人身权益造成严重精神损害的，被侵权人有权请求精神损害赔偿。

### 二、医疗损害赔偿途径

#### （一）自愿协商

《医疗纠纷预防和处理条例》规定，医患双方选择协商解决医疗纠纷的，应当在专门场所协商，不得影响正常医疗秩序。医患双方人数较多的，应当推举代表进行协商，每方代表人数不超过 5 人。协商解决医疗纠纷应当坚持自愿、合法、平等的原则，尊重当事人的权利，尊重客观事实。医患双方应当文明、理性表达意见和要求，不得有违法行为。协商确定赔付金额应当以事实为依据，防止畸高或者畸低。对分歧较大或者索赔数额较高的医疗纠纷，鼓励医患双方通过人民调解的途径解决。医患双方经协商达成一致的，应当签署书面和解协议书。

#### （二）调解解决

发生医疗事故等医疗损害赔偿争议，医患双方不愿意协商或者协商不成时，可以向卫生行政部门或者其他第三方如医疗纠纷人民调解委员会提出调解申请。调解时，应当遵循医患双方自愿原则进行。经调解，医患双方就争议事实、赔偿数额达成协议的，制作调解书，当事人应当自觉履行。

1. 人民调解　《医疗纠纷预防和处理条例》规定，申请医疗纠纷人民调解的，由医患双方共同向医疗纠纷人民调解委员会提出申请；一方申请调解的，医疗纠纷人民调解委员会在征得另一方同意后进行调解。申请人可以以书面或者口头形式申请调解。书面申请的，申请书应当载明申请人的基本情况、申请调解的争议事项和理由等；口头申请的，医疗纠纷人民调解员应当当场记录申请人的基本情况、申请调解的争议事项和理由等，并经申请人签字确认。

医疗纠纷人民调解委员会获悉医疗机构内发生重大医疗纠纷，可以主动开展工作，引导医患双方申请调解。当事人已经向人民法院提起诉讼并且已被受理，或者已经申请卫生主管部门调解并且已被受理的，医疗纠纷人民调解委员会不予受理；已经受理的，终止调解。

医患双方经人民调解达成一致的，医疗纠纷人民调解委员会应当制作调解协议书。调解协议书经医患双方签字或者盖章，人民调解员签字并加盖医疗纠纷人民调解委员会印章后生效。达成调解协议的，医疗纠纷人民调解委员会应当告知医患双方可以依法向人民法院申请司法确认。

2. 行政调解　《医疗纠纷预防和处理条例》规定，医患双方申请医疗纠纷行政调解的，应当按规定向医疗纠纷发生地县级人民政府卫生主管部门提出申请。

卫生主管部门应当自收到申请之日起 5 个工作日内作出是否受理的决定。当事人已经向人民法院提起诉讼并且已被受理，或者已经申请医疗纠纷人民调解委员会调解并且已被受理的，卫生主管部门不予受理；已经受理的，终止调解。卫生主管部门应当自受理之日起 30 个工作日内完成调解。需要鉴定的，鉴定时间不计入调解期限。超过调解期限未达成调解协议的，视为调解不成。医患双方经卫生主管部门调解达成一致的，应当签署调解协议书。

**（三）诉讼解决**

《医疗纠纷预防和处理条例》规定，发生医疗纠纷，当事人协商、调解不成的，可以依法向人民法院提起诉讼。当事人也可以直接向人民法院提起诉讼。

# 第七节 | 法律责任

## 一、医疗机构及其医务人员的法律责任

1.《医疗事故处理条例》规定，医疗机构发生医疗事故的，由卫生行政部门根据医疗事故等级和情节，给予警告；情节严重的，责令限期整顿直至由原发证部门吊销执业许可证，对负有责任的医务人员依照刑法关于医疗事故罪的规定，依法追究刑事责任；尚不够刑事处罚的，依法给予行政处分或者纪律处分。

对发生医疗事故的有关医务人员，除依照上述规定处罚外，卫生行政部门并可以责令暂停6个月以上1年以下执业活动；情节严重的，吊销其执业许可证。

2.《医疗纠纷预防和处理条例》规定，医疗机构篡改、伪造、隐匿、毁灭病历资料的，对直接负责的主管人员和其他直接责任人员，由县级以上人民政府卫生主管部门给予或者责令给予降低岗位等级或者撤职的处分，对有关医务人员责令暂停6个月以上1年以下执业活动；造成严重后果的，对直接负责的主管人员和其他直接责任人员给予或者责令给予开除的处分，对有关医务人员由原发证部门吊销执业证书；构成犯罪的，依法追究刑事责任。

3. 医疗机构及其医务人员有下列情形之一的，由县级以上人民政府卫生主管部门责令改正，给予警告，并处1万元以上5万元以下罚款；情节严重的，对直接负责的主管人员和其他直接责任人员给予或者责令给予降低岗位等级或者撤职的处分，对有关医务人员可以责令暂停1个月以上6个月以下执业活动；构成犯罪的，依法追究刑事责任：①未按规定制定和实施医疗质量安全管理制度；②未按规定告知患者病情、医疗措施、医疗风险、替代医疗方案等；③开展具有较高医疗风险的诊疗活动，未提前预备应对方案防范突发风险；④未按规定填写、保管病历资料，或者未按规定补记抢救病历；⑤拒绝为患者提供查阅、复制病历资料服务；⑥未建立投诉接待制度、设置统一投诉管理部门或者配备专（兼）职人员；⑦未按规定封存、保管、启封病历资料和现场实物；⑧未按规定向卫生主管部门报告重大医疗纠纷；⑨其他未履行《医疗纠纷预防与处理条例》规定义务的情形。

## 二、医学会、司法鉴定机构的法律责任

《医疗纠纷预防和处理条例》规定，医学会、司法鉴定机构出具虚假医疗损害鉴定意见的，由县级以上人民政府卫生、司法行政部门依据职责没收违法所得，并处5万元以上10万元以下罚款，对该医学会、司法鉴定机构和有关鉴定人员责令暂停3个月以上1年以下医疗损害鉴定业务，对直接负责的主管人员和其他直接责任人员给予或者责令给予降低岗位等级或者撤职的处分；情节严重的，该医学会、司法鉴定机构和有关鉴定人员5年内不得从事医疗损害鉴定业务或者撤销登记，对直接负责的主管人员和其他直接责任人员给予或者责令给予开除的处分；构成犯罪的，依法追究刑事责任。

## 三、尸检机构的法律责任

尸检机构出具虚假尸检报告的，由县级以上人民政府卫生、司法行政部门依据职责没收违法所得，并处5万元以上10万元以下罚款，对该尸检机构和有关尸检专业技术人员责令暂停3个月以上1年以下尸检业务，对直接负责的主管人员和其他直接责任人员给予或者责令给予降低岗位等级或者撤职的处分；情节严重的，撤销该尸检机构和有关尸检专业技术人员的尸检资格，对直接负责的主管人员和其他直接责任人员给予或者责令给予开除的处分；构成犯罪的，依法追究刑事责任。

### 四、医疗纠纷人民调解员的法律责任

医疗纠纷人民调解员有下列行为之一的,由医疗纠纷人民调解委员会给予批评教育、责令改正;情节严重的,依法予以解聘:①偏袒一方当事人;②侮辱当事人;③索取、收受财物或者牟取其他不正当利益;④泄露医患双方个人隐私等事项。

### 五、卫生主管部门的法律责任

县级以上人民政府卫生主管部门和其他有关部门及其工作人员在医疗纠纷预防和处理工作中,不履行职责或者滥用职权、玩忽职守、徇私舞弊的,由上级人民政府卫生等有关部门或者监察机关责令改正;依法对直接负责的主管人员和其他直接责任人员给予处分;构成犯罪的,依法追究刑事责任。

### 六、干扰医疗秩序的法律责任

《民法典》规定,医疗机构及其医务人员的合法权益受法律保护。干扰医疗秩序,妨碍医务人员工作、生活,侵害医务人员合法权益的,应当依法承担法律责任。《医疗纠纷预防与处理条例》规定,医患双方在医疗纠纷处理中,造成人身、财产或者其他损害的,依法承担民事责任;构成违反治安管理行为的,由公安机关依法给予治安管理处罚;构成犯罪的,依法追究刑事责任。

**思考题**

1. 如何理解医疗损害的概念?
2. 医疗损害责任主体有哪些?
3. 医疗损害的预防和处置包括哪些内容?
4. 医疗损害鉴定有哪些规定?
5. 医疗事故技术鉴定的程序是什么?
6. 医疗损害的行政处理和监督有哪些规定?
7. 医疗损害赔偿争议的解决有几种途径?

思考题解题思路     本章目标测试

## 推荐阅读

1. 杨立新.最高人民法院关于医疗损害责任纠纷案件司法解释理解运用与案例解读[M].北京:中国法制出版社,2018.

2. 马辉.医疗损害责任因果关系研究[M].北京:中国政法大学出版社,2015.

3. 邓虹.域外医事法典型案例评析[M].杭州:浙江工商大学出版社,2016.

(汪建荣)

# 第二十六章　中医药法律制度

中医药是中华民族优秀文化,是我国医学科学的特色与优势,是国家医药卫生事业的重要组成部分。中医药法律制度确立了发展中医药事业的方针和基本原则,对中医药服务、中药保护与发展、中医药人才培养、中医药科学研究、中医药传承与文化传播及保障措施等方面作出了具体规定,为继承和弘扬中医药,保障和促进中医药事业发展,保护人民健康提供了法律保障。

## 第一节　概　述

### 一、中医药的概念

中医药,是指包括汉族和少数民族医药在内的我国各民族医药的统称,是反映中华民族对生命、健康和疾病的认识,具有悠久历史传统和独特理论及技术方法的医药学体系。这一概念有以下几层含义。

#### (一) 中医药是包括汉族和少数民族医药在内的我国各民族医药的统称

中医药发源于我国,是我国各族人民几千年来在同疾病的斗争中形成和发展起来的,是人民群众集体智慧的结晶。在我国古代,中医药有各种代称,如岐黄、青囊、杏林、悬壶等。近代以后,随着西学、西医传入我国,为了便于区分,我国本土原有的学术体系、医学体系就被称为"中学""中医药",从此"中医药"成了与"西医药"相对应的概念。

从国际上来看,"中医药"作为包括汉族和少数民族医药在内的我国各民族医药的统称,已经得到国际社会的普遍认同。许多国家和地区的立法以"中医药"称呼我国的传统医药,如泰国《中医合法化条例》、澳大利亚维多利亚州《中医注册条例》等。此外,目前中医药已传播至196个国家和地区,我国与40余个外国政府、地区主管机构和国际组织签订了专门的中医药合作协议,开展了30个较高质量的中医药海外中心、75个中医药国际合作基地、31个国家中医药服务出口基地建设工作。中医药内容纳入16个自由贸易协定。这些均表明"中医药"的称谓在世界范围内取得了共识。

#### (二) 中医药是反映中华民族对生命、健康和疾病的认识,具有悠久历史传统和独特理论及技术方法的医药学体系

中医药是我国各族人民在长期生产生活和同疾病做斗争中逐步形成并不断丰富发展的医学科学,具有独特有效的系统思维模式及其知识体系,其所注重的整体观念、辨证论治、因人而异、复方用药等认识论和方法论特色,反映了中华民族认识自然、人体、生命、疾病现象及其相互关系的规律。

中医药具有以下特点。①重视整体:中医认为人与自然、人与社会是一个相互联系、不可分割的统一体,人体内部也是一个有机的整体;②注重"平"与"和":中医认为人的健康在于各脏腑功能和谐协调,情志表达适度中和,并能顺应不同环境的变化,其根本在于阴阳的动态平衡;③强调个体化:中医诊疗体现为"辨证论治",着眼于"病的人"而不仅是"人的病";④突出"治未病":中医"治未病"核心体现在"预防为主",重在"未病先防、既病防变、瘥后防复";⑤使用简便:中医诊断主要由医生通过望、闻、问、切等方法收集患者资料,中医干预既有药物,也有针灸、推拿、拔罐、刮痧等非药物疗法。

总之,中医药是中华民族优秀文化,是我国医学科学的特色与优势,是国家医药卫生事业的重要组成部分,不仅为中华文明的发展做出了重要贡献,还对世界文明的进步产生了积极的影响。中医药作为我国独特的卫生资源、潜力巨大的经济资源、具有原创优势的科技资源、优秀的文化资源和重要

的生态资源,在经济社会发展中发挥着重要作用。

## 二、中医药立法

中华人民共和国成立以来,党和国家高度重视中医药在保障人民健康中的重要作用,制定了一系列政策措施,明确了中医药在我国卫生事业发展中的地位和作用,推动中医药事业发展取得了显著成就。1982年通过的《宪法》规定,国家发展医药卫生事业,发展现代医药和我国传统医药。这从根本上确立了中医药的法律地位,为中医药的发展和法律制度的建设提供了根本法律依据。2003年4月7日,国务院颁布了《中医药条例》。为了继承和弘扬中医药,保障和促进中医药事业发展,保护人民健康,2016年12月25日,第十二届全国人民代表大会常务委员会第二十五次会议通过了《中医药法》,自2017年7月1日起施行。这是我国第一部全面、系统体现中医药特点的综合性法律,它的颁布实施为继承和弘扬中医药、促进中医药事业健康发展提供了有力的法律支撑。

国务院以及国务院卫生行政部门、国务院中医药主管部门等还颁布了有关中医医疗机构、中药生产经营、中医药队伍建设和科研管理等方面的行政法规和部门规章。主要有《野生药材资源保护管理条例》《中药品种保护条例》以及《传统医学师承和确有专长人员医师资格考核考试办法》《中医医术确有专长人员医师资格考核注册管理暂行办法》《中医诊所备案管理暂行办法》《古代经典名方中药复方制剂简化注册审批管理规定》《中药注册管理专门规定》等。各省、自治区、直辖市也相继制定实施了地方中医药发展条例。

## 三、发展中医药事业的方针和基本原则

《中医药法》规定,中医药事业是我国医药卫生事业的重要组成部分。国家大力发展中医药事业,实行中西医并重的方针,建立符合中医药特点的管理制度,充分发挥中医药在我国医药卫生事业中的作用。发展中医药事业应当遵循中医药发展规律,坚持继承和创新相结合,保持和发挥中医药特色和优势,运用现代科学技术,促进中医药理论和实践的发展。国家鼓励中医西医相互学习,相互补充,协调发展,发挥各自优势,促进中西医结合。

## 四、中医药管理体制

《中医药法》规定,县级以上人民政府应当将中医药事业纳入国民经济和社会发展规划,建立健全中医药管理体系,统筹推进中医药事业发展。国务院中医药主管部门负责全国的中医药管理工作。国务院其他有关部门在各自职责范围内负责与中医药管理有关的工作。县级以上地方人民政府中医药主管部门负责本行政区域的中医药管理工作。县级以上地方人民政府其他有关部门在各自职责范围内负责与中医药管理有关的工作。

## 五、中医药保障措施

### (一)明确政府在发展中医药事业方面的职责

县级以上人民政府应当为中医药事业发展提供政策支持和条件保障,将中医药事业发展经费纳入本级财政预算。县级以上人民政府及其有关部门制定基本医疗保险支付政策、药物政策等医药卫生政策,应当有中医药主管部门参加,注重发挥中医药的优势,支持提供和利用中医药服务。

### (二)合理确定中医医疗服务收费项目和标准

县级以上人民政府及其有关部门应当按照法定价格管理权限,合理确定中医医疗服务的收费项目和标准,体现中医医疗服务成本和专业技术价值。所谓合理,既要体现医务人员提供中医医疗服务的价值,又要考虑人民群众购买中医医疗服务的可负担性,还要体现妥善处理中医与西医之间的关系。

### (三)加强基本医疗保险的政策支持

县级以上地方人民政府有关部门应当按照国家规定,将符合条件的中医医疗机构纳入基本医疗

保险定点医疗机构范围,将符合条件的中医诊疗项目、中药饮片、中成药和医疗机构中药制剂纳入基本医疗保险基金支付范围。县级以上地方人民政府负责基本医疗保险管理的部门在确定基本医疗保险定点医疗机构条件、对医疗机构开展评估等方面应当考虑中医医疗机构,将符合条件的中医医疗机构纳入基本医疗保险定点医疗机构范围,保障参保人接受中医药服务,促进中医医疗机构发展。

#### (四)加强中医药标准体系建设

国家加强中医药标准体系建设,根据中医药特点对需要统一的技术要求制定标准,并及时修订。中医药国家标准、行业标准由国务院有关部门依据职责制定或者修订,并在其网站上公布,供公众免费查阅。国家逐步推动建立中医药国际标准体系。

#### (五)规范中医药评审、评估、鉴定活动

开展法律、行政法规规定的与中医药有关的评审、评估、鉴定活动,应当成立中医药评审、评估、鉴定的专门组织,或者有中医药专家参加。中医药有其自身特点和规律,应坚持同行评议原则,避免用西医西药的标准衡量中医中药,确保评审、评估、鉴定活动的过程和结果体现中医药特色、遵循中医药发展规律。

## 第二节 ｜ 中医药服务

### 一、中医医疗机构管理

#### (一)中医医疗机构的概念与设置

**1. 中医医疗机构的概念**　中医医疗机构,是指依法设立的能够提供中医药(含民族医药)医疗服务的医疗机构。中医医疗机构的类型包括中医类医院(包括中医医院、中西医结合医院、民族医医院),中医类门诊部(包括中医门诊部、中西医结合门诊部、民族医门诊部),中医类诊所包括中医诊所、中医(综合)诊所、中西医结合诊所等。

**2. 中医医疗机构的设置**　《中医药法》规定,县级以上人民政府应当将中医医疗机构建设纳入医疗机构设置规划,举办规模适宜的中医医疗机构,扶持有中医药特色和优势的医疗机构发展。合并、撤销政府举办的中医医疗机构或者改变其中医医疗性质,应当征求上一级人民政府中医药主管部门的意见。举办中医医疗机构应当按照国家有关医疗机构管理的规定办理审批手续,并遵守医疗机构管理的有关规定。

#### (二)中医诊所备案管理

**1. 中医诊所的概念**　中医诊所,是在中医药理论指导下,运用中药和针灸、拔罐、推拿等非药物疗法开展诊疗服务,以及中药调剂、汤剂煎煮等中药药事服务的诊所,中医药治疗率100%。

**2. 举办中医诊所的条件**　《中医诊所基本标准(2023年版)》规定,举办中医诊所应当具备下列条件。①诊疗科目。限于中医科、民族医学科。②人员。至少具有1名符合下列条件之一的执业医师:具有中医类别《医师资格证书》并经注册后在医疗机构中执业满5年;具有《中医(专长)医师资格证书》,经注册依法执业。③设备。基本设备:诊桌、诊椅、脉枕、体温计、紫外线消毒设备、污物桶等。开展中医微创类技术、中药注射剂、穴位注射等存在一定医疗安全风险的技术,应配备必要的急救设备。④房屋:诊所的使用面积和建筑布局应满足诊疗科目医疗需求。⑤具有国家统一规定的各项规章制度和技术操作规范,制定诊所人员岗位职责。⑥具备门诊电子病历系统,与所在地诊所信息化监管平台对接。

**3. 中医诊所备案**　县级中医药主管部门具体负责本行政区域内中医诊所的备案工作。县级中医药主管部门收到备案材料后,对材料齐全且符合备案要求的予以备案,并当场发放《中医诊所备案证》;材料不全或者不符合备案要求的,应当当场或者在收到备案材料之日起5日内一次告知备案人需要补正的全部内容。国家逐步推进中医诊所管理信息化,有条件的地方可实行网上申请备案。

**4. 中医诊所执业**　①中医诊所应当将《中医诊所备案证》、卫生技术人员信息在诊所的明显位置公示。②中医诊所的人员、名称、地址等实际设置应当与《中医诊所备案证》记载事项相一致。中医诊所名称、场所、主要负责人、诊疗科目、技术等备案事项发生变动的，应当及时到原备案机关对变动事项进行备案。③禁止伪造、出卖、转让、出借《中医诊所备案证》。④中医诊所应当按照备案的诊疗科目、技术开展诊疗活动，加强对诊疗行为、医疗质量、医疗安全的管理，并符合中医医疗技术相关性感染预防与控制等有关规定。⑤中医诊所发布医疗广告应当遵守法律法规规定，禁止虚假、夸大宣传。

**5. 中医诊所的监督管理**　国家中医药管理局负责全国中医诊所的管理工作。县级以上地方中医药主管部门负责本行政区域内中医诊所的监督管理工作。

县级以上地方中医药主管部门应当加强对中医诊所依法执业、医疗质量和医疗安全、诊所管理等情况的监督管理。县级中医药主管部门应当自中医诊所备案之日起 30 日内，对备案的中医诊所进行现场核查，对相关材料进行核实，并定期开展现场监督检查。

中医诊所有下列情形之一的，应当向所在地县级中医药主管部门报告，县级中医药主管部门应当注销备案并及时向社会公告：①中医诊所停止执业活动超过 1 年的；②中医诊所主要负责人被吊销执业证书或者被追究刑事责任的；③举办中医诊所的法人或者其他组织依法终止的；④中医诊所自愿终止执业活动的。

县级中医药主管部门应当建立中医诊所不良执业行为记录制度，对违规操作、不合理收费、虚假宣传等进行记录，并作为对中医诊所进行监督管理的重要依据。

### （三）医疗气功管理

医疗气功，是指运用气功方法治疗疾病构成医疗行为的一种活动。

**1. 机构和人员管理**　根据 2000 年卫生部《医疗气功管理暂行规定》，开展医疗气功活动必须在医疗机构内进行。"医疗气功"列入医疗机构诊疗科目的"中医科其他"类中。医疗机构申请开展医疗气功活动，应向其登记执业的卫生行政部门或中医药行政管理机构提出申请，经审核合格批准后方可开展医疗气功活动。

从事医疗气功活动的人员，应当具备下列条件：①具有中医执业医师或中医执业助理医师资格；②取得医师执业证书；③经医疗气功知识与技能考试取得医疗气功技能合格证书。

**2. 监督管理**　医疗机构和医疗人员开展医疗气功活动，必须严格遵守《医师法》《医疗机构管理条例》《医疗气功管理暂行规定》的各项规定。①经批准开展医疗气功活动的医疗机构不得使用非医疗气功人员开展医疗气功活动；②医疗气功人员应当按照其医师执业注册的执业地点开展医疗气功活动；③取得中医执业医师资格的医疗气功人员可独立开展医疗气功活动，取得中医执业助理医师资格的医疗气功人员必须在中医执业医师指导下开展医疗气功活动；④医疗气功人员开展医疗气功活动，应当严格执行有关操作技术规范，选择合理的医疗气功方法。在临床进行实验性医疗气功活动的，应当经所在医疗机构批准，向患者本人或其家属说明并征得患者本人或者其家属同意；⑤医疗机构和医疗气功人员，不得借医疗气功之名，损害公民身心健康、宣扬迷信、骗人敛财；⑥医疗机构和医疗气功人员，不得使用、制作、经营或者散发宣称具有医疗气功效力的物品；⑦组织开展大型医疗气功讲座、大型现场性医疗气功活动、规定必须严格管理的其他医疗气功活动，应当经省级以上人民政府中医药行政管理机构审核批准。

## 二、中医从业人员

### （一）中医从业人员的资格

中医从业人员，是指具备中医医学专业学历，取得医师资格并经注册，在中医医疗机构、中医院校、中医科研单位、综合医院的中医专科工作的医务人员，以及未取得医学专业学历，以师承方式学习传统医学或者经多年实践医术确有专长，并按照卫生行政部门的规定经过注册取得执业证书的人员。

《中医药法》规定，从事中医医疗活动的人员应当依照《医师法》的规定，通过中医医师资格考试取得中医医师资格,并进行执业注册。中医医师资格考试的内容应当体现中医药特点。

《中医医术确有专长人员医师资格考核注册管理暂行办法》规定,以师承方式学习中医或者经多年实践,医术确有专长的人员,可以申请参加中医医术确有专长人员医师资格考核。以师承方式学习中医的,申请参加医师资格考核应当同时具备下列条件:①连续跟师学习中医满5年,对某些病证的诊疗,方法独特、技术安全、疗效明显,经指导老师评议合格;②由至少2名中医类别执业医师推荐,推荐医师不包括其指导老师。

经多年中医医术实践的,申请参加医师资格考核应当同时具备下列条件:①具有医术渊源,在中医医师指导下从事中医医术实践活动满五年或者《中医药法》施行前已经从事中医医术实践活动满五年的;②对某些病证的诊疗,方法独特、技术安全、疗效明显,并得到患者的认可;③由至少两名中医类别执业医师推荐。考核合格者,由省级中医药主管部门颁发《中医(专长)医师资格证书》。取得《中医(专长)医师资格证书》者,应当向其拟执业机构所在地县级以上地方中医药主管部门提出注册申请,经注册后取得《中医(专长)医师执业证书》。

### (二) 中医从业人员的配备

中医医疗机构配备医务人员应当以中医药专业技术人员为主,主要提供中医药服务;经考试取得医师资格的中医医师按照国家有关规定,经培训、考核合格后,可以在执业活动中采用与其专业相关的现代科学技术方法。在医疗活动中采用现代科学技术方法的,应当有利于保持和发挥中医药特色和优势。

社区卫生服务中心、乡镇卫生院、社区卫生服务站,以及有条件的村卫生室应当合理配备中医药专业技术人员,并运用和推广适宜的中医药技术方法。

2009年8月7日,国家中医药管理局发布的《关于中医医院发挥中医药特色优势加强人员配备的通知》,明确了中医医院的中医药人员配备要求:中医类别执业医师(含执业助理医师)占执业医师比例不低于60%;中药专业技术人员占药学专业技术人员的比例不低于60%;护理人员系统接受中医药知识和技能岗位培训(培训时间不少于100学时)的比例不低于70%。原则上每个临床科室执业医师中至少有60%中医类别执业医师(口腔科、手术科室除外)。

## 三、中西医协同发展

《中医药法》规定,政府举办的综合医院、妇幼保健机构和有条件的专科医院、社区卫生服务中心、乡镇卫生院,应当设置中医药科室。国家大力发展中医药事业,实行中西医并重的方针。国家鼓励中医西医相互学习,相互补充,协调发展,发挥各自优势,促进中西医结合。

根据2021年6月10日国家卫生健康委、国家中医药局、中央军委后勤保障部卫生局发布的《关于进一步加强综合医院中医药工作推动中西医协同发展的意见》,三级综合医院应当按照《医疗机构基本标准(试行)》《综合医院中医临床科室基本标准》和《综合医院中医药工作指南》全部设置中医临床科室,设立中医门诊和中医病床,有条件的可设立中医病区和中医综合治疗区。鼓励有条件的三级综合医院设置中医二级学科或专业组,诊疗科目设置中医二级科目,支持三级综合医院中医临床科室推动中西医协同有关工作,发挥示范引领作用。鼓励和支持二级公立综合医院设置中医临床科室。此外,《综合医院中医临床科室基本标准》提出,综合医院中医病床数不低于医院标准床位数的5%。

## 四、中医药服务监督检查

### (一) 中医药服务监督检查的重点

县级以上人民政府中医药主管部门应当加强对中医药服务的监督检查,并将下列事项作为监督检查的重点:①中医医疗机构、中医医师是否超出规定的范围开展医疗活动;②开展中医药服务是否符合国务院中医药主管部门制定的中医药服务基本要求;③中医医疗广告发布行为是否符合《中医药法》的规定。中医药主管部门依法开展监督检查,有关单位和个人应当予以配合,不得拒绝或者阻挠。

## （二）中医医疗广告管理

医疗机构发布中医医疗广告,应当经所在地省、自治区、直辖市人民政府中医药主管部门审查批准;未经审查批准,不得发布。发布的中医医疗广告内容应当与经审查批准的内容相符合,并符合《广告法》的有关规定。

# 第三节 ｜ 中药保护与发展

## 一、中药的概念与分类

中药是指在我国中医药理论指导下使用的药用物质及其制剂。中药具有独特的理论体系和形式,充分反映了我国历史、文化、自然资源等方面的特点,包括中药材、中药饮片和中成药(含传统民族用药)等。

1. **中药材**　是指来源于药用植物、药用动物等资源,经规范化的种植(含生态种植、野生抚育和仿野生栽培)、养殖、采收和产地加工后,用于生产中药饮片、中药制剂的药用原料。中药材的来源分为药用植物、动物、矿物类。大部分中药材来源于植物,药用部位有根、茎、叶、花、果实、种子、皮等。药用动物来自于动物的骨、胆、结石、皮、肉及脏器。矿物类药材包括可供药用的天然矿物、矿物加工品,以及动物的化石等,如朱砂、石膏、红粉、轻粉、雄黄等。

2. **中药饮片**　中药饮片是指在中医药理论指导下,根据辨证施治和调剂、制剂的需要,对产地初加工的中药材进行特殊加工炮制后形成的制成品。中药配方颗粒是由单味中药饮片经水提、分离、浓缩、干燥、制粒而成的颗粒,在中医药理论指导下,按照中医临床处方调配后,供患者冲服使用。中药配方颗粒的质量监管纳入中药饮片管理范畴。

3. **中成药**　是指在中医药理论指导下,经过临床运用证实其疗效确切、应用广泛的处方、验方或秘方,获得国家药品监督管理部门批准,以中医处方为依据,中药饮片为原料,按照规定的生产工艺和质量标准制成一定剂型、质量可控、安全有效、可批量生产的中药成方制剂。中成药剂型由过去的丸、散、膏、丹粗放制作发展到片剂、冲剂、胶囊,以及包括滴丸、贴膜、气雾剂和注射剂等各种剂型。

## 二、中药的生产

### （一）中药材的生产

1. **中药材种植养殖、采集、贮存和初加工**　《中医药法》规定,国家制定中药材种植养殖、采集、贮存和初加工的技术规范、标准,加强对中药材生产流通全过程的质量监督管理,保障中药材质量安全。国家鼓励发展中药材规范化种植养殖,严格管理农药、肥料等农业投入品的使用,禁止在中药材种植过程中使用剧毒、高毒农药,支持中药材良种繁育,提高中药材质量。

2. **道地中药材保护**　道地中药材,是指经过中医临床长期应用优选出来的,产在特定地域,与其他地区所产同种中药材相比,品质和疗效更好,且质量稳定,具有较高知名度的中药材。《中医药法》规定,国家建立道地中药材评价体系,支持道地中药材品种选育,扶持道地中药材生产基地建设,加强道地中药材生产基地生态环境保护,鼓励采取地理标志产品保护等措施保护道地中药材。

3. **中药材质量检测**　国务院药品监督管理部门应当组织并加强对中药材质量的监测,定期向社会公布监测结果。国务院有关部门应当协助做好中药材质量监测有关工作。采集、贮存中药材,以及对中药材进行初加工,应当符合国家有关技术规范、标准和管理规定。

4. **药用野生动植物资源保护与利用**　国家保护药用野生动植物资源,对药用野生动植物资源实行动态监测和定期普查,建立药用野生动植物资源种质基因库,鼓励发展人工种植养殖,支持依法开展珍贵、濒危药用野生动植物的保护、繁育及其相关研究。

5. **自种、自采地产中药材管理**　在村医疗机构执业的中医医师、具备中药材知识和识别能力的乡村医生，按照国家有关规定可以自种、自采地产中药材，并在其执业活动中使用。

### (二) 中药饮片的生产

《中医药法》规定，国家保护中药饮片传统炮制技术和工艺，支持应用传统工艺炮制中药饮片，鼓励运用现代科学技术开展中药饮片炮制技术研究。对市场上没有供应的中药饮片，医疗机构可以根据本医疗机构医师处方的需要，在本医疗机构内炮制、使用。医疗机构应当遵守中药饮片炮制的有关规定，对其炮制的中药饮片的质量负责，保证药品安全。医疗机构炮制中药饮片，应当向所在地设区的市级人民政府药品监督管理部门备案。根据临床用药需要，医疗机构可以凭本医疗机构医师的处方对中药饮片进行再加工。

### (三) 中成药的生产

**1. 中药新药的研制和生产**　国家鼓励和支持中药新药的研制和生产，保护传统中药加工技术和工艺，支持传统剂型中成药的生产，鼓励运用现代科学技术研究开发传统中成药。国家鼓励医疗机构根据本医疗机构临床用药需要配制和使用中药制剂，支持应用传统工艺配制中药制剂，支持以中药制剂为基础研制中药新药。

**2. 来源于古代经典名方的中药复方制剂简化注册审批**　生产符合国家规定条件的来源于古代经典名方的中药复方制剂，在申请药品批准文号时，可以仅提供非临床安全性研究资料。上述所称古代经典名方，是指至今仍广泛应用、疗效确切、具有明显特色与优势的古代中医典籍所记载的方剂。具体目录由国务院中医药主管部门会同药品监督管理部门制定。2018 年 4 月、2023 年 8 月，国家中医药管理局会同国家药品监督管理局分别制定了《古代经典名方目录(第一批)》《古代经典名方目录(第二批)》，以推进来源于古代经典名方的中药复方制剂研发和简化注册审批。

**3. 医疗机构中药制剂管理**　医疗机构配制中药制剂，应当依照《药品管理法》的规定取得医疗机构制剂许可证，或者委托取得药品生产许可证的药品生产企业、取得医疗机构制剂许可证的其他医疗机构配制中药制剂。委托配制中药制剂，应当向委托方所在地省、自治区、直辖市人民政府药品监督管理部门备案。医疗机构对其配制的中药制剂的质量负责；委托配制中药制剂的，委托方和受托方对所配制的中药制剂的质量分别承担相应责任。

医疗机构配制的中药制剂品种，应当依法取得制剂批准文号。但是，仅应用传统工艺配制的中药制剂品种，向医疗机构所在地省、自治区、直辖市人民政府药品监督管理部门备案后即可配制，不需要取得制剂批准文号。医疗机构应当加强对备案的中药制剂品种的不良反应监测，并按照国家有关规定进行报告。药品监督管理部门应当加强对备案的中药制剂品种配制、使用监督检查。

## 三、中药的经营

国家鼓励发展中药材现代流通体系，提高中药材包装、仓储等技术水平，建立中药材流通追溯体系。药品生产企业购进中药材，应当建立进货查验记录制度。中药材经营者应当建立进货查验和购销记录制度，并标明中药材产地。

《药品管理法》规定，新发现和从境外引种的药材必须经国家药品监督管理部门审核批准后，方可销售。药品经营企业销售中药材，必须标明产地。药品上市许可持有人、药品生产企业、药品经营企业和医疗机构应当从药品上市许可持有人或者具有药品生产、经营资格的企业购进药品；但是，购进未实施审批管理的中药材除外。

《药品经营质量管理规范》规定，中药饮片柜斗谱的书写应当正名正字；装斗前应当复核，防止错斗、串斗；应当定期清斗，防止饮片生虫、发霉、变质；不同批号的饮片装斗前应当清斗并记录。

## 四、中药品种保护

为了提高中药品种的质量，保护中药生产企业的合法权益，促进中药事业的发展，1992 年 10 月 14 日，国务院发布了《中药品种保护条例》，并于 2018 年 9 月 18 日进行了修订。

### （一）中药保护品种等级的划分

《中药品种保护条例》规定,受保护的中药品种,必须是列入国家药品标准的品种。经国务院卫生行政部门认定,列为省、自治区、直辖市药品标准的品种,也可以申请保护。受保护的中药品种分为一、二级。

1. **一级保护品种**　符合下列条件之一的中药品种,可以申请一级保护:①对特定疾病有特殊疗效的;②相当于国家一级保护野生药材物种的人工制成品;③用于预防和治疗特殊疾病的。

2. **二级保护品种**　符合下列条件之一的中药品种,可以申请二级保护:①符合申请一级保护的品种或者已经解除一级保护的品种;②对特定疾病有显著疗效的;③从天然药物中提取的有效物质及特殊制剂。

### （二）中药保护品种的保护

1. **保护期限**　中药一级保护品种的保护期限分别为30年、20年、10年。中药一级保护品种因特殊情况需要延长保护期限的,由生产企业在该品种保护期满前6个月,依照规定的程序申报。延长的保护期限由国务院药品监督管理部门根据国家中药品种保护审评委员会的审评结果确定;但是,每次延长的保护期限不得超过第一次批准的保护期限。

中药二级保护品种的保护期限为7年。中药二级保护品种在保护期满后可以延长7年。申请延长保护期的中药二级保护品种,应当在保护期满前6个月,由生产企业依照规定的程序申报。

2. **保护措施**　中药一级保护品种的处方组成、工艺制法,在保护期限内由获得《中药保护品种证书》的生产企业和有关的药品监督管理部门及有关单位和个人负责保密,不得公开。负有保密责任的有关部门、企业和单位应当按照国家有关规定,建立必要的保密制度。向国外转让中药一级保护品种的处方组成、工艺制法的,应当按照国家有关保密的规定办理。

被批准保护的中药品种,在保护期内限于获得《中药保护品种证书》的企业生产;但是,根据《中药保护品种条例》第十九条另有规定的除外。

中药保护品种在保护期内向国外申请注册的,须经国务院药品监督管理部门批准。

## 第四节 ｜ 中医药人才培养、科学研究和传承传播

### 一、中医药人才培养

#### （一）中医药教育的原则与要求

《中医药法》规定,国家发展中医药教育,建立适应中医药事业发展需要、规模适宜、结构合理、形式多样的中医药教育体系,培养中医药人才。中医药教育应当遵循中医药人才成长规律,以中医药内容为主,体现中医药文化特色,注重中医药经典理论和中医药临床实践、现代教育方式和传统教育方式相结合。

#### （二）中医药学校教育和师承教育

1. **中医药学校教育**　《中医药法》规定,国家完善中医药学校教育体系,支持专门实施中医药教育的高等学校、中等职业学校和其他教育机构的发展。中医药学校教育的培养目标、修业年限、教学形式、教学内容、教学评价及学术水平评价标准等,应当体现中医药学科特色,符合中医药学科发展规律。国家鼓励发展中西医结合教育,以培养高层次的中西医结合人才。

2. **中医药师承教育**　《中医药法》规定,国家鼓励发展中医药师承教育,支持有丰富临床经验和技术专长的中医医师、中药专业技术人员在执业、业务活动中带徒授业,传授中医药理论和技术方法,培养中医药专业技术人员。

#### （三）中医药继续教育

国家加强对中医医师和城乡基层中医药专业技术人员的培养和培训。县级以上地方人民政府中医药主管部门应当组织开展中医药继续教育,加强对医务人员,特别是城乡基层医务人员中医药基本

知识和技能的培训。中医药专业技术人员应当按照规定参加继续教育,所在机构应当为其接受继续教育创造条件。

## 二、中医药科学研究

《中医药法》规定,国家鼓励科研机构、高等学校、医疗机构和药品生产企业等运用现代科学技术和传统中医药研究方法,开展中医药科学研究,加强中西医结合研究,促进中医药理论和技术方法的继承和创新。国家采取措施支持对中医药古籍文献、著名中医药专家的学术思想和诊疗经验,以及民间中医药技术方法的整理、研究和利用。国家鼓励组织和个人捐献有科学研究和临床应用价值的中医药文献、秘方、验方、诊疗方法和技术。国家建立并完善符合中医药特点的科学技术创新体系、评价体系和管理体制,以推动中医药科学技术进步与创新。国家采取措施,加强对中医药基础理论和辨证论治方法,常见病、多发病、慢性病和重大疑难疾病、重大传染病的中医药防治,以及其他对中医药理论和实践发展有重大促进作用的项目的科学研究。

## 三、中医药传承与文化传播

### (一)中医药传承

1. 中医药传承项目和传承人　《中医药法》规定,对具有重要学术价值的中医药理论和技术方法,省级以上人民政府中医药主管部门应当组织遴选本行政区域内的中医药学术传承项目和传承人,并为传承活动提供必要的条件。传承人应当开展传承活动,培养后继人才,收集整理并妥善保存相关的学术资料。属于非物质文化遗产代表性项目的,依照《非物质文化遗产法》的有关规定开展传承活动。

2. 中医药传统知识保护　国家建立中医药传统知识保护数据库、保护名录和保护制度。中医药传统知识持有人对其持有的中医药传统知识享有传承使用的权利,对他人获取、利用其持有的中医药传统知识享有知情同意和利益分享等权利。国家对经依法认定属于国家秘密的传统中药处方组成和生产工艺实行特殊保护。

### (二)中医药文化传播

《中医药法》规定,县级以上人民政府应当加强中医药文化宣传,普及中医药知识,鼓励组织和个人创作中医药文化和科普作品。开展中医药文化宣传和知识普及活动,应当遵守国家有关规定。任何组织或者个人不得对中医药作虚假、夸大宣传,不得冒用中医药名义牟取不正当利益。广播、电视、报刊、互联网等媒体开展进行中医药知识宣传,应当聘请中医药专业技术人员。

# 第五节 | 民族医药

## 一、民族医药的概念

少数民族医药是中医药的重要组成部分,是我国各族人民在几千年生产生活实践和与疾病作斗争中逐步形成并不断丰富发展的医学科学。《中医药法》规定,国家采取措施,加大对少数民族医药传承创新、应用发展和人才培养的扶持力度,加强少数民族医疗机构和医师队伍建设,促进和规范少数民族医药事业发展。

我国有 30 多个少数民族拥有自己民族的医药。但各民族医药发展状况很不平衡,目前,藏、蒙古、维吾尔、傣、朝鲜、壮、哈萨克 7 种民族医已经纳入国家医师资格考试体系。全国有藏、蒙古、维吾尔、傣、朝鲜、壮、苗、瑶、回、彝、土家、布依、侗、哈萨克、羌共 15 个少数民族设立本民族医药的医院。民族药材品种共 5 000 余种,《中华本草》民族药卷收录藏药 396 种、蒙药 422 种、维药 423 种、傣药 400 种。全国民族药制药企业共 300 余所,其中藏、蒙、维、苗药产业规模较大。

### （一）藏族医学

藏族医学已有1 200多年文字记载的历史,其理论体系主要是三元素学说(风、胆、痰)。公元8世纪末的《四部医典》是藏医学的经典著作。目前,我国的藏医主要分布在西藏以及青海、四川、甘肃、云南等地。

### （二）蒙古族医学

蒙古族医学以藏医《四部医典》为基础,结合自己的民族文化和医疗实践,产生了《蒙医正典》等古典医学巨著,形成了具有自己特点的以"三邪"学说(赫衣、希拉、巴达干)为主要理论体系的蒙医理论。目前蒙医主要分布在内蒙古、辽宁、吉林、黑龙江、青海、新疆等地。

### （三）维吾尔族医学

维吾尔族医学具有悠久的历史,并且早就与内地的中医有广泛的交流,形成了包括四元素(土、水、火、风)、四津(血津、痰津、胆津、黑胆津)及五行(金、木、水、火、土)等内容的理论体系。目前维医主要分布在乌鲁木齐、喀什、和田、吐鲁番等地。

### （四）傣族医学

傣医已有1 000多年的历史,在古老的贝叶经上,就有用傣文刻写的医药、方剂、制剂等内容。目前傣医主要分布在云南西双版纳傣族自治州和德宏傣族景颇族自治州等地。

此外,苗族、壮族、朝鲜族、回族等少数民族也积累了丰富的医药经验,为中华民族传统医药宝库增添了光彩。

## 二、促进和规范民族医药学

《中医药法》规定,国家采取措施,加大对少数民族医药传承创新、应用发展和人才培养的扶持力度,加强少数民族医疗机构和医师队伍建设,促进和规范少数民族医药事业发展。

此外,《中共中央、国务院关于卫生改革与发展的决定》指出,各民族医药是中华民族传统医药的组成部分,要努力发掘、整理、总结、提高,充分发挥其保护各族人民健康的作用。2016年国务院《中医药发展战略规划纲要（2016—2030年）》进一步提出,促进民族医药发展,将民族医药发展纳入民族地区和民族自治地方经济社会发展规划。加强民族医医疗机构建设,支持有条件的民族自治地方举办民族医医院,鼓励民族地区各类医疗卫生机构设立民族医药科,鼓励社会力量举办民族医医院和诊所。加强民族医药传承保护、理论研究和文献的抢救与整理。推进民族药标准建设,提高民族药质量,加大开发推广力度,促进民族药产业发展。

## 第六节 | 法律责任

### 一、中医药主管部门未履行职责的法律责任

《中医药法》规定,县级以上人民政府中医药主管部门及其他有关部门未履行本法规定职责的,由本级人民政府或者上级人民政府有关部门责令改正;情节严重的,对直接负责的主管人员和其他直接责任人员,依法给予处分。

### 二、中医诊所超出备案范围开展医疗活动的法律责任

《中医药法》规定,中医诊所超出备案范围开展医疗活动的,由所在地县级人民政府中医药主管部门责令改正,没收违法所得,并处1万元以上3万元以下罚款;情节严重的,责令停止执业活动。中医诊所被责令停止执业活动的,其直接负责的主管人员自处罚决定做出之日起5年内不得在医疗机构内从事管理工作。医疗机构聘用上述不得从事管理工作人员从事管理工作的,由原发证部门吊销执业许可证或者由原备案部门责令停止执业活动。

### 三、超出注册执业范围从事医疗活动的法律责任

《中医药法》规定,经考核取得医师资格的中医医师超出注册执业范围从事医疗活动的,由县级以上人民政府中医药主管部门责令暂停 6 个月以上 1 年以下执业活动,并处 1 万元以上 3 万元以下罚款;情节严重的,吊销执业证书。

### 四、未依照规定备案的法律责任

《中医药法》规定,举办中医诊所、炮制中药饮片、委托配制中药制剂应当备案而未备案,或者备案时提供虚假材料的,由中医药主管部门和药品监督管理部门按照各自职责分工责令改正,没收违法所得,并处 3 万元以下罚款,向社会公告相关信息;拒不改正的,责令停止执业活动或者责令停止炮制中药饮片、委托配制中药制剂活动,其直接责任人员 5 年内不得从事中医药相关活动。医疗机构应用传统工艺配制中药制剂未依照规定备案,或者未按照备案材料载明的要求配制中药制剂的,按生产假药给予处罚。

### 五、违法发布中医医疗广告的法律责任

《中医药法》规定,发布的中医医疗广告内容与经审查批准的内容不相符的,由原审查部门撤销该广告的审查批准文件,1 年内不受理该医疗机构的广告审查申请。发布中医医疗广告有其他违法行为的,依照《广告法》的规定给予处罚。

### 六、中药材种植过程中使用剧毒、高毒农药的法律责任

《中医药法》规定,在中药材种植过程中使用剧毒、高毒农药的,依照有关法律、法规规定给予处罚;情节严重的,可以由公安机关对其直接负责的主管人员和其他直接责任人员处 5 日以上 15 日以下拘留。

**思考题**

1. 如何理解中医药与西医药的不同特点?
2. 为什么国家应坚持中西医协同发展的方针?
3. 如何理解民间中医受行医资格证困扰的现象?
4. 为什么国家对来源于古代经典名方的中药复方制剂实行简化注册?

思考题解题思路　　　　本章目标测试

### 推荐阅读

1. 田侃.《中医药法》立法创新之评价[J]. 南京中医药大学学报(社会科学版),2017,18(1):20-25.
2. 王梅红,杨逢柱. 中医药法律问题专题研究[M]. 北京:法律出版社,2018.
3. 王艳翚. 中医药技术秘密保护制度研究[M]. 北京:知识产权出版社,2021.

（田　侃）

# 第二十七章 | 医学伦理审查法律制度

　　医学伦理审查是对医学研究和医疗技术临床应用中的伦理问题进行评估和决策，以确保这些活动符合道德、法律和社会价值观。医学伦理审查法律制度具有强制性，其目的是保护研究参与者和患者的权益，确保医学活动的公正、安全和合乎伦理。我国医学伦理审查制度主要涉及两方面，一是医疗技术应用中的伦理审查，一是医学研究中的伦理审查。根据我国法律制度的发展现状，本章将重点介绍医学研究中的伦理审查制度。

## 第一节 | 医学伦理审查制度概述

### 一、医学伦理审查的概念

　　现代生命科学的飞速发展，涉及人的生命科学与医学研究广泛开展，新医疗产品和医疗技术的临床应用为保障和促进人类健康水平，推动医疗卫生事业的进步发挥了越来越显著的作用。然而，医学研究与应用中的伦理问题越来越受到人们的关注与重视。目前，成立医学伦理委员会，对涉及重大伦理问题的医学工作进行评估、决策咨询与审查，已经成为国际医学界的常规做法。现代医学伦理学的不伤害、有利、尊重、公正四项原则，也成为医学伦理审查中应遵循的基本原则。

　　医学伦理审查是一种系统性的、以保护研究参与者权益为中心的伦理评估过程。广义的医学伦理审查包含了医学活动中所有涉及伦理问题，主要涉及两个方面，一是医疗技术应用中的伦理审查，二是医学研究中的伦理审查。

　　从我国法律制度及医学实践来看，关于医学技术应用中的伦理审查主要涉及三个方面：①伦理审查委员会的设立与运作；②伦理审查的过程与内容；③伦理审查的法律责任和监督机制。与医学技术应用的伦理审查相关规定有：①《医疗技术临床应用管理办法》规定，医疗机构拟开展存在重大伦理风险的医疗技术，应当提请本机构伦理委员会审议，必要时可以咨询省级和国家医学伦理专家委员会。未经本机构伦理委员会审查通过的医疗技术，特别是限制类医疗技术，不得应用于临床。②《人类辅助生殖技术管理办法》规定，实施人类辅助生殖技术应当遵循知情同意原则，并签署知情同意书。涉及伦理问题的，应当提交医学伦理委员会讨论。③《人体器官捐献和移植条例》规定，在摘取活体器官前或者尸体器官捐献人死亡前，负责人体器官移植的执业医师应当向所在医疗机构的人体器官移植技术临床应用与伦理委员会提出摘取人体器官审查申请。人体器官移植技术临床应用与伦理委员会不同意摘取人体器官的，医疗机构不得做出摘取人体器官的决定，医务人员不得摘取人体器官。

　　狭义的医学伦理审查主要是指涉及人的医学研究中的伦理审查。它是对涉及人的医学基础研究、医学临床研究、医学应用研究的活动进行伦理分析、评估和决策的过程，以确保该医学研究符合道德标准和法律要求。从国际国内发展来看，医学研究中的伦理问题最为突出。受试者权益保护和伦理审查制度也是立法最完善，实施最严密的法律制度。本章将重点介绍医学研究中的伦理审查制度。

### 二、医学研究伦理审查的相关立法

　　为保护人的生命和健康，维护人格尊严，尊重和保护研究参与者的合法权益，促进生命科学和医学研究健康发展，规范涉及人的生命科学和医学研究伦理审查工作，国内外相继出台法律法规对医学伦理审查进行规范。

### (一)国际伦理审查法规

自第二次世界大战审判中确立《纽伦堡法典》以来,国际范围内关于规范医学技术研究和应用、保障受试者权益的意识在不断增强。1964年,由世界卫生组织主持召开的世界卫生大会通过了《赫尔辛基宣言》,补充并修正了《纽伦堡法典》,重申了受试者的同意权、知情权等权利,确立了生物医学研究的国际性准则,并且明确规定"医学研究必须遵守的伦理标准是:促进和确保对人类受试者的尊重,并保护他们的健康和权利"。《赫尔辛基宣言》此后进行了多次修改,目前的2013年版成为国际与国内普遍遵循的医学研究伦理准则。2000年世界卫生组织制订的《生物医学研究审查伦理委员会操作指南》,促进了全世界独立的伦理审查工作发展。2016年,国际医学科学理事会发布了《涉及人的健康相关研究国际伦理准则》,把伦理规范从医学研究扩大到涉及人的健康相关研究。其他的伦理审查规范还有WHO《生物医学研究伦理审查委员会操作指南》、人用药物注册技术要求国际协调会议(ICH)《药物临床试验质量管理规范》(ICH-GCP)、国际医学组织理事会和WHO《流行病学研究的国际伦理准则》等。伦理审查成为保护研究受试者权益的重要手段。

### (二)我国相关立法发展及现状

1999年国家药品监督管理局发布《药品临床试验管理规范》,这是我国首次以立法的形式确立伦理审查制度,其明确规定伦理委员会与知情同意书是保障受试者权益的主要措施,要求药品试验开展前应经过伦理委员会的审议同意。此后,2003年《人胚胎干细胞研究伦理指导原则》,2004年《医疗器械临床试验规定》均要求进行伦理学和科学性审查与监督。2007年,卫生部印发的《涉及人的生物医学研究伦理审查办法(试行)》是我国第一部关于医学研究伦理审查的全面系统的文件,审查范围扩展到所有涉及人的生物医学研究。该文件的颁布实施,标志着我国全面建立实施医学伦理审查制度。

我国已经初步形成以法律、行政法规、部门规章或地方性法规、地方规章等法律法规组成的法律规制体系。2019年修订的《药品管理法》,增加对临床试验伦理审查的要求;我国首次在法律层级的文件中明确伦理审查制度,标志伦理审查进入更加严格的强制执行阶段。2019年颁布的《基本医疗卫生与健康促进法》,2020年颁布的《民法典》均要求研制新药、医疗器械或者发展新的预防和治疗方法进行临床试验应经过伦理委员会审查同意。多部行政法规、部门规章、部门规范性文件具体指导医学伦理审查,成为操作的直接依据,2016年国家卫计委发布修订后的《涉及人的生物医学研究伦理审查办法》为各级各类医疗卫生机构开展涉及人的生物医学研究伦理审查工作提供规范依据。其他如《人类遗传资源管理条例》《医疗器械监督管理条例》《药物临床试验质量管理规范》《药物临床试验伦理审查工作指导原则》《人胚胎干细胞研究伦理指导原则》《医疗器械临床试验质量管理规范》《中医药临床研究伦理审查管理规范》等均从不同的角度提出具体要求和具体规则。

随着生命科学和人工智能等新领域的飞速发展,其相关研究中的社会问题、伦理问题也愈加突出,亟待规范。2022年3月20日,中共中央办公厅、国务院办公厅发布《关于加强科技伦理治理的意见》,要求加快构建中国特色科技伦理体系,健全多方参与、协同共治的科技伦理治理体制机制,建立与完善符合我国国情、与国际接轨的科技伦理制度。2023年2月,经国家科技伦理委员会审议通过,国务院同意,国家卫生健康委、教育部、科技部、国家中医药局四部委联合发布《涉及人的生命科学和医学研究伦理审查办法》。2023年10月8日,由科技部、教育部、工业和信息化部、农业农村部、国家卫生健康委五部委与中国科学院、中国社科院、中国工程院联合发布的《科技伦理审查办法(试行)》。这些文件的颁布实施,将伦理审查制度扩展到所有科研工作,为规范科技伦理审查工作、强化科技伦理风险防控提供更为全面的法治保障。

## 三、医学研究的伦理原则

医学研究应以尊重和保护研究参与者的权益为中心,严格遵循国际公认的伦理准则,并符合国家的相关法律法规。国际公认的医学伦理学基本原则是不伤害、有利、尊重、公正四项原则,也是医学研究应遵循的基本原则。我国相关立法都明确规定伦理审查应当遵守国家有关法律法规,研究应当尊重研究参与者及其自主意愿,遵循不伤害、有利以及公正的原则,保护隐私权及个人信息。

根据《涉及人的生命科学和医学研究伦理审查办法》的相关规定,医学研究应遵循以下具体原则:①尊重研究参与者,维护其尊严、公平公正、不歧视。②知情同意原则。③保护隐私和个人信息原则。④免费、补偿和赔偿原则。⑤合理控制风险,尽量做到有利与不伤害。⑥特殊保护原则,对涉及儿童、孕产妇、老年人、智力障碍者、精神障碍者等特定群体的研究参与者,应当予以特别保护;对涉及受精卵、胚胎、胎儿或者可能受辅助生殖技术影响的,应当予以特别关注。

## 四、医学伦理审查机构

《涉及人的生物医学研究伦理审查办法》规定,从事涉及人的生物医学研究的医疗卫生机构是涉及人的生物医学研究伦理审查工作的管理责任主体,应当设立伦理委员会,并采取有效措施保障伦理委员会独立开展伦理审查工作。《涉及人的生命科学与医学研究伦理审查办法》规定,开展涉及人的生命科学和医学研究的二级以上医疗机构和设区的市级以上卫生机构(包括疾病预防控制、妇幼保健、采供血机构等)、高等学校、科研院所等机构是伦理审查工作的管理责任主体,应当设立伦理审查委员会,开展涉及人的生命科学和医学研究伦理审查。《科技伦理审查办法(试行)》规定,高等学校、科研机构、医疗卫生机构、企业等是本单位科技伦理审查管理的责任主体。从事生命科学、医学、人工智能等科技活动的单位,研究内容涉及科技伦理敏感领域的,应设立科技伦理(审查)委员会。其他有科技伦理审查需求的单位可根据实际情况设立科技伦理(审查)委员会。

虽然三个文件的具体表述因文件的规制范围和研究项目领域不同而有区别,但均规定开展相关研究的机构设立的机构伦理委员会,是承担具体审查工作的伦理审查委员会。机构应当采取有效措施、提供资源确保伦理审查委员会工作的独立性。

## 五、医学伦理审查监管

医学伦理审查的监督管理是确保医学研究和临床实践中伦理原则得以遵守的重要机制之一。

科技部负责统筹指导全国科技伦理监管工作。国家卫生健康委负责全国医疗卫生机构开展的涉及人的生命科学和医学研究伦理审查监督,国家中医药局负责涉及人的中医药学研究伦理审查监督。教育部负责全国高等学校开展的涉及人的生命科学和医学研究伦理审查监督,并管理教育部直属高等学校相关工作。

县级以上地方人民政府卫生健康、教育等部门依据职责分工负责本辖区涉及人的生命科学和医学研究伦理审查的监督管理。

医疗卫生机构、高等学校、科研机构、企业等应履行伦理管理主体责任,健全本单位伦理监管机制和审查质量控制、监督评价机制,经常性开展单位工作人员伦理教育培训,加强对纳入清单管理的科技活动的动态跟踪和伦理风险防控。

# 第二节 | 伦理审查

## 一、伦理审查的方式

伦理审查委员会应当对本机构的研究进行审查。伦理审查工作应当坚持独立性,任何机构和个人不得干预伦理审查委员会的伦理审查过程及审查决定。

在多个机构开展的研究可以建立伦理审查协作机制,确保各机构遵循一致性和及时性原则。牵头机构和参与机构均应当组织伦理审查。参与机构的伦理委员会应当及时对本机构参与的研究进行伦理审查,并对牵头机构反馈审查意见。为了保护受试者的人身安全,各机构均有权暂停或者终止本机构的项目研究。境外机构或者个人与国内医疗卫生机构合作开展涉及人的生物医学研究的,应当向国内合作机构的伦理委员会申请研究项目伦理审查。

根据具体项目的情形,伦理审查方式包括会议审查、快速审查、应急审查和专家复核审查等方式。《科技伦理审查办法(试行)》确立了对较大伦理风险挑战的新兴科技活动开展专家复核制度。目前公布的需要开展伦理审查复核的科技活动清单包括:①对人类生命健康、价值理念、生态环境等具有重大影响的新物种合成研究。②将人干细胞导入动物胚胎或胎儿并进一步在动物子宫中孕育成个体的相关研究。③改变人类生殖细胞、受精卵和着床前胚胎细胞核遗传物质或遗传规律的基础研究。④侵入式脑机接口用于神经、精神类疾病治疗的临床研究。⑤对人类主观行为、心理情绪和生命健康等具有较强影响的人机融合系统的研发。⑥具有舆论社会动员能力和社会意识引导能力的算法模型、应用程序及系统的研发。⑦面向存在安全、人身健康风险等场景的具有高度自主能力的自动化决策系统的研发。

## 二、伦理审查的申请材料

为保证伦理审查工作高效高质有序进行,项目申报和研究者应在伦理审查前向伦理审查委员会提交相关材料。根据伦理审查的内容和要求,提交的材料主要包括以下四类:①申请者的合法资质材料;②研究设计与实施相关材料;③研究相关者材料;④其他伦理审查委员会认为需要提交的其他相关材料。

## 三、伦理审查的要点

### (一)初审的要点

伦理委员会在开展伦理审查时,应审查提交的书面材料是否完整规范。可以要求研究者提供审查所需材料、知情同意书等文件以及修改研究项目方案,并根据职责对研究项目方案、知情同意书等文件提出伦理审查意见。初审的关注要点在于研究立项与设计的科学性和伦理性等。

### (二)跟踪审查的要点

对已批准实施的研究,研究者应当按要求及时提交研究进展、严重不良事件、方案偏离、暂停、终止、研究完成等各类报告。伦理审查委员会应当按照研究者提交的相关报告进行跟踪审查。跟踪审查包括以下内容:①是否按照已批准的研究方案进行研究并及时报告;②研究过程中是否擅自变更研究内容;③是否增加研究参与者风险或者显著影响研究实施的变化或者新信息;④是否需要暂停或者提前终止研究;⑤其他需要审查的内容。

## 第三节 ｜ 知情同意

### 一、知情同意的主体

医学研究应当符合《赫尔辛基宣言》原则及相关伦理要求,研究参与者(受试者)的权益和安全是考虑的首要因素,优先于对科学和社会的获益。知情同意是保护受试者权益的重要制度,我国法律都明确予以规定。如《民法典》规定,为研制新药、医疗器械或者发展新的预防和治疗方法,需要进行临床试验的,应当依法经相关主管部门批准并经伦理委员会审查同意,向研究参与者(受试者)或者研究参与者(受试者)的监护人告知试验目的、用途和可能产生的风险等详细情况,并经其书面同意。《基本医疗卫生与健康促进法》规定,开展药物、医疗器械临床试验和其他医学研究应当遵守医学伦理规范,依法通过伦理审查,取得知情同意。《药品管理法》规定,实施药物临床试验,应当向研究参与者(受试者)或者其监护人如实说明和解释临床试验的目的和风险等详细情况,取得研究参与者(受试者)或者其监护人自愿签署的知情同意书,并采取有效措施保护研究参与者(受试者)合法权益。

根据法律法规的规定,对于完全民事行为能力人即有能力给予知情同意的个人,有权利获得相关的研究信息,并充分理解这些信息。如果研究参与者(受试者)为无民事行为能力人或者限制民事行为能力人的,应当获得其监护人的书面知情同意。获得监护人同意的同时,研究者还应该在研究参与者可理解的范围内告知相关信息,并获得与研究参与者能力相符的同意。根据我国民法的相关规定,对八周岁以上的未成年人应有独立的知情同意。

## 二、知情同意书的内容

知情同意书应当包含充分、完整、准确的信息,并以研究参与者能够理解的语言文字、视频图像等进行表述。主要包括:①研究目的、基本研究内容、流程、方法及研究时限;②研究者基本信息及研究机构资质;③研究可能给研究参与者、相关人员和社会带来的益处,以及可能给研究参与者带来的不适和风险;④对研究参与者的保护措施;⑤研究数据和研究参与者个人资料的使用范围和方式,是否进行共享和二次利用,以及保密范围和措施;⑥研究参与者的权利,包括自愿参加和随时退出、知情、同意或者不同意、保密、补偿、受损害时获得免费治疗和补偿或者赔偿、新信息的获取、新版本知情同意书的再次签署、获得知情同意书等;⑦研究参与者在参与研究前、研究后和研究过程中的注意事项;⑧研究者联系人和联系方式、伦理审查委员会联系人和联系方式、发生问题时的联系人和联系方式;⑨研究的时间和研究参与者的人数;⑩研究结果是否会反馈研究参与者;⑪告知研究参与者可能的替代治疗及其主要的受益和风险;⑫涉及人的生物样本采集的,还应当包括生物样本的种类、数量、用途、保藏、利用(包括是否直接用于产品开发、共享和二次利用)、隐私保护、对外提供、销毁处理等相关内容。

## 三、知情同意的形式

知情同意一般采用书面知情同意的方式,即研究参与者自愿签署知情同意书。特殊情况下无法获取书面知情同意书,也可以采用口头知情同意的方式,但应有录音录像等过程记录和证明材料。

研究过程中发生下列情形时,研究者应当再次获取研究参与者的知情同意:①与研究参与者相关的研究内容发生实质性变化的;②与研究相关的风险实质性提高或者增加的;③研究参与者民事行为能力等级提高的。

《涉及人的生物医学研究伦理审查办法》规定,以下情形经伦理委员会审查批准后,可以免除签署知情同意书。①利用可识别身份信息的人体材料或者数据进行研究,已无法找到该研究参与者,且研究项目不涉及个人隐私和商业利益的;②生物样本捐献者已经签署了知情同意书,同意所捐献的样本及相关信息可用于所有医学研究的。

医学研究需要收集分析研究参与者的个人信息。随着《个人信息保护法》的实施,对个人信息的保护日益受到伦理审查和研究者的重视。特别要关注对敏感个人信息的保护,包括生物识别、宗教信仰、特定身份、医疗健康、金融账户、行踪轨迹等信息,以及不满14周岁未成年人的个人信息。

# 第四节 ｜ 法律责任

医学伦理审查的法律责任设置的目的在于明确各方在医疗过程中的责任和义务,维护医疗行为的道德和法律准则,促进医疗质量的提高。医学伦理审查的法律责任主要涉及研究者和审查者的行政责任,但若因违法给他人人身、财产造成损害的,应当依法承担民事责任;构成犯罪的,依法追究刑事责任。

## 一、研究机构及其人员的法律责任

《科技伦理审查办法(试行)》规定,科技活动承担单位、科技人员违反本办法规定,有下列情形之一的,由有管辖权的机构依据法律、行政法规和相关规定给予处罚或者处理;造成财产损失或者其他损害的,依法承担民事责任;构成犯罪的,依法追究刑事责任:①以弄虚作假方式获得科技伦理审查批准,或者伪造、篡改科技伦理审查批准文件的;②未按照规定通过科技伦理审查和专家复核擅自开展纳入清单管理的科技活动的;③未按照规定获得科技伦理审查批准擅自开展科技活动的;④超出科技伦理审查批准范围开展科技活动的;⑤干扰、阻碍科技伦理审查工作的;⑥其他违反本办法规定的行为。

《涉及人的生物医学研究伦理审查办法》规定,医疗卫生机构未按照规定设立伦理委员会擅自开展涉及人的生物医学研究的,由县级以上地方卫生健康行政部门责令限期整改;逾期不改的,由县级以上地方卫生健康行政部门予以警告,并可处以 3 万元以下罚款;对机构主要负责人和其他责任人员,依法给予处分。

《涉及人的生物医学研究伦理审查办法》还规定,项目研究者违反本办法规定,有下列情形之一的,由县级以上地方卫生计生行政部门责令限期整改,并可根据情节轻重给予通报批评、警告;对主要负责人和其他责任人员,依法给予处分:①研究项目或者研究方案未获得伦理委员会审查批准擅自开展项目研究工作的;②研究过程中发生严重不良反应或者严重不良事件未及时报告伦理委员会的;③违反知情同意相关规定开展项目研究的;④其他违反本办法规定的情形。

《涉及人的生命科学和医学研究伦理审查办法》规定,医疗卫生机构未按照规定设立伦理审查委员会或者未委托伦理审查委员会审查,擅自开展涉及人的生命科学和医学研究的,由县级以上地方卫生健康主管部门对有关机构和人员依法给予行政处罚和处分。其他机构按照行政隶属关系,由其上级主管部门处理。

《涉及人的生命科学和医学研究伦理审查办法》还规定,医疗卫生机构的研究者违反本办法规定,有下列情形之一的,由县级以上地方卫生健康主管部门对有关机构和人员依法给予行政处罚和处分:①研究或者研究方案未获得伦理审查委员会审查批准擅自开展研究工作的;②研究过程中发生严重不良反应或者严重不良事件未及时报告伦理审查委员会的;③违反知情同意相关规定开展研究的;④未及时提交相关研究报告的;⑤未及时在国家医学研究登记备案信息系统上传信息的;⑥其他违反本办法规定的情形。其他机构按照行政隶属关系,由其上级主管部门处理。

## 二、伦理审查机构及其人员的法律责任

《科技伦理审查办法(试行)》规定,科技伦理(审查)委员会、委员违反本办法规定,有下列情形之一的,由有管辖权的机构依据法律、行政法规和相关规定给予处罚或者处理;造成财产损失或者其他损害的,依法承担民事责任;构成犯罪的,依法追究刑事责任:①弄虚作假,为科技活动承担单位获得科技伦理审查批准提供便利的;②徇私舞弊、滥用职权或者玩忽职守的;③其他违反本办法规定的行为。

《涉及人的生物医学研究伦理审查办法》规定,医疗卫生机构及其伦理委员会违反本办法规定,有下列情形之一的,由县级以上地方卫生健康行政部门责令限期整改,并可根据情节轻重给予通报批评、警告;对机构主要负责人和其他责任人员,依法给予处分:①伦理委员会组成、委员资质不符合要求的;②未建立伦理审查工作制度或者操作规程的;③未按照伦理审查原则和相关规章制度进行审查的;④泄露研究项目方案、受试者个人信息以及委员审查意见;⑤未按照规定进行备案的;⑥其他违反本办法规定的情形。

《涉及人的生命科学和医学研究伦理审查办法》规定,医疗卫生机构及其伦理审查委员会违反本办法规定,有下列情形之一的,由县级以上地方卫生健康主管部门对有关机构和人员依法给予行政处罚和处分:①伦理审查委员会组成、委员资质不符合要求的;②伦理审查委员会未建立利益冲突管理机制的;③未建立伦理审查工作制度或者操作规程的;④未按照伦理审查原则和相关规章制度进行审查的;⑤泄露研究信息、研究参与者个人信息的;⑥未按照规定进行备案、在国家医学研究登记备案信息系统上传信息的;⑦未接受正式委托为其他机构出具伦理审查意见的;⑧未督促研究者提交相关报告并开展跟踪审查的;⑨其他违反本办法规定的情形。其他机构按照行政隶属关系,由其上级主管部门处理。

**思考题**

1. 设置科研伦理审查制度的意义及科技发展对伦理审查的挑战是什么？

2. 医学研究的伦理原则是什么？

3. 医学研究与常规医疗中知情同意的异同是什么？

4. 医学研究伦理的要点有哪些？

5. 医学研究者可能承担的涉及伦理审查的违法责任有哪些？

思考题解题思路　　　　　本章目标测试

## 推荐阅读

1. 索菲亚·佩乐,伯纳德·雷伯.从伦理审查到负责任研究与创新.沈阳:辽宁人民出版社,2023.

2. 周吉银.人类健康相关研究伦理审查挑战及对策.北京:科学出版社,2022.

3. 陈旻,李红英.临床研究伦理审查案例解析.北京:人民卫生出版社,2016.

（乐　虹　曾益康）

# 第二十八章 | 红十字会法律制度

中国红十字会是从事人道主义工作的社会救助团体,是国际红十字运动的成员。红十字会法律制度确立了红十字会的性质和组织、职责与权利、红十字标志的使用、红十字会的财产与监管等制度,对保护人的生命和健康,维护人的尊严,发扬人道主义精神,促进和平进步事业,保障和规范红十字会依法履行职责具有重要作用。

## 第一节 | 概　述

### 一、红十字运动的诞生与发展

1859 年,瑞士人亨利·杜南(Henry Dunant)有感于交战双方成千上万名伤兵得不到医疗救治而遭受的痛苦,和 4 名瑞士创始人创立了伤兵救护国际委员会,即红十字国际委员会的前身。1863 年 10 月,16 个国家和 4 所慈善机构在日内瓦召开的国际大会上一致通过了《红十字决议》,与瑞士国旗色彩方案正好相反的白底红十字被采纳为特殊标志。红十字运动由此诞生。1864 年 8 月,上述国家签订的《改善战地武装部队伤者境遇的公约》成为最早的红十字会法。1929 年的外交大会认可了红十字和红新月这两个标志,2005 年的外交大会新增红水晶标志。

1949 年 8 月签订的日内瓦四公约进一步确认了红十字会运动的原则和精神,成为红十字会运动的国际法准则,即《改善战地武装部队伤者病者境遇之日内瓦公约》《改善海上武装部队伤者病者及遇船难者境遇之日内瓦公约》《关于战俘待遇之日内瓦公约》和《关于战时保护平民之日内瓦公约》及其附加议定书《关于保护国际性武装冲突受难者的附加议定书》《关于保护非国际性武装冲突受难者的附加议定书》。1986 年第 25 届红十字与红新月国际大会通过《国际红十字会与红新月运动章程》,将国际红十字运动改称为国际红十字与红新月运动。该运动目前的标志包括红十字、红新月以及红水晶,由红十字国际委员会、红十字会与红新月会国际联合会、各国红十字会和红新月会组成。

红十字国际委员会是国际红十字与红新月运动的发起者,是一个公正、中立和独立的组织,其特有的人道使命是保护战争和国内暴力事件受难者的生命与尊严,并向他们提供援助。该组织负责指导和协调国际红十字与红新月运动在武装冲突局势下开展的救济行动。它还致力于通过促进和巩固人道法与普遍人道原则的方式预防苦难的发生。

红十字会与红新月会国际联合会建立于 1919 年第一次世界大战后的巴黎。第一次世界大战让各国红会意识到彼此间密切合作的重要,建立了巨大的专业网络。红十字会与红新月会国际联合会最初被叫做红十字会联盟,1983 年更名为红十字会与红新月会国际联盟,1991 年 11 月正式更名为红十字会与红新月会国际联合会,现有 191 个成员,其东亚地区代表处设在北京。目前,红十字会与红新月会国际联合会的工作集中于核心领域:推广人道价值观,救灾,备灾,卫生健康和社区关怀。

### 二、国际红十字与红新月运动基本原则

国际红十字与红新月运动认为,和平不仅仅是没有战争,还是各国和人民之间积极合作。合作应

以尊重、自由、独立、国家主权、平等、人权为基础，以公平合理地分配资源，满足人民需求为基础。《国际红十字会与红新月运动章程》确立了国际红十字会与红新月运动在履行其职责时应恪守的基本原则。

1. **人道**　要不加歧视地救护战地伤员。在国际和国内两方面，努力防止并减轻人们的疾苦，不论这种痛苦发生在什么地方。本运动的宗旨是保护人的生命和健康；保障人类尊严；促进人与人之间的相互了解、友谊和合作，促进持久和平。

2. **公正**　不因国籍、种族、宗教信仰、阶级和政治见解而有所歧视，仅根据需要，努力减轻人们的疾苦，优先救济困难最紧迫的人。

3. **中立**　在冲突双方之间不采取立场，任何时候也不参与带有政治、种族、宗教或意识形态的争论。

4. **独立**　虽然各国红十字会是本国政府的人道工作助手并受本国法律的制约，但必须经常保持独立，以便任何时候都能按本运动的原则行事。

5. **志愿**　是志愿救济运动，绝不期望以任何方式得到利益。

6. **统一**　任何一个国家只能有一个红十字会或红新月会。它必须向所有的人开放，必须在全国范围内开展人道主义工作。

7. **普遍**　国际红十字与红新月运动是世界性的。在运动中，所有红十字会享有同等地位，负有同样责任和义务，相互支援。

### 三、中国红十字会

中国红十字会（Red Cross Society of China）于 1904 年在上海创立，1912 年 1 月 15 日成为国际红十字会成员。建会以后从事救助难民、救护伤兵和赈济灾民活动，为减轻遭受战乱和自然灾害侵袭的民众的痛苦而积极工作，并参加国际人道主义救援活动。中华人民共和国成立后，中国红十字会于 1950 年进行了协商改组，周恩来总理亲自主持并修改了《中国红十字会章程》。1952 年，第 18 届国际红十字大会恢复了中国红十字会在国际红十字运动中的合法席位，承认中国红十字会是中国唯一合法的全国性红十字会。作为世界上人口最多国家的中国红十字会，已成为红十字会与红新月会国际联合会的重要一员。中国红十字会认真履行法定职责，充分发挥其在人道主义领域的政府助手作用，为我国经济社会发展作出了积极贡献，成为社会主义和谐社会建设的重要力量、精神文明建设的生力军和民间外交的重要渠道。

### 四、中国红十字会立法

为了保护人的生命和健康，维护人的尊严，发扬人道主义精神，促进和平进步事业，保障和规范红十字会依法履行职责，1993 年 10 月 31 日，第八届全国人民代表大会常务委员会第四次会议通过了《红十字会法》，自公布之日起实施。这是国家首次以法律形式确认了红十字会的宗旨、性质、地位、作用、职责等一系列重大问题。2009 年 8 月 27 日，第十一届全国人民代表大会常务委员会第十次会议对《红十字会法》进行了修正。2017 年 2 月 24 日，第十二届全国人民代表大会常务委员会第二十六次会议对《红十字会法》进行了修订，自 2017 年 5 月 8 日起施行。1996 年 1 月 29 日，国务院、中央军事委员会发布了《红十字标志使用办法》。

为了发展中国特色红十字事业，规范红十字会内部事务，中国红十字会依据《红十字会法》制定了《中国红十字会章程》以及《中国红十字会捐赠工作管理办法》《中国红十字会会费管理办法》《中国红十字志愿服务管理办法》《中国红十字会会员管理办法》《冠名红十字医疗机构管理办法》《中国红十字救援队管理办法（试行）》《红十字（会）名称和红十字标志授权使用管理规定》等规范性文件。

## 第二节 ｜ 红十字会的性质和组织

### 一、红十字会的性质

中国红十字会是中华人民共和国统一的红十字会组织,是从事人道主义工作的社会救助团体。中国红十字会以保护人的生命和健康,维护人的尊严,发扬人道主义精神,促进和平进步事业为宗旨。

中国红十字会遵守宪法和法律,遵循国际红十字与红新月运动确立的基本原则,依照日内瓦公约及其附加议定书和《中国红十字会章程》,独立自主地开展工作。

中国红十字会根据独立、平等、互相尊重的原则参加国际红十字运动,发展同有关国际组织和各国红十字会或红新月会的友好合作关系。

### 二、红十字会的组织

全国建立中国红十字会总会。中国红十字会总会对外代表中国红十字会。县级以上地方按行政区域建立地方各级红十字会,全国性行业根据需要可以建立行业红十字会。中国红十字会总会具有社会团体法人资格;地方各级红十字会、行业红十字会依法取得社会团体法人资格。

中华人民共和国公民,不分民族、种族、性别、职业、宗教、教育程度,承认《中国红十字会章程》并交纳会费的,可自愿参加中国红十字会。企业、事业单位及有关团体通过申请可以成为红十字会的团体会员。国家鼓励自然人、法人以及其他组织参与红十字志愿服务。国家支持在学校开展红十字青少年工作。人民政府对红十字会给予支持和资助,保障红十字会依法履行职责,并对其活动进行监督。

## 第三节 ｜ 红十字会的职责与权利

### 一、红十字会的职责

《红十字会法》规定,红十字会履行下列职责:①开展救援、救灾的相关工作,建立红十字应急救援体系,在战争、武装冲突和自然灾害、事故灾难、公共卫生事件等突发事件中,对伤病人员和其他受害者提供紧急救援和人道救助;②开展应急救护培训,普及应急救护、防灾避险和卫生健康知识,组织志愿者参与现场救护;③参与、推动无偿献血、遗体和人体器官捐献工作,参与开展造血干细胞捐献的相关工作;④组织开展红十字志愿服务、红十字青少年工作;⑤参加国际人道主义救援工作;⑥宣传国际红十字和红新月运动的基本原则和日内瓦公约及其附加议定书;⑦依照国际红十字和红新月运动的基本原则,完成人民政府委托事宜;⑧依照日内瓦公约及其附加议定书的有关规定开展工作;⑨协助人民政府开展与其职责相关的其他人道主义服务活动。

### 二、红十字会的权利

《红十字会法》规定,在战争、武装冲突和自然灾害、事故灾难、公共卫生事件等突发事件中,执行救援、救助任务并标有红十字标志的人员、物资和交通工具有优先通行的权利。任何组织和个人不得阻碍红十字会工作人员依法履行救援、救助、救护职责。

《中国红十字会章程》进一步明确了红十字会的具体权利:①执行人道主义救助任务的红十字会工作人员,在战争和武装冲突中受日内瓦公约及其附加议定书的保护,在自然灾害和突发事件中受国家有关法律法规的保护。②在自然灾害和突发事件中,佩戴红十字标志的人员和标有红十字标志的物资、交通工具优先通行。③在自然灾害和突发事件中,为执行救助任务的需要,红十字会救援人员优先使用交通、通信等资源。④红十字会兴办的社会福利事业按照国家有关规定,享受税收减免政策。⑤红十字会接受的国(境)外组织和个人捐赠的救灾物资,享受国家有关减税、免税政策。有关部门优先安排运输和办理有关放行手续。⑥红十字会开展活动和宣传工作,广播、电视、报刊、网络等新闻媒体应积极支持。

## 第四节 | 红十字标志的使用

### 一、红十字标志

《红十字会法》规定,中国红十字会使用白底红十字标志。

红十字标志是国际人道主义保护标志,是武装力量医疗机构的特定标志,是红十字会的专用标志。红十字标志和名称受法律保护。禁止利用红十字标志和名称牟利,禁止以任何形式冒用、滥用、篡改红十字标志和名称。红十字标志具有保护作用和标明作用,二者不得混淆使用。

### 二、红十字标志的保护性使用

红十字标志的保护性使用,是标示在战争、武装冲突中必须受到尊重和保护的人员和设备、设施,即在战争、武装冲突中,冲突各方对依照红十字标志使用办法的规定佩戴红十字标志的人员和标有红十字标志的处所及其物品、医务运输工具,必须予以保护和尊重。

#### (一)红十字标志保护性使用要求

红十字标志作为保护性标志使用时,不得在标志上添加任何内容。用在旗帜上的,红十字不得触及旗帜的边缘;用在臂章上的,红十字应当置于臂章的中间部位;用在建筑物上的,红十字应当置于建筑物顶部的明显部位。红十字作为保护性标志使用时,应当在尽可能远的地方或者不同的方向得以辨认;在夜间或者能见度低时,应当以灯光照明或者用发光物装饰。

#### (二)保护性红十字标志的使用人员

在武装冲突中,下列人员可以使用保护性红十字标志:①武装力量医疗机构的医疗人员和工作人员;②红十字会的工作人员和医务人员;③经国务院或者中央军事委员会批准的国际红十字组织和外国红十字组织的工作人员和医务人员;④军用的和民用的医务运输工具上的医务人员和工作人员;⑤经国务院或者中央军事委员会批准的国内外的志愿救助团体人员和民用医疗机构的医务人员。使用保护性红十字标志的人员,必须随身携带国务院或中央军事委员会授权的部门签发的身份证件。

#### (三)保护性红十字标志的使用机构或组织

在武装冲突中,下列机构或者组织及其处所、物品、医务运输工具可以使用保护性红十字标志:①武装力量的医疗机构;②参加救助活动的红十字会;③经国务院或者中央军事委员会批准的国内外的志愿救助团体和医疗机构;④经国务院或者中央军事委员会批准的国际组织。

国家武装力量的医疗机构使用红十字标志,应当符合日内瓦公约及其附加议定书的规定。武装力量医疗机构的人员、处所及其物品、医务运输工具在和平时期也可以使用保护性红十字标志作为标志。

### 三、红十字标志的标明性使用

红十字标志的标明性使用,是指对与红十字活动有关的人或者物的标示。

#### (一)红十字标志标明性使用要求

红十字标志作为标明性标志使用时,在红十字下方必须有红十字会的名称或者名称缩写,并不得将红十字置于建筑物顶部。红十字会的工作人员,会员和其他有关人员履行职责时,应当佩戴标有红十字的小尺寸臂章;不履行职责时,可以佩戴标有红十字的小尺寸胸针或者胸章。

#### (二)标明性红十字标志使用的人员

可以使用标明性红十字标志的人员包括:①红十字会工作人员;②红十字会会员;③红十字青

少年会员。

### （三）标明性红十字标志使用的场所

可以使用标明性红十字标志的场所包括：①红十字会机关使用的建筑物；②红十字会所属的医疗机构；③红十字会开展符合其宗旨的活动场所。

### （四）标明性红十字标志使用的物品、运输工具

可以使用标明性红十字标志的物品、运输工具包括：①红十字会的徽章、奖章、证章；②红十字会的印刷品、宣传品；③红十字会的救灾救护物资及运输工具。

在上述规定的人员、场所、物品、运输工具范围以外需要使用标明性红十字标志的，由红十字会总会批准。

## 四、红十字标志的禁止使用

《红十字会法》规定，红十字标志和名称受法律保护。禁止利用红十字标志和名称牟利，禁止以任何形式冒用、滥用、篡改红十字标志和名称。《红十字标志使用办法》规定，红十字标志不得用于下列情形：①商标或者商业性广告；②非红十字会或者非武装力量的医疗机构；③药店、兽医站；④商品的包装；⑤公司的标志；⑥工程设计、产品设计；⑦红十字标志使用办法规定可以使用红十字标志以外的其他情形。

对于滥用红十字标志的，红十字会有权要求其停止使用；拒绝停止使用的，红十字会可以提请人民政府责令停止使用。

## 第五节 ｜ 红十字会的财产与监管

### 一、红十字会财产的来源

《红十字会法》规定，红十字会财产的主要来源是：①红十字会员缴纳的会费；②境内外组织和个人捐赠的款物；③动产和不动产的收入；④人民政府的拨款；⑤其他合法收入。

国家对红十字会兴办的与其宗旨相符的公益事业给予扶持。

红十字会可以依法进行募捐活动。募捐活动应当符合《慈善法》的有关规定。红十字会依法接受自然人、法人以及其他组织捐赠的款物，应当向捐赠人开具由财政部门统一监（印）制的公益事业捐赠票据。捐赠人匿名或者放弃接受捐赠票据的，红十字会应当做好相关记录。捐赠人依法享受税收优惠。

红十字会应当按照募捐方案、捐赠人意愿或者捐赠协议处分其接受的捐赠款物。捐赠人有权查询、复制其捐赠财产管理使用的有关资料，红十字会应当及时主动向捐赠人反馈有关情况。红十字会违反募捐方案、捐赠人意愿或者捐赠协议约定的用途，滥用捐赠财产的，捐赠人有权要求其改正；拒不改正的，捐赠人可以向人民政府民政部门投诉、举报或者向人民法院提起诉讼。

### 二、红十字会财产的监管

《红十字会法》规定，红十字会应当建立财务管理、内部控制、审计公开和监督检查制度。红十字会的财产使用应当与其宗旨相一致。红十字会对接受的境外捐赠款物，应当建立专项审查监督制度。红十字会应当及时聘请依法设立的独立第三方机构，对捐赠款物的收入和使用情况进行审计，将审计结果向红十字会理事会和监事会报告，并向社会公布。

红十字会应当建立健全信息公开制度，规范信息发布，在统一的信息平台及时向社会公布捐赠款物的收入和使用情况，接受社会监督。

红十字会财产的收入和使用情况依法接受人民政府审计等部门的监督。红十字会接受社会捐赠及其使用情况，依法接受人民政府民政部门的监督。任何组织和个人不得私分、挪用、截留或者侵占红十字会的财产。

## 第六节 ｜ 法律责任

### 一、红十字会及其工作人员的法律责任

《红十字会法》规定,红十字会及其工作人员有下列情形之一的,由同级人民政府审计、民政等部门责令改正;情节严重的,对直接负责的主管人员和其他直接责任人员依法给予处分;造成损害的,依法承担民事责任;构成犯罪的,依法追究刑事责任:①违背募捐方案、捐赠人意愿或者捐赠协议,擅自处分其接受的捐赠款物的;②私分、挪用、截留或者侵占财产的;③未依法向捐赠人反馈情况或者开具捐赠票据的;④未依法对捐赠款物的收入和使用情况进行审计的;⑤未依法公开信息的;⑥法律、法规规定的其他情形。

### 二、自然人、法人或者其他组织的法律责任

自然人、法人或者其他组织有下列情形之一,造成损害的,依法承担民事责任;构成违反治安管理行为的,依法给予治安管理处罚;构成犯罪的,依法追究刑事责任:①冒用、滥用、篡改红十字标志和名称的;②利用红十字标志和名称牟利的;③制造、发布、传播虚假信息,损害红十字会名誉的;④盗窃、损毁或者以其他方式侵害红十字会财产的;⑤阻碍红十字会工作人员依法履行救援、救助、救护职责的;⑥法律、法规规定的其他情形。

### 三、政府工作人员的法律责任

各级人民政府有关部门及其工作人员在实施监督管理中滥用职权、玩忽职守、徇私舞弊的,对直接负责的主管人员和其他直接责任人员依法给予处分;构成犯罪的,依法追究刑事责任。

**思考题**

1. 国际红十字与红新月运动的基本原则是什么?
2. 中国红十字会的职责是什么?
3. 红十字标志的保护性使用有哪些规定?
4. 红十字标志的标明性使用有哪些规定?

思考题解题思路　　　　本章目标测试

### 推荐阅读

1. 全国人大教科文卫委员会人口卫生体育室,中国红十字会总会办公室.中华人民共和国红十字会法释义[M].北京:中国法制出版社,2017.

2. 中国红十字会总会.国外红十字会法选编[M].北京:社会科学文献出版社,2015.

3. 江苏省红十字会.红十字运动发展与创新[M].南京:东南大学出版社,2019.

4. 池子华.中国红十字运动简史[M].苏州:苏州大学出版社,2022.

5. 刘选国,马强.国际红十字运动讲义[M].苏州:苏州大学出版社,2023.

(乐 虹)

# 主要参考文献

1. 医师资格考试指导用书专家编写组. 医学人文概要 [M]. 北京:人民卫生出版社,2024.

2. 汪建荣. 中国公共卫生法 [M]. 北京:法律出版社,2023.

3. 汪建荣. 中国医疗法 [M]. 北京:法律出版社,2018.

4. 田侃,冯秀云. 卫生法学(新世纪第四版) [M]. 北京:中国中医药出版社,2023.

5. 戈斯廷. 全球卫生法 [M]. 翟宏丽,张立新,译. 北京:中国政法大学出版社,2016.

6. 黎东生. 卫生法学 [M]. 2 版. 北京:人民卫生出版社,2023.

7. 张静,赵敏. 卫生法学 [M]. 2 版. 北京:清华大学出版社,2020.

8. 申卫星. 卫生法学原论 [M]. 北京:人民出版社,2022.

9. 王岳. 医事法 [M]. 3 版. 北京:人民卫生出版社,2019.